国家出版基金项目
NATIONAL PUBLICATION FOUNDATION
"十三五"国家重点
图书出版规划项目

晚清思想史资料选编

1840—1911

第 二 卷

主编　郑大华　俞祖华

选编　刘　平　俞祖华　贾小叶

　　　任　青　刘　纯　周　游

　　　马守丽　朱映红　郑大华

岳麓书社·长沙

第二卷目录

三、　洪秀全与太平天国思想

导　论

　　鸦片战争后，清政府为支付巨额的战争赔款，变本加厉地对广大人民群众进行掠夺。仅地丁税一项，从 1842 年到 1849 年，就激增达到 330 万两之多。战后鸦片贸易公开化，致使鸦片输入急剧增加，从 1840 年的四万多箱，增加到 1850 年的五万多箱。鸦片输入的增加，引起白银外流的增加，据估计，1843 年到 1846 年，每年外流的白银约 3500 万两。白银大量外流，又引起银价进一步上涨，劳动人民特别是广大农民的负担也因此而进一步加重。当时地租一般在收入的 50% 以上，有的地方竟达到 70%~80%。与此同时，五口通商后，洋纱洋布等外国商品大量输入，严重打击了东南沿海尤其是通商口岸地区的棉纺织业。据统计，英国输华商品总值，1838 到 1842 年，平均每年是 882495 镑。到鸦片战争结束、五口通商贸易的第一年即 1843 年，英国输华商品总值便一跃而至 1456180 镑，1844 年又跃至 2305617 镑，1845 年再上一层楼，达到 2394827 镑。仅运到中国的棉纺织品，在 1842—1845 年的短短三年内，其总值就由 70 万镑增加到 170 万镑，增加了近一倍半，其结果是中国传统的手工纺织业受到沉重打击。与此同时，土地兼并的现象也非常严重，再加上水旱虫灾连年不断，广大人民过着水深火热的生活，不少人成了一无所有的游民。为了生存，他们被迫铤而走险，抗粮、抗租以及起义此伏彼起，1840 年到 1850 年的 10 年间全国发生大小农民起义 100 多起，其中又以广西、广东和湖南三省次数最多，声势最盛。太平天国起义便是上述起义的汇合和发展。但它有自己的特点，就是洪秀全通过对基督教的改造与利用，创立了拜上帝会作为发动起义的组织，并提出了以平分土地为核心内容的《天朝田亩制度》，把分散的农民动员和组织起来，从而使太平天国成了中国历史上最大的一次农民起义。从 1851 年 1 月金田起义，到 1853 年 3 月攻克南京，改其名为天京，定为太平天国首都，直到 1864 年 7 月天京陷落，太平天国起义前后历时 14 年之久，先后攻克城市 600 多座，势力覆盖半个中国，沉重打击了清王朝与外国侵略者，在中国历史上写下了光辉的一页，并给后人留下了许多值得认真思考的经验教训。对基督教的改造和利用，既对太平天国起义的发生和发展起过非常重要的积极作用，又给太平天国事业造成过非常严重的消极影响；它绘制了一幅"大同"社会的理想蓝图，这幅蓝图又没有实现的任何可能性；它对封建思想文化进行过猛烈的批判，但又挣脱不出封建思想文化的桎梏；它进行过近代化的尝试，却没有成为中国近代化事业的真正启动者。本部分分为四个方面：一、洪秀全的思想演变及对基督教的改造和利用；二、太平天国反封建反侵略思想；三、《天朝田亩制度》与《资政新篇》；四、太平天国对封建思想文化的批判及其两重性。

1. 洪秀全的思想演变及对基督教的改造和利用

引　言

　　洪秀全（1814—1864），原名仁坤，小名火秀，广东花县（今广州市花都区）人，出身于一个农民家庭。他自幼接受传统的封建文化教育，7岁入私塾读书。16岁那年，他因家庭贫困而辍学，随父兄从事生产劳动。18岁时，他当上私塾教师。从16岁到29岁，他曾先后4次到广州应试秀才，但都名落孙山。科场的失意，使他感到愤懑不平。加上广州地处中国的南大门，与香港水陆相联，是中国最早遭受英国等西方列强侵略和掠夺的地区，也是近代中国人民最早掀起反侵略斗争的地区。清政府的腐败、外国侵略者的罪行以及广大人民群众的反抗斗争，都给洪秀全留下了深刻印象。1836年他到广州参加考试时曾得到过一本名叫《劝世良言》的基督教布道书。这是一本包括九种小书的小册子。该书的编撰者梁发，是广东高明县（今佛山市高明区）人，生于乾隆五十三年（1788），少年时代当过雕刻印刷工人，后来受雇于英国传教士马礼逊刻印《圣经》，并相信了基督教，成了牧师。马礼逊是西方基督教新教派来中国的第一个传教士，于1807年到达广州，从事传教活动。《劝世良言》内容包括马礼逊翻译的一些新旧约《圣经》章节和梁发解释基督教教义的文字。开始，《劝世良言》并未引起洪秀全的注意，他随便翻了翻，就扔到了一边。1843年，他最后一次科举落第后，在别人的劝告下，认真阅读了这本书，对书中所宣传的拜上帝，敬耶稣，反对崇拜偶像邪神，鼓吹天堂永乐、地狱永苦等内容产生了浓厚兴趣。于是他按照书中的启示，祈祷上帝，自行洗礼，以示"去旧从新"，并创立了拜上帝会，开始从事传教活动。这是他一生中的重要转折。1847年春，洪秀全又到广州，跟随美国传教士罗孝全几个月，学习基督教义，得以阅读完整的新旧约《圣经》。洪秀全创立的拜上帝会，一方面吸取了《劝世良言》的某些思想资料，另一方面又根据自己的需要和理解，对之进行了新的解释和发挥，从而使拜上帝会成了动员广大人民群众投身反清斗争的组织。当然，这是问题的一方面。问题的另一方面，洪秀全对基督教的借用又给太平天国事业产生过非常严重的消极影响。成也萧何，败亦萧何，洪秀全借用基督教，既对太平天国起义的发生和发展起过非常重要的作用，也是导致太平天国最终走向覆灭的一个重要原因。

斩邪留正诗

手握乾坤杀伐权，斩邪留正解民悬。
眼通西北江山外，声震东南日月边。
展爪似嫌云路小，腾身何怕汉程偏。
风雷鼓舞三千浪，易象飞龙定在天。
（《太平天国起义记》。这首诗作于广东花县，时在 1837 年春）

金乌诗

鸟向飞兮必如我，我今为王事事可。
身照金乌灾尽消，龙虎将军都辅佐。
（《太平天国起义记》。这首诗作于广东花县，时在 1837 年）

龙潜诗

龙潜海角恐惊天，暂且偷闲跃在渊。
等待风云齐聚会，飞腾六合定乾坤。
（《洪仁玕自述》。这首诗作于洪秀全从广州考罢回家，坐船回花县的船中，时在 1843 年）

吾侪诗

吾侪罪恶实滔天，幸赖耶稣代赎全；
勿信邪魔遵圣诫，惟从上帝力心田。

天堂荣显人宜慕，地狱幽沉我亦怜。

及早回头归正果，免将方寸俗情牵。

（《太平天国起义记》。这首诗作于广东花县，时在 1843 年研读《劝世良言》之后）

神天诗

神天之外更无神，何故愚顽假作真。

只为本身浑失却，焉能超出在凡尘。

（《太平天国起义记》。这首诗作于广东花县，时在 1843 年研读《劝世良言》之后）

吟剑诗

手持三尺定山河，四海为家共饮和。

擒尽妖邪投地网，收残奸宄落天罗。

东南西北敦皇极，日月星辰奏凯歌。

虎啸龙吟光世界，太平一统乐如何。

（《太平天国起义记》。这首诗作于花县，时在 1843 年铸"斩妖剑"之后）

遵上帝诗

非听谗言违叔命，只遵上帝戒条行。

天堂地狱严分路，何敢糊涂过此生。

（《太平天国起义记》。这首诗作于花县官禄布，时在 1844 年"灯节"）

斥六乌

举笔题诗斥六窠，该诛该灭两妖魔。

满山人类归禽兽，到处男歌和女歌。

坏道竟然传得道，龟婆无怪作家婆。

一声霹雳遭雷打，天不容时可若何！

（《太平天日》。这首诗作于广西贵县六乌山，时在 1844 年）

原道救世歌

道之大原出于天，谨将天道觉群贤。

天道祸淫惟福善，及早回头著祖鞭。

道统根源惟一正，历代同揆无后先。

享天福，脱俗缘，

莫将一切俗情牵，须将一切妄念捐。

开辟真神惟上帝，无分贵贱拜宜虔。

天父上帝人人共，天下一家自古传。

盘古以下至三代，君民一体敬皇天。

其时狂者崇上帝，诸侯士庶亦皆然。

试辟人间子事父，贤否俱循内则篇。

天人一气理无二，何得君王私自专！

上帝当拜，人人都同，

何分西北，何分南东？

一丝一缕荷上帝，一饮一食赖天公；

分应朝朝而夕拜，理应颂德而歌功。

人而舍此而他拜，拜尽万般总是空，

非为无益且有损，本心瞒昧罪何穷。

人苟本心还不失，自知呼吸赖苍穹，

五行万物天造化，岂有别神宰其中！

即谓上帝须辅助，断非菩萨赞化工，

如果化工赖菩萨，从前未立理难通。

暄以日兮润以雨，动以雷兮散以风，

此皆上帝之灵妙，天恩能报得光荣。

勿拜邪神，须作正人；

不正天所恶，能正天所亲。

第一不正淫为首，人变为妖天最瞋；

淫人自淫同是怪，盍歌麟趾咏振振。

歪俗移人谁挺立，但须改过急自新。

颜回好学不贰过，非礼四勿励精神。

过而能改方无过，古人所以海谆谆。

自古君师无异任，只将正道觉斯民。

自古善正无异德，只将正道淑其身。

凡有血气心知者，何可乱常而败伦？

凡属顶天立地者，急宜返璞而归真。

鬼心既革，孝经当明。

第二不正忤父母，大犯天条急自更。

羊有跪乳鸦反哺，人不如物忝所生。

历山号泣天为动，鸟为耘只象为耕；

尊为天子富四海，孝德感天夫岂轻。

父兮生我母鞠我，长育劬劳无能名；

恩极昊天难答报，如何孝养竭忠诚。

大孝终身慕父母，视于无形听无声。

孝亲即是孝天帝，培植本根适自荣。

逆亲即是逆天帝，戕伐本根适自倾。

蓼莪诗可读，胞与量宜恢。

第三不正行杀害，自戕同类罪之魁。

普天之下皆兄弟，灵魂同是自天来。

上帝视之皆赤子，人自相残甚恻哀。

是以先代不嗜杀，德合天心天眼开。

宠绥四方惟克相，故能一统受天培。

夏禹泣罪文献洛，天应人归无可猜。

嗜杀人民为草寇，到底岂能免祸灾！

白起项羽终自刎，黄巢李闯安在哉！

自古杀人杀自己，谁云天眼不恢恢？
自古救人救自己，灵魂超拔在天台。
自古利人利自己，福自己求易为推；
自古害人害自己，孽自己作难挽回。
无言不仇德有报，终身可行恕字该。
忠厚可师，廉耻须知。
第四不正为盗贼，不义不仁非所宜，
聚党横行天不佑，罪恶贯盈祸自随。
君子临财无苟得，杨震昏夜尚难欺。
管宁割席因歆顾，山谷孤踪志不移。
夷齐让国甘饿死，首阳山下姓名垂。
古来善正修天爵，富贵浮云未足奇。
杀一不辜行不义，即得天下亦不为。
人能翼翼畏上帝，乐夫天命复奚疑。
岂忍杀越人于货，竟非其有而取之！
营谋珍道义，学习慎规模。
第五不正为巫觋，邪术惑众犯天诛。
死生灾病皆天定，何故诬民妄造符？
作福许妖兼送鬼，修斋建醮尚虚无。
自古死生难自保，岂能代祷保无辜？
自古师巫邪术辈，累世贫穷天不扶。
鬼人送鬼终惹鬼，地狱门开待逆徒，
欲肥己囊增己孽，何不回头早自图！
术艺固须正，品概更宜方。
第六不正为赌博，暗刀杀人心不良。
戒，戒，戒！理不当。
求之有道得有命，勿以诈骗坏心肠，
命果有分何待赌，命无即赌愿难偿。
总之贫富天排定，从吾所好自徜徉。
孔颜疏水箪瓢乐，知命安贫意气扬。

人生在世三更梦，何思何虑复何望！

小富由勤大富命，自古为人当自强。

嗟尔有众，勿谓无妨。

无所不为因赌起，英雄何苦陷迷乡？

不义之财鸩止喝，士农工商耐久长；

千个赌钱千个贱，请尔易虑细思量！

他若自驱陷阱者，炼食洋烟最颠狂；

如今多少英雄汉，多被烟枪自打伤。

即如好酒亦非正，成家宜戒败家汤；

请观桀纣君天下，铁统江山为酒亡。

更有堪舆相命辈，欺瞒上帝罪无疆；

富贵在天生死命，何为惑世顾肥囊？

其余不正难枚举，在人鉴别于微茫。

细行不矜终累德，坚冰未至慎履霜。

禹稷勤劳忧饥溺，当身而显及后狂。

周文孔丘身能正，陟降灵魂在帝旁。

真言语，不铺张，

予魂曾获升天堂，所言确据无荒唐，

婆心固结不能忘，言之不足故言长。

积善之家有余庆，积恶之家有余殃，

顺天者存逆天亡，尊崇上帝得荣光。

（《中国近代史资料丛刊·太平天国》第一册）

百正歌

百正歌，歌百正。真正食天禄，真正畏天命，真正作公作侯，真正作善作正。真正鬼服人钦，真正民安国定，真正邪魔远避，真正天心顺应。尧舜化日光天，由为君能正；禹稷身显后狂，由为臣能正。周家麟趾兴歌，由为父能正；虞廷瞽瞍底豫，由为子能正。周文归心八百，乃以正事不正；孔丘服教三千，乃以正化不正。汤武天应人顺，乃以正伐不正；楚汉项灭刘兴，乃以正胜不正。桀纣亡其家国，乃夫妇不正；庄灵弑于崔夏，乃君臣不正。齐襄生前见杀，乃淫妹不正；楚平死后被鞭，乃纳媳不正。隋杨氏不再传，乃父子不正；唐李氏多内乱，乃男女不正；唐宪宗乱天下，由纵妻不正。狄仁杰人所仰，由拒色能正；武三思人所戮，由贪色不正。百正歌，歌百正。正乃人禽攸分，正乃古今所敬，正乃天爵尊崇，正乃人生本性。能正可享天堂福，不正终归地狱境。正可立地顶天，正可靖奸摄佞，正可行蛮貊，正可锄强梗。身不正，民从所好；身能正，民从所令。身不正，亲戚所畔；身能正，天下所信。身不正，祸因恶积；身能正，福缘善庆。贵不正，终为人倾轧；富不正，终为人兼并。男不正，人类终非；女不正，妖孽究竟。一家不正多乖逆，一国不正多争竞。从来正可制邪，自古邪难胜正。一正福禄日加增，一正祸灾自消尽。（《中国近代史资料丛刊太平天国》第一册）

原道醒世训

从来福大则量大，量大则为大人；福小则量小，量小则为小人。是以泰山不辞土壤，故能成其高；河海不择细流，故能就其深；王者不却众庶，故能成其德。凡此皆量为之也。

无如时至今日，亦难言矣。世道乖漓，人心浇薄，所爱所憎，一出于私。故以此国而憎彼国，以彼国而憎此国者有之；甚至同国以此省此府此县而憎彼省彼府彼县，以彼省彼府彼县而憎此省此府此县者有之；更甚至同省府县，以此乡此里此姓而憎彼乡彼里彼姓，以彼乡彼里彼姓而憎此乡此里此姓者有之。世道人心至此，安得不相陵相夺相斗相杀而沦胥以亡乎！无他，其见小，故其量小也。其以此国而憎彼国，以彼国而憎此国者，其见在国，国以外则不知，故同国则爱之，异国则憎之。其以此省此府此县而憎彼省彼府彼县，以彼省彼府彼县而憎此省此府此县者，其见在省府县，省府县以外则不知，故同省同府同县则爱之，异省异府异县则憎之。其以此乡此里此姓则憎彼乡彼里彼姓，以彼乡彼里彼姓而憎此乡此里此姓者，其见在乡里姓，乡里姓以外则不知，故同乡同里同姓则爱之，异乡异里异姓则憎之。天下爱憎如此，何其见未大而量之不广也！

遐想唐、虞三代之世，天下有无相恤，患难相救，门不闭户，道不拾遗，男女别涂，举选尚德。尧舜病博施，何分此土彼土；禹稷忧溺饥，何分此民彼民；汤武伐暴除残，何分此国彼国；孔孟殆车烦马，何分此邦彼邦？盖实见夫天下凡间，分言之，则有万国，统言之，则实一家。皇上帝天下凡间大共之父也，近而中国是皇上帝主宰化理，远而番国亦然；远而番国是皇上帝生养保佑，近而中国亦然。天下多男人，尽是兄弟之辈，天下多女子，尽是姊妹之群，何得存此疆彼界之私，何可起尔吞我并之念？是故孔丘曰："大道之行也，天下为公，选贤与能，讲信修睦。故人不独亲其亲，不独子其子，使老有所终，壮有所用，幼有所长，鳏寡孤独废疾者皆有所养。男有分，女有归。货恶其弃于地也，不必藏于己；力恶其不出于身也，不必为己。是故奸邪谋闭而不兴，盗窃乱贼而不作，故外户而不闭，是谓大同。"

而今尚可望哉！然而乱极则治，暗极则光，天之道也。于今夜退而日升矣。惟愿天下凡间我们兄弟姊妹，跳出邪魔之鬼门，循行上帝之真道，时凛天威，力遵天诫，相与淑身淑世，相与正己正人，相与作中流之砥柱，相与挽已倒之狂澜。行见天下一家，共享太平。几何乖离浇薄之世，其不一旦变而为公平正直之世也！几何陵夺斗杀之世，其不一旦变而为强不犯弱，众不暴寡，智不诈愚，勇不苦怯之世也！在易，同人于野则亨，量大之谓也；同人于宗则吝，量小之谓也。况量大则福大，而人亦与之俱大；量小则福小，而人亦与之俱小。凡有血气者，安可伤天地之和，而贻井底蛙之诮哉！诗云：

上帝原来是老亲，水源木本急寻真；
量宽异国皆同国，心好天人亦世人。
兽畜相残还不义，乡邻互杀断非仁；
天生天养和为贵，各自相安享太平。
（《中国近代史资料丛刊·太平天国》第一册）

原道觉世训

天下总一家，凡间皆兄弟。何也？自人肉身论，各有父母姓氏，似有此疆彼界之分，而万姓同出一姓，一姓同出一祖，其原亦未始不同。若自人灵魂论，其各灵魂从何以生？从何以出？皆禀皇上帝一元之气以生以出，所谓一本散为万殊，万殊总归一本。孔伋曰："天命之谓性。"《诗》曰："天生蒸〔烝〕民。"《书》曰："天降下民。"昭昭简编，洵不爽也。此圣人所以天下一家，时勤民吾同胞之怀，而不忍一日忘天下。而近代则有阎罗妖注生死邪说，阎罗妖乃是老蛇、妖鬼也，最作怪多变，迷惑缠捉凡间人灵魂。天下凡间我们兄弟姊妹所当共击灭之，惟恐不速者也。而世人偏伸颈于他，何其自失天堂之乐，而自求地狱之苦哉！

论道有真谛，大凡可通于今不可通于古，可通于近不可通于远者，伪道也，邪道也，小道也。据怪人妄说阎罗妖注生死，且问中国经史论及此乎？曰：无有。番国圣经载及此乎？曰：无有。无有，则何以起？怪人佛老之徒出，自陷迷途，贪图射利，诳人以不可知之事，以售己诈，诱人作福建醮，以肥己囊，兼之魔鬼入心，遂造出无数怪诞邪说，迷惑害累世人。如秦政时，怪人诳言东海有三神山，秦政遂遣入海求之，此后代神仙邪说所由起也。究其始，不过一秦政受其惑，所谓差之毫厘，而后代则叠效尤于后，至于固结不可解，所谓失之千里者也。又如汉武时，怪人诳言祠灶丹砂可化黄金，汉武遂信而祠之，于是燕、齐怪诞怪人，多来言神仙怪事矣。又如近代有怪人，诳言东海龙妖发雨。东海龙妖即是阎罗妖变身。雨从天降，众目所视者也。孟轲云："天油然作云，沛然下雨，则苗勃然兴之矣。"周诗云："天上同云，雨雪雰雰，益之以霡霂，既优既渥，既沾既足，生我百谷。"又考番国旧遗诏书，当挪亚时，皇上帝因世人背逆罪大，连降四十日四十夜大雨，洪水横流，沉没世人。此皆凿凿可据，且众目所视，实降于天者也。而世人亦多信怪诞不经之怪说。即一雨论，而世人既多良心死尽，大瞒天恩矣，又遑论其他哉！又如近代有怪和尚诳言阎罗妖怪事，且有玉历记怪书，讹传于世，而世之读死书者亦多惑其说。独不思注生死一事，岂是等闲？既不是等闲，宜为中国、番国各前圣所论及，且笔于书以传后世。而于今历考中国、番国各前圣所论及，且笔于书以传后世者，只说天生天降，皇上帝生养保佑人，未尝说及阎罗妖也；只说死生有命，亦是命于皇上帝已耳，毫无关于阎罗妖也；只说皇上帝审判世人，阴骘下民，临下有赫，又毫无关于阎罗妖也。而世人之读死书者，不信古今远近通行各经典，而信怪人无端突起之怪书，不亦惑哉！此无他，好生恶死，慕福惧祸，恒情也。以恒情而中人心，则其入之也必易，是以邪说一倡，而天下多靡然信之从之。信从久，则见闻熟；见闻熟，则胶固深；胶固深，则难寻其罅漏；难寻其罅漏，则难出其范围。皇上帝纵历生聪明圣智于其间，亦莫不随风而靡矣。此近代所以多惘然不识皇上帝、悍然不畏皇上帝、尽中蛇魔阎罗妖诡计，陷入地狱沉沦而不自知者也。

嘻！后之人虽欲谙天地人之道，其孰从而求之？甚矣，人之好怪也！不求其端，不讯其末，惟怪之欲闻。予想夫天下凡间，人民虽众，总为皇上帝所化所生，生于皇上帝，长亦皇上帝，一衣一食并赖皇上帝。皇上帝天下凡间大共之父也，死生祸福由其主宰，服食器用皆其造成。仰观夫天，一切日月星辰雷雨风云莫非皇上帝之灵妙；俯察夫地，一切山原川泽飞潜动植莫非皇上帝之功能。昭然可见，灼然易知。如是乃谓真神，如是乃为天下凡间所当朝朝夕拜。

有执拗者说曰："皇上帝当拜矣，必然有帮皇上帝保佑人者，譬如君王主治国中，岂无官府辅治也？"不知君王之官府，是其亲手设立调用，故能辅君王以治事也。至若凡人所立一切木石、泥团、纸画各偶像，且问尔，是皇上帝旨意设立否乎？非也。类皆凡人被魔鬼迷蒙灵心，据愚意愚见，人手造出各等奇奇怪怪也。况皇上帝当初六日造成天地、山海、人物，已设有其神使千千万万在天上，任其差遣，何用得凡人所造各等奇奇怪怪者乎？且叛逆皇上帝实甚。考旧遗诏书，皇上帝当初下降西奈山，亲手缮写十款天条在石碑上，付畀摩西。皇上帝亲口吩咐摩西曰："我乃上主皇上帝，尔凡人切不好设立天上地下各偶像来跪拜也。"今尔凡人设立各偶像来跪拜，正是违逆皇上帝旨意。尔凡人反说各偶像是帮皇上帝保佑人，何其被魔鬼迷蒙灵心，蒙懂之极乎！尔不想皇上帝当初六日造成天地、山海、人物，尚不要人帮助，岂今日保佑人又要谁帮助？且问尔，设使皇上帝当初造天不造地，尔足犹有所企立、且犹有田亩开垦否乎？曰：无也。且又问尔，今荷皇上帝之恩，既造天地矣，设使皇上帝不造成地上桑、麻、禾、麦、菽、豆及草、木、水、火、金、铁等物，又不造成水中鱼虾、空中飞鸟、山中野兽、家中畜牲等物，尔身犹有所穿、口犹有所食、饔飧犹有所炊爨、器械犹有所运用否乎？曰：无也。且又问尔，今荷皇上帝之恩，万物备足矣，设使皇上帝一年不出日照耀尔凡人，一年不降雨滋润尔凡人，一年不发雷替尔凡人收妖，一年不吹风散尔凡人郁气，尔凡人犹有收成平安否乎？曰：无也。且又问尔，今荷皇上帝之恩，既有收成平安矣，设使皇上帝一旦怒尔，断绝尔灵气生命，尔口犹能讲、目犹能视、耳犹能听、手犹能持、足犹能行、心犹能谋画否乎？曰：断断不能也。且又问尔，天下凡间欲一时一刻不沾皇上帝恩典得乎？曰：断断不得也。由是观之，天下凡间欲一时一刻不沾皇上帝恩典亦不得，此便是皇上帝明明白白保佑人矣。既是皇上帝明明白白保佑人，尔凡人却另立各偶像，另求保佑。有得食有得穿，曰："我菩萨灵。"明明皇上帝恩典，却误认为邪魔恩典，其邪魔敢冒天恩者，该诛该灭无论矣。尔凡人良心死尽、大瞒天恩，究与妖魔同犯反天之罪，何其愚哉！嗟呼，明明有至尊至贵之真神，天下凡间大共之天父，所当朝朝夕拜而不拜，而拜专迷惑缠捉人灵魂之妖鬼，愚矣！明明有至灵至显之真神，天下凡间大共之天父，求则得之，寻则遇著，扣门则开，所当朝朝夕拜而不拜，而拜无知无识之木石、泥团、纸画各偶像，有口不能言，有鼻不能闻，有耳不能听，有手不能持，有足不能行之蠢物，抑又愚矣！

虽然，流之浊，由源之不清，后之差，由前之不谨。天下凡间无人一时一刻不沾皇上帝恩典，何至于今，竟罕有知谢皇上帝恩典者，其祸本何自始哉？历考中国史册，自盘古至三代，君民一体，皆敬拜皇上帝也。坏自少昊时，九黎初信妖魔，祸延三苗效尤，三代时颇杂有邪神及有用人为尸之错，然其时君民一体，皆敬拜皇上帝，仍如故也。至秦政出，遂开神仙怪事之厉阶，祀虞舜，祭大禹，遣入海求神仙，狂悖莫甚焉。皇上帝，独一无他也，汉文以为有五，其亦暴悖之甚矣。汉武临老虽有悔悟之言曰："始吾以为有神仙，今乃知皆虚妄也。"然其始祠灶、祠泰乙、遣方士求神仙，其亦秦政之流亚也。他若汉宣祠后土，遣求金马碧鸡；汉明崇沙门，遣求天竺佛法；汉桓祠老聃；梁武三舍身；唐宪迎佛骨。至宋徽出，又改称皇上帝为昊天金阙玉皇大帝，夫称昊天金阙，犹可说也，乃称玉皇大帝，则诚亵渎皇上帝之甚者也。皇上帝，天下凡间大共之父也，其尊号岂人所得更改哉！宜乎宋徽身被金虏，同其子宋钦俱死漠北焉。总而论之，九黎、秦政作罪魁于前，历汉文、武、宣、明、桓、梁武、唐宪接迹效尤于后。

至宋徽又更改皇上帝尊号，自宋徽至今，已历六七百年，则天下多惘然不识皇上帝，悍然不畏皇上帝，又何怪焉。

呜呼！天地之中人为贵，万物之中人为灵。人何贵，人何灵？皇上帝子女也。贵乎不贵，灵乎不灵。木石泥团纸画各偶像，物也。人贵于物，灵于物者也，何不自贵而贵于物乎？何不自灵而灵于物乎？近千百年间能不惑神仙怪事者非无其人，究之知其一，莫知其他，明于此转暗于彼，卒无有高出眼孔彻始彻终而洞悉乎魑魅魍魉之诡秘也。北朝周武废佛道，毁淫祠，唐狄仁杰奏焚淫祠一千七百余所，韩愈谏迎佛骨，宋胡迪焚毁无数淫祠，明海瑞谏建醮，之数人者不可谓无特识矣。第其所毁所焚所谏仅曰淫祠、曰佛、曰建醮，则其所不毁不焚不谏者仍在，不知彼所毁所焚所谏者固当毁当焚当谏，即彼所不毁不焚不谏者又何独非当毁当焚当谏乎？何也？皇上帝之外无神也，世间所立一切木石泥团纸画各偶像皆后起也，人为也，被魔鬼迷蒙灵心，颠颠倒倒，自惹蛇魔阎罗妖缠捉者也。

故今沥胆披肝实情谕尔等，尔凡人何能识得神乎？皇上帝乃是真神也。尔凡人跪拜各偶像正是惹鬼。何也？尔凡人所立各偶像其或有道德者既升天堂久矣，何曾在人间受享；其一切无名肿毒者类皆四方头红眼睛蛇魔阎罗妖之妖徒鬼卒，自秦、汉至今一二千年，几多凡人灵魂被这阎罗妖缠捉磨害。俗语云："豆腐是水，阎罗是鬼。"尔等还不醒哉！及今不醒，恐怕迟矣。

实情谕尔等，尔凡人何能识得帝乎？皇上帝乃是帝也。虽世间之主称王足矣，岂容一毫僭越于其间哉！救世主耶稣，皇上帝太子也，亦只称主已耳，天上地下人间有谁大过耶稣者乎？耶稣尚不得称帝，他是何人，敢觊称帝者乎？只见其妄自尊大，自干永远地狱之灾也。

噫，吁！敬拜皇上帝，则为皇上帝子女，生前皇上帝看顾，死后魂升天堂，永远在天上享福，何等快活威风。溺信各邪神，则变成妖徒鬼卒，生前惹鬼缠，死后被鬼捉，永远在地狱受苦，何等羞辱愁烦。孰得孰失，请自思之。天下凡间我们兄弟姊妹，可不醒哉！若终不醒，则真生贱矣，真鬼迷矣，真有福不知享矣！明明千年万万载在天上，永远快活威风，如此大福都不愿享，情愿大犯天条，与魔鬼同犯反天之罪，致惹皇上帝义怒，罚落十八重地狱受永苦，深可悯哉！良足慨已。（《中国近代史资料丛刊·太

平天国》第一册）

钦定旧、前遗诏圣书批解

一、钦定旧遗诏圣书批解

·创世传卷一·

第一章

爷是光，哥是光，主是光。（第三节批注）

第三章

夏娃初信鬼话，致后来子孙受洪雨浸，未见死之前，蛇惑逆圣旨未必死，还做得神，既见死之后，蛇惑有第二世还会变生，代代妇人多信鬼话，致害命也。（第一至七节批注）

第六章

爷降洪雨，因信鬼话，哥降赎罪，因信鬼话。（第十七节批注）

第九章

爷立永约现天虹，天虹弯弯似把弓，弯弯一点是洪日，朕是日头故姓洪。爷先立此记号，预诏差洪日作主也。（第十二至十七节批注）

第十四章

此麦基洗德就是朕。朕前在天上，下凡显此实迹，以作今日下凡作主之凭据也。盖天作事必有引。爷前下凡救以色列出麦西郭，作今日爷下凡作主开天国引子。哥前降生犹太郭，代世赎罪，作今日哥下凡作主大担当引子。朕前下凡犞劳祝福亚伯拉罕，作今日朕下凡作主救人善引子。故爷圣旨有云：有凭有据正为多。钦此。（第十八至二十节批注）

第二十二章

信实上帝故有福，独子敬爷如焚犊。世人有如此真心，得上天堂脱地狱。（第一至十八节批注）

二、钦定前遗诏圣书批解

·马太传福音书卷一·

第三章

圣神是上帝，盖太兄上帝太子太兄来，上帝亦来也。今上帝暨基督下凡

是也。钦此。（第十一至十六节批注）

上帝是炎，太阳亦是炎，故上帝并太阳俱来也。钦此。（第十一节批注）

上帝是圣神，连圣灵俱来，故五十日节期，圣神降临见炎与风。炎与风俱由上帝而出，总合一也。钦此。（第十一节批注）

约翰证太兄是上帝之子。（第十七节批注）

第四章

上帝是炎，故有神光。太兄是炎，故是大光。朕是太阳，故亦是光。钦此。（第十六节批注）

第五章

天国是总天上地下而言，天上有天国、地下有天国、天上地下同是神父天国，勿误认单指天上天国。故太兄预诏云：天国迩来，盖天国来在凡间，今日天父天兄下凡创开天国是也。钦此。（第十九节批注）

第八章

上帝住临太兄头上，太兄一言即是上帝之言，故麻能净也。钦此。（第八节批注）

上帝住临太兄，故出一言抚下手即愈也。钦此。（第十八节批注）

天上使风是东王，故遵之也。钦此。（第二十六至二十七节批注）

鬼识太兄是上帝之子。钦此。（第二十九节批注）

第九章

是颂赞上帝，非颂赞太兄是上帝，盖当时人不信也。（第六至八节批注）

太兄诏愿哀矜无祭祀，是说人要好心方可祭祀。盖好心即是祭祀上帝，非诏人不用祭祀上帝也。钦此。（第十三节批注）

上帝住临太兄，故摸目即见也，令哑即言也。钦此。（第二十九至三十节批注）

第十章

太兄自证是上帝之子。（第三十二至三十三节批注）

今爷哥下凡斩邪留正，验矣。钦此。（第三十四节批注）

第十一章

太兄明明自证是上帝之子。（第二十五至二十七节批注）

第十三章

今天地安息期至，爷哥下凡斩邪留正，收麦焚稗验矣。义人享福在天父之国，验矣。钦此。（第三十七至四十三节批注）

择美掷歹验矣。钦此。（第四十七至十八节批注）

第十五章

以赛亚证，太兄是上帝之子。

第十六章

基督为上帝之子，太兄及门生齐证皆然。钦此。（第十六至十七节批注）

今太兄来矣。钦此。（第二十八节批注）

第十七章

云中出声，基督为上帝太子显然。钦此。（第五节批注）

第二十四章

太兄恐泄故降隐诏，朕是太阳，降世为人则变暗矣。朕妻太阴，降世为人则不发光矣。天将天兵是星宿，降世为人则自天坠地矣。今爷哥升天云而来，选民聚集四方，由天边及其涯而来，样样应验矣。钦此。（第二十九至三十节批注）

今太兄猝然至，不料不知验矣。钦此。（第四十二至四十四节批注）

第二十五章

今太兄降临坐其荣位，万郭集其殿前，验矣。钦此。（第三十一至三十二节批注）

今天国是也。（第三十四节批注）

第二十七章

三点是洪，三日是洪日。太兄隐诏：洪日作主，复建上帝已毁之殿。钦此。（第四十节批注）

· 马可传福音书卷二 ·

第一章

天有声响，上帝太子显然。钦此。（第十节批注）

圣神上帝也，既住临太兄其上，又引太兄，何得另有圣神成太兄的身？又另外有一圣神凑成三位？其中有一圣灵东王也。须知。钦此。（第十至十二节批注）

第二章

上帝住临太兄其上，故诏瘫即起也。当时称赞上帝，非赞太兄为上帝。盖当时人不信太兄也。钦此。（第十至十二节批注）

今天地安息，太兄降凡作主验矣。钦此。（第二十七至二十八节批注）

第十二章

太兄明诏止一太主。后徒因何误解基督即上帝？信如尔解，则是有二上帝矣。钦此。（第二十九节批注）

尔偏误解基督即上帝，上天合为一。缘何大辟之前太兄未生，得见上主语太兄乎？又缘何朕上天时将见天上有天父上帝，天母老妈，又有太兄基督、天上大嫂，今下凡又有天父天母天兄天嫂乎？钦此。（第三十六至三十七节批注）

·路加传福音书卷三·

第一章

是说圣神上帝降临他，非是说圣神上帝入他腹成孕为人也。须知。钦此。（第三十五节批注）

第二章

今日应验矣。钦此。（第十三至十四节批注）

第四章

太兄是说，勿试上帝，非是说己是上帝也。须知。钦此。（第十二节批注）

第七章

是说上帝照临其民，故差太圣人，非是说太兄即上帝也。须知。钦此。（第十六节批注）

第十二章

太兄明诏亵渎圣神不得免罪，分明圣神是上帝也。若误解基督上天同上帝合一，缘何太兄又诏，凡在人前认朕，在神父之前将认之乎？钦此。（第八至十节批注）

·圣差言行传卷五·

第一章

会字被凡情用坏，今改觐字。盖爷哥未下凡作主以前，齐当会集。今爷

哥既下凡作主，以后齐当朝觐也。钦此。（第六节批注）

今基督下凡未〔矣〕。钦此。（第十一节批注）

第二章

变暗化血，隐诏降世为人。钦此。（第二十节批注）。

上帝住临太兄其上，太兄此行上帝此行也。钦此。（第二十二节批注）

第四章

上帝是上主，是说天父上主乃上帝，非是说基督是上帝。须知。钦此。（第二十四节批注）

第七章

右士提反明证基督立上帝之右，则上帝是神父，基督是神子，一而二矣。况太兄亦曾自证乎？今何误认基督即上帝乎？钦此。（第五十五至五十六节批注）

第十五章

今上帝基督下凡，再建上帝殿堂在天京天朝矣。普天下合一均求上主矣。钦此。（第六至十七节批注）

·圣差保罗寄罗马人书·

第一章

保罗亦证基督是上帝之子，非是上帝。钦此。（第三至四节批注）

第九章

上帝独一，基督是上帝太子，不是上帝。钦此。（第五节批注）

第十章

天国起似芥种之微，前未寻上帝，今遇上帝。前未求上帝，今蒙上帝暨基督下凡作主，验矣。钦此。（第二节批注）

·圣差保罗寄哥林多人上书·

第一章

保罗明证，基督为上帝之子。钦此。（第九节批注）

第二章

圣神即上帝，非圣神自圣神，上帝自上帝也。钦此。（第十节批注）

第六章

连圣徒亦是天使。（第一至三节批注）

第八章

保罗明证上帝是上帝，基督是基督。钦此。（第六节批注）

第十一章

存心不在帕，去不去无拘。钦此。（第四至六节批注）

第十五章

一人之生，先有灵魂，后有肉身。盖魂爷先生其魂，后其魂入母腹成肉体，而肉身乃见。钦此。（第四十六节批注）

肉是肉父生，魂是魂爷生。钦此。（第四十七节批注）

神国在天，是上帝大天堂，天上三十三天是也。神国在地，是上帝小天堂，天朝是也。天上大天堂，是灵魂归荣上帝享福之天堂，凡间小天堂，是肉身归荣上帝荣光之天堂。须知。钦此。（第八十节批注）

·圣差保罗寄哥林多人下书·

第一章

分明上帝是上帝，基督是基督。钦此。（第二至三节批注）

·保罗寄以弗所人书·

第二章

上帝十诫律法，太兄圣旨，非想朕来以废律法，律法一点一画不废。钦此。（第十五节批注）

·保罗达帖撒罗尼迦人之首书·

第四章

保罗证上帝暨基督必临，今验矣。钦此。（第十四至十六节批注）

·保罗达提阐之书·

第一章

今上帝圣旨，大员妻不止。钦此。（第六节批注）

·圣差保罗寄希伯来人之书·

第七章

此麦基洗德就是朕，前在天上，老妈生太兄及朕辈。朕时知爷将差太兄由亚伯拉罕后裔而生，故朕劳将兵犒劳祝福亚伯拉罕。盖亚伯拉罕善人也。爷爷圣旨云：禾王作主救人善，一以作今日下凡作主之凭据焉。钦此。（第一至四节批注）

第十章

太兄舍身赎罪之祭，方得罪赦。至依律缘罪之祭，原不得罪赦。但太兄非禁人废祭，在子职本当报本，酧〔酬〕恩祭神父也。须知。钦此。（第十二至十八节批注）

· 约翰上书 ·

第五章

上帝独一至尊，基督是上帝太子，子由父生，原本一体合一。但父自父子自子，一而二二而一也。至圣灵东王也，上帝圣旨边大知瘟脱归灵，东王是上帝爱子，与太兄暨朕同一老妈所生。在未有天地之先者，三位是父子一脉亲。盖天父上帝是独一真神，独一圣神。上帝曰：除朕外，不可有别神别帝也。圣神即是上帝也。若另有圣神，则是有别神矣。即圣神风亦是圣神上帝之风，非风是圣神也。风是东王，天上使风者也。圣神自圣神，风自风，一而二二而一，子由父生原本一体合一。但父自父子自子，又合一又分开也。如今上帝下凡降东王，降托东王是圣神，东王本职则是风，劝慰师也。爷知新约有错记，故降东王，诏证圣神是上帝，风是东王。又知凡人误认基督即上帝，故上帝降东王，以明神父在是。基督降西王以明太子在是。父自父子自子，兄自兄弟自弟，一而二二而一，一下凡间而名份定矣。若泥解基督即上帝，则是有别帝矣。使太兄心何安？今太兄下凡降圣旨教导朕曰：秀全胞弟，尔后来不好称帝，爷方是帝也。太兄周时说子爷，况朕亲上高天见过天父多少，见过天妈多少，见过太兄多少，见过大嫂多少，有凭有据正为多，上天下凡总是一样，耳闻不若目见也。〔钦〕此。（第六至八节批注）

· 圣人约翰天启之传 ·

第三章

今太兄至矣。天朝有天父上帝真神殿，又有太兄基督殿，既刻上帝之名与基督之名也。由天父上帝自天降下之。新也露撒冷今天京是也。验矣。钦此。（第十二节批注）

太兄在天，亦诏证有神父上帝在也。钦此。（第二十节批注）

第六章

朕是太阳，朕妻太阴，变黑如血，是隐诏降世为人。天将天兵是天星坠地者，隐诏降世诛妖。天去如卷卷，且各山岛移本处，是隐诏天地除旧换新，太平一统舆图换新。世上长宪自匿窝穴山岩，是隐诏今时蛇兽伏诛残妖绝灭。今验矣。钦此。（第十二至十七节批注）

第九章

番音亚把顿，即中音阎罗妖也。钦此。（第十节批注）

第十一章

今天父上帝太兄基督下凡带朕暨幼主作主，万郭已归。上帝基督带朕及幼主管理，世世靡既矣。今验矣。钦此。（第十五节批注）

第十二章

太兄暨朕及东王辈，未有天地之先，既蒙天父上帝原配，即是天妈肚肠生出。后爷差太兄赎罪入马和亚胎成人身，故太兄诏未有亚伯拉罕先有太兄。至朕在天上当拉罕时，朕还颇记得，知爷将差太兄由拉罕后裔而生。故朕下救拉罕祝福拉罕，那时朕知爷将差朕作主凡间，故朕欲乘势现身下凡作主。后蒙爷命，要入母腹下去凡间，朕那时知蛇魔阎罗妖须作怪，求爷看顾免被他害。后爷命朕由天上另一位亚妈肚肠而生，以便入世。朕还记得，朕入这位亚妈之胎爷做有记号，即是穿太阳以示身内胎生是太阳也。谁知蛇魔阎罗妖亦知得这妈身胎是朕，上帝特差生入世诛灭这蛇者。故蛇欲吞食之冀占上帝之业，岂知上帝无所不能，生出之儿蛇不能害。朕今诚实自证，前时麦基洗德是朕，太兄升天后身穿太阳，这妈生出之儿亦是朕。故今爷哥下凡带朕作主专诛灭此蛇也。今蛇兽伏诛天下太平矣。验矣。钦此。（第一至五节批注）

此大红龙，即是亚把顿阎罗妖也。钦此。（第三至四节、七至九节批注）

第十四章

今审时既至，故当崇拜上帝，验矣。钦此。（第七节批注）

今当禾熟之时即得救之候，朕是禾王，东王禾乃，禾是比天国良民，禾王、禾乃俱是天国良民之主也。验矣。钦此。

第二十章

今蛇兽被天火烧灭，验矣。钦此。（第七节批注）

第二十一章

在地如在天。约翰所见是天上大天堂。天上地下一样，新也路撒冷今天

京。是上帝基督下凡，带朕暨幼主作主，创开天朝天堂，上帝天堂今在人间，验矣。钦此。（第一至三节批注）

神羔之妻就是天嫂，朕上天时见过多少。今天嫂亦下凡呼朕为叔也。钦此。（第九节批注）

第二十二章

今上帝暨基督至，何圣徒不知欢喜；亦既征验尔所传之福音缘，何不信此？正太兄预诏朕将来也。如贼不知不觉之时至，验矣。钦此。（第七至十二节批注）（《太平天国史料》）

十款天条

十款天条是皇上帝所设。

第一天条崇拜皇上帝　皇上帝为天下万国大共之父，人人是其所生所养，人人是其保佑，人人皆当朝晚敬拜，酬谢其恩。俗语云"天生天养天保佑"，又俗语云"得食莫瞒天"，故凡不拜皇上帝者是犯天条。

诗曰：皇天上帝是真神，朝朝夕拜自超升。天条十款当深记，切勿痴呆昧性真。

第二天条不好拜邪神　皇上帝曰："除我外，不可有别神也。"故皇上帝以外皆是邪神迷惑害累世人者，断不可拜。凡拜一切邪神者是犯天条。

诗曰：邪魔最易惑人灵，错信终为地狱身。劝尔豪雄当醒悟，堂堂天父急相亲。

第三天条不好妄题皇上帝之名　皇上帝本名爷火华，世人不可妄题。凡妄题皇上帝之名及咒骂天者是犯天条。

诗曰：巍巍天父极尊崇，犯分干名鲜克终。真道未知须醒悟，轻狂亵渎罪无穷。

第四天条七日礼拜颂赞皇上帝恩德　皇上帝当初六日造成天地山海人物，第七日完工，名安息日。故世人享皇上帝之福，每七日要分外虔敬礼拜，颂赞皇上帝恩德。

诗曰：世间享福尽由天，颂德歌功理固然。朝夕饔飧须感谢，还期七日拜尤虔。

第五天条孝顺父母　　皇上帝曰："孝顺父母则可遐龄。"凡忤逆父母者是犯天条。

诗曰：大孝终身记有虞，双亲底豫笑欢娱。昊天罔极宜深报，不负生前七尺躯。

第六天条不好杀人害人　　杀人即是杀自己，害人即是害自己。凡杀人害人者是犯天条。

诗曰：天下一家尽兄弟，奚容残杀害群生。成形赋性皆天授，各自相安享太平。

第七天条不好奸邪淫乱　　天下多男人，尽是兄弟之辈；天下多女子，尽皆姊妹之群。天堂子女，男有男行，女有女行，不得混杂。凡男人女人奸淫者名为变怪，最大犯天条。即丢邪眼，起邪心向人，及吹洋烟，唱邪歌，皆是犯天条。

诗曰：邪淫最是恶之魁，变怪成妖甚可哀。欲享天堂真实福，须从克己苦修来。

第八天条不好偷窃劫抢　　贫穷富贵皆皇上帝排定。凡偷窃人物劫抢人物者是犯天条。

诗曰：安贫守分不宜偷，劫抢横行最下流，暴害人民还自害，英雄何不早回头？

第九天条不好讲谎话　　凡讲谎诞鬼怪奸诈之话及讲一切粗言烂话者是犯天条。

诗曰：谎言怪语切宜捐，诡谲横生获罪天。口孽既多终自受，不如慎密正心田。

第十天条不好起贪心　　凡见人妻女好便贪人妻女，见人物产好便贪人物产，及赌博，买票、围〔闱〕姓皆是犯天条。

诗曰：为人切莫起贪心，欲海牵缠祸实深。西奈山前垂诰诫，天条款款烈于今！

回心信实天父皇上帝终有福；硬颈叛逆天父皇上帝总有祸。遵天条，拜真神，分手时天堂易上；泥地俗，信魔鬼，尽头处地狱难逃。溺信邪神，即为邪神卒奴，生时惹鬼所缠，死时被鬼所捉；敬拜上帝，便是上帝子女，来处从天而降，去处向天而升。上帝有主张，尔们切莫慌。真心多凭据，方可上天堂。真心敬上帝，莫信怪人诳。凡情丢却尽，方得上天堂。天上真神一上帝，凡人行错总无知。泥团木石将头磕，问尔灵心失几时？从天妄说是从番，真正凡人蠢且顽。试看汤文钦帝谓，英雄速破鬼门关。顺天获福逆天亡，何故世人论短长？看尔原非菩萨子，缘何不愿转天堂？
（《中国近代史资料丛刊·太平天国》第一册）

太平天日

诏书一。当初天父上主皇上帝六日造成天地山海人物，第七日完工。上古之时，普天下皆知感谢皇上帝恩典。当挪亚时，世人被邪魔诱惑，淫秽世间，皇上帝大怒，连降四十日四十夜大雨，洪水横流，沉没世人殆尽。至后天下皆敬畏皇上帝，惟以色列为最，麦西侯独苦害之。皇上帝大怒，降救以色列出麦西邦，过红海，显大神迹，诛灭妖侯。到西奈山，皇上帝亲设十款天条。奈后世多中魔计，屡犯天条，皇上帝大怒，欲尽灭世人。斯时幸有救世主天兄基督，是皇上帝太子，情愿降凡捐躯，替世人赎罪。皇上帝割离恩爱，因遣天兄基督降生犹大邦，显无数神迹，年三十三，被（按原书此缺第二页）……太平真主，此又是天父、天兄莫大之恩爱，怜恤世人，故特赐真光照凡间。主年二十五岁，在天酉三月初一日子刻，见无数天使自天降下，说接升天。又见穿黄袍小孩子至面前，见有像似雄鸡，高数尺，立于其前。君王父、君王母李，王长、次兄仁发、仁达，嫂黄、信，王娘赖又正月宫等咸在。对父尤悲曰："有负父兄功劳矣！"又命其妻赖又正月宫云："尔为朕妻，尔不可嫁。尔身怀妊，未知男女。男欤，当依兄勿嫁；女欤，亦然。"举家之悲，妻尤悲甚。

俄而天使扶真主坐轿，迤迟从东方大路而升。主在轿甚不过意。到天门，两旁无数娇娥美女迎接，主目不邪视。到天堂，光彩射人，迥异尘凡，见无数穿龙袍角帽者咸来见主。继传旨剖主腹，出旧换新，又将文字排列，旋绕主前，一一读过。后有天母迎而谓曰："我子！尔下凡身秽，待为母洁尔于河，然后可去见尔爷爷。"朕身洁净，天母乃引见天父上主皇上帝，头戴高边帽，身穿黑龙袍，满口金须拖在腹上，像貌最魁梧，身体最高大，坐装最严肃，衣袍最端正，两手覆在膝上。主到前跪拜毕，立于旁。天父上主皇上帝悲诏曰："尔升来么？朕说尔知，甚矣凡间人多无本心也。凡间人谁非朕所生所养？谁非食朕食，衣朕衣？谁非享朕福？天地万物皆朕造成，一切衣食皆朕赐降，如何凡间人享朕福，多瞒昧本心，竟无半点心敬畏朕？甚为妖魔迷惑，耗费朕所赐之物，以之敬妖魔，好似妖魔生他养他。殊不知妖魔害死他，缠捉他，他反不知，朕甚恨焉，悯焉！"主闻此诏，心甚不平，欲即去劝醒他们，使各人识得妖魔诡计，回心敬转天父上主皇上帝。天父上主皇上帝曰："难！难！"

天父上主皇上帝常教主坐装衣袍要齐整，头要轩昂，身要挺直，两手要覆在膝，两脚要八字排开。天父上主皇上帝又携主在高天，指点凡间妖魔迷害人情状，一一指主看明；又将其手降赐，凡间妖魔即冒功劳，亦一一指主看明。指毕，主见皇上帝回头不看，有时天父上主皇上帝见妖魔十分作怪，怒甚，立差天使下凡，诛灭妖魔，倏上来矣。

斯时天父上主皇上帝所指看一切妖魔，总无非冒天父上主皇上帝功劳，迷坏世人行邪事，犯天条，不必敬畏天父上主皇上帝，而敬畏他之意。间有不敬畏他者，他则扰害之，苦磨之。主怒甚，因请天父上主皇上帝曰："爷爷，他们如此作怪，如何不诛灭他？"天父上主皇上帝诏主曰："不但凡间有妖魔，即高天三十三天亦闯有妖魔矣。"主曰："爷爷有这样大权能，要他生即生，要他死即死，缘何容他们闯来？"天父上主皇上帝曰："暂容他们作怪一阵，然后收他，难道他们还走得朕手段！"主曰："但容他一阵，既难为我兄弟姊妹受气矣。"天父上主皇上帝曰："尔且看他们如何，若果容不得，便一概驱逐矣。"天父上主皇上帝又指主看出这四方头红眼之妖魔，主时时关顾他，看见他总是古古怪怪迷惑人，缠捉人。主因请天父上主皇上帝逐他。天父上主皇上帝曰："他们果如此作怪，尔奉朕命斥逐他走。"主奉天父上主皇上帝命，斥逐妖魔头曰："朕天父上主皇上帝吩咐朕来谕尔：'速速好走矣！'"这妖魔头，凡间人所称阎罗妖，又称东海龙妖者，想走又不想走。主迫他走曰："尔速走！此处所在甚好，但尔无福气，又尔腥腥臭臭身，何得居此处住！"妖魔头无奈何，乃走。天堂间有被迷坏心肠者亦欲跟随他走。斯时，救世主天兄基督统众天使咸集，天父上主皇上帝大发圣旨："凡高天人有跟随妖魔头走者，个个要捉回；凡有奸心帮妖者，及一切偷闯之妖魔仔，个个要驱逐下去。"

　　又推勘妖魔作怪之由，总追究孔丘教人之书多错。天父上主皇上帝命摆列三等书，指主看曰："此一等书是朕当前下凡显迹设诫所遗传之书，此书是真，无有差错。又此一等书是朕当前差尔兄基督下凡显神迹捐命赎罪及行为所遗传之书，此书亦是真，无有差错。彼一等书，这是孔丘所遗传之书，即是尔在凡间所读之书，此书甚多差谬，连尔读之，亦被其书教坏了。"天父上主皇上帝因责孔丘曰："尔因何这样教人糊涂了事，致凡人不识朕，尔声名反大过于朕乎？"孔丘始则强辩，终则默想无辞。天兄基督亦责备孔丘曰："尔造出这样书教人，连朕胞弟读尔书亦被尔书教坏了！"众天使亦尽归咎他。主亦斥孔丘曰："尔作出这样书教人，尔这样会作书乎？"孔丘见高天人人归咎他，他便私逃下天，欲与妖魔头偕走。天父上主皇上帝即差主同天使追孔丘，将孔丘捆绑解见天父上主皇上帝。天父上主皇上帝怒甚，命天使鞭挞他。孔丘跪在天兄基督前，再三讨饶，鞭挞甚多，孔丘哀求不已，天父上主皇上帝乃念他功可补过，准他在天享福，永不准他下凡。

　　当时天父上主皇上帝命主战逐妖魔，赐金玺一，云中雪一，命同众天使逐妖魔，三十三天逐层战下。其跟随妖魔头走之兄弟姊妹逐一捉回高天，其有奸心帮妖魔头及偷闯之妖魔仔逐一驱赶。驱赶甚，妖魔头同这妖魔仔回头同主战，但势不能抗主。那时，有天父上主皇上帝作主，妖魔虽诡计百出，总一一被主破尽。主与妖魔战时，天父上主皇上帝在其后，天兄基督亦在其后执金玺照妖。妖不能害主，且妖不敢见金玺，见金玺即走。其妖头甚作怪多变，有时打倒地，倏变为大蛇矣；又将大蛇打倒，倏又变为别样矣，能变得十七八变，虽狗虱之小亦能变焉。主战到愤怒时欲遽收他，天父上主皇上帝大呼曰："不可，不可！只断服他就罢。"主不解其故，天父上主皇上帝谕曰："这妖是老蛇，能迷人食人灵魂，若即收他，许多被他食之灵魂无救矣，况污秽圣所，故暂容他命。"即这妖魔仔，天父上主皇上帝亦吩咐主不可遽收他，待到凡间这一重天然后砍他也。主有时战困而睡，众天使重重围护，妖不能害，睡醒又战。其三十三天所偷闯之妖魔仔，及有奸心帮妖魔头者，俱一一逐下凡间。逐下凡间这重天时，主怒甚，大呼众天使曰："斩！斩！"众天使乃奉天父上主皇上帝命，救世主天兄基督命，又奉主命，将天父上主皇上帝所赐主云中雪砍了妖魔无数，而妖魔头已先遁去矣。于是妖慑服，其遵命落十八重地狱不敢作怪者三分居二焉。主有时战饿，其天母及众小妹摘高天甘果界主食，其色甚黄，其味甚香。主与妖战，其天母及众小妹亦皆出力助主，故所战无不胜矣。

战胜回归高天，天父上主皇上帝十分欢喜，乃封主为"太平天王大道君王全"。天父上主皇上帝命主曰："尔名为全矣，尔从前凡间名头一字犯朕本名，当除去。尔下去凡间，时或称洪秀，时或称洪全，时或称洪秀全，尔细弟之名与尔名有意义焉。"其时主在高天，有殿在东郭，天父上主皇上帝常教他唱诗，或字眼不变，天父上主皇上帝教一字一字长声而唱则变，天父上主皇上帝有时命其天兄基督教主，读字不变，天兄基督发怒，其天嫂劝止其天兄。天嫂甚思量他，可称长嫂当母焉。其天兄基督或有苦迫，其天母即劝止其天兄，其天母甚慈爱他，洵称娇贵之极焉。主正月宫在高天事主甚恭谨，其时正生一子，未曾安名。其高天众小妹亦时或陪主读诗书，琴箫鼓乐，快活无穷。主此时不愿下凡矣。但天父上主皇上帝常命主曰："为爷教尔多读些诗书，后作凭据，尔仍要下凡也。尔若不下凡，凡间人何能得醒，得升天堂乎？"主曰："唯唯。"但主心不愿下凡矣。有时天父上主皇上帝催促甚，主不得已，既下几重天，仍然退回。天父上主皇上帝烈怒，主乃吩咐其正月宫曰："尔且带子同爷爷妈妈哥哥嫂嫂及众小姑同居住，待朕下凡理爷爷事毕，然后升天，同尔享安乐焉。"

于是天父上主皇上帝同其天兄基督及众天使送主下凡，见凡人剃头，天父上主皇上帝怒曰："尔看凡人这样贪威风！"见凡人好饮酒，天父上主皇上帝怒曰："尔看凡人这样变怪，其口好吃！"见凡人食烟，天父上主皇上帝怒曰："尔看凡人这样变怪，其口出烟！"见人淫邪，天父上主皇上帝怒曰："尔看凡人这样变怪，不成人类！"天父上主皇上帝又命主曰："尔今名为全，朕唱诗与尔听，尔牢记在心，待后有对验焉。"天父上主皇上帝唱曰：

有个千字少一笔，在尔身上说话装。

有个介字顶上顶，财宝来装就成王。

一长一短尔名字，有刀无柄又无光。

爷爷生尔是乜名，一横一点不是谎。

有个胡须五寸长，弯弯一点在中央。

天父上主皇上帝又命主曰："尔下去凡间，还有几年不醒，但不醒亦不怕，后有一部书界尔，对明此情。既对明此情，尔即照这一部书行，则无差矣。但尔照此书行，凡间人多毁谤尔，侮笑尔，看小尔。朕唱诗与尔听：

一个牛蹄有百五，人眼看见酒中壶。

看尔面上八十丈，有等处所实在孤。

主别天父上主皇上帝及天兄基督，临下凡时有难色，天父上主皇上帝曰："尔勿惧，尔放胆为之，凡有烦难，有朕作主。左来左顶，右来右顶，随便来，随便顶，尔何惧焉！"天父上主皇上帝命写"天王大道君王全"七字，差其兵权放在主宫门首作凭据。

主自三月初一日升天，至送下凡时约四十余日。天父上主皇上帝虽吩咐甚悉，既在凡间时，则未能尽醒然于心也。后君王母李在宫门首觅见此七字，君王父持与主看，主曰："天果是更朕名为全也！"主遂对其父兄曰："朕是天差来真命天子，斩邪留正。"其族人或亲戚来见，主手直放在胸前，比人要正，曰："尔们要速速炼正，天话尔们变妖矣。今天差朕来收妖怪，朕下天时既落了天罗地网，网尽妖怪矣。"其姊洪辛英来见，主曰："姊，朕是太平天子。"以手画写太平天子四字与姊看，有时唱高天之声与他们听，人以为颠。又有不论男妇，其人好来见，主即施礼请坐，极好讲话；其邪人来见，主则大声叱曰："尔速速走！朕是何人，尔敢大胆来见朕！朕乃真命天子，斩邪留正，尔识得朕么？"其父兄及旁人俱不明其故，总以为颠。君王父且骂之，主曰："朕不是尔之子，尔骂得朕么？"人愈以为颠，不知此正是高天妙算，正天所以遮护主也。

主自是志度恢宏，与前迥不相同。年三十一，岁在癸荣，六月有一天将晓时，主闻有老人在床前呼喊曰："尔还这样好睡乎！尔还不醒乎！"主即起身自思曰："奇矣！"时主适看《劝世良言》一书，看见其书说有一位造天造地造万物大主宰之上帝，人人皆当敬畏他，崇拜他。至于世间所立一切邪魔该杀，皆是凡间人中了蛇魔鬼蜮之计，至为其所捉，陷入地狱沉沦，世人切不可跪拜他，要回心敬转上帝，方能脱魔鬼之手，得上天堂。又说有一位救世主基督，是上帝太子，前一千八百余年，上帝因世人信邪魔，行邪事，背逆罪大，欲尽灭世人则不忍于心，欲尽赦世人则有碍于义，因于无可如何中乃差太子基督降世，替人赎罪，代世人受苦难。临降世时，天使赞扬空中曰："今日有生救世主矣！天上荣归上帝，地下太平，人间恩和矣！"基督年三十，施教传徒，劝世人要在上帝面前悔罪，丢弃一切邪魔，遵守天条，方得升天。年三十三，赎罪期至，被世人陷害，钉死十字架，完成上帝遣降旨意。死后三日复醒，仍与门徒讲明天情四十日之久，然后升天。吩咐门徒曰："天地之间，朕操万权矣。尔们且往普天下万国广传福音与众人听，信者则得救，不信者则被定罪矣。"又说"现今基督在高天为万国救世主，天父上主皇上帝交权与他，统众天使，救世人脱魔鬼之手"等语。将此书所说反复细勘，因想起天酉年升天及下天所见所为之情，一一与此书所说互相印证，若合符节。主乃悟当日临下凡时，天父上主皇上帝曾吩咐曰："尔下去凡间，还有几年不醒，但不醒亦不怕，后有一部书界尔，对明此情。既对明此情，尔即照这一部书行，则无差矣。"即此一部书也。主此时如梦初觉，乃作感悟悔罪诗曰：

吾侪罪恶是滔天，幸赖基督代保全。

克胜邪魔遵圣诫，钦崇上帝正心田。

天堂荣显人宜慕，地狱幽沉朕亦怜。

及早回头归正果，敢将方寸俗情牵。

首与莲花塘李敬芳在天父上主皇上帝面前悔罪。主劝其家人要在天父上主皇上帝面前悔罪，丢弃一切邪魔。主家人初不信，乃将升天时叱其父兄等语晓其家人曰："朕升天时所话老亚公，即是天父上主皇上帝；所话有些食同别人饮了食了，就是敬邪魔；所话尔们无本心，丢却老亚公同别人较好，就是不敬天父上主皇上帝，反敬邪魔。"历历互证一番，其家人方醒，举家在天父上主皇上帝面前悔罪，丢却一切邪魔，遵守天条。

主有族弟干王洪仁玕，颇有信德见识，主将此情对他说明，他即醒悟。主又将此情说知南王冯云山，南王冯云山亦有见识信德，一闻即醒悟。三人同在天父上主皇上帝面前悔罪，同往石角潭浸洗。七月十四日，主到五马岭，将此情对彭参平、彭昌玕、彭寿伯等诏明，他们亦在天父上主皇上帝面前悔罪。其初年颇有人信从之者。

年三十二，岁在甲辰，二月十五日，主同南王冯云山、冯瑞嵩、冯瑞珍出游天下，将此情教导世人。始由广东省城，继由顺德复旋回，转游南海、番禺、增城、从化、清远、英德、函江、阳山、连山等处。三月十八日到白虎圩。主此时意欲自己往游八排，分发冯云山、冯瑞嵩、冯瑞珍三人回家。冯瑞嵩、冯瑞珍二人则愿回，南王冯云山则愿与主遍游天下，艰苦甘心。主乃与南王云山别冯瑞嵩、冯瑞珍往游八排，到南江排，将此情此道劝化瑶人。数日乃出山到蔡江，主曰："现今不若到广西也。"由蔡江到山径，由山径到石田，到荔枝铺，由荔枝铺到金庄，由金庄到南丰，由南丰到鱼捞，由鱼捞［到］封川，由封川到容圩，由容圩到藤县，由藤县到大武，由大武到木落，由木落到蒙圩，一路俱托赖天父上主皇上帝庇护。四月初五日，由蒙圩到广西浔州贵县赐谷村黄盛均表兄家下。主寓其家，时写劝人拜天父上主皇上帝诏传送人。主与南王常寓黄盛均家，其二表兄黄盛潮、三表兄黄盛乾、四表兄黄盛坤、五表兄黄盛爵等则接至家焉。

主闻土人说此处有六窠妖庙，一男一女，甚灵。主问曰："是夫妇乎？"土人曰："非也。当初二人在此山和歌，苟合而死，后人传闻得道，故立像祭祀。"主曰："有是哉，何凡间人愚且甚！他淫奔苟合，天所必诛，而得道，且问得何道乎？"乃悟广西淫乱，男女和歌，禽兽不如，皆由此等妖倡焉。故作诗以斥云：

举笔题诗斥六窠，该诛该灭两妖魔！

满山人类归禽类，到处男歌和女歌。

坏道竟然传得道，龟婆无怪作家婆。

一朝霹雳遭雷打，天不容时可若何！

七月时候，主见表兄家苦，甚难过意，适与南王到田寮，语言有拂逆，主即回赐谷村，与南王云山、洪仁球、恤王洪仁正等议回东。主欲连夜到林桥，待明早他三人赶来也。洪仁球曰："尔连夜私走，人有猜疑焉。"乃明早诏表兄黄盛均曰："朕欲回东矣。"黄盛均曰："他三人回得，臣子黄维正现未放出，主回不得。不若他三人先回去罢，待臣子出来，然后送主回东未迟也。"主决意要回，黄盛均泣曰："若回主东，我亦不留命矣！"南王云山三人并劝主勿回。二十三日，主遣南王冯云山、洪仁球、恤王洪仁正三人先回东，黄盛均送三人到浔州，三人留滞六七天，盘费用去些。南王此时见主未回，他是不愿回东，兼有张永绣劝他同伴不回，故南王独留浔州。

八月十五日，觐王黄为正出班房。其先，主劝表兄黄盛均拜天父上主皇上帝，使他朝晚求天父上主皇上帝救黄为正早早释放。觐王黄为正既归家后，主亦劝他拜天父上主皇上帝，遵守天条。此处兼有人信从真道。

十月初，主欲回东，乃闻南王还在浔州。初九日，黄盛均送主到浔州，主到南门掌塘张考水处跟问南王，张考水曰："九月二十时候，南王同我侄张永绣商议回东也，近日二人未曾到此处，大约二人既回东矣。"主乃不复寻南王，别表兄登舡而回，二十一日始到家。主自二月十五日出游以后，该处人讹传主与南王被人陷害，其父兄半信半疑，时时纳闷，主妻赖又正月宫时时啼哭。后有洪仁球、恤王洪仁正二人带回家信，其父兄方才放心。主到家跟问南王回来否，俱答未回，乃知南王还在浔州也。此时干王洪仁玕染病见天，启奏主曰："兄三十八岁方登天子位也。"

南王与张永绣留滞浔州月余，后至古林张家。乙巳年，南王寓紫荆山高坑冲张家，南王时常将此情教导人，间有信从真道焉。丙午年，南王寓黄泥冲曾玉珍家，南王亦时常将此情教导人。曾玉珍子曾云正颇有见识信德，一闻此情，即回心在天父上主皇上帝面前悔罪，遵守天条。他却信得真，不独不拜偶像，且时常侮弄偶像，人以为颠，他亦无猜疑焉。丁未年，南王仍寓张玉珍家。

主回东后，年三十三，岁在乙巳矣，作原道救世诏、原道救世训。年三十五，岁在丁未，二月初，主与干王洪仁玕到广东省城礼拜堂，后干王仁玕回归，主独留礼拜堂，与花旗番罗孝铨共处数月。主历将旧遗诏圣书、前遗诏圣书细览，乃悟当前战妖时，天父上主皇上帝所指"此一等书，是朕下凡显迹设诚所遗传之书"，即此旧遗诏圣书也；并悟天父上主皇上帝所指"此一等书，是朕差尔兄下凡显神迹也，捐命赎罪及行为所遗诏之书"，即此前遗诏圣书也。

六月初十日，主再游广西，即由省城到官窑，由官窑到西南，由西南到广利，由广利到肇庆，由肇庆到禄步，由禄步到梅子汛地。海边湾有十余强盗拦路，主拔剑，强盗跪赚曰："我们是查私，老将不得动手。"主未开言，强盗既举枪炮刀铳围住，主此时身上所带一剑盒上凿有全字者亦被夺去，行李银钱一空，止剩存些替换衣服。是日到悦城，进退两难。次日由悦城到九官，由九官搭舡到德庆州，时无盘费，心颇烦。时有三水陈某二人劝慰曰："舡到滩头水路开。"主亦以为然，凡事有高天作主："朕今且去搭梧州渡，看天父如何救我也。"主坐舡愁烦无语，只暗求天父上主皇上帝怜救。因想当前升天临送下凡时，天父上主皇上帝曾吩咐曰："尔放胆为之，凡有烦难，有朕作主。""今日当烦难，势必有救，但不知天父上主皇上帝如何救我也。"主每天只食一餐，托赖天父上主皇上帝化醒舟人，时有江西李相肇，广东欧纯、欧艮，高要陈正。主到舡尾食茶，其四人相谈曰："此先生如何这样愁闷？又不食饭，他又不是病，必定别有事情，试问他如何？"主听知四人论己，仍归自己卧处。江西李相肇开口问："先生有何愁闷？饭又不食。"主见问，将根由对他诏明，四人齐声曰："主不早说明，今晚主同我四人食饭，饭钱臣们同主拆，渡钱臣们相劝渡仔，但不知主到何处，还要几多盘费，方能得到也？"主曰："朕到浔州贵县，但约数百文足矣。"四人曰："数百文既足，便易易矣。"主见四人如此大义，较放心些，暗谢天父上主皇上帝。

舡到梧州，四人支拆饭钱外，主于是由梧州搭舡到容圩，由容圩到山寮，由山寮到藤县，由藤县到山村，由山村到大鸟，由大鸟到马皮，由马皮到蒙圩，由蒙圩到贵县赐谷村。旧岁八月，南王同曾云正由紫荆山来探黄盛均，故黄盛均等知南王在紫荆山也。

主甫到数日，便欲到紫荆山。七月十五日，主同觐王黄为正由赐谷到勒马、由勒马到东乡。十七日由东乡路过，逢九妖庙，主入庙，命觐王黄维〔为〕正捧砚，主举笔题诗在壁云：

朕在高天作天王，尔等在地为妖怪。

迷惑上帝子女心，觍然敢受人崇拜。

上帝差朕降凡间，妖魔诡计今何在？

朕统天军不容情，尔等妖魔须走快！

是日到紫荆山，南王喜出望外。越二日，主命觐王黄维〔为〕正转回贵县。主每天同南王写书送人，时将此情教导世人，多有信从真道焉。幸得曾云正四处代传此情，大有功力，故人多明醒也。主居月余，主与南王冯云山、曾云正、曾玉璟、曾观澜等写奏章，求天父上主皇上帝选择险固所在栖身焉。

九月初，主由黄泥冲转寓高坑冲䂒王卢六家，闻土人说象州有一甘妖庙，甚灵。主问有何灵，土人曰："象州州官朱某验尸，经过其庙，他敢拖州官朱某下轿，要这州官朱某送龙袍才放他；即庙祝烧香点灯要打锣，恐或撞见；该处不敢乱讲他，若有人乱讲他，他便作古怪，害此人家中不安，要此人将猪牛祭他，然后无事。"主又问其当初如何出身，土人奏说当初打死母亲。主叹曰："此正是妖魔也！朕先救此一方民。"九月十六日，主率南王冯云山、曾云正、䂒王卢六、陈利往象州破此妖庙。十七日始到，十八日主亲到其庙，以大竹搞此妖魔，骂曰："朕是真命天子，尔识得朕么？天酉年朕升高天，朕天父上主皇上帝命朕同众天使战逐你们一切妖魔，那个妖魔不被朕战到服处？尔今还认得朕么？若认得朕，尔今好速速落地狱矣！打死母亲，尔大罪一；敢冒天父上主皇上帝功劳，尔大罪二；天地万物天父上主皇上帝造成，人人是天父上主皇上帝生养，故人人该跪拜天父上主皇上帝。尔有何功德？人不是尔生，又不是尔养，不关尔事，尔有何面目敢冒天父上主皇上帝功劳，竟觍然受人拜跪，尔大罪为何如乎？迷惑天父上主皇上帝子女心肠，尔大罪三；诱赚天父上主皇上帝子女肉食，尔大罪四；缠捉天父上主皇上帝子女灵魂，尔大罪五；尔细妹与同年坐，尔大罪六；欢悦妇女唱邪歌，尔大罪七；缠捉天父上主皇上帝子女行淫乐，尔大罪八；诱惑天父上主皇上帝子女行邪事，尔大罪九；种种作怪作妖，迷坏害累世人，尔大罪十。犯了十款大罪，天理难容，尔速下地狱，永不准尔在世迷惑害累世人。"命其四人将妖眼挖出，须割去，帽踏烂，龙袍扯碎，身放倒，手放断。主题诗在壁云：

> 题诗行檄斥甘妖，该灭该诛罪不饶。
>
> 打死母亲干国法，欺瞒上帝犯天条，
>
> 迷缠男妇雷当劈，害累世人火定烧。
>
> 作速潜藏归地狱，腥身岂得挂龙袍？

后写"太平天王题"，又写天条及王诏贴壁，诏谕该处人民。其诏云：

"奉天父上主皇上帝真命，太平天王大道君王全诏谕该处人民，尔等知此甘妖怪既犯了天条大罪乎？打死母亲，大罪一；敢犯冒天父上主皇上帝功劳，大罪二；迷惑天父上主皇上帝子女心肠，大罪三；诱赚天父上主皇上帝子女肉食，大罪四；缠捉天父上主皇上帝子女灵魂，大罪五；细妹与同年共坐，大罪六；欢悦妇女唱邪歌，大罪七；缠捉天父上主皇上帝子女行淫乐，大罪八；诱坏天父上主皇上帝子女行邪事，大罪九；种种作妖作怪，迷惑害累世人，大罪十。犯了十款大罪，天理难容，朕奉天父上主皇上帝命亲身到此，毁破此妖。继自今，其令此妖永不准在世作妖作怪，迷惑害累世人；并令该处人等永不准复立此妖庙，仍拜此邪魔。倘敢抗命，定与此妖一同治罪。钦此。"

南王冯云山亦题诗在壁云：

奉天讨伐此甘妖，恶孽昭彰罪莫逃！

迫我弟妹诚敬拜，诱吾弟妹乐歌谣。

生身父母谁人打，敝首邪尸自我抛。

该处人民如害怕，请从土壁读天条。

十九日回归紫荆山。自打破此妖，传闻甚远，信从愈众。

十一月初旬，主又别南王，同曾玉璟由紫荆山到贵县赐谷村。越数日，曾玉璟回紫荆山，主题诗诫他云：

迷途既返速加鞭，振起雄心赶向前；

尽把凡情丢却去，方能直上九重天。

前此主与曾玉璟来贵县时路经武平，十一因风雨甚，主投宿黄四家，主将此情教导该人，间有人信从真道者焉。（《中国近代史资料丛刊·太平天国》第二册）

改太平天国为上帝天国诏

二十六日。天王诏旨。

朕诏同前知之：

爷哥朕幼坐天堂，天国太平空中扬，天国万样爷为头，太平一统天山江；今改为上帝天国，普天一体共父皇，自今玺印通改刻，上帝天国更荣光，玉玺改上帝天国，各印仿刻顶爷纲。

朕今诏明天上地下人间，天父上帝独尊，此开辟来最大之纲常。朕今细思上帝、基督下凡带朕、幼作主，天朝号为太平天国，虽爷乃太平天帝父，哥乃太平天主兄，到底爷为独尊，全敬上帝，改太平天国为上帝天国，更合真理。断自今，玉玺内"太平天国"四字改刻"上帝天国"；凡天朝所封列顶中承爵衔前刻"太平天国天朝九门御林"十字冠首，通改刻"上帝天国天朝九门御林"；凡诏书各件有"太平天国"四字，通改换"上帝天国"以正万古孝敬爷之纲常，普天一家尽归爷哥，世世靡既，永远人间恩和于无尽也。钦哉。（《太平天国文书汇编》卷一）

太平天日今日是诏

天王诏旨。

诏曰：朕诏和甥、福甥、玕胞、达胞、玉胞、秀胞、恩胞、雍侄、贤胞、辅胞、璋胞、万侄、天将、掌率、统管、尽管、神策朝将、护京神将、六部、主、佐将暨西洋众弟妹、众使徒、内外众臣民知之！

归荣天父方真义，归荣始人焉得义？归荣上主方真义，归荣已〔己〕长焉得义？归荣上帝方真义，归荣已〔己〕侯焉得义？归荣天兄方真义，归荣同僚焉得义？归荣天国方真义，归荣已〔己〕邦焉得义？苦诏普天进窄门，爷哥下凡今处分，自古人无见上帝，虑人作像陷沉沦。神父惟神子能识，哥朕识父有耳闻。二十余人证有父，人少说是合天伦；二百余人只知兄，人多说是忘父尊。有父有兄在高天，有天有日照凡缘。爷哥在天朕真日，同创太平万万年。太平天日今日是，福音征验久传先。窄门在爷哥圣旨，信者得救福无边。不比爷哥未降日，现经火升万万千。钦哉。

天父天兄天王太平天国辛酉十一年二月十七日诏。（《太平天国文书汇编》卷一）

2. 太平天国反封建反侵略思想

引　言

　　反清和推翻清王朝统治，是太平天国的动力和目的，但与此前的一些会党不同，太平天国反清和推翻清王朝统治不是为了恢复被清王朝取而代之的明王朝，而是要建立自己的"理想"天国。在从广西进军南京的途中，太平军就以东王杨秀清、西王萧朝贵的名义发布了《奉天诛妖救世安民谕》《奉天讨胡檄布四方谕》和《救一切天生天养中国人民谕》三篇檄文，揭露清政府的黑暗统治，"官以贿得，刑以钱免，富儿当权，豪杰绝望"，号召人民起来推翻它，建立起"理想"的人间天国："务期肃清胡氛，同享太平之乐。"就是到了晚期政权处于风雨飘摇之时，太平天国还以干王洪仁玕的名义发布《讨妖檄文》，重申反清和推翻清王朝、建立自己的"理想"天国的意志和决心。在对外方面，太平天国不承认第一次鸦片战争后英国强迫清政府签订的《南京条约》，而主张与西方各国平等往来，并明确宣布不许从事鸦片贸易，但正当贸易照常进行。当然，因宗教形式相同，太平天国的领袖们对同样信奉上帝的"洋兄弟"也存在着不切实际的幻想，不仅允许"洋兄弟"们"自由出入"太平天国及"货税不征"，而且还希望他们能支持自己推翻清王朝、建立"理想"天国的事业。但其结果却与他们的意愿相违，正是在他们的"洋兄弟"和清王朝的联合围剿下，太平天国最终走向失败。

奉天诛妖救世安民谕

　　真天命太平天国禾乃师赎病主左辅正军师东王杨、右弼又正军师西王萧为奉天诛妖、救世安民事：据《旧遗诏圣书》，天父皇上帝当初六日造成天地山海人物，皇上帝是神爷，是魂爷，无所不知，无所不能，无所不在，天下万国，俱有记及皇上帝之权能。溯自皇上帝造有天地以来，皇上帝大发威怒屡矣。尔世人还未知乎？皇上帝第一次大怒，连降四十日四十夜大雨，洪水横流矣。第二次大怒，皇上帝降凡，救以色列出麦西国矣。第三次大怒，皇上帝遣救世主耶稣降生犹大国，替世人赎罪受苦矣。今次又大怒，丁酉岁，皇上帝遣天使接天王升天，命诛妖，复差天王作主救人。戊申岁，皇上帝恩怜世人之陷溺，被妖魔之迷缠，三月上主皇上帝降凡，九月救世主耶稣降凡，显出无数权能，诛尽几多魔鬼，场场大战，妖魔何能斗得天过？且问皇上帝何怒？乃怒世人拜邪神，行邪事，大犯天条者也。尔世人还未醒乎！生逢其日，得见皇上帝荣光，尔世人何其大幸！生遇其时，得见太平天日，尔世人何其大幸！好醒矣！好醒矣！顺天者存矣！逆天者亡矣！

今满妖咸丰，原属胡奴，乃我中国世仇。兼之率人类变妖类，拜邪神，逆真神，大叛逆皇上帝，天所不容，所必诛者也。嗟尔团勇，不知木本水源，情愿足上首下，瞒高天之大德，反颜事仇；受蛇魔之迷缠，忘恩背主。不思己为中国之善士，本属天朝之良民，竟轻举其足于亡灭之路，而不知爱惜也耶？况查尔们壮丁，多是三合会党，盍思洪门歃血，实为同心同力以灭清，未闻结义拜盟，而反北面于仇敌者也！

今各省有志者万殊之众，名儒学士不少，英雄豪杰亦多。惟愿各各起义，大振旌旗，报不共戴天之仇，共立勤王之勋，本军师有所厚望焉。本军师体上帝好生之德，恫瘝在抱；行仁义之师，胞与为怀，统帅将士，尽忠报国，不得不彻始彻终，实情谕尔等知悉也。独不思天既生真主以御民，自必扶天王以开国，纵妖魔百万，诡计千端，焉能同天打斗乎！但不教而诛，问心何忍，坐视不救，仁者弗为，故特剀切晓谕。尔等凡民，亟早回头，拜真神，丢邪神，复人类，脱妖类，庶几常生有路，得享天福。倘仍执迷不悟，玉石俱焚，那时噬脐，悔之晚矣。切切特谕。

（《中国近代史资料丛刊·太平天国》第一册）

奉天讨胡檄布四方谕

真天命太平天国左辅正军师东王杨、右弼又正军师西王萧为奉天讨胡，檄布四方。若曰：嗟尔有众，明听予言。予惟天下者，中国之天下，非胡虏之天下也；衣食者，中国之衣食，非胡虏之衣食也；子女民人者，中国之子女民人，非胡虏之子女民人也。慨自有明失政，满洲乘衅，混乱中国。盗中国之天下，夺中国之衣食，淫虐中国之子女民人，·而中国以六合之大，九州之众，一任其胡行，而恬不为怪，中国尚得为有人乎！自满洲流毒中国，虐焰燔苍穹，淫毒秽宸极，腥风播于四海，妖气惨于五胡，而中国之人，反低首下心，甘为臣仆。甚矣哉，中国之无人也！

夫中国首也，胡虏足也。中国神州也，胡虏妖人也。中国名为神州者何？天父皇上帝真神也，天地山海是其造成，故从前以神州名中国也。胡虏目为妖人者何？蛇魔阎罗妖邪鬼也，鞑靼妖胡，惟此敬拜，故当今以妖人目胡虏也。奈何足反加首，妖人反盗神州，驱我中国悉变妖魔，罄南山之竹简，写不尽满地淫污，决东海之波涛，洗不净弥天罪孽。予谨按其彰著人间者约略言之：夫中国有中国之形象，今满洲悉令削发，拖一长尾于后，是使中国之人变为禽兽也。中国有中国之衣冠，今满洲另置顶戴，胡衣猴冠，坏先代之服冕，是使中国之人忘其根本也。中国有中国之人伦，前伪妖康熙暗令鞑子一人管十家，淫乱中国之女子，是欲中国之人尽为胡种也。中国有中国之配偶，今满洲妖魔悉收中国之美姬为奴为妾，三千粉黛，皆为羯狗所污，百万红颜，竟与骚狐同寝，言之恸心，谈之污舌，是尽中国之女子而玷辱之也。中国有中国之制度，今满洲造为妖魔条律，使我中国之人无能脱其网罗，无所措其手足，是尽中国之男儿而胁制之也。中国有中国之语言，今满洲造为京腔，更中国音，是欲以胡言胡语惑中国也。凡有水旱，略不怜恤，坐视其饿莩流离，暴露如莽，是欲我中国之人稀少也。满洲又纵贪官污吏，布满天下，使剥民脂膏，士女皆哭泣道路，是欲我中国之人贫穷也。官以贿得，刑以钱免，富儿当权，豪杰绝望，是使我中国之英俊抑郁而死也。凡有起义兴复中国者，动诬以谋反大逆，夷其九族，是欲绝我中国英雄之谋也。满洲之所以愚弄中国，欺侮中国者，无所不用其极，巧矣哉！

昔姚弋仲，胡种也，犹戒其子襄，使归义中国。符融，亦胡种也，每劝其兄坚，使不攻中国。今满洲乃忘其根源之丑贱，乘吴三桂之招引，霸占中国，极恶穷凶。予细查满鞑子之始末，其祖宗乃一白狐一赤狗交媾成精，遂产妖人。种类日滋，自相配合，并无人伦风化。乘中国之无人，盗据华夏。御座之设，野狐升据，朝堂之上，沐猴而冠。我中国不能犁其廷而锄其穴，反中其诡谋，受其凌辱，听其号令，甚至文武官员贪图利禄，拜跪于狐群狗党之中。今夫三尺童子，至无知也，指犬豕而使之拜，则艴然怒。今胡虏犹犬豕也，公等读书知古，毫不知羞。昔文天祥、谢枋得誓死不事元，史可法、瞿式耜誓死不事清，此皆诸公之所熟闻也。予总料满洲之众不过十数万，而我中国之众，不下五千余万，以五千余万之众受制于十万，亦孔之丑矣！

今幸天道好还，中国有复兴之理，人心思治，胡虏有必灭之征。三七之妖运告终，而九五之真人已出。胡罪贯盈，皇天震怒，命我天王肃将天威，创建义旗，扫除妖孽，廓清华夏，恭行天罚。言乎远，言乎迩，孰无左袒之心；或为官，或为民，当急扬徽之志。甲胄干戈，载义声而生色，夫妇男女，据公愤以前驱。誓屠八旗，以安九有。特诏四方英俊，速拜上帝，以奖天衷。执守绪于蔡州，擒妥欢于应昌，兴复久沦之境土，顶起上帝之纲常。其有能擒狗鞑子咸丰来献者，或有能斩其首级来投者，或又有能擒斩一切满洲胡人头目者，奏封大官，决不食言。盖我中国之天下，今既蒙皇上帝开大恩，命我主天王治之，岂胡虏所得而久乱哉！公等世居中国，谁非上帝子女，倘能奉天诛妖，执蝥弧以先登，戒防风之后至，在世英雄无比，在天荣耀无疆。如或执迷不悟，保伪拒真，生为胡人，死为胡鬼。顺逆有大体，华夷有定名，各宜顺天，脱鬼成人。公等苦满洲之祸久矣，至今而犹不知变计，同心戮力，扫荡胡尘，其何以对上帝于高天乎！予兴义兵，上为上帝报瞒天之仇，下为中国解下首之苦，务期肃清胡氛，同享太平之乐。顺天有厚赏，逆天有显戮。布告天下，咸使闻知。（《中国近代史资料丛刊·太平天国》第一册）

救一切天生天养中国人民谕

真天命太平天国左辅正军师东王杨、右弼又正军师西王萧谕救一切天生天养、凡属天父上主皇上帝子女者，又谕救一切中国人民从前不知大义、误帮妖胡自害中国者曰：尔等尽是上帝子女，尔等知否？本军师实情谕尔等，尔等肉身是尔凡肉父母所生，尔等灵魂是上帝所生。上帝是本军师亲爷，亦是尔等亲爷，又亦是天下万国人民亲爷。此所以古语云"天下一家，四海皆兄弟"也。今尔等丢亲爷，拜魔鬼，魔鬼是上帝亲爷仇敌，亦是本军师仇敌，又亦是尔等及天下万国人民仇敌。魔鬼者何？就是尔等所拜祭各菩萨偶像也。各菩萨偶像者何？就是蛇魔红眼睛阎罗妖之妖徒鬼卒也。

蛇魔红眼睛阎罗妖者何？就是皇上帝当初造天造地之时所造生之老蛇。今既变为妖怪，能变得十七八变，东海龙妖亦是他，正是妖头鬼头，专迷惑缠捉凡人灵魂落十八重地狱，做他妖徒鬼卒，听他受用淫污者也。

尔等静想，魔鬼既是专迷惑缠捉上帝子女，就是专迷惑缠捉本军师弟妹，非是本军师仇敌，亦是尔等及天下万国人民仇敌而何？夫魔鬼既是仇敌，焚击之不暇，反伸首就他，任其缠捉。俗语云"豆腐是水，阎罗是鬼"，又俗语云"走鬼走入庙"，尔等听过否？尔等果有灵心未死，将此等俗语静想，亦可以翻然醒悟追悔。丢了亲爷莫大之罪，且中了仇敌诡计，后来坠入地狱沉沦，听魔鬼淫污，狗咁贱，贱过狗矣！

今天父上主皇上帝恩怜凡人中魔鬼毒计，丁酉岁差天使接天王升天，上帝亲命天王诛妖，复差天王降凡，作主救人。戊申岁三月，上帝降凡主张，九月天兄耶稣降凡拯救，今既五年矣。本军师不实情谕明尔等，尔等无知，屡反天逆天，致陷地狱，受千年万万载永苦，本军师问心何忍。故今特剀切谕明尔等，速即丢魔鬼，归亲爷，方可受天百禄也。本军师又实情救尔等，尔等多是中国人民，既是中国人民，何其愚蠢，剃发从妖，胡衣胡服，甘做妖胡奴狗，足上首下，尊卑颠倒。尔等知否？以中国制妖胡，主御奴也，顺也；以妖胡制中国，奴欺主也，逆也。中国甚大，谅多明识大义之人。今幸上帝大开天恩，差天王降凡，作天下万国太平真主。特谕中国人民，从前误在妖营，帮妖逆天，今闻本军师谕，有能即明大义，约同中国人民，擒斩妖胡头目首级亲到天朝投降者，本军师不独赦宥尔等前愆，且将奏明天父，有大大天爵天禄封赏尔等。我主江山万万年，尔子尔孙世袭官爵万万年。且尔等本身既认识上帝亲爷，脱鬼成人，在世荣耀无比，在天享福无疆，永远威风，永远尊贵，岂不胜过帮妖变鬼，生则受鬼迷缠，死则作鬼奴卒，受其淫污恶毒，变成大肿麻疯，变成难看恶鬼，永远在十八重地狱，受无穷无尽苦楚也。孰得孰失，何去何从，必有能辨之者。如有能辨之人，速即反戈替天诛妖，以奖上帝主意，上帝幸甚，其自高天以下，实嘉尔等同心翊赞之力。本军师决不食言，顺天有厚赏，逆天有显戮。布告天下，各宜遵行。（《中国近代史资料丛刊·太平天国》第一册）

地转天旋好诛妖诏

天王诏曰：万样魂爷六日造，同时今日好诛妖。地转实为新地兆，天旋永立新天朝。军行速追诰放胆，京守严巡灭叛逃。一统江山图已到，胞们宽草任逍遥。钦此。（《太平天国文书汇编》卷一）

贬直隶省为罪隶省诏

诏曰：有功当封，有罪当贬。今朕既贬北燕地为妖穴，是因妖现秽其地，妖有罪，地亦因之有罪，故并贬直隶省为罪隶省。天下万国朕无二，京亦无二，天京而外，皆不得僭称京。故特诏清胞速行告谕守城出军所有兵将共知，朕现贬北燕为妖穴，俟灭妖后，方复其名为北燕，并知朕现贬直隶省为罪隶省，俟此省知悔罪，敬拜天父上帝，然后更罪隶之名为迁善省，庶俾天下万国同知妖胡为天父上帝所深谴所必诛之罪人。钦此。（《太平天国史料》第一集）

谕苏省及所属郡县四民诏

天王诏旨。

朕诏苏省及所属郡县四民知之：

爷哥朕幼坐天京，救民涂炭拯民生；民有饥溺朕饥溺，恫瘝在抱秉至情。何况尔民新归附，前遭妖毒陷害深；复经天兵申天讨，遗家弃产朕悯怜。上帝基督带朕幼，照见民困发政仁，酌减征收舒民力，期无失所安众心。共体爷哥朕幼意，咸遵真道乐太平。

朕览秀胞本奏，历述苏省所属郡县新附四民，前经胡妖抽捐抽税，竭尽尔等脂膏，厚敛重征，同天打斗。兹经天朝统率大众，奉行天讨，救民水火之中，同申万郭归爷天义。勖哉四民！既列版图，各宜遵守条命，信是认真，克守天教。朕又念前时天兵征剿，尔等四民畏惧天威，抛弃家产；今虽欣然就抚，各安农业，际此新天新地之期，未有余一余三之积，朕格外体恤民艰，于尔民应征钱漕正款，今〔令〕该地佐将酌减若干。尔庶民得薄一分赋税，即宽出无限生机。其各体谅朕心，益坚信认，安居乐业，同顶爷哥朕幼纲常，同享真福于万万年也。钦此。

太平天国庚申十年九月二十四日诏。（《太平天国文书汇编》卷一）

讨妖檄文

◎钦命文衡正总裁开朝精忠又副军师顶天扶朝纲干王洪为喧谕天下军民官绅士庶人等知悉：

窃思天国永兴也，有无数之祥兆，而妖胡将灭也，有莫大之灾氛。故天意灭奴，诛咸丰之丧于黄土；人心归主，正豪杰之宜顶青天也。

缘蒙天父上帝、天兄基督大开天恩，恩命我真圣主暨救世幼主下凡御世，宰治山河。丁酉年之上天玺剑赐由上帝；四十日之灵体，诗章教自父皇。万鸟来朝，早征幼主降生之瑞；红光绕室，足验天启发迹之祥。起义金田，则天兵暗助；师渡洞庭，则湖不扬波。自是而鼎定天京，历年十有一载于兹而平定天下，约计三分有二矣。

值兹咸丰妖首于七月十有六日已经丧亡，所立妖崽今尚未满五岁，行见权奸得志，祸变寻生，余烬虽存，不久自灰灭矣。大丈夫原不欺寡妇孤儿，本军师岂肯幸灾乐祸？但中年夭折，即是天命既讫之征；智士趋时，必在取乱侮亡之会。况削尔父母毛发，毁我往古冠裳，兵柄尽属满洲，大权尽归妖总。以渔课化为花粉，每年定例八百万两，胡梓里之长白山每年亦定收八百余万，既盗我邦之珍宝，又毒我国之身灵。年耗五千万银之鸦片烟，历教十八省人之拜妖佛，事事坏我纲常，条条制我族类，此文天祥、谢枋得所以死不事元，瞿式耜、史可法所以誓不事奴也。倘不乘此妖亡孽立之秋，天夺人弃之候，为中华雪数百年未雪之耻，为祖父复数百年未复之仇，则将来中华之自罹奇祸，屈而莫伸者，不堪为后人述矣。

尔等凡属华裔，悉是夏宗，皆系天堂子女，无非一脉弟昆，何于妖胡妖崽犹肯为他出力，而为本国本省尚不各献其城？其以堂堂天国之华人，甘为区区五岁之妖儿捐躯赴难、屈膝低头，鲜有以十八省之大被满洲三省所制为辱，五百万万之众受制鞑妖三百余万为羞者，诚为可怒可怜可悲可哭之中国，不堪尚对于上帝冠冕于诸邦矣。

况证以胡不满百之据，数既二倍有奇，考其鞑惑中华之污，指实难以屈算。盖奴妖胡种也，其自顺治乱我诸夏，实为罪魁，十八省之忠良多遭屠弑，十八年之闽粤以死为降。再传康熙，招妹纳宠，伪大司马龚鼎孳为之煽惑而售其欺，房帏之地，丑声藉藉，秽恶彰闻，一如墙茨之不可扫也。雍正、乾隆以下，奸奴和升揽权，卖官鬻爵，荼毒等于鲸鲵。嘉庆、道光两世，穆彰阿贿赂公行，世人谓为上和下穆，道路以目。华官汪鼎拟参穆之稿十有八条，伊命革之先，亲授伊甥伪侍郎张苿，孰料其阿谀逢迎于穆，其事中止；然书其历传，既已污乎笔砚，而考其行迹，尤足痛我肝肠。名为满不夺华魁，自其设科，首选者刘子壮大魁天下，终其身不见大用；状元宰相历五六世，潘世恩一人而已。其余封疆大员，遇缺即补，满肥华瘠，满尊华卑焉已尔。不纳华女，究竟元明园藏垢纳污，皆华奸也。我中国屯粮津，增银两，尽供各省鞑狗虚糜，种种罪恶，上通于天，擢发难数。加以咸丰么么小子，博奕酗酒，取之尽锱铢，挥之如泥沙。元明园其醉乡也，设男院其渔色也。今则园已灰烬，身堕地狱，遗数龄之余孽，难继妖传，胁强支之妖宗，定移妖位，吾知智者无能用其谋，勇者无能用其力也。乃我中土华人曷不乘时雪忿，勿为妖惑自糜？正可乘势顶天，无愧英雄立世。奋臂则宇宙从风，号召则四海相应，将见普天率土，仍是文物华人，省郡州县，依然堂皇国号。

所望尔等认天识主，弃暗投明，助灭残妖，共佐天朝事业；奋兴有志，共成后日功名。或献城池，或输粮饷，或投军效用，或率众来降，或起义师合兵北伐，或擒妖首进献天都，本军师无不破格奏赏，锡爵酬勋。尔等旗常纪绩，竹帛垂名，荫子封妻，自有后来真福；官高爵显，同沾开国荣光。倘其执迷不醒，仍作妖呱崽之仆从，坐昧先几，甘为死鞑狗之守墓，不日天兵所到，捷如摧枯，王威所临，势如破竹，纵免玉石之俱焚，难免斧钺之惊悚。本军师等仰体我真圣主一视同仁之心，而切作尔天下士违天不祥之惧。爰举实事，明示四方。所愿卓荦英才，趁此共图骏业，并期果敢从事，无庸更执狐疑。还我中国之体面，决计只在须臾；遂尔毕世之功名，转关只争俄顷。机不可失，时不再来，无作缓图，致贻后悔。布告中外，咸使闻知。

◎钦命文衡正总裁开朝精忠又副军师顶天扶朝纲干王洪为实情劝谕弃暗投明，共出迷途，各保永福事：

　　缘夫天下者中华之天下，非胡虏之天下也；宝位者中华之宝位，非胡虏之宝位也；子女玉帛者中华之子女玉帛，非胡虏之子女玉帛也。慨自明季凌夷，鞑妖乘衅，窜入中华，盗窃神器，而当时官兵人民未能共愤义勇，驱逐出境，扫清膻秽，反致低首下心，为其仆从，迄今二百余年，浊乱中华，钳制兵民，刑禁法维，无所不至，而一切英雄豪杰莫不为其所制而甘为之用。吁，实足令人言之痛心，恨之刺骨者矣！

　　然从前尔等官兵为妖所用，本系被其迫胁，原难深罪。且前时未逢真圣主首出，无所依归，尔等又不能共创义举，自不能舍妖他适。譬如黑暗之中，未睹天日，暗中摩挲，不辨方位，何能不误入迷途以待天晓乎！兹者三七之妖运告终，九五之真人已出，恭维天父天兄大开天恩，亲命我真圣主天王降凡御世，用夏变夷，斩邪留正，誓扫胡尘，拓开疆土，此诚千古难逢之际会，正宜建万世不朽之勋猷。是以一时智谋之士，英杰之俦，无不瞻云就日，望风景从，诚以深明乎去逆效顺之理，以共建乎敬天勤王之绩也。惟是尔等官兵人等，虽现为妖官妖兵，亦皆是天父之子女，不过从前误为妖用，不能不听其驱使，遂至助妖为害，同天打斗，迹虽可恨，情实可原。今既遇真主当阳，自宜弃暗投明，亟归正道，涤旧染之污俗，作天堂之子女。且我天王恩高德厚，援救苍生，凡能敬天识主，倾心归附，莫不一视同仁，待以异数。

　　本军师等诚恐尔等执迷不悟，受妖蛊惑，用是不惜援手拯溺，警聋振铎，特将顺逆之大原，利害之实迹，为尔等剀切谕明之。夫鞑妖之笼络华人，首以官职，尔等试思，凡有美缺要任，皆系满妖补受，而冲繁疲难者则以华人当之，使其亏空挂误，动辄得咎，名虽为官，何殊桎梏。若夫升迁选调，满妖则通同保荐，各踞显要，一属华人，则非妖头批驳，即是妖部阻隔，纵使功绩赫奕，终竟非贿不行。至兵则满兵双粮，华兵单饷，一遇战阵，则华兵前驱，满兵后殿，故每天兵临压，立成齑粉。其肝脑涂地尸骨堆山者，惟华兵为最多，而满兵在后，一见前锋失利，即鼠窜奔逃，其罹锋刃冒矢石者，皆以华人为之障蔽，故世俗呼乡勇为"挡死牌"，而呼华兵为"替死鬼"也。至于犒赏颁赐则又皆满妖是问，而汉兵无与焉。且尔等之所以抛父母，离乡井，披霜触暑，出生入死者，无非欲稍建功名耳。而鞑妖于军中功名则又无所定准，任是红蓝白顶皆是虚无假借，故俗以军功顶戴谓之"太平消"，盖以急则予之，缓则夺之也。尔等又何苦以百战之余身，而博此虚假之名器乎！且也，千里征调，飞符迅急，千山万水，跋涉从戎，露宿风餐，辛勤毕备，身未建乎功名，人已丧于锋镝，良可惜也。况尔等为兵为勇之人，多系平日误作非为，是以借兵勇以为逃死之地。不知本乡之地恶尔等如同虺蜴，而鞑妖又严其法网，多方责治，使一旦还乡，乡人即共相诛殛，非活埋诸土，即生弃诸渊，此本军师在东时并身历八省实所亲见。尔等无论不能身致荣显，即或稍有寸进，亦终不能荣归故里。故谚有之曰："富贵不还乡，如衣锦夜行。"乃尔等从军则有死而无生，还家则以生而就死，容身无地，死而后已，午夜自思，实堪悲痛。是皆尔等为妖所用，是以一至于此，果何利而何图而顾甘心隐忍乎！然此不过就其待尔兵勇者大约言之，至于荼毒生灵，害虐黎庶，则又截南山之竹，书罪无穷；决东海之波，流恶无尽者也。鞑妖之流毒我中华者如此，凡我中华之人，皆鞑妖之世仇，所宜共奋义怒，歼此丑夷，恢复旧疆，不留余孽。斯则天理之正，好恶之公，何反含羞忍耻为之奴隶，违背天朝，不思归附，是何异旷安宅而弗居，舍正路而不由？嗟嗟！可恨矣，抑可哀矣！

尔等抑知我天朝廓达大度，胞与为怀，不分新旧兄弟，皆是视同一体。大功大封，小功小赏，上而王侯将相，下而兵士妇孺，俱使衣食得所，居处相安，有家者固团圞以相乐，无室者亦婚配以各遂，虽在军旅之中，仍不废家庭之乐。以视尔等流离异域，横死疆场者，真不啻天壤之别也。况乎共扶真主，各建殊勋，今时则荣光永享，后世则竹帛昭垂，千载一时，勋名何既？矧乎太平一统，即在目前，不下三五年间，俱是开国勋臣，那时分茅裂土，衣锦荣归，闾里辉煌，方不负大丈夫建功立业之志。尔等何竟昧于从违而不早图变计乎！且我天朝天恩广大，往者不追，尔等果能悔悟来归，定然量材录用，切勿以曾为妖鞑之官兵自怀疑畏，裹足不前，务当亟早回头，速出迷津，各保永福，本军师实有厚望焉。倘仍至死不悟，甘为妖奴，转瞬天兵攻克，噬脐无及，尔时悔之亦已晚矣。本军师等念切中土被妖披靡，故实情明谕，虽痛切不知所言，孰得孰失，请自思之，何去何从，当自谅之。速著先几之识，勿贻后至之诛，庶无负本军师谆谆醒谕之至意焉。布告尔众，咸使闻知。
（《中国近代史资料丛刊·太平天国》第二册）

论时势

一、〔洪秀全〕时论时势，则慷慨激昂……〔怒斥清朝统治者〕每年化中国之金银几千万为烟土，收花民之脂膏数百万为花粉。一年如是，年年如是，至今二百年，中国之民富者安得不贫？贫者安能守法？不法安得不问伊黎〔犁〕省或乌隆江或吉林为奴为隶乎？（《钦定英杰归真》。这是洪秀全与其族弟洪仁玕的一次谈话，具体时间不详）

二、上帝划分世上各国，以海洋为界，犹如父亲分家产于儿辈，各人当尊重父亲之遗嘱，而各自保管其所得之产业，奈何满洲人以暴力侵入中国而强争其兄弟之产耶！

如果上帝助吾恢复祖国，我当教各国各自保管其自有之产业，而不侵害别人所有；我们将要彼此有交谊，互通真理及知识，而各以礼相接；我们共拜同一天父，而共崇敬同一天兄世界救世主之真道；这是自从我的灵魂被接上天后之心中大愿也。（《太平天国起义记》。这是 1846 年洪秀全居住花县时与洪仁玕的谈话）

三、秀全常夸赞基督教之教理，且曰："过于忍耐或谦卑，殊不适用于今时，盖将无以管镇邪恶之世也。"（《太平天国起义记》，作于花县，时在 1845 年至 1846 年间）

反对外国干涉

鬼子到过天京，与天王及〔叙〕过，要与天王平分地土，其愿助之。天王云不肯："我争中国，欲相〔想〕全图，事成平定，天下失笑，不成之后，引鬼入邦。"此语是与朝臣谈及。后〔不〕肯从。（《李秀成自述》。据罗尔纲考证，时在 1861 年 10 月下旬左右）

赐英国全权特使额尔金诏

朕诏西洋番弟明，天情迥不比凡情：天父上主皇上帝，普天大共圣父亲，朕之胞兄是耶稣，朕之胞弟是秀清。戊甲三月上帝降，托传东王乃世人，是年九月救主降，托传西王形迹彰。爷哥带朕坐天国，大显权能坐天堂，建都天京开天国，万国臣民朝父皇。真神殿在天朝内，基督殿同永荣光。

丁酉年时朕升天，爷爷真命授诗篇，嘱朕熟读作凭据，将诗认爷免倒颠。爷又命哥教朕读，爷哥亲教嘱连连，天父上帝海底量，三十三天妖闯上。爷哥带朕层层逐，天将天兵护两旁。那时砍了三份二，天门重重尽提防，尽打妖魔落地下，只剩一分显父皇。爷后嘱朕再下凡，万事有爷作当担，嘱朕放胆不用慌，有爷出头嘱再三。

戊申南王困桂平，朕求爷降显威严。朕时由西回粤东，天父下凡救出南。东王赎病是圣灵，爷爷降托灭妖精。诛了无数死魔鬼，故能如此早到京。爷降凡间悉圣旨，朕尽读过记清清，故此认爷能不错，爷哥带朕宰太平。爷遣东王来赎病，眼蒙耳聋口无声。受了无尽的辛苦，战妖损破颈跌横。爷爷预先降圣旨，师由外出苦难清，期至朝观遭陷害，爷爷圣旨总成行。太兄赎罪把命捐，替出世人万万千。东王赎病同哥苦，瘟脱归灵谢爷恩。爷哥草内万不知，欲调真草上高天，爷爷圣旨降无数，略举一二降诏宣：

天父下凡又几年，天兄护降苦同先，耶稣为尔救世主，尽心教导本仍然。天父生全为尔主，何不尽忠妄修前，尔们多有重逆令，朕无旨出胆如天。

天父下凡事因谁，耶稣舍命代何为？天降尔王为真主，何用烦愁胆心飞。

万方儿小别家庭，离乡立志做忠臣，前来勤王当虎豹，今知有主可成人。不信山中清贵出，亦念魂爷立主真，凭据权能天作主，千图勇敢碎如尘。

万方万国万来朝，万山万水万飘遥，万里万眼万钻至，万知万福万功劳。

瞒天莫道天不知，天量如海也无迟，看尔些有无胆志，不做忠臣到何时？尔想三更逃黑路，不过天光怨鬼迷，各为尔王行真道，信实天父莫狐疑。

天生真主坐山河。那时上帝降此一句圣旨，命朕续尾三句。朕续云：天父天兄劳心多，所有权能归上主，太平一统乐如何！上帝又降圣旨曰：九重天上一东王，辅佐江山耐久长。上帝降此二句圣旨，又命朕续尾二句。朕遵爷圣旨续二句云：禾乃师兼赎病主，乃粜世人大担当。后上帝改云：主立东西双凤子，东西南北尽朝阳。上帝又改云：主立东西双凤子，蒙天恩降共朝阳。

以上略举爷圣旨，朕实诏尔番弟知。天父天兄真不凡，真凭真据在爷诗，神迹权能言不尽，早到天堂可悟之。

太兄耶稣同爷样，半句圣旨无差移。天父上帝真上帝，天兄耶稣真天兄，爷哥带朕坐天国，扫灭邪神赐光荣，西洋番弟听朕诏，同顶爷哥灭臭虫。万事爷哥朕作主，弟们踊跃建万功。朕前游行粤东省，礼拜堂诏罗孝全。那时朕诏上过天，天父天兄托大权，于今孝全曾到否？到则上朝共朕言。朕乃上帝第二子，哥暨东王同胞连。同敬天父同一家，地下太平早既言。天国迩来今既来，西洋番弟把心开，朕前上天见爷排，万国扶朕在天台。爷排定定今来到，替天出力该又该。替爷替哥杀妖魔，报爷生养战胜回。朕立幼主继耶稣，双承哥朕坐天都，幼主一半耶稣主，一半朕子迓天麻，代代幼主上帝子，双承哥朕一统书。西洋番弟朝上主，朕意哥使然乎。

太兄前钉十字架，使留记号无些差，十全大吉就是朕，万样总是排由爷。太兄复苏在三日，三日建殿不是夸。朕乃爷生是三日，建爷哥殿诛魔蛇。癸好三年斩魔蛇，乙荣灭兽赖爷哥，蛇兽伏诛永一统，普天同唱太平歌。西洋番弟朝上帝，爷哥带朕坐山河。朕今实情诏弟等，欢喜来朝报爷哥。朕据众臣本章奏，方知弟等到天都，朕诏众臣礼相待，兄弟团圆莫疑狐。朕虑弟们不知得，故降诏旨情相乎。西洋番弟朝上帝，人间恩和在斯乎！钦此。
（《太平天国文书汇编》卷一）

谕普天番镇爷哥带朕幼共治理世界诏

朕治〔诏〕普天番镇所有将兵：万邦归天父上主帝父亲，万邦归救世主大兄基督，天地人前今后三共太平。爷前下凡设天诚为今日，哥前赎罪乃使刀斩妖精。哥预诏天国尔〔迩〕来并必至，爷哥今下凡创开天朝廷，带朕暨幼主共治理世界，父子公叔〔孙〕同作［主］天地新。救世幼主乃天父上帝子，又大兄基督子朕子作主。爷哥带朕三子爷共合一，真命幼主为尔万邦元首。尔等齐认尔东王西王，上帝基督〔圣旨〕由伊口授，乃龛世人同登天转天堂，古今前后一大统归天父。普天有福同登天京天朝，爷哥圣灵〔旨〕成行流传万古。爷〔爷〕劳六日全敬皇上帝，坦盘惑蛇恶报遗害于世，爷降洪雨留出八口挪亚，赎罪赎病询哉恩中有义。近在天西爷差接朕上天，哥带朕亲〔战〕逐蛇魔落地。戊申三九爷哥恩降凡间，带朕暨幼主宰太平靡暨。福音久传今见真福荣光，爷哥恩爱诚哉无所不至。普天下众臣民齐欢喜也。钦此。（《吴煦档案中的太平天国史料选辑》）

谕普天番镇嘉尔朝天朝主真诏

奉天爷天爹暨爹命，朕治〔诏〕普天众番镇。嘉尔归荣帝真神，嘉尔诚心靠基督，嘉尔朝天朝主真。嘉尔回朝忠报国，嘉尔顶天灭妖精。嘉尔同心顶天国，嘉尔有志扶太平。嘉尔确是天兵将，嘉尔传福音艰辛。爷爹爹朕照尔〔等〕，顶天报国无更移。遵治〔诏〕尔太平天国，万邦归爷是真理，齐结信果归上帝，依靠基督血淋漓。尔等雄心理天事，录功回朝报朕知。有大功宜有重赏，福音久传验今时。钦此。（《吴煦档案中的太平天国史料选辑》）

谕西洋番镇齐认爷爹天堂诏

奉天爷天爹暨爹命，朕治〔诏〕西洋番镇人。真是忠心敬爷亲，〔认〕得基督救世主，真是天差天将兵。果尔忠真天差来，雄心顶天扶太平。忠敬爷爹爹暨朕，真忠报国实忠真。朕〔嘉尔忠诚耐真忠，久传福音是大功，爷爹爹朕齐欢喜，尔见爷爹赐高爵〕嘉尔志诚敬上帝，齐认爷爹天堂通，坚耐雄心登天国，天赐高爵万万重。钦此。（《吴煦档案中的太平天国史料选辑》）

赐通事官领袖接天义罗孝全诏

朕诏通事官领袖接天义罗孝全暨西洋同家、同一父母哥嫂、众弟妹、众使徒、众臣民等知之：

人论无定天论定，上帝基督圣旨明。［餁］养不□循天□，爷哥下凡主断真。约书不好些当去，借皇称帝逆爷亲。父女妹嫂不可训，弟夺兄嘏悖天情。基督乃主言乃诏，不是尔我这等称。

朕来乃是成约书，征验福者在斯乎。天国迩来今真来，哥至如贼确不诬。在地如天圣旨行，三即是洪认得无？父子公孙非两主，统归上帝转天都。接幼如接爷□□，哥今更劳召使行。

浸水虽义火更义，人火以火必经试。哥偕圣神火俱临，爷哥朕幼同御世。信爷及朕更信哥，坚耐加信终须记。天国由小起非国，认哥芥种这等喻。天国捉一又释一，哥来使刀今日是。

孝全认得尔主、尔神、尔爷、尔哥来否？西洋同家人暨众圣徒认得尔主、尔神、尔爷、尔妈、尔哥、尔基督、尔先师、尔太嫂来否？天上地下有天国、天京、天朝、天堂，上帝天国天堂降临人间，举世尽归爷哥，其国靡既，醒否？信否？心静有福，福至心灵，醒信福祉矣！朕顾天父上帝暨太兄基督时常眷庇，祝福尔们永平安焉。好醒矣！好信矣！基督圣旨云："在人前不认朕者，朕在天父之前亦不认他也。"天父上帝海底量，今认得爷哥仍未迟也。孝全西洋同家人，识得朕心否？朕今钦赐各项诏书，尔等细认，朕诚上天否？上帝圣旨："尔们认得禾救饥，乃念日头好上天。"醒否？信否？醒信福祉矣！忠上加忠，义上加义，将再见尤大之情矣！福祉靡既矣！钦哉。
（《太平天国文书汇编》卷一）

对外国人的新规定诏

天王诏旨。诏诸王、众臣及天朝内外番民知之：

天地之间上帝无不在焉。上帝之巨手于六日内万样造齐全。上帝与基督已降世。上帝乃诸物之首，已命朕及幼主为天国之主。上帝天国包容万方，至美至善。

拜上帝者升天堂，万国一体，天下一家。

朕昔已立下三条规定，今再加三条。上帝劳作六日，朕亦设六条规定也。

一、共敬上天之仁爱；

二、纳税以奉天；

三、敬天而不得助妖；

四、如尔登岸逗留，不得侵占为害；

五、不得夜间开船潜行；

六、不得违背禁物之规。(《洪秀全全集》)

谕英使文翰

真天命太平天国天朝禾乃师赎病主左辅正军师东王杨、右弼又正军师西王萧谕尔远来英人知悉：尔等英人久已拜天，今来谒主，特颁谕抚慰，使各安心，请除疑惑。天父上主皇上帝自始创造天地、海陆、人物于六日中，由是天下为一家，四海之内皆兄弟也。彼此之间，既无差别之处，焉有主从之分？自人类受魔鬼之试诱，深入人心，忘却天父上帝给予生命、维持生命之恩惠，忽视天兄耶稣代人赎罪之无极功德；将泥土木石为神，淫昏颠倒。胡人满洲窃取天朝，其祸尤烈。所幸天父、天兄降福与尔英人，使尔知奉天父上帝，知敬天兄耶稣，真理赖以宣传，福音赖以保全。更幸今天父上主皇上帝大发慈悲，派天使传吾主天王升天，亲自授以威权，肃清三十三天各种妖魔，因此，妖魔尽被驱逐下地狱矣。尤幸者，天父上帝大发慈悲，乃于戊申年三月下凡，救世主天兄耶稣广示恩惠，亦于是年九月降临。六年以来，天父、天兄指导各事，显示神力，已有无数奇能证据，灭绝无数妖魔，庇护天王，统治斯土。尔海外英民，不远千里而来归顺我朝，不仅天朝将士兵卒踊跃欢迎，即上天之天父、天兄当亦嘉汝忠义也。兹特降谕，准尔英酋带尔人民自由出入，随意进退，无论协助我天兵歼灭妖敌，或照常经营商业，悉听其便。深望尔等能随吾人勤事天王，以立功业，而报答天神之深恩。为此用特示以吾主太平诏命，告谕尔等英人，使凡人皆识崇拜天父、天兄，而且得知吾主天王所在之处，凡人当合心朝拜其受命自天也。特此谕示，一体周知。

太平天国癸好三月二十六日(《中国近代史资料丛刊·太平天国》第六册)

谕尚海松江人民、清朝兵勇及外国侵略者檄

真天命太平天国九门御林忠义宿卫军忠王李为谆谕尚〔上〕海、松江人民清朝兵勇，各宜去逆归顺，同沐天恩，毋得自取灭亡事：照得伐暴安良，固宜逆诛而顺抚，而开疆拓土，尤宜柔远而怀来。缘念本藩自去冬恭承简命，统师上游江、楚，复由江、楚班师而进□浙省。凡所经过之地，其于投诚之百姓则抚之安之，其于归降之勇目则爵之禄之，无不在在仰体上天好生之德，我主爱将重士之心，而戡乱治平，招降纳众，谅尔一带人民亦所深知而灼见也。

兹因东南舆图附近归我版籍，而惟有尚□□□□□逼处，此乃我必收之地，而□□苏、浙之屏藩，故特分师五路，水陆并进，而进攻尚〔上〕海、松江，恐尔人民惊恐，惶惶如丧家之犬，而穷无所归，为是特颁谆谕，先行令人前来张贴。仰尔尚〔上〕海、松江一带人民兵勇知悉。尔等试看我师一路而来，抚恤各处投诚之人，着即放胆亦照该等急早就之如日月，归之如流水，自当于纯良之百姓加意抚安，其于归降之兵勇留营效用。至于在尚〔上〕海贸易之洋商，去岁□□□□成约，各宜自爱，两不相扰。自谕之后，倘不遵我王化，而转助逆为恶，相与我师抗敌，则是飞蛾扑火，自取灭亡，无怪本藩师到而大肆杀戮之威，有伤天地之和也。其宜凛遵毋违！

太平天国辛酉十一年十一月二十八日（《太平天国文选》）

覆英法海军照会

天朝九门御林开朝王宗殿左军主将黄、讨逆主将范照会大英钦命总领驻劄宁波水师各兵船总兵官咘、大法钦命驻劄宁波水师兵船统领官耿台下：

本主将顷接来照，一切诵悉。贵总镇所言虽属合理，但本主将等抵宁之时，与贵国和好之后，凡贵国所言，能于依允，莫不依从。即如贵国前文嘱本主将等将城墙炮台对江北岸之炮位移开，本主将等当即饬令兵丁将城墙炮台对江北岸之炮眼塞闭，何谓本主将等不肯依从？

至于清兵带得无数大炮船前来攻取宁波，本主将等奉命专征，复有何虑！唯炮台城墙炮眼，我军性命攸关，清兵由何处前来，我国自必对何处

开炮。至贵国慈厚为怀，恐其炮伤江北百姓，即烦贵总镇饬清兵由别处来攻宁波，勿由江北而来，我国自不对江北岸开炮。如其我国无故轰击江北，那时即是我国不是，听凭贵国施行。

所有恳本主将等弃此宁波，本主将等北剿南征无非欲得疆土，如镇海滨海小邑，弃之无妨，宁郡何能擅弃！本主将为臣下者有一分力自要尽其一分，如其与清妖争斗不胜，即弃之再为缓图，断不能擅自弃之也。谨此照会台鉴，并候即祺，为照覆事。

天父天兄天王太平天国壬戌十二年三月二十七日（《太平天国文选》）

3.《天朝田亩制度》与《资政新篇》

引　言

　　早在金田起义前，洪秀全在著名的"三原"（即《原道救世歌》《原道醒世训》和《原道觉世训》）中就提出了要在中国建立"大同"社会的理想，而他心目中的"大同"社会，便是《礼记·礼运》篇中的"大道之行也，天下为公……是谓大同"那段话。为了建立起"大同"的理想社会，1850 年金田团营（即命令各地拜上帝会众到广西金田村集中，编练队伍，准备起义）时，洪秀全建立了所谓圣库制度，拜上帝会众将自己的田产房屋变卖后交给圣库，实行财产公有和平均分配。1851 年金田起义后，圣库制度更发展成了一种军事纪律。洪秀全下诏："凡一切杀妖取城，所得金宝、绸帛、宝物等项，不得私藏，尽缴归天朝圣库，逆者议罪。"1853 年太平天国定都天京不久，洪秀全主持制定并颁布了太平天国的纲领性文件——《天朝田亩制度》。《天朝田亩制度》虽然只有 3000 多字，但它从经济基础到上层建筑，描绘了一副"有田同耕，有饭同食，有衣同穿，有钱同使，无处不均匀，无人不饱暖"的"大同"理想社会的蓝图。不过，《天朝田亩制度》所描绘的"大同"社会的理想蓝图，是建立在小农经济和平均主义的基础上的，既是无法实现的空想，又违背了经济发展的客观规律，所以，它并没有真正实行过。《天朝田亩制度》公布不久，太平天国领导人为了适应现实的迫切需要，即下令实行"照旧交粮纳税"的政策。

　　《资政新篇》的提出者是洪仁玕。洪仁玕（1822—1864），广东花县（今广州市花都区）人，洪秀全的族弟，早年加入拜上帝会。太平天国金田起义时，他没有参加。金田起义后，迫于清政府的搜捕，他于 1852 年避居香港，在外国传教士处教书，因而对西方文化多有了解。1858 年他离开香港，历经艰险，于第二年 4 月，辗转到达太平天国首都天京，不久即被封为干王，总理太平天国朝政。《资政新篇》是洪仁玕到达天京不久后提出来的，经洪秀全旨准颁行，是太平天国后期重要的官方文献。《资政新篇》共约 10000 字，内容相当丰富，包括"用人失察类""风风类""法法类"和"刑刑类"四部分。如果说此前的《天朝田亩制度》为太平天国描绘了一幅"大同"社会理想的蓝图，其核心是平分土地的话，那么，《资政新篇》则为太平天国描绘了一幅近代化理想的蓝图，其核心是向西方学习，实行具有资本主义性质的政治、经济和社会文化等方面的改革。由于当时中国还不完全具备实行具有资本主义性质的政治、经济和社会文化改革以及发展资本主义的条件，加上太平天国又正忙于应付严酷的军事斗争，所以除得到洪秀全某种程度的认可外，它并没有产生什么实际影响，更没能挽救太平天国的覆灭，但并不能因此而否认它的历史意义。

天朝田亩制度

凡一军典分田二，典刑法二，典钱谷二，典入二，典出二，俱一正一副，即以师帅、旅帅兼摄。当其任者掌其事，不当其事者亦赞其事。凡一军一切生死黜陟等事，军帅详监军，监军详钦命总制，钦命总制次详将军、侍卫、指挥、检点、丞相，丞相禀军师，军师奏天王，天王降旨，军师遵行。功勋等臣世食天禄，其后来归从者，每军每家设一人为伍卒，有警则首领统之为兵，杀敌捕贼；无事则首领督之为农，耕田奉上。

凡田分九等：其田一亩，早晚二季可出一千二百斤者为上上田；可出一千一百斤者为上中田；可出一千斤者为上下田；可出一千一百斤者为上中田；可出一千斤者为上下田；可出九百斤者为中上田；可出八百斤者为中中田；可出七百斤者为中下田；可出六百斤者为下上田；可出五百斤者为下中田；可出四百斤者为下下田。上上田一亩当上中田一亩一分，当上下田一亩二分，当中上田一亩三分五厘，当中中田一亩五分，当中下田一亩七分五厘，当下上田二亩，当下中田二亩四分，当下下田三亩。

凡分田照人口，不论男妇。算其家口多寡，人多则分多，人寡则分寡，杂以九等，如一家六人，分三人好田，分三人丑田，好丑各一半。凡天下田，天下人同耕，此处不足则迁彼处，彼处不足则迁此处。凡天下田，丰荒相通，此处荒，则移彼丰处以赈此荒处，彼处荒，则移此丰处以赈彼荒处，务使天下共享天父上主皇上帝大福，有田同耕，有饭同食，有衣同穿，有钱同使，无处不均匀，无人不饱暖也。

凡男妇每一人自十六岁以上，受田多逾十五岁以下一半，如十六岁以上分上上田一亩，则十五岁以下减其半，分上上田五分，又如十六岁以上分下下田三亩，则十五岁以下减其半，分下下田一亩五分。凡天下树墙下以桑，凡妇蚕绩缝衣裳。凡天下每家五母鸡，二母彘，无失其时。凡当收成时，两司马督伍长，除足其二十五家每人所食可接新谷外，余则归国库。凡麦豆苎麻布帛鸡犬各物及银钱亦然。盖天下皆是天父上主皇上帝一大家，天下人人不受私，物物归上主，则主有所运用，天下大家处处平匀，人人饱暖矣。此乃天父上主皇上帝特命太平真主救世旨意也。

但两司马存其钱谷数于簿，上其数于典钱谷及典出入。凡二十五家中设国库一，礼拜堂一，两司马居之。凡二十五家中所有婚娶弥月喜事俱用国库，但有限式，不得多用一钱。如一家有婚娶弥月事给钱一千，谷一百斤，通天下皆一式，总要用之有节，以备兵荒。凡天下婚姻不论财。凡二十五家中陶冶木石等匠，俱用伍长及伍卒为之，农隙治事。凡两司马办其二十五家婚娶吉喜等事，总是祭告天父上主皇上帝，一切旧时歪例尽除。其二十五家中童子俱日至礼拜堂，两司马教读旧遗诏圣书、新遗诏圣书及真命诏旨书焉。凡礼拜日，伍长各率男妇至礼拜堂，分别男行女行，讲听道理，颂赞祭奠天父上主皇上帝焉。

凡二十五家中力农者有赏，惰农者有罚。或各家有争讼，两造赴两司马，两司马听其曲直；不息，则两司马挈两造赴卒长，卒长听其曲直；不息，则卒长上其事于旅帅、师帅、典执法及军帅；军帅会同典执法判断之。既成狱辞，军帅又必上其事于监军，监军次详总制、将军、侍卫、指挥、检点及丞相，丞相禀军师，军师奏天王。天王降旨，命军师、丞相、检点及典执法等详核其事无出入，然后军师、丞相、检点及典执法等直启天王主断。天王乃降旨主断，或生或死，或予或夺，军师遵旨处决。

凡天下官民，总遵守十款天条及遵命令尽忠报国者则为忠，由卑升至高，世其官；官或违犯十款天条及逆命令受贿弄弊者则为奸，由高贬至卑，黜为农。民能遵条命及力农者则为贤为良，或举或赏；民或违条命及惰农者则为恶为顽，或诛或罚。

凡天下每岁一举，以补诸官之缺。举得其人，保举者受赏；举非其人，保举者受罚。其伍卒民有能遵守条命及力农者，两司马则列其行迹，注其姓名，并自己保举姓名于卒长；卒长细核其人于本百家中，果实，则详其人，并保举姓名于旅帅；旅帅细核其人于本五百家中，果实，则上其人，并保举姓名于师帅；师帅实核其人于本二千五百家中，果实，则上其人，并保举姓名于军帅；军帅总核其人于本军中，果实，则上其人，并保举姓名于监军；监军详总制、总制次详将军、侍卫、指挥、检点、丞相，丞相禀军师，军师启天王。天王降旨，调选天下各军所举为某旗，或师帅，或旅帅，或卒长、两司马、伍长。凡滥保举人者，黜为农。

凡天下诸官三岁一升贬，以示天朝之公。凡滥保举人及滥奏贬人者，黜为农。当升贬年，各首领各保升奏贬其统属。卒长细核其所统两司马及伍长，某人果有贤迹，则列其贤迹；某人果有恶迹，则列其恶迹，注其人，并自己保升奏贬姓名于旅帅。至若其人无可保升并无可奏贬者，则姑置其人不保不奏也。旅帅细核其所统属卒长及各两司马、伍长，某人果有贤迹，则列其贤迹；某人果有恶迹，则列其恶迹，详其人，并自己保升奏贬姓名于师帅。师帅细核其所统属旅帅以下官，某人果有贤迹，则列其贤迹；某人果有恶迹，则列其恶迹，注其人，并自己保升奏贬姓名于军帅。军帅将师帅以下官所保升奏贬姓名并自己所保升奏贬某官姓名详于监军。监军并细核其所统军帅，某人果有贤迹，则列其贤迹；某人果有恶迹，则列其恶迹，注其人，并自己保升奏贬姓名，详钦命总制。钦命总制并细核其所统监军，某人果有贤迹，则列其贤迹；某人果有恶迹，则列其恶迹，注其人，并自己保升奏贬姓名，一同达于将帅、主将。将帅、主将达六部掌及军师，军师直启天王主断。天王乃降旨主断，超升各钦命总制所保升各监军，其或升为钦命总制，或升为侍卫；谴谪各钦命总制所奏贬各监军，或贬为军帅，或贬为师帅。超升各监军所保升各军帅，或升为监军，或升为侍卫；谴谪各监军所奏贬各军帅，或贬为师帅，或贬为旅帅、卒长。超升各军帅所保升各官，或升上一等，或升上二等，或升军帅；谴谪各军帅所奏贬各官，或贬下一等，或贬下二等，或贬为农。天王降旨，军师宣列王，列王宣掌率以下官一体遵行。监军以下官，俱是在上保升、奏贬在下，惟钦命总制一官，天王准其所统各监军保升奏贬钦命总制。天朝内丞相、检点、指挥、将军、侍卫诸官，天王亦准其上下互相保升奏贬，以剔上下相蒙之弊。至内外诸官若有大功大勋及大奸不法等事，天王准其上下不时保升奏贬，不必拘升贬之年。但凡在上保升奏贬在下，诬则黜为农；至凡在下保升奏贬在上，诬则加罪。凡保升奏贬所列贤迹恶迹，总要有凭据，方为实也。

凡设军，每一万三千一百五十六家先设一军帅，次设军帅所统五师帅，次设师帅所统五旅帅，共二十五旅帅；次设二十五旅帅各所统五卒长，共一百二十五卒长；次设一百二十五卒长各所统四两司马，共五百两司马；次设五百两司马各所统五伍长，共二千五百伍长；次设二千五百伍长各所统四伍卒，共一万伍卒。通一军人数共一万三千一百五十六人。凡设军以后人家添多，添多五家另设一伍长，添多二十六家另设一两司马，添多一百零五家另设一卒长，添多五百二十六家另设一旅帅，添多二千六百三十一家另设一师帅，共添多一万三千一百五十六家另设一军帅。未设军帅前，其师帅以下官仍归旧军帅统属，既设军帅，则割归本军帅统属。

凡内外诸官及民，每礼拜日听讲圣书，虔诚祭奠，礼拜颂赞天父上主皇上帝焉。每七七四十九礼拜日，师帅、旅帅、卒长更番至其所统属两司马礼拜堂讲圣书教化民，兼察其遵条命与违条命及勤惰。如第一七七四十九礼拜日，师帅至某两司马礼拜堂，第二七七四十九礼拜日，师帅又别至某两司马礼拜堂，以次第轮，周而复始。旅帅、卒长亦然。

凡天下每一夫有妻子女约三四口或五六七八九口，则出一人为兵。其余鳏寡孤独废疾免役，皆颁国库以养。

凡天下诸官，每礼拜日依职份虔诚设牲馔奠祭礼拜，颂赞天父上主皇上帝，讲圣书，有敢怠慢者黜为农。钦此。（《中国近代史资料丛刊·太平天国》第一册）

资政新篇

天国开朝精忠军师殿右军干王洪喧谕：

照得治国必先立政，而为政必有取资。本军师恭膺圣命，总理朝纲，爰综政治大略，编成《资政新篇》一则，恭献圣鉴，已蒙旨准，并蒙圣照"此篇传镌刻官遵刻颁行"。今已遵旨将原奏刊刻颁行，咸使闻知。

小弟仁玕跪在我真圣主万岁万岁万万岁陛下，奏为条陈款列，善铺国政，以新民德，并跪请圣安事：缘小弟自粤来京，不避艰险，非图爵禄之荣，实欲备陈方策，以广圣闻，以报圣主知遇之恩也。夫事有常变，理有穷通，故事有今不可行而可豫定者，为后之福；有今可行而不可永定者，为后之祸。其理在于审时度势与本末强弱耳。然本末之强弱适均，视乎时势之变通为律，则自今而至后，自小而至大，自省而至国，自国而至万邦，亦无不可行矣。其要在于因时制宜，审势而行而已。兹谨将所见闻者，条陈于后，以广圣闻，以备圣裁，以资国政，庶有小补云尔。

昔周武有弟名旦，作周礼以肇八百之畿，高宗梦帝赉弼，致殷商有中叶之盛，惟在乎设法用人之得其当耳。盖用人不当，适足以坏法，设法不当，适足以害人，可不慎哉！然于斯二者，并行不悖，必于立法之中，得乎权济。试推其要，约有三焉：一以风风之，一以法法之，一以刑刑之。三者之外，又在奉行者亲身以倡之，真心以践之，则上风下草，上行下效矣。否则法立弊生，人将效尤，不致作乱而不已，岂法不善欤？实奉行者毁之尔！

用人察失类

一禁朋党之弊。朝廷封官设将，乃以护国卫民，除奸保良者也。倘有结盟联党之事，是下有自固之术，私有倚恃之端，外为假公济私之举，内藏弱本强末之弊。为兵者行此，而为将之军法难行；为臣者行此，而为君之权谋下夺。良民虽欲深倚于君，无奈为所隔绝，是不可不察也。倘欲真知其为朋奸者，每一人犯罪，必多人保护隐瞒，则宜潜消其党，勿露其形。或如唐太宗之责尉迟恭以汉高故事，或如汉文之责吴不会而赐杖以愧之，亦保全之一道也。若发泄而不能制，反遭其害，贻祸不浅矣。倘至兵强国富、俗厚风淳之日，又有朝发夕至之火船火车，又有新闻篇以泄奸谋，纵有一切诡弊，难逃太阳之照矣。

甚矣，习俗之迷人，贤者不免，况愚者乎！即至愚之辈，亦有好胜之心，必不服人所教。且观今世之江山，竟是谁家之天下？无如我中华之人，忘其身之为华，甘居鞑妖之下，不务实学，专事浮文，良可慨矣！请试言之：文士之短简长篇，无非空言假话；下僚之禀帖面陈，俱是谗谄赞誉；商贾指东说西，皆为奸贪诡谲；农民勤俭诚朴，目为愚妇愚夫；诸如杂教九流，将无作有；凡属妖头鬼卒，喉舌模糊。到处尽成荆棘，无往不是陷坑。倘得真心实力，众志成城，何难亲见太平景象，而成为千古英雄，复见新天、新地、新世界也夫！

风风类

夫所谓"以风风之"者，谓革之而民不愿，兴之而民不从，其事多属人心蒙昧，习俗所蔽，难以急移者，不得已以风风之，自上化之也。如男子长指甲，女子喜缠脚，吉凶军宾，琐屑仪文，养鸟斗蟋，打鹌赛胜，戒箍手镯，金玉粉饰之类，皆小人骄奢之习。诸如此类，难以枚举。禁之不成广大之体，民亦未必凛遵，不禁又为败风之渐，惟在在上者以为可耻之行，见则鄙之忽之，遇则怒之挞之，民自厌而去之，是不刑而自化，不禁而自弭矣。倘民有美举，如医院、礼拜堂、学馆、四民院、四疾院等，主则亲临以隆其事，以奖其成，若无此举，则诏谕宣行，是厚风俗之法也。如毁谤谮妒等弊，皆由风俗未厚，见识未广，制法未精，是以人心虞拟不平而鸣矣。又如演戏斗剧，庵寺和尼，凡此等弊，则立牧司教导官，亲身教化之，怜悯之，义怒之，务去其心之惑，以拯其迷也。中地素以骄奢之习为宝，或诗画美艳，金玉精奇，非一无可取，第是宝之下者也。夫所谓上宝者，以天父上帝、天兄基督、圣神爷之风，三位一体为宝。一敬信间，声色不形，肃然有律，诚以此能格其邪心，宝其灵魂，化其愚蒙，宝其才德也。中宝者，以有用之物为宝，如火船、火车、钟镖、电火表、寒暑表、风雨表、日晷表、千里镜、量天尺、连环枪、天球、地球等物，皆有探造化之巧，足以广闻见之精，此正正堂堂之技，非妇儿掩饰之文，永古可行者也。

且夫谈世事足以闷人心，论九流足以惑众志，释聃尚虚无，尤为诞妄之甚，儒教贵执中，罔知人力之难，皆不如福音真道有公义之罚，又有慈悲之赦，二者兼行，在于基督身上担当之也。此理足以开人之蒙蔽以慰其心，又足以广人之智慧以善其行，人能深受其中之益，则理明欲去而万事理矣。非基督之弟徒，天父之肖子乎！究亦非人力所能强，必得上帝圣神感化而然也。上帝之名，永不必讳。天父之名，至大、至尊、至贵、至仁、至义、至能、至知、至诚、至足、至荣、至权，何碍一名字？若说正话，讲道理，虽千言万语亦是赞美，但不得妄称及发誓亵渎而已。若讳至数百年之久，则又无人识天父之名矣。况爷火华三字，乃犹太土音，译即"自有者"三字之意，包涵无所不知，无所不能，无所不在，自然而然，至公义，至慈悲之意也。上帝是实有，自天地万有而观，及基督降生而论，是实有也。盖上帝为爷，以示包涵万象；基督为子，以示显身，指点圣神上帝之风亦为子，则合父子一脉之至亲，盖子亦是由父身中出也，岂不是一体一脉哉！总之谓为上帝者，能形形，能象象，能天天，能地地，能始终万物，而自无始终，造化庶类，而自无造化，转运四时，而不为时所转，变通万方，而不为方所变。可以名指之曰"自有者"，即大主宰之天父上帝，救世主如一也。盖子由父出也，视子如父也。若讳此名，则此理不能彰矣。

法法类

所谓"以法法之"者，其事大关世道人心，如纲常伦纪，教养大典，则宜立法以为准焉。是下有所趋，庶不陷于僻矣。然其不陷于僻而登于道者，必又教法兼行。如设书信馆，以通各省郡县市镇公文；设新闻馆以收民心公议，及各省郡县货价低昂，事势常变。上览之，得以资治术；士览之，得以识变通，商农览之，得以通有无。昭法律，别善恶，励廉耻，表忠孝，皆借此以行其教也。教行则法著，法著则知恩，于以民相劝戒，才德日生，风俗日厚矣。此立法善而施法广，积时久而持法严，代有贤智以相维持，民自固结而不可解，天下永垂而不朽矣。然立法之人，必先经磨炼，洞悉天人性情，熟谙各国风教，大小上下，源委重轻，无不了然于胸中者，然后推而出之，乃能稳惬人情也。若恐其久而有差，更当留一律以便随时损益小纪，彰明大纲也。盖律法者，无定而有定，有定而无定，如水之软，如铁之硬，实如人心之有定而无定，世事之无定而有定，此立法所以难也，此生弊所以易也。然则如何而后可以立法？盖法之质，在乎大纲，一定不易，法之文，在乎小纪，每多变迁。故小人坏法，常窥小者无备而掠为己有，常借大者之公以护掩己私。然此又在奉法执法行法之人有以主之，有以认真耳。至立法一则，阅下自可心领灵会，而法在其中矣。

又有柔远人之法。凡外邦人技艺精巧，邦法宏深，宜先许其通商，但不得擅入旱地，恐百姓罕见多奇，致生别事。惟许牧司等，并教技艺之人入内，教导我民，但准其为国献策，不得毁谤国法也。

英吉利即俗称红毛邦，开邦一千年来未易他姓，于今称为最强之邦，由法善也。但其人多有智力，骄傲成性，不居人下。凡于往来言语文书，可称照会、交好、通和、亲爱等意，其余万方来朝、四夷宾服、及夷狄戎蛮鬼子，一切轻污之字皆不必说也。盖轻污字样，是口角取胜之事，不是经纶实际，且招祸也。即施于枕近之暹罗、交趾、日本、琉球之小邦，亦必不服。实因人类虽下，而志不愿下，即或愿下，亦势迫之耳，非忠诚献曝也。如必欲他归诚献曝，非权力所能致之，必内修国政，外示信义，斯为得尔。此道实为高深广远也钦。现有理雅各、湛孖士、米士威大人、俾士、合信、觉士、滨先生、慕维廉、艾约瑟、韦律众先生与小弟相善也。

花旗邦即米利坚，礼义富足，以其为最。其力虽强，而不侵凌邻邦。有金银山，而招别邦人来采。别邦人有能者，册立为官，是其义也。邦长五年一任，限以俸禄，任满则养尊处优，各省再举。有事各省总目公议，呈明决断。取士、立官、补缺及议大事，则限月日，置一大柜在中廷，令凡官民有仁智者，写票公举，置于柜内，以多人举者为贤能也，以多议是者为公也。其邦之跛盲聋哑鳏寡孤独各有书院，教习各技。更有鳏寡孤独之亲友，甘心争为善事者，愿当众立约保养。国中无有乞丐之民，此是其礼仪，其富足也。现有罗孝、卑治文、花兰芷、高先生、晏先生、赞臣先生、寡先生与小弟相善也。

总论二邦，其始出于英吉利邦，后因开埠花旗，日以日盛，而英邦欲有以制之，遂不服其苛，因而战胜英邦，故另立邦法，两不统属焉。数百年来，各君其邦，各子其民，皆以天父上帝、耶稣基督立教，而花旗之信行较实，英邦之智强颇著。所以然者，因花旗富足，不待外求，可常守礼法也；英邦用繁，必须外助，故多逞才智也。

日耳曼邦内分十余邦，不相统属，亦无侵夺，信奉天父上帝、耶稣基督尤慎。其人有太古之风，故国不甚威，而德则独最也。亦有大船往各邦贸易，即各邦之君臣亦肯信任其人办事，因其人不苟于进退，最信皇上帝救世主，而不喜战斗，愿守本分也。现有黎力居、韦牧司、叶纳清、韩士伯，又有一位忘其名，与弟相善也。风雨标、寒暑针先出此邦之花兰溪，辨正教亦出此邦之路得也。

瑞邦、丁邦、罗邦纯守耶稣基督之教，其发老少多白，中年多黄，相品幽雅，诚实宽广，有古人遗风焉。惟瑞国有一韩山明牧司，又名咸北者，与弟相善。其人并妻子皆升天，各邦多羡其为人焉。爱弟独厚，其徒皆客家，多住新安县地也。

佛兰西邦亦是信上帝、耶稣基督之邦，但其教多务异迹奇行，而少有别，故其邦今似半强半美之邦。但各邦技艺多始于此，至今别邦虽精，而佛邦亦不在下。但其教尚奇异，品学逊焉，人不之重。惟与英为婚姻之邦，相助相善，而邦势亦强。与弟无相识者，因道不同也。

土耳其邦，东南即古之犹太邦也，西北近俄罗斯。因此邦之人不信耶稣基督为救世主，仍执摩西律法，不知变通，故邦势不振。而于丙辰年为俄罗斯所侵，幸英、佛二邦相助，得免于祸。此邦为天兄降生圣地，将来必归基督。盖新遗诏书有云："俟万邦归信后，而以色列知愧耻焉。"今犹太人因耶稣基督升天四十年后，遭上帝怒罚驱逐出外，凡信基督耶稣者亦逃出外邦，至今各邦皆有犹太人，以为之证据，亦天父之意也。即中邦而论，河南开封郡祥符县内，多有犹太人及羊皮书，写犹太字迹者不少。但其人自宋迄今，多历年所，亦徒行其礼，而不识其字，不知其实意焉。问其因何行此教，则答以望基督救世主降生，及凡各邦之犹太人亦如是，不信救世主之既生于一千八百五十九年之前也。

俄罗斯邦，其地最广，二倍于中邦。其教名天主教，虽信耶稣基督，而类于佛兰西之行也。百余年前亦未信天兄，屡为英、佛、瑞、罗、日耳曼等国所迫，故遣其长子伪装凡民到佛兰西邦学习邦法、火船技艺，数年回邦，无人知其为俄之长子也。及归邦之日，大兴政教，百余年来，声威日著，今亦为北方冠冕之邦也。

波斯邦在犹太之东南，其人拜上帝所造之一物，即太阳也。不食犬猪，亦信妖佛焉。今虽名为波斯人，其地实归于别邦，亦恬不为耻。其人只求富贵，不争荣华，故流落他方，随人转移，毫无贞节，一如今之中邦，从前受制满洲，恬不知怪。所以然者，各自为己，而少联络之法也。

埃及邦即麦西邦，在犹太西南方，有红海为界。其地周岁无寒，而夏最炎热。有山名亚喇伯，为万国最高大者，昔挪亚方舟，即搁于此山也。四时有云笼罩，少见山巅。而埃民未曾见过雨雪，闻过雷声。其地少泉而多沙漠，但到春夏交际，山头云密布，飞瀑四奔流，农民于水将退之先，在水面布种下田，待尽退时，则苗既浡然兴之矣。所以然者，因山高接热，云气升腾，冻结于巅，四时不散，故雨不施于圹野，雷不奋于地中，冰常凝于高峰，雪无飘于热地也。今其人尊约瑟、摩西为圣人，名回回教，盖天父上帝前现权能与二人，至今犹有遗风焉。

暹罗邦近与英邦通商，亦能仿造火船大船，往各邦采买，今亦变为富智之邦矣。

日本邦近与花旗邦通商，得有各项技艺以为法则，将来亦必出于巧焉。

马来邦、秘鲁邦、澳大利邦、新嘉波、天竺邦、前西藏、后西藏、蒙古、满洲皆信佛教，拜偶像，故其邦多衰弱不振，而名不著焉。虽满洲前盗据中地蒙古之地，亦不敢直认为满洲固有之物，故不见称于各邦也。不过中国从前不能为东洋之冠冕，暂为失色，良可慨已！

以上略述各邦大势，足见纲常大典，教养大法，必先得贤人，创立大体，代有贤能继起而扩充其制，精巧其技，因时制宜，度势行法，必永远不替也。倘中邦人不自爱惜，自暴自弃，则鹬蚌相持，转为渔人之利，那时始悟兄弟不和外人欺，国人不和外邦欺，悔之晚矣。曷不乘此有为之日，奋为中地倡，以顶天父天兄纲常，太平一统江山万万年也！

一、要自大至小，由上而下权归于一，内外适均而敷于众也。又由众下而达于上位，则上下情通，中无壅塞弄弊者，莫善于准卖新闻篇或暗柜也。法式见下。

一、兴车马之利，以利便轻捷为妙。倘有能造如外邦火轮车，一日夜能行七八千里者，准自专其利，限满准他人仿做。若彼愿公于世，亦禀准遵行，免生别弊。先于二十一省通二十一条大路，以为全国之脉络，通则国家无病焉。通省者阔三丈，通郡者阔二丈五尺，通县及市镇者阔二丈，通大乡村者阔丈余。差役时领犯人修葺崩破之处。二十里立一书信馆，愿为者请饷而设，以为四方耳目之便，不致上下梗塞，君民不通也。信资计文书轻重，每二十里该钱若干而收。其书要在某处交递者，车上车下各先束成一捆，至即互相交讫，不能停车俄顷。因用火用气用风之力大猛也，虽三四千里之遥，亦可朝发夕至，纵有小寇窃发，岂能漏网乎！

一、兴舟楫之利，以坚固轻便捷巧为妙。或用火用气用力用风，任乎智者自创。首创至巧者，赏以自专其利，限满准他人仿做，若愿公于世，亦禀明发行。兹有火船气船，一日夜能行二千余里者，大商则搭客运货，国家则战守缉捕，皆不数日而成功，甚有裨于国焉。若天国兴此技，黄河可疏通其沙，而流入于海，江淮可通有无，而缓急相济，要隘可以防患，凶旱水溢可以救荒，国内可保无虞，外国可通和好，利莫大焉。

一、兴银行。倘有百万家财者，先将家资契式禀报入库，然后准颁一百五十万银纸，刻以精细花草，盖以国印图章，或银货相易，或纸银相易，皆准每两取息三厘。或三四富民共请立，或一人请立，均无不可也。此举大利于商贾士民，出入便于携带，身有万金，而人不觉，沉于江河，则损于一己，而益于银行，财宝仍在也。即遇贼劫，亦难骤然拿去也。

一、兴器皿技艺。有能造精奇利便者，准其自售，他人仿造，罪而罚之。即有法人而生巧者，准前造者收为己有，或招为徒焉。器小者赏五年，大者赏十年，益民多者年数加多，无益之物，有责无赏。限满他人仿做。

一、兴宝藏。凡金、银、铜、铁、锡、煤、盐、琥珀、蚝壳、琉璃、美石等货，有民探出者准其禀报，爵为总领，准其招民采取。总领获十之二，国库获十之二，采者获十之六焉。倘宝有丰歉，则采有多少，又当视所出如何，随时增减，不得匿有为无也。此为天财地宝，虽公共之物，究亦枕近者之福，小则准乡，大则准县，尤大者准省及省外之人来采也。有争斗抢夺他人之所先者，准总领及地方官严办，务须设法妥善焉。

一、兴邮亭以通朝廷文书，书信馆以通各色家信，新闻馆以报时事常变，物价低昂，只须实写，勿着一字浮文。倘有沉没书札银信及伪造新闻者，轻则罚，重则罪。邮亭由国而立，余准富民纳饷，禀明而设。或本处刊卖，则每日一篇，远者一礼拜一篇，越省则一月一卷，注明某处某人某月日刊刻，该钱若干，以便远近采买。

一、朝廷考察，若探未实者，注明"有某人来说，未知是否，俟后报明"字样，则不得责之也。

一、兴各省新闻官。其官有职无权，性品诚实不阿者。官职不受众官节制，亦不节制众官，即赏罚亦不准众官褒贬。专收十八省及万方新闻篇有招牌图记者，以资圣鉴，则奸者胆票存诚，忠者清心可表，于是一念之善，一念之恶，难逃人心公议矣。人岂有不善世岂有不平哉！

一、兴省郡县钱谷库，以司文武官员俸值公费。立官司理，每月报销。除俸值外，有妄取民贿一文者议法。

一、兴市镇公司。立官严正，以司工商水陆关税，每礼拜呈缴省郡县库存贮，或市镇公务支用，有为己私抽者议法。

一、兴士民公会。富贵善义，仰体天父、天兄好生圣心者，听其甘心乐助，以拯困扶危，并教育等件。至施舍一则，不得白白妄施，以沽名誉，恐无贞节者一味望恩，不自食其力，是滋弊也。宜令作工，以受所值，惟废疾无所归者准白白受施。

一、兴医院以济疾苦，系富贵好善，仰体天父、天兄圣心者题缘而成其举。立医师，必考取数场然后聘用，不受谢金，公义者司其事。

一、兴乡官。公义者司其任，以理一乡民情曲直吉凶等事，乡兵听其铺调。

一、兴乡兵。大村多设，小村少设，日间管理各户，洒扫街渠，以免秽毒伤人，并拿打架攘窃及在旁证见之人到乡官处处决，妄证者同罪。夜于该管之地有失，惟守者是问。若力不足而呼救不及，不干守者之事。被伤者生则医，死则瘗，有妻子者议恤。

一、罪人不拿。若讯实同情者及之，无则善视抚慰之，以开其自新之路；若连累及之，是迫之使反也。

一、禁溺子女。不得已难养者，准无子之人抱为己子，不得作奴视之，或交育婴堂；溺者罪之。

一、外国有兴保人物之例，凡屋宇人命货物船等有防于水火者，先与保人议定，每年纳银若干，有失则保人赔其所值，无失则赢其所奉。若失命，则父母妻子有赖，失物则己不致尽亏。

一、外国有禁卖子为奴之例。家贫卖子，只顾眼前之便，不思子孙永为人奴，大辱祖考；后世或生贤智者不得为国之用，反为国之害矣。故准富者请人雇工，不得买奴，贻笑外邦。生女难养，准为女伺，长则出嫁从良也。

一、禁酒及一切生熟黄烟鸦片。先要禁为官者，渐次严禁在下。绝其栽植之源，遏其航来之路，或于外洋入口之烟，不准过关。走私者杀无赦。

一、禁庙宇寺观。既成者还其俗，焚其书，改其室为礼拜堂，借其资为医院等院。此为拯民出于迷昧之途，入于光明之国也。

一、禁演戏修斋建醮。先化其心之惑，使伊所签助者，转助医院、四民院、学馆等，乃有益于民生实事。

一、革阴阳八煞之谬。名山利薮，多有金、银、铜、铁、锡、煤等宝，大有利于民生国用。今乃动言风煞，致珍宝埋没不能现用。请各自思之，风水益人乎？抑珍宝益人乎？数千年之疑团，牢而莫破，可不惜哉！

一、除九流。惰民不务正业，专以异端诬民，伤风败俗，莫逾于此。准其归于正业，焚去一切惑民之说。若每日无三个时辰工夫者，即富贵亦是惰民，准父兄乡老擒送进诸绝域，以警颓风之渐也。诚以游手偷闲，所以长其心之淫欲，劳心劳力，所以增其量之所不能。此天父之罚始祖，使汗颜而食者，一则使自养身，一则免生罪念，亦为此故也。

一、屋宇之制，坚固高广任其财力自为，不得雕镂刻巧，并类王宫朝殿。宜就方正，勿得执信风水，不依众向，致街衢不直，既成者勿改，新造者可遵，再建重新者，亦可改直。

一、立丈量官。凡水患河路有害于民者，准其申请，大者发库助支，小者民自捐助，而屋宇规模，田亩裁度，俱出此官。受赃者准民控诉，革职罚罪。

一、兴跛盲聋哑院。有财者自携资斧，无财者善人乐助，请长教以鼓乐书数杂技，不致为废人也。

一、兴鳏寡孤独院。准仁人济施，生则教以诗书各法，死则怜而葬之。因此等穷民，操心危，虑患深，往多有用之辈，不可不以恩感之也。

一、禁私门请谒，以杜卖官鬻爵之弊。凡子臣弟友，各有分所当为，各有奉值，各有才德，各宜奋力上进，致令闻外著，岂可攀援以玷仕途！即推举者亦是为国荐贤，亦属分内之事，既得俸值，何可贪赃？审实革职，二罪俱罚。

一上所议，是"以法法之"之法，多是尊五美、屏四恶之法。诚能上下凛遵，则刑具可免矣。虽然，纵有速化，不鲜顽民，故又当立"以刑刑之"之刑。

刑刑类

一、善待轻犯。宜给以饮食号衣，使修街渠道路，练其一足，使二三相连，以差人执鞭刃掌管。轻者移别县，重者移郡移省，期满释回，一以重其廉耻，二以免生他患，庶回时改过自新，此恩威并济之法也。

一、议第六天条曰"勿杀"。盖谓天父有留赏罚于来生，人无生杀于今世。然天王为天父所命以主理世人，下有不法，上可无刑。是知遭刑者非人杀之，是彼自缚以求天父罚之耳。虽然，为人上者，不可不亲身教导之也。

一、议大罪宜死者，置一大架圈其颈，立其足，升至桅杆顶，则去其足下之板，以吊死焉。先彰其罪状并日期，则观者可以股栗自儆，又少符勿杀之圣诫焉。

一、十款天条治人心恶之未形者，制于萌念之始。诸凡国法治人身恶之既形者，制其滋蔓之多。必先教以天条，而后齐以国法，固非不教而杀矣，亦必有耻且格尔。

一、与番人并雄之法，如开店二间，我无租值，彼有租值，我工人少，彼工人多，我价平卖，彼价贵卖，是我受益而彼受亏，我可永盛，彼当即衰，彼将何以久居乎？况我已有自固之策，若不失信义二字足矣，何必拘拘不与人交接乎？是浅量者之所为也。虽然，亦必有一定之章程，一定之礼法，方不致妄生别议。但前之中国不如是焉，毫无设法，修葺补理，以致全体闭塞，血脉不通，病其深矣。今之人心风俗，皆非古昔厚重之体，欲清其病源，既不可得，即欲峻补，其可得乎？

此皆为邦大略，小弟于此类凡涉时势二字，极深思索。故于古所无者兴之，恶者禁之，是者损益之。大率法外辅之以法而入于德，刑外化之以德而省于刑也。因又揣知圣心图治大急，得策则行，小弟诚恐前后致有不符之迹，故恭录己所窥见之治法，为前古罕有者，汇成小卷，以资圣治，以广圣闻。恳自今而后，可断则断，不宜断者付小弟掌率六部等议定再献，不致自负其咎，皆所以重尊严之圣体也。或更立一无情面之谏议在侧，以辅圣聪不逮。诸凡可否，有宜于后，不宜于今者，恳留为圣鉴，准以时势二字推行，则顶起天父、天兄纲常，太平一统江山万万年矣。（《中国近代史资料丛刊·太平天国》第二册）

《资政新篇》眉批选

一、要自大至小，由上而下权归于一，内外适均而敷于众也。又由众下而达于上位，则上下情通，中无壅塞弄弊者，莫善于准卖。新闻篇或暗柜也。法式见下。（钦定此策杀绝妖魔行未迟。）

一、兴车马之利，以利便轻捷为妙。倘有能造如外邦火轮车，一日夜能行七八千里者，准自专其利，限满准他人仿做。若彼愿公于世，亦禀准遵行，免生别弊。先于二十一省通二十一条大路，以为全国之脉络，通则国家无病焉。通省者阔三丈，通郡者阔二丈五尺，通县及市镇者阔二丈，通大乡村者阔丈余。差役时领犯人修葺崩破之处。二十里立一书信馆，愿为者请饷而设，以为四方耳目之便，不致上下梗塞，君民不通也。信资计文书轻重，每二十里该钱若干而收。其书要在某处交递者，车上车下各先束成一捆，至即互相交讫，不能停车俄顷。因用火用气用风之力大猛也，虽三四千里之遥，亦可朝发夕至，纵有小寇窃发，岂能漏网乎！（此策是也。）

一、兴舟楫之利，以坚固轻便捷巧为妙，或用火用气用力用风，任乎智者自创。首创至巧者，赏以自专其利，限满准他人仿做，若愿公于世，亦禀明发行。兹有火船气船，一日夜能行二千余里者，大商则搭客运货，国家则战守缉捕，皆不数日而成功，甚有裨于国焉。若天国兴此技，黄河可疏通其沙，而流入于海，江淮可通有无，而缓急相济，要隘可以防患，凶旱水溢可以救荒，国内可保无虞，外国可通和好，利莫大焉。（此策是也。）

一、兴银行。倘有百万家财者，先将家资契式禀报入库，然后准颁一百五十万银纸，刻以精细花草，盖以国印图章，或银货相易，或纸银相易，皆准每两取息三厘。或三四富民共请立，或一人请立，均无不可也。此举大利于商贾士民，出入便于携带，身有万金，而人不觉，沉于江河，则损于一己，而益于银行，财宝仍在也。即遇贼劫，亦难骤然拿去也。（此策是也。）

一、兴器皿技艺。有能造精奇利便者，准其自售。他人仿造，罪而罚之。即有法人而生巧者，准前造者收为己有，或招为徒焉。器小者赏五年，大者赏十年，益民多者年数加多，无益之物，有责无赏。限满他人仿做。（此策是也。）

一、兴宝藏。凡金、银、铜、铁、锡、煤、盐、琥珀、蚝壳、琉璃、美石等货，有民探出者准其禀报，爵为总领，准其招民采取。总领获十之二，国库获十之二，采者获十之六焉。倘宝有丰歉，则采有多少，又当视所出如何，随时增减，不得匿有为无也。此为天财地宝，虽公共之物，究亦枕近者之福，小则准乡，大则准县，尤大者准省及省外之人来采也。有争斗抢夺他人之所先者，准总领及地方官严办，务须设法妥善焉。（此策是也。）

一、兴邮亭以通朝廷文书，书信馆以通各色家信，新闻馆以报时事常变，物价低昂，只须实写，勿着一字浮文。倘有沉没书札银信及伪造新闻者，轻则罚，重则罪。邮亭由国而立，余准富民纳饷，禀明而设。或本处刊卖，则每日一篇，远者一礼拜一篇，越省则一月一卷，注明某处某人某月日刊刻，该钱若干，以便远近采买。（此策是也。）

一、朝廷考察，若探未实者，注明"有某人来说，来知是否，俟后报明"字样，则不得责之也。

一、兴各省新闻官。其官有职无权，性品诚实不阿者。官职不受众官节制，亦不节制众官，即赏罚亦不　　　准众官褒贬。专收十八省及万方新闻篇有招牌图记者，以资圣鉴，则奸者股栗存诚，忠者清心可表，于是一念之善，一念之恶，难逃人心公议矣。人岂有不善，世岂有不平哉！（此策现不可行，恐招妖魔乘机反间，俟杀绝残妖后，行未迟也。）

一、议第六天条曰"勿杀"。盖谓天父有赏罚于来生，人无生杀于今世。然天王为天父所命以主理世人，下有不法，上可无刑。是知遭刑者非人杀之，是彼自缚以求天父罚之耳。虽然，为人上者，不可不亲身教导之也。（爷令圣旨斩邪留正，杀妖杀有罪，不能免也。）

一、议大罪宜死者，置一大架圈其颈，立其足，升至桅杆顶，则去其足之板，以吊死焉。先彰其罪状并日期，则观者可以股栗自儆，又少符勿杀之圣诚焉。（爷诚勿杀是诚人不好谋害妄杀，非谓天法之杀人也。）（《中国近代史资料丛刊·太平天国》第二册）

4. 太平天国对封建思想文化的批判及其两重性

引　言

　　洪秀全和太平天国既对中国的传统思想和文化进行过批判，又是中国传统思想和文化的继承者。比如，洪秀全对秦以后的中国历代帝王进行过谴责，认为他们不仅不是"受命于天"的"天子"，相反是引诱人民崇拜邪神、背叛上帝的罪人。他尤其对清朝的最高统治者咸丰帝的抨击最为激烈，称他为"阎罗妖"，并号召人们站在皇上帝一边共同击灭之。但同时，作为小生产者的旧时代农民，洪秀全从根本上来说又是一个皇权主义者。所以，他虽然否定秦以后的帝王曾"受命于天"，不是"真命天子"，但他并不否认君权神授，相反极力宣扬这套理论，以便使自己的"君权"披上一层神圣的外衣。他既批判和否定过几千年以来的封建等级制度，宣布人人都是上帝的子女，彼此间是兄弟姊妹，一律平等，又大力提倡和推行封建等级制度。早在太平天国起义前后，洪秀全等人就制定了等级森严的《太平礼制》，1858 年太平天国对《太平礼制》做了进一步的修订，更加强调"贵贱宜分上下，制度必判尊卑"，要各级官属"理宜恪遵定制，以判尊卑"，如有冒犯，则"斩首不留"。洪秀全和太平天国既反对和批判过孔子，出于反清革命的需要，洪秀全在《太平天日》中编造了一则上帝鞭鞑孔子的神话故事，金田起义后，太平天国发动了一场在中国历史上前所未有的大规模的反孔运动，但在事实上，儒家思想中"宣明齐家治国孝亲忠君之道"的思想内容又被太平天国全盘继承了下来，并且成了维护新的至高无上君权和新的封建等级制度的工具。

太平礼制

天王诏令：

　　王世子，臣下呼称：幼主万岁；第三子，臣下呼称：王三殿下千岁；第四子，臣下呼称：王四殿下千岁；第五子，臣下呼称：王五殿下千岁；以下第六子至百子、千子，皆仿此类推。

王长女，臣下呼称：长天金；第二女，臣下呼称：二天金；第三女，臣下呼称：三天金；第四女，臣下呼称：四天金；以下第五女至百女、千女，皆仿此类推。

东世子，臣下呼称：东嗣君千岁；第二子，臣下呼称：东二殿下万福；第三子，臣下呼称：东三殿下万福；以下第四子至百子、千子，皆仿此类推。

东长女，臣下呼称：长东金；第二女，臣下呼称：二东金；第三女，臣下呼称：三东金；以下第四女至百女、千女，皆仿此类推。

西世子，臣下呼称：西嗣君千岁；第二子，臣下呼称：西二殿下万福；第三子，臣下呼称：西三殿下万福；以下第四子至百子、千子，皆仿此类推。

西长女，臣下呼称：长西金；第二女，臣下呼称：二西金；第三女，臣下呼称：三西金；以下第四女至百女、千女，皆仿此类推。

南世子，呼称：南嗣君千岁；

北世子，呼称：北嗣君千岁；

翼世子，呼称：翼嗣君千岁。

南女，呼称：南金；

北女，呼称：北金；

翼女，呼称：翼金，

皆与东、西一式。

丞相至军帅，皆称大人。如丞相则称丞相大人，检点则称检点大人，以下类推。

师帅至两司马，皆称善人。如师帅，则称师帅善人，旅帅，则称旅帅善人，以下类推。

丞相子至军帅子，皆称公子。但同称公子，亦有些别。如丞相子称丞公子，检点子称检公子，指挥子称指公子，将军子称将公子，侍臣子称侍公子，侍卫子称卫公子，总制子称总公子，以下类推。

师帅子至两司马子，皆称将子。但同称将子，亦有些别。如师帅子称师将子，旅帅子称旅将子，以下类推。

丞相女至军帅女，皆称玉。但同称玉，亦有些别。如丞相女称丞玉，检点女称检玉，以下类推。

师帅女至两司马女，皆称雪。但同称雪，亦有些别。如师帅女称师雪，旅帅女称旅雪，以下类推。

王世子及东、西、南、北、翼各世子，皆是管理世间者也，故均称世子。

宫城女及东、西、南、北、翼各女，皆是贵如金者也，故均称金。金，贵也，色美而不变者也。

丞相至军帅，皆是公义之人，故均称其子曰公子；又皆是虔洁之人，故均称其女曰玉。玉，洁也，色润而可宝者也。

师帅至两司马，皆是典兵之人，故均称其子曰将子；又皆是清净之人，故均称其女曰雪。雪，清也，色白而可爱者也。

女丞相、女检点、女指挥、女将军，皆称贞人，妇人以贞节为贵者也。

军师妻，呼称王娘；丞相妻，呼称贵嫔；检点妻，呼称贵姒；指挥妻，呼称贵姬；将军妻，呼称贵嫱。

钦命总制妻，呼称贵媪；监军妻，呼称贵奶；军帅妻，呼称贵姻。

师帅妻，呼称贵娴；旅帅妻，呼称贵婕；卒长妻，呼称贵妯；两司马妻，呼称贵娌。丞相妻至军帅妻，加称贞人，师帅妻至两司马妻，加称夫人。

朕仁发兄、仁达兄称国兄，嫂称国嫂。庆善伯、缵奎伯、元玠伯辈称国伯。庆轩、绍衍叔辈一体同称国叔。仁正兄、仁宾称国宗兄，元清、辅清、四福、韦宾辈一体同称国宗兄。贵妹夫及后宫父母伯叔兄弟辈一体同称国亲，细分之，后宫父称国丈，后宫母称国外母，后宫伯叔称国外伯、国外叔，后宫兄弟称国舅。

朕岳丈，天下人大同称国丈；岳母，天下人亦大同称国岳母。国岳与国岳两相称，自因其长次则称为国亲兄、国亲弟。千岁岳丈，天下人大同称某千岁贵丈；岳母，天下人亦大同称某千岁贵岳母。

贵岳与贵岳两相称，自因其等职，譬如七千岁贵岳见九千岁贵岳则称东贵亲兄，又譬如七千岁贵岳会六千岁、五千岁贵岳则称北贵亲弟、翼贵亲弟，如此为兄弟相称也。

国岳丈与九千岁、七千岁、六千岁、五千岁之贵岳会见八千岁贵岳，两相称因自因其长次，同称亲家兄、亲家弟也。

贵丈见国岳，则称某国岳。

国岳会贵岳亦因其等职，譬如会九千岁贵岳则称东贵弟、会七千岁贵岳称南贵弟，如此则国岳为兄，贵岳为弟也。

国岳母与国岳母两相称，自因其长次，则称国亲嫂、国亲婶。

贵岳母与贵岳母两相称，自因其等职，譬如七千岁贵岳母见九千岁贵岳母，则称东贵亲嫂；又譬如七千岁贵岳母会六千岁、五千岁贵岳母，则称北贵亲婶、翼贵亲婶，如此则为嫂婶相称也。

国岳母与九千岁、七千岁、六千岁、五千岁贵岳母会见八千岁贵岳母两相称，自因其长次，同称亲家嫂、亲家婶也。贵岳母见国岳母，则称某国岳母。

国岳母会贵岳母，亦因其等职，譬如会九千岁贵岳母则称东贵婶，会七千岁贵岳母则称南贵婶，会六千岁贵岳母则称北贵婶，会五千岁贵岳母则称翼贵婶。如此国岳母为嫂，贵岳母为婶也。各宜凛遵。钦此。（《中国近代史资料丛刊·太平天国》第一册）

幼学诗

敬上帝
真神皇上帝，万国尽尊崇。
世上多男女，朝朝夕拜同。
其二
俯仰随观察，都沾上帝恩。
当初才六日，万样造齐全。
其三
有割与无割，谁非上帝生。
天恩虔答谢，永远得光荣。
敬耶稣
耶稣为太子，上帝遣当年。
赎罪甘捐命，功劳认实先。

其二

十字架难当，愁云暗大阳。

天堂尊贵子，代尔世人亡。

其三

苏后复升天，煌荣握万权。

吾侪知倚靠，得救上高天。

敬肉亲

积谷防饥日，养儿待老时。

孝亲生孝子，报答十分奇。

其二

且问己本身，何由得长成？

天条遵第五，爵禄降天庭。

朝廷

天朝严肃地，咫尺凛天威。

生杀由天子，诸官莫得违。

君道

一人首出正，万国定咸宁。

王独操威柄，谗邪遁九渊。

臣道

主正臣乃直，君明臣自良。

伊周堪作式，秉正辅朝纲。

家道

家庭亲骨肉，欢乐且融融。

和气成团一，祯祥降九重。

父道

栋正下无歪，端严道自裁。

子心休使怨，满室遍和谐。

母道

为母莫心偏，慈和教子贤。

母仪堪媳学，福气达高天。

子道

子道刑于妻，顺亲分本宜。

妇言终莫听，骨肉自无离。

媳道

嫁出为人媳，和柔道自图。

莫同妯娌辈，嘈闹激翁姑。

兄道

为兄教导弟，念切是同胞。

弟有些须错，含容量且饶。

弟道

长幼天排定，从兄道在恭。

弟明天显则，福禄自来崇。

姊道

姊当教弟妹，炼好转天堂。

有故归宁日，团圆嘱短长。

妹道

细妹遵兄姊，和情莫逞高。

小心勤炼正，遵守十天条。

夫道

夫道本于刚，爱妻要有方。

河东狮子吼，切莫胆惊慌。

妻道

妻道在三从，无违尔夫主。

牝鸡若司晨，自求家道苦。

嫂道

为嫂道何如，思量法最宜。

欢心和叔婶，谁至有差池。

婶道

婶敬嫂如何，谦卑重长哥。

万般都让嫂，胜比瑟琴和。

男道

人各有其偶，伦常在把持。

乾刚严位外，道在避嫌疑。

女道

女道总宜贞，男人近不应。

幽闲端位内，从此兆祥祯。

亲戚

亲戚宿姻缘，分排总在天。

情长江上水，来往且连绵。

心箴

一身谁管辖，上帝赋通灵。

心正能真宰，官骸自顺承。

目箴

群邪先诱目，目正自无牵。

人子端凝立，身光耀九天。

耳箴

任他喧万籁，我自静中听。

莫把邪声入，聪虚分外灵。

口箴

惟口起兵戎，多言自召恼。

谎邪休玷秽，谨慎理为从。

手箴

被牵将手断，节烈真堪诵。

两手道惟恭，非礼戒勿动。

足箴

两足行真道，遵循莫踏差。

千条分岔路，总是害人侪。

天堂

贵贱皆由己，为人当自强。

天条遵十款，享福在天堂。

（《中国近代史资料丛刊·太平天国》第一册）

三字经

皇上帝，造天地，造山海，万物备。六日间，尽造成，
人宰物，得光荣。七日拜，报天恩，普天下，把心虔。
说当初，讲番国，敬上帝，以色列。十二子，徙麦西，
帝眷顾，子孙齐。后狂出，鬼人心，忌兴旺，苦害侵。
命养女，莫养男，烦役苦，实难堪。皇上帝，垂悯他，
命摩西，还本家。命亚伦，迎摩西，同启奏，神迹施。
狂硬心，不肯释，上帝怒，降蛄虱，降螳螂，及蟾蜍，
匍进官，逼入炉。不准放，海化血，饮苦水，麦西国。
降疮疥，及瘟瘴，降重雹，最难当。终不放，杀长子，
麦西狂，无法使，乃释放，出麦西。皇上帝，甚扶持，
日乘云，夜火柱。皇上帝，亲救苦，狂硬心，带兵追，
上帝怒，发天威，到红海，水汪洋，以色列，实惊慌。
追兵到，上帝拦，亲打战，民无烦；令红海，水两开，
立如墙，可往来。以色列，迈步行，如履旱，得全生。
追兵过，车脱辐，水复合，尽淹覆。皇上帝，大权能，
以色列，尽保全。行至野，食无粮，皇上帝，谕莫慌。
降甜露，人一升，甜如蜜，饱其民。民多欲，想食肉，
鹌鸽降，千万斛。西奈山，显神迹，命摩西，造碑石。
皇上帝，设天条，列十款，罪不饶。亲缮写，付摩西，
天上法，无更移。传至后，暂不遵，中魔计，陷沉沦。
皇上帝，悯世人，遣太子，降凡尘。曰耶稣，救世主，
代赎罪，真受苦。十字架，钉其身，流宝血，救凡人。
死三日，复番生，四十日，论天情。临升天，命门徒，
传福音，宣诏书。信得救，得上天，不信者，定罪先。
普天下，一上帝，大主宰，无有二。中国初，帝眷顾，

同番国，共条路。盘古下，至三代，敬上帝，书册载。
商有汤，周有文，敬上帝，最殷勤。汤盘铭，日日新，
帝命汤，狂其身。文翼翼，昭事帝，人归心，三有二。
至秦政，惑神仙，中魔计，二千年。汉武宣，皆效尤，
狂悖甚，秦政徒。武临老，虽悔悟，少壮时，既错路。
汉明愚，迎佛法，立寺观，大遭劫。至宋徽，犹猖狂，
改上帝，称玉皇。皇上帝，乃上主，普天下，大天父。
号尊崇，传久载，徽何人？敢乱改。宜宋徽，被金掳，
同其子，漠北朽。自宋徽，到于今，七百年，陷溺深。
讲上帝，人不识，阎罗妖，作怪极。皇上帝，海底量，
魔害人，不成样。上帝怒，遣己子，命下凡，先读史。
丁酉岁，接上天，天情事，指明先。皇上帝，亲教导，
授诗章，赋真道。帝赐印，并赐剑，交权能，威难犯。
命同兄，是耶稣，逐妖魔，神使扶。红眼睛，即阎罗，
最作怪，此蛇魔。皇上帝，手段高，教其子，制服妖。
战服他，不放宽，红眼睛，心胆寒。战胜妖，复还天，
皇上帝，托大权。天母慈，最恩爱，娇贵极，不可赛。
天嫂贤，最思量，时劝兄，且悠扬。皇上帝，爱世人，
仍命子，降凡尘。送下凡，嘱莫慌，有我在，作主张。
戊申岁，子烦愁，皇上帝，乃出头。率耶稣，同下凡，
教其子，胜肩担。帝立子，存永远，散邪谋，威权显。
审判世，分善恶，地狱苦，天堂乐。天做事，天担当，
普天下，尽来王。小孩子，拜上帝，守天条，莫放肆。
要炼正，莫歪心，皇上帝，时鉴临。要炼好，莫炼歪，
自作孽，祸之阶。慎厥终，惟其始，差毫厘，失千里。
谨其小，慎其微，皇上帝，不可欺。小孩子，醒精神，
天上法，不饶情。善降祥，恶降殃，顺天存，逆天亡。
皇上帝，乃神爷，万物件，依靠他。皇上帝，乃魂父，
虔服事，获祝嘏。顺肉亲，享遐龄，能报本，福本应。
勿奸淫，勿污秽，勿说谎，勿杀害。勿偷窃，勿贪婪，

皇上帝，法甚严。遵天诫，享天福，谢天恩，食天禄。

天福善，祸淫人，小孩子，正其身。正是人，邪是鬼，

小孩子，求不愧。帝爱正，最恶邪，小孩子，慎莫差。

皇上帝，眼恢恢，欲享福，炼正来。

三字经终（《中国近代史资料丛刊·太平天国》第一册）

天父诗

天父在茶地题

天父下凡又几年，天兄护降苦同先。

耶稣为尔救世主，尽心教导本仍然。

天父生全为尔主，何不尽忠妄修前？

尔们多有重逆令，我无指出胆如天。

二

瞒天莫道天不知，天量如海也无迟。

看尔些有无胆志，不做忠臣到何时？

尔想三更逃黑路，不过天光怨鬼迷。

各为尔王行真道，信实天父莫狐疑。

三

天父下凡事因谁？耶稣舍命代何为？

天降尔王为真主，何用烦愁胆心飞。

四

真小今知兄前苦，何不心雄战胜回？

有志顶天忠报国，何常临阵事屡屡。

五

自古死生天排定，那有由己得成人。

灵魂本是由天父，今时不醒做何民？

六

杜而景逆令双重，云中雪下罪难容。

胆敢瞒天无信德，阵中两草退英雄。

真神能造山河海，不信魂爷为何功？

尔们众小遵天诫，逆同而景罪无穷。

七

功臣既得赖夫阳，同忠志草顶山江。

小志花开千万载，荣时私出力高张。

八

万方儿小别家庭，离乡立志做忠臣。

前未勤王当虎豹，今知有主可成人。

不信山中清贵止，亦念魂爷立主真，

凭据权能天作主，未团敢碎妖如尘。

九

千金千嘱千瞒天，千时千话千闲言。

千尔千要千新过，千祈千炼千果然。

一〇

万方万郭万来朝，万山万水万飘遥。

万里万眼万钻至，万知万福万功劳。

一一

头一炼正，第二遵旨，第三听二姊教，第四姊妹和催，第五虔诚欢喜，第六炼好心肠，第七炼好面情，第八炼好声气，第九不好眼青，第十爱人如己。

一二

天父上主皇上帝曰："敬我天父要好心。"天兄耶稣曰："心净者有福矣。"天兄耶稣曰："好高反低。"

一三

天兄耶稣曰："身之光者眼也。眼正周身得光，眼邪周身皆暗。"

一四

天兄耶稣曰："右眼惑尔，则挖尔右眼；左眼惑尔，则挖尔左眼。宁只眼上天堂，好过双眼落地狱千万倍也。"

一五

天父天兄最恼邪，最恼曲，最恼恶，最恼假。人有手指甲一些邪，人有手指甲一些曲，人有手指甲一些恶，人有手指甲一些假，还是妖，还是鬼，都不转得天也。

一六

天父天兄最惜正，最惜直，最惜善，最惜真。人炼得正正，人炼得直直，人炼得善善，人炼得真真，就转得天也。

一七

服事不虔诚，一该打；硬颈不听教，二该打；起眼看丈夫，三该打；问王不虔诚，四该打；躁气不纯静，五该打。

一八

讲话极大声，六该打；有唤不应声，七该打；面情不欢喜，八该打；眼左望右望，九该打；讲话不悠然，十该打。

一九

不得大胆，不得瞒天；

不得逆旨，不得歪心。

二〇

遵旨得救逆旨难，天王旨令最紧关。

想做娘娘急放醒，各为丈夫坐江山。

二一

尔不顾主有人顾，尔不扶主有人扶。

为主即是为自己，做乜不遵天令书。

二二

尔对夫主心常真，金砖金屋住尔身；

尔对夫主心常假，难上高天难脱打。

二三

尔为夫主心极真，永配夫主在天庭〔廷〕；

尔为夫主心极假，贱莫怨爷莫怨姐。

二四

一眼看见心花开，大福娘娘天上来；

一眼看见心火起，薄福娘娘该打死。

大福薄福自家求，各人放醒落力修。

二五

一下炼好永远贵，万载得企娘娘位；

一下炼歪永远贱，天王万载不得见。

大贵大贱炼到成，速速炼好得长生。

二六

炼好道理做娘娘，天下万国尽传扬。

金砖金屋有尔住，永远威风配天王。

二七

心虔口虔头面虔，手虔身虔衣服鲜，

六虔一鲜事夫主，威风快活万千年。

二八

好心有好报，歪心有歪报。

尔门做娘娘，要识天理道。

二九

真心享真福，假心享假福。

天照尔心肠，赏赐尔福禄。

三〇

尔说夫主题诗好，各炼悠然莫作校。

坐立端庄声气细，高天享福永不老。

三一

一个虔诚敬天敬主敬夫都有福，一个怠慢逆天逆主逆夫都有哭。一回虔诚一回贵，各人企稳娘娘位；一回怠慢一回贱，万载千年不好怨。

三二

耳莫乱听，喙莫乱讲；

眼莫乱望，心莫乱想；

正直善真，有大福享。

三三

炼好尔条性，顾稳尔条命。

若不炼好性，怕会害了命。

娘娘不易做，速炼得恶恶。

三四

由天由主是娘娘，逆天由己罪难当。

此层道理速认真，方可享福在天堂。

三五

一心对日是娘娘，心不对日罪难当。

果然心正邪难入，万载千秋配天王。

三六

铁石心肠炼得倒，永远娘娘永远好；

铁石心肠炼不倒，永远歪报永远了。

三七

狗子一条肠，就是真娘娘。

若是多鬼计，何能配太阳？

三八

今日顾夫得上天，今不顾夫后冤牵。

尔们果想后日好，灯草对日福万千。

三九

认得道真理，享福在天庭〔廷〕；

若不认得真，怕难保尔身。

四〇

灯草似箭是娘娘，灯草似弓罪难当。

直方是人曲是鬼，展脱蛇魔上天堂。

四一

第一天条，崇拜皇上帝。第二天条，不好拜邪神。第三天条，不好妄题皇上帝之名。第四天条，七日礼拜，颂赞皇上帝恩德。第五天条，孝顺父母。第六天条，不好杀人害人。第七天条，不好奸邪淫乱。第八天条，不好偷窃劫抢。第九天条，不好讲谎话。第十天条，不好起贪心。

四二

心中无鬼是娘娘，心中有鬼罪难当。

日头下凡专收鬼，各莫鬼迷逆太阳。

四三

晓照本心是娘娘，不照本心罪难当。

不照本心就是鬼，速照本心对太阳。

四四

正直善真是娘娘，邪曲恶假罪难当。

天媳天婶行天道，真妻真心对真王。

四五

口能对心是娘娘，一反一覆罪难当。

万载半时学那样，金真玉洁尔心肠。

四六

悠然定叠莫慌忙，细气娇声配太阳。

月亮不同星宿样，各炼长久做娘娘。

四七

不怕尔修炼太多，总怕尔一下大错。

天上法断不饶情，打醒精神莫大过。

四八

尔果惜人天惜尔，尔果恼人天恼尔。

尔们真想做娘娘，炼好心肠识道理。

四九

一个遵旨得上天，一个逆旨有冤牵。

成人头要遵旨令，方可享福万千年。

五〇

［癸］好三年正月二十六日，时取天京，在舟中题。

先日开恩开得多，从今再歪莫怪我。

眼前下等不知变，结局金殿骂因何？

五一

炼成蛤蟆喙，总系自家害。

娘娘无乱讲，才配得万岁。

五二

凡情未脱恩难开，姊妹不和大不该。

从今速变看上高，善恶到头天眼恢。

五三

让人三尺不为高，因何逞恶又逞刁？

大做不着细着些，因何凡情不脱耗？

五四

天父题

不遵天父罪尔身，不信不和不成人。

若要成人信天教，又信家人清心真。

贤人到来保尔身，不念他贤后分明。

五五

一个救火是娘娘，一个冲火罪难当。

天差尔们为何事？因何歪草对太阳？

五六

应该恐怕炼不好，因何好错把天瞒？

自今再不照本心，想两十宫总系难。

五七

无功不受禄，有功受到足。

落力理天事，后来享大福。

五八

尔想三更半夜，暗中行歪。

天就天光地白，显然报歪。

五九

尔果三更半夜，暗中行好。

天就天光地白，显然报好。

六〇

天兄邪〔耶〕稣曰："无有秘密而不露出。"

六一

天父上帝不可欺，尔想瞒天恭喜尔。

一毫一丝无报错，因何情愿惹鬼迷？

六二

心肠不净有何福？心肠不灵食何禄？

锁匙不带为何人？灯草不对想何屋？

六三

不用拜隘不用愁，炼好有时见日头。

果然灯草能对紧，威风快活万千秋。

六四

宫内最贵两十宫，身着月袍凤绣双。

心净心灵兼心好，方能受得天高封。

六五

邪就是妖妖可恶，曲便似鬼鬼余辜。

恶即成魔魔落地，假即变怪怪该诛。

六六

天父开恩得升天，得升天者福万千。

福万千皆由己炼，由己炼成万万年。

六七

正气无邪得升天，直躬无曲福万千。

善人无恶由己炼，真心无假万万年。

六八

天堂子女遵爷法，千条岔路脚莫踏。

明明真心又真心，从今闪避莫混杂。

六九

高天万人共条心，姊妹和傩好酌斟。

高天替死都欢喜，心醒蛇魔难害侵。

高天灯草似条箭，各照本心莫阴沉。

高心杀死不敢邪，各守天条贵如金。

七〇

欺善怕恶是凡情，天父诛恶救善人。

尔们速脱邪恶假，好心方得近王身。

七一

咨尔臣邻，去伪存真。

自醒遵炼，转教军兵。

七二

瞒天犯第七天条，天眼恢恢那得逃。

妄尔前修天指出，麻疯永远眼前刀。

七三

吹去吹来吹不饱，因何咁蠢变生妖？

戒烟病死胜诛死，脱鬼成人到底高。

七四

遵条遵命得成人，条命不遵害尔身。

修炼大多怕一错，当知天法不饶情。

七五

尔想上天莫瞒天，瞒天一定有冤牵。

不信且看杜而景，第九天条千万千。

七六

尔们何故咁逆旨？总是红眼睛迷缠；

缠尔去做鬼喙粮，速快挣脱好上天。

七七

心有些恶害死尔，心有些邪上帝知。

心有些假天难瞒，今时不醒到何时？

七八

朕弟朕妹，莫被鬼害；

身宁受刀，莫犯天条。

七九

为人千祈想长远，切莫鬼迷顾眼前；

眼前极好后难过，长远威风万万年。

八〇

炼正炼善兼炼真，不犯爷法得成人。

天堂子女娇为贵，好心好口好面情。

八一

放醒放灵，格外虔诚；

信天父教，就成得人。

八二

千祈莫学杜而景，无心天救草同金。

尔们炼成豆叶样，太阳一出就开心。

无心错过天可怜，有心错过罪尔身，

至嘱千祈莫故意，放灵放醒放虔诚。

八三

咨尔臣邻，认真天情，

永敬上帝，方成得人。

八四

时时刻刻晓顾头，千年万载保得头；

时时刻刻不顾头，千年万载好杀头。

八五

万载千年同半刻，一时半刻同千年；

千年半刻要那样，遵条遵命敬皇天。

八六

暗中积歪罪滔天，暗中积好福无边；

歪积多多怕落地，好积多多万万年。

八七

积好紧好积歪了，速悔速改速果然；

不悔不改受永苦，知悔知改早代捐。

八八

真草对天享天福，假草对天落地狱；

真来真去贵尔身，假千假万大尔哭。

八九

因何炼假不遵天？因何叛逆敢不服？

不服天法惹天诛，高天做事无委曲。

九〇

行条路一步一步，出句言谨静悠然。

举下眼要正要善，起下心莫奸莫淫。

一坐装正直端方，一立企正身正仪。

手一动看天从容，脚一踏天情要合。

九一

成人不自在，自在不成人。

尔心防鬼入，脱尽旧凡情。

九二

耳邪变妖耳该切，不切妖耳云中雪；

切去妖耳得升天，天兄代赎尔罪孽。

九三

眼邪变妖眼该挖，不挖妖眼受永罚；

挖去妖眼得升天，上帝怜尔眼无瞎。

九四

喙邪变妖喙该割，不割妖喙凡不脱；

割去妖喙得升天，永居高天无饥渴。

九五

心邪变妖心该刳，不刳妖心发大麻；

刳去妖心得升天，心净有福见爷妈。

九六

手邪变妖手该断，不断妖手祸多端；

断去妖手得升天，尔手仍在无苦酸。

九七

脚邪变妖脚该斩，不斩妖脚鬼且阚；

斩去妖脚得升天，永随上帝脱危险。

九八

妖邪莫真正要真，真真妖邪永苦辛。

真真正气方有救，各人真草对真神。

天下万国千祈遵正。

九九

知情不报应同情〔罪〕，藏奸瞒天云雪飞。

话人须要话到底，含含糊糊累到谁。

一〇〇

贵人贵口贵言章，贵头贵面贵心肠。

贵耳贵眼贵手脚，贵行贵量贵行装。

真金不怕红炉火，猛风方知劲草强。

脚到飘摇忠臣出，田中饱水晒无妨。

一〇一

朕弟朕妹莫大过，天情道理在和傩。

天父上帝恩救过，从今真草对爷哥。

一〇二

得罪自家真是好，得罪人侪真是了。

化运尔头只扫开，千祈莫同人计校。

一〇三

万事有爷又有哥，自家不好谁人保？

嫌人不好己先歪，各想得福要遵老。

一〇四

他人恼尔尔惜他，尔饶人天饶自家。

爱人如己真是好，劳〔荣〕功享福见爷妈。

一〇五

思量人者有福矣，当前科炭今何如？

他人有难尔救他，尔若有难天救尔。

见人灾痛同己病，见人饥寒同自饥。

为人即是为上帝，莫作等闲诈无知。

一〇六

朕妻朕儿体爷心，头顶大罪是奸淫。

不信且看阵中养，上帝一怒即降临。

暗中行歪显报歪，那时天眼不针针。

威风金贵有何道？炼个正字脱沦沉。

一〇七

虔诚欢喜又悠然，娇声细气福齐天。

有这锁匙开这锁，何至门外咁冤牵！

一〇八

天父在平在〈平在〉

山教导先娇姑：

天父开言清口讲，发令易飞木儿房。

先说天花娇为贵，因何无仅〔谨〕逞高张？

天父曰娇声妻子。

一〇九

天父发令为一女，不遵天令乱言题；

若是不遵天命者，任从全清贵杖尔。

一一〇

奉天诏命尽势打，乱言听者不留情。

一一一

乱言讲者六十起，听者亦杖六十尔。

己醒即道要尔好，不醒反说天父恃。

一一二

天父在石头脚下凡圣旨

天父上主皇上帝曰："众小媳，他说尔这样尔就这样，说尔那样尔就那样，不使得性，不逆得他。逆他就是逆我天父，逆天兄也。"

一一三

天父曰："众小媳，不是同尔校笑，尔们炼得好好，他不不知几好笑也。"

一一四

天父曰："众小媳，孝顺尔丈夫，服事尔二姊国母也一样。"

一一五

天父在东乡下凡圣旨

天父曰："众小尔们要一心扶主，不得大胆。我差尔主下凡作天王，他出一言是旨，是天命。尔门要遵，一个不顾王顾主都难。"

一一六

天兄耶稣在石头脚下凡圣旨

天兄曰："咁多小婶有半点嫌弃怠慢，我胞弟云中雪飞。"

一一七

朝晚拜爷拜在心，心先拜敬道理深。

心拜更真身拜假，各炼真真贵如金。

一一八

真心顶天心脱邪，时遵天法莫些差。

果然时刻心常对，便是时刻心拜爷。

一一九

敬我天父要好心，敬我天兄要好心。

敬我天王要好心，为尔丈夫要好心。

一二〇

玉清不好起歪心，玉清不好起邪心。

玉清不好起奸心，玉清不好起贪心。

一二一

自家系会教会人，因何姊妹象无亲？

做多一些多些功，因何盘算算咁真？

一二二

孝顺父母孝顺天，第五天条千万千；

天大福禄由敬老，速速认真万万年。

一二三

几多因为一句话，五马分尸罪不赦；

一言既出马难追，天法不饶怕不怕。

一二四

扇拨飞虫是热天，茶洁泉三样相连。

起身摄裳茶洁须，袍帽靴帖礼拜虔。

化纸一些都碍眼，物件端正理悠然。

壳核放好怕捻起，朝堂净正壮威权。

一二五

功劳不怕多，罪恶不好多；

好心不怕多，歪心不好多；

好样不怕多，歪样不好多；

暗好不怕多，暗歪不好多；

真凭不怕多，歪凭不好多。

一二六

功劳多过人，享福多过人；

好心多过人，贵气多过人；

好样多过人，威风多过人；

暗好多过人，光荣多过人；

真凭多过人，尊贵多过人。

一二七

眼前心〔辛〕苦后安乐，眼前安乐后折剥；

不理幼细理卤粗，后来不好怨落瘼。

一二八

半星火起烧死人，各人救火放精灵；

明知火大偏冲起，烧死自家有难怜。

一二九

且看旧年火烧宫，当知火大不可冲；

加先草涩须除净，免尔烧死在火中。

一三〇

好心娘娘歪心鬼，越恶越贱善就贵。

玉清不好起歪心，万载千年真草对。

一三一

好高反低莫好高，逞刁挪贱莫逞刁。

越善越贵天越惜，千祈恶字尽丢耗。

一三二

七日礼拜，袍帽靴贴；

坐殿游苑，金帕扇插。

一三三

做人小妹听姊教，千祈至紧莫逞高。

每事不晓问二姊，认真道理着月袍。

一三四

煞尾五更头御正，二回头御副接轮；

煞尾五更头御副，二回二御正接轮；

煞尾五更二御正，二回二御副接轮；

煞尾五更二御副，二回头御正接轮。

一三五

煞尾五更三御正，二回三御副接轮；

煞尾五更三御副，二回四御正接轮；

煞尾五更四御正，二回四御副接轮；

煞尾五更四御副，二回三御正接轮。

一三六

煞尾五更五御正，二回五御副接轮；

煞尾五更五御副，二回五〔六〕御正接轮；

煞尾五更六御正，二回六御副接轮；

煞尾五更六御副，二回六〔五〕御正接轮。

一三七

御同御轮照进宫，头御轮到二御中；

三御御照进宫算，四御接三御算同；

五御进宫先先为，六御一样算玲珑。

一三八

姊妹私〔和〕傩好酌斟，因何眼青不修心？

大作不着细着些，因何报仇恨咁深？

姊妹不是路边人，因何嫌恨到如今？

人侪不好不相干，自家不好天眼针。

一三九

流泪同人争，不照本心行。

三样不轻饶，遵旨得长生。

一四〇

尔们不晓炼悠然，那得夫主甚悠然；

尔们个个真悠然，何愁夫主不悠然。

一四一

悠然悠然得上天，悠然悠然福万千；

悠然悠然无冤牵，悠然悠然万万年。

一四二

斩邪留正是天令，炼得正正方成人。

玉清不好起邪心，多多放醒顾头筋。

一四三

奸懒恶假不准为，虔诚欢喜永远为。

谁想长久做娘娘，看紧上高真草对。

一四四

官执印信理天事，后宫带钱为丈夫。

晓得教己后教人，便是真娘娘样模。

一四五

二为二炖，一国一二。

各照本心，轮流趣去。

一四六

理事殷勤，每样皆轮。

照本心行，万载传闻。

一四七

每逢礼拜，格外虔诚。

朝后跪拜，理事通灵。

一四八

不用响鼓兼响锣，威风贵气在私〔和〕傩。

认真道理真贵气，炼好心肠威风多。

一四九

真心凭据最要多，歪心凭据不好多。

歪凭积多罪就多，真凭积多贵气多。

一五〇

心有草涩除开先，面有草涩怕火延。

口有草涩尽澈净，眼有草涩扫连连。

一五一

每夜内殿正朝门，出入关锁旨当遵。

一出一入有不锁，不晓提防有处分。

一五二

响板换御浪涎筒，看过朝堂后转宫。

一个浪扫有忘记，莫怪责罚无放松。

一五三

醒来洁眼理泉茶，须嚏周时洁无差；

千年万载同半刻，不开过口记清些。

一五四

十旨十该十天理，浪看搔演嚏眼须；

清净虔欢悠娇细，认真真道记时时。

一五五

一个认真总是好，一个作校都怕了。

自今一些不容情，打斧换柄好赶早。

一五六

头顶紧关十天条，款款遵守福禄高；

第七天条些犯着，云中雪下罪难饶。

一五七

行营面不畀人见，因何贱样不脱完？

娇娥美女娇声贵，因何似狗吠城边？

耳贱乱听犯天条，心贱乱想最滔天；

声贱不敛羞爷面，贱人那得贵万年。

一五八

晚头头顶顾飞虫，一个晓顾头顶功。

一个不顾好大罪，好心歪心福不同。

一五九

夜顾飞虫目〔日〕顾热，单人拨扇行不得。

极紧事情都替顶，无替能遵火不烈。

一六〇

认真道理好心肠，头顶威风亦本当；

若至不当地豆叶，何功受得天荣光？

一六一

十款天条莫犯七，四十四旨嚏眼须；

时刻记清五十四，各为尔王行真理。

一六二

天父开恩不理事，生孩两岁为丈夫；

两年以内单为子，后殿事情且跟由。

一六三

为子便是赞上帝，为子便是接尔王；

不为子时当赞接，不赞不接锣谪量。

一六四

不准暗角暗打人，响锣奉旨在天庭〔廷〕；

暗打毒打皆有罪，天眼恢恢不饶情。

一六五

值日提教查看四，冷眼暗看左右企；

见有逆旨把锣响，奉旨议打天总知。

一六六

拨扇虔诚莫己由，当轻当重心对夫；

火红举手须虔洁，水凉救好火方乌。

一六七

尔真知错真知改，自然天量大如海；

尔不知错不知改，莫倚势天量如海。

一六八

天父子〔小〕媳总要好，天兄小婶总要好；

多一个也不为多，少一个也不为少。

一六九

自今一个不悠然，躁人不准近主前；
自今一个不好心，贱人不准到主边。
自今一个不听教，拗头贬落理火毡；
自今一个不纯善，歪样挪贱莫怨天。

一七○

日夜琴声总莫停，停声逆旨处分明；
天堂快乐琴音好，太平天下永太平。

一七一

理文洗身后洗帕，笔墨金帽理莫差；
颈钏扇插虔理好，好坐殿游苑敬爷。

一七二

理袍早朝看彻摆，袍被理好莫些歪；
赞同文靴捧钏插，洗袍虔礼正心怀。

一七三

理靴上晏看彻摆，带裳套裹理莫歪；
赞同文袍捧钏插，伺候接捧正心怀。

一七四

理茶夜晡看彻摆，同响钟锣心莫歪；
文袍靴同顾下身，半粗毡火正心怀。

一七五

旧理天〔文〕理奏帕扇，旧理袍札被灵变，
旧理靴茶响钟锣，门开朝阳上后殿。

一七六

副看袍靴头理事，统教看茶二为夫；
统教文茶三更敬，四看靴五文袍徒。

一七七

怕拨飞虫离五寸，一些挨着不殷勤；
榨底飞虫来则挢，乱挨风大有处分。

一七八

自今为妈不虔诚，大犯天条须奏明；

为二怠慢也一样，见病不理不饶情。

一七九

新帕换二共八条，四洗四洁莫差毫；

黄帕三十白绉十，扇各七烂换夜朝。

一八〇

提教企左御企右，提教出声莫己由；

袋帕清香手虔净，茶莫乃出正悠悠。

一八一

洗身茶后朝摄裳，文袍行先理朝堂。

见有草涩除净净，放正灯草对太阳。

一八二

旧统看教看朝仪，见有喧哗立奏知；

新统看教看服事，见有怠慢奏莫迟。

一八三

遵旨是顾王顾主，逆旨便是不顾主；

顾主享福在高天，不顾万载受永苦。

一八四

一好好到无底好，一了了到无底了；

问尔想好还想了，不是同尔作笑校。

一八五

半草对天跪何人？病痛未跟求何人？

灯草不对近何人？起身未扶为何人？

一八六

赞呼虔诚天眼开，天大福禄天赐来；

赞呼怠慢天火起，大胆瞒天罪应该。

一八七

火起跪求要虔诚，火未救缩真〔莫〕起身；

火红速跪速救乌，一个起身不容情。

一八八

礼毕统锁官巷门，化奏看响鼓声匀；

朝夜里文奏帕扇，三十白十扇七分。

一八九

一个遮躲左右眼，大嘴尖利小则板。

风琴锁匙放琴面，一个逆旨照法攒。

一九〇

娘娘有主是好样，一条灯草对太阳。

格外虔诚放灵醒，欢喜问短又问长。

一九一

安名为主是歪样，无功小事罪难当。

未曾预为先预睡，瞒天那见得太阳。

一九二

无事莫到洗身宫，晏后凑徒遵玲珑。

去不遵旨有责罚，文袍靴茶一样同。

一九三

不知误逆罪还小，明知故逆罪难逃。

尔识丈夫何样人？速快遵旨莫差毫。

一九四

非轻容易做娘娘，要识道理好心肠。

晓得争紧丈夫志，方是顾倒爷纲常。

一九五

识得道理又易做，不识道理火难过；

尔想长久做娘娘，放醒放灵莫卧垛。

一九六

天朝天国，不容些恶；

且看虎鹿，不得老琢。

一九七

起眼看主是逆天，不止半点罪万千；

低头垂眼草虔对，为得丈夫敬倒天。

一九八

天父上帝开大恩，差尔得到主身边。

应该有福当知享，因何主身不晓跟？

自今再学臭虫样，两十宫位让人先。

不好怨，不好怨。

一九九

天天日日要用他，软和飘摇飘上天。

两个能童能飘摇，人子开门看下先。

怕有人子不开门，总是臭虫有冤牵。

不好怨，不好怨。

二〇〇

洗身穿袍统理发，疏通扎好解主烦。

主发尊严高正贵，永远威风坐江山。

二〇一

回回火是谁人冲，冲得火多为何功？

回回冲火假月亮，假草对天天不容。

二〇二

回回火是谁人救？救得火多福己求。

回回救火真月亮，真草对天配日头。

二〇三

难见我者有哭矣，合得我者有福矣；

难近我者有哭矣，为得我者有福矣。

二〇四

冲我火者有哭矣，救我火者有福矣；

逆我旨者有哭矣，遵我旨者有福矣。

二〇五

瞒天逆旨罪实深，分别有心与无心；

有心故逆罪难赦，无心误逆天哀矜。

二〇六

副月宫回回火都冲，副月宫岂有咁丁冬！

副月宫不晓跟理虫，副月宫不话拿涎筒。

副月宫有鬼在心中，副月宫面情不欢容。

副月宫因何不尽忠？副月宫老琢有何功？

二〇七

内言内字不准出，敢传出外五马分；

外言外字不准入，敢传入内罪同伦。

二〇八

物件不正诈无知，尔今现做谁人妻？

道理时时都一样，因何到今睡还痴？

耕田婆有耕田样，天堂人物好威仪；

尔们想做真月亮，到今还不晓提理。

二〇九

不悔不改是三人，明知故犯是三人；

大胆瞒天是三人，歪心逆旨是三人。

二一〇

天父圣旨莫使性，天兄圣旨净半点；

天王发旨遵得救，莫学三人敢大胆。

二一一

加先擘菜遵不论，菜来遵旨摆殷勤；

菜来不晓遵旨摆，逆天由己有处分。

二一二

更更板晌〔响〕莫纫皮，奉旨和斟记时时；

惹奏惹打要欢喜，文袍行先好提理。

二一三

尔真怕饿速炼好，果然炼好永远饱；

若不炼好饿万年，怕当猪狗都不倒。

二一四

尔想威风速修心，若不修心怕沦沉；

果然修心果然对，永远威风贵如金。

二一五

响锣读诗锣炼扇，极热极凉重最善；

微热微凉也一样，莫拨榻底要灵变。

二一六

钟锣响毕打开门，同对着袍在和勤；

眼看身闪莫遮躲，认真真道永生存。

二一七

拨扇扯被离一尺，扶王捧手身先行；

天寒问着热问宽，一心虔意得常生。

二一八

因何开亮出朝门？真真胆大旨不遵。

自今以后再乱出，逆旨瞒天有处分。

二一九

姊有逆主妹教姊，妹有逆主姊教妹。

一齐及好莫怪些，怪些责罚莫自害。

二二〇

一齐及好一齐好，一齐不及一齐了。

一些半点不饶情，莫怪莫怨不是校。

二二一

一个冲火有斥革，加先发旨说明白；

见人行错不出声，又贬又斥永成额。

二二二

天主旨到响金锣，立即跪接呼声和；

一个不接是逆天，又贬又斥不是苛。

二二三

天情道理莫眼青，爱人如己心放平。

姊妹多多都一样，巴望水涨船高行。

二二四

帕匙换教带玲珑，须面手汗帕不同。

须面用新洁手旧，汗帕换开立锁封。

二二五

尔身想安为主安，尔身想宽顾主宽。

树头不稳叶那茂，泉源不通流会断。

二二六

为主身安尔身安，顾主心宽尔心宽。

树头生稳叶定茂，泉源开通流不断。

二二七

一些半点都不得，不是校笑认真先。

教尔这样就这样，不开过口记万年。

二二八

越为得多越大份，各为尔主要殷勤；

今日积福后来享，锁匙带紧得入门。

二二九

小事议打大事奏，奏照本心莫执仇；

执仇连己逆天令，半斤八两究两头。

二三〇

照宫封门同开门，时时一样旨当遵；

早朝晌〔响〕板不同出，统教看知有处分。

二三一

鬼心不去那得贵，恶心不除那得为。

邪心不净云雪飞，奸心不灭有狼狈。

二三二

心有些恶逆真神，面有些恶害尔身；

眼有些恶福亦薄，口有些恶不成人。

二三三

真心真意扶真主，真贤真和为真夫；

真真正善真真好，真虔真欢确真悠。

二三四

一些恶样看不得，一些恶声听不得；

一些鬼心容不得，一些鬼计宽不得。

二三五

自今一个性秤秤，同人争交及骂人。

三样逆天是由己，定然重责不饶情。

二三六

性秤秤要奏出，同人争要奏出。

骂妖魔要奏出，一些恶要奏出。

二三七

看主单准看到肩，最好道理看胸前。

一个大胆看眼上，怠慢尔王怠慢天。

二三八

悠然贵气躁气贱，娇声顺爷盎逆天。

纯善成人恶成鬼，欢喜常生绞冤牵。

二三九

周时冲火说尔会，尔话害人自家害；

周时瞒天天不知，一下指出怕不迟。

二四〇

周时逆旨真是好，饭米糯食看作校；

周时大胆总无差，尔不看木匠担枷。

二四一

不拨飞虫生浪耳，不顾尔王害自己。

一个不顾都是难，半点怠慢不恭喜。

二四二

一条心逆不是人，一些心敬些是人。

一半心敬些是人，一条心敬全是人。

二四三

早朝头御理事，早朝二御查看。

上晏二御理事，上晏头御查看。

洗身头御理事，洗身二御查看。

夜饭二御理事，夜饭头御查看。

二四四

早朝三御理事，早朝四御查看。

上晏四御理事，上晏三御查看。

洗身三御理事，洗身四御查看。

夜饭四御理事，夜饭三御查看。

二四五

早朝五御理事，早朝六御查看。

上晏五御理事，上晏六御查看。

洗身六御理事，洗身五御查看。

夜饭五御理事，夜饭六御查看。

二四六

两个提教理事，后殿两提查看。

一个提教理事，后殿三提查看。

二四七

旧夜奏拨上传旨，内殿后殿新奏知；

钟锣响毕打开门，摄稳不扯夜扶持。

二四八

冲得火多后有报，一个歪心难近夫；

好心好报歪歪报，高天做事不糊涂。

二四九

各人认各人道理，天父圣旨记时时；

话尔这样就这样，些不逆得逆害尔。

二五〇

不使得性速减性，不是校笑早当知；

天兄圣旨争半点，从今好醒莫鬼迷。

二五一

不识道理真是难，为人至紧莫做奸；

逆天由己最大罪，因何大胆把天瞒？

二五二

任尔一面不虔诚，莫怪尔主不饶情。

不拿然来无然待，各人打醒各精神。

二五三

生杀由天子，我不曾着靴，

我不曾坐车，□看紧上高。

二五四

还不分高底，拿然来。

二五五

一日一夜，统教管事。

提教受管，每事查顾。

通御奏得，轮管天事。

二五六

朝箱带袍签卢茶，夜箱卢袍带泉茶。

朝夜工夫都六样，三更捧手一手扯。

二五七

朝朝穿袍钟锣响，响开钟锣尽朝阳。

后殿此时齐呼拜，前殿门开来接光。

二五八

教管御文袍靴茶，周时提理莫些差；

御文袍靴茶些慢，一面响锣奏打他。

二五九

查看秉公莫包藏，冷眼暗装对太阳。

见人些歪锣议打，知情藏奸罪同行。

二六〇

看教日夜看为天，拨扇理琴理本章。

瓜果敬爷后敬妈，二更四更琴音长。

二六一

统教总管前后殿，见人有歪奏主前。

奏拨奏御兼查看，秉正秉直莫瞒天。

二六二

二管尔妹细心教，至紧教要遵天条。

当打则打当奏奏，不用恼气咁操劳。

二六三

旧年顾脚觳逆天，因何今年又仍然？

朝晚飞虫头顶脚，再不顾好责连连。

二六四

扇密密拨眼密洁，格外虔诚方为得。

半点怠慢不容情，莫怪尔主性咁烈。

二六五

每日读书一章，轮读诗一首，礼拜日加读天条。一直是名读某名，双直地名读出声。每日先读书一章，后读诗一首。一日读旧遗一章，一日读新遗一章。

二六六

这个又冲，那个又冲，尔主那得安乐在宫中？

这个不然，那个不然，尔主那得安乐在高天？

这个又赦，那个又赦，尔主那得安乐管天下？

这个又饶，那个又饶，尔主那得安乐坐天朝？

二六七

朝捧箱仔放榨面，伺候穿袍钟锣宣。

旧理靴茶响钟锣，各各尽忠莫瞒天。

二六八

因何同徒不跟理？因何同徒说不知？

因何藏奸不直道？因何瞒天咁鬼迷？

二六九

内殿同徒同跟理，同徒有错先奏知。

己先奏知己无罪，不奏知者拖累尔。

二七〇

一个瞒天天不留，一个故犯妄前修；

一个由己有大哭，一个暗歪显惹诛。

二七一

由天由王是天路，由己行错地狱涂。

草对弯弯直上天，不对走下冰火糊。

二七二

日夜拨扇扇莫停，莫拨榨底要记清。

拨由己不拨由己，大胆逆天不成人。

二七三

有福之人果然变，无福之人不知变。

狗食糯米总无变，恐食糯米好早变。

二七四

新统看教手执扇，理袍伺候要虔虔。

靴茶伺候响钟锣，统看开门共朝天。

二七五

每朝新统看提教，禁止同徒莫些躁；

无心锣打大胆奏，各照本心细教道。

两首诗是朝朝朝。

王诗每朝朝，王诗要记清。

二七六

拿横灯草罪不轻，拿正灯草得长生。

灯草对紧天大福，永远照实本心行。

二七七

天上无病地狱病，天上无苦地狱苦；

天上无饿地狱饿，天上无丑地狱丑。

二七八

一分逆天一分哭，一分敬天一分福；

十分逆天十分哭，十分敬天十分福。

二七九

天报应人无毫差，问尔想福还想哭？

想哭由己不用修，想福由天炼速速。

二八〇

三更响开头回锣，查看照喊敬爷哥。

遵旨逆旨鼓奏明，不理事提理和傩。

二八一

提教带御早为夫，虔诚换帕跪朝呼。
呼毕教御先洁眼，金鼓响毕裹着悠。

二八二

早茶统看袍靴茶，加先整容插好花。
头回锣响出前殿，灯草对夫即对爷。

二八三

提教带御顾上身，文袍靴茶顾下身。
统看教人顾主身，顾王身即顾尔身。

二八四

颈额额角共眉毛，永远不准扯一条。
不准扎脚讲妖话，不准同姑话言交。
四样犯些须奏出，藏奸瞒天罪难饶。
尔们既为上帝媳，各炼真真守天条。

二八五

火起速快求开恩，不求莫怪火连天。
见人跪求替人奏，不奏火起在眼前。

二八六

本章一来看教理，开合箱盖票封皮；
盖开本章虔洁手，提教同御记时时。

二八七

顾爷纲常得上天，顾哥面光福齐天；
顾夫志气配在天，顾仔体面永在天。

二八八

真草娘娘假草妖，敬天娘娘瞒天刀；
正草娘娘横草斩，虔诚娘娘怠慢煲。

二八九

敬重不完是谁人？虔诚不完是谁人？
赞美不完是谁人？欢接不完是谁人？

二九〇

心一惜他得上天，心一惜他福万千；

心一惜他无冤牵，心一惜他万万年。

二九一

各人有各人夫妻，不准混杂乱些须。

些邪该斩单留正，天法不饶后悔迟。

二九二

任尔秘藏天指出，知情不报拖累尔。

第七天条永远记，差在毫厘失千里。

二九三

人瞒天已莫瞒天，知情立报不瞒天。

知情不报同瞒天，同瞒天罪同瞒天。

二九四

因何当睡又不睡？因何不当睡又睡？

因何不顾主顾睡？因何到今还敢睡？

二九五

天父圣旨顾得救，天兄圣旨半点头。

知错知改方得生，不知罪过后无留。

二九六

捧茶不正难企高，拿涎不正难轻饶。

万样都是正为贵，速炼正正福滔滔。

二九七

天寒洁身最紧关，起身怕〔帕〕到草莫奸。

四条燥帕伺候便，闲手不顾个个难。

二九八

摄眼鼻抽鬼坏人，真真大胆不成人。

作怪得多害谁人？三年不好大戊人。

二九九

有得尔理无心理，后来想理无得理。

天事何不尽忠理，后来让过别人理。

三〇〇

看尔恰似试大水，紧炼紧歪心有鬼。

尔王岂有好出声，行着岂有好尔跪。

三〇一

天天日日日行天，照救世人脱妖缠。

有天有日永作主，真草对紧福无边。

三〇二

十款天条款款遵，犯着五七罪该分；

千祈正气遵爷旨，至紧孝顺重天伦。

三〇三

嫂在洗宫姑莫进，姑理洗水嫂莫进。

嫂还为嫂姑还姑，见有混杂奏秉正。

三〇四

旧统看教写名单，响锣逐名写莫懒。

打开一个点一个，打完轮奏莫些瞒。

三〇五

借为妈二去躲懒，虽然奏出草亦奸；

见凡逆旨报尔姊，做两十宫莫同瞒。

三〇六

外头剥艇不准入，内头剥艇不准出。

见有过界立奏明，想贵过人莫贱骨。

三〇七

问尔同谁人过亲？谁人生尔养尔身？

谁人替尔赎尔罪？谁人救尔照尔灵？

三〇八

想为尔主脱净歪，太阳面前歪报歪；

想为尔主脱净恶，太阳面前恶报恶。

三〇九

八分歪恶八分贱，不得近主不好怨；

一些歪恶一些贱，不得为主不好怨。

三一〇

写诏墨盘戺一头，半水半旱任蘸收；
扎帽企正摄裳背，奉旨讲人莫己由。

三一一

晓看晓奏是帮天，同天过亲奏连连；
不看不奏是逆天，同天无亲瞒连连。

三一二

宫内最贵两十宫，因会救火故高封；
真会救火真月亮，千年万载得威风。

三一三

真会救火脱鬼迷，真会救火是真妻。
真会救火好心肠，真会救火识道理。

三一四

天情真道在救苦，好心方能脱永苦。
尔见人苦救人苦，天见尔苦救尔苦。

三一五

天父慈悲怜人苦，深望世人尽脱苦；
见又一人遭难苦，天父痛肠甚刻苦。

三一六

天兄恩怜弟妹苦，遵爷圣旨替人苦。
十字架钉流血苦，替出弟妹免永苦。

三一七

在上固宜救下苦，在下更宜救上苦；
尔真好心救人苦，天父厚报尔无苦。

三一八

敬天一定会敬主，敬主方是真敬天；
天生尔主为尔主，敬天敬主两相连。

三一九

天情真道在知错，不知错过是妖魔；
想上高天速知错，知错知改见爷哥。

三二〇

一个作怪要打多，错在无心不用苛；

想脱痛苦速炼好，狗子条肠见爷哥。

三二一

千祈千祈莫讲偏，讲偏一句是瞒天；

瞒天速认该何罪，逆令双重糯饭泯。

三二二

正直善真　好醒慈仁

真媳真正真真直，真妯真善真真真；

真妻真好真真醒，真妈真慈真真仁。

三二三

尔同合意愿同坐，尔得天惜天若何！

想上高天速放醒，速速真草对爷哥。

三二四

天真惜尔有高封，何忍贬尔落冷宫！

天不恼尔永光荣，何至罚尔十八重！

三二五

心肝想倒照直行，因何想到又拿横？

手踭流血怕有救，颈筋流血怕难生。

三二六

一回痛过就知错，二回不用再痛过；

一回痛过不知错，二回更要再痛过。

三二七

一回逆犯是初犯，二回逆犯是重犯；

初犯看事怜误犯，重犯重究其故犯。

三二八

带袋迟延打带袋，统看迟延打统看。

一换开帕袋行先，虔诚同到齐呼唤〔换〕。

三二九

心有些邪鬼缠心，心有些曲鬼缠心；

心有些恶鬼缠心，心有些假鬼缠心。

三三〇

鬼入心缠说尔会，鬼汗尔心不自爱。

应该逐鬼早出心，因何藏鬼来自害？

三三一

毁谤冒渎五马分，鬼入心缠听不闻。

心内谤渎罪更大，想上高天赶早遵。

三三二

头顶紧关要求奏，不求不奏该斩头；

求奏无欺天欺主，晓求晓奏福已求。

三三三

当跪不跪罪该分，跪要虔诚耳宜闻；

当求不求是冒渎，求要停声旨当遵。

三三四

理前殿事专为王，后殿妈妈为本当。

不理幼细理卤粗，不晓为王为娘娘。

三三五

两行企位奉旨审，错有情理是无心。

误犯一百几十得，单单故犯追究深。

三三六

旧果放盘到明日，新果来时平匀食；

新果未来有乱食，同徒奏出有重责。

三三七

着袍离颈转面前，穿开袍袖乃两边；

自今一个不遵旨，重责不准带金钱。

三三八

左边左袖〔领〕右牵袖，右边右领定肩头。

左袖转前轻放颈，企前向后两边悠。

三三九

暗中敬天敬夫主，天堂享福万千秋；

暗中瞒天瞒夫主，地狱受苦万千秋。

三四〇

打开知错是单重，打不知错是双重。

单重打过罪消融，双重雪下罪难容。

三四一

虔诚欢喜一条肠，就是炼倒水咁凉；

面情声气极慈和，就是纯善真娘娘。

三四二

任尔一面不虔诚，宫内那样都要人。

好心企上歪企下，高天做事无占情。

三四三

不打不骂还过得，惹打惹骂要欢虔。

不欢不虔逆双重，莫怪满天尽火延。

三四四

面情善好是人面，面情不好是鬼面；

声气善好是人声，声气不好是鬼声。

三四五

叶心真好叶就好，心肠真好面就好；

琴心真好音就好，心肠真好声就好。

三四六

上帝所合人难分，何况他子是嗣君；

嗣君母亲是王母，天下万国重大伦。

三四七

夫主身上万样福，尔得为些天大福；

心恐无为就有福，算盘咁真有何福？

三四八

千祈千祈脱净恶，尔们无恶天何恶？

千祈千祈炼善善，尔们果善天更善。

三四九

凡间最好是何日？今年夫主生诞日。

天父天兄开基日，人得见太平天日。

三五〇

自家既错就〔当〕认错，因何逞刁不和傩？

自家虽着当说姊，因何不晓是〔畏〕爷哥？

三五一

爷圣旨万样节俭，一饭一丝当悭廉。

今日悭廉积上天，积福多多万方沾。

三五二

曾岳丈直认求恩，大罪化小得上天。

杜而景讲偏一句，罪上加罪云雪连。

三五三

右后响鼓遵妈姊，内殿响鼓奏主知。

行不响鼓当奏明，时时一样真道理。

三五四

带未挂时洁眼紧，被既卷时过〔遍〕被紧。

人一响时奏知紧，火一起时救火紧。

三五五

手不顾主该斩手，头不顾主该斩头。

些不顾主些变妖，周身顾主福已求。

三五六

不好心肝命不生，不好心肝眼会青；

不好心肝容不宽，不好心肝耳无听。

三五七

看尔想试云中雪，天情道理不识得；

看尔想试五马分，因何大胆自作孽？

三五八

天情道理莫嫉妒，嫉妒最惹爷义怒；

天情道理要敬主，毁谤冒渎真可恶。

三五九

万样须要照直行，因何前横今又横？

万样奏准方行得，因何当声不晓声？

三六○

晓得照直就是人，天大福禄赐尔身；

晓得奏主是奏天，敬天敬主合天情。

三六一

永远金贵贵道理，永远金贵贵心肠；

真正真直真善真，方成长久真娘娘。

三六二

扎开厓头头顾主，打剩厓嗾嗾虔求。

任丢任掷草一样，万载千秋对日头。

三六三

因何有旨看作校？是乜入心咁琢老。

应该加早先算清，万样要理得好好。

三六四

晚头捶脚食毡四，早旧毡对食四理。

奸懒恶假须脱尽，怕无尔为那时迟。

三六五

一个作校是妖魔，一个认真跟爷哥。

天大福气在遵旨，敬天敬主威风多。

三六六

害人不是害人侪，害来害去害自家。

且看三人心不好，现今如何处置他。

三六七

大话大听细细听，因何拗颈不遵行？

成人头要听人教，遵旨听教得常生。

三六八

炖参掌门提教事，同台理毡人工夫；

一个诈奸须奏出，同心合手莫糊涂。

三六九

当食就要象食样，当睡就要象睡样。

万样遵旨要象样，天父专诛带歪样。

三七〇

一个遵旨是真妻，一个逆旨是鬼迷。

半点怠慢云中雪，后来结局尔就知。

三七一

今日似乎说尔会，后来方知是鬼害；

鬼不害尔自家寻，遵旨得救当自爱。

三七二

因何主问不直奏？欺天欺主该斩头。

因何同人同瞒天？讲偏一句法当诛。

三七三

人侪杀头尔杀头，同人瞒天罪该诛。

一讲倒二二讲一，瞒天欺主后无留。

三七四

敬天敬主得常生，虔诚欢喜得常生。

遵旨照直得常生，无谎无假得常生。

三七五

头更毡琴靴脚盘，副看松臂袍脚弯；

二更食琴毡脚盘，统教松背〔臂〕看脚弯。

三更毡琴茶脚盘，统教松臂文脚弯；

四更毡琴靴脚盘，看教松臂副脚弯。

五更食琴毡脚盘，理文松臂袍脚弯；

余外新进松脚盘，头四更食松脚弯。

三七六

宴将摆好喊看教，迟延看食打难逃。

宴未食完喊统教，迟延统袋打难饶。

三七七

化宫门开随手关，不关怠懒〔慢〕又奸懒；

不知有主不晓顾，定然重责不容瞒。

三七八

只有媳错无爷错，只有婶错无哥错。

只有人错无天错，只有臣错无主错。

三七九

千祈莫明知故犯，千祈莫逆令双重。

千祈莫同人瞒天，千祈莫假草不忠。

三八〇

千祈做人莫变鬼，脱鬼敬爷时刻跪；

鬼心鬼面恶如狼，人心人面凉过水。

三八一

人妖分别在邪正，邪些是妖正是人。

邪些极贱正极贵，邪些该砍正该升。

三八二

人妖分别在曲直，曲些是妖直是人。

曲些极贱直极贵，曲些该砍直该升。

三八三

人妖分别在善恶，恶些是妖善是人。

恶些极贱善极贵，恶些该砍善该升。

三八四

人妖分别在真假，假些是妖真是人。

假些极贱真极贵，假些该砍真该升。

三八五

朕妻朕儿行真道，真道出自爷教导。

遵爷圣旨得常生，好心定然有好报。

三八六

朕妻朕儿坚耐心，遵行真道贵如金。

遵爷圣旨爷子女，天大福气自家寻。

三八七

因何无火冲起来？因何火起不救开？

火冲起来谁人受？火不救开烧死该。

三八八

做媳有福不知享，做媳不成当识想。

不上得天要落地，到了那时有乜讲。

三八九

阎罗妖鬼都难飞，打得服服畏天威。

天父天兄手段高，阎妖低头钻地龟。

三九〇

提教查看文袍门，靴茶参茸食洗门。

看紧上高理天事，起些奸心后处分。

三九一

千祈不好炼大胆，各理天事要小心。

千祈不好起奸心，奸心是奸过半点。

三九二

朝新毡火副看琴，大胆是妖罪该斩；

虔诚遵旨些错赦，单打大胆究深深。

三九三

洁嚏因何洁倒须？大胆不遵成乜妻。

装诞因何又重犯？万样要正还不知。

三九四

响在无心晓认错，不是大胆思赦过；

错在不知一时误，不是奸心轻警惰。

三九五

天上不准一些横，炼得直直得常生；

诈聋诈哑诈盲瞎，奸心瞒天罪不轻。

三九六

果见做成实是见，当声立即就出声；

爷哥不是同校笑，尔想常长照直行。

三九七

一个大胆起奸心，眼前重打后背杀；

千祈至紧破直行，地路甚宽天路窄。

三九八

掌等大阳不见窗，蛇逝有路必有踪；

一齐赶走证认出，千祈逆令莫双重。

三九九

姊生即是自己生，妹生亦是自己生。

多多都是由爷生，看作一体得常生。

四〇〇

养子养女非本事，教子教女真本事。

爱子爱女就要教，不教子女有大误。

四〇一

别样或留邪无留，天条犯七定斩头；

爷爷圣旨单留正，想上高天落力修。

四〇二

万样靠他三子爷，虔诚欢接总无差；

且看虎鱼鸟草朝，各人正草顾自家。

四〇三

一样不恶是不虔，诈盲诈哑是瞒天；

万样直奏安主心，一个大胆有冤牵。

四〇四

头贴夫主坐本份，因何理事不殷勤？

何不尽忠忘前修，遵爷圣旨得生存。

四〇五

本一个人分贵贱，有道时贵无道贱；

本一个人分人妖，好心时人歪心妖。

四〇六

尔们爱头不爱头，爱头破直醒心修。

无心有救奸心杀，大胆奸心天不留。

四〇七

今不开恩有头么？下次再犯看如何！

爱头速速孝顺妈，大犯天条有爷哥。

四〇八

尔想成人还成妖？成人遵旨遵天条；

成妖大胆起奸心，眼前重打后过刀。

四〇九

爷爷圣旨勿忧容，成人最要好仪容。

娘娘自有真面容，从今虔接永修容。

四一〇

万样不论论道理，头光髻乸好道理。

修容插花好道理，虔欢接主好道理。

四一一

万样不论论心肠，头光髻乸好心肠。

修容插花好心肠，虔欢接主好心肠。

四一二

三分人才四分扮，成人仪容要好看。

爷哥不怕〔恤〕陋容人，从今好醒好打算。

四一三

怠慢不准做副看，着人袍裳做替换。

罚贬三年不分新，期满炼好另处断。

四一四

乃车轧轧看花香，尔晓就光故得光；

锁匙带紧门易入，虔诚永远服事王。

四一五

为妈虔欢乃妈车，为主虔欢乃主车。

为姊虔欢乃姊车，开恩得光永乃车。

四一六

不理事人奏乐行，隔日人同值日荣；

各人妻子乃夫车，永遵天条得常生。

四一七

隔日先就隔日光，因何逆旨咁瞒天？

一句半字都是旨，认真遵旨万万年。

四一八

喝山山转喝水潮，爷爷圣旨遵为高；
夫主开言由爷出，遵旨得救逆旨刀。

四一九

那样就得理天事？好心就得理天事。
那样是会理天事？遵旨是会理天事。

四二〇

人有乜福福在爷，心不就爷享乜福；
人有乜福福在哥，心不就哥享乜福。
人有乜福福在主，心不就主享乜福；
就爷就哥就夫主，得上高天享永福。

四二一

哨不得烂莫乱吞，知不的确要来遵；
天差夫主来作主，因何遵旨不殷勤？

四二二

一车两边不可挨，挨近兜开然后乃；
车带乃直车就直，缓步徐行开心怀。
转角前左后右摆，前右后左不用猜；
悠然安叠顾手脚，前后兜车莫高低。

四二三

乃车对面向路行，有阻回头看兜平；
苑内游行真快活，百鸟作乐和车声。

四二四

万样由天由夫主，逆天由己罪该诛；
主行则行主止止，万样听主莫糊涂。

四二五

人多扇扇一双松，人少扇扇一个松；
日夜处处都一样，完多袋对洁玲珑。

四二六

上高掉正然后上，千祈定叠莫慌忙；

同齐乃车同出力，万样同心福久长。

四二七

想上高天读圣书，因何无事咁糊涂？
自今再不遵旨读，响鼓人报姊奏夫。

四二八

响锣一处不准停，自今再犯不饶情；
查着看门当奏出，同人瞒天理不应。

四二九

宫内有人真不好，看奏一双使大刀；
跪奏奉三子爷令，林苑双刀齐不饶。

四三〇

爷爷圣旨煲糯米，狗食糯米无更移；
知变大兄赎尔罪，不变后林看奏理。

四三一

尔真爱人天爱尔，爱人爱自己；
尔真害人天害尔，害人害自己。
尔好心天好报尔，好心好自己；
尔歪心天歪报尔，歪心歪自己。

四三二

尔双重诈聋奸草，登楼洗化两该刀；
自今再不遵条五，后来结果总无饶。

四三三

因何不改又不悔？因何罪上又加罪？
自今再不知改悔，后来结果治尔罪。

四三四

且看长沙诛老妖，奏爷剑即赐天朝；
又看旧城赏四十，朝赦晡木不轻饶。

四三五

尔今速变限这回，这回不变命鬼催；
后林苑内糯米饭，永远受苦怨得谁。

四三六

宫内代代莫乱行，金鼓云板响大声；

见有偷闯当奏出，逆旨瞒天责不轻。

四三七

一时一样假娘娘，周时一样真娘娘。

逆旨冲火真〔假〕娘娘，遵旨救火真娘娘。

四三八

有天有日永作主，因何还睡咁糊涂？

起些奸心照对对，尔想大胆怕天诛。

四三九

同心顾主同得贵，一个冲火有死罪；

得主欢喜得上天，同破直行真草对。

四四〇

现不遵旨贬冷宫，后不遵旨十八重。

想上高天要遵旨，遵旨得救得高封。

四四一

无心逆旨还有救，有心逆旨要斩头；

天量如海也无迟，大胆奸心天不留。

四四二

应该知情当直奏，因何同瞒不爱头？

同瞒人杀尔也杀，速速帮天放醒修。

四四三

爷教尔姊放胆奏，此等鬼话应难留；

好得尔姊直奏出，同谢尔姊落力修。

四四四

天差尔们四处生，同一夫主草莫横。

不做忠臣到何时？鬼害得多还不惊。

四四五

人生一世无二世，正者上天邪落地。

此世修好永在天，齐醒莫中魔鬼计。

四四六

魔鬼想害人变鬼，麻疯想害人发疯；

明明娘娘福知享，魔鬼害人害得重。

四四七

且看大兄鬼还惑，屋顶想害大兄跌；

明明太子还来欺，尔们速醒脱鬼蜮。

四四八

又看夫主鬼还欺，冒做爷哥好得知；

明明太阳还弄计，尔们速醒莫鬼迷。

四四九

朕妻朕儿报爷恩，认真真道顶高天。

遵爷圣旨享永福，识破鬼计脱妖缠。

四五〇

成人成鬼定此世，极贵极贱定此世。

上天落地定此世，永福永苦定此世。

四五一

妻儿齐醒体爷心，识破鬼计脱沦沉。

莫负爷爷生养大，心醒蛇魔难害侵。

四五二

邪曲恶假魔鬼路，行错鬼路任鬼怖；

行错鬼路鬼边人，受鬼缠捉此缘故。

四五三

正真善真爷真道，行着真道得好报；

行着真道爷边人，鬼想害尔不能到。

四五四

好心遵旨就转天，心醒心正脱妖缠；

速醒悔改行真道，打马回头转爷边。

四五五

爷爷是火故生火，有是爷火有仔火；

有是哥火有弟火，普照人间尽是火。

四五六

无火千祈莫冲起，冲起火来烧自己；

好心顾火替人救，免火延烧无了止。

四五七

母鸡千祈不好啼，一啼斩头天所排；

后宫亲戚赐由爷，世世脱尽凡情歪。

四五八

后宫各字莫出外，出外母鸡来学啼；

后宫职份服事夫，不闻外事是天排。

四五九

后宫亲戚进贡爷，不用私献致有差；

所有臣下赐由爷，私受不雅脱尽邪。

四六〇

敬爷敬只心，敬哥敬只心；

为夫为只心，为主为只心。

四六一

天情道理在知错，因何有错不认错？

直知直认错不错，不知不认错加错。

四六二

一不准多嗦争骂，二不准响气喧哗；

三不准讲及男人，四不准讲及谎邪。

四六三

学倒曾添罪过轻，学倒而景怕难生；

认也知不认也知，千祈灯草莫拿横。

四六四

遵旨响鼓响板来，遵旨响鼓响板回；

来得光明回正大，当知天父眼恢恢。

四六五

那样犯倒或赦得，单单条七罪滔天。

爷差来斩邪留正，速炼正正脱妖缠。

四六六

一条直〔真〕道小心行，千条岔路得人惊。

岔路妖魔装陷阱，两提踏错怕难生。

四六七

妖魔害尔在梦中，迷坏尔魂仃佟佟；

遵爷圣旨脱凡心，任鬼万害都是空。

四六八

脱净凡心就上得，记爷圣旨万万年；

鬼计害人如装雕，醒行真道脱妖缠。

四六九

正直善真得上天，正直善真福万千；

正直善真无冤牵，正直善真万万年。

四七〇

姑进响鼓十五点，一个未出是瞒天；

姑出响鼓十五点，方准进洗记万年。

四七一

好心遵旨脱鬼缠，好心遵旨苦脱完；

好心遵旨福无边，好心遵旨上得天。

四七二

脱净凡心脱鬼缠，脱净凡心苦脱完；

脱净凡心福无边，脱净凡心上得天。

四七三

脱净凡心，爱人如己；

正直善真，好心遵旨。

四七四

斩邪留正是谁人？杀曲赦直是谁人？

诛恶救善是谁人？恼假惜真是谁人？

四七五

子不敬父失天伦，弟不敬兄失天伦；

臣不敬君失天伦，下不敬上失天伦。

四七六

父怒子跪求开恩，兄怒弟跪求当虔；
君怒臣跪求本份，上怒下跪本连连。

四七七

当跪不跪是明欺，当求不求是鬼迷；
理当如是不如是，瞒天莫道天不知。

四七八

君子周时口对心，一反一复陷沦沉；
有爷有哥永作主，当知时时天眼针。

四七九

早暗化洗更模奴，从头叠二顾飞虫；
文袍靴茶花水食，顶替到毡福要功。

四八〇

尔们真真无大胆，不用打骂何讲斩；
尔无奸心脱净苦，从今切莫有半点。

四八一

打千打万因大胆，大胆莫怪天法严；
杀千杀万因奸心，奸心云中雪难堪。

四八二

问尔怕打不怕打，怕打莫炼曲恶假；
问尔怕斩不怕斩，怕斩心莫邪半点。

四八三

怕打怕斩速遵旨，遵旨脱苦苦就止；
尔们分别在遵旨，遵旨好心好自己。

四八四

饭养不生遵旨生，从今遵旨草莫横；
天大福气自己炼，千祈至紧照直行。

四八五

小心弯远顾紧须，悠悠轻轻摸挨脐；
脐上不挑是逆旨，为主万样好心机。

四八六

同徒同出同企定，同跪同呼同虔诚；

同行同向同架止，同心同力同忠真。

四八七

心肝想倒莫拿横，照紧本心破直行。

理当如是就如是，些事因何要主声。

四八八

些事到今不会理，心有鬼计做谁妻？

狗子条肠配真主，因何到今还鬼迷？

四八九

遵旨得救得上天，永远享福万万年；

逆旨会死会落地，当狗不倒贱无边。

四九〇

跟主不上永不上，永远不得见太阳。

面突乌骚身腥臭，喙饿臭化烧硫磺。

四九一

醒一样睡又一样，一时一样假心肠；

假心肠定赏假福，贱人那得永荣光。

四九二

暂一样久也一样，周时一样真心肠；

真心肠定赏真福，贵人应得永荣光。

四九三

一个大胆是妖魔，一个瞒天是妖魔；

一个逆旨是妖魔，一个歪心是妖魔。

四九四

草木接日得菲芳，臣下接日得荣光；

智者踊跃接为福，因何草不接太阳？

四九五

尔想爷哥夫主惜，好心遵旨就会惜；

今朝遵旨今朝惜，永远遵旨永远惜。

四九六

子女幼细不用扇，宁可热些要遵天。

自古成人不自在，遵守天条万万年。

四九七

知错知求方有救，不知不求该杀头。

爷爷养怒杀三人，打坏多多因不求。

四九八

统左看右玉凳理，三更天光看朝仪。

见有逆旨立即奏，莫再藏奸诈不知。

四九九

未企玉凳提袋理，企凳统看直奏知；

统看提看紧上高，知情立奏记时时。

五〇〇

一个心恐无得为，爷哥恩怜有得为；

一个心恐不会为，爷哥恩化就会为。

（《中国近代史资料丛刊·太平天国》第一册）

戒浮文

首要认识天恩、主恩，东、西王恩；次要实叙其事，从某年月日而来，从何地何人证据，一一叙明，语语确凿，不得一词娇艳，毋庸半字虚浮，但有虔恭之意，不须古典之言，故朕改"字典"为"字义"也。（《钦定军次实录》）

汇编天命诏旨书诏

天王诏曰：戊申岁三月，天父上主皇上帝下凡，显出无数神迹权能凭据载在诏书。是年九月，天兄救世主耶稣下凡，亦显出无数神迹权能凭据载在诏书。今恐通军大小男女兵将未能熟知天父圣旨命令及熟知天兄圣旨命令，致有误逆天命天令也，故特将诏书寻阅天父天兄圣旨命令最紧关者，汇录镌刻成书，庶使通军熟读记心，免犯天令，方得天父天兄欢心也。后将朕令附尾，亦无非使尔等识法忌法之意。钦此。（《天命诏旨书》）

严别男女整肃后宫诏

天王诏旨。诏曰：咨尔臣工，当别男女。男理外事，内非所宜闻。女理内事，外非所宜闻。朕故特诏，继自今，外言永不准入，内言永不准出。今凡后宫，臣下宜谨慎，总称娘娘。后宫姓名、位次，永不准臣称及谈及。臣下有称及谈及后宫姓名位次者，斩不赦也。后宫而〔面〕永不准臣下见，臣下宜低头垂眼。臣下有敢起眼窥看后宫面者，斩不赦也。后宫声永不准臣下传。臣下、女官有敢传后宫言语出外者，斩不赦也。臣下话永不准传入。臣下话有敢传入者，传递人斩不赦，某臣下斩不赦也。朕实精〔情〕诏尔等：后宫为治化之原，宫城为风俗之本，朕非好为严别，诚体天父天兄圣旨，斩邪留正，有偶不如此，亦断断不得也。自今朕既诏明，不独眼前臣下宜遵，天朝天国万万年，子子孙孙暨所有臣下俱宜遵循今日朕语也。钦此。

癸好三年正月二十八日诏。（《太平天国文书汇编》卷一）

删改诗韵诏

天王诏曰：咨尔史臣，万样更新，诗韵一部，足启文明。今特诏左史右史，将朕发出诗韵一部，遵朕所改，将其中一切鬼话、妖怪话、妖语邪语，一概删除净尽，只留真话、正话，抄得好好缴进，候朕披阅刊刻。钦此。（《太平天国文书汇编》卷一）

诰谕天下不准称皇帝称大哥诏

天王诏曰：咨尔清胞，名份昭昭；诰谕兵士，遵命遵条。普天太下，皇帝独一，天父上主皇上帝是也。天父上主皇上帝而外，有人称皇帝者，论天法该过云中雪也。天下大哥独一，天兄耶稣是也。天兄耶稣而外，有

人称大哥者，论天法该过云中雪也。继自今诏明天下，以后犯者勿怪也。钦此。（《太平天国文书汇编》卷一）

天历每四十年一斡旋诏

天王诏旨。诏曰：朕诏和甥、福甥、玕胞、达胞、玉胞、秀胞、恩胞、贤胞、辅胞、璋胞、天将、掌率、统管、尽管、神策朝将、护京国将、六部、义王、佐将、内外众臣知之！

天父上帝太平天，太平天国万万年，天国天历无穷尽，四十年加诏在前。兹据玕胞恳裁定，诏每四十年斡旋，干〔斡〕年每月念八日，节气平匀义更全。朕今诏明甥等，天父上帝，乃天下古今前后大共太平，天父太兄基督，乃天下古今前后大共太平，天兄朕乃太平天子。自戊申年三月，天父上帝下凡，降托东王乃禽世人。九月太兄基督下凡，降托西王诛灭妖魔。今蒙爷哥下凡带朕作主，创开天国、天京、天朝、天堂、天历，永远流传，自辛开元年一直传去，千年万载万万载，永无穷尽。

朕前业既诏明，当前南王困桂平，见天启天使将天历畀南王看，天历永远永无穷尽。诚以天国、天京、天朝、天堂乃爷哥带朕作主之天国、天京、天朝、天堂，合古今前后天上地下人间为一大统，故天历流行，永无止息，普天大下，万郭万代臣民，同享爷哥真福，在世升天永活威风无了期。此当前太兄升天命门徒传福音于普天大下人听也。盖福音之传，为今日预先传知众人，凡间得享真福。真福何在？在爷哥恩降凡间带朕作主坐天国，救起万民转天堂，在世享真福，升天得永活。故福音久传于从前，今蒙爷哥下凡带朕作主，天国迩来，现享真福，后得永活。自开辟至今，未有如今日之大福也。生在太平世界，何幸如之！

朕前业准东王西王南王暨众臣等，天历每年三百六十六日，单月三十一日，双月三十日，每四十年一加，每月三十三日，取真福无边，有加无已之意。兹据玕胞等朝奏，天历永远高深，固非凡例浅识所能窥，而便民耕种兴作，亦属天情真道不可少，恳请每四十年一斡旋，斡之年每月二十八日，节气俱十四日平匀，令善有便于民。自四十年至八十年、一百二十年、一百六十年，至千年万载万万载，永远如是，每四十年一斡为总。朕业准奏。为此再诏。除却从前每四十年一加之诏外，继自今，史官每年遵今诏，每四十年一斡，斡年每月二十八日，节气俱十四日。余俱照前例，每年三百六十六日，双月三十日，单月三十一日例，制造天历颁行，并遵前诏，每年十月献明年新天历盖玺，十二月颁近省，十一月颁远省，永远如是。又将今诏系于天历之首，并注明每年正月十三日是太兄升天节，二月初二日是报爷节，二月二十一日是太兄暨朕登极节，三月初三日是爷降节，七月二十七日是东王升天节，九月初九日是哥降节，每年六节各注明，该月日顶头，永远如是，颁行天下，庶俾普天大下万郭万代臣民，同伸孝敬爷哥之虔，无忝为子为弟之道，共抒铭刻代赎之念，克尽感功感德之心。巍乎焕乎！真道天情，家喻户晓，美矣善矣！山涯海角，浃体沦肌，天历颁行，咸使闻知。钦此。

太平天国己未九年十月初七日诏。（《太平天国文书汇编》卷一）

天历六节并命史官作月令诏

天王诏旨。诏曰：朕诏和甥、福甥、珥胞、达胞、玉胞、秀胞、恩胞、贤胞、辅胞、璋胞、天将、掌率、统管、尽管、神策朝将、护京国将、六部、义王、佐将、内外各省众官将兵知之！

天父上帝降凡间，暨爷哥带朕坐江山，爷哥朕国是天国，三子爷共御尘寰。爷哥下凡天国来，天历流传如循环。新开元年传永远，永不改元诏再颁。月亮圆缺无拘论，专显天情救沉沦。凡历信邪中鬼计，妄为推算陷鬼门。叛爷惑鬼受永罚，今诏脱凡齐醒遵。谈天说地皆诞妄，认真真道永生存。天历首重孝顺爷，七日礼拜福禄加。二月初二报爷节，谢爷差朕斩妖蛇。三月初三爷降节，天国迩来共一家。本年三更诛凶首，从此万郭归爷妈。天历二重恭敬哥，舍命赎罪活人多。正月十三哥升节，普天铭感福江河。二月念一哥登极，亦朕登极人间和。九月初九哥降节，靠哥脱罪记当初。天历三重识东王，降托东王是父皇。爷前下凡空中讲，爷今圣旨降托杨。七月念七东升节，天国代代莫些忘。谢爷降托赎病主，乃贪世人转天堂。天国代代遵三重，天情真道福无穷。妄为推测有何益？可怜叛爷成臭虫。脱尽凡情天情显，爷初立约现天虹。哥活二日升四旬，四十年斡可认踪。特命史官作月令，钦将天历记分明，每年节气通记录，草木萌芽在何辰。每四十年一核对，裁定耕种便于民。立春迟早斡年定，迟减早加作典型。立春迟早看萌芽，耕种视此总无差。每年萌芽记节气，四十年对斡减加。立春迟些斡年减，早些斡加气候〔候〕嘉。无迟无早念八定，永远天历颁天涯。甥们遵诏，每年十月命史官献明年新天历，盖玺刻颁，永远依东王前奏天历例制，造天历颁行天下，永不改元，庶天情真道炳耀人间，而凡例妖谎屏绝宇内矣。钦此。

太平天国己未九年十月十四日诏。（《太平天国文书汇编》卷一）

多妻诏

天王诏旨。

朕诏有关婚姻之规定。如同西王和南王已经安排的那样，今据天旨，朕诏西王可有十一妻，南王可有六妻。至于以下各级官员，毋须争论。天国居民，海外番众，皆以多妻为荣。朕向守天旨。今允东王西王各十一妻，自南王至豫王等各六妻，高级官员三妻，中级官员二妻，低级官员以及其余人等各一妻。自高而低，依级递减，上多下少，切莫妒忌。天父造出亚当，婚配夏娃。当初仅有一夫一妻，这是正确的。如今天父又曰，妻子数目应是多个。天父天兄下凡，朕承恩泽，增减尔妻数。天已允朕增减各类官员的所有事情。拜上帝者皆一家，今后均须依照朕谕，妻数应依官阶大小而多少不等。朕诏婚配情况如下：朕长、次兄以及干王、翼王、英王、忠王、赞王、侍王、辅王、章王、豫王，不足六妻者，自行择配，共迎朕之寿辰，届时，望各官员补足其数。此诏前已逾所允之数者，朕宽容之。（《太平天国文书汇编》卷一）

戒浮文巧言谕

天父天兄天王太平天国精忠军师顶天扶朝纲干王洪、顶天扶朝纲幼赞王蒙、殿前忠诚贰天将李为喧谕合朝内外官员书士人等一体知悉：照得文以纪实，浮文所在必删；言贵从心，巧言由来当禁。恭维天父、天兄大开天恩，亲命我真圣主天王降凡作主，施行正道，存真去伪，一洗颓风。是以前蒙我真圣主降诏，凡前代一切文契书籍不合天情者，概从删除，即六经等书亦皆蒙御笔改正。非我真圣主不恤操劳，诚恐其诱惑人心，紊乱真道，故不得不亟于弃伪从真，去浮存实，使人人共知虚文之不足尚，而真理自在人心也。况现当开国之际，一应奏章文谕，尤属政治所关，更当朴实明晓，不得稍有激刺，挑唆反间，故令人惊奇危惧之笔。且具本章，不得用龙德、龙颜及百灵承运、社稷、宗庙等妖魔字样。至祝寿浮词，如鹤算、龟年，岳降、嵩生及三生有幸字样，尤属不伦，且涉妄诞。推原其故，盖由文墨之士，或少年气盛，喜骋雄谈，或新进恃才，欲夸学富。甚至舞文弄笔，一语也而抑扬其词，则低昂遂判；一事也而参差其说，则曲直难分。倘或听之不聪，即将贻误非浅，可见用浮文者不惟无益于事，而且有害于事也。

本军师等近日登朝，荷蒙真圣主面降圣诏："首要认识天恩主恩东西王恩。次要实叙其事，从某年月日而来，从何地何人证据，一一叙明，语语确凿，不得一词娇艳，毋庸半字虚浮，但有虔恭之意，不须古典之言，故朕改'字典'为'字义'也。"本军师等朝奏，钦遵之下，不胜敬凛。为此特颁喧谕，仰合朝内外官员书士人等一体周知，嗣后本章禀奏，以及文移书启，总须切实明透，使人一目了然，才合天情，才符真道。切不可仍蹈积习，从事虚浮，有负本军师等谆谆谕诫之至意焉。特此喧谕，各宜凛遵！

天父天兄天王太平天国辛酉十一年　月　日
喧谕（《太平天国文选》）

钦定英杰归真

叙

溯自上帝创造天地人物，无一而非真也。一自蛇魔惑世，而异端邪说充塞乎人心，所有天情真道，匪特庸庸者流茫然而莫知向往，任是英伟杰出之才，或疑信相参，欲考证而无从；或议论歧出，欲附会而愈远。即间有有心世道者，欲宣教以明其旨，奈身无教化权而人多不信。抑或有心怀疑义者，欲寻其绪而识其端，不遇解释之人而疑终莫祛，无怪乎真道日在天下而真理终不明于人心也。

兹蒙天父天兄差生我真圣主暨救世幼主宰治天下，复差生我干王以佐辅之，用夏变夷，代天宣化。常思阐明真道以援引世人，而提撕警觉之不倦。所恨蠢尔愚夫，自安寡昧。即欲一施其振聋发聩之方而无从，而何幸妖胡奴隶之辈犹有所谓铁中铮铮，庸中佼佼者。自知从前之失，仰慕真主而幡然来归，且又善于质疑，善于问难，适足以触发我干王训诲不倦之本怀，故不禁津津焉，娓娓焉，举真理真道有味乎其言之，而使斯人恍然悟，帖然服，觉向之以身归者今更以心归矣。向之身归真主者，今更心归真道矣。

小官等猥以菲才，夙叨恩眷，凡是宾客燕见，罔不随侍左右，旁聆宝训，道通天地之外，思入风云之中，批却导窾，切理餍心，要惟此番问答，尤属闻所未闻而又闻所乐闻也。因谨笔之于书，而请公诸世。我干王遂俯从愚议，呈献圣览，荷蒙旨准刊刻颁行，爰名之曰英杰归真云。

时天父天兄天王太平天国辛酉十一年三月初一日

干殿刑部尚书小官何春发、干殿礼部尚书小官汪兰垣、甲官副信队勇忠富朝福干殿吏部尚书小官刘盛培、天试文状元开朝勋臣昱天福、干殿文正总提小官刘阆忠、甲官正信队勇忠富朝福干殿文副总提小官吴文彬、干殿户部尚书小官何其兴、干殿兵部尚书小官丁锦堂、干殿工部尚书小官辛振甲等敬序

英杰归真

一日，有投降者，据云：自是甚么红顶双翎，与某妖不和，欲归天朝，出力报效，具禀求见。本军师念切该等亦是天中帝土之人，故准伊进见，遂传令府官两傍排列引进。跪呼千岁后请安道禧毕，平身旁立。干王问以来意，伊即答以妖运该终，大小不和，民心不附，恐难与天国抗也。况真圣主天王得天心眷顾，每至极处逢救，为此故特来归顺焉。求殿下不弃，收为门下，定即报效援救之恩也。干王听罢来意，未知出自真诚否，乃试其心曰："尔既受妖之官，尔祖父恐亦受妖恩不少，且前并未受过天朝官爵恩典，何忍遽弃其官而来投顺乎？其中必大有所见，乃能如此去就也。尔当禀明前来，方可准信。"伊答曰："干王明镜高悬，真伪立见，愚弟决去妖官，来投天朝者，实因我祖父名为他官，实为他奴，虽受六七代功名官爵，

较之宋、明前代十无一二，况宋末、明末之时，吾祖父之跟从之者，罹难
自缢者不知凡几。其为胡妖之害，实得不赏失，况天兵说我是鞑子，我实
天人；说我是胡妖，我实华人。骨肉毛血都是中土人，不过暂受妖权所制，
妖官污弄，一时不能脱满洲鬼迷耳。今愚弟来归，实是去暗投明，脱鬼成
人之幸，从今欲做英雄豪杰，不愧为中土天朝人也。乃蒙殿下以此疑难，
益令我对苍天而生愧，对祖父而流涕也。"遂切齿对天跪下而誓曰："倘有
假意来降，不为祖父报仇，不为天王尽忠者，愿天父上帝诛之。"言罢，乃
当众放声大哭不止。干王见其归顺之念诚，遂命左右扶起，赐以天朝袍帽，
令众官安置居处饮食。众官俱言遵令，仍三呼千岁而退。

　　是晚那人因未悉各款礼仪称谓，恐有不合于讲礼读法之事，乃坐卧不
安，长夜耿耿，思想前所谈论听闻者中多有隐讳之字，尊己卑人之词，恨
不得天晓而欲有所请以释其心之惑也。次日早起，不敢妄进，早饭后，即
传鼓求见，谓"某请安求教也。"旋内有三通鼓响，女官传令出曰："干王坐
殿。"众官跪呼请安禀事请令毕，旋令在偏殿坐，有一礼部尚书并三四仆射
侍从可矣，众属官俱照常办事，不用进偏殿也。引进内殿，右边一厅，铺
毡结彩，案上金玉银杯钟镖古玩四围罗列，壁挂一大福字，高长七尺五寸，
横阔六尺，上横批天兄基督登山垂训九福之言，旁写精忠军师干王书。阶
前花草鲜妍，中门额悬一金边龙匾，内有黄绢御笔朱题龙边凤诏，书法遒
劲，罩以大玻璃三块，明朗庄严，令人生慕。读之，其略云："天王诏旨曰：
朕意玕胞、达胞、玉胞知之，敬爷敬哥总无空，老父大兄赐光荣，得到天
堂享爷福，福子福孙福无穷。朕念从前胞因爷哥朕名受辱者多矣，胞果然
志同南王，历久弥坚，确乎爷爷生定家军师，板荡忠臣，可为万世法。故
爷哥朕眼自照得见，锡报胞以干天府王爵，子孙世袭，永远光荣，以昭福
善盛典。胞靖共尔位，世世股肱天朝也。钦此。"当时进去，干王赐坐赐
茶，谢恩谦退毕，干王再转进内，故得细读御书圣诏及罗列各物也。一时
解了龙袍角帽，改换云冠便服，转出坐下，从容言曰："噫，世人之为妖所
惑亦已甚矣！昨见弟之所言，仍不失为中土华人也。本军师因此准弟求见，
欲有所达兄之素志，而为知者道故也。昔吾从游真圣主，每与谈经论道，
终夜不倦，言笑喜怒未尝敢薄待己身。时论时势，则慷慨激昂，独恨中国
无人，尽为鞑妖奴隶所惑矣。予问其故，则答以难言。再三问之，则谓：

'弟生中土，十八省之大，受制于满洲狗之三省，以五万万兆之华人，受制于数百万之鞑妖，诚足为耻为辱之甚者。兼之每年化中国之金银几千万为烟土，收华民之脂膏数百万为花粉，一年如是，年年如是，至今二百年，中国之民，富者安得不贫？贫者安能守法？不法安得不问伊黎省或乌隆江或吉林为奴为隶乎？兴言及此，未尝不拍案三叹也。'但本军师昨以言难弟者，实为此故，欲试弟知之否，殊意之所言，亦是肺腑忠孝之言。今本军师辅真圣主，得蒙上帝眷顾，以有当日之义心，乃有今日之义举，无非为上帝、基督争体面，为上帝、基督争纲常也。而无知无义之徒反去助妖为虐，今之事业晚成，生灵荼毒，固是众罪所召，亦是天公试炼耳。弟当悔罪改过，求天父上帝赦之，天兄基督赎之，勉为新民学，斯无负今来归之诚也。"

那人闻得此段义理，如惊似喜，乃肃然起敬曰："刚闻所述真圣主训千岁之旨，有如迅雷之灌耳，痴梦之初醒，足证众言天王才学透天人，博而约，正而严，名不虚传也。但愚弟初来，不知忌讳，且交疏谊浅，不敢妄有冒渎，惟敬闻新例多有未明，欲有所请以化吾心之愚，不知可容启齿否？倘有不合之言，乞为赦宥。"

干王谕曰："不妨，与其疑而生谤，不若问而得明，后将转谕多人，足以新民新世，试为言之。"

那人起而禀曰："天王尊号前代未有此称。而天王不称皇，不称帝，且贬前代僭称皇帝以侯封之，恐有不当于人情乎？乞赦冒渎之罪，明以教我。"

干王谕曰："噫，尔何不学之甚乎！三方五氏之称，恐是后人妄称，姑不置论。而夏、商、周亦未敢自大，故孔丘作《春秋》，首正名份，大书直书曰'天王'，盖谓系王于天，所以大一统也。此天王尊号前代无人敢僭者，实天父留以与吾真圣主也。殊无知秦政妄自尊大，僭称上主皇上帝大号，无怪其作事颠倒，年祚不长也。后代效尤，遂无救止之者，致妖魔有赤氏、白氏、青氏、黑氏等之僭妄也。今吾真圣主天王于天西年转天时，蒙天父暗置一朱书在燕寝门眉罅中，批云：'天王大道君王全'七字，是君王父寻着的，邻县邻乡是人皆知。故吾主天王受天真命为'天王大道君王全'，非自称，非人称，又非古书所称，实天父真命封为天王也，而较诸古之僭称自称，为至正至顺焉。至贬前代之僭号者为侯，以其有无知之罪二：一是僭皇矣上帝之尊也。盖大而无外谓之皇，超乎万权谓之上，主宰天地人万物谓之帝。前侯何人？敢僭皇上帝之称乎！一是率人拜邪鬼也。盖前侯封禅立庙祭上帝所造之山川河渎，及祭上帝所差之贤能者，所做事业，多是教人叛天信鬼，以此推之，实是后世之罪人也。而吾主贬之为侯，仍是厚恕之道，实不如我天朝之检点等官尚知尊敬上帝，不拜邪神也。至鞑妖之拜佛重僧，崇信九流杂教，直谓之妖而已，鬼而已，虽僭窃二百年，是上帝、基督、天王欲尽歼之而已，何足道哉！”

那人曰：“天王是太阳能照天下，亦有据乎？”

干王谕曰：“日为君象，明烛万方，此古人之僭譬，伊等非真太阳也。若吾真圣主面形日角，眼若日轮，毫光映射，无敢仰视之者，即在游天下时而然也。故天父圣旨云‘弯弯一点在中央’，又云‘乃念日头好上天’也。在天酉年转天时，曾对胞姊云：‘姊姊，尔见我手中何物？’姊云：‘无物。’主云：‘左手执日，右手执月，尔不见乎？’三月初四将晓，鸟语喧哗，遂吟七律云：‘鸟向晓兮必如我，太平天子事事可。身照金乌灾尽消，天将天兵都辅佐。’是时连日阴雨，未见太阳，及吟后，即见日入东窗，而吾主圣目一见即匍匐而起，离御榻而出燕殿，遂觉昨晚卧不能起之病，不知消归于何处矣。夫吾主病在阴雨旬中，一接太阳，即复原体以畅其光明，以验‘身照金乌灾尽消’之句也。又于癸荣年未曾看明天书以前一晚，主梦日落于圣主前，主欲从容拾之，忽见一人前来争之，吾主以一指指住那人，以一手拾日抛之，口念云：‘风云雷雨送上天。’忽醒而吟七律云：‘天下太平真日出，那般爝火敢争光！高悬碧落烟云卷，远照尘寰鬼蜮藏。东西南北勤献曝，蛮夷戎狄竞倾阳。重轮赫赫遮星月，独擅贞明照万方。’凡此诸证，皆十年前之天启而今俱验者，足征天王为太阳之据。至其英明果毅，广大包容，真如日照万方，而群阴不敢出现，月星不敢争光也。如欲沾恩光者，当留心钦读圣诏而钦遵之可也。至于幼主降世二年，岁在庚戌，有粤西大臣黄盛爵、侯昌伯来接。是晚屋上发红圆光一道，远见者疑为焚烧，近者见渐高而散，一连两夜如是。及到天京时，吾幼主万寿才几龄，乃于梦觉中常发声云：‘日头王，照万方。’是岂泛常之语乎？当亦有启之者耳。弟试思之，足征真圣主当阳之据否？”

那人禀曰："此理既蒙指示，确乎的论，令人钦服之至。但又以义、安、福、燕、豫、侯为官爵名衔，未免太新。至丞相、检点、指挥、将军、监军、军帅、师帅、旅帅、百长、司马等官，虽古有之，今何太卑也？"

干王谕曰："今之义、安、福、燕、豫、侯六爵，胜过古之公、侯、伯、子、男爵多倍矣。盖公、伯、子、男等字，是家人儿子之称，以之名官，实属糊混不雅之至。今我天王蒙天父、天兄下凡带坐山河，创开天国、天朝，定鼎天京，奉天诛妖，兵皆天兵，将皆天将，官属天官，尽理天事，同顶天父纲常，故自天王以至某天侯皆冠以天字，不惟超乎古之叛天拜鬼者，即较古之僭号自尊者亦是出乎其类也。至丞相以下等名衔，较诸前代叛天拜鬼之官实有无限荣宠，不过有侯爵，以上各官似稍卑耳。其名衔之正大堂煌，尊荣已极，何谓名衔太新，实尔等听闻未久，觉以为新耳。至鞑妖所称甚么巴图鲁、帖木儿之鬼号，未知作何解意者，未见我华人目为鬼名，以为太新也。哀哉，习俗移人，忘其身之为华，一至于此也！"

那人禀曰："官爵既明，而士阶未晓，谓何以秀才为秀士，以补廪为俊士，以拔贡为杰士，以举人为约士，以进士为达士，以翰林为国士乎？此亦有所异乎？"

干王谕曰："噫，世人之食古不化泥古鲜通也！本军师所以请旨改之者，欲有以定其尊卑层次，令无失其所以为士之实。此难一言明透，仰将兄前谕左副史乔彦材所注述之文读之，大意了然矣。"随即递观，那人即跪接起读，其略云："天国创万年之基业，树万年之规模，得非常之贤才，乃克佐非常之治绩。是故取士之法不一，而登明选公之意则同，特天情与凡情有别焉。荷蒙天父、天兄大开天恩，亲命我真圣主降凡宰治天下，定鼎天京，立政任人，揆文奋武，两科取士之盛，惟在在革除凡例，俾人人共证天心，法至良，意至美也。粤稽古昔，其设科拔擢亦有制定章程，第名实不符，士风日下。值此天命维新之会，道既切乎性命身心，制自超乎古今前后，岂若承讹袭谬，因陋就简之所为哉！且夫秀才、举人诸名目，考前侯试士之典，有虞则三载考绩，成周则三年宾兴，无所为秀才等名也。故科目莫备于唐，唐有六科：一曰秀才，二曰明经，三曰进士，四曰明法，五曰书，六曰算。当时以诗赋取者谓之进士，以经义取者谓之明经。其秀才有上上、上中、上下、中上四等。唐玄侯手撰六典，举凡贡举人有博识高才强学待问无失俊选者为秀才，故有乡举进士求试秀才者。明太侯以秀才丁士梅为苏州郡知郡，又以秀才曾泰为户部尚书，是秀才之科第甚高，不容滥冒，其名当改也。举人者，举到之人。唐高侯显庆四年，侯亲策试之凡九百人，登科则除以官，不复谓之举人，而不第则须再举，不若后世以举人为一定之名也。进士即科目中之一科，有举进士者，有举进士不第者，但云举进士而第不第未可知，盖自本人言之，谓之举进士，自朝廷言之仍谓之举人，非必以乡试为举人，会试为进士也。是举人、进士之名当改也。进士中之特出者为翰林，自汉以来皆有之，如贤良方正，直言极谏，博洽坟典，足以通达军谋、详明政术者均可入翰林之选，第举用之途太宽，称名每不得其实，是翰林之名当改也。武试始于宋庆历间，以阮逸为武学谕。至明太侯立武学，用武举，其秀才等名与文士同，尤觉盛名难副焉。宏惟我天国振兴文治，廑念武功，自癸好开科，以天王万寿时举行，旋移于幼主万寿时，以每年十月初一日宏开天试。嗣复改为每岁三月初三日考文秀才，三月十三日考武秀才，五月初五日考文举人，五月十五日考武举人，各省皆然。于九月初九日考文进士翰林元甲，九月十九日考武进士等，又于每岁正月十五日试选各省提考举人之官，洵属至精、至密、至备、至周。惟制度灿然一新，而名目仍然由旧，所当循名责实，顾名思义，扫除故迹而更张之，使万万年尽善尽美以永垂不朽也。欣逢〔逢〕我干王殿下钦奉天命主命，总揽文衡，聿修试典，综核名实，定厥宏规，准论秀书升之意，以相变通。改秀才为秀士，谓士人荣显之初，如卉木之方秀也。改补廪为俊士，谓智过千人为俊也。改拔贡为杰士，谓才过万人为杰也。改举人为博士，谓其博雅淹通也。庚申十年十一月蒙诏改为约士，谓能通四约，博不如约也。改进士为达士，谓其通达事变，足以兼善天下也。改翰林为国士，谓其学识超乎一国，以国士待之，自克以国士报也。至武秀才等则改称英士、猛士、壮士、威士之殊。英谓其英多磊落也，猛谓其猛可济宽也，壮谓其克壮大猷也，威谓其有威可畏也。是文武统名为士，而称谓各有其真，将见弦诵之士怀经济，赳桓之士尽腹心。文可兼武，韬略载在《诗》《书》；武可兼文，干戈化为礼让。事事协文经武纬，人人具武烈文谟。我天朝万万年作人之治，所由黼国黻家，天道无不彰之美，金声玉振，天理无不畅之机，士也幸生斯世，可不争自濯磨以仰报天恩主恩，永遵真道，永享真福也哉。"那人读毕，即禀曰："殿下所谕官衔名爵并蒙钦定士子各衔，固是名正义彰，永古可传矣，惟恐草野多愚，习惯旧染，虽闻九炮声轰，名标金榜，无如名号生疏，不知寓意，有不乐闻之意耳。"

干王谕曰："吾主天王之江山万万年乃是定的，而纲常名分之不正者，只知奉天父、天兄命以改正之，使天下万代顾名思义，知所奋发也，那管愚夫俗子只喜说雌黄而惊听烈雷者也。弟其遵之、凛之，毋惜人言可也。"

那人即面赤而惭跪曰："恳请殿下宥弟率直之罪，然弟既来归，凡事自当凛遵，惟恐不明礼制，致有逆旨逆谕之罪耳。"

干王慰之曰："无以跪为也，起而听之，我明语尔。倘弟不直以问之，则兄难切以谕之，此因理直而言不得不直，非彼此有故渎之意也，弟其宽心勿畏可也。若有不明，再申衷曲就是。"

那人沉思一刻，复有请曰："干王恩高量广，不以初交见嫌，不以触犯见罪，虽兴周之姬旦，一饭三吐哺，一沐三握发，无以过也。足见真圣主鸿福齐天，君圣臣贤，武功文德，各得其人，而万万年之大业定见昭垂矣。然弟久在妖营，多闻俗见，未闻振聋启聩之论，掀天揭地之才，今遇殿下，顿开茅塞矣。但有无知之人言：'留长发不便，每至半月不剃，则痒不可耐，前代虽留长发，究不如今之为便，况久而不剃则天热即痒，非吾所愿也。'弟闻此等鄙言，口虽难言，而心甚怪之，但弟无才以化之耳。"

干王遂禁之曰："弟且勿言，谅弟亦解其非，但未必能深知其大有关于纲常也，吾为弟详明之。盖发之生于首，犹草之生于山也。山无草则崩破消磨不足以悦人观，头剃发则泄气坏脑多生头晕善忘之病。夫脑为一身之总会，脑清则明，脑浊则钝，脑浆少则摇头失神，于坐船荡桨时必晕闷可验，而失撞倾跌必不省人事可征。若脑充实则心灵善悟，脑热则谵语多梦。脑之为用甚大，实为灵魂生命，故剃发之人定有所损，此其一也。又发为上帝生成，发于肌肤，鞠于母胎，非比袍裳于出世后才做就以被于身。今上帝欲生之，尔偏削之，岂不逆天？天既定于母胎之前，尔偏去于母胎之后，岂非不孝？逆天不孝，何以为人？乃该等忘其身之为华，甘为鞑妖瞒天不孝之举，此其二也。况我中土当明末妖来之时，凡百列祖必不肯剃发从妖，惟迫于势不得已而剃之，亦必嘱之曰：'小心轻剃，毋伤吾体也。'何以知之？惟观二三岁之孩童每逢剃发必哭怕焉。即凡百之家亦有长发之妇媪，未见说天热即痒而致怨天怨母之生鞠者。只闻古有孝子曾参全受全归，发肤无有毁伤者，此其三也。今众等不以亏体为辱，而以削发为荣，不以逆天不孝并迫先祖之仇为忿，而以头皮痒起嗔，难怪其不愿为天父上帝子女，天兄基督弟妹，甘为鞑妖狗奴所惑矣。虽然如此，终有上帝化醒之日，弟惟行已是就是，勿效彼焉可。"

那人俯首沉吟而言曰："依殿下宝谕所言，则凡为鞑子官者皆为中国之罪人矣。考之往古，更有何所证见，及有何所解救，复睹中华锦绣江山乎？"

干王恻然长叹曰："使中土华人诚能忠心连络，何难复富有之天国，兴礼义之天朝也？虽然，亦赖天父、天兄之眷顾，真主、幼主之鸿福，密以维持耳。至欲知证见，请观宋、明代自有明鉴。弟试思之，问宋代何以多忠贤，明代何以多烈节，而元妖独无彰明较著之忠烈，令妇儿皆知者何也？岂元独无乎？虽有，亦是愚忠蠢忠不忠之忠，而纲鉴重华之义断不载之也。今问咸丰妖之衙，有如朱、程、周、张五夫子之文才者否？问有如韩世忠、岳飞、张纲之顾国者否？问有如陆秀夫、张世杰、文天祥等赫赫声名如雷灌耳，令妇儿皆知者否？恐元妖无之，今妖亦无之也。即今妖衙有如该古人者，亦断难比其声威。何也？彼之时，彼之长，不同乎妖鞑故也。问弟以为作鞑子官者有罪乎？无罪乎？即能免今人之议罪，断难免子孙后人之议罪也。此即古之证见，又是人人良心证见。弟试思之，是乎？否乎？况元妖入寇中华，至明实有一百六十一年之久。纲鉴则削其前，至崖门失印，方准入元，史又削其后，至明初起义，即入明代，实载八十九年之久。由此推之，御史重华之义严矣，而为鞑官之罪当何如乎！"

那人禀曰："听殿下所谕，有如冷水淋头，热炭熨心，令人难忍之极耳。即弟亦颇览经史，觉为元妖之官者实无赫赫之名如宋、明代者。弟考敝姓宗谱，当明末被掳出山海关者数祖，从难缢于崇祯足者数祖，被妖胁制者数祖，祖虽蒙害，尚有留芳，吾辈虽安，有惭列祖，实有枉为人之后裔矣，兴言及此，宁不为之痛哭乎！"那人随将袍袖拭泪，少顷不言，旋欲奋发，似有不共戴天之意，转而喔嚅，乃长叹曰："噫！我中邦大国论人多则有二十倍于鞑妖，论地广则有七倍于满洲，无奈个个多逐末流，少求忠孝大义，而反受制于区区之鞑妖，实属不甘不忿之极。且剃我毛发，毁我冠裳，辱我祖宗，掳我财帛，变我华人，口其言语，家其伦类，几几乎流而莫返矣。幸蒙天父、天兄亲命真圣主天王承天出治，主宰太平，吾中土之人将有倚赖而得脱于妖鞑之害矣。特恨昏昏不醒者多为妖鞑所迷，不知何时尽见太平天日耶？"那人又曰："今日掺劳宝心多矣，俟暇时再行求教，请辞。"干王恐多论难志，故命伊偕仆射告退，嘱以留心思悟，求天父化醒祝福可也。

过了二天，干王想此人留心问察各事，悲喜出于自然，似非贪位慕势者所可比，倘得圣神感化，真诚献曝，将来可作天朝名人。乃命传新来之张某进来旁殿有所谕也。俄间进来行礼毕，赐坐。干王谕问曰："前天谕弟各款，不知弟有所疑否？抑是别有所疑？不妨一一问明，以便出京理事，放胆施行，不致有乖礼法也。"

那人起而禀曰："昨蒙宝谕所教，愚弟细思确是真命天子真圣主乃有此正大纲常名教，又确是开朝创业方能有此因革损益，倘非真圣主何能有此识高力卓，任那众口纷纷，而命名定份则坚确不移也？惟是真命天子故任那千磨百折，妖崽围攻，总不能有损真主之丝毫耳。前所领教者，实无所疑也。但有拜天父上帝不拜邪鬼一事，愚弟固知天之当敬，而事属高远，鬼之不当谄，应宜崇德报功，奈何见有木偶泥像概行毁之乎？"

干王谕曰："此正见我天朝事业非常，非他人所易晓也。仰弟宽心细听，吾将分言谕尔。所谓天父上帝者，万邦人之灵魂、灵性由天父所生，《书》曰'天降下民''天生烝民''维皇上帝，降衷下民'，昭昭古训，洵非虚语也。万邦人之肉身，是当初天父甄土以造之，故人死仍归土也，灵魂则升降也。天父养之，故以日月风雨化生谷果鸟兽以供食，使丝麻草木以资衣被，倘非天父之寒暑造化，安知不顷刻饥寒而死乎？眼无三光，则茫然莫辨，鼻无呼吸，则片刻难存。人生在世，又安能一刻忘天父上帝衣食之恩，风光之德，视听之妙乎？弟谓高远，虽亦高而不可攀，远而不可到，究其无所不在，实在弟之上下左右也。尔肯接之，且可在尔心耳。又何高远之有乎？其为天父，较尔肉父恩尤大，即自己之始祖远孙亦沾其教育大恩也。其为上主，即为万邦之君，万邦之皇，而万邦皆其权能也。无言无声，伊之言出于全地，伊之声至于地极，四时流行，万物化生，令人观感渐摩而自化也。上帝之高深广远，全智全能，全荣全福，自然而然，显然易见，灼然易知也，高远云乎哉！况吾真圣主于天酉年蒙天父召上天，亲口命吾主为太平天子，'天下之人，尽是食朕，衣朕，用着、看着、听着都是朕畀的，但无一有本心者，尔勿效之可也。'此吾主亲承天父天命，亲觐天父天颜，字字句句，都是切近真实的，不可须臾离得，岂高远云乎哉！至于邪神偶像，原无灵爽式凭，但人心既为财妖色鬼所惑，或为烟鬼酒魔所迷，眼才见其事，耳才听其音，而心魂遂为魔鬼所拘缠矣。及至事过形亡，有不遂其所欲者，卒至废寝忘餐以求之，久而神思焦劳，恍恍忽忽，如有所见闻者，遂疑为有所式凭也。试分言之：如读书士子不思学尧、舜之孝弟忠信，遵孔、孟之仁义道德，而徒以牲醴敬孔、孟，以院宇祀诸贤，或拜文昌妖、魁星妖以为功名可必显达，此是士人痴心妄想，功名念切，不知聪明智识赋之自天，名之成败定之上主，岂既死圣贤能与人以功名聪明乎？不知有少年即上进者，有白发未见举者，是圣贤有私心乎？抑敬拜有诚不诚乎？谅是限之以聪明，定之于主宰也。又耕田农民，拜妖社、妖稷、妖田祖，以求逐蝗虫，免水灾，风调雨顺，五谷丰登，此俗不可耐之见，诚为可笑可怜之极。使上帝不施五谷，后稷何以教稼穑？不生丝麻，轩辕何以缝袍裳？此明明日由天照，雨自天施，乃凶旱水溢，不云天怒示惩，而曰旱魃为虐，田祖有神。痴哉，蠢哉，一迷至此乎！又有工商所奉，杂教所崇，千奇百怪，鬼样邪形，无非欲惧吓人灵，以便服魔役使，捉该灵魂下地狱，阻该灵魂上天堂，而世人不知，懵懵然以为崇德报功，向龟蛇而叩首，对木石而鞠躬，此多是猾聘诡谲，妖佛妄为，卑卑不足道者也。即儒教之前贤后贤，忠杰英豪，人与人相较，确有功业可观，然究其德性善良，实由天赋，但能不自失耳。推其心之所得，发而为事功，非尽是己力，实赖有时势以佐之矣。俗云'谋事在人，成事在天'，在该等磊落英明者，岂敢冒天之功为己力，岂敢贪天之德为己能哉？在有志有为者，亦以为彼丈夫也，我丈夫也，特欲法彼之仁义忠信孝弟廉节而已，独何必效妇儿之行而拜彼哉！不意今之拜妖鬼者，非为崇德报功起见，实为名利不遂，妻儿有亏，疾病多累，故妄有求福免祸之念，遂不计该泥妖有眼不能见，有口不能言，有手不能作，有足不能跑矣。且因有此慕福惧祸之心，即该木石死妖不知避雨避焚，不知马蚁作饭，鼯鼠作巢，蜘蛛挂网，亦在所不计矣。若果该木石等像果能保佑世人，何反不能自保自护乎？而邀福避祸之心可以醒矣。《书》云：'惟上帝不常，作善降之百祥，作不善降之百殃。'祸福无不自己求之者，岂木石泥妖能与人以祸福哉！若云彼生时有功德，则法彼行善事足矣，表彰其事功足矣，又何卑卑屈屈而邀媚求福，反致获罪于天无所祷乎！尔其醒之，无以木石泥塑死妖为畏可也。"

那人曰："天朝天历并无脔犯凶煞生克休咎，莫非凡事倚赖天父主张，天兄担当，就百无禁忌乎？"

干王谕曰："此事亦非一言明透。"即将所作之天历序文授之使阅，其略云："原夫真道行而左道必绝，天情正而天历宜明。荷蒙天父、天兄大开天恩，亲命我真圣主天王降凡作主，扫荡妖氛，凡一切制度考文无不革故鼎新，所有邪说异端自宜革除净尽，聿彰美备之休。故夫历纪一书，本天道之自然，以运行于不息，无如后世之人各骋私智，互斗异谈，创支干生克之论，著日时吉凶之言，甚至借以推测，用之占候，以致异议愈多，失真愈远。我天朝开国之初，百度维新，乌可不亟为订正以醒愚俗而授民时哉？尝考后世法胜于古而屡改益密者，惟历为最。唐志又谓天为动物，久则差忒，不得不屡变其法以求之。殊不知天地之道恒久而不已也。盖天行至健，确然有常，本无古今之异。其岁差盈缩迟疾诸行，古无而今有者因其数甚微，积久始著，古人不觉而后人知之，而非天行之忒也。夫天之行度多端，而人智力有限，持寻尺之仪表，仰测穹苍，安能洞悉而无疑？况屡经更改，屡失常度。周秦历凡六改，汉凡四改，魏迄隋十五改，唐迄五代十五改，宋十七改，妖元五改，明亦数改不定，是皆无知妄作，反致岁失其次，日行失度，诸弊纷纷丛起焉。若夫选择日时，致分黄道黑道之殊，趋避吉凶，捏造天恩天煞之异，不思岁月日时皆天父之所定，日日是吉是良，时时无殊无异。故《易》曰：'君子吉，小人凶，悔厉吉，失终凶。'是明示人以君子作善则吉，小人作恶则凶，非关卜日选月而定夫祸福也。乃今好事者借其说以为吉凶休咎可卜而知趋避，不必悔厉修省，大有负于古训之意。且术士喜言怪诞，不曰予宗河图，则曰予宗洛书，或认伏羲之徒，或称周文之弟，并造出无数捕风捉影之说，观形察色之机，以肥囊利己。而无如愚人恬然受人欺骗，诩然赞之曰'灵'，固属可笑，实为可怜。历查史册，推测占验之术起于晋之郭璞，诡言得有青囊经，葬卜休咎，荫人祸福；唐之杨松筠踵其弊而增其非，故今之言历数者以此二人为宗。曾亦思郭璞不见富贵之福，反遭灭族之凶，松筠贫苦江湖，并无安身之地，彼既不能自为趋吉避凶，岂有后人传之而能使人趋吉避凶之理？孔子云：'始作俑者，其无后乎！'此之谓也。况晋唐以前，未有占验之说，富贵功名如故；晋唐以后，既有推测之法，而富贵功名亦如故。是可知数算非能益人，但人自惑之耳。孔子又云：'死生有命，富贵在天。'若依历数之家论之，当改云'死生有术，富贵在地'矣。至推命一则，信乎唐之吕才有云：'长平坑卒，岂尽命犯三刑？南阳贵士，岂皆命逢六合？'今亦有同年同禄而贵贱悬殊，共命共胎而夭寿各异，盖命虽定于有生之初，其理至微，非人所能测识。况降祥降殃总由作善作不善所致，即云死生有命，及得之不得，曰'有命'，不过一以解忧患，一以止贪求，非真有一定之数存乎其中，任人善恶百端不能移易也，纷纷谈算者又何其惑之甚乎！兹我天朝新天新地新日新月，用颁新历，以彰新化，故特将前时一切诱惑之私，迷误之端，反复详明，以破其惑。庶几人人共知天国新历光明正大，海隅苍生咸奉正朔。将见农时以正，四序调匀，天行不息，悠久无疆。中外臣民，共嬉游于光天化日之下，举凡旧日一应索隐行怪之习，荒谬妄诞之谈，自不戢而悉泯焉，岂不懿欤？兹当新历告成，谨特识于历首，俾有以定民志而正农时焉，以仰副我真圣主敬授民时之意云耳。是为序。"那人读毕曰："此理甚明，无如人不自加察耳，弟今捧读是篇，不胜钦佩之至。但是，均同此天，同此地，同此世，同此人也，何天朝出来之人个个都说新天新地新人新世界乎？"

干王谕曰："倘我天朝之人仍依妖之俗例拜邪魔，信邪说，叛皇天，恃己力，一切妖样而行，又何敢自称为新乎！夫云净而月明，春来而山丽，衣必洗而垢去，物必改而更新，理之自然者也。所谓世之变革者，以真圣主天酉年转天时，受天新命，食天新果，饮天新汁，因有自新之学，用以新民新世。今又蒙天父、天兄下凡带真主、幼主作主，而天地更新也。虽同是此天地，世人外观谁云不旧？若人人能悔罪改过，弃恶归善，弃伪归真，力求自新，转以新民，改邪术而行真理，去偶像而拜上帝，拆妖庙而建礼拜堂，化愚顽而归良正，脱俗见而遵新化，视听言行既殊，而耳目手足斯新，万物情理既真，而天地世人即新。前日之人行鬼路，今日则脱鬼成人；前日之人面兽心，今日则洗心革面；前日之旧染污俗，今日则咸与为新。前入魔鬼之网罗，几几地狱；今登光明之善域，赫赫天堂。鱼跃鸢飞，无非妙道；风云变态，尽是神思。天父、天兄喜此新心之人，世人朝野喜此新天之理。彼此皆新，受几多陶熔磨炼，后前迥异，岂毫无感化灵明？凡能见此者，必受天父上帝圣神感化，而真信基督救世主者乃有此慧眼，始能认识新天新地新人新世界也。否则彼且不能自新，又安知所谓新之者？吾恐彼且谓新不如旧矣，岂易同日而语哉！"

那人问曰："予闻人言，凡来进营者须拜上帝以扶真圣主，不知拜上帝之道，遵主之规如何？敢请指教，畀知王章，共守天朝之大典也。"

答曰："尔云欲拜上帝不知拜之之道，但拜之之道，内则以神以诚，外则言真行实，作事遵依天条十诫，有罪时加悔改，求天父上帝赦之，天兄基督救世主赎之，以望得天堂之福，求得免地狱之祸，此便是拜上帝之道，而遵主之规，即在其中矣。但未知尔所问拜上帝之道其意何所指乎？"

其人曰："兹蒙真圣主建都天京，平治天下，使普天之下崇拜上帝，焚毁妖邪，其邪者固当焚毁，间有古之长仆亦有治郭安邦之功，救世保民之力，其形象概亦毁之，其意何也？"

答曰："我真圣主奉天父上帝真命，天兄基督眷顾，天酉年接转高天，指明凡间妖邪古怪百出，迷害人灵魂落地狱，诱人忘恩背本，昧良瞒天，数千余年作威作福，无非盗正人之名以为己有，私受凡人敬祭。而世人被其迷惑，认妖魔偶像过于伊父伊母，畏妖邪恐吓过于天崩地裂，乃至迷惑久而良知昏失矣，恐吓多而欲有所倚赖矣。于是思想正人君子，以为他生时如此正气，必能制伏邪魔，故有绘神茶郁垒以为啖鬼之神，有绘钟馗恶像以为南方逐鬼，有绘关云长谓其正气能以伏魔。更有向龟蛇而屈膝，见木石而叩头，有病时不谓血气不知，而谓妖邪作祟，贫困时不谓天父磨炼，而怨运限不辰，间有血气复和而病愈，时势困极而必通者，遂以为某圣贤有灵矣。孰知那圣贤若果生平功德高大，敬天忠主，改过修身，正己以正人者，必蒙天父、天兄接转高天，其出世是由天父差遣，其去世是升天覆命，何曾在人间受享而佑世人乎！古语有云'死不认尸'，人死其魂之升降不由自主，其凡间何得有权以逐鬼，有魂而受人酬其德，致犯第二天诫乎！故凡敬朽木邪像皆系妖魔作孽，冒名僭受人诌祭，非正大圣贤，忠良天使，磊落光明者，肯受人之祭拜也，又非正直光明者肯向妖而祭拜也。

夫人生于世，孰不知天生天养天排定，人生由天，死亦必由天，何以尔凡例祈福祈寿尽求邪神保佑？殊不知人命关天，天命人生，不得不生，天欲人死，不得不死，可知生死由命，富贵在天，岂木雕泥塑之死妖得以保佑而转移之者？实由人心愚昧，被妖魔迷惑害累之深，故普天之下，不知天父上帝化生保养，只知有偶像蠢物，所以我真圣主天王奉天父真命令概焚毁之者，由此故也。"

那人连日请教至此时，于凡事世情亦多有能自解说辨断真伪者，毅然自负，释然无疑，足见上帝、基督化人超凡入圣，返璞归真，乃跪天恩主恩曰："今后之得成正果，瞻依天父，得沐主恩，有今生之荣光福乐，来生之天堂永福，实为天父安排，真主牵带，干王之所教导也。倘愚弟有合用之处，即粉骨碎身誓当图报，以尽吾分，以报天恩，以酬主德也。"

干王谕曰："弟当宽心宽心，总要认天识主，而永福自在矣。自今退去，当留心永记，无负本军师之谆谆喧谕可也！"（《中国近代史资料丛刊·太平天国》第二册）

钦定军次实录

本军师洪氽列宗潢，荷蒙真圣主暨救世幼主恩遇之隆，赐以金笔龙袍靴帽出师。惟金笔寓有文武兼责之圣意，乃吟以志之：

一枝卓立似干戈，横扫千军阵若何？鏖罢文场书露布，饱离墨海奏旋歌。龙跳虎伏归毫底，鱼跃鸢飞入兴么。幸我毕生随宝手，古今天地任搜罗。

笔尖犀利甚干戈，挥洒从心任欲何？怒则生嫌悲则叹，乐时陶咏喜时歌。可参造化宣精奥，悉载情形恰肖么。任尔豪强穿铁砚，天公注定妄张罗。

辛酉拾壹年正月二十七日，军经宁郭郡，众天将天兵殷勤迎于十里之外，且送至十里外之九眼桥，依依敬别，因吟以劝慰之：

离别深情世罕抛，关心云树及河桥；长亭十里旗生色，壮士三千气奋旄。骏马金鞍鞭共响，宗臣王弟谊何饶？从今无以兄为范，惟慕东王姓字超。

香港饯别

枕边惊听雁南征，起视风帆两岸明，未挈琵琶挥别调，聊将诗句壮行旌。意深春草波生色，地隔关山雁有情。把袖挥舟尔莫顾，英雄从此任纵横。

四十千秋自咏

不惑年临惑转滋，知非尚欠九秋期。位居极地夸强仕，天命与人幸早知。宠遇偏嗤莘野薄，奇逢半笑渭滨迟。兹当帝降劬劳日，喜接群僚庆贺诗。

二月下浣军次遂安城北吟于行府

志在生灵愿未酬，七旬苗格策难侔；足跟踏破山云路，眼底空悬海月秋。意马不辞天地阔，心猿常与古今愁。斯民官长谁堪任？徒使企予叹白头。

本军师生长儒门，原非素习征战，惟仰体天帝有好生之德，真圣主有胞与之仁，故不惮星霜，爰有止戈之意。无如杀风既炽，急难弭之，乃吟此以寄吾慨怀，以起贤者之隐念也。

軷秽腥闻北斗昏，谁新天地转乾坤？丈夫不下英雄泪，壮士无忘漂母飧；志顶江山心欲奋，胸罗宇宙气潜吞。吊民伐罪归来日，草木咸歌雨露恩。

谕民

庐居暂借作王居，寄谕我民别夏夷；中国纲常如未坠，军师安肯运军机？

谕兵

劝谕军兵勿妄为，从来民物汗中希；奸淫焚毁伤心事，戒净堪称圣主师。

谕复敞天燕方永年诗三首

英姿磊落是贤豪，招纳还期道义高；愧我性疏无礼让，事功仍耻及萧曹。

自古名人姓字标，岂关逞智负贤劳？顶天报国存公道，便是才谋德最高。

备阅诗章识抱才，果然王佐出尘埃；翱翔择木知良鸟，挺志扶君是栋

材。只为胸中云雾净，自然身列凤凰台。他时奏凯回朝日，应与宗兄大畅怀。（方永年现在仁政兄队内）

赞颂诗章

一声低唱一声昂，袅袅余音达昊苍。诗颂数联忧尽散，荣归主宰乐无疆。悲歌定获鸿慈悯，雅韵能邀大德匡。彼此交孚灵默契，口心相和意宣扬。皇皇上帝常临格，济济宗亲桂恐惶。放浪狂讴须切戒，欢欣疑是在天堂。

夫赞美者，不能令人饱暖，而人莫不悦之者何也？盖赞美是赞美人灵用才能，非美其肉体。但人之才能皆由天授，不堪受人赞美，惟上帝无所不能，克当极赞美耳。若人有自知之明者，断不敢虚受人赞，否则且自夸之尚不知过，又安能禁其不假功冒能以邀誉于人乎哉！

真圣主天王丁酉年魂上高天，亲觐天父上主皇上帝，蒙赐金玺金剑，亲口真命为太平天子。越宿起来，适太阳照身，遂吟七绝一首云：

"鸟向晓兮必如我，太平天子事事可。身照金乌灾尽消，天将天兵都辅佐。"

嗣后所与言者，动以修好杀妖勉人。

梦日吟诗云："天下太平真日出，那般爝火敢争光！高悬碧落烟云卷，远照尘寰鬼蜮藏。东西南北群献曝，蛮夷戎狄尽倾阳；重轮赫赫遮星月，独擅真明耀万方。"

又剑诗云："手持三尺定山河，四海为家共饮和。捵尽妖邪归地网，收残奸宄落天罗。东西南北敦皇极，日月星辰奏凯歌。天父天兄带作主，太平一统乐如何！"

又一律云："手握乾坤杀伐权，斩邪留正解民悬。眼通西北江山外，声振东南日月边。玺剑光荣承帝赐，诗章凭据诵爷前。太平一统光世界，威风快乐万千年。"

又因南王有难，有慨歌云："安得真兄真弟兮，共布朕道于海滨！安得同心同德兮，时同笑傲夫天真！安得义胆忠肝兮，同享宇宙于太平！东西南北兮，同予者何人！天兵天将兮，聚会者何辰！天道不慆兮，皇天岂无亲！始终一德兮，何日得荣身！"

本军师自幼追随真圣主，深知其为真命天子，故于军次偶暇，恭录所吟，以公众证，庶使军民无摇惑，而我中土华民知所倚恃也。

喧谕众民

凡欲脱满洲鞑子妖魔之轭，投诚天朝，仍为中国华民者，必须留发，以诠父母鞠育之恩，以顺上帝生成之恩，切不可剃之，致有逆天不孝之罪。且宜诚心敬拜天父上帝造化万物大主宰，切不可拜一切人手所做之木石死妖该杀，致失天堂永福而受地狱永祸也。故作诗二首，颂美上帝无所不知，无所不能，无所不在，以谕尔民焉。诗曰：

至尊福祉自无疆，备锡鸿休任酌量。道大难容天地塞，恩深莫测古今扬。风雷寒暑遵时令，动植飞潜凛昊苍。无数权荣充宇宙，愚顽空负好韶光。

又：至尊色相妙难名，古往今来费品评；弗见弗闻微莫显，诠能诠智奥而精。随方有在监临赫，体物靡遗著现明。上帝权威盈宇宙，掌中概览地天情。

禁拜泥木偶像

世俗纷纷祀偶神，金泥木石假成身；形骸虽肖何知觉，庙貌徒严妄设陈。雕刻由人虚且诞，安排任尔绝无灵。彼原死物无堪敬，我具良心肯自沦。鼫鼠营巢胸贯蚁，蜘蛛挂网体生尘。为巫作俑多无后，祷福禳灾枉费唇。演戏修斋翻变祸，伤财废事定招贫。不如悔改崇天帝，返本寻源理至真。

本军师于军次中案箧内，每见诗卷多是吟花咏柳，偶披览之，即与怀肠相悖，乃急吟此以洗之：

诗家多大话，读者喜荒唐；花柳轻浮句，偏私浅嫩肠。薰陶成僻行，习惯变庸常。学业精于择，勉哉性理章。

本军师曾游诸洋，深悉外洋鸦片烟甚为中国害，且寻其各洋邦售卖实数，每年总计耗中国银两不下四五千万之多，我中土华人其何以堪？前将此情启奏我真圣主天王，而圣心悲悯，不胜悼叹，乃蒙面降纶音，必除鞑妖此弊，方能永保我民。嗣劳圣心御笔降诏，训诲天下，令知所儆戒也。本军师恭录遍行，令天下军民人等知悉，毋违煌煌圣训，致蹈国法，并自贻伊戚可也。

天王诏旨云："朕诏天下军民人等知之！

烟枪即铳枪，自打自受伤，多少英雄汉，弹死在高床！钦此。"

论鞑妖耗中国财

鞑妖每岁剥中国脂膏数百万回满洲，以为花粉之费，每岁耗费鸦片烟土银几千万，于今二百余年矣。中国金银几几剥尽，而我中国华民动以贫困兴嗟，无有以十八省之大被满洲三省所制为辱，更无有以五百万万之众受制鞑奴之三百余万为羞者。噫，人心至此，忘其身之为华，甚矣！本军师即毫无知识，岂肯历次苦征？诚以生长中邦，义有所不容辞者，故每多感激自奋之语也，贤者鉴之！

论史

粤稽史册，秦汉以来，无有过于光武、洪武之创业者，何也？光武能恢复汉室，洪武能用夏变夷，二人皆起自布衣。虽汉高亦起自布衣，除秦之暴，太宗有除隋之乱，然以下伐长，陷亲不义，借戎兵，伤骨肉，而得不掩失也。宋起后周，虽属天定，究于长下兄弟间难云释然无憾。其余卑卑不足道者，类皆以下伐长，以华乱华，始役之而终弃之者也。究之光武复汉，仍属当然。而洪武尊华，超乎三代，尤为春秋大义所必褒，今古人心所必予者也。今我真圣主天王开辟君王，其为天父次子，天兄爱弟，确有明证，千古所无，而才德学问，更有过于开辟以来之前驱者，嗣后当有万万年不易之纪纲矣。

喧谕读书士子

军行浙之淳安县，路见村居，多有读书之家，故作谕〔喧〕谕以开国文教方法云：读书不在多采佳句，惟在寻求书之气骨暗合于天情者，自有大学问出乎其中，岂必拘拘于八股六韵乃为读书乎？惟今之人不独此也，且多多教人怕鬼，以愚其心志，后遂不能脱鬼成人，成为大用者，概可叹也！切切此谕。

又于紫洞源之胡姓家住扎行府，谕云：

本军师入室时，见画上粘一顺字，知尔有承顺之意，不觉怡然，转而恻然者，因思不能取信于民，致伊畏威远遁，未能怀德归来，究亦非一言明透。盖在我有爱华民之实，难免救之而益伤，在民半有效顺之意，未免心存两可之念。后检一联云："喜有新房迎宝驾；愧无长物报天恩。"又一幅云："恭奉天朝大军。"览此知尔受鞑子伪官，非出诚心所愿，不过生逢其时，不得不尔，似于本军师所见尔家故物及夷冠夷服等弊，不觉怒气稍息。

兹留数语，令尔细思，或有幡然之悟，执此求见，仍不失为中土华民也。切切此谕。

谕天下读书士子

盖自道德坏而为才智，才智变而为技艺，无知者谓为精而弥精，有识者谓为士风日下，舍本趋末。本军师于持笔为文时，司绳以格此心，甚以为不然。惟喜读古文纲鉴，每得有忠真节义之句，便念念不忘，究不解所谓文法也。惟自幼追随真圣主天王，于坐立言行，俨有箴规之训在侧，即寤寐饮食间，亦惟天父上帝是祇而已。即今之意思层出，文墨异人，殆亦由立心取法之殊而来也。惟自不解，故备悉己意，以为天下有识士子猜摹，庶知教化之殊，将有一代之文蔚在斯乎！本军师所到之处，禁止焚屋焚书，意欲寻求经济之方策。无如所见多是吟花咏柳之句，六代故习，空言无补，与其读之而令人拘文牵义，不如不读尤有善法焉。盖读书不在日摹书卷，惟在诚求上帝，默牖予衷，则仰观俯察之间，定有活泼天机来往胸中，非古箧中所有者。诚以书中所载之理，亦不外乎宇宙间所著现者，岂天地外复有所谓精理名言乎哉？本军师得此固纵之性，每多此等笔墨，以洗从前花柳陋习，识者鉴之。

论财帛

谚云：有财帛者名为财柱，以其能柱持财帛也。吾谓善用财帛者是谓财柱，不善用者是名财奴。今之人于施救贫穷、修造桥路，一毛不拔，而创造庙宇寺观、演戏修斋，不惜大舍金钱，何其愚也！该杀是泥塑木雕纸画石凿无知识之蠢物，原不要衣穿，不要屋住，而妄为之更衣塑像，修祠烧纸，是何殊对木石而谈心，向河流而问路乎？夫生死祸福，子禄妻财，降之自天，求之自己，而妄向该杀许以猪羊对圞，不如悔罪改过，向天父上帝许下一副好心肠，尤为廉便实事耳。无如世人好怪者多，践实者少，泥近者众，通远者无，即有一二，亦随俗波靡，难作中流之砥柱，又安得斯世之人尽出迷途，咸登觉岸也夫！

论道德才智

慨自道德衰而才智逞，才智降而技艺兴，迄今专以八股六韵，徒事清谈，抛离实事，即不忠不孝之人，其作忠孝题亦甚节烈，虽能少发人良心，久亦视为故事耳，究何补于道德才智乎？然物极必反，有开辟之真主，必有开辟之良辅，以新一世之耳目，岂权荣造化大主宰一任其流而莫返乎！据此，予信为天民之先觉者。

葬墓说

历考葬墓之说最古，上世尝有不葬其亲者，其亲死则举而委之于壑，他日过之，狐狸食之，蝇蚋姑嘬之，其颡有泚，睨而不视，盖归反虆梩而掩之，掩之诚是也。盖孝子仁人之掩其亲，不忍暴露污秽，有辱己辱亲之念，别无求富求贵之意也。洎乎中古，棺七寸，椁称之，是厚葬之意，特为无使土亲肤，于人心独无恔而已，岂为荫子孙而计乎？又云"不封不树"，其即树之封之，亦取志之之意，岂风水云乎哉？至孔丘时，竟有以木偶人陪葬者，孔丘云："始作俑者，其无后乎！"至秦穆卒，以子车氏之三子为殉，而秦政时更有甚焉，竟以使女数百陪葬，而当时富贵家皆效尤焉，而贫人则以无生人陪葬为辱，然犹无风水吉凶庇荫之邪说也。惟晋郭璞诡言得有青囊经，遂倡其说。唐之杨松筠踵其说而厚其毒，致有多书彼此纷纷辩驳，举世皆入圈套，鲜不为所惑者也。即晋唐时虽蜂起此端，究无所谓焚骨洗骸超幽度牒之妖弊。乃有明则焚化以葬之，明代谁敢议其非？今时则洗骸露野，今人谁敢破其弊？此实古今人之自惑，遂为异端怪人所惑耳。更可怪者，为人之子，以在生父母视为可有可无之亲，而死后骨骸视为求富求贵之具，生无肉食美衣，实以悦亲心，死有金银猪羊，伪装为孝行，其意殆以一生不孝，可以死日补之乎？抑谓亲死可以庇佑我乎？皆妄念也。伪孝于死后，真不如孝之于生前为实事耳！千古疑团，凭斯唤醒可也。

见屋内多写大福字

福降自天，其贵重非金玉可比。盖金玉犹有损蠹耗蚀，而真福在天，永存不坏，非金玉可沽而得之，非佛道等之妄作可代。富贵人求得之者，惟修省悔过，忠孝之徒，虽斗筲子亦得与焉，岂多写五福百福等大字可招而来之乎！

谕人悔改得救

夫获罪于人，在人前认错，而人当释然无憾；若认罪于灵魂之天父上帝，其肯赦必无疑矣。诚以此良知良能本由天授，倘天父无此赦罪之条，而人何得具此恕罪之良能乎？惟世人血气之欲太胜，往往不知自罪，即知之亦不肯自屈自认耳，故鲜有完人而不受上帝罚之者。

论创世真经

皇上帝创世真经不可错认，宜以本心良知理会一番，便见心心印，句句真也。若谓创天地事，不知几千万年，无所稽据，此言亦是真实。中国史不可考，即纲鉴亦不敢实证。故孔丘删书，断自唐虞，以其事近于实。而唐虞以上，究何氏始居中国，谓中国为万邦之始，不知所考也，谓中国为分支所入，亦无所稽也。究之必有所考，必有所稽，何古史之不确凿乎？吾意伏羲前一二代间，必有由川陕而入中土者，故伙食、居室、嫁娶、舟楫、网罟、冠裳、文字始兴。惟那时草木禽兽必畅茂繁殖，盖必加以斧斤焚削，乃能奠厥攸居，故以此等开荒事功忙了一二代，遂忘携其创世宗谱及其来踪，又无记载笔简等件，推其故，惟记忆祖父有言，云最始创之初人名曰亚盘，又后人以为最古，复以古字续之，名曰盘古氏。后又因其古，遂以盘有几千岁实之，更添出天地人三氏，亦以几千岁实之，而盘古实无明言书史可记可考也。岂有几千年而无伙食、冠裳、居室等件，亦可生乎？又不明载何父所生，何母所出，最始又从何所创造？何以养？何以教？何以衣食居处？竟不一言以垂后世，徒以后世所无者令人惊奇而无所考察，实为奇矣。今吾细读皇上帝创世真经，知非人手所作者，立意渊永，语浅事常，而自然意在人性之先，昭然状在人生之后，在常情以为不必如此者，在天情偏高出人之意外也。是以尚论其事，令后学者知所寻溯而互勘焉，庶不至人云亦云也。

辟邪崇正论

遏欲存理之行，即所以获福避祸之道，但不可先有获福之心，宜先有遏欲之实，而真福自慰乎心乎？其功在于悔罪改过，信代赎，遵天条，爱上帝者，必有加于荣宠焉。语云："不怨天，不尤人，祸福无不自己求之者。执德不弘，信道不笃，焉能为有？焉能为无？"岂虚语哉！至虚无寂灭，弃绝人伦，日用之常，简弃造物，分为斋荤，逃税偷安，伪为善行，欲寡过于暗室之中，实欲作恶于宥密之内。彼岂知私欲每乘独处而生，乘忧苦而去，而佛则欲避人于寡欲，不知己心内亦有时往来萦惑于胸中者，舍其本而趋其末，大误世人，而人偏信之者，盖人心有私欲是定的。其私心欲有所得，故妄念为妄事所惑焉。然考其亦为制私遏欲起见，颇得人心之窍，何独以上帝造化之恩，人伦实事，则不以为己任，反以为扰心之事？噫，尽人若此背天绝伦，世上尚有人类乎！坐井观天之见，目之诚不谬矣。夫盈天地之人皆有私心欲心，即愚人亦不肯认过，圣贤亦有好胜之心，乃是初人犯罪入世一定定的，遂成为此争名争利之世，罪恶之世也。若有一无私之人，即圣如上帝子天兄基督，虽无所不能，亦不肯与世人争能，恐为好胜之欲魔所使，惟忍苦受难，令信之者可借此苦以忘私过欲，以洁其灵而救之己。故其书云："凡信朕者必身负十字架以从，方能成为朕得救之徒也。"非真负十字架以从之，不过以十字架之苦认为己苦，以十字架之罪认为己罪，且诏至尊贵权能之子受此罪刑，问心何堪？如此思之，则恶念去而善念萌矣。人能明透此理欲二字，守而行之，不能进天上大天堂者，惟我是问。盖天上大天堂无他，乃圣洁之所，而能净一切污己污人之欲者，必能稳处其光明之域，岂能保其必到乎？有定理耳！若地狱乃污秽之所，惟同类之污者必类聚之而爱居爱处也。岂魔鬼故遽害之乎？惟不防微杜渐，不觉入其围范，围范久则难寻其罅漏，而遂为所局耳。故云祸福无不自己求之者，第问天下宇宙间，谁为无污而圣洁者？既自问不敢谓无污，则又当何如以爱己身乎！惟悔改不贰过而已。若要能发悔改之念，并有不贰过之行，非徒口言之已，其心必有所倚以为柱者，其志必有高远之望者，若是舍诠能诠智诠权诠荣之上帝作主，并望其荣光，其谁与归乎？盖皇上帝前允差己子代世人受苦受死者，既成人身下凡，在十字架上被钉流血，实天父上帝太子为救世主，彰明世人知之，应允以赎人罪者，为上帝大施恩典，以新天新地新世界新人心也。今天父上帝恐中国人仍执不醒，不信上帝权能，故降生我真圣主主宰太平，除旧换新，以获今世荣光，来生永福也。惟因世人无信，故先自立信于人间，而后令人信之，故凡信之者必不失约于其人也。本军师曾留心细核，无间可乘，故直信不疑，借有目今荣光富贵平安也。至来世永福，吾亦信上帝非如世人之肯失约者，故敢转谕尔官民人等放胆敬信，是我中国古来之常经，人生固有之秉彝，实信降衷下民之天父上帝，非信异端杂教之邪说也。勉之勉之！

俯仰娱歌

东西南北，永定无移，春夏秋冬，变化灵奇。谁为主宰？上帝是依。若非诠权，无所不能，岂斯万物，故呼为天？上帝智慧，莫可言宣。飞潜动植，有天有日，极至高深，极至无极。人为天造，天谁人识？惟圣与智，庶乎其笔。

崇帝黜邪说

天父上帝为造化天地人万物大主宰也，肉身是其土气所成，灵魂是其灵气所降。《书》曰："天降下民，作之君，作之师，惟曰其助上帝。"又曰："维皇上帝，降衷下民，若有恒性。"又云："天生烝民，有物有则。"知此则知凡宇宙内之万有皆无所不能，无所不在，无所不知，无所不有之天父上帝权能所造也。分言之则天上之日月风雷，雨雪寒暑，明明赫赫，不可胜述矣。地下之山岳河海，动植飞潜，刚柔精粗，八音五味，万类千奇矣。合言之，有目不能见而耳能听，有耳不能听而口能尝，有耳目口鼻所不能及之者，惟心为能思之，有思之而尚有窒碍者，惟天父乃能启迪之矣。凡类此者，皆莫非造化大主宰天父上帝所成就者也。若夫人为天地间之一类耳，大不过于牛象，力不过于虎狮，而与至大之天地参为三才，且名为万物之灵者，何也？以其有宝贝灵魂，内怀有仁义礼智信，犹肉身之怀有心肝肠肺肾也。故人之贵于万物，灵于万物，能制万物，用万物，食万物，器使万物，皆天父恩赐宝贝灵魂所能然也。否则安知不为万物所服食器使乎？夫人之所得天恩甚大，但不自思，不自爱，不自惜，卒成忘恩背本之地狱鬼耳！何也？盖大如日月众光，为人眼目光照之用及薰炙生化之需，雨露滋生万物以供人用，即山海所产木石禽兽谷果瓜菜药草虫蚁，有互相为用，有各相为用，要莫非均为人用而造化之也。人可得食瞒天乎？人可沾恩而不谢恩乎？而人犹可瞒昧良心谓为不知乎？实为利欲所昏，故魔鬼得入其心，而以祸福悚之耳！盖该杀者魔鬼也，木石也，泥塑纸画也，人手雕斫也，愚人所思想以愚弄愚人也。不思该木石蠢物，有目不能见，有口不能言，有手不能作，有脚不能行，置于此则于此，千年不动，万年不移，胡须是人手所种，金银是破纸折成，香是树叶造就，签语是士子拟作，靠杯多抛，必有转杯，岂得借此传言而令人心生疑惑乎？俗语云："泥该杀过河，自身难保。"又云："烧香有保佑，烧窑较大烟；食斋能得道，牛马上西天。"语虽粗鄙，而有至理存焉。奈何世愚习而不察，竟甘向木石而叩首，见怪物而屈膝乎！把天父上帝造化主所有之物，认为该杀保佑之恩，抑何愚乎！固可笑也，实可惜耳！惟愿普天之下，自今永脱魔鬼之迷途，尽遵天父之天道，则分手时天堂易上，否则尽头处地狱难逃。盖敬天得升天，怕鬼终惹鬼，有定理耳！世人其醒之，再勿痴迷可也。

喧谕合朝内外官员书士人等一体知悉：照得文以纪实，浮文在所必删；言贵从心，巧言由来当禁。恭维天父天兄大开天恩，亲命我真圣主天王降凡作主，施行正道，存真去伪，一洗颓风。是以前蒙我真圣主降诏：凡前代一切文契书籍不合天情者，概从删除，即六经等书亦皆蒙御笔改正。非我真圣主不恤操劳，诚恐其诱惑人心，紊乱真道，故不得不亟于弃伪从真，去浮存实，使人人共知虚文之不足尚，而真理自在人心也。况现当开国之际，一应奏章文谕，尤属政治所关，更当朴实明晓，不得稍有激刺，挑唆反间，故令人惊奇危惧之笔。且具本章，不得用龙德、龙颜及百灵承运、社稷、宗庙等妖魔字样。至祝寿浮词，如鹤算、龟年、岳降、嵩生及三生有幸字样，尤属不伦，且涉妄诞。推原其故，盖由文墨之士，或少年气盛，喜骋雄谈，或新进恃才，欲夸学富。甚至舞文弄笔，一语也而抑扬其词，则低昂远判；一事也而参差其说，则曲直难分。倘或听之不聪，即将贻误非浅，可见用浮文者不惟无益于事，而且有害于事也。

本军师等近日登朝，荷蒙真圣主面降圣诏："首要认识天恩、主恩、东西王恩。次要实叙其事，从某年月日而来，从何地何人证据，一一叙明，语语确凿，不得一词娇艳，毋庸半字虚浮，但有虔恭之意，不须古典之言，故朕改'字典'为'字义'也。"本军师等朝奏钦遵之下，不胜敬凛。为此特颁喧谕，仰合朝内外官员书士人等一体周知，嗣后本章禀奏，以及文移书启，总须切实明透，使人一目了然，才合天情，才符真道，切不可仍蹈积习，从事虚浮，有负本军师等谆谆谕诫之至意焉。特此喧谕，各宜凛遵！（《中国近代史资料丛刊·太平天国》第二册）

四、 清廷朝野与外国人对太平天国的思想反响

导　论

在太平天国史料中，除了太平天国文书、印书、领导人自述等自身方面的史料，还需要关注来自对手即当时"官、民、夷"三者中"官"与"夷"所留下的史料，即清方记载与外人记载。清方记载，既包括镇压太平天国起义的清廷官方档案及曾国藩、李鸿章、左宗棠、胡林翼、僧格林沁、周天爵等清方高级军政人员的奏折、书信、日记等材料，也包括一些随军或在太平天国区域活动的幕府人员、地方士绅的日记、笔记等记载。官方档案史料集有中国第一历史档案馆编《清政府镇压太平天国档案史料》。私人记载有《庚申殉难日记》《虎窟纪略》《避难纪略》《勾吴癸甲录》《关于费秀元父子的资料》《上海寇变纪略》《钱农部请师本末》《柳兆薰日记》《磷血丛钞》《寅生日录》《彭玉麟曾国荃等致金国琛书札》《癸丑纪闻录》《见闻录》等，重要者例如：曾入曾国藩幕府的夏燮所著《粤氛纪事》，记载了太平天国与清廷之间的军事斗争，记事时限自道光三十年(1850)十月拜上帝会在广西的活动始，至咸丰十年四月十三日(1860年6月2日)太平军攻占苏州时止；张德坚所著《贼情汇纂》，所记起自金田起义的上一年即1850年，止于1856年太平天国领导人内讧前夕，内容涉及重要人物、官制、军

制、礼制、文告、宗教、粮食、各种人员数目及不能归入上列各类的杂载；曾在天京居住的张汝南所著《金陵省难纪略》，记述了太平军攻克南京经过，以及太平天国领袖在天京的活动，还有王号、官名、城守、募兵、操演、告示、冠服、器用、轿制、开市、天榜、改字，并根据坊闻材料记述天京变乱。

外人记载是到访过太平天国的外国公使、传教士、洋商、水手和游历者所写的照会、报告、游记、报道等。他们的报告和文章从另一个角度为我们提供了研究太平天国的资料。重要者如：曾在太平军任职的英国人吟唎所著《太平天国革命亲历记》，法国人加勒利、伊凡原著，约·鄂克森佛译补《太平天国初期纪事》等。

1. 清廷官员与士绅对太平天国的反应

引　言

太平天国是打着基督教的旗帜的农民起义，而基督教是西方的宗教，无论其教义，还是宗教仪式，都与中国传统文化相去甚远，不易为中国人尤其是深受传统文化熏陶的广大士绅所接受。所以，太平天国很难得到广大士绅的支持。而太平天国的敌人——清王朝统治者也正是看到并利用了这一点，对太平天国加以攻击和围剿。湘军统领曾国藩在《讨粤匪檄》中，就攻击太平天国"窃外夷之绪，崇天主之教"，不习孔孟之道，而"别有所谓耶苏之说，《新约》之书。举中国数千年礼义人伦、诗书典则，一旦扫地荡尽"，并号召广大士绅为维护中国传统文化不至遭到太平天国的毁灭而起来参与对太平天国的镇压。士绅在中国封建社会里是一支具有举足轻重影响的政治和社会力量，在新旧政权的对垒中，他们的向背在某种程度上往往决定着新旧政权的命运。太平天国后期重要领导人李秀成在其《自述》中，总结曾国藩的湘军何以能由小变大、最后战胜太平天国的历史教训时，就认为湘军"多用读书人"，而太平天国"无读书人"是其重要教训。这里选录的是清官员、士人及外国人所记载的太平天国资料，从中也可以看出太平天国之所以失败的原因。

曾国藩

讨粤匪檄

为传檄事。逆贼洪秀全、杨秀清称乱以来，于今五年矣。荼毒生灵数百余万，蹂躏州县五千余里。所过之境，船只无论大小，人民无论贫富，一概抢掠罄尽，寸草不留。其掳入贼中者，剥取衣服，搜刮银钱。银满五两而不献贼者，即行斩首。男子日给米一合，驱之临阵向前，驱之筑城浚壕。

妇人日给米一合，驱之登陴守夜，驱之运米挑煤。妇女而不肯解脚者，则立斩其足以示众妇。船户而阴谋逃归者，则倒抬其尸以示众船。粤匪自处于安富尊荣，而视我两湖三江被胁之人，曾犬豕牛马之不若。此其残忍惨酷，凡有血气者，未有闻之而不痛憾者也！

自唐虞三代以来，历世圣人扶持名教，敦叙人伦，君臣父子，上下尊卑，秩然如冠履之不可倒置。粤匪窃外夷之绪，崇天主之教，自其伪君伪相，下逮兵卒贱役，皆以兄弟称之，谓惟天可称父。此外凡民之父，皆兄弟也；凡民之母，皆姊妹也。农不能自耕以纳赋，而谓田皆天王之田；商不能自贾以取息，而谓货皆天王之货；士不能诵孔子之经，而别有所谓耶苏之说、《新约》之书。举中国数千年礼义人伦、诗书典则，一旦扫地荡尽。此岂独我大清之变，乃开辟以来名教之奇变。我孔子、孟子之所痛哭于九原！凡读书识字者，又乌可袖手安坐，不思一为之所也！

自古生有功德，没则为神。王道治明，神道治幽。虽乱臣贼子，穷凶极丑，亦往往敬畏神祇。李自成至曲阜，不犯圣庙；张献忠至梓潼，亦祭文昌。粤匪焚郴州之学宫，毁宣圣之木主。十哲两庑，狼藉满地。嗣是所过郡县，先毁庙宇。即忠臣义士，如关帝、岳王之凛凛，亦皆污其宫室，残其身首。以至佛寺道院、城隍社坛，无庙不焚，无像不灭。斯又鬼神所共愤怒，欲一雪此憾于冥冥之中者也。

本部堂奉天子命，统师二万，水陆并进。誓将卧薪尝胆，殄此凶逆，救我被虏之船只，拔出被胁之民人。不特纾君父宵旰之勤劳，而且慰孔孟人伦之隐痛；不特为百万生灵报枉杀之仇，而且为上下神祇雪被辱之憾。是用传檄远近，咸使闻知：倘有血性男子，号召义旅，助我征剿者，本部堂引为心腹，酌给口粮；倘有抱道君子，痛天主教之横行中原，赫然奋怒，以卫吾道者，本部堂礼之幕府，待以宾师；倘有仗义仁人，捐银助饷者，千金以内给予实收部照，千金以上专折奏请优叙；倘有久陷贼中，自拔来归，杀其头目，以城来降者，本部堂收之帐下，奏授官爵；倘有被胁经年，发长数寸，临阵弃械，徒手归诚者，一概免死，资遣回籍。

在昔汉、唐、元、明之末，群盗如毛，皆由主昏政乱，莫能削平。今天子忧勤惕厉，敬天恤民，田不加赋，户不抽丁。以列圣深厚之仁，讨暴虐无赖之贼。无论迟速，终归灭亡，不待智者而明矣。若尔被胁之人，甘心从逆，抗拒天诛，大兵一压，玉石俱焚，亦不能更为分别也。

本部堂德薄能鲜，独仗"忠信"二字为行军之本。上有日月，下有鬼神，明有浩浩长江之水，幽有前此殉难各忠臣烈士之魂，实鉴吾心，咸听吾言。檄到如律令，无忽！（《曾文正公文集》卷二）

周天爵

致周二南书

二南老弟足下：

三十年阔别，何由得诉我一生苦衷，若见老弟，我当大哭一场，以一生苦心不见信于天下，非素知我之深者而又识治乱大体，真没处开口。试观今之天下，以伪饰姑息坏乎？以除残去暴坏乎？平心论之，得失明矣。

今之祸根不止一省也，而粤西为最。如一江一潭之水先坏，而焉有完鱼？即如石芥广〔马〕皆粤东民也，以西粤土广民惰而愚，客民皆寄食其地，良少莠多，莠者结土匪，而土匪资其凶焰以害土著之良；土著之良不堪其虐且欲大逐客民之莠，而客民且利良者之家室。于是仇隙日深，结党互杀，而黠桀出于其间，啸聚成群，以千数以万数者多矣，沿劫左右江数千里之间。其始激于州县不为理其曲直，而下民怨嗟；邪教见民冤抑之状，倡为蛊惑之词；因好鬼之俗，专为鬼神之语，而此风披靡矣。而大吏郑祖琛又笃信佛教，酷似梁武欲不杀一人以为功德，于是一省鼎沸，鱼烂日馁矣。盖自丁未至今，无月不损兵折将，一切俱讳饰之，于是一省文武亦无不鱼烂日馁。至去年学臣无处可考，欲入告，而郑乃发之。内廷视为小寇，遂命少穆，孰意天丧元老。而李石梧继之，其为人力祖郑梦白，一切查问生事之人皆出其手。于是一省之贪劣皆喜，一省之士民皆惧，而我成一赘疣，而反冒巡抚之名。一言兵，则省城仅有懦劣八九百名之兵；一言饷，则藩库拨米〔来〕朝不继夕之饷；一言官，则通省皆是求参不得之官；一言将，则通省皆是石郎之将；一言案牍，则无一不是被杀被焚之案牍。呜呼！此席是何等造化得此。

　　于是二月初一日出省，带兵一百名，如驻马嵬坡，皆不愿走也；路上募一百名又如石壕驿，未走先哭。乃于十二日甫抵武宣，而教匪偷越紫荆山而来，如虎兕出柙，先锋已到三里圩矣。且〔其〕大营在东乡，即韩襄毅公所谓大藤峡之后户，自昔为韩雍、陶鲁以及我王文成公用兵几千万众，积年鏖兵之所，其大战场即武宣之东面三里圩。方到时县官一人，一县皆空，而纷纷向西逃者渡江船无歇时。问县〔官〕刘作肃有何准备，答云"只有一绳"，则大哭。我何等福气，亦统大兵二百名，亲履文成公杖钺之所，凑拍之巧，乃竟尔尔。十三日，留兵五十名、勇五十名守〔城〕，其一百名赴前扎营赴敌，皆失色。我云："违我制者斩。"其列队时亦甚有胆力，即扎营于云湖村之岭，与三里圩人声相闻。十四〔日〕，我趋其地，见营外村庄与官兵莫〔漠〕不相属，孰知其不去者，六七十村皆贼也。遂拔营退回彰钟桥之西，自忖云三日后，贼知我虚实必危矣。孰知老不怕死之张镐风雨而至，即向军门也。十四日至，十五〔日〕扎营，贼果来，望见大众故不前。十七日，向提军遂大战于台村、云湖之间，带兵只百名，贵州勇、福勇五百名，不意各勇先溃，镇篁兵大奔。我方作书，即提新至之东勇二百名、自己兵勇二百名急援，时提军被围已时许矣。我催勇一百名挥刀直进，而东勇果怒气而进，翼提军破阵而出，惜我兵一百名如见鹯之雀，一百勇如缚足之羊，无一动者，我手刃二人，光淮而〔用〕箭射杀二人，亦无应者。撼山易，撼岳家军难，不意如此。当是时，贼皆聚击于我，炮子如雨，我仍吃烟，点火者按不住烟窝，而抬轿者后二人起不来矣，惜乎太平之民皆如此，何怪其然。于是申明号令，三月初二日复大战，于一军之后置一队杀手，斩退走者，四路出兵置四队杀手，皆有将弁领之。一股刘守攻东陵；一股张守攻台村之伏，接应攻东陵；一股向提军攻三里圩之西；一股贵州秦镇军新至之兵，攻三里圩之北，再由此而南，抄贼之后。而向提军恐我力战太猛，"伤一巡抚，我命没矣"，哭劝我不可督兵。当是时自谓胸有成算矣，孰意贼连夜调东乡大巢之贼悉师而来，仅三十里耳。而贼大元帅洪泉、冯云山皆亲身督战，南弟一股刘守所领之大头军先至东岭，而贼营寂无人声，发火箭数十枝燔其房屋，贼始出数百人，两下对炮，对战方酣，忽出二千余将我兵围裹，东勇系张守敬修所带、福勇系鼎丞褚汝珩所带，共千余名，急救之，而贼又出两倍之众，统围三股。向提军欲统大军冲贼两半，不意贼又并麾军围之。而贵州兵欲攻三里圩之北者，贼伏大林距其中，一股动〔劲〕贼遮其前，一股大众出其后，贵州兵击死穿黄衣红战裙者，孰意贼视死如归，赤身赴敌，立刻杀死黔兵二十四人，沉伤八人，黔兵始大奔矣。此战我兵用命，伤者七十余人、死者共三十余人，自午逾申真血战也。奈我兵勇共六千余人，贼三倍之，又吃迷药，受创不知在己，死而后已，事将奈何？而此战贼当阵死者三百余，伤者太甚，亦未尝不寒心。闻其大股凌十八、刘八带领教匪万余，所过州县摧枯拉朽，誓来萃力于我，报者纷纷，三军无不变色，提军亦心动矣。不得已创为坐战之法，立一拒敌大营，下设炮眼两座，彼日环攻，我日环打。贼一人无所见，一炮不能伤，我兵更番迭打，一人不能走。其一人不能走者，四面皆厚墙深濠，死即同死，生则俱生，盖师淮阴背水之遗意也。无奈肝气数动，瘅气太深，食少事多，三军恃我为长城，我若一去，奈国事何！要之逆匪用兵全是洋人之法，以洪泉系西洋人传天竺教者，此人为军师，军令死一队长则一队全斩，又饮以药水，其剽忽不及闯、献，而深沉过之。综观所有大帅，无与敌者，嘻！莫非气数也夫？

现诸大营在武宣北市交易，军无一敢扰民者，仅此一事可以上对古人。凡擒来可疑之人，奸细立诛，可矜可疑，宁失不经，此等时节，天在头上，不忍枉杀一人，特此心亦可对我老弟也。此信我无暇再写，可示光碧，并呈慈圃先生，此大公祖我所折服，恐怕他为两广督臣，山东再望，此等人物真无有矣。——俱出心腑之语，不尽。（《太平天国史料丛编简辑》第六册）

王　拯

复前教授唐先生书

尧心先生吾师座右：

去年抵桂林日，即荷赐事垂问殷殷并及军事，所以教策之者甚厚。军中鲜暇，且不敢妄以书问通人，而所事纷纭，尤非可以数行为报，仅于致子实书附问兴居。今年春夏，军中事乃日非，同僚星散，听宵奏记，以屡病之躯，独力当之，殆不可支。前月相随相帅由衡至长，望后五日帅印替交，旬月稍获安闲。相帅即日逮京，随带文武，有旨交徐帅分别去留。日内未奉行知，日坐危城，思归綦切，未识能否脱然去耳。

意自道光十四五年间，吾师教授郡城，锡拯以学子员深荷诱掖。当时学使楚雄池公，志欲以古人学校之法之意行之今日。吾师于群相蔽匿之中，独肫肫然蕲以实心实事相应。每念楚雄公遗教不忘，益念吾师当时策励盛心于不可承。计计十余年粤中人士之盛，其登高第，跻显仕，著名称者姑不具论，即数年来各郡州邑盗贼蜂起，其以矜耆躬执干戈，倡率团保，各为乡里御灾捍患，甚至临危仗节，以书生而授命疆场，所在有之。大抵必出于楚雄公之门，孰谓三代盛昔良法美意之必不可行于今之天下？锡拯于粤人士受知楚雄最先，而沐教于吾师尤切，年逾少壮，德不修，学不讲，名业不能自立。当此偏隅小丑蠢蠕，致朝廷赫然命将出师，调兵数省，筹帑已逾千万，卒至劳师糜饷一年有余。而贼氛转肆，隳城陷邑前后十余，扑及桂林、长沙两处省城，逆焰凶张，至于此极。我国家当此大用支绌，百废未修之日，使此幺麿横肆，积成大患。不知继其任者之能否克期扫荡，上纾宵旰忧劳，下慰间阎愁盼，中亦借得稍道前事愆尤？帅相蒙恩罪逮，锡拯等随带之员，获免谴责，至为厚幸。然扪心清夜，未尝不痛自愤于庸劣之不能自奋。一年余间，负疚隐衷，往往事机坐视，误失之罪之为不可道也。

国家承平二百余年，民物恬熙，政刑衰弊。自嘉庆年间，川、楚事平，各省教匪余孽，多未尽除。及道光初年，粤中即有所称天地会者到处流传。至庚子、辛丑间，朝廷申鸦片烟之禁严，致海夷不靖，颇损兵威，遂令天主邪教，因复煽行。各省识者隐忧。顾其教与前此川、楚匪徒所习及粤中所称天地会等，绝不相蒙，众犹以为其患未即发也。锡拯旅病江南，幸而未死，庚辰残冬，病起还京，道路传闻粤匪为乱，时犹以为浔、梧、南、思等郡盗风之横，已非一日，不过打单、开阖，如前者所办李元发、陈亚贵等游匪云尔，大兵一集，宜即歼除，譬犹萤爝之见朝阳。惟是国家武备久弛，军威不振，又当事者于招募团勇解散胁从之方，多有未悉肯綮之处。到京师日，屡承当轴谬以粤人见询粤事，不揣浅末，辄自采录一时舆论及成事可仿者作为数条，以塞谘诹。其中亦有迁就当时成局为说，以冀其言之便利而可行者，为前协揆杜公密工陈黼座。不期逆全乃以会匪万众，特〔峙〕起桂平之金田村，此与锡拯条陈情势固已不同。以各条所说皆为游匪而言，而会匪与游匪之不可以相提并论，则固夫人所能知也。前帅李公及周权抚军督办数月未能有功，当时陈奏贼情顽恶，亦未深明其所以然。论者徒以事权不一，诸将未能齐心用命，以致事机多有误失。朝廷乃以赛相朴诚，位望素尊，命为督师，濒行特赐遏必隆刀，以彰宠异。锡拯以本部司员随带，窃于赛公平昔未有立谈之雅，徒以多言为人所推，又当时从行十余人中最为冗末，数欲引辞，而乡人挚劝，同侪怂恿。既以桂林邱墓所存，老姊适居，每闻盗氛扰逼，辄思归视，讵有俨然奉使，而又裹足不肯自前？公谊私情，辗转于中，遂不自知其非材，而勉为是行。而犹谓穷乡鼠辈，大兵围剿，纵不能即日以成大功，不过师劳饷费，祸结一方。而又孰知兵戎大事，当局一不得人，辄再三误失，以致其事之决裂至于此极也。

贼初起自金田，洪秀全、冯云山籍皆广东花县，而浪游于浔之紫荆山一带。云山先至，课蒙为业于新墟曾姓家，平时最狡黠，与逆全虽皆花县人，而实本为嘉应州人之寄籍者，以传徒习教，煽动浔之乡人。其说尊奉上帝，举世间一切神佛皆谓之妖，即儒家经传亦与道释之言同归诋斥。凡有受其教者，非惟不事神佛，即其家祖考亦自毁灭，诱惑既多，气焰稍炽，遂有焚折邻村人家社坛、家祠等事。武宣诸生王作新曾觉其奸，将云山擒送之官，守令不察，转相开释。云山复出，而其党日盛，乃推逆全为教主，以全有妖术，能于空际与人语，若问答如平常，妄谓此为上帝临凡，命之一切人世间事，乡愚神之，而鹏隘山民杨秀清、萧朝贵最先景附。适贵县处来上之案方兴，浔郡所属搜捕陈亚溃余党又亟。金田村民韦正薄有家资，因其父老民韦元玠为乡里凌辱，遂倾其财，以与秀全、云山借端起事，其始只谓联村自守，以拒差胥诬犯而已。于是贵县、博白、象州、桂平各乡所尝入云山等教者，挈其老幼妇女来归，合有万人。时方伯劳公、观察杨公皆在浔，云、贵新兵四千甫至，以之剿捕，势且不敌。提督向公方以湖南镇篁劲军与提标兵出剿陶旺索潭匪徒，山〔由〕柳州、庆远转战横州，迭就荡平，军威殊振。劳、杨两君飞书邀请军门，以浔属所关滋巨，遂不得已而舍横州之贼以来于浔。马鹿岭之军与贼始战，镇篁兵为中队，仅足冲其一面，而左右滇、黔两队一出败奔，丧其军械以资于敌。军门知此贼之未即办也，于是坚持坐守之策，率云、贵兵同营于马鹿岭。及贼率众出扑，大为我败，斩馘数百，军威复整。军门方请于李、周两公添调新兵，期以厚力全势注之。斯时李公驻柳州，周公携数百卒以至武宣县城。贼扑向营不利，遽突走，由间道以逼武宣，向军亦倍道疾驰至武宣城，贼犹未及。比其前队骁悍数千由县之三里墟而来，而向军已列城外，贼遂相持不敢复进。此其当时所以有贼畏向军，一见黑旗即走之说之传于四远也。贼于是走寺村，走庙旺，又走中平、百丈。向军仅以数千之众专力扼其前冲，而乌都统、李、王等镇分布四周。周抚军因亦发为坐战之说，其实议出于向，未尝不有所见，独以斯时兵力犹未足耳。罗镜凌逆之平，曷尝不以此哉？

赛相之出，朝廷之意第以上相大臣，重予事权，冀其威令，足以用众，使军前将帅，势不得不同心并力而已。且赛为人，仁廉清慎，颇为时所称仰。出都之日，中朝士夫屈指而订归期，论者或以粤中股匪太多，未可日月以期事葳；或谓元戎非济变才，亦未必能即时有功；顾亦未有料其为祸之至于此烈也。顾自赛相抵粤，粤之零星股匪殆平十八九矣，独此会逆，凶狡实异寻常。方帅节抵桂林之日，而贼适自中平、百丈回窜紫荆，似亦未尝不稍有所震叠。斯时桂林川、湖之兵接踵至者，络绎赴浔，向军由桐木尾贼以至双髻山下。双髻山者，紫荆之后户也，贼窜紫荆以新墟为前庭，而双髻为后户。斯时乌都统领滇、黔诸军军其南，以达都统之川兵合之；向军领楚、粤兵军其北，以巴都统之川兵合之。达与乌不相能，一战致败。巴于向虽未有不相惬者，而事多为所误。自向军攻夺双髻山，贼不敢屯紫荆，而全数以出新墟，是时若非巴之畏葸牵掣，向军乘胜即日遂由双髻直捣贼之中坚，扫其花雷、茶地贼巢，贼将瓦解，而渠首可擒，此其事机之一大可惜者也。

双髻既破，贼得从容以出新墟，于是备北军倍严于备南军。向军再破风门坳以出攻新墟，而南路乌军等营又尚屯于二三十里之外，向乃密陈相帅，请饬南路移营进扎，半月之久，支梧迁延，向、乌之隙，由此遂起。贼由新墟复窜而出，向军拔追，自北而南，绕道数十余里，犹及贼前。官村一战，此老愤极，意将一鼓而悉歼之，此即尝在乌营与向为仇鸪者言之，未尝不如是也。不谓地既冒险，天复骤雨，大不利军，而其预调南路策应之军，又逾时而不至，而使其以屡战屡捷锐气方张之兵，一挫几于全覆，此又事机之一大可惜者也。

窃闻向老自言："生长兵间数十年，未尝见此贼；自办此贼，大小亦数十战，未尝有此败。"于是搜合残敝，与巴退保平南县城，愤切之余，瘁疠并作，疟痢未已，胸疽又发，自平南数百里累然负疾以至桂林进谒相帅，众未测其意之所云何也。而时大帅实已据其官村之败，飞章严劾，接见之余，不容有所陈说，饬令往守昭平小县，众亦未测其意之所云何也。向乃自是病居平乐府城，两月有余，坚卧不起，贼因得以乘间而踞永安。蕞尔孤城，一副将与一权牧，率兵数百及其城之绅团守之，犹三日而后下，奏报中以乌都统率兵数千首追及贼，然已在永安城破数日后矣。犹幸刘、长两镇受向教，令扼贼于永安城外十余里之古排塘，当贼北路，为桂林屏蔽。而乌军当贼南路，驻营文墟，又在永安二十里外。斯时按察姚公奉大帅令，出为南北两军总理，驻于永、荔两邑交界之新墟。窃闻贼之始至，永安、荔浦民情汹惧，适有委办团练之委员王君与其县令立招本县福勇千余，乘贼未定而往扑之。此勇皆福建客民，素称强悍，且与贼仇，经官倡率，殊甚踊跃。九月初二日之战，贼大败奔，我勇迫之城下，几复州城，惜刘、长两镇军兵未能助之，以成厥功。当时桂林一日之间，数传永安克复，实由于此。不期姚老虚声士耳，瞀昏荒怪，与其官民大相龃龉，致令闽勇为之哄散，至竟不复为用，此亦事机之一小可惜者也。

自是之后，南北两军各营一二十里之外，日报胜仗，动称擒斩数十百人，而实则我军驯至见贼即走，贼胆日张，而军威日褒。贼踞永安，北自龙眼潭，南至莫村、水宝，前后二三十里间，襟山带水，高垒深沟，姚公与南北两军非但莫如何也，直熟未之察耳。朝廷切责赛帅，日久旷持，自驻阳朔，距贼太远。方徬徨间，而向军门以屡邀寄谕垂询，并悬其广西提督员缺；若以相待，乘病甫痊，勉力复出。大帅亦渐伸群论，慨然畀以北军统率。维时军民万众，踊跃以望向军之捷，向老亦殊感激自奋。果自古排前后十余战，破贼龙潭两山营垒，移军进逼，直至永安城外三里许之夏阳洞地方，而南军犹驻营文墟也。及至大帅亲驻夏阳，而南军始移营团岭。独贼沟堑已成，又于飞鹅岭及塔山等处皆有炮台，犄角相拒，我军数以力攻，贼虽穷伏，而未能破之。方春霪雨，弥月兼旬，我军日夜造置梯冲，购派眼线，兼以大炮对城轰击。二月十六之夜，贼突已自东面古束山口全数窜出。方其将窜前数日间，古束口外黔兵及东勇营盘被贼焚扑，请救甚急，大帅疑之。时蒙在大营闻之，力怂必以劲军相应，大帅乃命前镇军李瑞往探，又饬向军以提标勇三千人与之，蒙即离营，不知何以贼窜而此军已先归也？古束乱山丛杂，单边一径在上山下涧之间，贼由此铤走实死地，果及其窜而谋击之，贼可灭于此也。贼于十六之夜已窜，东面本恃地险，原驻守兵寡而久疲，为所冲溃。我军追者，至十八日及之山峡之中，斩馘实以千数，贼之后队已尽，第其前队及贼首先行，已出山峡之险，而尽屯集于山峒数村落间。其地南、西、北面皆荒山峻绝，惟东一面，路出昭平；贼可往得，顾得亦不过一永安耳。我军前后合围，相机进捣，彼势益穷，而我益锐，即昭平可不使得据，贼计莫能施矣。而乃乌军轻于一进，当数日夜雨水泞滑山蹊险恶之间，士卒日夜奔驰饥疲困乏之际，贸焉与此穷寇相迫于有进无退之地，使贼反得以逸待我之劳，猝然大挫，四镇皆亡，我军损折数百，贼气又复大炽。永安半载合围养精蓄锐之功废于一旦，此又事机之一大可惜者也。

至若桂平良勇之往守天平岭过期不至，荔浦练勇之久屯莫耶关忽已被裁；桂林九塘天然地险，筑台置炮不能御贼，而转为贼所擢。颠倒错失，不胜偻指。于是贼由荔浦直扑桂林矣。桂林当时实未有备，幸而获全不为贼破，实由向老一军，倍道疾驰，先贼而来，数旬守御之功，此夫人知之，吾师谅亦稔之矣。贼去桂林而扑全州，州牧曹君亦仅有兵数百名耳，能与士民婴城固守十余昼夜，不可谓非健者。贼攻北城丧失尤多，卒至孤城力尽陷屠，被祸最烈。当时领兵赴援之人，拥数千众而不能力救，即发兵往援之人，亦仅予数千众，而不思力救，此其为罪，岂容擢发！乃时向老又病不兴，桂林官民复相坚留以为坐镇。赛帅乃择于诸将，而使和镇复领省城余兵数千往统全军，逮其至全，一日之间，城守已失。和君即日移营城北，当贼要冲，贼即弃城思遁，而为我军所逼，又于江中预置桩杙，阻其驶窜。蓑衣渡之战，贼尸蔽江，自焚其船，遗其辎重妇女，仓皇东奔，为贼从来未有之备。独惜东岸关兵一路，我军相持至数日夜，不虞贼又从此脱耳。方张国梁之勇四千余众随劳方伯自南邕至阳朔，时蒙适从帅相驻节于彼，一闻贼自桂林复窜，即令此勇由阳朔取道恭城、灌阳以赴全州，此东岸之路也。计其自阳朔行至是，已一月期，而何不至？及贼走矣，而三日又至，此皆所不能晓。事已往矣，又谁责焉！此又事机之一大可惜者也。

于是贼方自粤而窜楚矣，楚边诸郡邑向为邪匪聚集之区，道光二十七八年间，李沅发、李嘉耀等皆由楚入粤，而诵习符咒持斋结会之徒尤众。元年衡州拿获之左家发，即称与逆全声息相通。本年郴州会匪戕官，乱机屡作，楚督程公防堵经年，于沿边险要，一未闻其有所布置，贼一至境，相距尚数百里，而程公已卷旆衡阳，返走长沙，楚省民情大为惶惑。贼至永州，潇江大发，幸城中守吏撤去江面船只，焚烧对岸民居数百余间，犹为能事。贼以蓑衣渡大创之余，前行既不得逞，后复不能有所驻足，不得已而旁窜道州。由永至道百里之间，双排、蛇陂等处险隘，几与古束相等，使有精锐数百，前后夹而攻之，贼亦立尽。而乃永州守将庸懦，不敢以一兵发追，道州文武亦未尝以一士出击，俾贼从容逾险而取州城。和镇等兵及贼，而道州又已俨然贼国。楚边群匪斩木揭竿起而应者，东安、宁远所在皆然，虽或即时扑灭，而千百为群去而归贼者，实已不一而足。贼于是更恃其众，遣其党以分陷江华、永明两邑，意将分我大军之力。幸而和镇坚不为动，然其始至，颇有轻视春陵蕞尔之意，及周历之而知其不然。其所领兵虽及万数，率皆由粤以来，渐形疲乏，围攻一月未能有功。于是楚省又复续调新兵数千，比其将集，而贼又遁。由是嘉禾、桂阳连城不守。郴州匪党尤多，又产硝黄，贼踞月余，缮修大具。乃遣其党分扑长沙，所过永兴、安仁、攸县，醴陵又复连陷。其间我兵此扼彼窜，大抵贼之前后皆其裹胁，而死党数千，居其中间，我兵迎击其前，或追蹑其后者，间有斩擒，甚至盈千累百，不过此等老弱流亡，非于事机大有关也。

贼之始至长沙，分党未多，而我城中兵勇数千，未能及其势分而先歼之。又陕、甘新兵驻于城外，不知为营，为贼一到，即行计陷，死亡几尽。斯时赛帅驻营衡州，催督各路援军俱集，而贼之大伙已由郴至，向老维时亦自桂林奉檄而来。贼自桂林、全州两处攻城未遂，颇重伤其骁悍，及至长沙，专欲计攻。所踞南城外厢数里民居，其地穿穴殆遍，南城数被穴道用药轰塌，我兵坚守得完。惟贼大伙一到即行，分踞西岸岳麓山脚一带近十余里村庄，及至我兵全集，东岸已成长围；而西岸围扎转未易周，向军仅以五千余卒驻其西北之渔网洲而已。赛帅蒙恩罪逮，适徐新帅已自粤来，所带粤兵勇等六千余人，又福建兵亦到三千，合此新兵万数，以之长围西岸势已足敷。向老力陈围定后剿之策，徐帅亦颇谓然，独于我未成围之先，蒙尝拟以简出奋勇精兵三千余名，分为数队，预伏长沙、宁乡百里之间，贼由此窜，则循环相替，节节而击之；贼知我伏而不复窜，则我适得从容围扎，徐图进剿之策，或竟使其困而自毙。此实法所宜然，亦人心所同以为可者，而竟不能以从。此锡拯所面陈向老，而又尝致书徐帅大营浼人密达于帅前者。何期闽、粤之军方议围扎未成，而贼又已从容全数去哉！徐帅到衡受印，至此将一月，即其由衡州至湘潭亦半月，而闽、粤之兵之到长沙则七日矣。向谓徐之为人，沉毅有谋，而此之即次衡、湘，与闽、粤诸军之见贼坐玩，则虽有欲为诿过而末从者。此又事机之一大可惜，而可为痛哭不知其祸之伊于胡底也！

锡拯军旅之事，诚所未谙。而将不知兵，兵不习将，不重侦探，不讲计画，乡团不整，则民心未固，而贼之所至望风奔溃矣。招勇不精，则士气多杂，而贼之所向，争为趋避矣。且赏罚不能立予破格之恩威，则军民感激畏惮之心不生，虽拥三军，犹匹夫耳。国家费帑至逾千万，大都浮冒虚糜，任其事者但以廉洁自明，而不知所以预求撙节之道。又其初务为宽大，使人得之者，视为固然，不知感奋；其继窘于发给，则人有不得者，又将觖望兴起，怨咨海内。困乏极矣，后此更复不知所继。主帅本不能谋，而多疑忌善失人心，当事势日益艰，则智计日益绌，听言观人二者皆不知其肯要，凡此皆军行所大忌也。贼为会党，其心坚而气悍，又始事即逾万众，恃其强横，加以狡谲，尤能持忍，其战以包抄伏应，守以高墙深沟，迥非他贼之比。顾其长计，亦不过尔。惟我之威灵愈弛，则彼之智力愈张。即今贼在宁乡、益阳之间，我军侦探多有不确，以致追兵歧出，或由湘潭，或由湘乡，独向老一军数千人及贼白箬铺耳。其果能系之使不得前，以待诸军之及耶？抑其前州、县能遂拒贼之来，使不得肆，以与追兵前后应耶？贼固徜徉纵所欲为而已！向老材于诸将为优，尤能得众心，作兵气，第勇而寡谋，战不如守，能胜而不能败。窃计此才，犹未办此贼也，而用之者又不能善。昔人有言："天下事容几误乎？"贼躏楚、粤，所至如是，使其再前，吾恐求如楚、粤而并有不能者，即皆如楚、粤，而此祸将何俟耶！志曰："围师必阙。"又曰："先设三伏，而后解围。"锡拯自从征来，即持此议，迄未能行，虽日在军中帷幄之间，不过谨司戕〔笺〕奏而已。事之有所见而能言者已十二三，言之而能行者，则并不知其能十二三否耶？区区几何，一年余间，独愧未能决然去耳。然当事局一坏，贸然来者，纷纷去矣，则吾去就，又岂能苟焉与之同乎？及至主帅就逮，吾侪犹得脱然不罹遣责，吁亦愧矣！又何敢致怨于吾谋之不用耶！以吾师之亲爱，所以不能一二默默，未可为人道也。

锡拯前在京师所陈数条，固与此贼情势不同，然其中如整军威、劝乡团等，亦何尝不足用？楚省乡团，远逊吾粤，贼至胁从之众，与城池之不能拒守，多由于此。当贼扑桂林过六塘时，距贵乡不数里，以大冈堡数乡团练千余之众，严为之备，贼即不敢过犯，以此见其事之非不可为。如以大冈堡之团为法于天下，各省府、州、县、乡乡而如之，此贼不兵可戢也。承平久矣，百度废坠，非惟民不知兵，即兵亦不知兵。四方所征调者，平时本未教习，即临时亦未一简阅，如涂附然。或有一二稍知行律，非但不能与之熟谋，又从而猜忌之，人心如此，天运可知，其奈之何！

锡拯碌碌兹行，惭恶尤不知所覆，盖追维曩昔，每念楚雄公与吾师期待之心，中夜起立，赧颜汗脊。旋京师后，散冗依然，分可引去，而四方蹙蹙，不知所骋。人生势位富厚，早已付之冥漠，惟祖父单传只身，孑然而未有后，当兹扰攘，萧条数口，未识所归。吾师闻之，何以为我策耶？子实礼围，能否即行，甚相跂盼。承吾师书问，经年未答，时歉于中。行将北旋，觏缕此书，属有乡人避乱，归途经此，附达左右。乡中四境粗安，天气渐寒，伏惟兴居万善不宣。(《太平天国史料丛编简辑》第六册)

周　鉴

与胞弟子仁小崔书

兄沦于异域，不见天日，不闻人声，如居黑暗地中，与蛇鼠同居，屈指已八百天日月矣。其中异形异行，只可仍在地暗中言之，未便宣渎于天日也。……

至兄之处境，两年来日非一日，两餐一点改而为一粥一饭（米六麦四，所谓饧糒饭也，虽长夏亦然。所恨者米贵总在天长时也，去夏米价六千，今夏贵至八千以外。道光二十九年大水，米价五千八百，咸丰六年大旱，米价六千，皆无如此之数也）。早饭烹素菜一簋，晚间天暖，只烧开水以泡冷饭，天寒泡饭合粥，即以早间所剩之菜，不另烹菜也。前年六七十之荤间日尚买，去年二三十小荤尚可支，今春以来非遇祭先不买荤（平日小荤亦不买）。前月初六之祭，荤素菜并烛帛共费百六十文。初八生忌，并至十五同祭，买肉百文（猪肉每斤百六十，系十三两之秤），并他物共费二百文。二十六日无钱买肉，只用虾蛋过之。非独我无钱，无物不贵也。初租大房内两间半屋（朱姓者），并借用灶面，月需千四百文，住其两年，难以再支。今夏移至三房，屋只间半，不要房钱。亦因尔三、四两嫂一故一去，可以毂住。此等景况可想见也。

其实年岁并不荒歉，皆因租米充公，民无积蓄，稍有藏储，动辄抢诈，横征暴敛，菌〔麇〕集一时，多皆贱粜而贵籴，三里五里设卡抽厘。田有田凭（每亩四百至千数），店有店凭（数千至百数十千，逐日再加抽日头钱，虽素菜摊日收四五文亦不免也），船有船凭（千余至十余千，虽鱼虾簖网船，皆有日头钱），户有门牌（计灶不计人，同居各灶者不许合户，只取多买门牌也，每户数百至数千）。尤奇者，人有剃头凭（以过江贸易为词，钱之多寡在日期之远近）。各凭有乡卡及县、府、省与金陵之分（期有久近，数亦大小悬殊）。如在乡卡与县府所领者，只行于卡与县府也。省可行之通省，金陵则通行无滞矣。此皆有以教之无利不往无隙不乘也。

尔二兄初居陈荡桥，嗣移江北三和镇，又搬回住石坞，现居景巷（近梅里）。寿侄今正生一子，伊夫妇住梅里岳家。出城时兄资其四十余千，得以搬场，继而时来索米，彼此受累。尔四兄殁后，尔二兄勇往领柩，上年三月动身，行至清江一带不能前进，及闻寿州失事而返，于冬月回来，往返八九月，既累于人，自亦惫矣。嗣承田君大年设法寄回百有十两，闻分与尔四嫂五十金，自春至今尚能敷衍者赖此一拯也。尔四嫂契同两女，初与兄居，嗣归宁。兄嫂即相依之，今归氏先后皆迁北岸，尔四嫂不能独留，偕以同去（七巧日动身）。二姑母兄将其寄于伊之次女处（给其米一石、洋两元、钱一千，其女另米五斗），足资半岁之粮，不意其女食尽其粮，两不相合，仍送回城宅（七月二十六）。孰意仅五日，于八月初二城陷后，不知存亡。（只有巫又亭与看门二人闻风而散，各不相顾矣。）惜乎！养其十三年之久，而未得善终，莫非前世事耶？三婶娘（给其米五斗，钱千文）计有百日之粮，嘱其自觅居停。二宝见其有食可资，契以同居（垦溪市），不到百日即告粮罄。兄犹每月助七八百文，并嘱九、五婶并力相资，不至失所，而两处漠然不顾，以致东送西送，诟詈百出。嗣寄此间对河，仍系兄遥遥独资。及王仲翁去世（去年春间），其家串谋外姓，声言三世为官，拥资若干，将谋之乡员，膺目大有造于我矣。言之寒心，不得已收回养之。四宝无屋可居，无饭可食，在城时，即以从师在西，遂食宿于西，至今犹然。兄于此万难之中，犹养二人，可谓难中难矣。至大宝忽为人，忽为膺，有时可过，有时荡然，每来只数十文与耳。竹村之妻，亦资其百日之粮，其女兰宝嫁于西乡，前往依之，嗣又不合，另居，不久遂死，少一累事也。九婶初居东乡（距兄处只三里），今迁西乡（依席氏同居）。惟小轩弟于三月二十四为膺队裹去，四月初六，在七宝镇大败（距沪上三十余里），死者无算，从此不现经传，亦祸由自取也。

前年八月城陷后，四乡又大抢五日，无处不伤，且掳去人民万余，此一大劫也。此间五日内到其六次，衣物稍好者尽行掳光，同侄女体弱而吓，遂致不起。裣用一衫一裙尚是买者，余概可知。不幸今夏又被窃，盖因征敛而加勒捐，时有打先风之吓（掳抢名谓"打先风〔锋〕"，放火谓"烧开心"），相将衣包寄藏棚厕或柴草之内，露眼被窃。（此时小棉袄、棉裤、毡帽、棉袜皆须重制，至棉马褂、棉褊、小夹袄、夹棉套裤只可从缓也。尔嫂两被皆失，三婶棉衣亦失。）此尤难上加难，从何说也！西北皆成童山（我家湖桥仅存罗城上之石岩冬青，余皆脱然，此大概皆然，乡间亦然），丙舍无恙，我家屋宇外面界拆坏，其中未知如何。（盖有人住尚可望存，如不住竟可荡然矣。）

道署、新县署、李王宫、慧日寺、周神庙、天妃宫、清权祠、三峰寺、北地藏殿、宁绍会馆均已全毁，两庙神像均去，改铸炮之所。寺前街、县西街、大东门内外、南门外均火烧，寺庙无不全毁，乡间亦然。惟文庙火而复新，盖乡员之尤借以谋敛计耳。究我夫子道大德深也，能测焉。孙绣之乔梓、巫又亭同捉，三日而放。（一身之外无长物，八月初五同到兄处，住半月而去，各资其一元。）家口失散，嗣皆寻着。今绣之俱赴北岸（朱保之约去）又亭住北乡（大女已嫁，次女为人领媳，俱在北乡，尚留第三女），东依西靠，累不可言。（有时为数百文之助耳。）李蓉舫常病，依其婿居南乡，亦掳而再放，因其老也。张仲梅一家最惨，仲梅因违拗，牵出杀于寺前。品山戕于小乐门，太夫人、叔梅夫人皆死于家。喜宝掳去无踪，叔梅两次掳去百里外始放（八月去冬月返），颈受重伤，手腿皆受矛伤，又推入河中，面且刺字，可谓怆矣。（冬月二十四到兄处，因面字碍于出入，资其千文，附便过北，投周文芝邑学处，嗣闻尚好，其女安荣亦寻着携去。）九华亦两掳而释。（两次资其千文，闻与屈寿观开面店。）黄心葵匆促出奔，全家失散，虽陆续团聚，而衣履荡然。（兄资其两元，全赖强氏之助，在作帮伙，其太夫人已亡。）姚星岩住东湖南。居玉泉在西乡，其子掳去无信也。又仓厅用人大荣、三和父子、庚荣、金富均掳去。金富冬间即返，面亦刺字。庚荣今夏始归也。破巢之下，完卵仅存，所遭之惨，曷可胜言！此就所识者而言也。

久不寄信只道兄全家淹没矣，近闻事机将转，胸襟稍纾，故作此信。但我郡为通省之潴邑，又为一郡之漏卮，窃虑一旦狂澜直下，将为斧底之游，是以智者相移去北，以避其锋，然以苟延日月者，焉能远去其乡，一旦无援又将如何？只好命赋之天，听之而已。……课女以解颐，珍珍现读上论，移过此间兼课，亦湘次子所读《上孟》，因《四书》兄尚能作傀儡也。（《近代史资料》1955 年第 3 期）

张德坚

贼情汇纂（节选）

序

贼何所恃？所恃者诡秘不易知耳。自粤至楚，残破数千里，肆乱逾两年，我官中犹不能确指贼目为谁某，况其余乎？咸丰癸丑正月收复武昌，鄂人之胁以行者，络绎逃归；于是留心时事之士，始获谘询笔记，非贼至鄂，特弛其禁。缘自鄂以上贼数无多，所立军目井井，便于稽察，不能如鄂人之易逃。自是以还，裹胁愈众，逃者愈多，而贼情浸渐以泄。时德坚充湖北抚辕巡捕官，因好闻贼情，彼都人士，凡有采辑，手辄录寄，然人言各殊，虚实参半。比年于役大江南北，并随吴文节公至堵城，常易装往来贼巢，所见行阵之士，被掳逃人，受害乡民不可胜计，留心访究，随时记载，居然成帙。又以供役节辕，时屡发俘贼难民鞫问，摘录供词甚夥，遂综核而编辑之，成《贼情集要》一册。自惭末职粗才，无办贼之分具，冀效一得，或可为知己知彼之助。尝上诸大府，辄嘉纳之，亦偶有置而弗阅者。甲寅九月上浣，钦差办理军务前少宗伯大帅曾公，克复武汉后，驻节汉江，整旅誓师，即日下剿。德坚方自江北旋省，爰录《贼情集要》，介刘霞仙先生上之，初无自荐之心。窃谓大帅，独能办贼，必能知贼，亦必乐人之知贼，聊为刍荛之献耳。嗣大帅连克蕲州、田镇，所向皆焚巢扫穴，俘获贼中文籍，汗牛充栋；更得彼中有心计者来归，出俘件使辨之，所指悉不谬；以前上之册互证，亦多符合。遂檄调赴武穴行营，设采编所，编辑《贼情汇纂》一书，以德坚为总纂官，邹君汉章、方君翊元、邵君彦烺副之，别委李生栐、程生奉璜为分纂，增委廖生文凤、潘生敬暹、谭生光藻、光炳、黄生炳烈充缮校之役。乙卯正月，贼复上犯武汉，移局长沙，同侪星散，惟程生终始相依，而邵君亦旋由金口来会。邵君浙人，久为幕府上客，沉毅精练，以识见充其胆气，自军兴来，身历行阵者，五易寒暑，一应战守机宜，山川形势，莫不了如指掌，且于火器一节，尤所究心而谙习者。癸丑甲寅两捍鄂城，殚极勤劳，并以所造巨炮击挫贼锋，屡获奇效，嗣因围急，乞援江北，突出重围，间关奔走，不辞险苦，人所难及，不惟楚事知之最详，即粤西起衅原由，亦能言之历历。曾拟剿贼事宜，及认真团练论数十条，上陈罗苏溪崇鹤卿两中丞，极为击节称赏，优礼冠宾僚。惜两中丞不久去任，未竟其用，感时不遇，词多激切，然气节壮烈，不以徒劳堕其奋往之概，诚有志之士。是书多所撰著，叙事从实，不复润饰，寓激厉于劝惩之中，至性至情，流溢楮墨。故大帅罗致之，位诸宾从之列，时参帷幄之谋，兼以深悉贼情，是以派同编纂。意以谓洞烛奸顽，俾可攻其瑕隙，择人而任，郑重其事，甚盛举也。今夫星辰将帅，戎马书生，无一非图功杀贼之人，然不必尽能知贼，甚至有谓贼情不必知者，或因贼情本不易知，深求弗获，受人欺绐，转致偾事，不禁废然思返耳。往者官军屡挫，实坐不能知贼之咎，今之屡捷，亦未始非渐能知贼之效，然不易知之故，则有数端焉：盖犬羊之性，有剿无抚，非古之敌国叛镇比，信使不通，间谍不行，此不易知一也。陷贼冠裳，乘间幸脱，方百喙自解掩饰被掳之名，何敢馨言？此不易知二也。俘获之贼，当推鞫时，自计必死，非夸大取快于须臾，即哀号乞命于万一，其侈言贼势强盛，巽言贼不足平，皆不可以为据，纵百计开导之，终不吐实，此不易知三也。被胁乡民，虑其隐讳，恒赦释而后问之，绝其顾忌，惜多蠢陋，不过充贼散卒，彼中秘计毫无闻见，一朝幸脱，如梦之觉，即能追忆，半属呓语，此不易知四也。即使偶得充伪官有才识者，赦其罪优视之，使放心畅述，宜可得贼情要领，殊不知贼计至密，贼令至严，凡私相往来，刺探军事者，每杀以警众；且于有心计人，防其逃出宣泄，盖禁锢之，如处囹圄，所知仅一馆一衙之事，而不能知贼之全局，此不易知五也。至于探役，孰不惜命，虽诱以重赏，未必肯入贼巢，便有卤莽贪利之徒，毅然竟往，不知贼中暗号必为贼杀，徒去不回，其能回报者，无非采附近居民之言，依然隔膜，此不易知六也。有此六不易知，往往因噎废食，于贼情概不求知，即得真情，智者且疑为诬妄矣。果如所云，岂贼情终不能知耶？抑又不然。以上难知之数端，要即可知之门径，恃一人欲全知固不能，苟得一人知数事，积百人即可知数百事，更于此数百事中，精核而抉择之，自可得可信之百数十事。以俘件勘证之，彼中来归者诠释之鬼蜮情形，又将奚遁哉！彼中来归者何？即程生奉璜是。彼有心计，岂不知以上所云"禁锢愈密，仅知一馆一衙之事"者乎？所不然者，程生权奇倜傥，机智过人，图为荆聂不果，遂更其意，欲尽知贼情，以冀一朝复见天日，倾群言以献，或可补官军所不逮耳。遂动心忍性，与贼周旋，浸久而契洽矣。佯为计画，尽其军事矣。然贼既受其笼络，且弛其禁，得至各军各馆，潜察而默识矣。欲乘间得脱，且相随自江宁至武昌矣。以故所知为独详且确，以可知贼情之道，适萃集于一时，实难遘之机会。乃以德坚夙著，及数子记载为嚆矢，集俘件为证据，恃程生为耳目，复广搜博采，多收而严核之。闻自何人，见自何处，更一一详注之。删所诬，存其实，统成书十二卷，总目九，分目五十八，附目二十七，图七十一，于彼中一举一动，纤悉靡遗，贼情于是乎大备，诚非囿于偏隅、一知半解及逞才臆造者，所得操觚而记述也。至诸伪制有难于简略处，文气庞杂，鄙俚所不敢辞，求实弗求文，工拙故不暇计矣。然心折是书者，又往往奖许过当，姑弗论已，而不意更有深悯，为甚痴不达者，其辞曰："以子负明敏才识，曷不草檄行间，效功一战？曷不权篆百里，捍卫一邑？乃殚思竭技，汗流终日，记此悖逆之言行乎？况深求过真，事事如见，其不知子凤昔致知之由者，非谓言伪而辩，即别有疑议，子何取焉？"於戏！人各有心，难掬以相示，亦惟附之妄言妄听，然此等亲切代计之言，苟非真痴，又几不免为所动矣。于以见一人作之，百人挠之，凡事成功不易，为可慨也。斯事犹然，其十倍重于斯者，非忠信坚固，又岂易观厥成哉！德坚孱弱暗陋，在事数年，徒尝险苦，毫无建树，其恨贼愚忧，谬谓将欲破贼，必先知贼。故视听所及，旋即记之，不过一好知贼情之人已耳。乃遭逢大帅以知贼为急务，檄充此役，鼓之舞之，心益专一，如射志鹄，务求破的，冀报知遇于万一也。若草檄行间，权篆一邑，姑无论才力不胜，即曰能之，似其利亦细微可见。较量是书之成，梓行天下，使我无不知贼情之将士，贼恃强，吾用智，随处以寡破众，以巧胜拙，其为有益，又岂一隅百里所能限耶？此诚大帅之本怀，深惧菲材所不能副，幸赖邵君善记，程生能述，戮力同心，竟获厥成。大帅当代伟人，以志勇成其忠，视国事如家事，识名将于偏裨，创水师之良法，丰功伟绩，罄楮难述，其好闻贼情，抑一端也。书成上之，当听其覆核裁成而加序焉，何僭序为？缘体例俱备，无弁言于简端，似觉缺然，故历述纂书缘起于此。咸丰五年乙卯七月中澣甘泉张德坚识。

卷六　伪礼制

自古叛逆起于污贱，必多所更张以自炫，然从未有灭古荒今，背弃伦常，一味怪诞，妄冀胁此安居良善之民为彼困苦凶顽之党者。而洪秀全、杨秀清等虽极狡狯，亦知威力可劫一时，而不可强人以必服。特恃其私智，假托鬼神以愚同类，立伪制伪律以矜己能。故于干支、六书、时宪、语言、服饰，无不任意捏造。现踞江宁，侈营宫室，盛陈仪卫，恣情快意。似亦知来日无多，乘时自娱，以俟一朝之俘戮耳。所置伪簿书左右史等官，专主章奏，倡立科条，哀然成帙。其已梓刻之《太平礼制》一册，仅载称呼，毫无别义；余皆伪奏章中采辑，暨难民所述。错综勘订，编"伪礼制"为一门，分"伪宫室"以下为八则，一言一动，纤细无遗，庶犀照当前，魑魅亦无遁影矣。

伪宫室　伪印　伪时宪　伪朝仪　伪服饰　伪仪卫舆马　伪称呼　饮食

·伪宫室·

逆首洪秀全、杨秀清等皆浔梧山僻凶徒贱隶，所居无非荜门圭窦，所着则短褐草屦，日坐卧于蛮烟瘴雨之中，乌睹大厦广居之盛。叛逆以来，屡为我兵所窘，穷蹙奔窜，数濒于死。每诡秘深藏，甚至一夜之中三移其居。即如秀全所居之区，谓之天朝，亦属虚设，其实不知避匿何处。虽被掳经年之人，亦不能指实逆首所在，盖初未尝占踞城池，惧我兵袭而擒之也。迨陷武昌省城后，始盛饰伪宫，僭越非分。及踞江宁，见宫室之富，器用之美，益侈然自得。癸丑四月，伪天王洪秀全改两江总督署为伪天朝宫殿，毁行宫及寺观，取其砖石木植，自督署直至西华门一带，所坏官廨民居不可胜记，以广基址，日驱男妇万人，并力兴筑，半载方成，穷极壮丽。以金陵文弱之人，逼令挑砖运土，稍不遂意，则鞭捶立下，妇孺惨遭凌虐，亘古罕闻，茹苦含冤，天地惨变，是以工甫成，即毁于火。讵虺蝎之心，冥顽不灵，四年正月复兴土木，于原址重建伪宫，曰宫禁。城周围十余里，墙高数丈，内外两重，外曰太阳城，内曰金龙城，殿曰金龙殿，苑曰后林苑，雕琢精巧，金碧辉煌，如大兰若状。惟外面纯用黄色涂饰，向南开门，曰天朝门，门扇以黄缎裱糊，绘双龙双凤，金泅兽环，五色缤纷，侈丽无匹。其宫殿堂庑，下及厢篠庖湢，无不如是。且以黄绸十余丈挂诸门外，朱笔大书，字径五尺，其文曰："大小众臣工，到此止行踪，有诏方准进，否则雪云中。"贼中呼刀曰云中雪，忽作歇后隐语，言外必杀也。门之两傍设东西朝房二所，内外各三层，亦皆宽敞高广。门外用红黄绸绉扎成彩棚，风雨任其淋漓，月余即更换一次。门前丈余开河一道，宽深二丈，谓之御沟，上横三桥以通往来。过桥一里，砌大照壁，高数丈，宽十余丈，照壁适中搭造高台，名曰天台，为洪逆十二月初十日生日登台谢天之所。台傍数丈，外建木牌楼二，左书"天子万年"，右书"太平一统"。牌楼外有下马牌，东西各一。此洪逆伪宫之大概也。伪东王杨秀清至江宁，初据藩署，因有金甲神到处呵叱，不获安居。三日后移至内城将军署，又以逼近东门，惧城外炮子飞入，复移至旱西门黄泥冈，改前山东盐运使何其兴住宅为伪府，尽毁附近民居、阛阓，开拓地基。以窃夺之物料，威胁之人力，何所顾惜，穷极工巧，骋心悦目，以耀同侪。百姓震惊，以为尊严无比，虽逊于洪逆伪宫，然已回环数里，垣高数仞矣。更以碎磁锋密布墙顶，拥以油灰，防人攀越以谋己。大门亦糊黄缎并用铜环，彩画则止一龙一凤，彩棚仍以红黄绸绉为之。东西设伪官厅各一，东曰承宣厅，西曰参护厅，并有东殿尚书挂号所。此杨逆伪府之规模也。其伪西王萧朝贵、伪南王冯云山，久经殄灭，今仍列其伪衔，逆属亦有伪府，奢侈暴珍，大略相同。伪北王韦昌辉初至江宁，据富室李姓家，嗣移中正街前湖北巡抚伍长华新宅。伪翼王石达开先据故明张侯第，嗣据上江考棚。伪燕王秦日纲据中正街升平桥前湖北宜昌府程家督宅。除洪逆外，所居皆谓之伪府。伪西王府门画一龙一凤，与东王同。他如南、北、翼及燕、豫五伪王，则画一龙一虎。国伯国宗及各伪侯亦画龙虎，而所据之第则又谓之衙。丞相画象，检点、指挥至总制俱画鹿，监军下至两司马则画豹，但监军、军帅画豹踏云，师帅至两司马虽亦画豹，则踏山冈。丞相至军帅，公堂画龙，师帅至两司马公堂一概画虎。其伪侯、丞相以下分据文武衙署并缙绅富室房屋殆尽，无不大张旗鼓，粘贴伪衔，互相夸胜。而穷奢极欲，惟洪、杨两逆首为最，余皆不逮矣。改妙相庵为伪天朝花园，改惜阴书舍为伪东王别业，独古林庵、随园，杨秀清周览以为朽坏，弃之不用。凡宫殿服饰等差，必由杨贼奏取伪旨，方兴工制造。初贼陷雄郡、省会，必以官廨巨第据为伪府，如洪逆所居则用立匾黄纸朱字大书曰天朝门，杨贼曰东王府，丞相以下别用黄纸封条曰天官正丞相某姓馆，下至两司马皆然。伪王府必用黄纸糊门，上画龙凤，帷幔桌围皆用黄绸绣龙凤，后至江宁则以黄缎糊门。盖地方瘠苦，购买不出，虽帏幔亦用黄纸。总之，贼暴殄天物，有则尽用，无亦迁就，为绸为纸不同，然尚用黄色则一也。若伪王侯对联皆黄绫或黄纸朱书，伪检点以下则黄纸黑字，语皆狂悖，其对句另详贼文书条内。

注：逆首至袭而擒也一节，李宷、方靖说，吉玱隆供。江宁情形程奉璜说，与众说互证，悉同。

·伪印·

贼众皆乡愚市侩，多不识字，安知篆文，故所刻伪印皆宋字正书，四面刻阳文云龙边，留正中一行另镌一线边，刻伪官衔于其中，并无印信关防字样。伪王皆金印。伪天王印八寸见方，四面云龙，中空一行，刻"太平天王大道君王全"九字。左首角上镌一金字，右首角上镌一玺字，并改玺作錾。左首边上刻"奉天诛妖"四字，右首边上刻"斩邪留正"四字，然非紧要诏旨，不用此印。另有三寸六分见方一印，四面龙文，中刻"旨准"二字，凡批答伪奏章及各伪书皆钤之。伪东王、伪西王印，长六寸六分，阔三寸三分，亦云龙边。如杨秀清印中一行刻"太平天国"四字，下忽双行以"劝慰师圣神风禾乃师"为一行，"赎病主左辅正军师东王"为一行，下接"杨秀清"三字居中。萧逆印伪衔亦双行并列。伪南王、伪北王印，字则单行居中。伪燕王、豫王印，伪侯印，字皆单行，然必系以姓名，如"太平天国燕王秦曰〔日〕纲""太平天国真忠报国佐天侯陈承瑢"之类。伪东王至伪燕王印，长各递减二分，阔递减一分，伪侯印长减四分，阔减二分。伪王侯印凡笔画粗肥之处，皆中空如飞白体。伪侯、伪天官正丞相银印，以下皆木印。伪丞相印长五寸，阔二寸五分，以次至两司马，每降一等减长二分半，其阔皆对折，如伪指挥印长四寸五分，阔二寸二分半，是也。凡金银印其质皆极薄，金印则金匣、金匙钥，银印则银匣、银匙钥。自丞相至两司马印，中一行但刻伪衔，不系姓名。伪衔甚多，各举一以概其余：如伪丞相则刻"太平天国天官正丞相"。各伪衔皆首缀"太平天国"四字，并改国为囯。凡伪印皆同，后不复叙。伪检点则刻殿左殿右几检点，指挥则刻殿左殿右几指挥，将军则刻炎一正将军，总制则刻金一总制，监军则刻木正木一甲一监军，军帅则刻中一军军帅，师帅则刻中一军中营师帅，旅帅则刻前一军前营前旅帅，卒长则刻前一军前营前前一卒长，两司马则刻前一军前营前前一东两司马。其余杂职及各典官，职同何官，印之长阔即同何官。伪典官极多，已详"伪官制"门内。如某军正典圣粮、某军副典硝之类，各伪印皆刻伪衔，别无暗记。伪官卑者多有正副，正副亦皆有印。伪天王印龙凤双纽，伪王印龙纽，伪侯印象纽，伪丞相印麟纽，皆有人见过。丞相以下亦分狮、豹、熊、虎诸纽，为等差，曾见伪奏章议定。然各木印至今并未刻纽，并无直纽，伪国宗提督军务印仅用银包而已。贼中制度，标新立异，朝更夕改，繁冗太甚，故群下亦不甚遵。溯立伪印之初，皆江湖星卜者流为之创置，其式如神牌，如羽士疏文标签，丑俗已极，尤不值一笑也。

·伪印长阔寸分·

伪天王印，见方八寸，又旨准印见方三寸六分。^{东西}王印，长六寸六分，阔三寸三分。　^{南北}王印，长六寸四分，阔三寸二分。翼王印，长六寸二分，阔三寸一分。　^{燕豫}王印，长六寸，阔三寸。侯印，长五寸六分，阔二寸八分。丞相印，长五寸，阔二寸五分。（国宗提督军务印寸分如之，然不常置）检点印，长四寸七分半，阔二寸三分七厘半。指挥印，长四寸五分，阔二寸二分半。将军印，长四寸二分半，阔二寸一分二厘半。总制印，长四寸，阔二寸。监军印，长三寸七分半，阔一寸八分七厘半。军帅印，长三寸五分，阔一寸七分半。师帅印，长三寸二分半，阔一寸六分二厘半。旅帅印，长三寸，阔一寸五分。卒长印，长二寸七分半，阔一寸三分七厘半。两司马印，长二寸五分，阔一寸二分半。伪王妃印，长二寸，阔一寸。（另绘式于"伪文告"门）同职官乡官印之长阔同正职。

注：伪印式及分寸皆考自伪文告，余俱程奉璜说，与《贼情集要》所载众说同。

…………

·伪朝仪·

逆贼无参拜揖让之仪，凡打躬叩首皆呼为妖礼。虽贼礼拜敬天父，群下朝洪逆，亦止长跪，其余伪官互见平行，并无礼节。官降一等，卑者跪白事，尊者坐受之，跪后仍杂坐谐谑。尊者自外入，卑者但起立、让坐、奉茶而已。贼知粗鄙人绳以礼法，则手足无措，故简略之，使其易知易从耳。初至江宁，杨逆日朝洪逆所；近则洪杨诸贼深居不出，妄拟垂拱而治，必有大喜庆事，方设朝会。如杨逆有事要见，亦必请伪旨批定日时，大抵午未时居多。届时杨逆率各伪官毕集，舆马填塞街市，伪天朝门洞开，大门外立伪引赞官，传呼各官进，惟杨、韦、石、秦各剧贼得进见，虽宠任如伪佐天侯，亦不得望见颜色。伪侯以次俱排列于大门内，引赞官呼跪，则皆跪，左右史跪于阶下，侍臣递茶，伪通赞官呼曰："天王有旨，诏众官员珠贯而入，各肃班联，趋跄起跪，不得嚣喧，三呼万岁，听旨传宣，朝觐已毕，站立两边。"读讫，则众伪官如仪起立。少顷，杨贼白事毕，出，则转身向内而立，各伪官皆跪其后，又呼万岁者三，然后掩门而散。他如生子弥月等喜事，杨逆具奏请朝觐，洪逆每批"勤理天事便是朝见"也。寻常礼拜日，群下惟具本请安而已。杨、韦、石各伪王亦自有受贺之仪，杨逆则自韦、石以下皆朝之，余伪王惟本府属官朝之，然亦不常见。一切军务皆由杨逆主裁，仅东殿尚书侯谦芳、李寿春等一二人与之计议。凡有令则交佐天侯传至检点林锡保、胡海隆处，各伪官日至检点衙听令，虽佐天侯等有时燕见，一月之间亦不过二三次。其一切文书多不能面白，故纤芥之事必具禀奏，层层转达，以取伪旨。贼多市井无赖，识字不多，厌见文字，悉任掌书裁处。于是则多设簿书、掌书诸伪官，而被胁充先生者，似可渐操其柄也。夫首逆数人起自草莽结盟，寝食必俱，情同骨肉。且有事聚商于一室，得计便行，机警迅速，故能成燎原之势。今踞江宁，为繁华迷惑，养尊处优，专务于声色货利，往之倚为心腹股肱者，今乃彼此暌隔，猜忌日生，禁令则徒立科条，军务则全凭文告，气脉不通，已成麻痹不仁之象，贼之灭亡，可烛照而数计矣。

注：程奉璜说，与王福兴、宜必昌所说俱同。

·伪服饰·

贼由粤西至长沙，尚皆布衣蓝褛，缝数寸黄布于衣襟，以为记号，囚首垢面，鹑衣百结者，比比皆是。即首逆洪秀全、杨秀清等，亦止红袍红风帽而已。打仗则短衣赤足，取其登涉轻便，故掳来之人，无论士农工商，必先褫其衣冠履袜，惟以包巾分别新旧与尊卑。兵及新房之人皆扎红巾，伪官与老长发则包黄巾，旅帅以下黄布巾，以上黄绸巾。拖长一寸，官大一级。百姓男女概令包蓝布巾。逮陷武汉，繁华之区，锦绣山积，贼逐户搜刮，所得鲜衣华服貂褕狐裘，虽觉华丽可喜，然多不能辨识。于是有裂妇女红蓝裙裤以帕首者，拆金绣挽袖以系腰者，有贼妇而着男子马褂，穿厚底镶鞋者，有男贼而着妇人阔袖皮袄者，更有以杂色织锦被面及西洋印花饭单裹其首者，青黄红绿，错杂纷披，丑恶之态，难以言喻。虏得貂狐绸缎长衣，必齐腰剪断，改作窄袖小襟短袄，或改对襟坎肩，以数匹红绿绸绉缠于腰际，带头拖至足跟，若珠毛灰鼠之衣则着诸帖体，海龙紫貂之袖，则用以抹桌。粤西女子双足如漆，多有不着鞋袜不着裙者，插戴满头珠翠，压首难胜，披裹数重绫绢，怀挟累累金银，形同孕腹。掳得幼童貌美者，伪官得之，谓之公子，众贼得之，谓之老弟，周身皆着花绣，以抄得香珠玉佩、手镯指环及荷囊扇袋之类，悬带于腰项襟袖之间，行动则金玉撞击，铿锵有声，且使之颠狂跳踯，以为笑乐。时当雪后泥泞，以被褥帐幔之属，铺垫通衢。其单夹纱罗衣衫一时无用，则各伪府用以铺地，往来践踏，略不顾惜。至靴帽领袖并剪剩半截衣，及一切铜锡磁器，随处抛弃，填塞沟池巷道几满。然其时伪职尚少，惟以风帽分别职级，无职老贼并无风帽，伪王亲戚戴全红风帽，其余伪官皆红风帽，以黄边宽狭定官职之大小。另用白绫一小块，或写或绣，揭其官衔，如正将军或副将军三字，标于帽额正中。贼目风帽遂改用全黄，如洪、杨各伪王则戴绣龙黄风帽于内，上戴龙凤金冠，全掳戏班行头，以为伪服。如黄色龙袍龙帽，则伪王分用，红袍紫袍金盔，则丞相以下自分等次攫取，盖彼时尚无金绣诸匠作为之执役也。由武昌下窜，船只多载妇女，群贼皆各携刀械陆行。始爱衣饰华美，尽数背负，既而力不能胜，则沿途抛掷，久之身着重裘过燠，汗出力绵，举前截改之短衣一并撩弃。贼过之后，衣衫被褥狼藉原野，如此暴殄，实旷古所无。迨至江宁，乃锦绣缎匹出产之区，其繁华更胜于湖北。贼于是又变易其服饰，更张其伪制，平时戴风帽，有喜庆朝会大事则戴盔，名之曰角帽，故有典角帽衙。其伪王等角帽，又名金冠，伪官角帽又名朝帽。自洪逆以下金冠皆以纸骨为之，雕镂龙凤，黏贴金箔，即戏班盔头也。洪逆冠如圆规纱帽式，上缀双龙双凤，凤嘴左右向下，衔穿珠黄绥二挂，冠后翘立金翅二，冠前立花绣冠额一，如扇面式，亦绣双龙双凤，上绣满天星斗，下绣一统山河，中留空格，凿金为"天王"二字。杨逆朝帽如古制兜鍪式，左右各一龙，其中近上立一凤，盔顶竖一缨枪，四围皆珠宝缨络，冠额则绣双龙单凤，中列金字伪衔，韦、石两逆之冠如杨逆式，但上改缨枪为小黄伞盖，周围拖排绥珠络。韦逆帽额亦绣双龙单凤，中缀伪衔，石逆帽额则一边绣一蝶，上绣单凤，中列伪衔。杨逆单凤栖于云中，韦逆单凤栖于山冈，石逆单凤栖于牡丹花上。此伪王金冠朝帽之制也。伪国宗朝帽同各伪王式，如韦姓则从韦逆之制，但额字必标明某国伯、某国兄。伪侯伪丞相朝帽如无翅正方纱帽式，亦系纸骨贴金，上缀双龙单凤，龙头向下，亦衔贯珠黄绥帽二挂，帽额绣百蝶穿云，中列伪衔。自伪检点至伪两司马朝帽，皆兽头兜鍪式，如检点指挥兜鍪，上缀一狮，左右各缀一龙，中缀一凤，帽额绣百蝶穿花，中列伪衔金字，至检点止，指挥以下伪官衔绣红字。将军总制朝帽同上式，但去单凤，只蟠双龙，冠顶缀一麒麟，帽额绣百蝠穿云，中绣伪衔。监军军帅朝冠同上式，冠顶缀一虎，帽额绣百蝠穿花，中绣伪衔。师帅朝帽同上式，但龙去一爪，冠顶缀一豹，帽额绣云彩。自师帅以下皆绣黑字伪衔。旅帅朝帽同上式，但去双龙，冠顶缀一熊，帽额绣牡丹，中绣伪衔。卒长朝帽同上式，冠顶缀一彪，帽额绣荷花，中绣伪衔。两司马朝帽同上式，冠顶缀一犀牛，帽额绣菊花，中绣伪衔。凡有功勋平湖监试诸字样，亦标于帽额之上。帽上之龙又以节数分等差：伪王九节，侯相七节，检点指挥将军五节，总制监军军帅三节，此伪官朝帽之制也。其秋冬平常所戴风帽，以角帽上所有之物皆绣于风帽上，如洪逆风帽绣双龙双凤，一统山河满天星斗。伪丞相绣双龙一凤，余可类推。帽额悉如角帽之额，花绣递分等差，亦列伪衔。伪王则全黄风帽，伪侯至伪两司马皆红风帽黄边，两司马风帽镶一寸黄边，官大一级，黄边加宽二分，加至伪侯，黄边宽至三寸二分。其中又分花素绣绒，自两司马上至师帅素黄绸边，自军帅上至将军花绸黄边，自指挥上至伪侯则用黄绒绣成黄边，深浅相间，如水纹然。夏日则别有凉帽，自伪王至两司马帽胎皆同毗卢帽式而稍狭，四围帽沿如莲花瓣，帽顶四面挖空如意云头，帽上龙凤狮虎，则以角帽上所有之物，悉移置凉帽之上，后缀一长柄五彩圆光，下缀黄绥绿绥，拖出冠外五六寸，通体皆薄竹片编扎，以五色纱绸糊成者。若于昏夜置一烛于其中，俨然扬州之包灯也。至伪服仅黄龙袍、红袍、黄红马褂而已，其袍式如无袖盖窄袖一裹圆袍，洪逆黄缎袍，绣龙九条，杨逆绣龙八条，韦逆绣龙七条，石逆绣龙六条，秦、胡二逆绣龙五条，伪国宗绣龙从各伪王制，伪侯伪丞相绣龙四条，伪检点素黄袍，伪指挥至两司马皆素红袍。其等差则于黄红马褂内分别。洪逆黄马褂绣八团龙，正中一团绣双龙，合九龙之数，杨逆绣八团龙，韦、石、秦、胡四贼皆绣四团龙，自伪侯至伪指挥皆绣两团龙。自洪逆至指挥皆于前面正中一团绣伪衔于其中，伪将军至伪监军黄马褂前后绣牡丹二团，伪军帅至伪旅帅红马褂前后绣牡丹二团，俱绣伪衔于前面团内，伪卒长两司马红马褂，不绣花，前后刷印二团，书伪衔于团内。其伪衔之字亦分金字、红字、黑字，如帽之制，皆由各典袍衙绣锦衙制造，此伪服之制也。贼初呼靴为妖服，只准着鞋。近立典金靴衙，制红黄缎靴，亦有定制：靴皆方头，洪、杨、韦三逆皆黄缎靴，绣金龙，洪逆每只绣九条，杨逆每只绣七条，韦逆每只绣五条，石、秦、胡三逆素黄靴，伪侯至指挥素红靴，伪将军以下皆皂靴。其女官冠服如男制，然未见有戴角帽凉帽者。冬月则戴风帽，夏月则戴绣花纱罗围帽，如草帽形，空其顶，露发髻于外，或亦有定制未考。女官尊者，则金玉条脱两臂多至十数副，头上珠翠堆集；官渐卑，则金玉珠翠亦渐少矣。大抵伪冠服初皆攘自戏班，既则任意造作，前次攻克岳州，获绣龙黄袍、黄马褂，绣"承宣"二字，团龙黄马褂及织金团龙黄马褂，錾金为字，蟠龙金冠多件，制尤侈僭。盖贼中金银玉帛皆自掳劫而来，毫无顾惜，任意标新立异，穷工极巧，彼则欣欣自得，以为尊贵无比；殊不知诡制亵色，俗恶不堪，真所谓槐国衣冠也。长发老贼用五彩丝绒，编成绦子，若续命缕然，紧扎发根后，将发挽髻，以所余之绦盘于髻上。伪制将军以下不得用五彩，只用红绿丝绳编挽。其无职群贼短发者打红辫线，发长过尺，或挽髻贯以妇女银簪，并有扎网巾及披发者。打仗必穿号衣，戴竹盔，着平头薄底红鞋，老贼与有官者穿红黄小袄，着黄鞋，而不着号衣。夏日多以掳来男女绸绉衣裙，改为窄袖衫，宽脚裤。伪官老贼穿红黄衫，其余除白色不穿外，就原衣杂色，或为短衫，或为坎肩，其衫裤尤尚黑色，幼童或穿红蓝裤者。掳来书写人统称先生，准穿长衫，着鞋袜。小馆扎黑绸包巾，大馆扎黄包巾，无腰牌号褂。贼中禁令，虽极热，夜卧不准光身，白昼不得裸上体，犯则枷打。贼目所用画龙宫扇，柄长三尺，每以幼童环扇之，出则列于马前，并以黄红缎或金字寿帐改为短柄手伞，谓之洋伞。伪王侯则黄缎而绣金龙，其次亦有五色彩画者，贱者则以印花洋布为之，每出必挟于肘下，亦有戴草帽而用花边镶沿者。贼党多半胁从，贼目防人私积，即所以防逃，故立法甚严。检点以上方准代金条脱，其余惟准带银镯、银指环。然银镯分两亦有轻重，如军帅以下不得过五两，旅帅以下不得过四两。不准私藏丝毫金银以及剃刀，倘或搜出，谓欲变妖，经〔轻〕则捶楚，重必斩首。所得首饰金珠，不准昧匿，必令层层进献，归之伪王圣库而后已。至于所定伪制，奢侈已极，一冠袍可抵中人之产，其伪王剧贼掳掠之资富厚，何事不办？下逮各散职伪官各军旅帅卒长两司马等辈，既贱且穷，安能有力制此？且其制屡定屡更，又安能制而复易？似贼之侍从及有执掌者，或从其制，余多赭衣若囚，虽任伪官，并不能一服伪官冠服也。更有外出虏粮之贼，职仅总制，竟僭用检点冠服，务精其制以鸣得意。亦有被胁为伪官者，虽尊至指挥，仍敝衣粗服，视伪冠服如桎梏。此则天良不泯，人禽之分。逃出难民默识之，出以语人，恒歔欷不置焉。

注：广西情形方靖、罗凤池说，湖北情形张玉琴等说，江宁情形程奉璜说。一应伪制及式样，或曾见俘物，或考自伪文告。又伪书中角带字样，难民迄未见过，故不叙。

·伪仪卫舆马·

贼踞永安弹丸之地，重兵围攻数月，穷蹙窜逃，蓦越山险，奔走于榛莽陵谷之间，自携军火，裹粮以行，无舟车之载，安能觅轿马？洪、杨诸首逆亦自敝衣草履，徒步相从。偶至乡村掳得民夫，或以竹椅舁之，已属至幸。迨后由长沙下窜，尽掳大江船只，多得绸绢，恣意制造旌旗炫耀，凶焰渐张。旋陷武汉，以武昌省会汉口巨镇，百货匠作，舟车轿马，无所不具，贼始创设卤簿仪仗，其下伪官女官亦攫得骡马游行街市。然皆揽辔抱鞍，以足踝置镫外，使人牵马缓行，惶惶恐坠。群下掳得各公廨绿蓝围轿，献之伪王，多制黄绸画龙凤旗帜，用五色镶边，也以分别东西南北，每出不过铜钲三五对，幡旌三五对，绣龙黄盖一擎，鼓乐两班，护卫数十人而已。既陷江宁，则侈然自得，踵事增华，则设典天舆、典天马伪职，其东西南北翼各伪王亦各署此职，专司其事。并选次议奏，于仪卫分别等差：凡伪王皆黄缎轿、绣云龙，侯丞相检点指挥皆红缎轿、绣彩龙云凤，以龙凤之多寡分尊卑。将军总制监军皆绿轿，军帅师帅旅帅皆蓝轿，百长两司马皆黑轿，亦定有绣虎绣鹿之制，然未曾用。伪天王舁夫六十四人，伪东王舁夫四十八人，以次递减，至两司马舁夫四人而止。洪逆从未出行，惟杨逆每出必盛陈仪仗，开路用龙灯一条，计三十六节，以钲鼓随之，其次则绿边黄心金字衔牌二十对，其次则铜钲十六对，用人肩挑，后飘数尺黄旗，墨书金锣二字，其次绿边黄心绣龙长方旗二十对，其次同上色绣正方旗二十对，其次同上色绣蜈蚣旗二十对，高照提灯各二十对，虽白昼亦用之，其次画龙黄遮阳二十对，提炉二十对，黄龙伞二十柄，参护背令旗，骑对马约数十对，最后执械护卫数十人，绣龙黄盖一柄，黄轿二乘，杨贼乘坐，或前或后，盖仿古副车之义，而恐人之伺己也。轿后黄纛十余杆，骑马执大刀者数十人，更用鼓吹音乐数班，与仪从相间，轿后亦用龙灯钲鼓，凡执事人皆上黄下绿号衣。至于执盖执旗，多用伪官，皆着伪公服，每一出［伪］府，役使千数百人，如赛会状，以此炫骇愚民，以为尊贵无比，若天神然，然奢纵不伦至于此极，似古之叛逆亦未必尽如是也。供北王以下虽乘黄红轿，一切仪卫，较之杨贼不逮十分之一；其余丞相检点等官，无非铜钲两对、黄盖一二柄而已。惟舆马前所张之盖，用人执持，不住旋转，若演剧中张盖式。其伪东王妃出行无龙灯，一切执事较简，惟多护卫穿黄红衣女官耳。悍贼不乐乘轿，散秩卑小之官亦爱乘马，其鞭缰虽无定制，亦伪王侯始用黄色，下不敢僭焉。各伪官争奇斗富，盛饰鞍鞯，掳得花绣帐幔被面，任意改造。惟带串铃则有等差，指挥以上双串铃，一系马颈，一缀马臀，将军总制监军单串铃，军帅以下不准带串铃。然在外掳掠之贼，人人僭用，群丑连镳而过，一片铃声，依然响马行径也。

注：广西湖南情形李宷、黄鼒等说，湖北情形张玉琴、吕佐之等说，姚敦三《壬癸笔记》所载亦同，安徽情形柳森等说，江宁情形程奉璜说，众难民所说皆然。

·伪称呼·

父子夫妇人之大伦，贼逆天背理，不知长幼尊卑之序，安知有兄弟，是其所谓兄弟者，不惟自兄其兄，自弟其弟，并欲强一切而兄弟之，于是有老兄弟新兄弟之称，强妇女而姊妹之，有老姊妹新姊妹之呼。至其起事首逆，皆拜会结盟之党，不以少长排行，而以入会先后分次第，如伪王侯呼洪逆为二兄、杨逆为四兄之类。其次则以有功勋有科炭为最老兄弟，下此皆由新入老，是老贼有尽，而新新不已之无尽，为可慨也。即如全家被虏，则必使祖孙父子齐一而兄弟之，姑嫜妯娌齐一而姊妹之，及至同胞兄弟数人，则反东西互调而分处之，是舍亲亲而强仇仇以为兄弟者。群下称洪秀全为天王，三呼万岁，及各伪王、伪官，女官、公子，枝枝节节，皆改易称呼，详后所钞伪太平礼制原本，不赘。然摭拾烦琐，群贼多不遵奉，如丞相下至两司马，伪制虽有分别，而贼中皆呼大人。各伪官之子皆呼公子之类。亦有寻常称谓与其制不同者，如两司马或呼管长，卒长或呼百长，女馆之长亦称管长，各贼所带幼童均称老弟，贵者称小大人，群贼能打仗者谓之牌面，老幼服役之人谓之牌尾。是贼虽妄标色目，谬分等差，究属劫贼之暗号隐语，并无所谓义意也。他如能写字者概称先生，贸易人及百姓概称外小，妇女曰外小婆，呼我显官为大妖头，卑官曰小妖头，兵曰妖兵，勇曰妖勇，以及妖婆、妖崽、妖团、帮妖、跟妖诸名色。贼本妖孽，如我文告中辄曰迅扫妖氛，果何谓乎？

伪太平礼制称呼原本

天王诏令

王世子臣下呼称幼主万岁

第三子臣下呼称王三殿下千岁

第四子臣下呼称王四殿下千岁

第五子臣下呼称王五殿下千岁

以下第六子至百子千子皆仿此类推

王长女臣下呼称天长金

第二女臣下呼称天二金

第三女臣下呼称天三金

第四女臣下呼称天四金

以下第五女至百女千女皆仿此类推

东世子臣下呼称东嗣君千岁

第二子臣下呼称东二殿下万福

第三子臣下呼称东三殿下万福

以下第四子至百子千子皆仿此类推

东长女臣下呼称东长金

第二女臣下呼称东二金

第三女臣下呼称东三金

以下第四女至百女千女皆仿此类推

西世子臣下呼称西嗣君千岁

第二子臣下呼称西二殿下万福

第三子臣下呼称西三殿下万福

以下第四子至百子千子皆仿此类推

西长女臣下呼称西长金

第二女臣下呼称西二金

第三女臣下呼称西三金

以下第四女至百女千女皆仿此类推

南世子呼称南嗣君千岁

北世子呼称北嗣君千岁

翼世子称呼翼嗣君千岁

南女呼称南金

北女呼称北金

翼女呼称翼金。

皆与东西一式

丞相至军帅皆称大人，如丞相则称丞相大人，检点则称检点大人，以下类推。

师帅至两司马皆称善人，如师帅则称师帅善人，旅帅则称旅帅善人，以下类推。

丞相子至军帅子皆称公子，但同称公子亦有些别，如丞相子称丞公子，检点子称检公子，指挥子称指公子，将军子称将公子，侍臣子称侍公子，侍卫子称卫公子，总制子称总公子，以下类推。

师帅子至两司马子皆称将子，但同称将子亦有些别，如师帅子称师将子，旅帅子称旅将子，以下类推。

丞相女至军帅女皆称玉，但同称玉亦有些别，如丞相女称丞玉，检点女称检玉，以下类推。

师帅女至两司马女皆称雪，但同称雪亦有些别，如师帅女称师雪，旅帅女称旅雪，以下类推。

王世子及东、西、南、北、翼各世子，皆是管理世间者也，故均称世子。

宫城女及东、西、南、北、翼各女，皆是贵如金者也，故均称金。金，贵也，色美而不变者也。

丞相至军帅皆是公义之人，故均称其子曰公子，又皆是虔洁之人，故均称其女曰玉。玉，洁也，色润而可宝者也。

师帅至两司马皆是典兵之人，故均称其子曰将子，又皆是清净之人，故均称其女曰雪。雪，清也，色白而可爱者也。

女丞相、女检点、女指挥、女将军，皆称贞人，妇人以贞节为贵者也。

军师妻呼称王娘，丞相妻呼称贵嫔，检点妻呼称贵姒，指挥妻呼称贵姬，将军妻呼称贵嫱。

钦命总制妻呼称贵媪，监军妻呼称贵奶，军帅妻呼称贵姻。

师帅妻呼称贵娴，旅帅妻呼称贵婕，卒长妻呼称贵妯，两司马妻呼称贵娌。丞相妻至军帅妻加称贞人，师帅妻至两司马妻加称夫人。

朕仁发兄、仁达兄称国兄，嫂称国嫂。庆善伯、缵奎伯、元玠伯辈称国伯。庆轩、绍衍叔辈一体同称国叔。仁正兄、仁宾称国宗兄，元清、辅清、四福、韦宾辈一体同称国宗兄。贵妹夫及后宫父母伯叔兄弟辈一体同称国亲。细分之，后宫父称国丈，后宫母称国外母，后宫伯叔称国外伯、国外叔，后宫兄弟称国舅。

朕岳丈天下人大同称国丈，岳母天下人亦大同称国岳母。国岳与国岳两相称，自因其长次，则称为国亲兄、国亲弟。千岁岳丈天下人大同称某千岁贵丈，岳母天下人亦大同称某千岁贵岳母。

贵岳与贵岳两相称，自因其等职，譬如七千岁贵岳见九千岁贵岳则称东贵亲兄，又譬如七千岁贵岳会六千岁、五千岁贵岳则称北贵亲弟、翼贵亲弟，如此为兄弟相称也。

国岳丈与九千岁、七千岁、六千岁、五千岁之贵岳会见八千岁贵岳，两相称自因其长次，同称亲家兄、亲家弟也。

贵丈见国岳，则称某国岳。

国岳会贵岳亦因其等职，譬如会九千岁贵岳则称东贵弟，会七千岁贵岳称南贵弟，如此则国岳为兄，贵岳为弟也。

国岳母与国岳母两相称，自因其长次，则称国亲嫂、国亲婶。

贵岳母与贵岳母两相称，自因其等职，譬如七千岁贵岳母见九千岁贵岳母，则称东贵亲嫂。又譬如七千岁贵岳母会六千岁贵岳母、五千岁贵岳母，则称北贵亲婶、翼贵亲婶，如此则为嫂婶相称也。

国岳母与九千岁、七千岁、六千岁、五千岁贵岳母会见八千岁贵岳母，两相称自因其长次，同称亲家嫂、亲家婶也。贵岳母见国岳母，则称某国岳母。

国岳母会贵岳母，亦因其等职，譬如会九千岁贵岳母则称东贵婶，会七千岁贵岳母则称南贵婶，会六千岁贵岳母则称北贵婶，会五千岁贵岳母则称翼贵婶。如此则国岳母为嫂，贵岳母为婶也。各宜凛遵。钦此。

注：照伪书全录

·饮食·

贼不耕种而饱食终日，溯其源皆由掳劫而来，凡到一处尽封油盐食物，归伪典官看守，礼拜日凭伪照发给各贼馆分食。当逐户抄掳时，虽零星食物必尽括以去，每过镇集村庄，必肆行凶横，动谓不办饭者必加烧杀，乡里愚民仓皇失措，谁不欲款以饮食，而保一时之安全？故贼至一家，必罄其所有以供啖嚼。其实贼平居之日，掳得何物，即食何物，多则哺啜狼藉，无亦素餐淡食。若官兵断其粮道，求粗粝不得，竟有煮皮箱以充饥者，各伪王盘踞江宁，虽有山珍海错，茫不知为何物。凡抢得牛羊犬豕，每用刀矛刺杀，不甚洗剔，膏血淋漓，即置釜中烹而聚食。乡村多鸡，贼逼人贡献，或逐家搜捉，及其烹也亦往往不熟而食。尤可笑者，每以海参炒白菜，鱼翅炒豆芽，燕窝煮萝卜，高丽参桂元煮肉，宜水浸者或竟干炒，宜油煎者或用水煮，种种颠倒，不可枚举。广西老贼嗜食煎炒，绝不饮汤，谓饮汤则腹痛而泻。每肴必加秦椒苦辣棘喉，他人不能下咽。食果品多不去壳，如金橘连肉不知酸，莲子连心不觉〔知〕苦。凡遇蔬圃，纷纷争取，或甫生之物亦不待其长成，掘割恣啖，食尽遂不复栽种。夫五谷所以养人，贼掳掠充牣，每以白粲喂马，以代刍豆，兽相人食，暴殄天物，莫此为甚。贼所最重者惟鱼，偶有所得，不敢私食，必进之伪王，各伪王有喜庆事，群贼进献食物，亦以鱼为至敬，缘贼氛所过之处，渔人引避，因其希而重之。至金陵时城内多蓄鱼池，贼令伪官看守，官曰典天鱼，惟各伪王方准取食，以下群贼则徒有临渊之羡耳。其不与人同嗜者则狗肉，每敬天父必用之，如攫得羊豕，必与狗肉共烹，以为味美无比。更有凶狠之贼食人肉，饮人血，燔人心肝以为馔，残忍之性尤堪发指。至于烟酒为贼最禁之物，吸洋烟谓之犯天条，杀无赦。水旱烟名曰黄烟，名酒曰潮水，有犯禁吸饮者，重则立决，轻亦枷杖。贼令虽严，然未能周察，故杀者自杀，而食者自食也。从来贼盗行为鲜不如是，且有甚者，诚无足怪，如张献忠手下健儿，每剖人腹，实以菽米喂马，谓可肥壮，狂寇恣肆，何事不可为？若洪、杨诸逆实山野鄙夫，陷贼冠裳之士，又安忍出而掳劫，操刀为割，不过随众饮食，待尽而已。其攫取烹调，类皆乡愚乞丐为之，宜其脔割失饪，诸堪齿冷。至于伪王虽有典厨诸役，亦皆沿其俗以治馔，孰肯竭技奉之？故诸伪王侯虽自负豪华厌足，其实被体皆优孟衣冠，充口则味同嚼蜡也。

注：被掳逃出者所说皆同。

卷九　贼教

·贼教·

自古草窃之徒，多借邪教以倡乱。自季汉张角之后，如宋贝州妖人王则，明蒲台妖妇唐赛儿，近之白莲教、八卦教，莫不假托鬼神，煽惑愚民，以为渊丛之聚。逮人众势炽，以威胁人，或不专恃其教，可知邪教实为乱阶。两粤八闽，素多天主教，因地方官缉捕严迫，遂讳其名，改教为会，故有上帝会、添弟会、小刀会诸名目。嘆夷就抚之后，粤闽不驯之民日渐骄肆，而会匪愈众。洪逆等结盟之始曰上帝会，复更名天帝会，亦名添弟会。盖入教之人，不论长幼，以后至者为弟故也。虽屡更其名，其实即天主教，略变其格者也。尝考梁茝林中丞《浪迹丛谈》，述黄冈吴德芝天主教书事一篇曰：西洋国天主教前未之闻也，明季其国人利码窦、汤若望、南怀仁先后来中国，人多信之，其术长于推步象纬，使之治历，颇有奇验。又善作奇技淫巧及烧炼金银法，故不耕织而衣食自裕。浸假延蔓，各直省郡邑建立大庙，曰天主堂，宏丽深邃，人不敢窥，而各以一西人主之，细民愿归之者，必先自斧其祖先神主及五祀牌位，而后主者受之，名曰吃教。人按一名与白银四两，榜其门以赤纸，上画一长圈，中列十字架、刀、锥、钩、棚等器。或曰其所奉神以磔死，故门画磔器也。每月朔望，男女齐集堂中，合门诵经，及暮始散。有疾病不得如常医药，必其教中人来施针灸，妇女亦裸体受治。死时主者遣人来验，尽驱死者血属无一人在前，方扃门行殓，殓时以膏药二纸掩尸目后裹以红布囊，曰衣胞，纫其项以入棺。或曰借殓事以刳死人睛作炼银药，生前与银四两，正为此也，故死时不使闻知。若不听其殓法者谓之叛教，即令多人至其家凌辱百计，权四两之子母而索之。穷民惑于此，每堕其术中，而士大夫之嗜利无耻者皆信其炼术可得，相与尊信之，称曰西儒。而其主如所在地方，必与其长吏相结厚馈遗，有事则官徇庇之，以故其教益张。所刻《口铎》一书，其言谓万物主于天而天又主于天主，一概圜坛方泽、光岳祀典、宗庙祖考，皆极其唾骂，而惟一心致敬天主。又言自无始以来，倘非有天主操持焉，则天久倾颓，地久翻覆矣。又言天主之神，则生于汉哀帝十四年，其说之狂悖如此。工绘画，虽刻本亦奇绝，一幅中烟云人物，备诸变态，而寻其理皆世俗横陈图也。又能制物为裸妇人，肌肤、骸骨、耳目、齿舌、阴窍无一不具，初折叠如衣物，以气吹则柔软温暖如美人，可拥以交接如人道。其巧而丧心如此。又道光庚子，伊莘农节相于余姚俘获哦夷三十六人，搜其行李，得钞本耶稣降世书、救世书二册，汉文并非夷字，僚幕多曾见之。犹记其书大旨，其降世书曰：耶稣乃天帝之子，汉哀帝年间降生于犹太国，以善化人著种种神异。希罗德王忌之，设计诱擒，磔死于十字架上，埋尸七日，能聚精神合成全体，毁墓而出，复生三日，说法升天而去。至今仍在天上，永为天主。其救世书则教人敬天而外，不可更事一切邪神。其天条多款，首戒杀人、害人、奸淫、掳掠及不孝、欺诈诸不善。凡婚嫁必听其师择配，不得苟合。苟能不犯所戒，则魂升天堂，否则永堕地狱。其降世固属荒诞不经，其教人敬天，勿崇淫祀暨一切条禁，亦无非教人为善而已。海外群夷浑噩不通中国，罔知伦常义理，惨杀相寻，天必悯焉。又安知千百载之上天不生此一人，倡其教而化导之，是耶稣之有无，原不必深究。迹其教人也，恐顽夷信鬼神而好邪说，故但令敬天，又恐其好杀欺盗，背弃所生，故立诸条禁，男女必听其择配者，庶不致冥顽蠢动，若鸟兽孳尾云尔。是耶稣诸说，非杨非墨，既属异端，在中国即为邪教。然因其俗而牖导之，置此一人于无知无识群夷之中，未始非先知先觉，海外奉为天主，不亦宜乎！不料身死二千年后，奉其教者假诵经为名，男女混杂矣，以数金赡人，临死刳其睛以炼银矣，绘画秘戏图矣，以物为淫具矣，此则非耶稣所教，不得为耶稣咎也。然此等伧夷奸民，亦知其说断不能遍行于中国，不过于近海之区，造言播弄，渔猎财色，求快一时之欲耳。若今之粤匪则大不然，初或借邪教为倡乱之资，既寓诡计于邪教之中，更逞其私智，懈我将帅，惊我兵士，惑我人民。逆焰日张，而崇奉其教愈笃，遂毁先王圣人之道，废山川岳渎诸神，惟耶稣是奉，几欲变中华为夷俗，是天主教流毒至于此极，又岂耶稣所能逆料哉！尤可异者，其遍布伪书、伪天条书以及集众讲道理，览其书，听其言，皆耶稣之教，皆耶稣之禁令，观其行则残杀无人理，奸淫掳掠无所不至，裹胁良民，使父母不相见，而教人以孝，谲诈百出而戒人勿欺，行与言违，是早已自叛其教矣。若夫妻共处则治以极刑，于听师择配之义何居？各逆首妄标名目，如赎病主圣神风、雨师、云师之类，人袭神号，尤亘古未有之奇闻，于勿惑鬼绅之戒又何在？究之粤匪乃开辟至今逆天悖理第一狂寇，不惟覆载王法所不容，为天下万世之罪人，实亦彼教之罪人，耶稣有知，亦当助百灵而效顺，共珍此凶残枭獍也。至于贼教之诵经读赞者，犹朝夕按籍点名也。服饰奇幻者，欲惊我战士也。讲道理时假托天父附体，杀一二人者，欲以威劫众也。虽习邪教，实无邪术。今就所俘贼文案，参酌群言，辑贼教一门，析为五则，庶贼之丑态毕露，而群疑可以稍释已。

伪书 伪天条 礼拜 刑罚 讲道理

·伪书·

耶稣之教，行于海外千八百余年，曾闻与西洋人稔熟者谈及彼教之书多至数十种，要皆西洋聪颖之夷，衍其教以著书，大抵曼衍支离，一波穷，一波又起，于吃紧处仍不说明，非杂以庾词，即乱以番语，略如二氏之书，然意义字句尚多雅奥，宜乎汤若望诸人夙有西儒之目也。逆贼伪书则大不然，除所称新旧遗诏书、天条书尚系西洋遗意，其余伪书十数种，则皆首逆数人窃彼教之绪余任意捏造者，无情无理，猘吠枭啼。其隐语皆劫盗常谈，鄙陋荒唐，又村歌盲词之不若。最后建天京等论，则是被胁能文人所为，语虽悖逆，尚不俚俗，亦非首逆等所能解也。至于军目、条规，应编入伪军制内，伪历书应编入伪礼制内，其余各书毫无关系，官军随处俘获，汗牛充栋，人人习见，若全录之，徒费笔墨。兹于各伪书每一名目摘录数条，或挈其纲领以系说焉，如欲统观之，不难取原书一覆也。

伪书名目

天父上帝言题皇诏	全录	新遗诏圣书	摘录
天父下凡诏书	摘叙	天条书	全录（另入伪天条条内）
天命诏旨书	摘录	太平诏书	摘叙
旧遗诏圣书	摘叙	太平礼制	入伪礼制门
太平军目	入伪军制门	太平救世歌	摘叙
太平条规	入伪军制门		建天京于金陵论
颁行诏书	摘叙		贬妖穴为罪隶论
颁行历书	入伪礼制门		诏书盖玺颁行论（以上三论语多悖逆，皆不录）
三字经	摘叙		天朝田亩制度（此书贼中似未梓行，迄未俘获）
幼学诗	摘录		

伪书内天父上帝言题皇诏即十全大吉诗

三星共照日出天，禾王作主救人善，尔们认得禾救饥，乃念日头好上天。

人字脚下一二三，一直不出在中间，玉清不好起歪心，全敬上帝不愁难。

清朝灯草就日头，照明天下不用愁，贵人也要三星照，升天享福正修悠。

且说金炉是名头，日月照明不用愁，灯草开来对日洪，信实天父自悠悠。

功名顶头借金引，不拘大小再真心，戒净邪花酒多少，得福公子贵如金。

琵琶鼓乐萧来和，金玉堂中快乐多，正人上天真享福，胜起高楼顶上坐。

朝中公子胜公郎，出在深山金玉堂，富贵功名天分定，灯草对紧日头上。

笛子出在玉堂中，扇子不拔自有风，山头白云风吹散，真心敬天不愁穷。

黄金财宝是名头，为人修善不用愁，正人自有升天日，天堂享福万千秋。

题名头顶半金黄，为人真心总不妨，且看江水何处去，尽归一统转天堂。

伪书内天父下凡诏书

一册只十余页，所载在广西时有周锡能者勾结官兵为内应。杨秀清知觉，诡称天父下凡附体，指出此人，治以点天灯之刑及一切讯答之词，一夜之顷，天父下凡三次，其天父附体之言，辄曰"周锡能反草变妖，若非我指破，尔等危矣，我回天已"云云。

伪书内天命诏旨书

天王诏曰：戊申岁三月天父上主皇上帝下凡，显出无数神迹权能凭据，载在诏书。是年九月天兄救世主耶稣下凡，亦显出无数神迹权能凭据，载在诏书。今恐通军大小男女兵将未能熟知天父圣旨命令及熟知天兄圣旨命令，致有误逆天命天令也，故特将诏书寻阅天父天兄圣旨命令最紧关者，汇录镌刻成书，庶使通军熟读记心，免犯天令，方得天父天兄欢心也。后将朕令附尾，亦无非使尔等识法忌法之意。钦此。

己酉三月十六日时在贵县，天父上主皇上帝曰："高老山山令遵正，十字有一笔祈祈。"

辛开三月十四日时在东乡。天父论众小曰："众小认得天父天兄真么？"众小对曰："认得真天父天兄"。天父又曰："众小认得尔主上真么？"众小对曰："认得真我主上。"天父曰："我差尔主下凡作天王，他出一言是天命，尔等要遵，尔等要真心扶主顾王，不得大胆放肆，不得怠慢也，若不顾主顾王一个都难也。"

十四朝诗曰：

天父下凡事因谁？耶稣舍命代何为？天降尔主为真主，何用烦愁胆心飞？

真小今知兄前苦，何不心雄战胜回？有志顶天忠报国，何尝临阵似屡屡？

自古生死天排定，那有由己得成人？灵魂本是由天父，今时不醒做何民？

辛开十月二十日时在永安。天兄耶稣曰："成人不自在，自在不成人。越受苦，越威风，各放草宽草，凡有那些妖魔，任他一面飞，一面变，总不能走得我天父天兄手下过也。"

又八月初七日时在永安。天王诏令各军各营众兵将：各宜为公莫为私，总要一条草对紧天父天兄及朕也。继自今其令众兵将，凡一切杀妖取城得金宝绸帛宝物等项，不得私藏，尽缴归天朝圣库，逆者议罪。钦此。

辛开十月十二日时在永安。天王诏令通军大小众兵将：千祈遵天令欢喜踊跃，坚耐威武，同心同力同向前，同顶天父天兄纲常。当前朕有令曰："上天岂容易？头要耐心志，一定会上天，尔们把心坚，最怕半路差，鬼路是歪邪。"据眼前论众兵将今知得妖魔多端诱惑否？今知得鬼路歪邪否？今知得朕前言有定准否？兹今特诏大小兵将千祈坚耐，莫被诱惑，果能立志顶天忠报国到底，天父天兄自有眼照得尔到，朕亦自有眼照得尔到也。今诏封从前及后一概打仗升天功臣职同总制世袭，掌打大旗升天功臣职同将军侍卫世袭，现封及者袍帽遵依官制，未封及者风帽一概尽与两司马同，既封及者一体，未封及者一样，上到小天堂，凡一概同打江山功勋等臣，大则封丞相、检点、指挥、将军、侍卫，至小亦军帅职，累代世袭，龙袍角带在天朝。朕实情谕尔，我等既幸得为天父子女，又幸得为天兄弟妹，在世则威风无比，在天则享福无疆，朕问尔等威风有如此真威风否？享福有如此真享福否？继自今各军大小众兵将千祈踊跃同心，同顶起天父天兄纲常，妖魔诡计百出，众兵将千祈醒醒，莫至天光怨鬼迷也。钦此。

壬子八月初十日时在长沙。天王诏令通军大小兵将：自今不得再私藏私带金宝，尽缴归天朝圣库。倘再私藏私带，一经查出，斩首示众。钦此。

·伪旧遗诏圣书·

所载皆西洋番语，殊不可解，寻其意绪，亦无非言耶稣功德神奇，书已发钞。

《伪新遗诏圣书》又名《马太傅福音书》

第一章云：耶稣基督之族谱云云者，叙耶稣世系也。耶稣祖名大辟，父名约色弗，母名马利亚。其云：却有上主之天使，托梦与之怀孕，感圣神而生夫妻，但接不交，生冢子名耶稣者，叙耶稣降生神奇也。

第二章云：希罗德王时耶稣生在犹太国伯利恒邑，希罗德观星，寻耶稣所在，天使托梦约色弗，将耶稣携奔麦西地者，叙天使救护方免得希罗德谋害也。其云天使托梦带婴往色利及加利利地方者，叙神明时时指示也。

第三章云：行浸礼师名约翰在犹太宣道，耶稣自加利利来，约翰称耶稣乃先知之师，且转欲受浸于耶稣者，叙耶稣既长从师，师愧不及也。

第四章云：圣神引耶稣到野，致魔鬼试之，绝食四十日，或引升殿顶，或携登高岳者，叙天神试其法力也。又云：耶稣遍巡加利利地方，宣天国福音，医民间疾病，大众多来相随者，叙教化流行其徒日众也。

第五章至第七章，耶稣登山宣教，门生就之。其教人虚心，教人知法守律例，教人勿杀人、勿奸淫、勿诳言、勿吝施舍，敌我咒我者翻爱之祝之，诫人谨慎，勿逞才，勿为伪善，持斋勿蹙额，勿积财于地，须积财于天，勿贪财怠慢上帝，勿虑衣食，自有天父养之。教人眼明，勿生障碍，勿以圣物投猪狗，劝人爱人，求则给之，叩门即开，谨防伪师，除恶务尽，善树必无恶果，恶树必无善果，须伐树投之火，又劝人坚心奉其教，如建屋磐石之上，遇风雨不倾，如背其教，如屋在沙上，风雨立倒云云者，叙耶稣教人为善及多方比喻也。

第八章、九章云：有麻疯人，耶稣抚手即净，以及医瘫病、医疟疾、医妇人血漏、医瞽、医聋、医哑，无不立效，人死以手按之即复生，以及祛邪鬼，渡海湖风浪覆舟，耶稣起责风海立即安静者，叙种种神奇也。

第十章至十二章云：召十二门生赐之有权管污鬼，并使遍行各处祛魔治病，又告诫勿往何邑，宜往何处，宜谨慎，勿干王法，恐致正法，及一切比喻教训问答之词者，叙耶稣使高足遍传其教也。然此时耶稣父母兄弟相就，已反颜如不识，指天为父矣。

第十三章皆耶稣以田亩网罟诸事比喻教人诸语。

第十四章至十六章云：有希罗德公者，闻耶稣之风而追究约翰之传教，因有宠女欲约翰之头，遂于狱中杀之，以头付其女，耶稣亦惧杀，遂率徒众四千奔抹大拉之郊，途次乏食，几饥疲，耶稣命众偃地，自取七饼及鱼子食四千人，复告门生将来必死于十字架上，如欲从我必提十字架随行云云者，是外国此时亦诛邪教，耶稣奔走不遑也。

第十七章、十八章云：耶稣登山，变化其容如太阳，其衣皓有光，约翰复生，复与之会，及与摩西以利亚各搭一庐，正说之间，有辉云掩映云中出声，此我之爱子，门人宜俯伏听之云云，亦不过纪耶稣之神迹云尔。中杂医病及问答诸隐语，阅之不解，殊闷人也。

第十九章至二十五章，备叙耶稣去加利利，进犹太境内，及偏〔遍〕游葡萄园、橄榄山诸处，说法言词，盖极言神通广大，徒众无算而已。

第二十六章至二十八章云：其国祭主书士长老谋之祭司元魁，设计以银三十两给耶稣门生，同谋卖师，设宴擒耶稣，磔死于十字架上，埋尸七日，毁墓复生，语门生曰，在天在地，吾奉万权矣，此叙耶稣诱擒被磔也。其复生升天与否，则彼教附会之辞。所擒为何国，所称总督千总，皆中国官名，殊不可解。

其余所载则耶稣成神之后与魔鬼战斗诸灵异。

·伪太平诏书·

皆洪逆所下伪诏，由伪诏书衙汇修发刻，书已发钞。

·伪太平军目·

所载旗帜尺寸及军师旅卒两伍诸式，已编入军制门。

·伪太平礼制·

所载只称呼，毫无别义，已编入伪礼制门。

·伪太平条规·

所载皆行军规矩，已编入伪军制门。

·伪颁行诏书·

亦洪逆伪诏颁行贼境者，书已发钞。

·伪颁行历书·

即伪时宪书，已编入伪礼制门。

·伪三字经·

每三字一句，其首句曰："皇上帝，造山海，七日成。"及"阎罗妖，四方头，红眼睛"诸怪诞语，书已发钞。

·伪幼学诗·

真神皇上帝，万国尽尊崇，世上多男女，朝朝夕拜同。

俯仰随观察，都沾上帝恩，当初才六日，万样造齐全。

有割与无割，谁非上帝生？天恩虔答谢，永远得光荣。

耶稣为太子，上帝遣当年，赎罪甘捐命，功劳认实先。

十字架难当，愁云暗太阳，天堂尊贵子，代尔世人亡。

苏后复升天，煌荣握万权，吾侪知倚靠，得救上高天。

以上皆敬天父诗也。其次又有敬肉亲诗、君道诗、臣道诗、父道诗、母道诗、子道诗、媳道诗，兄道、弟道、姊道、妹道、夫道、妇道、嫂道、叔道各缀诗一首，又有身箴、目箴、耳箴、口箴、手箴、足箴各诗一首。末系天堂诗一首曰："贵贱皆由己，为人当自强，天条遵十款，享福在天堂。"诗皆四句，率鄙俚不堪。逆贼五伦俱废，四体百骸皆应割裂，何五伦诗诸箴之有？故不全录。

·伪太平救世歌·

每七字一句，如俚曲盲词，皆邪教怪诞之论，书已发钞。

伪建天京于金陵论

伪贬妖穴为罪隶论

伪诏书盖玺颁行论

文字粗通，此则陷江宁后被掳读书人所为，其冠首一论，即剧贼何震川所撰，颇有笔气，其为粤西诸生信矣。然语太狂悖，故不录。

伪天朝田亩制度

凡贼中伪书首一章必载诸书名目，末一条即系伪天朝田亩制度，应编入贼粮门内。惟各处俘获贼书皆成捆束，独无此书，即贼中逃出者亦未见过，其贼中尚未梓行耶。

注：伪书皆照原书摘叙，或全录全书发李枞全钞，容即订入。

·伪天条·

贼中所刻伪天条书共条禁十款，如崇拜皇上帝，不好拜邪神，不好犯皇上帝名字，七日礼拜赞美皇上帝恩德，皆天主教中章程所事云云，此其所以为邪教也。其不准杀人、害人，教人孝顺父母，不准奸淫，不准窃抢，不许欺诈，不许起贪心，无非与人为善，或即耶稣之遗教。其前列之序之奏章及逐条七言句以及注语，似即教匪中稍知文义者所为，贼传钞得之，揽为己有。何以知之？盖贼中文字鄙谬，不可究诘，假使撰此，并无此伎俩。若书中赞美书后对句诗句，斯真逆贼之语矣。逆党结盟之始，不过钞写数册，逮势焰日炽，则刊刻遍布。初犹每馆一本，既则人各一本，胁令被掳之人朝夕诵读，如入教期逾二十一日犹不能熟记者斩首。然乡愚多不识字，其令终格不行，遂责识字者诵习口授之。间有蠢贼以背诵天条为能，夸耀于众。贼残杀蔑伦，奸淫掳劫，狡诈贪婪俱备，其示人天条又如此，若非天良丧尽，几何不自思匿笑，自愧欲死也。然于所恶所忌之人，则每借犯天条以杀之，甚至夫妻同宿，骈首就戮，何不更订天条，亦增此款于内耶？贼中定制，但犯天条者无生理，更于天条之外，多立禁令，另详伪律条内。

·礼拜·

逆贼自蠢动之初以迄今日，其于城市村庄也则分踞民房打馆，于原野也则盖板屋以为营垒。贼目所居，率皆宏敞，所以然者，为备礼拜之用。军中礼拜之仪稍略，或不得桌椅陈设，则席地以敬天父。其城市各馆，极力铺陈，殊可骇也。凡陷一城，踞一镇，贼目分据高宅巨第，其卑狭房舍则卒长司马居之，每馆百人数十人不定，尽掳可以铺陈之物，华美者贵者得之，次等者贱者得之，必于堂宇正中设一方桌，系绣花或素红桌围。凡一室中必挂帏幔，张灯彩，悬楹联画幅，陈设彝鼎花瓶帽镜，就掳得之物尽数铺排。愚蒙伥佁安知款式？甚至有四贼掳得玻璃灯四张，各分一张，复掳得明角灯四张，亦各分一张，皆非成对者，错乱悬挂。掳得金字寿联各分一只，别掳一只与之为配，联句互易，长短不齐。满堂书画灯彩器玩，但取华丽可爱而不知所置皆非其地，识者窃笑之亦窃叹也。贼敬天父不用香烛，故不设香炉烛奴，于方桌上近外一边设油灯二盏，桌上陈设无定，然必设花瓶或帽筒一对，各插小尖角黄绸令旗一手。桌前立小竹板约三尺长一寸宽，上写"奉天令"三字，桌后设椅三张，饰以椅衣。椅三张者，盖本馆贼目及副职伪官与先生坐位也。如此馆先生较多，甚至设立五座七座。其教以星、昂、房、虚四宿日礼拜。先一日伪帅遣人负礼拜旗一面，鸣钲于市，大呼明日礼拜，各宜虔敬，不得怠慢。各馆即于是夜三更交子时后点灯二盏，供茶三杯，肴三盛，饭三盂，鸣锣集众，环坐一堂。贼目及充先生者即坐于正中所设数座上，群贼两旁杂坐，齐诵赞美毕，充先生者缮成黄表奏章，尽列一馆贼名，此时手执奏章，跪地朗诵，群贼长跪，读讫焚化，则以所供肴馔共享，此七日礼拜之仪也。每日朝饔夕飧，亦必鸣钲齐集，尽所掳之肴供三碗，茶饭如之，自贼目以下亦环坐而读。赞美毕，充先生者伏地默读奏章，谓之默咒。群贼俱跪读讫，始杂坐饮食。贼知乡民苦饥，每以三餐鱼肉饭诱人，故日必三饭，朝夕礼拜，午餐则否。然礼拜诚敬怠忽，则视其馆贼目为何如人，如稍有天良者，恒草率从事，甚至有跪读默咒，低言天父皇上帝施权能，雷击天王，火烧东王。群贼跪其后，闻之忍笑不得者。若广西老贼或执迷不悟之人，则将事必诚必敬。如无病贪睡，闻锣不至，或稍涉嬉戏，必杖责数百。其所设礼拜桌椅，即贼目之公案，有事则据案审断之。每用界方击桌，若惊堂然。如礼拜三次无故不至，则转告伪帅斩首示众。以上所叙犹卑小伪官馆中所为，若首逆洪贼，且于天门外造一台为生日令节敬天之所。伪宫内亦设礼拜坛场，铺张侈丽，莫可殚述。杨、韦、石诸逆皆然。凡礼拜及朝夕上食，必鸣钲六十四声，奏乐三次，率伪妃嫔女官数以千计，同读赞美，声越殿廷。其鸣锣之制，侯相四十八声，检指三十六声，总制监军二十四声，军帅二十声，师帅十六声，旅帅十二声，卒长十声，两司马八声。自伪王至指挥皆得奏乐。每遇礼拜，各伪官必开单盖印，赴典茶心衙领取果品糕饼，赴典天厨衙领取海菜，以备敬天父之用。此则江宁之事，其余军中不能如是，惟视所掳何物，即供何物，多则珍错杂陈，少得虽箪食豆羹，亦必供献。其供献之肴，又以狗肉为至重，掳得辄分送各馆。佳时、令节、寿诞、生子、弥月与夫攻陷何地，在贼中所谓喜庆事，则不拘常格，另备盛馔，普敬天父。其有疾病、修灶等事，悉如天条中所载奏章格式缮写，读而焚化之，敬天父以祈福。尝闻习天主教者以耶稣为天主，其天主堂及礼拜之所所供之象皆十字架，获彼教人犯画十字于地上，刑迫之使迈步跨过，至死不从，盖奉天主教者以耶稣为神者也。若粤匪虽袭彼教，直以天为父，舍耶稣不奉而以兄呼之，此又天主教之变格。耶稣在海外教人为善，海外奉为神人可已，在中国则为异端，奉其教者且应诛。使耶稣尚在，亦圣道所不容，王法所不赦。粤匪习其教而忘本，崇其说而违其禁令，既叛其教，且欲与耶稣为兄弟行，狂悖如此，前叙所论，耶稣亦当殛之，非情理之至乎？贼中有喜庆事必礼拜，又以寻常礼拜日为喜庆事。是日群下皆具禀奏，请安称贺。又如枷示，亦必以礼拜为断，或过三次礼拜，五次礼拜，始行释放。行军各事，亦以礼拜之期为限，故伪诰谕有"再过三次礼拜不能收复武昌，定即提京治罪"诸语。军中口粮油盐亦必逢礼拜日始领，另详贼口粮条内。

　　注：自礼拜至讲道理三则，皆难民所共知者，吴玉狗言之历历如绘。

· 贼七日礼拜奏章（补）·

　　用黄表纸叠成四页，页面写奏章二字，页内空数行尽一馆所有贼众姓名，全行写入。天条书中各奏章均同此式。

　　（小子〇〇〇跪在地下，祈祷。）
　　（小女〇〇〇

　　天父上主皇上帝老亲爷爷：本日礼拜，众小子小女理宜诵德歌功，酬谢天恩，恳求天父上主皇上帝时赐圣神风，化醒天下万国。众小子小女早日回心，共同赞美天父上帝权能，时时看顾。永不准妖魔迷蒙，并不准怪人侵害。倘有妖魔迷蒙，怪人侵害，恳求天父大发天威，严将妖魔怪人，早诛早灭，以免戕害。祝福小子小女，日日有衣有食，无灾无难，今世平安，升天永福。所有祈求，托救世主天兄耶稣赎罪功劳，转求天父上主皇上帝在天圣旨成行，在地如在天焉。俯准所求，心诚所愿。

· 刑罚 ·

　　贼教有天条书外，更有伪律，已入伪文告门。其刑法则谓之刑罚，不本五刑，惟枷杖与死罪而已。其枷轻重无定式，杖责自五板加至二千板为止。

死刑则有数端，至重则点天灯，将人自顶至踵，裹以纸张麻皮，入油缸内浸片刻，倒植之以松脂白蜡堆足心，用火燃之，呼号之声，惨不可闻。人之秉赋，强弱不同，有燃至胫即死者，有燃至膝至小腹始死者。其次则五马分尸，以笼头络颈，和发绞缠系于马后足，四肢各系一马，数贼齐鞭之，瞬息肢解，项脱而胸腹仍趯趯跃。再次则斩首示众，绞与军流无闻焉。其行杖也，又至可笑而至可恨，如老贼及所怜惜之人犯条禁，既贷其死，不得不杖责，贼中有暗号可以默会。每杖辄一千数百，行杖者以杖击地，其人大呼天父、天兄、天王、东王或丞相大人、检点大人大开天恩，其实杖毕一无伤损。且骇新掳之人曰：我辈有法术，天父看顾，打破血肉随即完好。或杖至数百，得副职伪官及充先生者一言缓颊，亦即停止，令向外跪谢天父，旋即起与贼目杂坐，谈笑自如，犹同列然。更有打至数十板，行刑与受杖者坐堂上者互相戏谑，一笑而罢，此皆可笑之至者也。他如新掳之人，看出系我中官吏冠裳之士，退有后言，或捉得我探役巡哨人问供，则狗脸生霜，严行拷掠，必杖至血肉俱枯，仅余胫骨。受竹篦之击，立死者有之，不耐煅炼，甘即就戮者有之，此又可恨之至者也。然从贼稍久，稍有天良，背后议贼图贼者，一经发觉，则不待敲扑，便自认通妖谋害诸事，盖明知肉尽见骨，仍不免一死，不若早承，省此荼毒之为愈耳。贼专以鸣锣喊令，用威劫众，如将用点天灯、五马分尸之刑，必喊令集众于空阔之地听讲道理。俟各馆俱有人至，则宣示于众曰，某人现犯何罪，应得何罪，对众行刑，惨酷之状，人人掩面，此则至重之刑，必俟齐集而后施行。若斩首示众，恒以筐篮盛首级，二贼扛之，一贼鸣钲，大呼某人因犯何罪斩首示众，遍行各馆各营后，将首级弃之。如和奸案则扛两首级，强奸案则扛男子首级，使被强奸之妇随首级之后，自呼某人因强奸我，斩首示众。有廉耻之妇辄不肯呼叫，但俯首随行，鸣钲之贼代呼而已。其枷示亦然，使荷校者游行于市，以竹篦敲之，使罪人自呼曰，众兄弟莫学我犯何事戴枷责打等语。点天灯等刑十日半月始有一次，若斩首示众，荷校游行，一日必有数次，甚至以一首级捏五六人姓名，喊令五六次者。大抵贼目专以杀人骇人，乡愚惜命，莫不提心在口，唯命是从已。其死刑不外天条、伪律、诸禁令，至于枷责无一定过犯，则视贼目之强懦喜怒，有一馆日枷数人者，有一馆数月未枷一人者，所犯之事无非吃旱烟、脱衣卧、些小口角及礼拜一次不到、见官长至不起身奉茶、喂马不如法、役使懒惰之类，毛举细故，借以儆众。蠢贼忽授伪官，可以升堂刑人，大有忍俊不禁之势，每寻所恶者责之，固不必定有所犯也。若果犯天条、伪律、伪令，则无有不杀者矣。贼中非刑，更有太师椅、醉翁凳二事，凡坚不承认者则用此刑，惨酷甚于三木，可想而知。其踞江宁，刑人必问供具禀伪侯王，层层转达以取伪旨，洪逆批准，由伪翼王交伪翼殿刑部尚书盖印，赴伪天牢提人屠杀。贼初无此制，是皆江宁充吏胥者为之筹办，其意靡他，亦不过欲缓须臾，乘推问禀奏之时，尚可设法救人耳。若贼军在外，杀人如麻，安得有审鞫禀奏诸事？

·讲道理·

逆贼所踞之地，动辄鸣锣传集贼众百姓，于何日何时齐集何处听讲道理。贼本邪教，何道之有？贼教无情无理，何理之有？所言则教人为善，所行则穷凶极恶，欺人常谈，浅而易见，又何讲之有？然时以讲道理为名者，皆有所为也。凡刑人必讲道理，掳人必讲道理，仓卒行军，临时授令必讲道理，选妇女为伪嫔妃必讲道理，驱使群贼为极苦至难之役必讲道理，逃者日多必讲道理，将欲搜掳必讲道理，逼人贡献必讲道理，总之贼讲道理者不过集众谕话云尔。所为之事既不同，所讲之言亦互易，如用点天灯诸刑，以上所记是也。其陷武昌、江宁，自好者多伏匿不肯从贼，遂传令合城百姓赴何处听讲道理，给予外小腰牌，准其为民。如一名不到，身无腰牌，见即斩首。百姓私幸可为外小，惧无腰牌被杀，无不争赴。其时数贼目高坐台上伪言曰："凡外小各报姓名，令先生记簿，按名散给腰牌。"当报名给牌之时，贼又曰："如得腰牌先走者立斩。"其时已杀一二人，横尸地下。贼复肆言曰："天王列王皆天父差下凡间为太平真主，乃埋（贼中以此二字作救字解）世人，尔等早该投营效力，还待鸣锣传集，可见都是妖魔。本当全杀，姑念俱来听讲，从此要敬拜上帝，练习天情，顶天报国。尔新封两司马五百人，各领二十五人归馆，如一名违拗，立即斩首。此等本是应杀之人，天父开恩暂留，倘不知悔罪，犯令变妖，定斩不留。"讲道理既毕，台下万人数千人面面相觑，俯首而随伪司马归馆，顷刻可成一军，此掳人讲道理情形也。若仓卒行军，则不传百姓，专指名传某几军。贼众必大呼曰：各带衣装刀械于何处听讲。俟齐集时，贼目先敷衍邪教套话一番，然后大言曰：今已有密令交某丞相某国宗往何处打江山，尔等立刻随行，不准归馆。数军之众，各随伪帅起程，毋敢回顾，且不知何往。此行军捷速，借讲道理以谕众也。每选女色，则传令合城妇女听讲，如一名不至，全家斩首。俟齐集时，贼目亦令报名，如掳人法。口讲邪教之言，女流茫然不解。此时蜂目闪烁，于百花丛内择美丽处女为一籍，以供伪嫔妃之选；美妇别立一册，予以贵使绣锦等伪职；粗丑之材即籍为女兵，使开濠负土。贼登台大呼各随女指挥管长归馆，违者斩首。其时碰死者有之；卧地不行，甘为屠戮者有之；鞭扑胁行痛哭者有之；欣欣自得，以为侥幸得选者有之。此选色讲道理之大概也。遇有苦难之役，亦传群贼集台下，贼目讲邪教禁令，谓之天情。旋称天父七日造成山海，莫大功德。天王列王操心费力，乃埋世人，尔等何得浪费天父之禄？兄弟们要享天福，必要吃些辛苦，果到阻隔艰难之处，自有天父看顾，切不可退悔，致前功尽废。速随何官往何处充当何役，大抵皆开山、填河或伐林木、封闭城垛一切不近人情之事，此役使苦差借讲道理以鼓舞众心也。贼于乡村掳粮，必先集乡民听讲，大抵所说皆天父造山海之功，天王列王乃埋世人之德，尔等身家田亩皆天父所赐，理应将银钱米谷进贡，屡经出示，未见献来，本该全行诛杀，今天王大开天恩，怜尔愚民，命本检点前来讲说道理，限来日交贡，如有藏匿，斩首不留。乡民震骇，纷纷进贡钱米，择所贡多者给予乡官执照，其余给予贡单。富室所献不足，复行抄抢，杀其人焚其庐以惊众，此掳掠之先必讲道理也。又败衄之后，逃者日多，则传齐贼众，登台大言曰："万事皆由天父排定，尔等都要练得正正真真，不怕妖魔一面飞、一面变，都难逃天父手内过。众兄弟切不要慌，兄弟们升天乃是好事，胜败常事，总是兄弟中多有不肯真心顶天之人，才被妖魔侵害，此是天父磨炼我们的，务要放胆放草（贼呼心为草），自有天父看顾，天父自然大显权能。尔想在永安时尚蒙天父救出，此时还怕妖魔何事？切不可反草变妖逃走。天父曾说：'任尔三更逃黑夜，难逃天父眼睁睁。'即如某某是打算逃走的，天父下凡指出。"遂当场杀一二人，使众悚惧。又说："现立卡房多处，谅尔等难逃，一经捉获，五马分尸。尔等放着天福不享，自寻死路，真是被鬼迷、被鬼捉，真下贱矣。"此防人逃走讲道理之故套也。若遇伪王伪贵官生日、生子、弥月，亦必集众听讲，宣述某王、某官恩德，各宜备具礼物进献。如藏匿金银，即是反草，天父下凡指出，定即斩首不留。此又逼人贡献，因而讲道理也。以上数端皆贼之惯技，被掳难民无不知之。其匪夷所思之事，仍不可枚举，大约集众谕话，必传令听讲道理，其实无道无理，亦无所谓讲也。

卷十二　杂载

…………

贼亦人也，其情性亦有善恶悍懦，故百姓遇贼，则视其人之数命当死不当死，如当死则所遇者恶悍，不当死则所遇者善懦。明明是官是兵，遇善懦尽可得生，实系商贾百姓，遇恶悍竟无不死。如前之破武昌也，有周姓兄弟二人充粮道吏，其姊夫某姓素业故衣铺者，贼至其家，三人跪接，周氏两兄弟首尾跪，其姊夫跪其中。贼至讯之，三人皆云向来贸易，贼略视其姊夫，一刀决其首，舍周氏兄弟而不杀。周充书吏贼中谓之妖，某素贸易，所谓非妖也。贼广西人，无一面识，安得有仇报？此理殊不可解。要皆命数当然，而遇前生冤孽，一见即觉可憎可杀耳。（姚敦三记）

贼初起犹有长夫，自破武昌后裹胁愈众，则兵夫不分，凡挑抬工作，皆各馆两司马督众为之，咄嗟立办。其需用各物必先所急，毫无顾惜。谚语云："用着生铁便打锅。"贼诚有之。今则到处遍立乡官，是我民尽为贼助，凡用竹木锹锄一切器具，伪文一下，立即办齐，无敢违者。（周固轩说）

大可怪者，三五零贼下乡，千百壮夫纷纷远避，或俯首听命，甚至贼中三尺童子无敢与忤者，盖乡民非畏此数贼，特畏大股报仇也。贼之狠毒专意寻仇，誓攻曾受我创之处，凡坚守之城，团练之乡，一朝陷堕，必倍加烧杀，其意无他，不过使出力官民寒心，使他处不敢与抗耳。（姚藻鉴、周固轩说）

贼见庙宇即烧，神像即毁，其毁神像者亦欲以威劫人也。神祇在天，土偶本自无灵，贼党不知，乡愚亦不知，以为神且砍头折足，何况于人？神且不敢为祸，人何敢违？其烧庙宇者一则以威劫众，以火惊人，一则防乡民团练以庙宇为公所，及官兵设伏于其中也。（周固轩说）

江宁、扬州才士被掳者最多，逆党肆虐，目击心伤，不敢明言，往往托诸吟咏，甚至以香奁诗为寓意者。惜逃出之人不能全记，兹就其记忆者载之："朝晖隐约逗檐端，绛帻鸡人促晓餐，惊起睡魔呼去去，归来仙步惜珊珊。虾蟆坐上闻新法，蟋蟀灯前忆旧欢，来日鸿沟还有约，暂谋将息到更阄。"此指清晨役使妇女挑砖瓦、听讲道理及来日挑濠沟也。其断句云："恼煞一湾衣带水,青藤隔断小虹腰。"此指禁女人过桥以藤条拍打也。"三十怨女如花貌,百八佳人堕涸愁",此指伪王选妃得一百八人也。"手执筠篮循曲径,眼看桃叶渡迷津",此指文秀人借买菜之便以逃走也。"燕子红襟矜宠贵,鹅儿黄帕助娇羞",此刺名教中人降贼考授伪官也。"居然小婢称如愿,大有佳人号莫愁",此指贱者为贼倚任,贵者备受磨折也。"晓看陌上春如织,背负花枝尽米囊",此指役使妇女负米也。"绝少君苗焚砚志,翻同臣朔上书时,文章岂为科名设,气节都因衣食移",此文人自伤不得已而赴伪试也。他如"霜妒菊花寒更艳,风吹尸气腐犹香""死纵拔心犹是草,生非薄命不为花"等句似皆有所指云。(程奉璜说)

广西渠贼授散职者居江宁城中无所事事,饭后三五同群,驰马游街,有句云："朝餐甫毕燕辞巢,七尺吴绫马上抛,公子联翩齐纵辔,教人错认试春郊。"诗不佳然可知其憨游之状。贼掳得骡马,有刍豆则喂之,无则任其饥疲,每乘必驰,不知爱惜。一入贼手,其不瘠毙者几希,正不独受盐车之困也。(程奉璜说)

贼婆皆粤西溪峒村媪,赤足健步,无异男子。初至江宁,即传伪令妇女不准缠足,违者斩首。已缠之足忽去束缚几不能移跬步,而贼党督令挑抬,其呼号之惨可以想见。(宣必昌说)

…………

贼到处肆焚掠者,实欲绝人衣食之源,不得不从贼也。惟有技艺及江湖星卜僧道者流不专恃生产,贼于是搜虏百工匠艺为之执役,严禁星相巫觋,尽毁庙宇神像,使九流生计俱绝,亦惟贼是依矣。古之寇盗在境,自全者往往改僧道服为幸免计,粤匪僧道并掳,致人隐于方外不得,真所谓不留一线生路者矣。(难民共知)

贼不惜物力,但求一时济用,其于房屋亦然。每于一条街两边房屋比户打通一片,于相接之处皆开一窦,可行数里不见天日。(人所共知)

凡克复之处,官廨民房无不屎溺狼籍〔藉〕,渣滓山积。贼馆只礼拜一堂略为洒扫,余则任意作践,有养马于床前者。(人所共知)

神祇在天,土木无灵,固也。贼一见塑象立砍,安得无罪?如武昌铁观音、扬州铁佛,外装金箔,贼犹认为木身,用刀砍之,其刃立缺,亦往往心悸，戒群贼毋入其庙。狂妄之贼又每狎侮神象，恒以妇人之衣着于佛身，军牢夜役之帽加诸三官文殊之头；甚至将汉阳归元寺纱胎空心罗汉头顶竹帽，身着红衣，用船装载前行，搪我枪炮；将江宁各寺罗汉悉数置雨花台山上，夜间头上各置一灯，官兵遥认为贼，枪炮彻夜不息。（禹继贤、程奉璜说）

癸丑八月杨逆下令选各馆所掳幼孩十二岁以下、六岁以上者二百余人阉割之，欲充伪宦官，因不如法，无一生者。杨逆知不可为，又诡称天父下凡指示，再迟三年举行，以掩群下耳目。（程奉璜说）

天下学宫至圣之像，前明嘉靖年间概易木主，敬之至也。间亦有未易之处，如湖北德安府学，其圣像系元文宗时所塑，贼至竟残毁之。所陷之处，凡学宫正殿两庑木主亦俱毁弃殆尽，任意作践，或堆军火，或为马厩，江宁学宫则改为宰夫衙，以璧水圜桥之地为椎牛屠狗之场。逆贼罪浮于天，此犹从来叛逆所不敢者。（人所共知）

近闻贼匪掳得人民于左颊刺"太平天国"四字，其计愈毒。乡民若不认真团练，设竟被掳，即逃出官军原赦，亦成废人矣。（近日探报）

贼虽无邪术，然掳人纯用换移心肠之法，惟真有识力者不致濡染，余则换好人为坏人，换坏人为极坏人，如贼数门内逐条所载是也。故凡从贼稍久逃出难民，无不眼光闪烁不定，出言妄诞，视世事无可当意，于伦常义理及绳趋墨步之言行，询之皆如隔世，视我官吏若甚卑，不及贼目之尊贵，毫无畏敬之意，遇不恳问官辄杀之，盖由染习已深，非一旦所能澌洗耳。（杨宗时及刘春生说）

各贼目凡赴各典官处支取银钱及一切物件，概不行文，随手写一纸条，盖用伪印，见条即照数发给。（程奉璜说）

贼中米谷皆以斤两计，故无斗斛。其权衡各物尚无改创，惟杨、韦、石诸逆改制铜尺，奏请洪逆颁行，尺背镌"钦定天朝正尺"六字，尺之长短较现用之尺长七分。凡行使钱文皆用足钱，不准扣串，屡出伪示禁止。其示中有"天朝万事满足，不准丝毫欠缺"等语。（程奉璜说）

贼本欲尽废六经、四子书，故严禁不得诵读，教习者与之同罪。癸丑四月杨秀清忽称天父下凡附体，云："天命之谓性，率性之谓道，以及事父能竭其力，事君能致其身，此等尚非妖话，未便一概全废。"故令何震川、曾

钊扬、卢贤拔等设书局删书，遍出伪示，云俟删定颁行，方准诵习。（程奉璜说）

癸丑七月，安徽望江县伪军帅禀奏保荐望江县生员龙凤㻞有安邦定国之才，龙凤㻞偕其父至江宁上书洪逆，不下数万言，内引周武、汉高为比，狂悖已极。洪逆批数字曰："周武、刘邦是朕前步先锋，卿知否？"龙凤㻞不解所谓。旋送入诏书衙学习，并未擢授伪职。（考自伪诏书稿及程奉璜说）

甲寅四月下旬，汉阳贼众分股扰黄安县，百姓让出空城，潜伏四乡，候贼入城，合河口、金谷、龙图等团练八万人围城，立破之，杀毙三千七百余贼。当破城时群贼跪地哀号，愿各剜一目、各割一耳相随，服役终身。百姓不听，悉屠之，此诚第一快事。他如江苏之六合县，湖南平江县，湖北京山之宋河诸处团练，其杀贼皆不亚于此，但能处处如此，不烦师旅，贼可立灭矣。（见黄安县许令禀及周固轩等说）

贼之硝磺固由奸民接济，然亦随地制造，每拆墙圹陈石灰及各种杂灰以熬硝，硫磺无物可炼，一时缺乏，则用火酒煮马粪晒干，更煮更晒经三四次，研细搀入硝内，其性竟与硫磺无异。（周寿眉说与众难民说皆同）（《中国近代史资料丛刊·太平天国》第三册）

沈懋良

江南春梦庵笔记（节选）

历见伪示云："织营总制吴长松勾结妖兵朱九妹私藏红粉，欲害东王；周锡能谋反，外攻内应；陈先进张内等七十余人通妖作怪。"盖皆蓄意杀贼事泄被戕者，不识官军曾知之否？倘褒扬未及，忠魂其不瞑矣。

癸丑城破时，利涉桥北河房中有女子白衣自缢死，题其衿曰："辱体养亲非素愿，致命遂志在此时；九幽若共杨郎见，不负当年一段痴。徐氏绝笔。"杨逆闻之谓其恋己也，葬诸妙相庵，竖一碑云："东王情妃徐氏之陵。"甫竖即扑成齑粉。

逆陷金陵后，即欲长驱北犯，伪航王唐正财言："北路不利舟楫，且地瘠民悍，宜建都南京，先平南路。"遂从之。盖天牖其衷，保全河北，非有所为而云然也。

甲寅，大治伪宫，掘取满城阶石，因得古碑数十，有梁司马萧诞碑、荆王府长史司马景德碑。又有二白石碑，一则中列汉隶十二曰"四辅登四将口重译至八方宁"，四围悉作波浪纹，上一巨印，无能辨识。一曰"四辅登四将生重译至万年青"，字外有界画，界画外东列"东口"二字，西列"北星"二字，南列"南丰"二字，北列"西平"二字，字外又波浪纹界画一道，其外则东北列"渤海"二字，东南列"口海"二字，西北列"史相"二字，西南列"大府"二字，皆小篆，字旁又各列一卦，分列八方。予皆亲见之，此外但闻其名，不备记。

伪宫以伪后一人辖嫔娘一、爱娘二、嬉娘二、宠娘二、娱娘二，位如上三等。伪王好女四、妙女八、姣女十六、娇女二十、妍女二十四、姝女二十八、媌女三十二、娟女三十六、媚女四十，位一品至九品。以伪妃二十四人，各辖妭女四、姹女四、妖女四、娃女四、始女四，位一品至五品，元女十人列六、七品，妖女十人列八、九品。伪幼主宫以伪王妃一人，辖美人四、丽人八、佳人十二、艳人十六、位一品至四品。伪女司以二品掌率六十人；各辖女司二十人。

伪分天下为二十四省，曰江南、江北、江东、湖南、湖北、广东、广西、云南、云北、陕东、陕西、河南、河北、山东、山西、燕南、燕北、川东、川西、边南、边北、洋东、洋西；皆上年更定。

伪宫中自伪后一宫外，皆以省名之，人亦按省分隶；最可哂者，以洋东西、边南北四宫乏夷女分隶，倩侯裕宽等制成异服邀人装束后，奏称西洋国陪臣克鲁多、东洋国陪臣黑墨赖塔、南洋国陪臣几几又几、北狄国陪臣哈哈一木哈，各贡夷女十一人，伪为朝觐，赏赉无数。并发伪诏有"继自今四郭来朝，万方一统，东南贡大妹，西北献娇娃，太平天一统，天福尽堪夸"等语。闻者无不绝倒。

伪试以每年二月初二日军帅文试，取信士一人。十二日武试，取艺士一人。三月初三日监军文试，取秀士二人。十三日武试，取英士二人。四月初四日总制文试，取贤士二人。十四日武试，取能士二人。五月初五日省提学文试，每五人取俊士一人。十五日武试，每五人取毅士一人。逢荣西两年五月二十五日，集新旧信、贤、秀、俊士考拔，每五十人取杰士一人。每逢子午荣酉年七月初七日，省提考文闱，中式者曰约士。十七日武试，中式者曰猛士。每逢辰戌好未年九月初九日，正总裁文天试：一甲曰状元、榜眼、探花，二甲曰国士，三甲首名曰会元，以下曰达士。二十二日武天试：一甲同名，二甲曰威士，三甲首名曰会元，以下曰壮士。

贼中疏奏曰疏附，文移曰文报，告于众曰诏旨、令旨、告示，告其下僚曰令谕，告其上台曰禀文。

伪服：大概以黄缎绣龙为上，黄次之，红紫次之，青蓝黑次之，白次之。伪冠：上三等伪王用金，各伪官用纱帽，乡官用巾。伪袍：上三等伪王黄缎绣金，三品以上黄缎绣花，六品以上黄缎，九品以上红紫，以下杂色。马褂：上三等伪王黄缎绣金，三品以上黄缎绣花，六品以上黄缎，九品以上红缎黄布，以下红布。伪宫人以搭背代马褂，以阔平檐垂缨帽代纱帽，余皆同。别有缝裳、钮裳、开裳、散裳、散袍等服，不详其制，盖平居之服也。

按：伪司衣房条例，缝裳即阔管裤，钮裳裤裆不缝而钮者，开裳即开裆裤，散裳即裙，散袍即斗篷，皆伪宫女子所服；另有搭背遮腿诸名色，见湘潭钓叟《伪宫逆迹记》。缕仙附志。

伪诏必曰："朕诏和甥、福甥、玕胞、达胞、秀胞、恩胞、贤胞、辅胞、璋胞、天将掌率、统管尽管神策朝将、护京国将、六部义王佐将、内外众臣知之。"按和甥即东逆杨有和，福甥即西逆萧全福，玕胞即干逆洪仁玕，达胞即翼逆石达开，秀胞即忠逆李秀成，恩胞即赞逆蒙得恩，贤胞即侍逆李世贤，辅胞即辅逆杨辅清，璋胞即章逆林绍璋，此数贼皆属巨魁，所谓一等、二等王也。然惟石达开、李世贤、李秀成三人尚有作贼才，余皆昏懦，若诛此三人，贼不足平也；官兵有知，其亟图之，图之此其时矣。

幼逆之好淫无复人理，处子自十岁左右为所逼死者不可数计；洪逆死时，伪宫存元女三人，皆以年幼幸免，未及欲已遍污之死者二人。复即伪妃女官中选留十六以内者百余，洪仁达洪逆兄也，萧全福洪逆甥也，四王相洪逆义子也，各乞数十人去，余俱屏入女司。仁达等复怂恿发诏责贡，自伪王以下不准藏匿家女；又为之四出搜捕，自便奸渔；官军之围攻日急，逆党之荒淫日甚，聚而歼旃，期不远矣。

辛酉七月，曾有伪诏云："你们姊妹休违拗，肯来欢你是要好，受打受骂休悔恨，打是恩情骂是俏。"洪仁玕所撰，洪逆赞赏不已，即授为文衡正总裁。今日又有伪诏云："杨家养得女贵妃，大共富贵无穷期，你们兄弟牢牢记，要富要贵多容易。生那儿女好，献进天宫官不小；生那姊妹娇，献进天宫官爵高。"此幼逆初次伪诏也。是父是子，可谓箕裘克绍者矣。（《中国近代史资料丛刊·太平天国》第四册）

李　圭

金陵兵事汇略（节选）

卷一（节选）

贼逼男女拜上帝，以黄纸作誓语，拜毕焚之，谓之悔罪。其赞美语南贼所撰，各馆长率众朝夕诵之，每日睡起饮食必默念小子某同众小子跪在地下，敬谢天父上主皇上帝老亲爷爷等语。谓天父七日造成天地山海人物，每阅七日，为一赞期，谓之礼拜。先一日街设大旗写"明日礼拜各宜虔敬"字样，三鼓具果品糕饵，群诵赞美，各伪府金铙爆竹声不绝耳。其赞美语曰："赞美上帝为天圣父，赞美耶苏为救世主。赞美圣神风为神灵，赞美三位〔为〕合一真神。真通〔道〕岂与世道相同，能救人灵享福无穷。知者踊跃，即〔接〕之为福，愚者省悟，天堂路通。天父洪恩，广大无边，不惜太子，遣降凡间。捐命代赎吾侪罪孽，人知悔改，天子万年。"视张献忠祭梓童祝文曰"你姓张，俺老子也姓张，俺老子与你连了宗罢"，尤为格格不吐。洪逆更善掉弄文字，不可以意测，如圣改胜，上改尚，耶改耳，华改花，国改郭，一作国，火改亮，清改菁，秀改莠，亥改开，卯改荣，丑改好。辛亥之岁，为洪逆在大黄江僭号之始，癸丑洪逆踞金陵，则称辛开元年，癸好三年。又称历代帝王均为相，有所谓改定四书曰："孟子见梁惠相，相曰：'不远千里而来，亦将有以利吾郭乎？'"诸曰〔如〕此类，不胜枚举。又有隐语，火药曰红粉，炮弹曰元马，巨炮曰洋庄，掘地道曰开垅口，敛费曰科炭，百姓曰外小，遗矢曰调化，溺曰润泉，社稷宗庙寺观俱曰妖，悉令毁除，书籍字纸亦曰妖，必残践而后快，官兵曰妖兵，官曰妖头，自贼中逸出者曰变妖。别刊时宪书谓为颁历。单月三十一日，双月三十日，每年以三百六十六日为率。初不许用日月二字，旋仍用之，谓由天父改还。又捏造天兄升天等节凡六。其称呼：洪逆称万岁，东贼称九千岁，西贼称八千岁，南贼称七千岁，北贼称六千岁，翼贼称五千岁，其余伪王称千岁。妻俱称王娘，子称嗣君，伪官丞相以下俱称大人，妻称贞人，子称公子。陷永安以前附贼者，称功勋加一等。伪王昆弟叔侄，俱称王宗。亦设女官，其在伪府者，有女丞相、女检点，在外统带女馆者，有女军帅、女百长。其服色尚黄，次红紫，次青蓝黑白。伪王绣龙，余各有等差。伪王居为府，官居曰衙，阖城千数百处。伪府则有辕门二，大门三，高可数丈，门墙壁彩画龙虎，甬道中筑亭一，两旁悬金锣数十，有事则鸣锣以达。门以内不许男子入，以侍女传递。肴馔酒浆皆伪典厨官自外传进，后皆有堂室园圃，多者数百间，少亦六七十间。若伪衙则择民居之高大者，加以粉绘，或用红笺作联，或以黄纸写朱字，遍贴大门为美观。门外多建瞭台，高十数丈，以备望远。东贼伪府在将军署，北贼在中正街李宅，翼贼在大中桥刘宅。贼相见，下一等者跪，不揖拜。爱跣足，虽袍服乘舆马亦然。嗜着朱履，厚其底，高者几半尺许。每乘马出，携洋人所制八音盒，铿锵作声以为乐。将与官军角拒，发伪令必先吹角以集人，至北贼伪府听令，以贼目执尖角令旗，率众立俟指挥。战必驱被胁者在前，积贼随其后，败则跪祈天父，官军或谓其有妖术，往往竟疑惧不进。伪撰之书，则有《天理要论》《天情道理书》《千字诏》《原道救世歌》《旧遗诏》《新遗诏》《天父天兄下凡诏书》《行军总要》《士阶条例》《制度则例》《天道诏书》《真圣主诏》《武略》《醒世文》《三国史》《三字经》《天朝田亩制度》《太平军书》，《太平营规》《天条书》《改定四书》等类，逼人诵读。伪律一百七十七条，点天灯者三,五马分尸者三，斩者四十一，杖者五十二，鞭者七十八。妇女有罪，入伪宫重治。伪宫之刑曰天灯、分尸、剥皮、铁杵、顶车，皆死刑，反弓、跪火、杖胁、鞭背、木架，皆生刑。伪天条十事：一拜邪神，二杀人害人，三不孝，四奸淫，五窃掠，六欺诈，七私藏财货，八变草，九三更，十吸烟。变草，投效官军之称，三更，逃亡之称，违者立斩，违者未尝有斩，斩者必言其违，此贼之所以为贼也。

是年英吉利国驻扎香港使臣波能乘轮船至金陵，使其翻译官密陀士持书入城，告以英人守局外之义，且诘难教事，以贼剿〔抄〕袭其教惑众也。洪逆得书，命东贼、西贼作覆谓："我天父上主皇上帝六日造成天地山海人物，天兄耶苏代世人赎罪，天下本一家，四海皆兄弟，不料我天国为满洲夺取，遍地立土木偶像，敬拜邪神，大失真道。耶苏初显圣外国，传下圣书，英国信之，近又显圣天国，遣使迎我主升天，封为天王，令将三十三天邪神驱入地狱，自戊申年三月，天父降凡，九月，天兄降凡，助我天王成万国真主以来，六年于兹矣。尔远人愿为藩属，天王欢乐，天父天兄亦欢乐，既忠心归顺，是以降旨尔头人及众弟兄，可随意来天京，或效力，或通商，出入城门，均不禁阻，以顺天意，另给圣书数种，欲求真道，可诵习之。"癸好三月二十五日，波使得书，知其不足与言，尤怒其称英为其藩属，遂致书告绝云："来书语言无状，不能理会，总之中国既准五口通商，则无论何人有损我商务者，我国惟以兵戈从事。"波使所以致书告守局外义者，盖闻贼既陷金陵，即欲南下苏松，虑碍上海商务也。洪逆是书，亦非偶然，使不激怒波使，更探其意而厚结之，则为患尚可言哉。八月，大营右翼马总兵以忧愤卒于军（谥刚愍），左翼和总兵旋调援皖北。

…………

是时洪逆伪府日渐开拓，僭纵工役日必千人，已兴造年余，府前有牌楼一，上横四大字曰"天堂路通"，大门额曰"荣光门"，二门曰"圣天门"，皆冠以"真神"两字。两旁有栅，栅内横额数方，皆伪僚属所赞颂。左右有亭，高出墙外，覆琉璃瓦。二门内伪朝房东西各数十间。西有一井，以五色石为栏，上镂双龙，石质人工俱坚致，非近时物。伪殿前牌坊一，上下雕龙，文饰精彩。伪殿尤高广，梁栋涂赤金，文以龙凤，四壁彩画龙、虎、狮、象。伪殿东有墙一围，凿池于中池中，以青石砌一船长十数丈，广六七丈，备极工巧。内室多至千数百间，伪王娘以下备媵妾者一千二百余人，而侍女不与焉。逆既荒于色，深居简出，一切不闻问，于是东贼渐跋扈不可制。东贼伪府自将军署迁于旱西门长芦鹾使何宅，榜曰"正九重天府"，规模服御几与洪逆埒。性尤淫纵，逼取民女未盈十七岁者三十六人为王娘，好杀人，奇酷之刑多为所定。出必前后拥护数千人，金鼓旌旗之属凡数十事，轰雷耀日，继以绸扎五色巨龙，音乐从其后，号曰东龙，乐已，大舆至，舆夫五十六人，舆内左右立一童执蝇拂，捧茗碗，曰仆射，舆后伪属百余人，又继以龙，乃毕。顾仅至洪逆处，或登城，他弗往也。见洪逆不跪，称曰二兄，自称曰弟，此为东贼得称，余皆不可。尝造大床，四面玻璃，中贮水，蓄金鱼荇藻，枕长四尺二寸，此可见淫乱之一端。北贼伪仪制半于东，翼贼又半于北。

贼中初以演戏为邪歌，继于池州得戏班衣服器具数十箱回金陵，乃招优伶装演，筑台清凉山大树下，东贼观之喜，于是皆尚演剧，作乐歌唱。各伪府朝夕敬拜天父，男乐在外，女乐在内，遍搜城内曾为乐妓者充之。

每逢各贼生日，馈物者不绝于道，而女馆此风尤盛，以糯米制成各色糕饼，列于方几，令人肩之前行，导以金锣黄伞，女官乘马随之，送入伪府，至日往贺，陪诵赞美酬谢天父。洪逆父子生日俱赐宴，畀以金牌，皆先期逼人入贡院考试，洪逆为正试，东贼则东试，余仿此。所取伪状元、榜眼、探花、传胪各一，伪翰林数十，伪进士倍之。一日，东试逼多士赋诗，题曰"四海之内皆东王"。有诸生郑之侨者，作诗起句云："四海皆清王，安容鼠辈狂，人皆思北阙，世忽有东王。"贼大怒，支解之。又有诸生夏宗铣者，贼胁就试，终卷有骂贼语，亦被磔。又恒逼民女百人，送总理女营事务伪赞王蒙得恩处，再选约得十五人，以进洪逆东贼各六人，北贼二人，翼贼一人，谓天父赐美女以偿其劳。

当贼大治伪府掘取全城阶石，及运土石加筑城雉时，得占碑数十，有梁司马散骑常侍萧诞碑，夏侯随碑，荆王府长使司马景德合葬碑，检校侍郎左庶子鲁公谅碑。又有二白石碑，一则中列汉篆十二，曰："四辅登，四将□，重泽至，八方宁。"四围作波浪文，上一巨印，弗能辨。一曰"四辅登，四将生，重泽至，万年青。"字外有界画，界外东列"东□"二字，西列"西平"二字，南列"南丰"二字，北列"北星"二字，字外有波浪文界画一道，其外则东北列"勃海"二字，东南列"□海"二字，西北列"史相"二字，西南列"大府"二字，皆小篆字，旁又各列一卦，成八方形。又有一碑特奇，高丈余，阔三四尺，质黑如漆，上镌一女子支颐闭目，颈拖长帛，下有古篆数字，人不能识，扣之若空其中者，贼疑中有宝物，击之既无损，锯亦不入。又得一石状如猪，尾大耳小，长约三尺，高二尺，石质极良，贼碎之，腹中五脏咸备，质重若此，初非供玩之物，不知何所用也（碑石后皆毁失）。

　　贼偶获逃人，见其薙发，酷刑逼问，以通大营对。贼遂吹角，传集城人验发，有经刀薙者，驱入贡院，并令男女馆查有薙发者，速自送至，隐匿者罪不赦。于是男馆得二千余人，女馆数略同。盖金陵风俗妇女多薙前后发使齐，贼不问，悉指为通外。旋有东贼妾母鸣其子冤者，乃令馆长加保得释，仅戮百余人。越日逾城逸出者，为贼所获，即前薙发之人，贼怒施以火烙火锥，逼认与官兵作内应，凡前之取保得释者，仍拘至，禁男子于十八房，禁妇女于两旁矮屋中，每日伪指挥伪侍卫等讯以非刑，受之者无不肌肉糜烂，死而复苏，若吊指，跪练〔链〕犹其轻者，妇女之被逼自尽者无算，死于刑者数百人。

　　贼患粮不足，令伪女官传谕，欲尽驱之出城，有夫及子在城者方得留。伪谕一出，阖城哗然，或跃身于清流，或弃儿于道路，一时踵趾错杂，号泣声震地，土地工匠停役奔视，势汹汹将内变。贼惧，乃言伪女官传令讹误，枷杖安众心，乃稍定。次日命妇女齐赴小营听讲道理，凡有夫与子在城者立黄旗下，夫与子出外者立红旗下，孀妇处女立白旗下，夫与子逸去者立黑旗下，贼搭高台张灯设乐，推老贼一人登台高坐讲说天条，并言天父、天兄、天王、东王莫大功德，以惑众听。贼中凡有举动必讲之，曰"讲道理"。自是男子每日给米仅半斤，妇女六两，不足，则令食粥。男馆因之逃亡者更众，计广西不满千人，广东千余人，湖南三千人，湖北万余人，安徽万余人，江西三千人，金陵仅万人，扬镇三千人。女馆广东西二千人，湖南不满三百人，湖北二万人，安徽二千人，扬镇万人，金陵八万人，此六月数也。嗣有伪典金官率众出城，守者疑之，搜其身各怀巨金，白东贼，闭城遍搜各伪衙，有金者置诸狱，乃得女为男装者数十人，男为女装者亦数十人，戮于市。东贼多疑，因积贼日少，乃使广东西妇女登埤守城，又使运糗，随大队贼中，用以填塞濠沟。适贼为官兵所败，妇女审避不及，在前列者悉被擒诛，其幸脱者匿浅水中，以浮萍覆面，仰露其鼻，乡人过而见之，扑杀称快焉。

　　七月二十五日，官军克复高淳县城。初，帮办军务许阁学接江苏巡抚印后，仍驻大营，迨上海小刀会事起，由大营抽兵督往剿办，以久未攻克削职。吉尔杭阿接苏抚任，驻上海办理，金陵复抽兵助之，城贼侦知大营兵力稍薄，令皖南贼专力图东坝，高淳遂失守，至是向大臣遣副将傅振邦等克之。城贼复分股扑七瓮桥大营，经将军苏勒通阿，参将张国梁、蔡应龙等剿退，数日间以少击众，每战必捷，并以艇船绝江道，贼艘不得径下，城内米刍日匮。贼于闰七月二十五等日，驱妇女出城割稻，纵令逃逸，因之脱网罗者甚夥，然死于饥，毙于水，及为强暴所掠不从自殉者，尤不知凡几。其女馆之移于上新河者，仍为贼朝夕所驱，嗣后凡女馆并无米可给，即粥糜亦不得一饱，于是贼酋有指配之议矣。十月，向大臣击贼雨花台大捷，逼近聚宝门，其通济门之贼，亦不敢复出，更会扬州军攻贼于浦口，平其垒，江南北通呼吸。先于孝陵卫之双拜冈地方，范铜为巨炮，拟实药轰城，迨工竣试放，炮身炸裂，地为之震，贼无所伤，遂弃置，选材不精欤？抑不计利害，实药未得其平欤？良可惜也。

卷二（节选）

咸丰五年乙卯正月，东贼忽颁伪谕，大小酋目得娶妇，此令一下，诸女馆之被逼有不堪言者矣。先是伪天官丞相曾水源以往芜湖误期削伪职，其弟怨悔逸去，东贼怒，疑水源使其弟通官军，而于中为主谋，以五马分其尸，因谓众贼曰："新附者屡叛，固无足怪，何与我同起粤西者亦复潜逃，岂我待水源恩不厚欤？"众曰："昔在金田、永安时，天父曾许至金陵小天堂，男女团聚，乃至已三年，众仍无家，咸谓天父诳人，故皆思去，恐将来益不可遏耳。"东贼曰："汝辈真不测天父之高深矣，日愈久，则配愈多，今汝辈欲速，职之尊者一人仅得十余人，下则以次递减，得毋又嫌不足乎？"俄而东贼佯作天父下凡状，谓蒙天父恩许，男女得配偶，设伪媒官男一女一，凡积贼为伪丞相者得配女十二人，伪国宗得配女八人，他伪官以次递减，无职者亦配一人，原有妇者许归其室。令伪巡查查女馆自十五岁以上至五十岁者，开列年貌注册，以候选择。凡男贼求配，报名媒所，令伪媒官掣签，系某女子在某馆某伪军某百长名下，持签至馆索出，挟置之轿间，有老夫得少妻，童子获鸠母者，均弗之易。有不愿配之女子寻死弗获，东贼令斫其手足示众，以慑逼配之妇女，于是饮泣含冤者不可殚述。其洁白自矢者，或在馆自裁，或半途投水，或已入轿而以刀剪自戕，尤不可以计数，女馆遂为之一空。其在外之贼亦得掠配或竟逼娶，从此诸贼无不昵少妇，拥多资，为贼酋尽死力，然凶悍之气亦以此而渐杀焉。其男馆之人逸出甚夥，余则或被驱出当矢石死，或受折磨死，其尚留贼中者，非身被拘束思出无由，即无赖之徒，甘心从贼，故从此人数莫可稽考。方女馆之未配也，东贼虑其闲居为不善，工作而外，时传伪令以劳苦之，时而令每女馆各觅井阑一，时而索小鼠数枚，时而捉肥虫数对，限日送伪府，违则治罪。贼中诧为神奇，群揣度其作用，实则送之即弃之，其智计阴鸷乃尔。贼初设买卖街于城外，继见借此逃亡甚多，乃立五市于北门桥，然物价踊贵，贼又以为不便旋罢。贼间于井中或花台启得金银，于是令于各处搜掘，又遍搜废铜铸钱，其文一面为"太平天国"，一面为"圣宝"或"重宝"字样，狂悖可哂，而轮廓肉好，亦颇整齐，至今或见之，盖销毁未尽者也。二月，贼分股窜高资，夹江而陈，图牵制官兵，并扰及句容。十九日，向大臣遣官军毁其土垒。三月，向大臣会扬州军败贼于江浦，贼盖以上年官军逼贼于聚宝、通济等门，城贼危促，乃纠合瓜、镇之贼，约期进犯也。复会军踏平沿江贼垒，焚毁贼簰，三山营一带，江面肃清。四月，贼窜至江宁镇，亦为官军击退。十一月十六日，龙脖子等处贼大股出窜，意图往援瓜镇，经张总兵国梁等由仙鹤门甘家巷一带进攻，贼以二三千人来扑，张总兵从后路兜至，纵横抄袭，毙贼无算，生擒二百余人。另股自东阳窜栖霞街焚掠，张总兵绕至牌头庵，与总兵德安等冲击，毙乘轿贼首一名，伪丞相周少魁等四十名，追至石埠桥江边。十九日，复会秦总兵如虎败之于观音门，又毙贼二千余人，余贼逃归城中。同时六合防军攻破九洑洲贼垒，此处为金陵援蔽，在下关对江，贼踞为老巢，坚筑石垒，列巨炮三层，环浚深濠，与下关贼营相犄角，悉锐守之，以扼沂击之路，为窜江北进步，屡攻未克。此次经升用府留署六合县温绍原派都司秦怀扬、千总王家干攻之，乘大雾疾进，越濠数重，缘垒而入，贼党死守，并分贼抄裹，贼众兵寡，事急，王家干取贼炮置膝上，实药轰之，群贼骇溃，遂克其垒。以孤悬外江未能坚守，复为贼踞。嗣仅于十年正月，为张总统攻克，旋亦失守，至同治二年始克焉。（《中国近代史资料丛刊续编·太平天国》第四册）

佚　名

金陵纪事

长毛贼又曰红头子，广西山中巨盗也。滋事起于金田，金田百姓无一降者，皆为所杀。呜呼，忠义哉！初有挟千金客逆旅者，盗徒瞰而尾之，客惧。有告以某氏能救，避于某。盗至，某代婉请，自报以金，盗徒首肯，归献盗魁。盗魁义之，令返其金。其时某氏宴佐杂某某，或侦其事以语县，县以通盗访缉查拿，得贿免，府亦如之。道乃拿赴狱，罪定，盗闻知，遂劫狱戕官。起事只七十人，其自谓以数十人杀官兵数十万，未免大话欺人，然所损亦多矣。

贼于咸丰癸丑正月二十八日由武昌顺流而下，船至南京，夜已三更，晨即据报恩寺塔，焚城内，并用火器攻城甚便。迨二月初十日破城后，三月援兵始至，贼闻信即焚塔，焚城外七里街及居民各市廛，坚壁清野。雨花台山，贼初来即立土城为营垒，长几数里，坚而且宽。破城则用鳌翻法，近城根挖进一半，将地雷藏入燃放。仪凤门外有破庙遮蔽，贼得掘挖，地雷轰起，城遂倾卧，入贼二百余人，杀数十人，各贼惊窜至鹫峰寺一带。继又有贼在水西门、旱西门外立云梯爬城拥入，城遂破。

贼皆黑瘦，相貌多犯杀，断不能成也。初出示皆魔障语，专以天父哄人，以天条杀人。伪官以司马为最小，不用红头，换黄绸扎头，自旅帅以上皆戴风帽，六月不除，以黄边宽窄验官之大小。自夸十日破城，不是人做事，乃天做事。贼多赤足，其胆皆泼，心多入魔，目直视若痰迷者。其逐日给米，遇节及贼首生诞散肉，皆苗人土司法，衣服亦多为苗装，髻蟠于额上，上服齐腰，下敞裤脚。以天为父，以狗肉敬之，以耶苏为天兄，即其祖师。以二三十字为讳，改丑为好、亥为利〔开〕，凡姓王者皆改姓汪或姓黄。以神庙为妖庙，毁神佛抛于水与厕。午餐吃粥，惟早晚赞美拜上，掳来人皆使拜上，又曰拜相，能拜者即为天父之子，虽洪秀全亦以为弟兄，故外虽仆役，食则同起居，明明强盗用伙计也。屡唤男女集于某地，说听道理，高桌架台说法，其实道已非道，理尤无理，语多秽亵，并无伦常。杀人打人谓皆依十天条，其十天条皆自犯，时以天父下凡哄人，未闻众贼有见天父者，岂天父只能与数贼会面耶？足见众贼之愚迷也。窃《西铭》"乾父"一语，又不甚解其意，欲借以惑人，复以为天父即上帝。上帝固人人皆敬，亦未闻有色相与人相见并答语者，如有其事，必广西之毒蛇野蛊之类造此大孽。七月，曾有三霹雳而未透，近于九月忽起霹雳，似有所击，劫数将完，天心悔祸耶！但杨秀清之名，自被厌胜后，其法皆不灵矣。又无论阴晴，贼目皆自执洋伞一柄。骑马或驴骡，皆着红鞋，以足后跟搭镫，使人牵引而行。贼自谓太平天国真天命，必言真者，畏人说其假。其掩饰妄诞矫诬多类此。魂得升天，赞美中语。贼以死为可贺。

男女日皆给米，米完给稻，稻少则女给二合，老人则日给四合，较胜于扬州之贼。扬州乏食，已杀老弱男女，并烧死数万人矣。女人逐日削竹签、担砖、挖沟、驼米稻、割麦豆秋禾，令将裹成之脚脱去缠足布。有女百长四更即起而催促，无不残虐之人。女伪官出行，亦有伞有锣，敲不歇声。老人则为牌尾，为扫街、拾字纸、看鱼塘菜园、割菜子蚕豆等事。木瓦匠皆有总制，称大人。碾米为臼人。各伪官之女儿皆欲称金玉与雪，名其书曰《礼仪》。其夫为伪官，妻皆不饱，有犯奸者。所刻《三字经》等书，不如驴鸣狗吠。

贼中洪秀全为天王，不问各事，疑前所获之洪大全实为首犯，观秀全不为主，欲保扶六七岁之小崽，则小崽为大全之子可知，时朝杨秀清，日日并不朝洪秀全。人或谓杨秀清湖北人，住武昌草河门，缘事发配于广西。伊出示必自称正军师禾乃师赎病主，语皆费解，持权自为伪东王，将来必有图篡之意。萧、韦为左辅右弼副军师，萧朝贵为伪西王，伤炮死于镇江，今为其子。韦正为伪北王，闻是武人善战。石大凯〔达开〕本富户，或谓为北方人，助银而后为伪翼王。冯云山为伪南王，早死于湖南。

贼之可异者，持竹竿而战，插竿首以长钉，以此为战县。掳不知战之良民以与官兵战，明用以当官兵之头刀，贼心洵不可问。而广西距南京数千余里，破数十府州县，以及镇江、扬州，复远扰河南、直隶，数年来人多空城自逃，不与相战斗者何也！长毛贼但恃其胆之泼，逢危急时，恒骗呼其众曰："放胆，有天父看顾！有天父保佑！"以此愚弄人。湖南、广西人心蠢笨，往往坠其术中，江南人力本软弱，心尚明白，皆不信其言也。又曰："越吃苦，越威风。"又曰："代打江山打先锋，要汗如珠。"又激怒官兵曰："尔有十分命，只有一分胆，我只一分命，却有十分胆。"其被围时云云，而兵不怒也。然则兵之雅量为何如。以战死为能人，以人死为可贺，谓死者魂已升于天堂，其语不近人情，皆非人类语。其意不过煽惑人心，欲人帮助伊相叛逆而已。问伊魂何不即升天，乃若是扰乱滋闹耶？

贼改南京为天京，前已改岳州府为得胜府矣。出示以读孔、孟书及诸子百家者皆立斩。迨八月初十日在南京开科取士、连出三示、用文用策，又谓孔、孟非妖书。所取皆打油与文义不通者。其所取之首名已自缢而死。其无知而反覆如此。前以两广人多穿黄马褂为贵显，两湖人不服，别结盟，有内应之意，为所杀，后并杀真降贼者，伊势遂孤。近则南京人亦与穿黄马褂矣。其意实欲收拾人心，其法令莫不从苛刻，其谲诡而矫变又如此。

凡用于今日约有五胜五败：士马富强，枪炮精练必胜；拳勇猱捷，器械犀利必胜；泼辣不惧，气更过于贼必胜；万心共奋，置死生于度外必胜；前后相续不为观望，左右相救不留隙漏，能每十人中有一人极熟娴用长枪及白蜡竿者救护短兵无空隙处必胜。至于怯不敢前，未遇贼而先疑，才遇贼而即溃，转为贼所追则败矣；多出议论，虑有埋伏，指无为有，或魆或莽则败矣；粗率卤莽而不敢侦探，又无沉毅计谋，贸然深入，既入复出，中怯不勇，路径丛杂则败矣；贪恋财利，不明大义，不识忠信，不知以同仇为愤怒，沓冗而无意气则败矣；纵兵吃雅片烟，疲软懒惰，加以困穷赌钱吃酒酗狠沉湎，自称豪杰，并无法令，在上任情干犯于下则败矣。将当时时申诫劝饬，兵尤刻刻谨惕防闲，上下情如骨肉，方能有益。否则前队逃跑，后队践踏，未尝接战而死者已狼藉矣。

每逢夜战，贼在城隅只点一灯极明亮，又用人在城上擂大鼓、打锣鼓以助军威。有夜战则更鼓尤众盛，平时将神香遍收，每晚在城垛洞内焚烧，烟雾迷离，伪若守城人众，其实城上并无多人。六月大东风半月余，炮架倾倒，屋以板隔在城上者皆吹倒于城上，城中屋瓦皆飞，惜此时并无攻城者。当时城中并无埋伏，厥后恐因怯者之言转致伊心立机设伏，且停留长其智慧，凡事皆然。过水西门外大街，见有大将军炮约重五千斤者两尊，月城内约重二三千斤者四五尊，想各门不过如此。而杨秀清忽闹龙灯，且多用灯彩在鼓楼一带山上盘旋，以惑外人之耳目，以壮城里之声威。有兵攻城，亦带往在各城呼喝喧嚣，明是虚者实之，因城空，伪为多人之意。

贼屡分党众出打先锋，即掳所在之人，并不训练，皆乌合者，强勉同行，如江西之南昌、河南之怀庆、山西之平阳、直隶之正定，贼皆分股窜入，皆因剿贼者防截不严，致令溃散混走，实是不可放贼远窜。南京以上，须肃清江面，即如南京至镇江，常有贼船往来通其消息，须于江上多立水寨，不令贼船一只通行，则贼势皆孤，易于破灭，闭在城中，更易聚歼，否则不但多破地方，恐外掳多人，又行内外夹攻之计。南京之贼并本地百姓，不过二三万男人，果十三门齐攻，贼必不能分派多人，势绌则城可破矣。今有破城而不敢入，既入又复出者，有见贼之城门大开不敢入，有欲入而后无继者，则又何也！

库为"圣库"，兵为"圣兵"，粮为"圣粮"，其狂妄殊甚。七月间，要织五色锦缎被三百床，闻有大配之意在八月间，是贼思淫佚，以为享天福矣。贼之东、西贵亲以杨、萧而分，国丈又有陈姓者，国伯皆洪、冯、杨、萧、韦、石之尊属，黄、赖、蒋、魏皆贼首旧姻，事皆从刻。又有吉、侬两姓，侬当是侬智高之种裔，皆苗倮。钟、周两人略为和平顺理，然亦非善类。贼之杀人打人，皆听小崽之唆，故欲剁为齑，不足惜也。伪官之司马亦曰牌长，曰卒长，管二十五人，以上有百长管百人，旅帅管五百人，军帅则管千人，用风帽黄边矣。再则典金、典妆、典竹、典炮、典硝、典铅码、参护、监军等名。又有巡查、检点、指挥、侍卫、总制、内医、国伯、国丈、东西贵亲、丞相。天官以下六官，官皆有协理，皆稍知文理识字者。其余掌仪、春人，名目甚多，忽增忽改，并无定见。最重牌刀手，错杀皆不问，封伪职则为参护。亦最重书手，敬如宾客，即识字与知文理者封升伪职则为监军，余多为总制。今忽南京数十人皆封为总制，分各行铺，牢笼之术也。事事求异于人，伪官不曰加级而曰加等，亦自以为独得。尤可笑者，自造历书不用闰与大小建，月有三十一日，是全无知识也，积久必有夏冬倒置之时，其语屡变不可信。

贼于夏日亦不尽红头，以领褂之红黄变色分各军。将南京各处空棺劈烧殆尽，用古墙之砖与土煮千沸成硝，名药为红粉。又索镰刀二万，使妇女割南京城外圩田之稻，前于四月已割麦矣。六七月无事，以杀人为事，日日使小崽挑人头游街，呼某王有令云云。有二妇人行乞于路，杀之，谓此妇必是不拜相，故无口粮。不言日给二合米熬粥亦不敷日食，冤乎劫也。

无故先责女司马二百板，其余妇人各责一百或二百，官虽至王与丞相，犯事则以竹板打二百或三百，其不知立品又如此。打妇人时，诳称天父怒，言其不虔心拜相，是亦贼心之疑，以威胁人也。以协理为心腹，以牌刀手为爪牙，大较若是。

有叶姓最代为忠谋，似教以正者。伊所谓"魂得升天"，向来教匪皆有此语，以死后没寻处之天堂，骗人用生前之死力，人之听信，其愚迷为何如。"炼好成人"，亦贼匪告示语，此盗语也。即"不肯溜骨髓"之说，此贼匪中淫者亦多，但不敢公然宣淫耳。伊云耶稣是天主教之祖师，而贼又拆毁天主堂，疑非其类。想贼匪皆张五郎之徒，以七月十三四日在广西云贵交界处传教，有"开口不离三，举手不离五"，又有"一竿白银枪，闹入北京城"之秘密语。其处心积虑，皆以叛逆相传习，想亦白莲教之流，所谓添弟会是也。添弟本名天地，官胥改作添弟也。所以又有八卦教之说，贼未起之先，已满路黄纸斜角贴，令人求张大仙药方矣。

贼善为奸细，多办〔扮〕医卜星相小卖买者，且杂入官所募之乡勇中。贼性桀骜，与软语乞怜，多见杀，直与硬语，竟置之。贼亦有毒烟药，战稍却，即放毒烟，使人昏闷致溃败，贼或转败为胜。初到立营，亦遍燃毒火于长围外。此方以黑砒石、黄漆叶、人粪为最毒，如无解药，预于出战前以醋洗面则不受毒，或以甘草泡醋薰棉絮塞鼻亦能解。贼不甚解拳法，见兵之用拳勇者皆曰"枪尚绕花子"。闻七月初接战，有于马上擒十数贼，其中有伪丞相及指挥、检点、侍卫多人，即仓皇惊骇，其伎俩可知，胆虽泼而亦怯，心虽魔而亦惧，其后皆闭门不敢战，只恃城上与城门外之大炮而已。日搜铁与锡铅以铸炮子，有硝无磺，故其炮声皆不洪烈。总之贼无大技艺，似易破灭。惟练兵者皆要一兵有一兵之实用，凡所统兵众，联以队伍，申以纪律，出令皆森严不可犯，则勇者不能独出，怯者不得落后，站立稳固，人心奋往，所向自无不捷，况贼皆乌合，遇接战则易败乎。然可操必胜之权，不可存必胜之心，恃其必胜，则卤莽强悍者先出，稍有小挫，一拥而散，自相践踏，今为通弊。故必于平时未战使谨进退，慎指纵，操练习演，三令五申，犯则必斩，使之知能进而不能退，各畏禁令之严，又信赏罚之公，更为进选敢死之士以冲锋，退精卷撤之法以收队，毋冒昧深入，毋惧怯不前，最为紧要。果能激励士卒，用法勤谨，则人晓同仇，鼓以作气，锐不可当，无一人肯退缩者，岂非勇生于怒者。贼以官为妖头，以兵役为妖，进喊皆呼："杀妖！"不自知其为妖也。前在湖南曾谓兵不足则募盗为兵，粮不足则纵兵为盗，官兵固为所罟，而贼亦不自知其盗也。

贼自五月在南京要家家悬有门牌，户各二十五名。伊自所谓衙及机房、各行铺店、种菜户、水炉、豆腐店，则人数众寡不等。两广人多谓之"功勋"，实数只有七百零，余则湖南北及各路人，并南京、镇江、扬州人合计不过两三万人，妇人转有十余万。伊欲知人数，责令司马、百长及各衙逐月查实在人数造报清册，各人名下所有之父母兄弟子侄及入何营、何时入营皆备，其父兄伯叔之老病者即随入其营，将来破城后得其清册，必有按户查办者矣。顾贼实泼而勤警，只因无治人之术，自男女各分馆后，既不能得民欢心，又不能禁众人逃走，古谓盗亦有道，此则无道之盗也。噫，遭此大劫，财物掳空，人民幸逃，流离者相对穷愁，荡析者御冬无策，困厄僻居，悲夫！悲夫！乃缀以十三章律诗，曰：

登塔凭高作望楼，雨花营垒又坚筹，一旬竟把南京破，千里来从西粤流。白胖无人皆黑瘦，红头封职换黄绸，自矜十日天行事，昼夜排搜匿满洲。

胆泼心魔跣足忙，本来巨盗又苗装，长毛连须盘前髻，短服齐腰敞下裳。神庙毁来原木偶，贼魂痴望入天堂，无情忌讳尤堪笑，不许人家说姓王。

妄称天父与天兄，拜上相交若有情。穷困求粮需掳掠，豪华屠狗供粢盛。岁时朝贡无些礼，朝暮饔飧有诵声，济众博施良不易，百般勉强盗虚名。

弟兄姊妹逼相呼，视十天条自犯无？道理听来皆蛊惑，尘凡谁降莫痴愚！书藏孔、孟皆须杀，令出杨、韦不足虞，邪法弗灵兵法少，不知何物是耶苏。

牌刀手果有何能，手执滕条而似冰，上帝弗劳伊赞美，下民尽受尔欺凌。家家搜括都无物，处处伤残转自惩，还说入城怜百姓，者番蹂躏已难胜。

伪官风帽看黄边，小大绸衣暑尚棉。洋伞非关遮赤日，严刑先戒食黄烟。红鞋倒镫常骑马，白浪空舱亦放船。如此太平诳天命，火神六合聚歼旃。

魂得升天骗法新，将来成谶自先陈，盗言甘美徒调舌，叛语支离惯弄唇。贺死信为真悖逆，开科那解用儒珍，想伊欲补冬官制，木匠居然做大人。

六贼称王概御銮，姓秦丞相首天官。巡查检点分为治，总制春人各自安。祸枣灾梨书妄刻，评金论雪意繁难，秀清独断终图篡，孩幼扶持见肺肝。

趁凉六月绕城攻，城角灯光一点红，雉堞焚香遥见火，雁行排炮忽愁风。助威擂鼓雷霆比，督战吹螺晓夜同，俱是掳来乌合众，偏知分用出雌雄。

寡妇频言与丈夫，柏舟节义笑为迂，挖沟驼米朝朝苦，削竹担砖事事粗。一日万家缠足放，四更百长竭情驱，蛮婆大脚鸣锣过，女伪高官意气殊。

贵亲分别有东西，国丈当和国伯齐。□□□姻多倨刻，钟、周顺理易沉迷。南蛮都合枭伊首，小崽尤应剁作泥。残废老人牌尾列，扫街驼稻自悲凄。

城头板屋照斜阳，三五更夫上宿慌。只有炮多明保守，未闻机伏暗潜藏。龙灯闹若万千聚，鸳被苛求三百床。库与兵粮皆自圣，几曾作圣但为狂！

劫数将完贼势孤，须乘机会速行诛。练兵练胆休中怯，团勇团心在疾趋，莫任先锋频打出，须教八面合围屠。好谋元老娴韬略，幸勿迟疑愿早图。（《太平天国资料丛编简辑》第二册）

王彝寿

越难志

序

半壁江山，牛鬼蛇神之地，两年蹂躏，虎兄豹地〔弟〕之威。逞刻石贪峰，山都流血，鼓弥天之毒焰，云亦工愁。人尽流离，仆尤感慨。比网鱼之偶漏，命是鸿毛；作巢燕之相依，生偷虎口。每谈铜马，辄吼银蛟。满目伤心，感斯民而出涕；横胸芒角，记愤事于从头。乃者凤历城新，蠡城已复，呕喧鼓角，虽尚惊风鹤之声，衮衮弓刀，行尽扫星狼之毒。仆也相如之壁〔璧〕已烬，君□之砚未焚，本是寓公，蜗庐在松溪渡口，犹存故物，猩毛胜古锦囊中，爰忆妖氛，用编野语，中多目击，亦有耳闻。盖或始类难罹，终同兔脱，久列鸟飞之队，能言狼之所为。又或白旗影里，义愤同舒，碧血堆中，此身幸免。悲凉述旧，慷慨论兵，莫不令人如意，鼓残衫痕湿透。至于街谈巷议，拉杂零星，颇涉新奇，亦资采择。嗟嗟！展卷下数行之泪，射晖尚有腥风，挑灯挥五夜之毫，注血恍来新鬼。同治二年春，岁在癸亥清和月下浣，雪篷道人王氏访梅书于松溪古渡萍依吟馆之本楼。

卷上　记叙

王子曰：吾越自宋以来，不遭兵革者六百年于兹矣。明初胡大海攻至三月不能下，剽掠或不免，焚杀则未闻也。自发贼粤西起衅，僭号金陵，逞其凶毒，长驱席卷，豗奔狼突之迹半于天下，吾越独安如磐石。庚申之春，武林告陷，虽旋即克复，杀掠之惨，侔于闽、献。吾越仅隔一江，卒亦无恙。方谓天实佑越，可恃以无恐。至辛酉九月，贼猝由严州扑越，郡城不守，民之遭祸，转甚于武林。然后知劫之前后大小，其中有数存，而不可以幸免也。贼踞城凡十有七月。余流离转徙极困苦。壬戌冬间，复遭夷兵之难，仓皇奔走，手胝瘃而足重茧，方之小陵值天宝之乱，无以过也。癸亥春初，逆贼鼠窜。言寻旧庐，已为灰烬，僦居松溪渡口，贫困无聊，感叹抑郁。所幸金城汤池，仍归版籍，狼头恶焰，渐次将消。草间偷活之徒，皆得破帽青衫，还其故我。而回首洪羊之劫，历历未忘，因成《越难志》。上卷曰《记叙》。记叙者，按月叙其事也。其事于山、会及诸暨义军尤详。其他或僻处荒陬，或远在百里外，道听所及，谬误转多，故宁略而勿书也。仆不才，不能历横磨之剑，从军破贼，而徒伸纸呓毫，成此孤愤之书。吁！亦可悲矣。

·辛酉·

九月，长发贼陷严州，扑绍兴，郡城不守。初，郡绅尚书邵公又村、副都御史王公履谦，奉公为浙江团练大臣，驻节于越。未几，邵公以飞语去，王公专其事，并督办军饷，公固长者不习兵事，半年余，仅得勇数百人。贼言急，公虑无以守。谢敬者，余姚人，集义军有年矣，明武勇，积功得兵部郎。其军以黄布缠首，号黄头，颇骁健善斗。王公知其能，檄调入城防守。浙抚王公有龄，素稔公有盛德，而不长于兵。太守长白怀公午桥，虽贤能，亦非知兵者。因调湖州守湖南廖公梓臣权越篆。廖公，道光间进士，有胆略，好奇计。守湖州时，贼率数万众来攻，公偕郡绅赵公竹生登陴防御，贼攻之年余不能下，引去。至是调越，抚军盖深知其能，欲以守湖者守越也。九月初，廖公接印视事。贼益迫。公请于抚军，调水师炮船驻城外。炮船兵素桀骜，廿六日，与民争道于昌安门，以刀击民背。附城居民怒，群起殴兵，兵开火枪，炮船皆集，民亦集，大哗，互殴，兵死者二十余人。或有言炮船通贼者，言太守得贼金，为贼谍。会廖公闻变出城，众方汹汹，万口共詈。公不得已，撤炮船离城五十里驻扎。比暮入城，过小江桥，有无赖子数十人，突拥至，指公大呼为贼，毁舆裂盖，并摔之出。幸山阴令庄公耀彩、会稽令边公雪坡驰至，极口解散。廖公踉跄归署，悲愤郁郁，犹自咎用兵之误。次日，贼陷诸暨，入临浦，城内外居民俱携家奔窜。团练筹防各局绅董星散，而城门启闭犹如故也。廿八日夜间，火光烛天，廖公在署病卧不能起，问仆者何处火起。仆出探，误听为炮船兵纵火，入告公，公拍枕大呼曰："我诚负民！我诚负民！"即欲仰药。一仆继入，谓火起非兵，贼也。公犹奋袂而起，欲登陴，召亲军，则已遁矣。廿九日辰刻，有数贼入西郭门，门无守者。贼燃炮竹数声，大伙即至，城内贼亦起，呼声震天，盖贼之潜伏城内者已不知凡几，当事者自不能察耳，廖公已仰药，未绝，闻贼入城，即自刎死。团练大臣王公走，两邑县令不能支，亦走。谢敬率黄头勇巷战，众寡悬甚，战数合，贼益大至，敬夺门走。郡城遂为贼踞。

十月，贼下乡大掠，杀戮奸淫，日为无光。有剖腹而饮其血者，有剁四肢者，有挖心而食者，有缚于柱而以爆竹密缀其四体烧震以为笑乐者，种种惨状，笔不忍书。又择精壮者掳以为兵，号曰"牌尾"。遇妇女，则对众宣淫，淫毕，或以刀剖之，稍有姿色则曳之去。搜括金赀，捉船装载，峨舸大艑衔尾入城，长数十里。山邑安成村，素刚悍，贼至，呼噪逐之。次日，贼以大队来，村人散走。贼恣意焚杀，老弱为之一空。会邑伧唐村，亦聚众至数千，与贼战，杀贼目二人、贼兵二十余人。既而贼大至，旌旗蔽天日。时余方窜伏斗鸡山之巅，山距伧塘仅数里，可望而见。村民裂裳为旗，削木作梃。贼击以火枪，如连珠然。村民不能支，返走。贼入村追杀，尸骸如山，大焚房庐，两日夜始去。由是各村无敢拒者，贼至，惟睹其逞凶而已。如是者十余日。伪主将陆顺德出示安民。令各献金银，名曰"进贡"。下令立乡官。贼之制，以城居兵，以乡居民。官之在城者曰朝官，其兄弟为之，其党皆称兄弟也。朝官以王为最尊，然亦有等差，一千岁至九千岁不等。次曰朝将，又次曰六爵：天义、天安、天福、天燕、天预、天侯。入越之主将初以天义为之，总提武将帅等官则安福所兼也。又次为丞相、将军。王之属有王相、六部尚书等官，六爵之属有经政、军政、六司、参军等官，不可悉数也，总名曰属官。又有坐镇，主一郡，有佐将，主一邑，六爵或经政为之，官之在乡者，乡之人为之。粮饷民务皆所司也。最尊者曰总制，辖一郡；次曰监军，辖一邑；又曰恩赏监军，一邑事皆可预，然无专责；又次曰军帅，辖万二千五百家；一军帅之下有五师帅，每辖二千五百家；一师帅之下有五旅师，每辖五百家；旅帅之下又有辖百家者曰卒长，辖二十五家者曰司马。乡官之令出，竞夤缘为之，无赖者居大半，间亦有缙绅欲保乡里而屈节为之者，然无几人也。山邑库书潘兰芬，贼命为伪监军。朱东山者，会邑库书，素不逞，慕之，百计营求，得为会稽监军。戴幞头，服黄裰，占民房设衙署，招集胥役多至数百人，每出，旗帜呵殿，贵倨各侯王。各乡官效之，无不设衙开局，牛头呵旁，爪牙狰狞。然自伪监军至旅帅，皆听命于佐将，稍忤之，琅珰加身，鞭扑随之，弗敢号也。贼又令其属至各乡把卡，为防守计。是时坐镇者为伪正总提绫天安周文嘉。山邑佐将为伪副总提札天福刘某。会邑则伪江南省武将帅皎天福孟文悦也。安民后，颇禁杀掠，民渐聚，稍稍理生业，设市肆。会伪主将陆顺德发兵合何文庆攻宁波，陷之。所过各村，又不免蹂躏。文庆，诸邑人，结党数千人，有武略。人皆望其举义，至是助贼，多惜之。山邑塘缺头，滨海村也。有施某者起义，贼知之，拔队往，施败入海。海中多沙地，民结草居者甚众。贼下海杀掠，海波为红，而沿海如党山、陶里诸村，咸受厥累。时萧山已为贼有，伪中〔忠〕王李秀春〔成〕攻杭州不能下，调南京、江苏贼兵合围之，众号四十万，催粮饷甚急。伪乡官又借之充囊，多方勒索于民。董某者，会邑名孝廉也。慕乡官威福，屡欲为而不能得，见勒索之易，益垂涎，乃以百金贿伪佐将，得为师帅，又赏以黄巾。某喜甚，归而夸于父。其父亦孝廉，素方正，方卧病，见之大怒，气逆即死。某备仪卫乘舆传呼，耀于通衢，绝不以父丧为戚，人多唾骂之。其门人嵊邑诸生马继文，建义旗作书招之，某不顾，气轩轩竭力为贼筹粮饷。嗟乎，此真丧心无耻，名教中罪人也，岂特斯文扫地而已哉！

十一月，贼发门牌，下令民间，有不以牌悬门首者，杀无赦。牌纸须费银二饼，乡官肥己又加半也。小有田产则故掯之不与，意外需索，必满所欲乃已。一迁延，即以大锁锁至局，酷如治盗贼。百姓冤苦，多有鬻男女以偿者。又发店凭、商凭，令把卡伪官按日抽厘，虎兄豹弟，层层腴削，以致市场物价腾贵，较平时倍蓰，垄断转或得利，而居民益窘矣。伪主将颁律令，曰剃发者斩，曰吸食烟草者斩。按烟草即淡芭菰，明时服者有禁，我朝则自搢绅至卖菜佣无不吸食，贼嗜之尤甚，乃曰斩，何为也哉！曰擅拜妖神者斩。贼最恶神佛，遇祠庙必毁，否则以刀斫塑像，或以粪污涂之，目为土妖，故有是令。凡十余条，荒谬多类此。吁！是真贼之所为也。越郡八邑，时已尽为贼有，势张甚。省垣亦陷，抚军、将军皆殉节。初，贼围省城，抚军激励将士，偕将军长白瑞公，亲冒矢石，登陴督守，日夕不寐，至是已五十余日，粮尽，罗雀掘鼠食之，士卒多死者，贼乘城上，抚军知不可为，从容返署，朝服北拜，仰药死。将军自焚。捷报入越，伪坐镇令山、会监军勒民输银犒军士，监军下之各乡官，剔脂刮骨，集三万余金以进，而乡官之囊益充牣矣。时伪总制尚缺人，伪坐镇周文嘉欲罗搢绅之素而着人望者为之。郡绅何公戢民（维城）起家孝廉，晋衔观察，城陷后，伏居山村。文嘉知其名，贴书招之，不至，则遣其属敦迫之。公知不能免，乃作书复文嘉，大略言：我受国恩，义不屈节，一死而已，无他言，惟望汝曹体上天好生，少杀百姓。又作书与父诀，即入室自经死。文嘉得书流涕，下令榜其门曰：此忠臣家，我兵有敢入者死。愚民见而羡之，不知何公忠魂正当作风雨洗此污迹也。

十二月，贼于城内择民居之大者改伪署，曰宇、曰阁、曰第、曰衙不等，穷奢极侈。至捣寺庙中佛像，以其泥和香屑涂壁。日役民夫数千人，工食责之乡官。伪坐镇周文嘉、佐将孟文悦赴金陵觐其伪天王，勒两邑乡官献赆仪。代周者为伪见天安姚克刚，代孟者为伪炳天预徐某。又以伪经政司龚锦标代札天福刘某为山阴佐将。乡官又醵金贺新任。伪主将陆顺德以陷越功，封伪殿前斩恶留善顶天扶朝纲来王彩千岁，乡官又入贺，贺必以金。嗟乎，乡官之金，谁之金哉！伪坐镇以各伪局文牒不合式，乃颁发字样。上行下者，为劝谕，为咏谕，为勖醒，为诲醒，为珍批。下达上者，为达、为报、为申。多忌讳，以“丑”为“好”，以“亥”为“开”，以“卯”为“荣”。如是日本“己亥”，则必曰“己开”，“乙卯”则曰“乙荣”，“丁丑”则曰“丁好”。凡“王”姓者，皆改为“汪”或“黄”。又改“山”为“珊”，改“师”为“司”。字之犯其各伪王讳者，必于本字上加草头，如以“秀”为“莠”，以“全”为“荃”之类是也。天字则必长其上划，国则去“或”从“王”。此类甚多，不可殚述。令各局七日一祭天，诵赞美经。其经曰：赞美上帝为天生父，凡数十言。其拜，不拱手不稽首，但直跪而已。贼自陷杭后，颇与人结姻，画上李某者，山阴人，有二女，颇有姿。伪勍天福胡兴霖令伪旅帅戴某执柯，聘其长女，择日迎娶，鼓吹旗帜夹道路，贼兵皆披红簪花，歌呼踊跃。顷之，伪见天安姚克刚又聘其次女，迎娶之盛，更胜于胡。李某往来两家，颇极尊礼，呼之曰“老大人”，呼其女曰“珍〔真〕人”。盖贼之王之妻称王娘，其余有官者皆称珍〔真〕人也。自是，无耻者慕之，多以女嫁贼，凭势作威福，号曰贵亲。是月下旬，天寒甚，大雪如席，平地厚五尺，河水连底皆冻，穷民多死者。冰骸碎骨，堆积道路，惨苦之状，不可以目。而贼兵狐裘锦衣，往来积雪中，赤其足，若不知有寒者，竞市酒肉，饮啖呼啸。穷民乞其余，吝不与，泼之地。或伏而食之，贼旁观以为笑乐，其凶悍者，又从而捶其背。或撒钱河冰上，民竞匍匐取之，有冰解溺死者，贼大笑。苍苍者天，至于斯极，令人发上指而泪湿衫袖也。

·壬戌·

正月，初一日，贼之辛酉十二月十九日也。贼以三十一日为月大，以三十日为月小，下令民间，有不遵者族。勒各乡官进年礼。乡官搜括民间，采之外邑，以猪千口、鸡鹅数千进。贼以为未足，则又进贺银数万两。十一日为贼除夕，闭城度岁，鼓吹嘈杂，花炮彻宵，三日，始开城。拘梨园演剧，赏犒动以千百计。嗟乎！民苦欲死，若曹乐欲死。有志之士，愤气裂肠，恨不飞剑尽斩之。是月，包立身起义。包立身者，诸邑包村人也。素业田，多力，能举五百斤，长八尺，貌伟岸。二年前，忽自言于斗子岩遇白玉蟾，教以兵法并遁甲诸术，将为世建大勋。自是遂不入田，屏酒肉，云遵其师教也。村人颇信之。辛酉，贼将至，即欲举义，然患人少。及城陷，乃假神仙之说动四方，归之者甚众，至是已集万人，建义旗，自称南安义军统领。色尚白，衣甲皆以白布为之。龙尾山伪旅帅唐伟堂，素无赖，作伪官益横。其友王某，助虐无所不至。立身遣人夜往禽〔擒〕之，斩伟堂，囚王某。贼侦知之，伪佐将轻骑往探，不敢近村而还。伪来王令诸邑伪镇将率众攻之。伪镇将以千人往。村径甚隘，四面皆山，土城及肩，蒺藜散布。包兵坚壁不出，贼亦不敢进。持两时许，鼓声忽震，包兵突起奋击，无不以一当十，斩贼百余级，禽〔擒〕三十余人，贼大溃走，包兵亦不追。是时有会邑平水村民千余人，削竹为枪，杀把卡伪官数人，余贼逃入郡城。伪来王怒甚，悉众出稽山、常禧二门，分攻平水、包村。平水民固乌合，闻贼大队至即散走。贼纵兵焚杀，自稽山门至平水一带，数十里火光绵亘如列垣，天赤如血，民死者无算。其攻包村者，伪帅即坐镇姚克刚，前锋则勋天福胡兴霖也。率二万人，先焚邻近村落。包兵寂然不动。兴霖率所部先进，将至土城，壮士千余人白甲白巾突然出，奋长矛力战。兴霖中矛坠马。克刚怒甚，率全军并力进攻，包兵皆弃兵走。贼进土城追杀，忽火炮从山后飞出，白旗如林，包兵数千人，大呼出左右林薄间，截贼归路。走者返斗，勇气百倍，贼大乱，克刚冒死突围出，贼兵死者二千余人，而包兵亦伤百余人。自此，贼惧包村，以为心腹患，调各路贼合攻，催粮饷甚急。其时，朱蕴山、诸开第、傅莲舟诸君，俱在立身营中，时以书报余，或归与余言其战事甚详。余问：包君何不乘贼兵未集、四方响应之势，鼓行而前，扫此凶逆？则诸君亦不能知也。

二月，诸邑古塘陈兆云起义。兆云精悍有谋略，集义兵三千人，与立身合兵拒贼，军容益壮。伪来王调各路贼兵渐集，开大捐，资粮饷。伪坐镇姚克刚，山邑佐将龚锦标，颇宽仁，异众贼，念民力已瘁，迁延不欲行。而会邑伪佐将徐某，性贪残，闻令即遣其妻父张九（又名大九，萧山人），偕伪协理监军某，赴会邑各村镇，排户书捐，但有田产者，无多寡，统以富户目之，勒书数千缗至数百缗不等。书稍缓，即加以银铛，或笞扑之。

书毕，坐伪局待缴。贼本天主教，七日一礼拜。各捐户一礼拜不缴，则催之以委员，再缓，则催之以局差，再缓，则令贼兵锁拿押缴。委员皆无耻者为之，局差即向之府县役，需索无厌。贼兵尤凶暴，小不满所欲，则恣攫其衣物，或抽刀入内室，妇女啼窜，多有被迫自尽者。贼兵大集，号二十万，伪来王自将攻包村。侦者言立身临阵能作五里雾，使敌军迷闷不能战。伪来王患之，掳妇人赤身缚于竿，又剖孕妇以厌之。及战，殊无雾。包兵合兆云兵殊死奋斗，呼声震天地。包兵火枪队皆打生者为之，目力甚准，无虚发。大破贼，斩数千级，悬树枝皆满。贼回郡城，所过离渚、桃源诸村，杀掠甚惨。包兵惟严堵村口，终不肯出。虽杀贼甚众，而百姓因之遭祸，亦无算哀哉！其时，又有黄贼率五六百人，自金陵来，其衔为一百零八天将，秩降王一等，云奉其伪天王诏，赴宁郡公干。留城北十余日，占民居住宿，勒供饮食务丰洁，稍拂之，即掷器具令再进，悲怨之声溢道路。贼临去，索赆仪于伪乡官，乡官则酿之市肆。时惟市肆颇获利，盖贼掠各物，多以贱价货之肆，本微而利巨也。然因此而受逼勒，至倾囊者，指不胜屈。浙诸郡以次告陷，惟温、衢、湖岌岌犹存。贼骄甚，张示通衢，谓浙江已归天版，乃万军不拔之基。越郡本属名邦，城中必多窖银，令本人呈明往取，以半入公，如观望游移，希冀我兵之去，一经查出，尽数充饷云云。民亦无敢往者，而奸徒为鬼为蜮，或得重金，贼亦不甚究也。

三月，贼造伪来王殿，穷极侈丽。又以各伪天安升义，福升安，改造阁第，大捉工匠民夫入城供役，男啼女哭，不绝于道。会邑伪佐将集捐银十余万，搜剔穷乡，犹来肯已。山邑伪佐将龚锦标，不得已，遣其属李某协伪恩〔赏〕监军张仁甫，下乡书捐。仁甫本名孔厚，邑绅也，城陷后，见被杀尸骸满路，伤心之，倾资收掩，舍己田作丛冢。又知廖太守忠骸暴委署中，遂屈己佯降贼，以收埋城内尸骸为名，窃太守尸，出购佳椟，厚敛之，殡于昌安门外湖滨。事毕，孔厚欲辞伪职，贼不许，且稔其能，欲以为总制，孔厚力辞乃止。孔厚虽不得已为贼用，然终不肯改冠服，竭心力捍卫民，民多感之。至是，令其董捐务。李某虽贼，有降心，乃相约，故迁延之，锦标亦不问也。伪来王攻包村屡败，伪武将帅孟文悦自金陵返越。文悦，广西人，短小精悍，好战，所用大刀，重五十斤，马上舞之如猛兽搏人，当者辄死。其弟伪镕天预某，亦猛鸷善斗。闻包村之败，二人率所部驰以往索战。包兵千余人出。文悦所部皆精锐，战即合，包兵不能支，返走，文悦大呼跃马追入。伪来王率大队继进。时四方多挈眷傤居于村，恃立身为泰山，见贼入大骇失措。立身自率千余人战，为飞弹所中，其亲军冒死救回。贼呼喊奋进，以为今日必破包村矣。俄奇兵数千，分左右翼突出，并力夹战。文悦挥刀冲突，勇气百倍，包兵纷纷倒地。忽其弟中矛堕马，文悦急救，挟之而出，包兵乘之，贼遂乱。陈兆云亦率兵至，大败贼，斩五千级，禽〔擒〕百余人，夺战马旗枪无算。吾越百姓，望立身之出，如大旱云霓。兆云亦以为徒守斗大村无益，不如乘势出攻诸邑城，或竟攻郡城，立身终不可。且发令必假神仙，由是帐下有识之士渐散，而四方来附居者犹络绎不绝。村中结茅依树，鳞次栉比，几不漏天日。月杪，有贼万人驻扎会邑皋步村，掳掠奸淫，居民尽窜去，云是伪侍王部下调来打包村者。嗟乎！包君固豪杰，然苦守不出，百姓糜烂，谁之咎耶？是月，贼陷湖州，赵公竹生被禽〔擒〕后不屈骂贼死，贼势益张。台州民不堪贼之陵践，群起击贼。官军助之复郡城。新昌贼惧，弃城而走。

四月，上海官军会英法二国兵，攻克宁郡。越郡贼不往援，以立身为心腹患。伪中〔忠〕王李秀春〔成〕遣伪侍王、千王、戴王、首王各率所部，会伪来王攻包村，众号四十万，连营五十里，火光照耀，夜如白昼。居民掳者十之五，被杀者十之三，其存者老幼堪填沟壑，壮者数散四方。房庐皆为贼踞。初时，贼掠惟金赀及食物，继则败絮亦无剩者。奸淫妇女，虽陋而老者亦不免。然与立身战辄败，死伤甚多，尸骸委积高如丘山。是月，伪天王以伪文状元□天安充正提考官，伪文传胪书天燕充副提考官，来浙开科。两贼俱陈姓，驻省垣。令各邑伪佐将先试文童于郡城，送中式者再试于省。山、会伪佐将不知文，伪来王遣其经政司袁某为试官，调乡官中之曾为诸生者入阅文。又令每旅必得赴试者五六人，否则议罪。于是各乡官趣人赴试，约每人与四金，有固邀之而后往者，有不待与金而愿往者，有冀中式而嘱托阅文之乡官者，合山、会、萧多至六七百人，其中半诸生也，斯文扫地尽矣。先日入城看伪试官，进试院，试官红袍金幞头，旗帜导从，驺唱鼓吹甚多。次日五鼓，点民〔名〕给卷，编号盖戳，一一无异。惟每人给饼饵一包，老与幼者坐堂号，各赠番银一饼。山阴题："进贡上帝尽子道，敬孝魂爷福久长。"会稽题："进贡基督尽弟道，孝敬魂哥永荣光。"

萧山题："进贡幼主尽臣道，令知幼主见天父"云云。诗题："赋得万郭定咸宁，得宁字五言六韵。"越二日出榜，每邑进〔俊〕士一人，秀士十二人。复试题："重拜皇上帝。"诗题："运筹设策马衔枚，得枚字七言八韵。"中式者各与以黄巾。事虽可笑，然较之青羊宫之杀，则胜多矣。伪来王调会邑伪佐将赴包村，山邑伪佐将赴萧山。两邑事姚克刚总摄之。时山邑捐事虽稍缓于会稽，然乡官勒索，各贼揹捐，又诸路贼兵赴包村，或间道、或纡道，多由山阴界，糜烂转甚于会稽。平水有熊食人。富盛、上蒋、鸡山、伦塘等村多出虎，大如驴，吼则风陡起，日食四五人，夜辄以尾击户，不知者误启之，则衔以去矣。然惧人多，行者十余人为侣，手持械，虽过之，无伤也。又多大蛇，每当道卧。杀气所钟，妖毒四起，嗟乎，殆哉！

　　五月，诸邑古塘义军统领陈兆云率所部攻诸暨，不克，屯兵陈公山。时古塘已为贼破，兆云以立身不往援，颇怨之；又以立身久不出，必败亡，遂与立身分兵。贼围包村，结寨村口，日夕攻甚急，而终不得破。立身或夜斫营，或伏壮士林莽间，而以老弱诱贼，俟其进，夹击之。贼伤无算。然贼每死千人，辄调千五百人补之。伪会邑佐将徐某，恃勇立马土城外，大呼曰："我炳天预，敢来决战！"语未毕，火枪飞出，弹入其口，堕马死。五伪王怒甚，立誓不破包村不还。村中粮足支二月，附居家逾万户。自贼围村，妇女惊悸，有自尽者，士气亦渐衰。向者人望立身如云霓，竞酿金犒其军，阴结乡里，俟其一出，即同举义旗。且贼兵未集，踞郡城者不满二万人，灭此朝食，如摧枯拉朽耳。至是，贼虽屡败，众寡已殊，立身虽胜，每战亦必有死者。一战再战，兵已去其三四。各村又以是故，遭贼剽掠，死伤无算，人心瓦解，多出怨言，或切齿呼立身名，痛詈之。无论立身不出，即出亦无能为矣。山邑军帅鲍古香，佯为贼解粮，而阴以米运入村，伪来王知之，大怒，缚古香车裂之。围益密。由是，村之粮绝矣。是月，贼以会邑伪监军朱东山为来殿左编修，以军帅孟越亭代东山为监军。东山喜甚，带金幞头如戏中金刚帽者，衣锦袍，自乘马，仪从行市中，贪横益甚。此无赖小人，尚无足怪，独怪堂堂搢绅，屈身作伪官，不知保民，亦冠贼冠，衣贼衣，夸耀煊赫，自鸣得意者，真丧心病狂矣。

　　六月，是月初旬，西港塘决，雨不绝，大水平地高四尺。米价腾贵，一升须青蚨百五十枚。饥民满道路，日死数百人，悲泣之声，铁石为动。想郑监门《流民图》中无是惨状也。贼破包村，先是五伪王围包村不能破，愤甚。贼中善战者惟孟文悦兄弟。初旬以大雨不能战，惟密围之。及霁，伪铲天预单马索战，弹伤其臂。文悦怒甚，率所部奋进，破土城。村中居民大恐，驰告立身，立身又以神仙之说抚慰之。而文悦勇甚，进不已，众皆披靡。立身率勇精锐逆战，文悦横刀直前、无能当者。包兵以火枪暗击之，中其额，额已去半，犹浴血奋刀，斫数人而走，至营即死。文悦，贼中号无敌，见其死，皆骇然。会前伪坐镇周文嘉回越，至贼营谒伪来王。文嘉，江西人，长九尺，眇一目，有权变，善谋略。视包村形势，谓白马山有旺气，土人有被掳者，呼询之，则立身祖墓在也。文嘉乃夜遣人发其墓，断山之脉。时亦有言于立身者，谓白马山祖墓宜重兵守之。立身以山路险峻，不为意。既被发，村中泉顿涸，兵士焦渴欲死。立身演丁甲皆无验，不得已，夜率亲军突围出。贼万枪齐发，立身中弹死。或曰走某山去，误也。贼入村焚杀，鸡犬皆屠，本村居民及附居者合六七万人，得脱者不满十之二，立身父母亲属死尤惨。人头如落叶，血波涌地厚二寸，烧房庐至尽。闯献屠杀之惨不足过也。昔人云：一将功成万骨枯。骨虽枯，功犹成也。如立身者，功不成，而前后死者十余万。虽杀贼数相敌，民之遭祸亦太酷矣。立身崛起田间，倡义拒贼，固豪杰也。天生豪杰，乃令其无功而转戕民，天何意哉！尤不解夫弹丸之村，众唾可掩，及肩之城，一跃可过，乃以数十万之众，攻之半年之久，死剧贼无算，始能破之，是何故耶？岂立身果有神仙为之拥护耶？岂白马山旺气果能保此村耶？神仙之法又何以验于前而不验于后耶？岂旺气一散，神仙亦与之俱散耶？噫，奇矣！总而论之，立身虽功不成，究为豪杰无愧也。陈兆云粮尽走宁波，乞米于观察。观察与之，而令其兵仍驻扎陈公山，以待官军。

七月，贼自破包村后，撤各路贼兵围，益增饰来王殿，扩其地至数里，围以城，拘画工绘龙虎人物于其壁。各伪阁第亦竞相夸耀，陈设锦绣，日征求无厌。凡各村寺庙之未毁者，狮象雕镂窗户皆搬运一空。官军协马继文攻余、嵊，贼不能支。伪来王檄调萧山贼兵援之。宁波上洋官军势甚盛，征英法兵二万人，其兵火器甚利，一发可毙十人。贼颇惧之，防御各口甚严。东关、皋步、陶堰各村镇驻贼兵尤众。占民房，恣剽劫，责乡官供帐，悉索草野，万户皆空。是月，疫大作，加以穷饿，民死者益多。

八月，贼以伪坐镇见天安姚克刚为朝将，以伪绫天义周文嘉为忠绫朝将，专兵事，以札天安刘某为主将，代克刚镇越。刘某贪酷异常，城初陷，为山邑伪佐将，大索金赀于乡官，为伪主将所撤。至是为坐镇，贪益甚。伪来王侦知宁波夷兵多回上洋，遣所属率兵攻之。六七日不能下，大掠于乡而还。时官军已复余、嵊，贼防守益密。勒乡官进湖绫、川绢，增制旗帜，日百余轴，画鹰虎龙凤于其上，色少蔫即弃之，更换新者。日杀人示威，见发稍短者系之，赎以多金始释。陈兆云义军复出，与贼战于诸邑茶亭村，众寡不敌，为贼所败。其帐下士山邑诸生朱之琳死之（之琳字蕴山，初在包村，继归兆云）。兵尽散，兆云走上洋，依人以居，郁愤成疾。兆云起家本寒微，投袂起义，其行兵出立身上，礼贤下士有大将风。包村破后，人方望其约合官军恢复疆土，禽〔擒〕王拔帜，成不世勋，一旦至此，虽其人尚在，而雄心一灰，众志瓦解，欲其复振，难矣。

闰八月，伪坐镇刘某设船卡于斗门、东浦诸村镇。越陷后，郡城为贼踞，设肆者多聚于村镇，自负贩至乞食者皆借以资生。刘某遣其属以大舸横截镇之前后水口，舟过必查，小有所载即输金，米盐零杂无以免也。黠者或挟之纤道从陆，然一被获，则输金十倍，多有因此倾其囊者。又遣其假子某为斗门镇伪卡官，理民务。某少年贪淫，招集无赖为羽翼，日勒索民。先是绫天义兵书杨连科者把镇中卡。连科本姓欧阳，名钟，南京人，祖父皆搢绅，兄亦需次于浙。连科被掳已三年，周文嘉爱其能，以为兵书，陷越后令把斗门卡，兼盐务。连科有降志，颇护民，合镇皆感之。伪师帅吴瑞琪又宽仁，故诸村多糜烂，而斗门独完善。自刘某来，百姓怨苦。连科心恨其所为，然无以抗也。惟日劝文嘉谋坐镇，冀得行己意。时民间传上洋夷军皆至，皆切切私相告，有喜色。贼中颇有私窜者，文嘉独不为意，惟饬其下谨防御，已则日集梨园演剧酣饮。又拓地造花园，辇石叠山，人牛喘讦〔吁〕，欲择乡官中世家子有园林之胜者监工布置。或以伪旅帅马某荐。马固世家，性谨厚，大惧，力辞不获，进二百金，始免。文嘉购花木，通泉沼，拘民夫数百人，鞭朴催督，欲速竣。姚克刚以官军将至，民心摇摇，力劝罢役。文嘉虽不听，而意亦稍懈矣。

九月，贼复以伪朝将周文嘉为坐镇，兼摄山、会两邑，撤船卡及刘某各属卡务，催粮饷其急。初贼攻包村，各路贼兵皆集勒乡官，每师一礼拜解米百余石，包村破后，稍缓。至是，官军信渐急，贼将为守城计，征索益多。稍逡巡，即系之，笞扑交下。乡官亦疲于奔命矣。时届秋收，文嘉张示征厘谷，约以三分归佃者，以三分作兵粮，以四分归田主。田主收租，必领局票，票有费甚重。越民自贼来，屡遭剽掠，加以诛求无厌，室如磬悬，中人之家薄田数亩，为累更多，所望秋收稍丰，得暂延一丝残喘耳。今割裂如此，民益困矣。有贼大掠会邑东关、伧塘等处，不识何路贼兵，或云伪志天义何文庆所部也。

十月，官军克上虞，何文庆率贼数千人，复大掠东关、伧塘等村，五日而去。时东关防御贼兵已撤。周文嘉遣其骁将某部二千人，札〔扎〕会邑陶家堰。伪厫天安陆顺福（伪来王假弟也）亦令其属驻防各海口。夜间灯火烛天，金鼓声彻晓不绝。谢赞庭领黄头军驻百官渡。赞亭，谢敬之侄。城初陷，敬走海上。既而单骑至余姚视其故庐，遇何文庆，为所戕。赞亭遂统其军。官军会英法二国兵，将攻郡城，赞亭先驱，驻渡口。其兵多入东关镇觅食物，令人剃发，搜拿伪官，火伪军帅宅。伪军帅章某，其祖、父皆显宦，豪于赀，性颇长厚。贼稔其富，令作军帅，常意外勒索之。某又不欲过殃民，多以己资进，年余，所费甚巨。而其协理某，及各师、旅帅作威福，舞弊横恣，囊橐皆饱，某不能禁。其弟屡讽以辞伪职，走他省避贼，不能听。宅焚，遂匿戚友家，不敢出。未几，黄头移扎他处，贼复至，杀剃发者，民死无算。

十一月，官军由宁波航海至松厦。黄头扎会邑啸吟村。游击布星佑率广艇扎丁家堰海口。统领大军者为前宁绍台兵备道张公景崧，权越郡者为杨公叔翼，权山、会者则仍庄公、边公也。黄头冲各卡贼，与战皆败。周文嘉召集各乡官，始饵以甘言，继恐以凶威，谓妖兵临境，吾当一鼓驱之，汝曹敢私通者，斩全家，否者赏高爵。各乡官唯唯听命，佯以粮解贼，阴备牛酒犒官军。惴惴然，惧从逆之罪，莫逃三尺也。上洋夷兵将至。文嘉以重兵守江，撤各卡伪官，建炮台于各城门，下增筑土城，为坚守计。廿四日，夷兵至，进会邑马山镇。伪勍天福胡兴霖率众逆战败回。夷兵长驱直入。廿七日驻山阴松林村。其统领名勒伯勒东，英吉利人，受我朝职为总镇。所部六千人，皆华而夷其服，花布缠额，号花头。训练甚精熟，善火枪，无虚发，然颇桀骜，主将令虽严，不能禁也。自马山至松林，大肆淫掠。廿八日辰刻，拔队攻昌安门。贼守御甚严，旗帜密布，枪炮皆从城垛飞出，络绎不绝。勒伯勒东督兵力攻不能下，以大炮击之，炮炸，勒伯勒东死，花头死者数十人。民自遭贼以来，虎口偷活，日受贼陵践，痛恨入骨髓。初闻夷兵将至，皆额手称庆，以谓早至一日，则受一日之福，乃横暴如是，已失所望。今复攻城不克，反伤主将，花头无主，纷纷瓦解。贼出城肆杀，百姓奔窜，号哭之声，累日不绝。

十二月，夷兵因勒伯勒东之死，拔队尽退。周文嘉遣伪主将刘某，率千余人追之。夷兵返斗于松林蜈蚣桥，发枪络绎如连珠。时夷兵已退尽，与战者仅后队百余人。伪主将心易之，奋戈直前，夷人枪毙之。百余人者大呼奋击，杀贼兵四百余人。余不能支，皆跃入河，欲泅水遁，淹死者又二百余人，尸骸重叠，水为之不流。各官分统官军驻松厦、斗门、吴融、啸吟诸村。夷兵欲回上洋，山阴令庄公力止之，时周文嘉已调三江等处防守贼兵入城，遂以三江为夷兵大营，买参府统之。买亦英吉利人也。十日，拔队攻西郭门不克，买亦受伤死。贼烧各门厢街民房，火光日夜不绝，百姓号哭，军无斗志。俄而，法国德勒冬阿自上洋至。德亦受我朝职为总镇，其所统兵以绿布缠额，号绿头，尤骁捷，亦夷服而华人也。于是冬阿合两路兵环攻西郭、常禧诸门。以墓石造炮台，发掘几尽。贼不守，终不能下。有衣工自贼中逸出者，云伪来王欲弃城走，周文嘉不可，筑将台黄家山，令各贼登陴，己则登台督守，少惰者，斩以徇。调度布置颇井井。暇则命梨园演剧，筵宴歌呼如平时，粮尚足，惟恐铅丸将告匮矣。文嘉目不识丁，而行兵颇有法。嗟乎，文嘉诚将才，使其归命，朝廷畀以一旅师，必能斩将搴旗，功名当不在张总统下。乃甘心作贼，张螳臂，奋螽锋，自以为一世之雄，虽用兵如神，又安能以霜雪临日月？跳梁之众，回首即消，终身沦为逆贼，传之后人，百世唾骂，文嘉何不智之甚哉！吾甚惜之。

· 癸亥 ·

正月，伪来王陆顺德率贼万人，大掠于乡。时中外官军多临城，三江留大营，留者甚少。惟斗门、东浦驻黄头及花、绿头约二千人。黄头邀击之，不能胜。掠转甚，声言将攻大营。及夷人率花、绿头至，贼畏其火器，则窜去掠他村。俟夷人去，则又至，大杀人示威。每至一村，必住宿，或三日、五日，奸淫妇女，搜杀剃发者。自东而西，周历各村镇，虽海中亦不得免，而山阴下方桥尤惨。桥之东，为昌安镇，相距仅五里，其先有伪廛天安陆顺福部下贼百余人驻扎，下方村人陈某，率练勇冲破之。伪来王，顺福之假兄也，闻之怒，至村纵兵恣杀，烧民居至尽。掠二旬余，民皆乱窜。防海广艇勇乘乱剽劫。又伺人于路，褫其衣，民皆呼天泣血，天为作惨墨色。俄闻上洋又发夷兵攻萧山，伪来王率众宵遁。或曰，星夜驰赴萧山矣。初，周文嘉属伪来王，率兵抄官军后，欲作夹攻计。城外围固未匝，遂潜率众数千人出城，调合萧山贼掠于乡。伪来王无斗志，意惟在金货，饱即飏去。文嘉知不可为，众心已解，一夕数惊。贼将自天义以下日窜数十人，廿六夜，文嘉遂率众开西郭门通。伪兵书杨连科率百余人开昌安门降。中外大军入城，绍郡遂复。未几，克萧山。马继文协官军克诸暨，禽〔擒〕何文庆，斩之，暴其尸于市，八邑肃清。

卷下　琐缀

王子曰：狐神鼠圣，凭城为妖。有时肆谈礼义，强为文墨，真是资人笑柄。又或衣冠赫然，殊制诡状，沐猴刍狗，何以异是。两年以来，溯所作为，斗墨莫馨。余既叙其事之可记岁月者为一卷，又忆所闻见琐屑之事及一切奇怪荒诞之谈，著为下卷，名曰《琐缀》，惟余蚓伏草间，闻见未广，著一漏万，在所不免，后有所得，当续书之。

贼安民后，立伪乡官。又颇与人结姻，名曰贵亲。余曾戏作乡官、贵亲二谣，录于此。乡官谣云："乡官乡官何太多，军师旅卒各殊科。能为谄容作狐媚，能肆贪虐如虎苛。蛇蝎纷纷满街走，牛头呵旁无不有，乡官威仪何煌煌，呼叱搢绅如叱羊。剥肤吸脂冀贼喜，贼怒一鸣官伏地。无边欲壑急须填，明朝又作殃民计。道旁愚民相涕泣，不怨乡官先怨贼。我语尔辈慎勿声，怨贼恐致乡官嗔。"贵亲谣云："贵亲贵亲奢且华，鸳盟结到王侯家。生男不如生女好，出入舆从相矜夸。轩轩意气谁能慑，欲使乡愚望颜色。自言我是丈人行，渠帅大酋俱拱揖，昔时无赖今雄豪，长鱼大肉供老饕，有时勒索作威福，乡官奔走如儿曹。闻道城南义旗指，贵亲闻之色如死，但愿贼踞越城千万年，贵亲之乐如神仙。"乡官谣，盖指不逞者言。其佯从贼而阴卫民者，未可同日语也。如贵亲，则既甘心为贼戚，则其中之善恶，更不必区而别之矣。

贼中多谣词，尝行歌于道，记其一云："太平天国万万年，军师旅帅好买田，卒长司马腰多钱，百姓可怜真可怜。"

贼有伪职者，皆有小童。掳民间十二三岁童子，美如女子者为之，一二人至十余人不等。又择其尤者为假子，倚势横恣，无所不为。

贼所居，必于门外贴联额，黄笺朱书，额必曰："天父鸿恩"，联多戏出中"文官把笔安天下，武将提刀定太平"二语。因忆向时杜少府为我言：南京伪天王殿落成，镌一联于伪午门云："余一人乃圣乃神乃文乃武，众诸侯自南自北自西自东。"次日，忽有无名子贴纸联于其上云："一统山河四十二里半，满朝文武三十六行全。"真贼之实录也。

贼中文字最可笑者，文移则称尊者为兄，卑者为弟，或又自称小子。每月必祭天，其祭表云：小子某，率众小子跪在地下，上告天父、天兄、天嫂、老亲爷爷云云，真令人绝倒。然其中亦有善笔札者，伪军政裴某、刘某尤精，云皆安徽人，以明经被掳者。

贼攻陷萧山回，大掠妇女。有薛湘娥者，字忆仙，为伪天燕吴某所得。薛工吟咏，有自贼中逸归者云："见其近作三绝，云：'离情一段意迢迢，昨夜慈亲入梦遥，幻境易逢终易别，语多难记泪难消。''苏杭名胜料无存，况复兵戈起故园，满地烽烟无乐土，教人何处觅桃源。''无论得遇有缘人，结得丝萝意自真，但愿莫教他处去，鸳鸯双宿永长春。'"颇楚楚有致。读末首似甘心作贼妇者，意吴某亦美少年也。

越陷后，城中民房烧十之三，余皆为贼占。李氏宅在城之南，有伪参军某率其下居之。堂之西偏有书室，深邃阴森。伪参军嫌其僻，旷之。一贼偶于夜间下榻，即病，发狂大泻。伪参军入觇之，见神栗主阁悬梁间，疑祟在是。欲解其主，令取以下。一贼梯而上，将及，忽堕地死。一贼继上又死。伪参军怒，令以火枪攒击之，阁毁主堕碎，解投溷中，方共笑以谓鬼从此无灵矣。至晚，而伪参军亦呕血数斗死。如越城有此等鬼百十辈，贼必竞作鼠窜。嗟乎！几令人弃人而事鬼。

贼开科试士。一山阴人作"进贡天父"题，小讲起云："吾解夫今日之天，何以异于昔日之天也。"通体皆寓讥讽，人皆以为必得祸。交卷时，伪试官阅之，摇首微笑，竟毁其卷而不言。又一山阴人文云："五帝非帝，三王非王，惟我天王，乃可谓之真帝王。"试官喜，拔第。闻此人本诸生，乃丧心病狂，无耻如是，可胜叹哉。又一人承题云："夫进贡，上则金银珠玉，次则鸡鹅鱼肉，下则白菜萝卜。"见者无不捧腹大笑。试官亦不之罪也。榜发，某诸生得取秀士，大喜，袖其文，夸于同辈。把卡贼书士金某通文墨，某以文示之，且自述其得意处，色颇骄。金某忽唾其面大詈曰："我不幸为贼用，天良犹不肯昧，若既清朝秀才，奈何复预试？即为乡官逼勒而往，草草塞责犹之可也，若文惨淡经营，刻意求取，又夸耀如是，若颜厚几尺矣！"欲殴之，某踉跄走。此书士大快人意，惜不知其名。又有刻试卷，开贺、拜客、谒老师者，借势横行，丑状百出。城中书籍，亦搬运一空。

伪乡官皆有局，号曰馆衙，延人理文案，其间亦有借势需索者。曾见有无名子造伪示，遍贴各村镇，大堪捧腹。其示曰："十邑某营军帅左一文案大师爷王，为晓谕事：照得本师爷素带方巾，低头而拜假父，略通文墨，每问心而愧青天。前遇大兵，逃生远处，自料恶将盈贯，定入死途，谁知天尚见怜，忽逢生路，蒙监军潘大人招举，荐至陈军帅衙门，假作斯文，俨充文案。师帅见我作揖，旅帅见我打恭，财主见我惊慌，局差见我畏惧。为人如此，亦云幸矣。无如修金每日不过三百之多，妻儿在家不够一天之用。况本师爷喜吸洋烟，喜穿湖绉，只得不顾颜面，大开后门：师帅领凭，四两纹银划一，旅帅给印，五吊大钱无虚，诛求至于司马，勒需遍于民间。从此生意兴隆，财源茂盛，师爷气象，居然狐裘煌煌，店主排场，又进鹰洋块块。后门如此，前面有光。犹恐未及周知，为此大张晓谕，该师旅帅以及军民人等，如派捐未能遽交，顶好钻我后门，免得锁拿押著。本师爷丑态已露，欲壑须填，任他骂我宗骂我祖，我为装聋。如若挽尔友挽尔亲，尔空费力。如蒙赐顾，格外巴结，须认明本师爷后门便是。如错钻门路，必弄杀乃止，其无悔。切切特示。"或曰：王某亦无甚大恶。有欲挤之者，故作此狡狯技俩耳。

贼以大善寺为火药局，以试院为粮台。各伪第前俱造望台，高百尺，雕刻采绘，有费至千金者。贼最重金银，得衣裳珠玉，则以贱值货之。一日，东浦市中有贼以一珠求售，黄而黝，大径寸，形如枣核，索值十金。人疑非珠，无问之者。贼入茶肆饮，置珠几上，索火吸淡巴菰，火至辄灭，凡五六次。或疑珠故，言于贼，请试之，贼持近炉，炉火亦骤灭，盖避火也。俄有人持十金来，贼曰："若误矣，金须百也。"其人即以百金来，贼索值益昂。会天晚，贼虑不能入城，呼舟去，约明日再至，后竟寂然。或曰：伪主将知之也，已索去献忠王矣。

贼有刮背、斩足、裂尸、剥皮诸刑，惨不可言。惟笞用小竹片，亦不褪下衣，皆乡官解粮饷用之。若勒百姓金赀，则褫其衣，至赤身，以绳缠两拇指，悬空中，以藤条鞭之，多死者。

伪朝将以细故斩其护军思。思白日现形，抛掷瓦砾，咸谓其冤，劝克刚祭之，不听。一日，偶独坐，思突至，以袖拂其臂，所带赤金腕串，忽陷入肌理，痛不可忍，急跪求。思复至，以袖拂之，痛立止。视其腕，固无恙也。嗣后，每祭天毕，辄祭之，敬思畏如神明。克刚虽贼，颇宽仁，有大度。坐镇时，曾令所属放还被掳妇女，令虽不能尽行，其事则可嘉也。克刚，江西人，或言富户之被掳者。

人传包村异事甚多，非特齐东之谈，直是一部西游记，其伪可知。然颇新异可听，姑书之，以资谈助。

立身有一妹，云亦受仙传法，善飞剑，百步取人头。字邻村某氏子，立身绝之，以谓将适大贵人，位郡君上。后村破，或曰战死，或曰贼掳，不知孰是也。

又云立身每数日，其师必召至洞府与谈机密。其召也，时而以青鹤，时而以白云，立身见则知师召，即飞身去。其去也，时而化白光，时而化黄雾，变幻不可定也。

又云，有任某者，欲至村谒立身。适贼至，遂登山观之，贼数万人，行如鱼贯，近村吹螺，排队伍，望村中寂然，方疑骇间，忽见太泊人，大十围，长数丈，缓步出。贼以火枪击之，三中，如不知也者，轰以炮，始倒地。贼欲进，又见一白人长大倍于前，自空而下，以手摸倒地者，蹶然起。又揣怀中出小白旗，对贼摇之，贼纷纷堕马。后队继进，火枪齐发，白人以手招村内，见十余人舁一器如椽，而五色绚烂，隐隐哭声甚惨，贼皆弃器械四散走。忽炮声震天，白衣巾者数千人，从山后出，奋力乱斫，不知贼死者几何，但见头滚滚如落叶而已。任某大惧，匿山洞中。傍晚，不闻喊杀声，始出，经战地，见树林悬头皆满，地上凝血厚尺许，而不见一遗骸。心胆俱碎，不敢入村而回。

又云立身于五月间得一人，吴姓，骁桀多力，以为前锋，每战，用一铁鞭，重数十斤，入贼阵，如猛虎扑羊，当者辄死。一日战胜归，见一大蛇如柱而短，以鞭击之，忽臂力轰然，蛇杳而人亦死。

又云，立身本目不识丁，后忽通文墨，能操笔改文移，又能知未来事。一夕，已三鼓，皆寝，立身忽鸣鼓聚众，令曰："黎明有贼万人至，勿与战，至午击之，必获胜。"众皆疑信参半。比晓，贼果至索战。包兵堵土城不动，贼叫嚣至午，气渐衰。包兵突出击之，贼大败，斩千余级，禽〔擒〕其目。

包村未破之先，贼死无算，既破之后，民死无算。冤惨之气所结，生一种毒草，状有如刀戟者、如人形者、马者、帜者，辗转纠结，偶触之，能刺人至流血。又有野兽食残骸，亦能噬人。

立身初举义，患人少，有王某者，善为虚无恫恍之说，愿为立身罗致人。遂循各村游说，自言已成地仙，人信之，竞迎礼也。居恒与人谈论，忽起立拱手或膜拜，询之，则云有神仙佛菩萨空中过。又言迎来仙佛供聚包村，并言立身他日成功，位在诸侯王上。人益敬信之，随之去人者日众。及村破，人皆痛诋之。余谓立身守斗大一村，杀贼至数万，不可谓非异人。如王某者，虽鼓其舌以惑人，然究为杀敌故，未可厚非也。

贼攻包村不下，伪天预柳朝括者，以书招立身降。立身有复书，余曾见之末段，有"义士同心，神仙拥护"等语。

立身、兆云，皆有讨贼檄文。立身者为傅莲舟作楫所作，兆云檄则丁吉庵（汝谦）为之。文颇雄整凌厉。余尝欲录其稿，因循未果。今吉庵已死，人亦无记忆者，余深悔当时之懒也。莲舟近在都中，已寓书索之，他日当为补入。（此条甲子补入）

贼开科时，预试者入城，贼敬礼备至，至避道而行。伪天福以下，竞以酒食招致，赠以衣物，皆满载归。

山邑某，有女子有姿，偶为伪厰天安陆顺福所见，悦之，强委禽〔擒〕也。陆，美少年，迎娶之日，锦衣白马，旗帜夹道，鼓吹多至数十部。愚民或艳羡之。大设宴，招两邑乡官饮。会稽某，陆之僚婿行也，为汪理其事，云"费银三万余"。

伪镕天预孟某，文悦之弟，状貌如美妇人，而性嗜杀。每日必手刃数人，闻其血腥，似津津有味者。其杀人如庖丁解牛，自诩绝技。三日不杀，则疾病随之矣。

　　贼最恶神佛。越中祠庙塑像多遭毁。山阴斗门镇有张神殿，素著灵异，平时以香楮来者踵相接也。一日，数贼舁神像于街头，笞之百，以溲桶覆其首而去。一乡民过，急去桶，加洗涤也。俄而贼复至，见所覆桶已去，大怒，以刀砍神首，掷之河中。乡人归，正与家人言贼假神状，忽瞪目轩眉作神语，大言曰："吾张神也，天降恶煞，吾辈皆逢劫运。今日贼以秽器覆我，方私幸或全此躯。汝过，则竟过矣，何多事，去所覆，致贼怒斫我！我之所以不能保首领者，汝之罪也。"以手自批其颊，恨怒不已。家人跪求，谓某诚多事，然究出敬爱之心，乞神宥。神凝思良久，颔之，长叹一声。乡民醒，而神寂然矣。

　　贼掠各乡衣物，多货之于市，李某者，以贱价得一荔红绫袄。其女喜而着之，忽仆地。家人急扶起，询之，呜咽不胜，作萧山女音曰："我王氏女也，生时最爱此衣。贼来，着之而缢。贼恶报，竟剥以去。今乃为汝所得，汝何人，敢着我衣耶！"以手自击不已。家人惧，问所欲，鬼曰："须焚此衣，多以冥资与我，则舍之去矣。"从之，女果霍然。

　　何蕺民先生被逼殉节，封翁春台先生以联哭之曰："舍生取义，为一代完人，幸哉有子如此；移孝作忠，立千秋大节，惜乎事父未能。"

　　贼掠妇女，设馆居之，月给饩，名姐妹馆。伪主将每以赏有功者，禁人毋私入。有某氏女，在馆中三阅月矣，貌美甚。一日，伪主将以伪天燕李某有战功，令入馆中自择。贼见女大喜，携归己馆。女佯作欢笑，媚贼，贼益喜。既而曰："妾家离城近，有老母，欲一见不可得。今身属君矣，许偕归省母。"贼初不许，女益作态，恋之，贼不忍违其意，遂偕女夜出，至其家拜母。母喜且惊。女嘱母备酒肴，引贼登其楼，以巨觥欢饮。贼大醉如泥，女刺杀之，偕母夜遁。此真奇女子，惜得传闻，不能详其姓氏里居也。

　　贼未入越之前数日，越民尚安堵如常时。昌安门外观音阁方募施灯油。一道人过之曰："贼将至，瓷中油尚点不尽，何募为？"或嗤其妄。道人大笑去。未几，贼至，瓮中油果未尽也。又有痴和尚名镜湖者，居府山吕祖祠。一日，登楼而望，忽大哭不止。人问之，曰："若不见满地皆死尸乎？"人以和尚痴，笑且诃之。及城陷，杀戮甚惨，而和尚不知所终。

省垣陷后，贼志益肆，大集梨园演剧。一夕，歌吹正喧。忽报南门有警，伪主将大惊，集众登城。望半里外，灯火如万星灿列，呼声动天。贼大开枪炮，彻夜不绝。城外灯火，不前亦不退。至晓视之，寂然无人。遣人探之，亦无踪迹。或曰神兵，或曰鬼兵，相与疑骇，而铅弹火药已耗费无算矣。又一夕，伪主将令其属八人巡稽山门，至晓不回。令人视之，则皆死城堞间，或去四肢，或剖腹，流血满地。大索数日，卒不知杀者为何人。此亦一奇也。

伪天预某，招乡官饮，令伶人演《龙虎斗》，至欧阳仿害呼延寿廷，怒甚，令擒至，大骂奸贼陷害忠良，乃至此极，乃公今日为呼延氏报仇。趣斩之，诸乡官跪求，谓此戏也，伶且不知欧阳、呼延为何人，但依曲本搬演之耳。贼裂眦良久，乃褫其衣，以朱大书于背云："奸相欧阳仿决杖一百。"杖毕，大笑称快。

伪来王遣其属至各村镇讲理。讲理云者，谕以敬天父、天兄也。先日，令乡官于村建一台，示期开讲。至期，贼花冠绣衣踞其上，耆老环列台下听讲。其说，大约以进贡为最重，而附会增饰，手舞足蹈，如说稗官者然，颇娓娓可听，或谓：此贼本姑苏梨园中丑脚，词旨便利。伪来王甚悦之，每遣其讲理云。

贼分其破敌军为东、南、西、北，每军以一王领之。王之下又有主将。其军多寡无定限，以多者为强。故贼每陷郡邑，以得人为首功，金银次之，米谷又次之。

人传贼未窜之前二日，夜漏三下，周文嘉凭几假寐，忽闻喊杀声大震，城岌岌然动。惊起，跨马出，见城中红光烛天，兵马皆在半空中，旗上大书"关"字。文嘉知关帝显灵，天数不可回，去志遂决。

癸亥正月初旬，伪来王大掠于乡时，山邑安昌镇尚有把卡贼百余。下方桥陈某建议团练，得二千人，耀于通衢，率前白木棓持竹竿，踊跃奋迅。陈某视之喜，以为无敌，遂率之冲安昌卡。卡贼遁去，二千人者，轩轩然以为能。至西齐村，索午食。村人辞以未备，二千人大怒，大肆掠而返。西齐人恨之刺骨。次日，伪来王至，欲尽焚下方村。西齐遂相率诣贼，愿效力为前驱。故下方村受祸尤酷。

贼中告示，安、福以上称谕，其次则称理。署曰"钦遣九门御林开朝勋臣"，后署"天父天兄天朝〔王〕太平天国辛酉十一年"。其印用楷书，有姓字，长方式，大小视其职之崇卑。伪王印长及尺，阔半之，如木主然。

乱后，包村白骨积如山丘。当事建屋十三间，中为"忠义祠"，余尽实以头颅，以土封之。每夜鬼火万点，从祠内飞出，散林薄间，将晓复聚，鱼贯飞入，如有部伍者。

犬食残骸久，雄壮异常，目渐红，尾大足高。见行人，亦咆哮奔噬，多有死者。昼伏近山林薄间，傍晚则出。行人相戒呼为"狗熊"，其实非也。

（末两条系甲子补入，《越难志》卷下终）（《中国历史文献研究集刊》第一集）

曾含章

避难记略

咸丰三年，广西逆匪窜至江南。二月中旬，金陵城陷，扬州、镇江亦先后失守。苏、常二府，人心皇皇，虞城尚属安靖。黄邑尊（名金韶，字印山，广西容县人）同绅董劝捐练勇巡防，翼京门外三里桥及迎春门外杨家桥俱设局盘查。忽于二月二十六夜，讹言有贼浮海面而下，已进福山港。居民彻夜迁移，城厢内外为之一空。余家率眷暂避州塘东岸上斜桥内黄泥娄翁宅，到月余方回。后西乡张市一带居民猝然生变，抢掠富家，抗拒官长，幸黄邑尊带勇痛剿，歼渠魁数名，城中赖以安堵。自是以下，钦差大人湖北提督向帅（名荣，字欣斋〔然〕，四川大宁县人）带兵直抵金陵，且剿且防，丹阳以下安谧如常。贼皆绕窜皖南、江西，江、浙两省以向帅为长城之靠。至六年五月间，大营溃散，向帅退守丹阳，未几病故。调江南提督和帅（名春，满洲人）接办，较向帅判若天渊。幸有降将张公（名国梁，字殿臣，湖北人），洞悉贼情，有勇有智，然仅能扼其四窜。至十年二月初，贼从皖省绕窜武陵〔林〕，苏、常二郡人心又复皇皇，迁徙纷纷。余家未经趋避，幸武陵〔林〕满城内有将军（姓瑞名昌）固守，羽书飞递金陵大营，特调提督衔张公（名玉良）带兵痛剿，未几日即恢复，又追剿至广德州而止，不意杭州方定，而贼党蜂来，将金陵大营围住。惟时风雪交加，更兼大雨冰雹，枪炮难施，遂弃营而退守丹阳，逆贼尾至丹阳，殿臣张公阵亡，和帅至浒墅关自刭，而丹阳、溧水、句容、宜兴等处相继失守，四月初六日常州失守。初十日无锡亦失，十三日苏州亦失，吴江、昆山、太仓、江阴亦无人固守者。苏、常二府尽为贼有，独常熟一隅尚属安堵，而居民之逃避居乡者，已狼狈不堪矣。余家亦率眷仍避居上斜桥内翁宅，一月而回。所可笑者，其时钦差大臣两江制军何帅（名桂清，字耕芸，云南昆明县人）驻守常州，计无所出，拨张良玉〔玉良〕所带之小队三百名随身护从，避至常熟，被居民唾骂不堪，将船移至翼京门外三里桥野岸停泊。所带之兵，待周邑尊（名沐润，字文芝，河南祥符县人）给发口粮，始得遣回，民间未遇贼氛，先遭兵祸，数日之间，抢夺屡见。何制军于遣去游兵之后，又停数日，闻苏城失守之信，又移棹望上海而去，可谓上无以报君，下无以对民矣。自后局中绅董皆带勇四路防剿，钦派工部侍郎在籍守制之庞公（名钟璐，字宝生，丁未探花）为督办团练大臣，攻剿附近州县。苏城齐门外治长泾、永昌有徐（名少蘧，后殉难）、马（名健安，后殉难）、张（名汉槎）三姓，亦练勇防堵。江阴东门外杨库〔库〕陆家桥及常熟西门外王庄、顾山等处，有王姓（名元昌）、徐姓（名裕，后殉难）练勇防堵。至五月间，太仓之贼忽然退去，带勇者咸以为恢复矣。未几日，贼又来，仍弃城而遁。又有本邑人钱少湘者，老而无能，带勇攻昆山，大失机宜，一战而退。七月初六日，贼至王庄，城中人尽逃避，余家率眷避居州塘西岸平墅镇落乡严巷朱宅，自是不得还家矣。八月初二日，常熟失陷。邑尊及儒学佐贰各官尽行逃避，庞公亦渡江至上海去。余家房屋悉成灰烬，幸人眷俱无恙，且在严巷权住。其地离城二十里，贼尚未到，而土匪之抢夺纷纷。至九月初，土匪稍平，贼又长驱而至。初七日，湖荡近侧之施家桥一带，蹂躏不堪，火光烛天，击柝相闻。初八日，离严巷仅半里许，余家四散奔逃，偏值阴雨，泥滑难行，沾体涂足，备尝艰苦，幸贼即退去，复得回寓。自后大雨十余日，贼皆回城，得以苟延残喘。各处设立伪官，索贡征粮，不见天日矣。十月间，周邑尊在江北招沙勇数百渡江，由浒浦口进剿至梅李镇，事既不成，反伤百姓，民间几有绝望官兵之意矣。度过残冬，于次年四月二十一日率眷从严巷搬至白茆塘西东周市王勘亭宅。住未匝月，又于五月十五日有董浜人杜少虞在江北带勇数百，进白茆口，名为剿贼，实图抢掠，勒令居民剃发。十八日，常熟贼目钱桂仁带贼数千，半由支塘，半由海城蜂涌〔拥〕而下，白茆一带尽遭荼毒，其剃发而未及避者，杀死无算。是带勇者非所以爱民，实所以害民也。余寓幸未遭及，眷属避至老吴市，数日即归。后徐陆泾屡有八桨船之累，而白茆、浒浦尚为安靖。至同治元年四月初，白茆塘东居民讹传上海官兵已进浏河、白茆二口，群焉四起，自太仓界沙头、浮桥，横泾、穿山、时思庵及昭文界横塘市、张市、归市、老吴市、东周市等处，团成数万，斩木为兵，揭竿为旗，将各处伪乡官房屋烧毁，什物打坏。至四月初八日晚间，共聚老徐市。城中贼目钱桂仁带贼数千，半由梅李塘旱路而下，半由白茆塘水路而下，团聚老徐市之民人见贼来，尽行逃散，贼遂长驱焚杀，掳掠一空。老吴市、老徐市、张市、横塘市等处，均遭蹂躏，而横塘市及白茆塘东之沿海一带为尤甚，惟归市、东周市、小吴市、陆市等处未扰。太仓贼目斐天安丁贼之弟在横泾得义民中之起事者数人，杀于本处，有五牛分身、活开膛、火练缠身、火烧之惨，殆亦劫数使然乎？余于初九、初十两日，斐同程春涛率眷避居海城外陈廷爵家，数日而归。是年十月间，贼于虞山门外筑石城一座，掳民人数千，半月而成，颇称坚固，始亦不知何意。忽于十一月二十八日，贼中头目骆国忠（安徽凤阳府人）乘钱桂仁到苏州去，令城中贼众一概剃发。先期有周协镇（名兴隆）亦系投诚者，密约来城，申禀于李抚军（名鸿章，安徽合肥县人）处，誓愿受降。于是在各乡镇之贼有上城求进者，有畏葸不敢进者。未及一旬，官兵未到，贼又来攻。骆镇竭力守城，而贼昼夜轮攻，备尝辛苦，四乡百姓蹂躏不堪。至次年三月中几至不支，幸李抚军将太仓、昆山恢复，虞山上夜有神火暗助，始得解围，此二年分事也。元年十二月十四日，有贼数千自徐陆泾来，至白茆、北新闸、金家滩、万年桥等处扎营扰害，离寓中二里许。有贼目孙姓在东周市刘万扬店内打馆。二年正月初，率眷避居老吴市陈宅。初十日，湖州贼目伪朝将谭姓带贼数百，从横塘市至白茆看口，适有八桨船数只开放枪炮，退而打馆于东周市，自是一镇之人无安静之日矣。有肝胆者不忍家计之失，强住家中，然卒归无用。余家在老吴市住数日，又搬至陆市天主堂内。未几，陆市又有惊慌，仍回至老吴市。寻又于二月初三日从老吴市搬至太仓横泾镇落乡李长官桥黄宅居住。闻东周市伪朝将于二月初十日掳掠而去，又有侯天福来扰，贼从昭界窜至太界之白荡里伍胥庙一带，而横泾之人亦渐摇动矣。二月二十七日，横泾无故惊惶，市中各店尽行闭歇，余思西路未能即回，东路又不能再进，进退维谷，焦灼殊深。父命："汝兄弟且望西暂避，予与眷属静守寓中，一听天命。"于是不得已留父在寓照顾，余兄弟同沈蔼堂、李春山望西而避。至老吴市，见昭界无贼，李春山欲雇车接眷回西。不意次日大雨倾盆，贼又从张市来矣。予四人冒雨避至高浦陆成聚家。因思进退无路，且渡江暂避。于是冒雨至高浦搭船，船皆开去，仍冒雨而回，在陆宅借宿一宵。次日天晴，至高浦无船，循海而西，至徐陆泾，船已开去。又从西周市至浒浦，时已薄暮，借乡村人家煮饭而食，闻有船明日开者，即上船权住。不意黄昏时北风大作，迅雷甚雨，船篷尽漏，衣履尽湿，待至天明，风雨未止。船人冒险而开，出港后暴风大作，几至倾覆，收柴港离岸，始庆更生。三月初三日，留三弟在陆祉卿寓，余与春山、蔼堂到浒浦港搭船回南。初四日，船至南岸，天色已晚，不能收港。初五日早晨，进钱泾口回寓，知寓中人俱无恙，前日尚属虚惊，幸甚。惟念太仓终非万全之地，因同春涛、蔼堂、春山熟商渡江，三人皆有此意。于初八日到钱泾搭船，即日率眷下船，适遇大风阴雨，船不能开，待至十四日始抵北岸，而所搭之船，系收青龙港者，离牛洪港尚有三十余里。春山即于青龙港赁屋而居，余与春涛、蔼堂雇车从青龙港到黄狼镇北杨宅陆祉卿寓，春涛到津桥镇西宋宅陈廷爵寓。十八日，赁屋于黄狼镇北三段里张宅。惟时渡江避难者，若常熟、昭文、太仓、无锡等处人，各港内不可胜数，津桥、大安二镇日间拥挤不开矣。后知太仓、昆山恢复，始稍稍回去。四月初，随父亲及钱心华、朱仲庚到通州一游，四日而归。数日后，又随父亲到通州，三日而归。四月二十七日，在牛洪港搭船率眷回南，下午收高浦港回寓，仍居东周市王勖亭宅。七月中江阴恢复。十一月二十五日，苏州恢复。十二月初，无锡恢复。同治三年二月初，常州之贼暗窜至杨库〔库〕、福山等处。初九日，进犯县城大东门外之梅李塘，小东门外之罟里村、苏家尖，西门外之大湖田、小湖田，南门外之练塘、杨尖，北旱门外之福兴寺、陆店街，北水门外之谢家桥、王市，虞山门外之维摩寺、磨刀湾等处，俱有贼踞，幸有符道宪（湖北人）与朱开泰布置守城，李抚军调兵数千，即于十九日解围，追至江阴，杀毙无算，余仍逃回常州。而西乡之大义桥、小义桥、顾山、王庄、翁家庄、栏杆桥、鹿苑、严塘庄等处，民人被杀者较十年失城时尤甚，此亦在数故也。四月初六日，常州恢复。初八日，丹阳亦复。六月十六日，金陵恢复。七月二十六日，湖州亦复。自是江、浙两省一律肃清，然距金陵失守至今已一星终矣。

贼之陷常熟也，贼目曰擎天义黄老虎（文金）。擎天义其伪职，黄老虎（文金）其名也。至八月二十三日，黄老虎去，有昆山之贼来守。贼目二，一曰详天福，姓侯，忘其名；一曰慷天燕钱得胜，旋改名桂仁。后详天福升详天安、详天义，慷天燕升慷天福、慷天安、慎天义、主将、天将。详天义去，又有黄天义来（伍珪文），余亦不可胜数。贼中伪职最小者曰指挥、曰检点、曰丞相，皆称小头主。稍大者曰侯、曰豫、曰燕、曰福、曰安、曰义，中皆有天字，上加一字以别之，若详天福、慷天燕是也。义之上曰主将、曰天将，再上则称王。称王者甚多，而王之中亦有大小，如干王、英王、忠王其最大者，若慕王、听王、来王、禄王、襄王等皆其可指使者也。中等伪职有所谓监军及文军政司、武军政司者，其名目亦甚多。又有伪乡官者，皆胁从土人为之索贡征粮者也，曰军帅、曰师帅、曰旅帅、曰两司马、曰卒长、曰伍长。或曰军帅能升监军，若太仓之韩吉吉是，则土人渐入贼中矣。

贼之初至也，离城二三十里之外尚未被扰，缘贼必当日回城，夜来城门紧闭，城外不留一贼，故近城莠民若潭荡、湖圩等处，皆摇船上城，俟贼进城后，将城外人家之银钱、米麦、家用什物满载而归。更有安坐而食，在半路夺而取之，相争不已，甚至殴斗殒命，天理王法渺不知何所在矣。至钱贼来后，远乡亦皆扰害，迫令各乡镇纳贡。纳贡者银钱为主，余则猪、羊、鸡、鸭之类。无耻愚民，受贼驱使，纠集纳去，即派为伪乡官，若军帅至卒长是。伍长，其后设者也。发伪门牌，各家张挂，伪乡官多有借兹勒索，或数百文一张，或数千文一张，殷实之家甚至有数十千文一张者，民间只求安靖，亦只得忍气而已。

贼之派伪乡官也，每取殷实之家，否则素为乡里作恶者，愈凶狡愈称意。其有良善而胁从者，多至家产费尽而犹不得安，所以乡官中亦未可概指为从贼。惟助纣为虐者，似属甘心，然亦惟贪利所致耳。

贼之征粮，十年之冬，花田每亩六七百文，稻田每亩三四斗，业户不得收租。后一年加一年，至元年分，花田每亩加至二千余，稻田每亩加至一石余，又两忙征钱加至五百余。又有意外苛派，如海宁县〔州〕之海塘捐类，皆照田亩科派。又伪乡官借端肥己，种田者几至无余利矣。其始也，有种租田之顽劣者，饮恨业户收租之苛，以为贼来可免，及受贼之累，欲求仍似昔日还租之例而不可得。谚所云，不见高山，那见平地是也。

贼于各镇店家又有伪捐，多者数百文，少至数文，五日一收，虽豆腐、汤罐等店亦无遗漏。又于各镇设立卡房，商贾过卡，皆须完税。若在他镇完过者，取照票钱数十文，于伪税票上加一伪印。若隔县便不能照票，又须完税矣。白茆口设立伪关，曰白宝关。徐陆泾、浒浦、福山各海口皆有伪关，百货进出，亦须完税。

贼之焚杀掳掠曰打先锋。不杀人放火，而但掳物，曰太平先锋。每以此胁人，谓钱粮不清，将打先锋也。

收粮不足，令伪乡官与贼众至各乡村人家取米、麦六陈，曰盘粮。

贼之暴殄特甚，煮饭盛器即秽溺其中，甚有以字纸作草纸用者。

夜间以大木炽火，睡于其侧，曰烤火，虽暑天亦然。或谓身上有疮，烘之以代搔痒也。

贼中有讳用之字，或添写，或改用，最为可笑。如秀字添草头写莠字，全字添草头写荃字，青字添草头写菁字，皆因伪天王洪秀全、伪东王杨秀青之名也。山字改用珊字，伪南王冯云山之名也。贵字改用桂字，伪西王萧朝贵之名也。又顺字缺偏旁中一竖，国字中或字改写王字，亥字改用开字，丑字改用好字，皆不知其何意也。又上字改用尚字，华字改用伍字。

贼中伪考试，常熟取者曰秀士，苏州取者文曰博士、约士，武曰猛士、勇士，金陵取者曰俊士、杰士。可笑者伪报条上写秀士为莠士，可谓名称其实矣。

应伪考试之人，初犹令伪乡官胁从之，皆无耻之辈，稍识数字者应之，亦无有不取者，取后皆与洋钱三、四元，此贼之以利诱人也。后通文墨者亦应之，甚有生员、廪生亦应之，如钱竹〔筑〕溪（名敦钧，住南门外关帝庙弄，咸丰元年青宗师科试案首，后应贼试取伪秀士、伪博士）辈，竟以得取莠士、博士为荣，真狗彘之不若矣。

贼中禁吃雅片烟，钱竹溪适被贼查出，捉去杖责，荷校鸣锣示众，秀士、博士，如是如是。

伪干王为伪天王下第一人，自命不凡，贼中称为圣人。有伪诗集示考试者，诗中皆不脱东、西、南、北四字。又将四子书涂改，称孔圣人为孔阿二，侮圣毁贤，最不容于死。

伪考试之题有曰：四海之内皆东王。又曰：天父原来有主张，磨来磨去试心肠。尚有数题，不能悉记。

伪示上伪职，自侯起俱有天朝九门御林字样。其系粤西起事老贼，皆曰王宗。系两湖、安徽之贼，皆曰开朝勋臣。

贼初至时，伪示上书太平天国庚申十年，盖以咸丰元年为伪元年也，后上又加书天父天兄天王字样。

凡伪王之伪示与他贼异，用黄纸若誊黄样，四边皆盘龙。伪天王之伪诏亦然。

伪天王之伪印，大等于方斗，其中字句不能悉记，多不可解者：字皆楷书，［洪武正体］无篆文。伪王及伪天将、主将以下至侯，式皆长方，大者长尺余，阔半尺，小者长尺许，阔三四寸，边皆盘龙。自侯以下至检点、丞相、指挥及伪乡官，长约三寸余，阔二寸余，边亦盘龙。伪印上以有姓名为贵，小者无之。

贼之衣服亦无定式。头上或以布、或以绸缠之，惟贼目及伪王得用红绸、黄绸，上缀帽花，余皆青色、黑色或花布，惟白色独无。上身之衣，短不过腰，衣袖小如竹筒，伸宿不舒。棉袄曰打袄，皆五分密行，色以红、绿为贵，长衫、棉襦、皮襦亦红、绿色者多，亦五分密行。大贼目及伪王得穿黄衣，或穿神袍，戴神帽，而发仍打辫，辫线甚大，有一二斤重者，大、小贼皆然。或有用红、绿线者，辫皆盘于发际，或结为旋螺状，曰得胜结，虽戴帽穿袍时亦然。裤管甚大，有二尺余，虽严寒皆穿单绸，常抽至腰下，两股尽露。鞋子以红、绿绣花为贵，贼目时穿厚底，余皆薄底，或穿草鞋，或赤足，穿袜者绝少。伪乡官之帽，皆贼与之，如范阳兜而小，色黄，戴者亦少，惟西周市周甫容、张市陈瑞芳时戴之，以为荣幸。

贼之月日，大月三十一日，小月三十日，无二十九日作一月者，亦无闰月，朔望、上下弦皆不知也。或谓此西洋之法，贼之变于夷也。贼欲于彼之十五日月圆，将木板上画月之形，令之荷校，诞妄极矣。

各镇店家账簿上不书年号，亦不书贼之伪号，但以干支纪年，其日月悉遵时宪书，不与贼同。至除夕、新年皆半开半掩，盖贼必以彼之除夕作准故也，亦迫于势之无〔可〕如何耳。

贼称本朝曰妖朝，官曰妖头，官兵曰妖兵，神像曰死妖，骂人曰妖魔鬼。

贼称伪天王曰真圣主，伪王及头目曰大人，余皆曰兄弟，新掳入者曰新兄弟。初至金陵时讳言长毛，后亦不忌，老贼曰老毛子。掳富贵家子弟及年轻而貌端正者，认为己子，曰公子。掳女子少妇为妻，曰正〔贞〕人。掳十岁以上小儿，以好衣穿着随身服事者，曰小把戏。掳少壮有力男子可使打仗者，曰牌面。掳老弱无力男子，使之打柴、割马草、挑水、煮饭、作杂工者，曰牌尾。在贼中作吹手者曰典乐，作厨子者曰典厨，吊硝者曰典硝，凡司其事者皆曰典。奸狡土人，不受伪职，而与贼往来者，亦曰董事。

贼每七日一期，曰礼拜，谓祭天父、天兄也。天父、天兄者，贼之造作名目以惑人者也。祭用方桌二张连排于檐下，上设茶数杯，点烛一对，无香。贼目皆向外环坐，诵天父经一遍，经共二十四句，计九十六字，亦不知作何乱语。诵毕皆跪下，读伪祝文一篇，中有一个当十，十个当百，百个当千，千个当万，万万千千，杀尽妖魔云云，读毕而止。

贼中称天父曰老亲爷爷，天父之名曰基督，天兄之名曰耶苏。

贼目时至各乡镇，或庙宇中、或贼馆内，搭高台，南向而坐，旁坐伪乡官，若两司马而下皆环立庭前，呼土人聚其下，而告之以征粮、索贡之语，名曰讲道理。道理二字，何不幸而出之贼口乎！

贼于圣贤像、神像、佛像及专祠中之有像者，若范公祠、杨公祠、于公祠，皆毁坏无遗，若东周市普善庵内之佛像深藏而完好如故者，不多得矣。

贼铸伪钱，前面太平天国四字，后面圣宝二字，或在孔之上下，或在孔之左右，无定式也。

贼中之伪腰牌曰圣牌。以长竹竿装枪头曰苗子，弓箭、藤牌俱无。

旗帜最多且大，五色俱备，顶上俱有铁枪头。每十人中八人执旗，二人执鸟枪或洋炮。用铜帽子不用火绳者，夷人所卖也。

水路来往，船上间有小炮，旱路走者无之。

贼犯上海，掳得夷人之物，曰发洋财。

贼之掳人，以麻绳穿辫根牵之以走，掳至贼馆，不得外出，夜间以麻绳缚住手足，数日方免。

城中修造改作，用水作、木作及杂作者，俱令伪乡官雇之。城门上进出，皆于面上打一图记，以为识认，或向贼馆中取一伪凭，曰飞纸。

土人携家眷什物而避难者，恐途中被扰，向伪乡官取一伪凭，曰路凭。

土人中不得剃发，而商贾有往上海、通州、海门去者，不能不剃。至从上海、通州、海门归者，短发又不便，因有向贼中说明缘故，而取伪凭为据者，曰剃头凭。

贼中铸炮，将在城与各乡庙宇中之铁香炉、铁烛筌〔签〕及钟、磬等物，搜括无遗。

画轴楹联，贼所不取，故毁坏甚多。闻贼馆中有以人家挽联悬挂者，不知何意，或谓挽联上有大人二字者最多，取意在此，可笑极矣。

贼之初至也，令人家门上贴一顺子，以为彼之顺民也，各乡镇亦间有贴者。

取年久墙砖，令人敲细成末，吊出墙硝，以充火药之用。乡镇上亦间有夺民房而作吊硝处者，曰吊硝馆。

吊硝每以大树及房屋中之大梁、大柱烧之，所以山木及大屋也毁去甚多。

常令伪乡官每图解稻柴灰数十担，亦以充火药之用。又令每图解树柴数十担，以为煮饭之用。

甘心做贼，类皆无赖下流罔命之徒。盖良善被掳，迫于势之无如何耳，断不以杀人放火为快事，且常存逃避之心。惟罔命者逞其所欲为，方视为得志之秋，所以愈凶恶愈得用。为伪王及大头目者，皆此等也。其中监囚甚多，缘贼陷一城，即将监囚放出，即用为头目故也。其余乞丐盗贼九流三教无不容之，故贼在馆中或在各乡镇，有时端坐椅中，忽然两足盘于椅上，忽然跳立椅上，丑形毕露，盖其本相固然也。

贼中作伪文书、伪札、伪示者，待之如幕宾，称之曰先生，出亦乘轿，亦有小贼服事者。

贼虽凶恶，而亦时时虑人，如在乡镇，日间无单身远行，夜间宿贼馆中，必群贼同睡一处，闻警无不逃避，亦知积怨于人者不浅也。

其抗拒官兵也，败不相救，甚有无故而自相践踏者，所以不难扑灭也。

贼中送礼，各物俱排设桌上，活猪、活羊亦然，小贼以竹杠舁之。

各贼馆中贼妻，亦时相往来，间有乘马者，亦有小女子服事如婢女然。

城上俱拆民房遍盖之，以蔽风雨，曰走马台。

于高屋上架木为台，多至数层，曰望妖台，在慧日寺大殿上者为最高。

城外民房，若南门、小东门、大东门、西门，城陷后焚烧特甚，存者已少。若北旱门本不多者，而北水门则尚未动。迨投诚被围及同治三年二月被围后，各门民房荡然矣。

城中民房，小者皆作柴料，大屋为贼馆者尚可，然伤于投诚后者亦不少，其余皆墙倾壁坏，门窗板壁拆毁无遗，甚至拆去楼板，而搁栅亦皆截去。

贼将房屋改作及拆彼造此者甚多，如钱贼之馆在陈家巷杨砚芬家，将对面民房拆去，改造照墙；又将后面民房拆去，改造花园，将常熟城隍神庙花园中之亭台楼阁移去。又陈家巷庆顺典当厅场上添造房屋一所，诸如此类，不可胜记。

衙门官舍，若常熟县衙仅存头门及大堂，昭文县衙仅存头门，道辕及游文书院惟瓦砾而已。文、武庙及两邑城隍庙尚可。忠孝祠、杨公祠、范公祠、安济堂俱毁。节孝祠、于公祠尚可。文庙大成殿拆为平地，今圣位暂供明伦堂上。（文庙大成殿、崇圣祠两庑俱无，惟存明伦堂、尊经阁及斋房。）

庵观寺院，若城中之致道观、致和观、慧日寺、方塔寺、白衣庵，及城外之破山寺、三峰寺、维摩寺、拂水寺、龙殿、小云栖寺、普福寺、普仁寺、资福寺、接待寺、新塔寺，毁坏甚多，间有存者，惟破屋数间而已。在各乡镇者亦有毁坏，然较之在城附郭，则大相悬矣。

贼于虞山门外筑石城一座，颇为坚固。投诚后被围，惟石城下最吃紧，而贼之攻城死者，亦惟石城下最多。盖贼以山上城墙甚低，攻打较易为力，而不意有石城当之，一若预知而为设之者，未必非神明之默相者也。

贼有伪令，众贼皆听贼目之指挥，有不听伪令而适被贼目知觉者必杀，曰犯令。杀后将首级挂竹杠上，以黄纸书伪示，使二贼扛首级，一贼鸣锣，一贼读伪示，呼于贼众中，以为榜样，曰喊令。

贼之吊出别处去，曰出师。在路上行时，旗帜皆卷。如贼目有伪令，使众贼掳掠乡村，则旗皆放开，狂奔尽起，故土人见贼过，以旗之卷与不卷，卜其掳掠与否也。

凡贼掳得衣服器用归，或在城外，或在乡镇，廉其值以卖，贪利土人每买之，而互相贩卖者，曰先锋货。日后仍被掳去，屡试而不一悟，甚有付钱而不得取物者，何其愚乎！

凡避难居乡者，日用匮乏，每将所带之首饰、衣服变卖，而不值钱，惟金尚可。每金一两，兑制钱二十七八千文至三十千文。宝银每两兑制钱一千七八百文，若元丝等亦随宝银递降，最折色者惟银首饰，每两兑制钱七八百文至一千二三百文，盖刁商乘人之急，每以纹银而作五色、六色收去，私铸元宝用者，所以近年新宝最多。珠宝玉器，上等者尚可，中等、下等者不惟价廉，亦无销路。衣价亦廉，布衣照庄码尚可八折，绸衣照庄码不过五六折，因贼中先锋货甚多且廉，避难者需用孔亟，只得随时价售去，真难中一苦境也。

同治二年，米价大至十千，此从来稀有者。难中人愈难支持，往往以麦秕、蚕豆充食，而麦价每石亦五千余，蚕豆每石亦四千余，食麦与豆，尚比承平时之食米加数倍也。元年四、五月间，浙江杭、嘉、湖等处米价每石八九千至十千，常、昭尚四五千文一石，相去悬殊。奸商由常、昭贩至浙江，更在浙江贩草纸、火纸、小连锡箔而归，利俱倍蓰。于是一倡百和，取此利者不可胜数。恐途中贼扰，则雇枪船保护而行，而常、昭各乡镇上米无余粒，竟有籴数升而不得者。非米少也，有米者皆望大利，不欲在本地籴〔粜〕也。承平时、凶年尚不至此，况丰年乎？亦难中一苦也。

枪船不知始于何日，承平时浙江间有之，贼至后各处盛行。船甚小，行甚速，船上之人，类皆无赖子。有枪船头目费阿玉者，所属不下数千号，以赌为谋生之计，到处必设宝台。或剃头，或不剃头，名为接应官兵，然未见其实，唯一味横行而已。永昌亦有之。后贼中亦有，呼为长毛枪船。今皆杳不知其所之矣。

凡渡江避难者，在城未陷时，富家间有之，至投诚被围后，平常人家亦皆去，盖明知此番劫数不小也。及同治二年二、三月中，各乡镇日夜不安，居民刻不可留，渡江者不可胜数，如常熟之鹿苑、西洋、福山，昭文之先生桥、浒浦、徐陆泾、白茆，太仓之星泾、钱泾、荡茜泾、浏河各海口及沿海白水滩，无日不满载而去。船钱甚昂，独自雇者，每只须数十千文。搭船者，每人数百文至数千文，有行李者另算。常有付去船钱而上岸后之食用全无，又有遇风暴而倾覆江中者，困苦之情，不可尽述。

有夫妇二人，携一子渡江避难，船进大安港，所带行李仅有钱一千、被一条、粗布衣一包而已。船人需索不已，至尽所有付彼而犹不足，其妇曰：我所以冒险而来者，为膝前一子耳，今即得登岸，食用俱无，复何望哉？抱其子投于江中。其夫见妻、子俱亡，亦即投江而死。后海口捐局内知此事，将船人治罪，又谕令各海口不准勒索难民，船人始稍知畏惧。

山近海内地上船，旱路便于水路，故眷属行李每雇车而行，而车钱亦甚昂贵，二三里路须数百文及千余文不等。到得海口，船尚抛于海中，不收港内，恐潮落之后，闻惊不得开行故也。近海之人每借此取利，不能涉水者，人与物须令彼背负上船，虽女人亦不得不然也。

白茆塘上，惟南渡桥、北渡桥、南新闸等处不用渡船，若老龙王庙、北新闸、典当桥、顾七方桥等处俱有渡船，以便往来。当塘西骚扰时，人皆向塘东趋避，而过渡处最非易事，盖人多船小，而又势急，不能少待，常连船沉于水底，溺死者甚多。徐陆泾、浒浦亦然。一塘之隔，不啻一江之隔矣。

内河行船可以任意，早晚不拘，渡江则不能。一日两潮，汛有早晚，而亦一定。若朔、望，必子、午二时，余以次挨去。行船必潮与风相合，如西风则潮初上时开，东风须潮乍落时开，西北风、西南风、东南风、东北风、正南风皆可渡江，此就自南至北而言。若自北至南，惟正南风不可，亦犹望北者之忌正北风也，余皆同。天晴风顺，隔江瞬息可达，一遇阴雨风逆，有守至十余日不得开者。倘非亲历其境，亦不知其难易若此也。

贼初至时，近城之人戴碗帽者不得加帽结，故戴毡帽者甚多。辫皆盘于帽上，不得下垂，更有以红绸系于衣领上或衣衿上。穿衣以布为尚，破者更妙。九、十月间，短发者尚不妨，后不便矣。

城未陷时，各处团练乡勇俱以白布缠头，惟宁绍帮中及永昌之勇以青布缠之，后用花布者亦有之。永昌之勇，蚬子山人居多，云系阳城湖中之盗，未知是否。城陷后，永昌以焦湖船一只，中实泥沙，横亘于木排厍州塘中，以绝苏、常往来之路。故贼从常熟到苏州，须由昆山绕道而行，后亦开去通行矣。

当西乡防堵时，忽有两人来投，云曾在江南大营效用者，一曰卢叔韬，一曰梁国泰，庞督办俱收用之，亦未见所长。城陷后，近城之人驾舟而避于昆城湖中者甚多，卢叔韬即在湖中抢掠难民之物而去，不知所终。梁国泰于九月中到金匮县之甘露镇，名为劝捐，实图抢劫，土人逐至鬼泾刺死。

同治二年三月初，贼扰张市、老吴市、东周市一带，逼近海滨。避难者群聚于高浦，尔时欲渡江而无船，欲趋避而无路，死地求生，背水一战，贼皆败逃，又进剿至老徐市大船桥，然后四散避去。内有夏正荣、薛梅屏、周桂德三人奋勇杀贼，力竭被戕，殉难于老吴市关帝殿前，后请于邑尊，请赐恤焉。

贼目伪朝将之在东周市也，每日晨起放炮三声，伪典乐者即吹打至洗脸毕方止，吃饭亦然。凡为贼目者，无不如是也。闻伪慕王衣亦不自穿，食不自举，与死人何以异乎？

民间食盐向由公堂发卖，以有盐课上供故也。贼至后，沿海私贩甚多，而贼亦有伪税，各海口设立盐行，每担抽钱数百文，且又强卖土人，按图分人口造册核数，有增无减，其不纳伪税而潜相贩卖者，辄受害。

伪乡官中有征粮不清，或遇他事而为贼监禁者，其监禁之处曰黑牢。

贼中出师走水路者，掳土人为之摇船，近城乡人每避之。

小东门外湖圩、戈庄等处奸民，与贼熟识，遇贼出师，亦纠合多人，假装贼样，驾舟随于贼后，贼在前行，彼即在后掳掠，满载而归，习以为常，不止一二回。后至湖州，经官兵尽数歼除，可谓大快人心矣。

邑有曹和卿者，名敬，廪贡生，素为刀笔，曾因漕事黜革而又起复者。长子名应震，号小卿，中乙卯科顺天举人，考咸安宫教习，捐员外郎。次子应泰，号鲁庭，游于庠。咸丰十年，和卿为吴塔盘查局董事。城陷后，二子俱避至江北，和卿尚在吴塔。后贼至吴塔，和卿遂委身事贼，同钱华卿、屈华卿辈把持贼事。曾因营里村之伪乡官不肯馈送，而率贼掳掠居民，助桀为虐，莫此为甚。二子屡次以信相招，始渡江而去。今虽幸逃法网，亦永为名教罪人矣。

钱华卿者，素为不法，家中开设赌场，陷害良家子弟甚多，且曾私铸制钱，前邑尊孙公（名丰，号兰溪）莅任之初，即访拿惩办，充发远方，咸丰十年四月中逃回本县。城陷，即从贼，在南门外小庙前刘雨寰宅设立难民局，借此取利，其术甚狡。克城后逃至江北，上海移文到海门，饬差拿获治罪，今监禁本城，闻两目已盲。屈华卿其党也，亦常熟人。

城初陷时，南门外、小东门外焚烧特甚，平桥及通河桥俱断，其余木桥若东高木桥、西高木桥、塔基桥等无论矣。

贼于城外大桥顶上皆造巷门，桥下皆造水栅，以为防御。

凡贼馆门口俱设桌椅，上排笔砚、香烟，桌围、椅披以红为尚，门上或挂门红，若钱贼馆中照墙及门上俱彩画狮、象等形，虽屋内墙上亦然。

贼中掳得土人，虑其脱逃，每刺字于面上，或太平二字，或太平天国四字，或自愿投降四字，或自投长毛四字。贼以为有自投字样，即逃出亦必为官兵所杀，使之甘心从贼也。营中知此诡计，每遇被刺而逃出者，概不计较，全活甚多。

广贼陈子昆，初在苏州为乡勇头，所带之勇皆广东人，省城之失，实由此贼，在贼中为后军主将，后为护王。省城恢复，逃至常州。迨常郡克复，始获住正法，羽党亦歼除净尽。（陈子昆后改名陈昆书。）

凡开潮烟作及土行者，广东人居多，若常邑南门外之荣增、隆增、真泰等是也。城陷日，烟作内之素在常邑者，悉变为贼。又西乡白雀寺中，城未陷时，有广贼伪为避难而居之，土人曾见有旗帜、军器陈设于内，乃知丑类之潜伏于内者已久矣。前抚宪薛公（名焕，四川人）为苏州知府时，曾大杀广贼，声名因之大振，然除恶未尽，而转用陈子昆为勇头，以致江苏省城陷于其手，是谁之过欤？

同治二年六月中，渡江避难者尚未尽归，以为安如磐石，且待秋凉回乡矣。适值后天会之事发，又踉跄而奔。后天会者，亦一伪教也，其人皆茹素，所奉之头目姓王，忘其名。其伪职皆窃神号名之，若玉皇、东岳、城隍、土地之类。奉其教者欲得伪职，须出钱捐之，被其摇惑者甚多，已历有年矣。此次私通粤匪，约期破通州、如皋等处，幸先期知觉，州尊黄公（名金韶，即前知常熟县事者）带勇偏〔遍〕捉正法，始得安靖。

伪乡官中最凶恶者，在昭文界惟西周市之伪军帅周甫容为最甚。周甫容者，西周市人，向在茶室内作帮伙，素称无赖。初为伪师帅，后伪军帅王二先退去，即为伪军帅，穿着衣服与贼无异。又招伪乡勇数百人，皆其邻近者，穿着亦与贼同，不知者每认为城中之贼，常同贼中抢掠奸淫。咸丰十一年五月中，钱贼在白茆抗拒官兵，周甫容借解贼粮为名，掳掠而去。同治元年十二月，周甫容导贼至金家滩、北新闸等处，又掳掠而去，此其明征也。又常率伪勇与八桨船打仗，土人因之受害者不可胜数。后至同治二年二月中，官兵进福山港，捉去即行正法，人心大快。

贼中禁用王字，凡姓王者，概令添写水旁，写汪字，故姓王与姓汪者无别矣。

各乡镇店家，必有伪凭方得开张，曰商凭。每张索钱数千文，小或数百文，上书某人开张某店于某处，资本钱若干，按日每千抽伪捐钱数十文。开店者贸易无利，俱加于货物上，所以各货倍昂。

船只来往，亦必有伪凭，曰船凭，上书某人某船，大小装载担脚若干，海船亦然。每张大者数千文，小亦数百文，船钱亦因之昂贵。

昭文界近海一带，若东周市、老吴市、张市、小吴市、陆市、横塘市、西周市等处，皆旱路便于水路，往来者悉乘车，向无车行。后贼中在该处往来，每令伪乡官雇车当伪差，于是设立车行，推车者须纳用钱于车行中，而车钱亦因之昂贵。

又令业户领伪凭曰田凭，诱以领凭之后得以收租，卒无人应之者。盖明知租之必不能收，而深虑贼之知为业户而加害不休也。

咸丰十一年二、三月间，钱华卿、曹和卿等创收租之说，各处设立伪局，按图代收，令业户到局自取。旋于四月中，吴塔、下塘、查家浜之伪局，被居民黑夜打散，伪董事及帮局者皆潜逃，其事遂止。呜呼，以贼之征伪粮如此之苛，佃田者已不堪命，而又欲假收租之说以自肥，真剥肤及髓矣，攘臂而前，宜哉。

南门外莫门荡、斜桥、莫城等处，离城最近，乡人上城，向有小航船来往。由莫门荡到接官亭每人二文，由斜桥到接官亭每人三文，由莫城到接官亭每人五文。贼至后，乡人中有上城做小买卖者，航船不得深入，皆于永济桥外上岸，伪卡上按船收伪捐钱，每船每日数十文，船钱因增数倍。

凡贼掳掠之处，土人必远远避之，而土人中有素为不轨而贪得无厌者，俟贼掳掠而去，即将人家之什物器用为贼所弃而不取者，尽行取去。盖贼掳过后，尚有烬余，又经土匪取后，虽至贱之物亦无不尽也。土人恨之，每呼曰短毛。

贼初至时，派定伪乡官，责令将各图田地造伪册而收粮。伪乡官向佃户写取田数，佃户中每有以多报少，此亦理之应尔也。后伪乡官造成伪册，计有成数以报贼中，又将佃户中之以多报少者，危词赚出，收取皆以入己，揆之天理王法，应当如何？

贼将金陵伪改为天京，又伪改江苏苏州府为江南苏福省苏州郡，又伪改浙江慈溪县为义县。

贼将王市严姓节孝坊拆去，改造于南门外丰乐桥东堍大街上，曰报恩坊，谓报伪忠王之伪恩也。今将坊上之字削去，而坊尚未毁。

贼中新掳之人曰洋阁郎，未知何解。

常熟城上雉堞，皆用石灰水刷白，初不知其何意，后知因伪忠王伪令将城墙加高，故刷以塞责也。

城门外又筑墙圈于吊桥堍，即将吊桥堍作外城门，高不及城之半，各门皆然。

小东门外陈家市、西门外乌目墩等处，皆开濠沟，阔皆寻丈。

此曾祝如先生遗著手稿。先生常熟人，讳含章，号漱石，为清同治四年常熟县学生，又国子监肄业，叙通判，分发湖南，保州同知，继任直隶州知州，加四品衔，署郴州知州，长沙、衡州等府知府，著有《烺有华馆诗文稿》，未刻。生于道光廿三年，卒于民国二年，年七十二。此记略乃手记太平天国入常熟事，当同治元年，先生方二十一岁。此记皆太平天国逸事，所记皆得诸亲见亲闻，致尤足深信。方今太平天国逸史，历史家所珍重，此虽戋戋者，然其中佚事足补近代史之缺失，殊堪珍贵，我子孙其宝诸，时中华民国二十二年秋日，邑人杨以时记。（《中国近代史资料丛刊续编·太平天国》第五册）

2. 在华洋人的文章、信件等

引 言

太平天国定都天京后，从 1853 年 4 月到 1854 年 6 月一年多的时间内，英国出使中国的全权代表文翰及其后任包令、法国公使布尔布隆、美国公使麦莲等，先后打着"中立"幌子到天京访问，他们访问天京的目的，是为了近距离地考察太平天国的实际情况，试探太平天国领导人对他们这些西方"洋兄弟"的态度，以便确定他们的对策。与此同时，一些传教士，或受教会的派遣，或因个人的原因，也先后来到南京，对太平天国进行实地考察。这些公使和传教士考察结束后，或向本国政府，或向所属教会，报告了他们在南京的所见所闻以及近距离考察太平天国后的感想。此外，一些外国商人、水手和游历者也先后到过天京或太平天国管辖的地方，不同程度地与太平天国领导人、官员和民众有过接触和观察，他们中的一些人后来也写有这方面的报告或文章。上述这些公使、传教士、商人、水手和游历者的报告和文章从另一个角度为我们提供了研究太平天国的资料。本节收录的便是这方面的资料，主要侧重于思想文化方面。从这些资料中我们可以看出，开始时，由于对太平天国不了解，以为太平天国和他们一样都信奉上帝，因此，不少人对太平天国存在着幻想，认为太平天国能满足他们的要求，他们因而对太平天国持的是同情和支持的态度。但随着时间和时局的变化，他们越来越对太平天国感到失望甚至绝望，其态度也从原来的同情和支持转为不友好和敌视。当然，其中也有个别人的观察和态度都比较客观。

美国浸礼会传教士罗孝全牧师的一封信

……1846 年或次年的某日，两位中国男子来到我在广州的寓所，表示愿意向我学习基督教教义。其中一人很快返乡，另一人继续和我们在一起住了两个月或更长时间。在此期间，他研习《圣经》，接受指导，其言行举止无可非议。此人似乎就是这位领袖洪秀全，而上文中叙述其事迹的人可能便是与他同来但很快回家的那位先生。洪秀全刚来时，交给我们一份他自己写的文稿，其中详细讲述了他获得他友人在叙述中提到的那本书的经过，以及他得病和在病中见到的一种幻象。他详细描述了他所见到的幻象，并说这种幻象使他更加相信书中所讲的内容。他在描述幻象时所谈到的某些情节，无论当时和现在，都使我迷惑；不知道他既然没有较广博的《圣经》知识，从何得来这些说法。他要求受洗，但在我们认为完全合格之前他就前往广西；直到现在，我才知道他出走的原因。

对其人的描写：他的外貌与常人无异，约五英尺四五英寸高；身体结实，圆脸，五官端正，相当漂亮，约在中年，举止文雅。

相关报道：据说，叛军的部分成员是由一个自称为"上帝会"（the Seongti society）的社团组成。有些人说郭士立先生的一个信徒参加了叛军，但我没有想到就是这个人，更没有想到他已成为叛军领袖！此前我对这场斗争的性质并没有足够的认识。人们推测，叛军的目标是推翻现王朝，但据我所知，这也许只是某些叛乱者的计划。因为正如大卫的军队一样，其构成十分复杂（《撒母耳记》上，第 22 章第 2 节）。我猜想叛军是由国内因种种原因心怀不满的人同他们联合组成的，但至少来自上帝会的那部分叛军一定抱有不同的目标，而且这一目标更为重要。他们似乎不是为了反叛政府，以推翻现王朝，倒更像是为了自己自由而斗争，而且的确正在废除偶像崇拜！我现在开始同情他们的斗争，并期待着重要的结果。天意十分奇妙，对外战争却出人意料地带来了中国的开放。如果目前的叛乱能废除中国人的偶像崇拜，为福音在他们中间的广泛传播开辟道路，那么，这一结果将是同样的奇妙！我推测，洪秀全的追随者不仅把他看作主帅，而且还把他看成是一位先知或宗教导师。至于他本人，我猜想较为迷信，不过，据云他严守道德，而且身体力行毁坏偶像，甚至禁止他的追随者在名片上写"拜"字，他说，因为"我在广州被告知这是错的"。如果现在他的确自觉地这么做，按照已接受的《圣经》教诲不遗余力地行事，那么，其前景无疑是美好的，尽管像亚波罗一样，他也许仍需要有人"将上帝之道更完整地诠释给他"（《使徒行传》，第 18 章第 26 节）。

几天前，我曾和此地的一位中国男子进行交谈，他与洪秀全有过私交，似乎对洪的运动也十分了解。但据他说，倘若官府知道某人与洪秀全哪怕只不过是私交，也会十分不妙；与他通信或者有任何来往，一旦被查获，就会被处死。他说，洪秀全对待老百姓的态度与政府军队迥然不同，他尊重他们，慷慨仁慈，深得民心，现今站在他一边的老百姓约有 10 万人；因此，他比后者更能得到普通百姓的支持！他节制克己，力量正在迅速壮大。这位中国人说："如果神帮助他，站在他的一边，他将会获胜，否则就会败北。局面不用多久就会见分晓了。"这与迦玛列在犹太工会所说的一番话十分相像："我劝你们不要管这些人，由他们去吧。他们所谋的，所行的，若是出于人，终要败坏；若是出于神，你们就不能败坏他们，恐怕你们倒是攻击神了。"（《使徒行传》第 5 章第 38、39 节）现在，如果见到海外强国帮助中国政府反对这些人，我将深感遗憾！这个问题已略有论述，我在了解较多情况以前并不太重视它，但现在，根据所得到的信息，我自己已了解了事实真相，我认为整个事件是在神的引导之下。因此，如果见到任何外国同"天德"及其团体交战，我将感到万分遗憾，因为"他们恐怕倒是攻击神了"。这个国家的偶像崇拜必将会终结，谁知道现在不正是上帝规定的时间呢？虽然我尚未拿定主张究竟是赞成还是谴责洪秀全的举动，但我要说，让事情在明智的天意的安排下，由上帝来作出正确的处理吧。尽管这位领袖正在做的事情本身并不一定都值得称道，就如同往日中国与外国交战一样，但就在华传播福音而言，目前的趋势也许可以证明，其结局同样是吉利的。

圣书上说，上帝在用平静细微的声音对以利亚说话之前，先有"裂山碎石的狂风，伴以地震和烈火"，这其中并无上帝，但以利亚却借此做好了聆听上帝声音的准备。现在有一点可以肯定，唯有从内外两方面对中国人的旧习进行剧烈的冲击震荡，才能使他们脱离在政治和宗教事务上行事的常轨。1842 年与外国交战的"狂风"已经摧毁了她的外部障碍，阻碍国际交往的大山在那时崩裂，被夷为平地；如今，1852 年，一场类似的剧烈震荡和如火如荼的内部变革正在进行当中，我衷心地希望和祈祷，这将导致废除偶像崇拜，使人们准备好聆听耶稣传道时那"平静细微"的柔和声音。

这是中国的一个转折点。在目前的情形下，基督徒们应当无比热切地祈祷，努力促进福音在该民族中的传播，并充分利用也许即将来临的每一个有利机会！请看上帝已做了些什么！他不仅使中国对外开放，接纳了福音的教师，如今还使他们自己中间崛起了这么一个人，他引导他们崇拜真神，以强劲的手段扫除偶像，而成千上万的人正汇聚在他的旗下！难道我们能说这纯属偶然或系魔鬼所为吗？这显然不是事出偶然。耶稣说过，麻雀"一个也不能掉在地上，若是你们的父神不许"（《马太福音》，第 10 章第 29 节）。另一方面，中国人崇拜偶像无疑已持续了千百年，而这正是魔鬼让他们这么做的，因此，很难想象魔鬼会跟自己作对，派他们当中的一个人摧毁他自己的堡垒！所以，在战栗惶恐的同时，我们不能不谦恭地相信，这场斗争是在全能上帝深谋远虑的智慧和指引下进行，由他一手策划，为的是将他重生和救赎的目标与荣光，带给这个人口众多的民族。

罗孝全

1852 年 10 月 6 日于广州

（《中国近代史资料丛刊续编·太平天国》第九册）

法国遣使会传教士田嘉璧博士致里昂和巴黎布道会的一封信

瑞州府，1852 年 1 月 6 日

先生们：

在过去的几年中，我曾荣幸地就湖南的传教事务给你们写过几次信。从这一次开始，请允许我同你们谈谈江西的情况，因为我现已接管该省教务。我将向你们倾诉我们的需要和希望，传教士们的欢乐和悲伤，中国教徒的幸福和不幸。所有这一切，我都将抱着最大的信任向你们表达，因为我相信，你们会像对待我的前任拉莫（Rameaux）神父和拉里布（Laribe）神父那样，给我们以厚爱。

由于内战就在我们的门口进行，今年的传教活动总的来说不能令人满意。

先生们，关于中华帝国的动乱状态，广西的叛乱，叛军对两三个大省份的入侵，受几乎连连得胜的刺激而表现出的大胆放肆，以及他们胜利进军的迅速，你们无疑已经知道，叛军现已包围湖南省会长沙。他们刚刚包围长沙，便已风传该城已被攻占。长沙离我写此信的地点只有150英里，是否轮到江西也将受到侵犯呢？有些人根据过去的进犯经历判断，认为不会。从远古朝代起，无论发生什么性质的战争，江西从未被战火侵扰过。总之，一旦江南被占，并且叛军控制了湖南，那么，江西就必然会不战而被一并征服。有些人便希望目前的事态会如此发展。另一些人的看法与此相反，坚持认为叛军的计划包括攻占江西省会南昌，他们很快就会兵临城下。无论这些传言的可信程度如何，事实是，清朝官员已处于警戒状态，仿佛危机已迫在眉睫。一队队士兵在各条街道上列队巡逻，密探高度警戒，到处都笼罩着恐怖气氛，稍有借口，便进行逮捕、勒索和处决。我们神圣宗教的敌人知道如何利用这种公开的恐怖来与我们为难。因此，我们的新教友十分恐惧，华人牧师则缄默寡言，欧洲传教士的自由也较往日受到限制，视察祈祷所危险大而效果差。

这种过于暴烈的局面不会长期延续下去；但结局将会如何呢？如果不擅交际的穷苦百姓能获许表达他们的感情，那么，他们就会对我们说，中华帝国将会瓦解，灾难可能近在咫尺。一切将会导致国家毁灭的因素正在最近积累起来，正如《圣经》上所说："这个国家已经腐败。各种年龄的人走着所多玛人和撒马利亚人的道路。他们的滔天大罪已经上达天庭。至于君主的大臣们，他们犹如醉汉，已为累累罪行所苦。君主本人已失去尊严，受到人们鄙视。"

关于这些中国人对他们君主和长官的尊敬、崇拜及忠诚，一直为人们所反复谈论，但如今，他们竟极端鄙视他们的天子，并杀死其官员。这些兆头预示着什么呢？我们欧洲人不难预见，甚至中国人自己也能预见到。我所目睹过的一幕便证实了这一点，当几位老人听说某地一个官员被老百姓杀死，某地一个官员被老百姓赶跑时，他们均摇着头，惊恐地喊道："我们过去从来没有听说过这种事，国家将变成什么样子啊？"

还必须承认，咸丰皇帝和他的大臣们的确十分昏庸。在这非常时期，赢得民心至关重要，而他们的政令措施却大失民心。国内赋税沉重，差役使老百姓苦不堪言，为了支应几个士兵，大受其扰的家庭数量令人难以置信。不要误以为中国的步兵是步行的士兵，不，不，他还得配置一辆车。骑兵也是如此，如果始终骑马那就太累了，他也必须有一辆车；再者，战马不能驮自己的鞍，马具也必须用车运送。因此，在离此地 6 英里的瑞州府，上周动用了 1 000 人来运送 300 名士兵的装备。

不仅如此，这些所谓的国家保卫者们几乎大多是盗匪，他们甚至公然闯入民宅抢劫。因此，只要在市镇上宣布将有军队打此通过，所有的货摊就会马上消失得无影无踪。据说，官吏们正打算征收一种特别税，这必将引起更大的不满：他们所选择的奇妙的吉利时机竟是在干旱季节！因此，人们的愤懑正开始引发公开的叛乱，盼望叛军到来已不是秘密，没有一个村庄不是急切地期待着接受叛军的统治；有人甚至认为，如果官吏在这非常时刻加深民众的痛苦，如果他们加重而不是减轻其负担，这将会变相导致叛军获胜，因为随着心怀不满的人日益增多，叛军的朋友也就越来越多。

与此相反，叛军则采取了极为谨慎的措施。他们不抢劫，不骚扰；他们一开始就已布告天下，"我天朝仅与胡虏为敌，只求扫尽妖氛，诛灭胡虏"。事实证明他们是言行一致的。一旦攻占城镇，所有清军无一例外地被杀死，满族官吏断不会幸免一死，汉族官吏如没有预先投降，也同样被杀；但老百姓却受到尊重，商旅不惊。

在最近从湖南到江西的旅行中，我获得了有关这些事情的消息，使我得以在此叙述其详。无论是在安徽西部旅行，还是由北向南穿越湖北，在我经过的每一个县，我所耳闻目睹的一切使我得出这一结论：北方的老百姓也准备与南方的叛军一同对抗官府。

先生们，我之所以讲得这么详细，是因为这件事对我们来说，很可能是一个性命攸关的问题。不，我说错了，这是一个生存问题。我的意思是说："这是关系到我们是享受自由还是遭受残暴迫害的问题。"

假如叛军获胜（现在看起来这很有可能），我们也许可以指望我们的神圣宗教得到某种解放。相反，如果清王朝获胜，我们就会看到一切带有社团性质或类似社团的组织遭到可怕的反击。由于在华教会在政府眼中是最惹眼、最讨厌的社团之一，基督教团体将会受到最凶猛的攻击，我们可能将不得不忍受血与火一般的迫害。

用耶稣基督的话说，自由与迫害都是可以接受的。与自由相伴的是劳作，与迫害相伴的是磨难和死亡。为基督劳作，为基督受难，受酷刑而死，或倒在屠刀之下，都是光荣的归宿。布道会或劳作或受难的令人尊敬的会员们，始终在你们的慈爱中得到慰藉，在你们的祈祷中得到支持。他们对你们万分感激，无限忠诚，你们对此受之无愧。

先生们最谦卑、最恭顺的仆人：

江西教区主教田嘉璧
（《中国近代史资料丛刊续编·太平天国》第九册）

意大利方济各会传教士里佐拉蒂的一封信

香港，1853 年 1 月 28 日

先生们：

我不得不向你们陈述我的教区目前所面临的严重事态，它使我的传教士们（尤其是欧籍传教士）陷入无比的痛楚之中。他们不单为未来可能遭到迫害而困扰，更为中国的叛乱而焦虑不安。该叛乱目前是如此恐怖，以至于皇帝本人已开始为他皇位的安全而十分惊恐。据报道，他已采取措施将他的政府迁到满洲地区的辽东。叛军在打开湖南省会长沙府城墙的缺口后，现已占领岳州府和邻近的其他城镇，由于这些胜利，他们的兵力已增加到 4 万人。

取得这种胜利后，他们在扬子江上畅行无阻地扬帆前进，在丝毫未遇到官兵抵抗的情况下开进了帝国 18 省的商业中心、著名的大城市汉口。官兵狼狈逃窜，困守武昌城内。武昌是湖北省会，与汉口隔江相望，江面宽度约为一发炮弹的射程。在这里，就在官军的眼皮底下，叛军征帆满江，用几千只各式帆船将士兵和弹药运往南京。

反叛者看来纪律严明，其战术远远胜过清军。他们到处自称是把国家从满人的枷锁下解放出来的救星，并在布告中一一列举满人的罪行和暴政。那些希望看到汉族王朝建立的人为这些辱骂异族的小册子而欢呼。这使叛军获得大量捐款，从而得以逐日增加兵员。相反，清军的情况逐渐恶化，面对叛军的高昂士气和优势兵力，他们惊惶不安，无意与叛军交战，自动放弃阵地而不是应战，甚至将叛军引入业已弃守的城市。事实上，他们只在无法避免与敌遭遇或认为有把握获胜时才开火，而后一种情况十分罕见。

至于我，还不知道对中国的反叛者究竟应持何种看法。他们与流行于整个帝国和相邻王国的偶像崇拜毫无共同之处。在足迹所到之处，他们均推倒和彻底摧毁供有偶像的庙宇；他们将民众极为崇拜的各种神像打碎，碾成粉末。对和尚、尼姑的寺院的处置同样干脆。在洗劫和摧毁其寺院后，叛军把神像如同搞化装舞会一样拿去游街，拿他们的偶像和其他迷信用品恣意取乐。

叛军的这种不寻常举动使我们无法断定他们究竟属于何种宗教，打算在中国建立怎样的崇拜制度。他们这方面的意图是一个猜不透的谜，已成为中国人猜想和讨论的主要话题。由于毁坏庙宇和偶像是一种与一切非基督教教派的原则（儒教的原则也不例外）相对抗的举动，天朝帝国政府现已开始相信，这场叛乱的领袖和煽动者是基督教徒，并以下述事实来证明这种看法，即在中国所有的宗教中，仅有基督教宣称憎恨偶像和偶像崇拜。陪我旅行的仆人告诉我，基于这种推测，帝国政府最近把一位 60 多岁的老人投进了监狱，仅仅因为他是湖南省的主要布道师。此人我很熟悉，所有的基督教徒都很尊敬他。在他的居所搜出了几篇反对偶像崇拜的文章，在官府眼里，这更加重了他的过错，他们宣称这些书的教义与叛军是一致的。我有足够的理由担心，这类逮捕事件会不断增加。

但是，一些香港报刊的报道实在太不尊重事实了。这些报道说，叛军领导层中有几位法国传教士。事实上，目前几乎所有的叛乱都集中在湖广两省，而这两省的所有传教士都是意大利人，属于方济各会。此外，叛军旗帜上的"上帝会"三字也清楚地表明，叛军首领根本不是天主教徒。众所周知，本尼迪克特十四世禁止传教士用"上帝会"中的前两个字来代表God，因为这两个字仅仅用来指伟大的至高无上的皇帝，不适合用来称呼全能的 God。这位教皇规定，应当使用"天主"（意即天上的主宰）这一称号。目前，没有一个在华天主教徒用"上帝"一词来称 God，而"天主"一词在整个中国一直是普遍使用的。

然而，已被任命为南方官军统帅的广州的总督（Coum-tou）在寺庙的废墟上看到叛军旗帜上写有这几个字，便认定叛乱领导者是基督教徒，并公然毫不犹豫地禀告皇帝。这种诬蔑不实之词使基督教徒极为惶恐，许多人东躲西藏，另有一些人已被投进监狱。那些无力行贿的人受到清朝官吏的肆意虐待。两位中国籍神父张保罗和孔安德鲁现被囚禁在同一个地牢中，除非他们已被获胜的叛军搭救。后一种情况很有可能，因为叛军并不迫害基督教徒。另一位新近任命的神父王保罗向我请假两周回家，当时他正同家人聚在一起，向尚未入教的父母和同胞宣讲教义，一个清朝官吏带着一群士卒出现了，他们洗劫一空，抢走了布匹、书籍和祭祀用品，并逮捕了所有在场的人。但由于叛军逼近，这个官吏只好以掠夺财物为快，释放了所有被捕的人，只有这个年轻神父的父亲除外，他仍在囚禁中呻吟待毙。

1853 年 2 月 7 日

华南全境现已处于可怕的混乱状态。叛军节节胜利，战绩辉煌，特别是在湖广。帝国的内地贸易已完全停顿，所有商店均已关门，大批居民已逃跑或迁徙他处。除了在湖广攻占的地盘外，叛军又重新夺回了他们在广西的老据点，甚至已侵入江西。在兵力急剧扩充后，叛军已占领了江南省份的若干城镇，并迅速推进到了离南京仅有 4 天路程的地点。叛军领袖"天德"在此处向南京的清朝官吏招降，其出巡时的仪仗颇为壮观。他还自称是明朝末代君主的第 9 世后裔，是合法的皇帝。当我写此信之际，我猜想"天德"已在南京举行了他们期待已久的庄严的入城式，并已称帝。愿在上帝的保佑下，这个新王朝对天主教徒会比清王朝友善，愿耶稣基督——今后他将名扬整个帝国——恩赐这个帝国以最大的幸福。

谨致诚挚的敬意。

您忠实的仆人：

湖广主教约瑟夫神父
（《中国近代史资料丛刊续编·太平天国》第九册）

文翰致外相克拉兰敦函

1853 年 5 月 11 日

尊敬的勋爵：

本月 6 日寄出的一封快件讲述了我乘"何默士"号战舰访问南京的情

况。现在，我荣幸地继续向您详细叙述该舰自驶离上海到返港（即我上次写报告之日）期间所发生的事情。

我曾于4月22日寄上一信，告知我即将前往叛军所在地。正如该函所述，我本打算在"何默士"号启程之前，先让密迪乐先生乘一只中国小船前去通报我们即将到来，并为接待我们作一些必要的初步安排。为此，密迪乐先生在镇江下游约12英里的丹徒上岸，准备在此派人由陆路送信到镇江。由于未能找到愿意去送信的人，他只好回到舰上，然后战舰缓缓驶至能看到镇江的焦山岛。密迪乐先生再次上岸，在岛上巡视一番后，发现该岛原有的居民和僧侣几乎都已离岛而去。他便回到自己的小船上，向停泊在镇江对岸的几艘帆船驶去，从一艘帆船的船工中雇到一个送信给叛军首领的人。"何默士"号紧跟着密迪乐而行，但当它在镇江城的高地前面出现时，叛军炮台向它连开数炮。我们没有还击，炮击也就停止。翻译回船后，我们便以费熙邦舰长的名义写了一封信，扼要通报"何默士"号的到来以及来访的目的。在写信时，我们看到道台的帆船和纵帆船在焦山和陆地之间行进，接近炮台后，随即便与叛军交上了火。双方交战了约3刻钟，而我们一直停泊在原处。我们在此期间将信写好，交给了送信人，他允诺一定把信送到。事后，"何默士"号便驶至看不到战斗的水面，而交战双方却似乎越打越起劲。我之所以细说此事，是因为我很想指出，尽管"何默士"号在炮台前方出现时曾遭到炮击，但对方见它没有还击，便立即停火。这倒真要感谢上海道台的造谣了。的确，在离镇江不远处，有几艘帆船也向我们开了几炮，它们均停泊在能看到或听到三桅帆船与镇江炮台交战之处，显然是其指挥官不了解我们的和平意图，在当时混乱的紧张气氛中误把我舰当成了敌方。然而，我舰的克制态度应当已使他们了解了事情的真相。为了把事情办妥，我们随即驶往南京，于上月27日晨抵达。

如前所述，"何默士"号一出现，便遭到叛军更为猛烈的炮击，但当确信我们毫无动静后便中止。在从镇江到南京的途中，我们找到了两个愿与我们同行的中国人，他们将带着与在镇江所发信函大意相同的信在南京登岸。我们照此行事，很快便收到一个炮台指挥官的回信。该信措辞客气，但文笔欠佳。此处无须向您转述其内容。接信后，我觉得应该派密迪乐先生上岸，以便面见太平军首领，为会见做好安排。关于密迪乐此举的详细充分的叙述，请参阅本函所附的报告，该报告除记述了他与北王的会晤外，还包括对按照我的指示所进行的所有会谈的回顾（夏福礼先生协同参加了上述会谈）。所有这些会谈我本人都没有在场。

密迪乐上岸期间，两名官衔相当于皇帝侍卫官的叛军首领来到舰上。夏福礼先生按照我的指示，向他们作了我让密迪乐对在岸上会见之人所作的同样的解释。双方商定，第二天城里将派人前来通告四个王中哪一位王将登舰同我会面。但直到次日下午仍杳无音讯。傍晚时分，来了两位首领，稍微交谈后，他们出示了随身所带的公文。由于该公文表述方式不当，我们予以退回，并对其十分令人不快的措辞表示强烈不满。我又进一步坦然相告，英国官方绝对不能容忍这种文件，并希望他们转告其头领，英国政府与现王朝订有条约，为了使他们了解条约的条款以及英国的真正地位，我将该条约的中文本提交诸头领。当我以彬彬有礼但又毫不含糊的方式表达完我的意思后，这两位首领便起身告辞，并表示明晨我们将会接到岸上的回音。

次日下午，我们果然接到回音，略谓他们的一位高级首领正在前来会见我的途中。不久，只见一艘大型官船向战舰驶来。该船靠近后，我们得知这位首领姓赖，丞相衔。关于此次会谈的记录见诸密迪乐的报告。此次会谈十分令人满意，前一天的信显然产生了效果。该丞相就上文提到的那件令人不快的文书再三道歉。在这种友善的气氛中，双方商定我明天上午按适当礼节登岸，前往某王的王府，亲自解释"何默士"号战舰访问南京的目的。

第二天早上，天气极为恶劣，我为不能赴约捎信向各王致歉。此时我已将此事仔细考虑了一番，担心礼仪方面的难题会使业已存在的善意受到影响。于是，我便让密迪乐草拟并送去了一封信（见附件）。密迪乐在费熙邦和其他几位军官的陪同下前往。有关情形在密迪乐的记录中有详细记载。

5月1日晨，按照给叛军首领的通报（见附件三），"何默士"号从南京上行了约12英里，然后与清军的几只战船和木船相遇。对方一见到战舰驶近，就开了几炮。我们说明来意后，清军指挥官便来到舰上，相告向荣将军就在离此不远的太平府。据云向荣手下的军队为数甚众，但我估计全部战斗人员不会超过20 000或25 000人。此外，据说琦善统领7 000

至 10 000 人正驻扎在北岸。在这方面很难得到确切的说法，因为中国人喜欢成千上万地夸大数字，但我认为上述数字不会离事实真相相距太远。当天傍晚我们又返回南京，以便收到叛军对密迪乐所送信函的答复。

2 日一早，上文提到的赖丞相登舰送来了回信（参见密迪乐的记录，原信译文见附件）。我就这份十分奇特的文书写了一封回信，让他随身带回。我认为，此举无论如何都是必要的，这些人君临世界的思想越早得到纠正，对各方面就越有益。在发出此信（见附件五）后，"何默士"号便驶离南京返回上海。

当次日（5 月 3 日）晨驶过镇江府时，有几艘战船和几处栅栏防波堤向我们开火。正如已向您报告的那样，战舰这次进行了还击，但只是在对方向战舰发出七八发炮弹之后。镇江南岸的堡垒和炮台也配合北岸向我们开了火，我们也同样予以了还击。在密迪乐的记录中可以见到，我们在南京时曾得到叛军的保证，在最后一次与赖氏见面时我们又就此作了说明和警告，因此，叛军此次开火显得实在令人不解。我们猜测，开火的起因可能仅仅是对我们的意图产生了误解。这种看法在抵达焦山后得到了部分证实。"何默士"号在此抛锚，以视察该岛。这时，岸上发出信号，随即有人送来一封镇江主将的信函（该信译件随同寄上）。这封信似乎在战舰出现之前就已写好，信中提到密迪乐进入乡间时从丹阳写给他的信，相关情形我在 4 月 22 日给您的公文中已报告过。密迪乐便上了岸，与似乎在镇江居于高位的赖氏进行了会谈。双方会谈的详情参见密迪乐的记录。与此同时，我们拟好了相应的信函，交由陪同密迪乐返舰的一个叛军士兵送上岸。由于对方许诺很快便予以答复，我决定再等上二三个小时。回信果然在这段时间内送到，其译件一并附上。在目前的情况下，该信如同所能预期的那样令人满意。

我们在逗留南京期间发现，叛军从上到下，都极愿讲述他们现今的教义，急切地大力宣传他们所信奉的奇特信条。我们在舰上曾就他们的信仰及其来源进行过几次饶有兴趣的交谈，此外还谈到他们所考虑的目标，以及他们为之所计划采取的手段。关于后一点，我想我已在 5 月 6 日的信中讲述了我所能收集到的一切信息，在此我要重申，鉴于许多事情取决于我们极不熟悉的情况，我们不宜做过多的推测。至于宗教问题，从叛军诸王慷慨赠送给我的书籍的奇特性质来判断，我们目前对此的观点是再清楚不过了。随函附寄上 12 种小册子的内容摘要，它是在尊敬的麦都思博士精干的审核下摘出的，他对这方面情况的熟悉程度以及对这些书籍真实含义的正确理解是我所信赖的。我还请他写了一份所有小册子的内容综述一同寄上，以便使您稍加浏览，便能对其内容的性质大致有所了解。眼下人们所议论的叛军教派极为奇特，其信条十分荒谬，并掺杂着一些基督教教义，因此，麦氏的上述文字十分难得。如前所述，我不相信叛军上下的思想都已受到这些小册子中所含教义的影响。我更倾向于认为，这些教义可能起源于叛军首领们的政治意图，而且由于进展顺利，他们迄今尚未遇到过大的挫折。但我同时又认为，叛军中肯定有许多人就像所有的新入教者那样，在接受新信仰之后，决心完整地加以贯彻执行。麦都思博士目前正在翻译这些书籍，我希望能在短时间内，将在本地报馆印刷的上述书籍的完整译本寄给您。

自从 5 月 6 日的信发出后，上海再也没有得到有关叛军动向的任何消息。我并不认为他们会来光顾上海，所以，我打算今晚乘"何默士"号离开此地赴香港，"萨拉曼德"（Salamander）号则留下来守护该港。倘若仍需要我再来上海，我可以搭乘战舰或大英火轮船公司的轮船，在几天内到达。

在 4 月 22 日的信函中，我曾向您通报，翻译密迪乐先生已去苏州，准备从陆路前往南京及其附近地区，以便获取有关叛军意图的消息。不过，由于运河水浅，他最终未能完成他的旅行。我认为，唯有让他陪我一同去南京才算得上公平。我对密迪乐先生这两次的表现都感到极为满意。第一次即使算不上冒险，他至少也是备尝艰辛，因此，我觉得有必要让您了解他的表现。

陪我同去南京的还有秘书夏福礼先生，他通晓汉语，了解中国人思维和行为的方式，因而给了我许多宝贵的帮助。

据我所知，在我不在期间，包令博士曾盛赞夏福礼先生在中国语言方面的造诣，以及他在赴厦门完成一项"重要而又微妙的使命"时所表现出的能力。我很高兴能借此机会向您表示，我完全赞同包令博士对夏福礼先生所作的评价。

文翰敬上（《中国近代史资料丛刊续编·太平天国》第九册）

《北华捷报》的报道

"何默士"号已于本月5日下午返回本港，文翰爵士阁下一同归来。该舰溯扬子江做了一次重要的航行，并且曾在南京停泊了5天，带回了有关叛军的令人深感兴趣甚至吃惊的情报。我们的确得感谢女王陛下的全权代表采取步骤获取了有关叛军的确切消息。以下所公布的详情都十分可靠，我们希望能在以后的一期中从同一渠道提供更多的细节。

叛军是采用新教崇拜方式的基督教徒，是法令最为严厉的反对偶像崇拜者。他们只承认一个上帝，即无所不知、无所不能、无所不在的创世者"天父"；与上帝同在的有救世主耶稣基督，此外还有三位一体中的最后一位"圣灵"。他们在人世间的首领是一位被称作"太平王"的人，他被认为具有神的出身和使命。然而，他并不要人们崇拜他，在一道诏旨中，他禁止将中国皇帝们沿用至今的"帝""圣"等词用在他的身上。他之所以拒绝接受这些词，是因为他认为这些词只能用于上帝。叛军将他们的道德法规称作"天条"，经核对，证明"天条"就是摩西十诫。这场运动的领导人严申遵守"天条"，他们主要是些广东和广西人，不仅是一种宗教制度的正式信仰者，而且在实践和精神上都是基督教徒，深受上帝永远与他们同在这一信条的影响，认为他们所经受的困苦危难是上帝对他们的惩罚和考验，他们所取得的胜利则是上帝的恩赐。他们在交谈中带有较多的世俗倾向，再三提到全能上帝对他们的特殊关注，相信他们就是上帝施赐的对象。他们带着骄傲的卑微神情和感激的目光回首起往事，说他们约在四年前开始起事时仅有一两百人，如果没有天父的直接帮助，他们断无可能成就今天的事业。

他们中的一人在谈到清军时说："他们散布了各种关于我们的谣言，说我们使用魔法，而我们所曾用过的唯一魔法就是向上帝祈祷。在广西，我们在占领永安后处境甚危，当时我们仅有两三千人。我们被人数远远超过我们的敌军团团围困，弹尽粮绝。但天父在此时下凡，给我们指明了突围路线。于是，我们将妻子儿女夹在中间，不仅杀出了一条血路，而且大败敌军。"略停片刻后，他接着说道："如果太平王成为中国的君主是上帝的意志，那么，他就一定会成为中国的君主；如其不然，那我们将死在这里。"

　　此人用豪迈之语表达了对事业的无限忠诚和对上帝的极端虔信，他已上了年纪，小个子，头扎黄红两色头巾，外表奇特。但他的思想和语言都是英雄式的。他和其他像他这样的人已成功地将自己的勇敢精神和道德观念深深地灌输进他们的拥护者心中。有这样一个例子：在领翻译密迪乐先生一行骑马进入南京城的向导中，有一个19岁的青年，他在旁边一面跑，一面再三恳求密迪乐先生，要他如果从上海再来南京，便给他带一把双刃剑；但同时又以一种既可笑又可敬的纯真诚挚的态度，劝说密迪乐先生不要沾染抽鸦片、酗酒之类的恶习。这位年轻人是湖南一举人的儿子，他自己的学问也不坏；在一同"打江山"这种冒险精神的激励下，他17岁那年离开了家，走了好几天，赶到桂林参加了叛军。太平天国的"圣兵"用"打江山"一词来指他们的事业。

　　我们不怀疑叛军中有许多野心勃勃的自欺者、精明的骗子、善于算计的伪君子。我们也不怀疑不少人参加并将继续留在太平天国，纯粹是出于一种世俗的和不光彩的动机，如同指导着西方许多自命为基督教徒之人的动机一样。但在运动的领袖和创始者中间，明显存在着一种良好影响力的迹象。我们相信并且衷心希望，这种影响力最终会传播到民众中去。其领导层意念真诚的一个令人信服的证据是：尽管他们正在为使他们的国家摆脱异族的桎梏而战，急需赢得拥戴者，但他们仍然坚持推广一种从"外夷"那里学来的新的遭人谩骂的宗教，全然不顾这会给迅速扩充队伍带来巨大的困难。

　　虽然他们的宗教信仰明显地源于外国新教传教士的著述——即使并不都是源自其直接教导，但他们似乎对外国一无所知。他们都知道广州是一个巨大的对外贸易中心，但他们当中有几位领导人却全然不知道上海，而就在他们一直在西部征战的这几年间，上海确已变得重要起来。令人欣慰的是，在上述情况下，共同的宗教信仰使他们用一种坦诚的友善态度来看待"外国兄弟"。而根据过去的经验，很难想象中国人会持这种态度；但我们真诚地相信，他们会尽一切努力在他们的思想中培养和树立这种态度。倘若叛军获胜，别的不说，单是对我们商业利益的好处，就会胜过数百艘战舰和庞大的军队所能带来的好处。据我们了解，密迪乐先生沿着现今或可称作一座大军营的城内街道，骑马往返行走了10至12英里，居然没有听到一句辱骂他或他的同伴的话，而长期以来，不信基督教的中国人对路过的外国人总是骂不绝口。另一个极为明显的征兆是，过去中国人在交谈时总是夹杂着大量的脏话，而在基督教徒的言语中，这些都已被禁止并几乎消除了……（《中国近代史资料丛刊续编·太平天国》第九册）

麦都思牧师致《北华捷报》编辑的一封信

亲爱的先生：

不久前我遇到一位广东人，他曾一度是太平王的追随者，于今年6月离开南京。他的叙述也许可被认为是可信的，因为其要点与我们所了解的那里的事态是吻合的；他的叙述也是重要的，因为他披露了一些过去并不为我们所知的事实。我认为这个人并没有欺骗我的任何动机，他说话时态度坦率，使人相信他是诚实的。无论是真是假，我尽可能地将他的原话转述给贵刊，贵刊可根据其价值自行处理。

当我问到叛军的宗教时，他以虔敬的神情回答说，他们敬拜上帝。当问到他们何时拜上帝时，他说天天如此，在每次就餐之前。我让他念一段他们的祈祷用语，于是他唱起了太平王《天条书》中的荣耀颂。他的语调和神情表明他对此十分熟悉。当他谈起他们每天的就餐情形时，我询问他们的食物是否充足，他回答说很充足。至于他们的衣服是否够穿这一问题，他说他们有大量衣物。我接着问他，参加叛军已有多久？他说，他从广州起就追随了叛军，他的头发已有三四寸长。我又问，既然你不愁吃穿，并受到良好的教育，死后还可以升天，为何竟离开他们呢？他回答说，哦，那里禁止人们抽大黄烟，更谈不上吸鸦片了；还禁止赌博、饮酒、纵欲、争吵、偷盗；就连骂人也会受到一顿鞭打。我提醒他，若强调这些作为离开他们的理由，人们会误以为你对这些劣行有所嗜好，从而就会讥笑你，谴责你。听到这一番话后，他显得极为羞愧，似乎恨不能收回已说过的话。我又问他是否领到军饷，他说，一文钱也领不到，军队每个月末都不发饷。我还问他是否获许和妻子生活在一起，他作了否定回答，并说南京的妇女都被集中在该城的一个特定区域，那里满街都是妇女，但禁止任何男人接近，违者处死。

　　再次交谈时，我问他是否确有太平王这么一个人，或者是否如有些人所说的那样，他已死去，在轿子里到处招摇过市的仅是他的偶像。他说，他毫不怀疑太平王是一个真实存在的人，他外出时总是坐在轿子里，但由于被绸子层层遮掩着，因此，一般人并不能看到他。然而，最高级官员每晚都能见到他，他们每晚都去商议朝政和领旨。我又问，你是否曾听说过太平王升天一事？他回答说，当然啦，人们都这么说，他的追随者对此深信不疑。当回到士兵们不领军饷这一话题时，我问他，你们当中是否有人拥有私人财产？他回答说谁都没有私产，任何人一被发现有五元以上的钱，立刻就会被鞭打，因为他没有事先舍弃这些钱；一旦得到钱，将随即悉数交归总金库，凡私藏金钱者便被怀疑有叛变的企图。那么，总金库里是不是有许多钱？哈！多极了，一堆堆的数不清的银子，这都是留作用来从事伟大事业的。我问他，既然任何人都不得私自拥有金银，那么，当他们想买些美食时将怎么办呢？他说，没有买食物的必要，因为军需官为每营兄弟买来所需的一切，当饭菜端上桌时，他们各自分到相同的一份，职衔最高的长官的盘中饭菜与最卑微士兵的并无两样。我又问，为什么要实行男女隔离？这种隔离始于何时？他说，自广西开始的所有进军途中，妇女一直与男子并肩作战，而且表现得和男子一样勇敢；但到达南京后，妇女就被隔离开了，因为已不再有让她们参战的必要了。于是她们被分开，从事各种事务，而大部分时间是用来学习！每25个妇女为一组，有一名女教师统领。至于男人，他们被告知，他们目前的任务就是打仗和工作，一旦征服了整个帝国，他们就可以与妻子团聚。我不禁问道，当战争结束后，每个人如何在这么多的女人中找到他自己的妻子呢？他回答说，每个男女都正式登记过，因此，将每个男人的配偶交还给本人不会有丝毫困难。我又问他，太平王的追随者中是否有秘密会社成员，诸如天地会、三合会、小刀会等？他直截了当地回答说，没有，因为太平王已将他们处死了。你怎么知道太平王如此对待秘密会社的人？他说，今年5月，太平王杀死了300名秘密会社成员（这说明了在戴作士医生从镇江带回的修订版太平王著作中，何以竟删去了所有提到天地会的文字。可能太平王认为他们难以驾驭，因为他们的结合与太平王的宗教观点毫无关系，所以，等到他自认为已足够强大时，就将他们清除了）。说到学习，我问他们学些什么书；他回答说，仅是太平王出版的书，所以其他书籍都已烧了。我又问他，孔夫子的书是否也同样被烧？他说，由于自己不是一个读书人，他不能作出肯定的答复。我接着问他是否曾上过学，那时念些什么书。他说，他仅在小的时候上过一年左右的学，因为塾师重重地鞭打他，他便逃学了。那一年你念了些什么书呢？他说，《大学》和《中庸》。你是否在南京见过这些书？他说见过，但已被改订过。允许读历史方面的书吗？他不知道。佛教经籍呢？哦，凡属佛教、道教的东西都已无一例外地被毁；寺庙和神像被捣成碎片。他推测这些教徒的书籍也遭到了同样的命运。至于和尚、道士，他们不敢露面，已与赌徒、吸鸦片者和嫖客一道，望风而逃。没有必要再谈论这些人了，因为他们已经被完全消灭了。我又问他们是否守安息日。他回答说，这已固定化，除非迫不得已，安息日这一天不做任何工作；他们全都集中在大厅里做公共礼拜，跪地祷告，由首领向他们作劝诫。当问到劝诫者是谁时，他列举了一些人，内有一位在南京的赖姓；他对洗礼和圣餐一无所知。我又问他是否常听人提到耶稣。他说他常听到耶稣的名字，但讲不出所听到的具体内容。我接着问他，你现已确定的看法是什么？（他曾在太平王和清军中各呆了几个月。）老实说，你现在倾向于哪一边？他四处打量了一下，问附近是否有人，我们是否会控告他？我们向他表示没有危险。于是，他用力喊道：我拥护太平王。我便旧话重提：那么，你为什么要离开他呢？他说，因为我有一个兄弟在官军中，我想见他，为此我开了小差；我兄弟为我剃了头，谎报我是皇帝的一名贫苦臣民，被骗参加过叛军。然后我就被编入官军，我不敢回去，否则会掉脑袋。

以上的陈述所展示的叛军景象多么令人惊奇！这场革命多么合乎道德！它引导10万之众的中国人成年累月地戒烟，戒鸦片，戒色，戒贪欲；舍弃合法报酬，同意过没有钱的生活（在中国人心目中，钱比生命本身还重要），所有人共享一切，一体平均；甘冒万死之劫，毫不退缩地坚持下去。他们的教义或许有缺陷，或许有大小程度不等的错误，但如果上述一切属实，或者有一半属实，那么，这肯定是一场合乎道德的革命，是我们时代的奇迹。

麦都思谨上（《中国近代史资料丛刊续编·太平天国》第九册）

法国耶稣会传教士葛必达神父的一封信

徐家汇，1854 年 1 月 6 日

尊敬的神父：

就在圣斯塔尼斯拉斯（St. Stanislas）节这一天，你决定派我去南京。这是我最不想做的事，因为我离上海几乎有 40 里格远。尽管如此，我还是于 11 月 30 日登上了"卡西尼"号。如你所知，我们在舰上始终受到杰出的卜拉（de Plas）司令和所有军官最友好真诚的接待。布尔布隆公使和夫人及其随从人员不久也到达，他们同样给予了我们最热诚亲切的关怀。写到此处，一种感激之情不禁油然而生。10 点启锚，约中午时分驶入扬子江。崇明岛和海门半岛很快便映入我们的眼帘。我离开这一地区已有五年多。在这里的四年光阴曾使我得到了一种持久深切的慰藉，这种回忆是如此强烈和令人感动，使我不由得久久凝视着倒映在水面上的这片土地的轮廓出神。但愿这片土地永远像现在这样享有拯救灵魂的丰硕成果，从而使她的传教士们忘却在这里履行牧师职责中所承受的一切艰辛。

由于天气持续晴好，加之军舰吃水深而江中有浅滩，以及未勘测清楚的沙岸时有移动等原因，我们只能极为小心地在白天航行，从而可以悠闲自得地仔细观察这条世界上的第二大河。它的入海口有近 30 里格宽。我们上行 30 里格后，两岸的景色便尽收眼底了。

12 月 3 日临近中午时分，我们驶过江阴。这是一座三等城市。该城坐落在江边，四周群山绵延，其城墙、塔楼和半掩在树丛中的郊野构成了一幅赏心悦目的画面。扬子江河床在此处十分狭窄，因此，两岸都筑有控制江面的炮台。这些炮台和城市一样，仍在清军手中，但防御极差。不用说，他们并没有为难我们通行。

江阴过去曾是为数众多、富有生气的基督教团体的一个中心。该城现已没有任何基督教徒家庭，但城里仍可见到由我们的先驱者营建的一座圣坛，它被虔诚地存放在一个非基督教徒的家中。前述基督教团体的所剩人员已在离城若干距离的乡间单独组建了一个团体，约有四五百名虔诚的教徒。我深信，他们的热情和勤勉终将使这些往日较好时光的不幸残存者很快过上一种新的生活。

两天后，我们在日出时驶抵二等城市镇江。我们曾觉得江阴景色宜人，但镇江府的景色使我们很快便忘却了江阴。它确实是我在中国见到过的最美丽的地方。府城建造在一个微微隆起的小山冈上，围绕着它的城墙恰似一顶王冠。一条几百步长的设防道路与一座筑有雉堞的堡垒连接起来。堡垒建造在一块底部浸在江水中的峻峭的岩石上。一段弯曲的河道和左右两边的两个岛屿构成一个漂亮的港湾。在这两岛之间的江岸上，人们可以眺望到自江边向远处延伸的辽阔郊野。离江边很远的地方耸立着一座高高的古塔，点缀着这美丽画面的背景。右边的小岛叫焦山，其景致无愧于它的美名。它周长约有四分之一里格，高度则略低于此数。小岛形状整齐，漂亮的房舍环绕着山脚，稍高处几座宝塔的上翘的塔顶掩映在葱绿的树阴丛中，加上覆盖全岛的树木（此景在这一地区极为罕见），这一切构成一幅异常美丽的完整画面。然而，尽管焦山有种种动人之处，它仍然逊色于它的姐妹岛金山。事实也的确如此。金山是镇江府左面一个小岛的名称。它除了具有焦山的魅力外，还有一座宛如其王冠的漂亮的古塔为之增色。在它近旁，大运河从苏州流经此处，穿越扬子江，然后经扬州向北流去。想象一下这块风景如画的土地上繁衍生息着仅在中国才有的稠密人口，那么，你就会对与现在迥然不同的不到一年前的镇江府的情况有了一个概念。时势的变化多大啊！内战所导致的灾难又是多么惨痛！这座城市现已荒芜，居民和驻军生怕遭到与南京军民同样的命运，已在广西人到来时逃跑了。广西人不发一弹占据了这一强固据点。城郊已被烧成一片废墟，港口已完全废弃。触目所及，到处都是断垣残壁。就在这时，我们第一次远眺到令清军感到胆寒的广西人（Kuam-si-jen）。我们看见一些广西人在城墙上和两座炮台里，其中一座建造在已被烧毁的城郊的江边，另一座在对岸的大运河口。"卡西尼"号继续前进，未与他们交涉，但并没有受阻。我们已做好了应急准备。前天我们也曾从清军水师船队旁驶过，该船队停泊在焦山岛附近，从距镇江府东南两三里格的方位封锁该城。有人指给我们看一座高山顶上的陆军军营，这些部队和水师一道，担负着围攻镇江的任务。但从其推进的速度来看，清军似乎并不打算用武力占领这座城市。他们试图以逸待劳。

镇江府昔日也有许多基督教徒，如今已减少到大约40名忠实的教徒。

但他们已不再居住在这里：叛军一到他们就逃跑了。

几小时后，我们到达仪征城对面，该城也处在广西人的控制之下。一支由 200 只战船组成的水师船队停泊在这里。下午，我们又遇到约有三四百只帆船的另一支船队。所有这些船只虽然配备了大量兵丁，但在我们看来，它们武器低劣，其用途与其说是与清军作战，不如说是往需要的地方运送粮食。而且，它们没有表现出丝毫的敌意。我们就这样缓缓行驶着，到 6 日晨，南京终于在望。我们正在静静地吃午餐，城墙脚下的一座炮台忽然开炮，一发炮弹嗖地从我们耳边飞过。军舰并没有因此而停止前进，但迅速全部熄火，所有大炮均进入备战状态。我们等待着第二炮一打来便予以还击。广西人明智地就此住手了。我们立即抛锚，从船舷放下一只小船，驶往对方要求解释。对方的答复是，他们奉命向任何过往的外国船只开火，以警告它停泊在远处；他们的大炮总是装有炮弹，且一直如此。总之，他们显得诚实礼貌。我们要求次日举行会晤，傍晚便接到了京城当局的肯定答复。

白天等待答复期间，"卡西尼"号接待了大批来访的广西人官兵。我们因此能就近仔细打量他们的冬季服装。除红黄两色更加突出外，其服装基本上还是通常的中国式服装。他们都留着长发，礼帽和便帽均弃而不用，前者代之以大风帽，后者代之以一种缠头巾，或者用束发带将头发向后拢，其末端垂拖至颈。大体说来，我们所见到的这些人穿得都不错，优质布、丝绸甚至缎子都很常见。

7 日上午，公使馆秘书顾随（de Courcy）先生在舰上两名军官和他的翻译的陪伴下前去进行会晤。他允许我随同前往，我的布道师也跟着我们。江边有几匹马正等着我们。我们由广西军官开路和殿后，前后旌旗招展，锣声震耳欲聋。我们不久就来到了城墙下，绕行了将近一个半小时。

来到一城门前，由于岗哨没有接到让我们通行的命令，我们不得不等了好长一段时间。我们很快便被一大群男女围住。他们显得十分好奇，但没有任何恶意的表示。我看见内有一人先是全神贯注地凝视着我，后又挤出人群，挨近我身边。他张开一只手，让我看一串念珠和一个徽章。他从我脸上看出会意的神色，便又划了一个十字。我终于明白他是教会神学院一个学生的兄弟。他说，托上帝庇护，女基督徒都能呆在家中或小教堂里，并没有因为宗教信仰而受到任何骚扰，也不愁吃穿。至于男教徒，留在城里的已不超过 12 至 15 人，几乎全都逃走了。我借此机会向他（并通过他转达给我们的女教徒）提出了适于他们处境的建议。我高兴地看出他已领会并欣然接受了。我们的谈话也该结束了。尽管我说话的声音很小，也十分谨慎，一个在一边监视的人还是在他的肩上敲了一棍，这使我们明白，我们不得不结束我们的谈话了。南格禄神父几天后有机会见到了另外三名基督徒，证实了上述细节。不过，似乎有几个四处躲避或被迫替广西人服役的基督徒曾在一些叛军头目的手里吃过苦头，后者是新的宗教条规的严格奉行者。

我们最终获准进入北门。不过，在到达接待我们的官邸前，我们还必须骑马在街上走整整一里格的路。这些街道都很宽敞，路面用石头铺设，至少街道中间是如此。房屋的外貌没有可恭维之处。大多数房屋都破损不堪，有几所已被屋主自行烧毁，他们宁死也不愿受新主子的支配。商店没有一家开门，整个场景十分凄惨，南京更像是一座兵营，而不像一个城市。当想到这座古都昔日的繁华，尤其是许多热诚的基督徒时（过去这里曾是他们的聚集地），我的心不禁隐隐作痛。正是在南京，利玛窦神父为中国第一个基督教团体打下了坚实持久的基础。他的第一个也是最卓越的一个信徒徐保罗（Paul Siu）成为该城的荣耀、支柱和使徒。毫无疑问，我此时走过的这片土地正是神父们过去所曾走过的地方。我多么羡慕他们的热诚啊！缅怀先人的业绩，我真想能分担他们所承受过的种种艰难困苦，因为这在传教活动中是不可避免的，而磨难，也唯有磨难，才能使传教活动取得丰硕成果。过去数以千计的基督徒已经踪影全无，我是否能有幸遇到几十位基督徒呢？我环顾四周，想发现几张能理解我的面孔，但这只是徒劳。

为了分散一下心思，也为了不错过了解一些情况的机会，我一边骑着马，一边向离我较近的那些人当中最机灵的人发问（我们身后不时有一大群人跟随着）。大约 30 个 12 至 15 岁的太平军主要首领的孩子遛马而来，在我们周围嬉戏。他们的衣着都极为华丽，骑着配有同样华丽的马具的漂亮小马。我们还看见许多妇女正扛着定量分配给她们每个人的大米。在城门口，我们看到成堆的大米堆积在河岸上，上面插着旗子，表明是公共财产。几个管理人员正在那里按规定分发大米。这些妇女外表看上去一点也不贫困：在她们中间我没有发现任何乞丐。有些妇女衣着华丽；而大多数人虽然并不显得十分富裕，但穿得还算体面。她们的面部表情大都显得平静而又顺从，虽有一丝悲愁，但比我的想像要轻得多——鉴于她们被迫付出的各种牺牲。她们中的许多人已失去了她们在世界上最为珍贵的东西；所有的人都被剥夺了家庭的温馨，与她们的丈夫、兄弟和儿女相分离。她们每25人一组，过着真正公有制的生活，逐日领取衣食用品。那些不会、不愿或没有能力做任何事情的人也得到基本的生活必需品的供应。那些能够自食其力的人相应地过着较好的生活。我没有发现妇女的服装有什么大的变化。我们仅听说不时兴缠足，以便妇女能更好地从事公共服务。

抵达官邸后，我们又不得不等待一切接待工作准备就绪。我利用这段意外的空闲时间与一个相貌极具特点的年轻首领攀谈起来。我们很快就有了情感交流。他本是湖广的一个读书人，身不由己地卷入进犯中的广西人。由于才华出众，待人和气，处事老练，他得以擢升，是即将接见我们的某丞相的亲信。谈话的愉快使我并没有感到等待的时间过长。然而，对顾随先生来说就并非如此了，他被这种失礼的做法所激怒（这并非是无名之火），决意返回军舰，认为不值得跟这种人打交道。就在这时，有人过来请我们进客厅。

映入我们眼帘的场景同我们一路上所见到的一切形成了鲜明对照，使我们不免有些惊讶。大厅被火炬照得通明，每一边都站着许多旁观者。在大厅尽头，正面坐着两个接见我们的丞相。他们身穿华美的蓝缎长袍，胸前富丽的刺绣使长袍更加光彩夺目，脚穿红色长靴，头戴镂金冠，仪态高贵庄严。众多随从在其身后排成一个长列。总之，一切都使这次会晤显得庄严隆重，如前所说，与我们最初所受到的接待反差极大。顾随先生出现时，两位丞相站起身。翻译作了介绍后，我们分别在两边就坐。在就来访的目的略作说明后，其他人又要求对方就其宗教条规作一些说明。于是，他们当中的一人以无比平静、自信和庄严的神情，用五六分钟的时间迅速阐明了他们的教义。但他仅讲了自然法则的首要原则，偶像崇拜在中国滋生的情形，然后扼要谈到太平王相信天父曾赋予他将这一现象从世上铲除的使命。当我们相告我们当然是作为朋友而来，并不抱有丝毫的敌意时，一位丞相直截了当地答道：既然你们同我们敬拜同一个上帝，既然我们都只有一个唯一的造物主，你们不仅是朋友，而且是兄弟。事实上，他们表现得如此地友好和殷勤，以至于顾随先生要求安排与布尔布隆先生会晤。对方当即表示同意后，顾随先生又补充说，倘若有重要问题需要讨论，会谈要与太平王的最高级丞相举行，甚或与太平王本人举行。至此，众人起立，两位丞相郑重地送顾随先生到门口，然后我们上马而去。

因为天色已晚，对方给我们配了火炬和向导。但此时已开始下雨，我们并无法遮雨。街道狭窄路滑，两边常有积满水的深沟。我们必须沿着有哨兵警戒的城墙前行。当哨兵发问"谁在走动"时，我们答道："兄弟！"索然无味地走了三个小时后，我们终于安然返回军舰，尽管曾有好几个人从马上跌下。值得庆幸的是，我虽不擅骑马，但并没有发生这种不愉快的事。

由于公使的会晤要到第二天才举行，舰上的几名军官便利用这一间歇时间上岸享受散步或打猎的乐趣。他们到处都遇到友好的人们。他们见到了广西人攻克南京时击倒的一段城墙，现已被完全修复。在其近旁还可以见到英军于1842年构筑炮台的那座小山。当时英军正准备摧毁这座城市，就在这时，传来了有关同时在镇江府进行的战斗及其灾难性结局的消息，中国人深感恐惧，遂决定投降。设防的南京城区的范围确实很大，但我认为居住面积还不到城区的三分之一。城墙内圈入了一些长满树木的小山，但看不到任何居民。城墙目前已无缺口，保护完好，有些地段高达四五十英尺。不过，尽管它对中国人来说难以摧毁，但对欧洲人来说就不是这么一回事了。城门是我们所见的最好的建筑物。当走进东门时，我们似乎置身于一个漂亮的教堂中殿。城门的门拱足有三四十英尺高，二三十英尺宽，六十至八十英尺深。城门中间安放着一尊巨炮，炮口对着城外的大街。在进入城内街道之前，还要穿过两道设防的门。在城外，一条宽阔的护城河自北向南绕城流过，既可防范敌军逼近，同时又给广西人的水师的部分战船提供一个隐蔽之处。河岸上已筑起几座炮台。战前在护城河与城墙之间原有许多民房，现已几乎全部毁于战火。我们不得不穿过其废墟行走。

在我们首访南京城的第二天，一个衣衫褴褛的中国人来到舰上。一上甲板，他就把那条因害怕广西人而藏在帽子里的辫子拖了出来。他自称是离南京不远处清军大营总指挥官的特使，并煞有介事地向舰队司令递上清军统帅向大人和他的几个主要副手的名片。这几位官员借其特使之口，为他们因安全原因不能亲自前来向一个与咸丰皇帝订有条约的国家的卓越人物致敬表示歉意；另称倘若能因这种联盟关系而得到法国的支持和援助，他们将感到高兴。卜拉司令答复说："法国人来到这里，绝不是为了保护或攻击任何一方。他们此行的目的是查核有关广西人迫害基督徒的传言是否属实。因此，清军必须明白，不骚扰基督徒对他们来说是多么重要，因为法国迟早都会来问个究竟。"来使对这一答复似乎较为满意，将辫子放回帽子里后便离去了。

12 月 10 日一早，公使率随从前去参加他要求举行的会晤。小汽艇并没有迅速靠岸，而是沿着绕城墙流淌的护城河行驶了一个多小时。到达一城门后，公使和司令上了马；军官们和欧洲、中国的翻译至少约 15 人，也随后上马。接着入城。我们几天前访问过的黄、赖两位丞相先以隆重的仪式来接待布尔布隆先生，然后再领他到官衔比他俩高的秦丞相那里，会谈将与秦丞相进行。不多久，我们重新上路，前往秦丞相的官邸。接见工作准备就绪后，公使被领进一个大厅，我们也尾随而入。我们看见大厅深处有一高台，台上放有桌子和安乐椅各一张；两边各有几个座位，台前另专有一块地方放着两排椅子。

大厅一端的门几乎随即就被打开，我们看见先是依序走进了一群文武官员，接着是黄、赖两位丞相，但并没有穿华丽的服装；秦丞相身穿与其显贵身份相称的盛装，在一顶锦伞下最后现身。随着一声令下，在场的人全都向他下跪致敬。你会以为这是一个身后跟着一大群教士的主教在走向他的宝座。秦丞相在安乐椅上坐下后，示意布尔布隆先生在台前的椅子上就座。但这位中国大臣豪华堂皇的气派并没有使法国公使眩惑，他丝毫没有忘记自己的地位和他所代表的国家的尊严。布尔布隆先生通过翻译告诉秦丞相，自己和他的官阶一样高，坚持要求后者立即让人在台上准备一张同样的椅子，否则他将告退返回军舰。这个中国人一开始表示反对，说他们的习惯不允许作如此安排，但他最终提出改到隔壁房间不拘礼节和形式地继续会谈。这个建议被接受了。

至少在我看来，布尔布隆先生的所有上述举动似乎总是带有双重目的：首先，搜集有关中国正在进行的这场大革命的尽可能精确的情报，尤其是与宗教和天主教利益相关的内容；其次，传达与其重要性和尊严相称的有关法国的正确观念。实际上，目前的要务和应采取的切实可行的合理举措都已概括在这双重目的中了。鉴于近来巴黎各主要报纸正就中国事件，特别是我们的基督徒受到广西人迫害的问题，展开激烈的争论，公使充分意识到，法国有权期望它的使节能就此提供一些信息。但在作出判断之前，他希望亲自来看一看。同样，在一个占全球人口三分之一的帝国内正在酝酿一场巨变的时候，法国试图能不失时机地对它施展其道德和文明方面的影响，这也是很自然的。公使一直在努力实现这两个目的，但当然受到理智的约束，即既不鲁莽行事，也不对未来的任何事情作肯定性的预断。但这种审慎的态度无法让中国人感到满意。我确信，如果布尔布隆先生暗示愿意承认太平王当局的合法性，并以缔约的方式与他结盟，那么，他早就已轻易地见到了太平王本人。毫无疑问，正是出于这种目的，他们在试图让我们对他们的力量和显赫（假如不是表示他们高人一等的话）产生强烈印象之后，又试图以他们的礼貌和好客再三要我们接受其至少多住一夜的美意，以此来延长会谈时间。正是利用对方盛情邀请之机，公使告诉他们，随他而来的有两位天主教神父，其中一位已经在场，打算以他们自己信奉和推行的宗教为题与他们举行几次会谈，因此，他请他们同意确定一个会谈的日期。广西人欣然接受了这个建议，而我也同样热切地接受了他们让我从当晚起与他们同住的建议。我们预计南格禄神父次日会来和我会合。此事议妥后，公使告辞，撇下所有的中国人对他来访的真正目的大惑不解。用他们的话说，他们难以想象，一个人航行了六千里格来到此处，却只为办这一丁点事。他们就此作了种种猜测，并在两天两夜的时间里，各丞相和诸王频繁会晤，就如何理解这种举动进行商谈。

至于我，在布尔布隆先生离去后，我和我的布道师被一位待人始终体贴入微的军官请到邻近的一个房间。他在把我介绍给他的同僚时，总是称我为"洋兄弟"。共进晚餐后，我们被领回到最初接待我们的那个官邸。我们被安顿在一间此地参谋人员聚集的房屋，也就是说，有许多次要首领居住在这里，或者来此互访、聊天、打探消息。每一个人都对我们体贴入微，但过了一段时间后，根据他们寡言少语的态度和某些话音，我们预料彼此间的关系将会发生变化。果然，我们很快就被叫到黄丞相面前，他用一种严厉而又傲慢的态度接待了我们。我不等邀请便自行搬了一张椅子坐在他的身边。然后，这位大臣便开始历数在他看来法国公使对广西人和他们拥戴的事业所做的种种错事。其中，他不能容忍在他们面前提到法国与大清王朝所订条约一事，尤其是我们竟敢称咸丰为皇帝，在他们眼里，这是一个至尊的称号，他们甚至不敢用它来称呼其最高首领。他们仅对上帝使用这一称号。接着，他又以愤怒的口吻补充说：既然你们对妖魔头（咸丰）是如此敬重，那么，你们就是他的朋友，我们就是叛党，因此你们是我们的敌人；为了更好地帮助你们的朋友，你们来做密探，以刺探我们的虚实，是不是？他把身体转向我，继续说道：既然这样，难道我们没有足够的理由杀你的头，或者把你贬为奴隶？

我就此回答说：你这么做了会有什么后果？由于他没有答话，我又通过我的布道师告诉他：法国公使和别的人一样，是一个高尚的人；何况他离此处不远，如果你们将对他举动的意见直接告诉他本人，而不是告诉我们这些毫不相关的人，这岂不是更为妥当？然后，我借此机会向他说明了我的使命的特殊性，这种特殊性使我有权拒绝承担一切责任。见我不为威胁所动，这个中国丞相的态度明显缓和了下来。他相信（或者说假装相信）我的话是真诚的，并以邀我与他共进晚餐的方式收了场。饭后，由于时间已很晚，我们为休息起见而告辞。

次日上午，黄丞相又把我们叫去。我不知道他是否在为昨晚态度变软而感到后悔，还是昨夜他与几个王商议后又作出了何种决定。事实是，他再一次数落起法国人行为中一切无礼和冒犯广西人之处，而且声色俱厉，怒气冲天，使他的侍从也不禁发抖。最后，他转过身来，面对无动于衷的我，问我作何解释。我通过我的布道师告诉他：我昨天的回答今天仍然全部有效，那些话已经足够了，我不需要再作任何补充；你们经常祈求天父作证，而天父知道我所讲的全都是实话；在这一问题上争执下去是毫无意义的。该大臣看出从我们这里什么也捞不到，便允许我们告退。但从此以后，我们清楚地意识到，我们的伴随者是从其首领的思想中获得启示的。

然而，不久以后，我们就庆幸地能够以一种严肃但又十分有趣的方式，同秦丞相的副官交谈。他由他的上司派来同我们讨论宗教问题。我们首先就他们对法国人的指责作了澄清。这位广西人看上去智力不同寻常，他对我们所陈述的理由表示理解，并为之感到欣慰，至少他假装全盘接受了这些解释。我们接着便谈起了宗教。我们指出，许多首领曾对我们讲述过他们的宗教信仰，给人的印象是支离破碎，令人惋惜。这名广西人对我们说：当心一点，不要把从这些人嘴里听到的所有的话都当作福音真理。他们无疑都是些信仰坚定的人，但缺乏教导。他们加入太平军还不到一年的时间，而且几乎一直在外征战，因此，他们不熟悉自己的宗教并不奇怪。他们了解自然法则的主要信条，信奉上帝三位一体说，信奉创世说，道成肉身说，救赎说，以及天堂和地狱；他们还知道必须向上帝祈祷，但眼下不要向他们提问更多的宗教问题。

我们回答说：那你是否相信洪秀全（广西人的皇帝）就像你们刊行的书中所说的那样，的确是上帝之子，耶稣胞弟？对方答道：不，上帝纯灵，不可能像常人那样拥有妻子儿女；我们仅相信下述事实，即上帝本人派他的儿子耶稣基督来到世间拯救人类，同样，也正是上帝赋予了洪秀全在世间铲除偶像崇拜的使命。我知道，一般人，包括一些首领，将这种使命或关系说得过于夸张和不同寻常，但由于其结果是增加了他们对其事业的信心，因此，洪秀全还没有觉得有必要对他自己作出更为清楚的解释。事实上，"父"和"子"这两个字在中文里的不同含意要比在法文里大得多。

那么，你们书中所说的天启又是怎么一回事呢？我们是否应相信天父如此明显地在洪秀全面前显形吗？以下是我们所得到的答复：洪秀全是一个笃信宗教的人，他喜欢苦思冥想和向天父请示，特别是在处境困难的时候，这时他就独处一室，苦苦思索对策。他在祈祷后总是说："天父对我作了如下启示。"或者说："以下便是天父（或耶稣）下凡对我所作的启示。"由于他所提出的策略总是获得圆满成功，因此，没有受过什么教育的人们一直深信他确实曾同上帝有过对话，也就不足为怪了。例如，当这里的一些首领要求攻打在城下扎营的鞑靼人时，他们便去请示洪秀全。洪秀全祈祷后回答说："上帝刚才给了我如下启示：让鞑靼人在此自行消耗，在懈惰中日益变弱。除了我们的精锐部队均在北方这一事实外，倘若我们现在就进攻敌人，这些妖徒鬼卒就会照例四处逃散，从而将他们的邪气散布整个北方。我们要把他们围在这里，这样魔鬼的统治将会被摧毁。"如今所有的人们都相信，这一预言肯定会应验。

我们询问广西人是否崇拜圣母，也就是我们所说的圣母马利亚。对方答称他们对圣母不太清楚。我们接着问：耶稣的母亲呢？答：是的，我们称她为"老妈"。他们也根本不知道圣母名叫马利亚。我们便依据他们所印行的《马太福音》讲解给他们听，结果第二天我们就注意到另一个官府的一些首领已知道圣母的名字了。我们还问他们如何理解和实践《马太福音》中的"去给万国之人施洗……"这段经文。这名广西人告诉我们，他们在桌子上放满满三杯水，轻轻洗他们的额、胸和手。为了简括我们要他作的其他解释，他又补充说：我们还不十分明了我们宗教的所有教义和教规。我们的首领尚未揭示他们的所有意图，也没有将他们所有的话和盘托出。日后陆续出版的书将逐渐说明一切，消除模糊不清之处。我们第一批书籍中所谈到的许多问题只有借助于续出的书籍才能彻底明了。而且，这些出版物有时是由最近才改信天父的人撰写的，他们往往只注重词语的韵律，而忽略了其确切含义。例如，他们在某本书中谈到天父和天兄之后，为了使句子对仗工整，又添上天妈和天嫂，有些人甚至认为天妈、天嫂就是天父、天兄的妻子；而真正的意思只是说我们在天堂里都是兄弟姐妹。

这位副官的智力确乎不同寻常。我们前天给他一本基督教概要，他一夜就把它读完了，然后向我们谈了该书的内容，说照这本书来看，我们的宗教基本上同他们的类似。当我们告诉他教皇是何许人之后，他回答说：洪秀全的目的是首先在中国、然后在邻国消灭偶像崇拜，然后他将前往欧洲拜访同他一样敬拜独一真神上帝的兄弟们，届时他将对自己作出明确的解释，把一切处理妥帖。

以下便是我们了解到的关于洪秀全的身世和他受命于天的某些细节。洪秀全是个地道的广西人，青年时代就致力于研究中国语言和文学。20 岁后，他得了一场重病。由于不省人事，他一度被认为已经死去。直到今天，他的许多部下仍然认为他曾经死而复生过。从长时间的昏迷中最终苏醒过来后，他声称自己刚才产生了一个异象，见到上帝向他显身，命他游历天下传播真正的教义，在世间废除偶像崇拜和一切虚伪的宗教。洪秀全说，他曾向天父力陈自己感到无力完成这一使命，因为他本人对于所要传播的教义几乎一无所知，又没有详细讲解其教义的书，而且他又无法使人们相信其使命的真实性。天父回答说："你在附近找吧，你会找到包括我所有教义的书的。至于其他问题，你放心，我与你同在，以保护你。听从命令吧，任何东西都无法阻止你。"听到这一番话后，洪秀全的家人认为是疾病损伤了他的大脑，他声称所接受的使命不过是他的幻觉，毫无依据。但洪秀全过去的老师（现为南王）却有些相信。不久他就和他的学生一同搜寻，结果找到了一箱书。其中的大部分书似乎年代久远，至少写于 200 年前，另有一小部分书显然是近作。大部分旧书是手稿。师生二人用几年时间潜心研读这些书，然后便在追随者中发展教徒，但进展很慢。就在这时，苗子（洪秀全就是个苗子）与清军之间发生了冲突。洪秀全领导苗人，许诺在天父的帮助下定会获胜，结果的确打了胜仗，导致新教义的信徒人数猛增。这便是这场危及到鞑靼王朝和异教生存的战火的开端。

他们现已印行了 20 种包括广西人宗教教义及其军政管理等内容的小册子。我们已获赠许多种这一类的小册子。目前，仍有 500 多人在从事刻版，用作印制众多别的书籍。在我们所获赠的书籍中有一种是《马太福音》，我还没有发现任何明显的错误。我不知道他们是从何处得到这一译本的。另一方面，他们所印行的《旧约》中的其他部分，诸如《创世传》《出麦西国传》《利未书》和《户口册纪》，似乎可以断定是源自新教。我们被告知，所有印行的书籍都由洪秀全在他昔日老师（如今是他的同僚）的帮助下进行终审。的确，所有送给我们的书上都盖有一印，一种可称作"旨准颁行"的戳记。

据同我们交谈的这名副官讲，南王让他转告，南王对我们的到来感到高兴，因此，如果我们觉得合适，可以留在他们中间研究宗教。我此处两次提到的这名副官曾同我们有过一次长谈。黄丞相的副官亦然。正是主要通过与他们的交谈，我们才得以了解到下面将要谈到的一些情况，即南京的现状和新主子对人民的统治方式。

如前所述，广西人的主要领导人洪秀全并没有使用"皇帝"这一称号；他以此称号来称上帝，自己则采用"天王"的称号。王朝的名称叫"太平"或"天朝"；其宫廷叫"天廷"；南京原意是指"南方宫廷"，最近刚刚易名为"天京"，但这一次改用的名称丝毫也没有降格。另一方面，北京现今被称为"罪隶省"，意即罪恶源泉之城，如同西方的新巴比伦。一切与现王朝有关的事物都被冠以妖魔的性质，诸如妖魔咸丰、妖朝、妖兵等等。在洪秀全号称天王之后，作为头等大臣的五个人也像往常那样，随即获得了王的称号。内有一人据说纯粹是荣誉称号，其他人则在王号前各加上指南针上四个基本方位中的一种，以示区别。我们所见过的几个丞相构成了第二等级。全体居民每一万人分成一组，妇女与男子一样。妇女归妇女管辖，仅有当妇女人数达到三千人时，才配有一名男首领与丞相联络。当我们与其中的一位丞相在一起时，曾有一个男首领前来请命说："某馆和某馆的姐妹请求多发一些衣服，因为天气变得越来越冷了。"该大臣回答说："去查看一下，然后酌情处理。"在南京，人们过着一种名副其实的公有制（就该词最广泛的意义而言）生活，但却丝毫无损于道德；相反，凡有抢劫一类的违反道德的行为，将毫不留情地被处死。在所有妇女居住区，彻夜都亮着一些灯，并有一名女子担任警戒，不时地敲击小鼓。

主要首领们无疑力主维持等级制度，并试图让人们恪守它。他们出行或归来时总要鸣炮，用餐时则奏乐。尽管如此，我们看到不仅是次等首领，甚至就连普通人也能完全自由地接近他们。

不容否认的是，他们相互关系中的一些事情确能说明他们彼此互称兄弟是有道理的，而且现在看上去像是一个家庭。例如，所有的住房都是公共财产；粮食衣服都存放在公共仓库里；金、银和贵重物品都交归公共金库。人们不能买卖任何东西，事实上，个人即使有钱也派不上用场。我们一直未能得到广西人现今所穿的服装。正是由首领们来供应其部属的各种必需品。真正值得佩服的是，正如我们亲眼所见，南京被攻占后人口增至一百多万，这种方法竟能使这么多人的衣食得到正常供应，而这是在内战当中，在南京受到扎营敌军围攻的情况下做到的。而且，我们还曾经遇到过几支满载粮食的船队，它们是去供应已被广西人控制的其他一些城镇。

至于我们，我们的伙食的确简单，但很充足，而且被当作受人尊敬的客人看待。有几次，作为我们朋友的副官们还同我们一同进餐。进餐前后，他们都要向天父祷告，而我们则做自己的感恩祷告。广西人每天两次聚集在大厅或较大的屋子里祷告上帝。天王祷告时鸣炮十响。至于我们，在他们所有人中间都能充分自由地从事自己的宗教活动。尤其是我的布道师，念起祷告词来就像50个广西人在合念一般。如果我被获许在此处公正地赞扬他的话，我想说，他的确受到了上帝精神的激励。虽然他是一个大家庭的家长，全家人主要靠他养活，但他仍然几乎全身心地从事于灵魂的拯救，向罪人布道，当然并非没有建树。在黄丞相对我们进行威胁之后，他非常平静地对我说："只要是为了上帝，我什么都不怕，即使是割断我的喉咙。"我们没有留在南京绝不是因为他的缘故。

再回头谈谈他们的祷告。我们曾问他们如何对待那些拒绝和他们一同祷告的人，他们回答说："凡既不祷告又不放弃偶像崇拜的人一律处死；那些没有任何信仰并且不为自己祈祷的人，我们随他们的便，不过经常要挨上几棍。但如果他们进行暴乱，也会被处死。"我发表意见说，既然他们经常谈论兄弟之爱，那么，如果他们循循善诱而不是杀戮；如果将家庭的纽带联系得更紧，而不是像我所见到的那样把它割断；如果至少宽恕了满人的妇女儿童，而不是将她们一并处死，这样岂不是更能体现兄弟之爱吗？广西人回答说："一个坚决拒绝向上帝祈祷的人是顽子，不配被视为兄弟；不过，在战场之外，如果他毁掉偶像，我们一般对他不太苛求。至于眼下对所有妇女的管理方式，这只是权宜之计。的确，除此之外，我们又能怎么做呢？当我们以天父的名义，为消灭偶像崇拜和拯救国家而作战的时候，我们能把我们的母亲、妻子、姐妹交给谁照料呢？中国人在满妖的统治下，早已变得对什么都不在乎。此外，让那些留在军营中的人比我们去作战的人享受到更好的待遇，这难道合理吗？况且，在不久的将来实现太平之后，一切都将恢复秩序，同一个家庭的人将重新团聚。最后，关于满人问题，只要一想起他们对我们所犯下的罪恶，以及中国在他们的统治下所受的奇耻大辱，谁又会想到与他们妥协呢？让他们回去牧羊吧，要不就自行准备在战争中被消灭。再者，他们是偶像崇拜者，顽固的偶像崇拜者，如果我们饶恕他们，天父会为此饶恕我们吗？同样，为了摧毁偶像崇拜的主要温床之一，我们已改变了学习的方向和博取功名的方式。往后，人们将不再读中国古书，虽然这些古书本身可能是好的，但其本意已被注释家们所曲解，尤其是哲学家朱子，他的注释长期以来最为人们所普遍接受。科举考试中的试题今后将以我们的宗教书籍为题，今年已有 400 多个中国人取得了功名。同样是为了我们国家的复兴，我们毫不留情地砍吸食鸦片者的头。我们甚至不允许抽普通的大黄烟。"他们在某地的确曾指给我看几个新近被砍下的头颅，根据贴在一旁的布告，他们是些吸食鸦片者。那些被发现抽普通烟草的人则被处以枷刑。

　　我们一直很想参观该城第三道城墙内的地方，以及南京著名的琉璃塔。但由于第三道城墙内是城堡和王宫，而那座塔又紧挨着城墙下防御清军进攻的护城堑壕，我们觉得还是不提出这一请求为好，以免碰钉子。不过，我们曾在城墙外三四里处远眺过该塔，但也只能对它的高度表示赞赏而已。

　　我们就这样在广西人中呆了两天两夜，在等待捎给公使的信件的借口下受到体面的软禁，而该信却始终没有送来。我们猜想"卡西尼"号上的人一定为我们而焦虑不安，事实果真如此。南格禄神父前天晚上曾想前来与我会合，但未能如愿，这使我无从借助于他的经验和智慧。随后，军舰司令写给我的一封信为我打开了方便之门，使我庆幸地赶在对方的严厉措施付诸实际之前，及时地返回军舰。他们曾打算抓几个首领作为人质。不过，平心而论，我们必须要说，除了受到猜疑外（这种猜疑使我们感到环境的压力，这无疑也是黄丞相申斥我们的原因），我们在这里受到了带有尊敬有时甚至是友善的关照。仅有一次，一位年轻首领用亲密的口吻，以他个人的名义问我是拥护太平军还是拥护咸丰。我回答说谁也不拥护。他用几乎同样的语气接着问道：那你来自什么国家？我来自一个对外国人彬彬有礼并视之为真正兄弟的国家……其他军官怕他没有听明白，把我的话又向他重复了一遍。这时我看见这个年轻人脸红了，咬着嘴唇，然后悻悻离去。

　　毫无疑问，倘若我们能访问我们的女基督徒，向她们布道，鼓励她们坚持下去，我们将深感欣慰。然而，当我们看到男女隔离是如此彻底，就连首领们也被禁止与她们往来时，我们一致认为这是不可能的。的确，两个以宗教神学博士身份出现的男子，试图在一个外国通过被当地视为不说是可耻也是应受到谴责的关系（是否正确无关紧要），来进行布道活动，这一点也不合适。况且，我们已借他们在不同时候向我们欣然提供服务之机，劝说他们无论在何处遇到基督徒，都要善待他们。广西人向我们许诺，将把他们当兄弟一样对待，因为他们敬拜天父，而且也不会因彼此祈祷方式不同而为难他们。他们也愉快地接受了我们的建议，即我们回舰后，将送给他们一些我们的宗教书籍、肖像、十字架和徽章。我们确实在离开南京的那一天送给他们一些上述物品。我的布道师还附了一封长信，信中首先就他们对我们的款待表示感谢，然后解释了基督徒对宗教物品的用法，以及对我们来说至关重要但他们仍不太明白的一些教义要点。最后，他说我们不会忘记他们盛情邀请我们做客的美意，并表示甚愿不久以后能再度来访。

现在，概括地说，对于这样一种事态，究竟应当如何认识，得出何种结论？中国会更换主人和变更宗教吗？这些便是每一个人都在提出的问题，而在我看来，几乎没有人能够回答得出。据我了解，这里的人臧否不一。广西人的反叛是一个极为重要的事实，这一点谁也不能再加以否认。虽然我们可以把这场叛乱的煽动者称作叛党、蛮子、匪徒，愿叫多少次就叫多少次，但他们已以破竹之势，推进了二三百里格。他们仅用三天就一举攻下了这最后一座城市。他们恢复了南京的古都称号，在其城墙上高高竖起民族的旗帜，并在这里建立了政权。接着，为了使整个中国回到中国人手中，他们以 15 万以上的兵力进军北京。我们已确悉，这支军队已进入直隶省北部，攻占了京城的主要供给线天津，有人甚至说已攻到北京城下。对领袖的智慧和天父的庇护抱有无限甚至狂热的信心，对事业的胜利深信不疑（这将会使他们的力量增强十倍），强有力而又有序的行政管理，尊重财产和习俗的纪律，以上便是广西人的情形。而在敌对营垒一方，清军却是懦弱无能，不公正，掠夺和不断增税。一句话，清政府一再倒行逆施，导致失去民心，这些便是使叛乱一方目前处于有利地位的主要因素。

尽管如此，现政权仍然控制着全国的大部分地区，因此可以指望这些地区能与它站在一边。满人具有无可否认的勇气，即使仅仅为了不被饿死，他们也会竭尽全力地来挽救自己民族所建立的王朝。他们虽然是满族血统，但已统治中国达二百多年，平时也曾给中国带来过好运。清王朝是正统，有合法权力，而这里和别国一样，正统身份总是能使许多人汇聚到声称拥有这种身份的一方。清朝官吏不能指望能得到广西人的宽恕；读书人患得患失，胆小怕事；有钱人担心他们的财产；一般老百姓情愿继续受压迫，也不愿在战争中流离失所；严冬会导致广西人非战斗减员；他们内部可能会产生不和；他们不可能在更大的范围内维持我们在南京所见到的那种行政管理——这些便是现政权的拥戴者获救的主要机会。

而且，局面的最终解决不久就会见分晓。到了春天（假定必须等到那个时候），北方问题将会解决。如果广西人被击败，他们会回到南方各省设法重新补充力量；如果他们占领了北京，那么，也许就大局已定。在这种情况下，我们将如何是好？基督教将面临一种怎样的局面？在我看来，这仍是一个难以作出定论的问题。因为根据我所耳闻目睹到的一切来判断，广西人的宗教倾向还没有在所有方面显现出来，他们的教义体系似乎由各种不同的因素组成，尽管基督教因素在其中占据着主要地位。我从一开始就有这样一个印象，即广西人曾在过去甚或几代以前信奉过基督教，但后来由于缺乏牧师和宗教上的支援，他们未能保持信仰的纯洁。之后，他们发现了详细论述其信仰的书籍，遂从《旧约》和《新约》中借用一些材料纳入他们的宗教体系中，尽管他们并不能理解其内容。就这样，东方特性和习俗便逐渐地使整个宗教体系蒙上了一种新奇的色彩，这是任何人都难以想象的。

的确，有人会对你说：洪秀全本人纵然不是一种新宗教的创始者，实际上也是它的领袖；他用剑与火来传播他的宗教；此外，他还给自己提出了神圣的使命，将自己的异象变成了教义，规定了忏悔仪式，规定每天以鸣炮为号祈祷两次；他似乎允许自己实行多妻制。所有这一切难道看上去不正表明他和穆罕穆德如出一辙吗？在我看来，上述现象与穆罕穆德的宗教法规确有一些相通之处，这是不容否认的。但是，难道伊斯兰教不也有某些与基督教相似的特征吗？和穆罕穆德一样，一个将宗教作为其抱负之基础的人，总是试图唤起人们的热情。洪秀全是否拥有数名妻子现在还不能肯定，何况《旧约》似乎允许他这么做，但眼下可以肯定的是，他严格禁止男女之间的一切关系，即便这种关系是合法的，从而迫使其部下作出最痛苦的牺牲。中国人虽然没有任何坚定的宗教信仰，但却热衷于某些非基督教的信仰。众所周知，他们之所以讨厌基督教，唯一理由就是它不是在他们中间产生的。而洪秀全现在却对他们说：烧掉你们所敬拜的东西，接受你们所轻视的宗教吧，因为我的教义来自外国，来自弥赛亚的国度犹太。中国人一向坚持剃掉一部分头发，穿某种用来保护发辫的衣服，而现在他必须摒弃所有的这些习俗。在通常情况下，这绝不是能够激起人们热情的方法。此外，他还把《圣经》《福音书》《马太福音》作为他教义的基础。那么，人们怎样才能将所有这些与上述不无理由认为是洪秀全所倡导的趋向协调起来呢？我承认我不知道。

这个新宗教是否更接近于基督教新教呢？我知道曾有几个新教牧师自行

通过报纸引以为荣地宣称，他们即使没有引发叛乱，至少（实际上是一回事）曾将支撑这场叛乱的宗教原则教给叛乱的发起人，并被对方接受。确实，广西人已翻印了新教《圣经》（已译出的部分）。在南京的一个天主教堂中，一个十字架和一些神像被毁，我们的教徒受到粗暴对待。然而，倘若新教牧师的确是这一新宗教的创始者，那么，它所具有的类似于伊斯兰教的特征对这些牧师来说并不光彩。此外，所有被我们询问过的广西人都否认关于他们宗教起源的这种说法。他们得到了他们古老的宗教书籍中谈到过的《旧约》，但只是得到而已，并不关心它的来源。还必须承认，如果他们的宗教确实源于几位英国国教牧师，那么，弟子们不可能对他们的老师一点也不表示感激，因为这几位牧师谁也没能在他们中间树立起声望；他们也并未款待在南京刚被攻克就溯江往访的"何默士"号上的军官。最后，广西人处死吸食鸦片者，对于英国对华贸易的一个主要门类来说，这当然不是一个好兆头。而我们的教徒并没有因为是天主教徒而受到粗暴对待，纵然有些下属毁坏了一个十字架和一些肖像，但他们的首领却相当虔敬地从我们手中接受了这些东西。

在我看来，以上为数不多的细节足以说明，对于广西人宗教教义的起源、发展、倾向和特征，目前仍难以下定论。假如叛乱在角逐中最终归于失败，等待我们的命运将会是什么？我还是要说不知道，但我怀疑大清王朝如果摆脱了目前威胁着它的危险，会以善意的眼光看待一种它认定其首要原则与它死敌的首要原则完全一致的宗教。未来总是扎根于过去。对欧洲人的畏惧可能会使清王朝隐藏起它的恶意，但也仅此而已。

因此，迄今为止，无论从何种角度来观察中国目前所发生的事件，人们所看到的都还是个未知数。只有上帝知道我们的未来将会如何。也许这就是我们在与这些重要问题相关的一切事情上必须一直言行谨慎的原因。尊敬的神父，我想这正是您的想法，也是传教士们所应遵循的方针。但愿我们的教徒们也努力效仿他们。我们深知，在得不到世人援助的情形下，我们唯有更加坚信能从上帝的庇护中得到援助。如你所知，看到上帝如何保护他的子民，饱受战火蹂躏的本省教徒迄今所受的痛苦又是如何微不足道，我们全都赞叹不已。但愿仁慈的圣父用怜悯的目光注视着这个幅员辽阔的帝国！广西人在他的掌握之中，但愿他能使广西人成为拯救自己不幸的国家的工具。目前，他们正在扫清一切障碍，这是毫无疑问的。而且，它的确是一股破坏性的洪流，尤其对异教而言更是如此。但这股洪流也带来了许多新观念，并浮到表面，使其更加普及，与文明世界其他国度的观念更加协调，从而有可能将这个至今仍小心翼翼地孤立自己的帝国带入人类大家庭的怀抱。这些倾向现正自行显现出来。它们还不具有完全的稳定性。难道没有可能对这些倾向加以某种引导，一言以蔽之，使之天主教化吗？无疑，对此梦寐以求的传教士不止一人。您会对我说，你一直拥有绝好的机会，为什么要白白失去它呢？为什么不留在南京呢？尊敬的神父，当这场革命将会毁灭一切的恐惧犹如一柄达摩克利斯剑高悬在人的头上时，您怎能指望他决心抓住这个机会呢？按照大多数我们能够并不得不向其请教的那些开明、善意的人的说法，留在广西人中就意味着支持叛乱，意味着与清政府决裂；这等于是把希望押在还不是定局的胜利上，将会使我们十分之九的教徒陷入明显的危险之中，将会牺牲我们其他的传教团体，而后者一定会把自己的不幸归因于我们的轻率和鲁莽。事实是这些理由都确有依据，但尽管如此，我得承认，给我印象最深的并不是这些理由，而是我感到广西人怀疑我们是来搞间谍活动的。因此，我们回到法国旗帜之下，不就使法国驻华的代表们负起保护我们人身安全的责任了吗？在留在广西人中的情况下，他们担负这种责任还有可能吗？还名正言顺吗？我不敢担保。

12月14日上午，"卡西尼"号如期离开了南京。当天傍晚将近6时，我们到达镇江府。15日上午11时，驶抵江阴；18日中午，我们终于在离开约20天后又停泊在上海。

从南京的返航就这样结束了。然而，如您所知，我不得不在舰上多呆了几天，因为我们善意的司令为了庆贺圣诞节，强烈要求"卡西尼"号军舰上有一位神父。

圣诞节前夕，我们就在天快黑时听到了大炮的轰鸣声；一发流弹甚至落在了我们中间。但到全舰成员做弥撒时，便完全寂静下来了。这一气氛与做弥撒者的沉思冥想，场面的新鲜，以及这一节日所特有的情感相交融；最后，司令、四名军官、几名下级军官和水兵们神情虔诚地在众人面前一一领取圣餐。所有这一切都给我留下了深刻印象，对这次节日的回忆将永远留在我的记忆中。圣诞节后的这一天，我仍然不能体面地离开军舰，问题的症结是向攻占上海的叛军对我们所作的严重伤害索取赔偿，因为他们掳走了传教团的两个布道师，把他们当密探对待，其中一人受到严刑拷打。还不知道叛军是否同意；这就是那天开炮的原因。庆幸的是，叛军作了赔偿，法国方面表示谅解，一切圆满结束。因此，正是多亏了法国代表们，我们在这里才得以享受到安宁，这在目前的情形下十分难得；但愿长久如此。

假如结局不是如此，这当然不是我们好心、可敬的领事厄当先生的过错。尊敬的神父，您和我都知道这位好心人是多么的正直、坚定、干练。谁也不能否认，传教团得到过他的许多恩惠。因此，他有受到我们喜爱和感激的特殊权利。

葛必达（《中国近代史资料丛刊续编·太平天国》第九册）

裨治文牧师致《北华捷报》编辑的一封信

先生：

最近美国公使及其随从访问了镇江府、南京和芜湖，人们就这些地方的叛军提出了不少问题。为了回答这些问题，我给贵刊读者提供了以下这篇短文，其中包含了当前似乎最值得关注的一些情况。眼下正把中国搅得天翻地覆的那些人的品性、行为和基本信条，要求政治家和商人予以最密切的关注，而对于传教士来说，鉴于该国的庞大人口，他们更是抱有远非言语所能表达的一千倍的关心。本文所详述的一切，除极少数外，均是通过对叛军的个人观察和交往所收集到的事实，其中的大部分事实都可以从叛军自己撰刊的书籍中得到充分的印证。

裨治文谨上

上海，1854 年 7 月 4 日

（1）他们的政府是一个神权体制，而且他们显然相信这是新的天意的发展结果。就像以色列人受摩西领导一样，他们也认为自己受某人的指导：全能的上帝指定此人在世间执行其旨意。他们相信他们的政治体系是在神的直接指导之下。他们说，他们的领袖有时被接上高天，有时天父降临到他们中间。

（2）他们的政府是一种半政治半宗教的混合体。它似乎既有人间又有天国的首领，或者更确切地说，既有一个可见的又有一个看不见的机构。他们极为明确地宣称，他们的主要活动家们（男子和妇女）同天父、天兄之间存在着一种个人交往。他们所有的国家事务（世俗的事务）都同"神"的事务奇特地混合在一起。我之所以不说是"宗教"事务，是因为我不知道他们对宗教和宗教事务究竟持何种观念。

（3）他们的政府而且还是一种君主专制政体。在他们的新体制中没有皇帝，只有王的集团，即天王、东王、西王、南王、北王和翼王。我们被告知，这六个王目前都住在他们的新都城内，他们称之为"天京"，即"天国的都城"。在他们的统治下，诸如南京（"南方的京城"）、北京（"北方的京城"）之类的名称都已不复存在。

（4）这个王的集团还自称是世界的统治者。毫无疑问，诸王及其弟兄们几乎全然不知世界上有哪些王国和国家，它们的数目有多少，有多大力量；但他们却用极为明确的语言提出统治全世界。因为天父（至高无上的主，威严而又崇高的统治者）是独一真神，天下万国人民的父亲，所以，他们的天王是天下万国的太平真主。诸如此类的言语在他们的言谈和文书中屡见不鲜。根据上述正误参半的前提，他们得出结论：正如所有国家都应服从和敬拜独一真神一样，他们也应向天王即洪秀全顶礼膜拜，并敬献奇珍异宝作为贡品。该王国的一些大人物特别担心"来自外国的兄弟们"不能马上充分理解真道的单一性，错以为真有这样的区别，以至我们可以谈论这个国家、那个国家，我的君主、你的君主！在其朝中大臣们写来的一件公函中，所用的称呼在礼节上几乎等同于另一革命时期所表述过的"致乔治·华盛顿先生"。

（5）他们以非凡的精力来管理政府。他们的政府在斗争中诞生在广西一个叫做"金田"的偏远地方，至今仅有四五年时间。他们在那里展开了最初的战斗，其后击败或降服了所有进攻他们的清军，北上经湖南、湖北两省，然后如大江之水奔流向东，所向披靡，占领了南方故都和大运河的咽喉镇江府。极目远眺，可以看到若干股清军扎营在镇江府以南、南京以北的山顶上，而这两座城市城内和近郊的所有武装人员都激动得近乎疯狂，他们似乎渴望冲上前去，向不共戴天的敌人复仇。他们说："肥猪猡，只配来送死。"在向我们展示与清朝军队血战后留下的伤口和疤痕时，他们全都洋洋自得。他们一向称清朝军队为"阎罗妖"。

（6）他们的秩序和纪律同他们的精力一样不同寻常。新政权禁止吸黄烟和鸦片。好像也禁止饮各种烈性酒，除非得到特许。镇江城内见不到任何妇女或儿童。该城眼下已变成一座大兵营。整个城郊是一片废墟，城内非公用房屋已全部查封。

芜湖没有什么驻军，仅有警戒人员和几只巡逻船。城内和郊区相当大的一部分已在去年攻城的激战中烧毁，但那些房屋完好的屋主已经回来，阖家（男人、女人和孩子）依旧生活在自己的屋子里，商人在各自的店铺里做买卖，赶集的人带着物品来来去去。他们在街上遇到官员和警戒人员时十分恭敬。

不过，他们通常称作"圣城"的新都才是秩序和纪律达到尽善尽美的地方。城里部分区域专门划给外出征战或在其他地方担任公职者的妻子和女儿居住；但我既没有见过这些人，也未能从漫游该城的人们那里得知男女隔离究竟推行到何种程度。

我曾两次在北门同那里的几个军官漫谈。他们自称是翼王的亲戚。倘若不留下写有姓名之类的字牌，任何人都不许走出这道城门；未经许可也不得入城。至于回城的人，只要报出姓名，领回字牌，便可以进城。但当陌生人来到时，则不得不进行长时间的仔细盘查，直到有关情况上报并得到批准后，才能放行。我在那里时就曾经发生过一次类似的情况。先是几个妇女骑着马进了城，接着来了一名由其老母和仆人陪伴的妇女。当走近外城门时（城墙有 60 英尺厚，分内外两道城门），她们全都下了马。老妇和仆人是由其女儿从远地接来的陌生人，所以必须进行盘查。盘查随即开始，当我离开时，这几个人仍被挡在外城门之外。

同在"圣城"一样，在其他任何地方也都可以看到在维持秩序上保持着高度警觉；一切不合规章和违法之事，都立即受到迅速而又果断的斥责或处罚，这在中国人当中极为罕见。所有的人都无一例外地有其指定的住处和被指派的适当工作，一切都在有条不紊地进行。总之，在他们所有的行列中——在他们的街道上、船上，在所有能见到他们的其他地方——军法就是日常的规则。

（7）他们的宗教信条尽管也许多少承认《圣经》的全部或大部教义，但由于无知或曲解（或两者皆有）而带有谬误，变得一团糟。前已说明，他们的政府是一个混合体，部分是宗教的，具有很强的宗教因素，但他们仍然没有教会。不存在同他们的一体化政体相分离的团体，至少尚未出现，我们也没有发现任何迹象。

他们也许是名义上的基督徒，但在实际行动上，他们的确是不折不扣的偶像崇拜的反对者。他们大概拥有整部《圣经》，包括《旧约》和《新约》，并且正在出版通常被认为是"郭士立译本"的《圣经》。因此，我在上文说他们可能"多少"是承认《圣经》教义的。他们的谬误在多大程度上应归因于该译本的错误或缺点，这不是我本文所应讨论的问题。他们关于上帝的观念有着极大的缺陷。虽然他们明确宣称"真神独一"，但《圣经》中的启示，圣子和圣父互为一体，以及新教教徒普遍接受的《圣经》中清楚明了的其他许多教义，他们全都忽略了。固然，他们的信条中涉及一些《圣经》教义，但这些信条是借来的，而且他们是在不理解其真正含义的情形下使用它们。我是这么认为的，并且我想这一点在他们的新版"赞美诗"中表现得再清楚不过了：东王杨秀清在此处居然被称作"圣灵"！

我们发现他们以我们的星期六为安息日。但他们似乎既没有任何供公共礼拜用的房子，也没有任何可以称作基督教导师或福音布道师的人。他们有各式家庭礼拜、祈祷、感恩祷告，等等，而且要求所有的人，甚至包括不识字的人，都要学会、照做。我们曾多次见到他们做祈祷，其中的一些人极为虔敬热诚，而另一些人则完全相反。大多数人能迅速背出他们宗教手册中的"十诫"，假如他们被要求这么做的话。在谈到上帝时，他们几乎总是用"天父"一词。

他们曾谈到一种洗礼仪式，但从未提到过圣餐。根据他们所改订过的历法，我们发现他们已摒弃了风水、吉日等旧的观念。1854年5月27日——"色斯奎哈那"号和"孔夫子"号抵达"天京"的这一天——在他们的年表中标注为"太平天国四年四月二十一日"。

他们有一份经太平王批准颁行的书籍目录。该目录与他们的书籍通常装订在一起，均盖有国玺。目录中列有20多种著作的名称，内有两种便是上述的《旧约》和《新约》。至于他们的政府是否接受（或哪怕是容忍）该目录外的其他书籍，则有待作进一步地观察。在芜湖的商店和货摊上，我曾见到过几种旧式流行书籍和歌谣集，但在其他地方从未见到过，除了叛军自己出版的那些书。

（8）至于问到他们的文化程度和普遍的智力水准究竟如何，他们的书籍和官方文件几乎是我们赖以回答的唯一可信的材料。我们在所访问的城市的城墙上见到过许多布告，大多是东王杨秀清发布的。这些布告所涉及的问题远比他们的书籍要多，文字则和书籍一样平庸。食物、衣服、药品的分发；税金的交纳；财产的保护；规矩和礼仪的遵守；去某地种痘——这些都是布告中所谈论的话题。有一份告示公布了在"天京"最近一次科举考试中中榜者的名单。

在文化程度和总体知识上，镇江的指挥官也许可被视为他们军官中一个较好的范例。他在罗大纲约3个月前离职参加北伐军后接任该城指挥官。他是广东省东部地区人，但已走遍半个中国。这个姓吴的人几乎不知道有任何外国。我们军舰上的国旗——"星条旗"——对他来说是个新事物！他说："过去在这条大江的水面上从未见过它。"白旗的用途他也同样不知道。不过，他的总体态度比他的任何一位同僚都更有礼貌，而他的措辞更是极为得体，尤其是他写给我们的信。该信以完全无可非难的词句，就向我们开炮一事作了爽快的道歉。然而，据我们所见，无论官和民，叛军的文化程度和智力水准都不高。当然，"学问多就不会使人发疯"。

（9）关于他们的社会情况所知甚少。至少在一定程度上，他们有一种共同的利益。他们似乎并没有抛弃旧的信条：普天之下，莫非王土；率土之滨，莫非王臣。至于按照什么租地法来维系这一切，我并不知道。但是，如同在过去所有旧王朝的统治下一样，在现今的"长毛老爷"时代，要你当兵你就必须当兵，要你在水上服役你就必须在水上服役。在国家的所有部门中都实行同样的原则。除了极少例外，似乎没有人说他拥有的东西是属于他自己的。我无法断言这究竟是源于情况的需要，还是他们的既定原则。但有一点可以肯定，他们已积累起大量的军需品和财宝，而且其数量正与日俱增。

（10）他们的兵员数目和所控制的疆域范围绝非微不足道。他们说，他们已牢牢控制了镇江府以上400英里的扬子江；除驻守在镇江、瓜州、"天京"附近的许多部队外，他们还有四支军队正在战场上展开积极的攻势：其中的两支已经北上，一支沿大运河推进，另一支在西部挺进。他们计划配合作战，在攻占和摧毁北京后，挥师西进，经山西、陕西、甘肃进入四川，打算在这里同自江西和湖南、湖北出发，穿越扬子江南岸地区向上游进军的另外两支队伍会师。

（11）他们的戎装男子和骑马女子的外表较为新奇。他们主要是由安徽、江西、湖北、湖南、广西、广东各省的人汇聚而成，构成一个非常庞杂的集体。我们发现最神气的是来自江西〔广西〕山区的人，最平庸、最文弱的是湖南人。他们的武器装备完全是中国老式的，但他们的红黄两色头巾，他们的长发，他们的绸缎袍服，都和黑发军队通常的装束不同，使得叛军看上去像是一种新型的战士。我们见过的所有人都吃穿不错，各方面都有着良好的供应。他们全都感到满足，情绪高涨，似乎对胜利充满了信心。

（12）从他们过去的经历来判断，几乎可以肯定，他们将取得更大的进展。在不可思议的神助下，他们十有八九注定将蔓延全部的 18 个省，破坏主要城市，屠杀满洲人，涤荡清朝统治的一切痕迹。他们的逼近使各地民众和旧政权人员惊恐万状，纷纷逃散，犹如落叶被狂风席卷一般。但他们最终成功地建立并巩固一个繁荣、广袤的新帝国（像咸丰祖先的帝国那样），其可能性就小得多了。

（13）他们目前对外国人所持的态度正日益成为令人急切关注的重大事情。他们的官员在镇江、南京反复告诉我们，他们的军队不会进攻上海，眼下也不准备对广州采取行动。他们还说，上海的叛乱者正急于加入他们的行列（这在此地是众所周知的事）；在广州和广东省也有成千上万的人是他们真正的朋友和兄弟。不过，在他们身处"天京"的高官所说的一切话语中，其语气和态度的傲慢都极不正常，与理智的起码要求相去甚远，以至于不能将之看作是无聊的妄自尊大而不予重视。

假如诸王及其国务大臣们成为中国的主人，他们会承认以中华帝国为一方，以英、法、美政府为另一方所签订的现行条约吗？除非受到强制或自愿屈尊，他们肯定不会承认。在他们所谓真正由上天敕命的天国中，他们（至高无上的上帝"次子"和他的几个称王的伙伴），也唯有他们，将是一切权力的执掌者和一切指令的实施者，是它的领袖和主要支柱！（《中国近代史资料丛刊续编·太平天国》第九册）

伟烈亚力牧师的报道

从位于大运河河口的昔日重要大城市镇江府，直到九县（我相信以下的叙述还适用于再往上游几百英里的区域），扬子江两岸呈现出一片荒芜不堪的景象——繁华的城市变成不折不扣的废墟，农民被迫离开他们简陋的小屋，一切商业活动陷于停顿，大江上除战船外几乎看不到船只。这无疑是内战的自然结果，但眼见中国最好的地区之一因过去六年来的战争荒废到这种境地，而眼下内战仍无望结束，这不能不令人悲叹。在对交战双方力量的孰强孰弱进行估计时，我想说，叛党的优势应归于清军的无能，而不是太平军真有什么超过一般中国人之处。根据目前的情形，还看不出任何一方占有压倒性的优势，而不想与战争沾边的绝大多数老百姓则沦为无休止动乱的受害者。从南京直到安庆，扬子江两岸的乡村可以说几乎都在叛军的控制之下，仅有若干小城镇和村庄间或有清军驻扎。我们停留过的九县便是这样一座小城，有一位将军统领二三千名士兵驻扎在那里。和扬子江沿岸每一个别的城镇一样，叛军曾光顾过此地，并留下了标志，即很大一部分房屋变成了废墟。寺庙尤其是他们摧毁的对象，我发现摧毁寺庙是他们的一贯举动，在他们曾经到过的任何地方，看不到一座供奉偶像的寺庙。在一座战神（the god of War）庙里，一切都已荡然无存，仅剩下一块被烧烤过的石碑，一根竖立在基座上的泥土支轴，这根支轴便是面目狰狞的神像——神像似乎正在责骂其痴迷的信奉者的愚蠢——的轴心。不过，叛军尽管在反对偶像崇拜的狂热中毫不手软，但却一直习惯于尊重祠堂，这意味着对于中国这一根深蒂固的敬祖方式，他们即使自己不实行，至少也是持容忍态度。老百姓对寺庙的毁坏似乎一般不大关注，在专心于更为紧迫的需求之前，他们宁愿让这些寺庙处于目前的坍塌状态。人们在宗教问题上通常持冷漠态度，但我没有发现人们因叛军采用了耶稣的名字而对基督教抱有特殊的反感，也没有发现人们因此而不愿听基督教真理的讲解。除此之外，我讲不出任何更令人鼓舞的事情。人们乐于接受基督教书籍，但在我到过的地区，读者的人数极为有限。看不到罗马天主教存在的迹象，但我在镇江和南京发现清真寺仍矗立在废墟中，德江（Teih-keang）也有一座破损的清真寺。

返航途中，我们曾在叛军占据的芜湖城逗留一周，我因此得有机会了解到有关叛军的一些情况。至少叛军有影响的那一段早期历史（这段历史已是众所周知）足以引起我们对其进程的同情，但无疑仍有许多情况并不为人们所知，这也许便是观察家们看到一些不和谐现象的原因。一个无可置疑的事实是，基督教曾以某种形式对这场运动的起源产生过巨大影响，但我认为，与基督的门徒相比，他们目前的立场是一种很成问题的倾向。

在芜湖期间，我从一些叛军那里得知，他们认为是已故郭士立博士将基督教教义传授给他们的，我以前从未听说过此事，尽管我认为这个精力极其充沛的人通过他在中国的基督教团体，极有可能在"拜上帝会"（the Society of God worshippers）的创建过程中起了极为重要的作用。叛军一直采用并且仍在继续出版郭士立的《圣经》译本（我在南京时曾从叛军那里得到该译本的一部分），这一事实对上述看法也是一个有益的佐证。鉴于他们在所出版的书籍和颁布的文告中仍然明确承认唯有上帝至高无上，承认耶稣是救世主，我们或可认为，叛军中所存在的基督教因素得到了举足轻重的人物支持。至于它对大众的影响，我倾向于认为确实极为微弱。他们所信奉的洪秀全是上帝次子、与耶稣基督处于同等地位的荒谬教义，虽然可以因历史上曾有类似的现象而予以谅解，但我担心这是他们谦卑地接受有关耶稣的真理的最严重的障碍，因为他们提出这种说法，不仅是作为一种伟大的神学真理，而且是作为一种关系到他们事业成败的政治真理。在最近致额尔金勋爵的一封信中（我从洪秀全的一个亲戚处接到），杨秀清也被宣称几乎具有同样高的地位。他们说，因为耶稣是替世人赎罪，而杨秀清是替世人赎病，所以，前者是灵魂的医治者，后者是肉体的医治者。我们知道杨秀清已死了好几年，同时也有充足的理由相信洪秀全甚至死得比他更早。这些自我吹嘘似乎并没有在他们众多的追随者中激起什么热情，除了受到一些严格律令的约束外，这些追随者在行为上与其他中国人并没有多大区别。他们的确摒弃了偶像崇拜，我认为这是一个重要的步骤，将会对中国未来的历史产生重大影响。吸食鸦片是中国的祸根，尽管他们的法律对之严厉禁止，但并未完全禁绝，因为有些军官曾向我承认他们抽鸦片；但这种现象远没有其他中国人那么普遍，而且根本不是公开抽鸦片。我也没有看见叛军中有人抽大黄烟，尽管这在其他中国人当中几乎极为普遍。

一些较为特殊的基督教活动似乎在主要军官中才能见到，我发现这些军官均是西部和南方人，他们在叛乱最初爆发时就已在其中效力。他们还是民众的宣教师，但我想他们的宣讲一定远不是经常性的。一些同我交谈过的军官十分强调他们守七日礼拜一事，这在他们历书中与我们相同的这一天标注得很清楚，但我发现绝大多数老百姓并不知道哪一天是安息日。在芜湖，安息日既没有得到公众的承认，也确实没有任何形式的公众礼拜活动。他们就此向我作了解释，称芜湖是一座军营，另称南京是一个举行公众布道的地方。由于很想参观他们的礼拜堂，我在南京时曾特别询问过此事，但被告知礼拜堂设在王宫里，必须事先写信联系才能参观；若要这么做，我们就得在南京多耽搁一天，因此无法实施。据我所知，就餐时由军官念诵感恩祷告是他们唯一普遍实行的礼拜仪式。他们以纯正的方式传布《圣经》，这是他们在实践中履行诺言的一个特征，意在诱使人们萌发下述希望，即在审慎的教导下，他们将会摒弃错误，顺从伟大导师上帝的训诫。可是，他们目前的立场是否与这样一种希望相一致？我得承认，我看见道路上横着巨大的困难，而且在某种程度上，这一困难恐怕对任何有意帮助他们的传教团来说都是存在的。我并不是说向他们传教完全行不通，但就任何将向他们布道的人而言，都必须特别谨慎；因为假如我们承认叛军的行为与基督教教义的原则并不一致——我认为这是无法否认的事实——那就没有一个基督徒会认为有理由同情他们的事业到如此地步；困难也就由此而产生。（《中国近代史资料丛刊续编·太平天国》第九册）

杨笃信牧师的一封信

在上一封信中，我曾说我有意访问叛军军营，目的是亲自判定这场运动的性质。打那以后，在我们的兄弟艾约瑟、麦高文和霍尔的陪同下，这一愿望已得以实现。访问的结果见诸发表在《北华捷报》的一些信中，现附寄给你一份报纸。

在叛军占领区度过的一周可说是我一生中迄今最重要的事件。事实上，12 个月的经历都已浓缩在这一周的经历中了。我们多次经历了危险和受审的场面。第二天晚上，我们陷入被愤怒和多疑的村民攻击的危险之中。次日，我们被告知，他们一度想敲锣召集全体村民采取行动。当事情解释清楚后，他们离去了。第三天晚上，我们的船停泊在双方火力之间，一方是村民，另一方是叛军。我们后来才得知，村民们是在稍远的地方开火，所以我们并不真正处在危险之中，但当时我们并不知道这一点。第四天晚上（这是最具冒险性的一晚），我们在漂浮于运河上的死尸堆中过夜。有两三百码路程，我们的船实际上要不断推开已腐烂不堪的死人堆才能行进。他们中的许多人是被叛军杀死的，但大多数是自杀。在回来的路上，我们同样经历了许多令人焦虑的时刻。但是，我们所信赖并作为其仆人的上帝与我们同在，他不但保护我们免受伤害，还使我们在内心对他的存在和看顾充满坚定的信念。我们于周末到达上海，见到全家都健康平安。我们的目的全然是为了布道，对此片刻也没有懈怠过。你会为得知洪仁玕加入叛军一事而感到高兴。我相信，此人将是上帝手中的工具，将向叛军领袖阐明一些很重要的观点。他当然理应得到我们最热切的同情和祈祷时的深切关注。

旅行摘记

·一位叛军首领接见传教士·

一个以英国传教士为主的五人小组于昨天上午从苏州返回。他们此行抱着这样的希望：获得关于现已占领该城的叛军的观点和意向的消息；同时，如果有机会，再就基督教进行交谈。

他们所受到的接待是相当友好的。他们向平望（Ping wang）方向行进，来到叛军控制区南边三英里处一个叫王家渚（Wang kia chi）的小村庄。一支从嘉兴开来的约有100名骑步兵的队伍成单行向平望进发。他们停下来打量这些外国人，同他们友好地交谈，并随便地一起吃茶点，以表示他们对外国人的信任。他们中的许多人身体强壮，举止豪放而勇敢，神态直率，在表达自己的观点时显得毫无保留。

平望是一个没有城墙的镇，由几千名长毛（叛军）驻守，设有坚固的工事和小竹桩。当地官员向外国来访者提供了去苏州以及所途经的吴江城的护照。此外，他们还沿着大运河向前走，通知各地正在田间耕作的人。虽然这条路是太平军（叛军）的大小部队通行于苏州和嘉兴之间的路线之一，但当他们出现时，村民们便跑走了。

在吴江，从当地指挥官的外观上可以看到不少情况。吴江是个有城墙的城市，这名首领的等级是"义"，其头衔仅次于"王"。但该首领住宅前的黄红两色旗帜和他所穿戴的堂皇的黄色长袍和黄头巾，排场却远远超过在苏州忠王府中所看到的。忠王在丹阳击败了张国梁，也是常州、苏州和嘉兴的征服者。他除了有辉煌的战功外，还具有良好的品德。他反对部队的过分行为，保护苦难的人民（他们是这场内战的牺牲品）免受伤害和袭击。他以最友好的态度对待他的这些英国来访者。他们获许免除跪拜的礼节，因为他们声明不同意这样做，见面时仅简单地脱帽鞠躬致意。不过，他们等候了一个半小时才得到接见，这是因为当他们在另外一个房间等候时，两天前从南京来到的英王正好来拜访。英王离去时已将近晚上 8 点，随后，这批一行四人的外国访问团被领到接待厅。约有 100 名官员和侍从面对面分立两行，他们在队列末尾站了几分钟。忠王则在厅堂的最里面。在用中国炮铳鸣礼炮六响后，伴随着震耳欲聋的音乐和锣鼓声，这些访问者被依次引上前去。当他们经过两旁华美壮观的长列时，不禁出于好奇偷瞥了几眼。鞠过躬并在首领面前站了片刻后，他们被领到他的右边，在接见过程中他们一直站在那里。接待厅铺着大红地毯。在两旁站立的官员手持大灯笼。官员们都穿戴红黄色的丝织袍帽。只有忠王一人坐着。他短小精悍，戴着眼镜，身穿金黄色长袍，头戴有黄金饰物、仿古样式的帽子。

接着开始交谈。在回答忠王的询问时，我们相告，他的来访者要求这是一次耶稣信徒与拜天父上帝者之间的会见。忠王列举了基督教教义的一些要点。他询问我们以二十八宿中的哪几天为礼拜日，当被告知是房、虚、昴、星四天时，他表示这和他们是一样的。

当他问这些外国访问者是否还有别的什么问题要提出时，他被告知，他们有一些朋友正在同乡民做生意，如果嘉兴、南浔等地没有因为被叛军占领而使生丝交易受阻，他们将感到非常满意；倘若通过一些安排，使之得以继续进行，当地人和外国人都将会从中受益。他回答说，天朝希望如此，如果继续贸易，天王将照章征收关税。

他高兴地收下了赠送给他的《圣经》和其他书籍。他邀请访问团住在为他们提供的下榻处，在此逗留两三天。在举行过和进来时相同的礼节后，他们骑着马，被领到一位刘姓高级官员的住宅。他性情和蔼可亲，整晚十分殷勤地款待他们。当表示打算立即返回上海时，他们随即便骑马被护送回他们的船上。

·叛军坚决反对民间的偶像崇拜·

太平军扫除偶像崇拜的倾向依旧十分强烈。显然，他们对任何一个地方的偶像都不放过。在平望，离指挥官驻地不远的一座庙宇里，偶像已全被清除，香炉的位置已被一张桌子所取代，桌子放着三碗茶。叛军们说，这些茶是用来供奉天父的。

在其他庙宇里，偶像并没有被移动，只是被捣毁或破坏，通常可以看到偶像的鼻子、下巴和双手已被砍掉。在这些建筑物的地面上，满是佛教和道教无助的男性、女性神像的残骸。有些偶像的残片被扔进水沟，顺流入河，和被枪炮击坏的房屋的破碎物以及死者的遗骸混杂在一起。

在平望北面的帕池（Pa-ch'ih），一座寺庙只是遭到袭击。另一边的房屋则未被惊扰。寺庙的墙上贴有告示，劝告居民们丢弃坏的迷信，敬拜天父；还得向新王朝的统治者进贡。如果他们遵命行事，就会受到善待，否则必将受到惩罚。

·叛军的宗教观点和行为·

从所得到的消息来看，宗教因素显然已有力地渗透到这场伟大的革命运动之中。没有什么比下述假定更为错误了：这场运动纯粹是政治性的，宗教只是处于从属的地位。情况远非如此，相反，宗教是前者凭靠的基础，是它生命不竭的源泉。打倒偶像、崇奉真神上帝是他们的目标，他们对此怀有与驱逐满人、征服帝国同等的真诚和热情。他们反对宋代哲学家们的泛神论观点，坚持上帝人格化的教条；他们反对民间的多神论观念，具有最明确的独尊上帝的概念；他们反对佛教哲学的宿命论，相信上帝是全能的主宰，并以此来教导人们。这在其表面就有所显现，任何人只要同他们在一起呆上一段时间，就必然会产生这种印象。他们感到他们有一项使命要完成，深信他们是在一个正确路标的引导之下，并有一只全能的臂膀在支撑着他们，这就是他们的灵感。他们将胜利归功于天父的看顾，将失败视作天父对他们的惩罚。上帝与他们同在，不是作为一个抽象的概念，也不是作为一位严苛而又无情的君主，而是一位充满爱心的上帝，他温和地关注着他们的一切，并亲手领导着他们。同运动开始时一样，他们现在仍打算将《新旧约全书》作为信仰的标准。这是一个很重要的事实。只要他们仍将它们作为《圣经》来接受，我们就有合理的依据希望他们能逐步改正他们的错误。传教士们可以经常谈论这些错误，但不能无休止地指责。尽管他们对基督的神性似乎还没有一个清晰的观念，但他们常说基督是为了替全世界赎罪而死的。他们认为他是世界上从未出现过的最伟大的人，尤其认为他是上帝的使者；这也正是革命领袖自称是基督兄弟的原因。他并没有认为他本人具有神性；他的想法或许是，救世主是上帝最伟大的使徒，他本人则是第二个。关于这一点，以及关于圣灵的教义，他需要加以启迪。如能使他相信基督是神也是人，他就会幡然醒悟，或许会抛弃他的错误。这些错误的渗入并不令人感到惊讶；相反，倘若是另一种情形，那么，这将是有史以来最伟大的奇迹之一。在民众中所传播的宗教知识的数量毕竟是有限的，而首领们的宗教知识虽然不很深奥，但却是较为广泛的。

在他们的追随者当中，广东人或许对对外贸易的价值最为敏感，但所灌输的天王的宗教观点却相对较少。可以期望，广西人的宗教热诚和他们的广东伙伴的经商本能，将促进同外国之间的友谊。

将这些革命者目前的宗教状况同他们八年前在南京、镇江时的状况相比较，两者之间几乎没有什么区别。在每个星期的其他日子，他们自由祈祷，安息日祈祷时则焚化祈祷文，有些像儒家春秋祭祀时所采用的方式。当向天父奉献祭品时，他们在午夜举行庄重的礼拜。他们祈祷的主题不一，或以那些头脑顽劣者为题，或以战场上的胜利为题，或以尽快征服"江山"为题。比较有思想性的祈祷是为了赎罪和灵魂获得拯救。

鉴于叛军信奉《圣经》而对他们的宗教观点表示同情，并不意味着赞同掠夺和流血。他们中的许多人无疑不比强盗好多少。他们的行为证明了他们是这种人。但这种名称不应当用到领导群体和他们当中较好的一类人身上。老百姓对"真正的长毛"和那些混迹其中以通过抢掠大发横财的人有着明确的区分。他们经常就所知道的业已发生的种种罪行议论说，真正的长毛是不会干出这些事的。古往今来，无数滔天罪行正是那些自称是虔敬有德的人干的，而令我们不解的是，当广西人发起这场斗争的时候，居然这么快便有一群伪善、寡廉鲜耻的人加入到他们的行列中来。这些人一有机会就会压迫人民。我们相信，正是这些人杀死了那些申辩没有银两但穿着体面的人，并向他们所占领的城市里的妇女施虐。老百姓的印象是，一旦高级首领来到新占领区，这些暴徒的行为就会被制止，并依罪被处死。

如果他们能在这里建立起自己的王朝，毫无疑问，他们将推行一套比中国人所习以为常者远为严格和强有力的道德。根据对他们过去的历史及其书籍的了解，我们应当抱这样的期望。但是，他们目前被混杂进来的一大群人所拖累。这些人可能对太平天国的宗教体系知之甚少，一点也不比普通的中国人有更好的道义感。许多这样的人已被裹胁进来，因此，他们缺乏鼓舞了构成这场运动原始核心的那些人的行为准则。（《中国近代史资料丛刊续编·太平天国》第九册）

慕维廉牧师的一封信

到达南京并会见干王

在随后的两天里，我们遇到下雪而又寒冷的天气，而沿途城镇里的旅店几乎被毁，不能接待客人。不过，我们还是于第二天傍晚到达了南京，并被接到美国人罗孝全先生的住处。他是太平王的第一位导师，如今居住在该城。不久，我见到了干王，受到他热诚的欢迎。我和他相聚约一小时。他似乎很高兴重叙往日的友情，并愉快地谈起他自己，谈起使他治理下的民众基督教化的工作。我说明此行的唯一目的是在周围的乡村布道，如果能有机会在境内的其他地方布道，我将感到欣慰。因此，我想知道到何地呆上一周或十天较为方便，以及通过何种方式。他赞同我的计划，但表示需要加以斟酌。次日，他来拜访我，说城里和附近地区目前的情形不适合外国人从事公众布道。这需要他发布告通知老百姓，安抚他们的情绪，禁止他们说一些不该说的事。假如是在和平时期，他还会命令他的下属官员运用他们的影响来促成这件事；但眼下他正忙于准备领兵出征，而且他也不能肯定天王会同意作这些必要的安排。总之，他劝我暂缓此事，尤其是不要在京城布道。在后来的几次会见中，此事被完全搁置了。他说，他的君主的愿望是向全国传播福音。当我询问这是否是他们共同的意愿时，他立即回答说，肯定是的，此事从一开始就已酝酿，将会全力以赴地推行下去。他接着又说：但需要注意的是，天王倾向于用他自己的方式来实现这一目的。我问："用什么样的方式？"他说："用本国的方式。"每年都将举行考试，所有的官员都将参加。在这些考试中，将主要以《圣经》为课本，根据答卷人《圣经》知识的高低来决定他们在国家中的相应职位。考中者将被授予某种官职，无论官职大小，都将定期到各地布道。我强调，鉴于必须探明应试者的宗教品质，以促进精神王国的目标和结果，还有比那更多的事情要做。他回答说，这是"天王"所设想的计划，他认为它是一个完整的计划。我问："那么，外国传教士在这件事情上将有什么作为呢？"他说，传教士起初在向读书人和老百姓传播基督教的一般知识上不无帮助，但事实是，天王并不欣赏在这件事情上依赖外援的想法。他认为中国人能够自行为之，因为中国人一向自尊，无意从外国人手中接受福音。他切望和我们友好，但鉴于我们中间对他们所抱感情不一，以及我们就是我们这一简单的事实，使他决定按他自己的方式来做这件事。

我进一步向干王说起传教士来京城居住的问题。他以一种很友好的方式回答说，他不会劝他们这么做，至少目前如此。京城实际上只是座兵营。尽管他很乐意能不时地见到一些挚友，但他不能鼓励将京都变成传教活动中心的念头，眼下无论如何不能这么做。在他看来，此地不可能提供房屋，我们最好逐渐从苏州打开局面。不过，他又说："倘若有人坚信自己是奉上帝的旨意来此布道，那就尽可以让他来，但不要在这件事情上求助于我。"他以强调的口吻重复了这些话，使人悟出应把这番话传到外面去。

叛乱运动的起源和早期历史

我被介绍给许多长期与这场运动联系在一起的人，特别是王宫大门的一名守卫。由于对自己的宗教感情有着高度的观念，他获得了这个职位以及相应的头衔。我同此人有过好几次愉快的交谈。他虽然是个文盲，但在叛乱者的宗教原理方面接受过良好的教导，并以一种近乎盲目的心态信赖他们。尽管如此，他仍以恭敬的态度听我讲述真理，并且似乎对作为基督一名仆人的我产生了一种特殊的依恋。我请他告诉我他是怎样和"天朝"联系在一起的。他说，有一天，他正在广西老家的地里干农活，"天王"过来告诉他，说自己奉天父之命来传播福音，命令他不再像往日所习惯的那样信奉邪神，只能信奉真神上帝和天兄。我的朋友询问如何信仰上帝和天兄，"天王"便告诉他有关祭献和祈祷的事项。他说："我立即决定按照他的劝说来做，跟随我的新导师。"他捣毁了家中的偶像，成为天父教（the religion of the Heavenly Father）的一名信徒。他的故事与干王以前关于叛乱运动起源的叙述（这在名为《太平王的异象》的著作中有详细记载）完全一致。他全然相信这一切，并且一如既往地相信天王和他属下的诸王。他把他们的一切行动都归于这些异象和启示，因为它们来自天父，具有天父的权威。当我谈到他们在征服过程中极端地使用火和剑的问题时，他告诉我，在早期并不像后来那样大量地掳掠和焚毁。但是，当有一次陷入很大困境时，同他们在一起的男孩们说，他们从一位天使那里得到指示，要他们就像现在所做的那样去做。在此鼓励下，连与这些少年类似的青年也被引导去创造奇迹。此刻，和许多其他人一样，他为新征集的士兵所干下的野蛮和残暴举动而痛心，渴望能改造他们的品德和行为。他相信自己对事态的看法，同时，他似乎爱谈宗教问题，为天父、天兄的意旨得到承认而感到十分高兴……

贺新年

两天前是叛军新年的第一天，与此相关的众多庆祝仪式引起了我这个外国人的兴趣。"天王"的王宫坐落在某一城区。这是一座新建筑，远未完工，但设计尽可能地模仿了皇宫建筑。它给人的第一印象是非常富丽堂皇。其外门上写有"真神圣天门"字样，第二道大门上写有"皇天门"字样，周围满是异兽、龙凤等雕刻。元旦这一天，诸王、首领们和次等官员前去向陛下贺岁。这是个盛大的聚会。他们中的每一个人都有一群部僚和士兵相随，在众人的护送下前往王宫。各王乘坐 16 人抬的黄轿，次一等的官员乘坐 8 人抬的颜色各异的轿子，轿子的前后打着无数的绸制旗幡，上面布满各种奇异的纹饰，或写着各自主人的姓名和官衔，均冠以"太平天国"字样。诸王和首领们进入"天王"升座的内廷，其余的人（至少有 300 人）则留在外廷。我在后者的行列中，亲眼目睹了仪式的举行（这和里面所举行的仪式相当），尽管我所处的位置看不真切。12 点，在得到一个信号后，站在外面的人全都面朝太平王的方向下跪，然后吟咏赞颂词，即以宫廷礼仪祝他长寿，"万岁万岁万万岁"。转身到另一个方向后，众人再跪在一张桌子前，敬拜天父。桌子上摆有祭奉用的几盘食物和两盏灯。领头做礼拜的人手拿一张致上帝的祈祷文，念完后将它焚化。这群人站起来后，旋又奉命面向天王的方向再次下跪，且跪立的时间不短。我未发一语，但除了极个别细节外，整个庆典仪式差不多都看到了。大约 12 点半，典礼结束，首领们回到外廷。在服饰和风度等外观上，他们的确远胜于在外廷做礼拜的一班人。在这种场合下，他们通常穿黄色的长袍，但所戴的帽子则完全不同于清朝官员。聚会悄然而散……

干王离开南京

12 日。上个安息日的早晨，干王离开南京去统领一支军队。这是他第一次肩负这种使命，离开时的场面颇壮观瞻。王府外聚集着一大群随从，他手下的一批要员则进入王府向他致敬。在他准备出发一切就绪之际，他们一并跪在他的面前，齐呼"祝干王千岁千岁千千岁"。干王随后走下宝座，坐进八抬大轿。他身穿一件华丽的黄袍，头戴金冠。联想起他的经历和对基督教信仰的表白，我当时对此深感意外。上面所说的颂词是他每天都会听到的，从宗教的角度来看，当任何前来拜见他的人向他致颂时，倘若有他过去熟悉的人在场，他一定会对此感到难堪。但在中国，这是官场的规矩。不久前，当他事先得知自己将要出征时，我觉得有必要提示他时时依赖上帝，力劝他尽一名热诚的祈祷者的责任。但他反倒首先向我提出了他自己的请求。在讲述了他的困厄处境后，他用一种很令人感动的语调对我说："慕先生，请为我祈祷吧。"他一直需要我们的祈祷，我相信，我们在国内的许多朋友都会一道为他祈祷。

南京的中国妇女

当我们行走在街上时，沿途可以看到不少的女子，这确实是件新鲜事。她们大都衣着华丽，仪容十分端庄。许多人骑着马，其余的人则是步行，大多数人都是天足。不少人停下来听我们布道，其举止总是十分得体。与以往的情形相比，这是从未有过的，一切都使人部分地联想起家庭生活。如果革命能倾向于打碎桎梏女性的制度，就像迄今所实行的那样，那将是一件值得庆幸的事。

叛乱的性质和前景

现在简单谈一谈这场运动的性质和前景。那些从事这场运动的人并没有夸夸其谈，而是平静而又自信地谈论它的成功。他们意识到路途的艰难，但坚信造物主上帝会使他们成功。他们并不认为战胜敌人是一件轻而易举的事，但他们认为在天父、天兄的旗帜下战斗，会理所当然地期盼美满的结局。当干王的随从们汇集在王府前时，一名年轻人走上台阶。我问他是否将随队出征，他说是。"不怕受伤或被杀死吗？"他回答说："噢，不！天父会保佑我。""那么，假定你会被杀死，那怎么办？""那有什么，我的灵魂将升到天堂。""你怎能指望上天堂？你有什么功劳可以上天堂？""不，不是我自己的功劳，完全是通过天兄的功劳才能升天。""谁是天兄？"他说："我不太清楚，我需要指教。"我便开始告诉他，天兄就是天父的儿子；但我尚未说完，他就已经正确回答出了。我又问："基督做了什么伟大的事情？"这位年轻人准确地讲述了救世主为罪人所付出的劳作，诸如他降临世间，受尽磨难，并死在罪人之所，以拯救我们脱离罪恶和苦难。我问他是否相信这一切，他回答说："确实相信。""你是何时加入天朝的？""去年。""你识字吗？""不识字。""是谁教你懂得这些道理的？""赞王。""他是用什么方式教导他的人民的？""他每天都在王府里做礼拜。无论在家还是在战场上，他都经常向他们布道。""他用的是什么书？""他有许多天朝的书。""你知道《新约全书》吗？""知道，但不会看。""你能背诵天父颂吗？"他准确地背了一遍。这篇天父颂用简练的语言概括了基督教的基本教义。"天朝有什么特殊的法律或法令吗？""有十款天条。""背一遍。"他便逐条背诵。当他背到第六天条时，我说："现在，看看你周围的弟兄们所做的这么多残忍和邪恶的事，你们是如何遵守这一条的？"他回答说："噢！就在战场上作战而论，这么做完全是公正的，也是不可避免的。这不属于天条所说的范围。"我说："不，我所讲的不是这个意思；但看看你的弟兄们私自跑到乡村，抢劫并杀害无辜的百姓，这是什么行为？""这很恶劣，这种人只配下地狱。""什么，不在乎他们和你同为天朝的追随者，并在同一面旗帜下作战？""是的，这没有什么关系；基督和天父的法律是不允许这样做的，这些有罪的人应当去死并下地狱。""但在你们的追随者中，不是有相当数量的人是这样吗？""唉！特别是我们的新兵，他们还没有把真道铭记在心。""是不是所有的官衙都注意教导所属的士兵和平民？""是的，在京城，每一个男人、妇女和适龄儿童都会背诵天父颂。""那么，农村的情况怎么样？""那些短发的人还没有受到足够的教育，但已将书本散发给他们，以便让他们领会那些道理。"

简单地说，以上便是我就 10 天来访问该地的见闻所作的客观复述。当我开始写这封信时，似乎不可能将所发生的一切写下十分之一。无数的事件涌现在我的脑海里，使我无法详细叙述所有的思想。也许你会认为这封信写得过于冗长，但你收到的就是这样一封信。下面，我谈几点看法，以此来结束这封信。

总的结论

（1）我们不得不承认，依靠太平军的首领们，《圣经》中的不少真理已在他们无数的追随者中间传播。不错，它是有限的，并混杂着许多错误和亵渎的成分；但是，延续并广泛地采用同样的方式，终将会更为广泛地传播基督教要义的知识。

（2）我们不得不认为，这场叛乱即使最终失败，仍然已对该国许多地方的偶像崇拜和迷信予以了致命的打击。如果上帝保佑，采用其他一些手段，那就能够推翻该国的"撒旦的领地"。他们对偶像是如此的痛恨，以至于对偶像的敬畏再也不会在昔日的偶像崇拜者的心中复活。

（3）尽管事态有这有利的一面，但我仍然不得不认为，在这座城市及其周围，以及整个叛军的疆域，目前并不是适宜建立教会的地方。叛军并不认为建立教会是首要的事，他们反对此事的原因与纯粹的异教统治者有所不同。他们持异议的背景我已在上文谈过了。

（4）然而，我仍然要向你们建议，我们的布道团体目前应不失时机地访问南京。能够熟练地讲当地官话的人尤其能派上用场，将足以向干王和其他人表明我们对南京所抱的浓厚兴趣。一旦恢复了和平，或者一旦战争从毗邻地区转到别的地方，并聚集起定居居民时，就可以为长期居留作些安排。此外，届时还将订立国际性条约，将在这些条约的基础上从事公开的布道。

（5）种种迹象表明，新王朝将在年内取得大的进展。叛乱者已经决定并正在准备这样做，而清军则已大大削弱。只要再打几次胜仗，将会完全击垮邻近数省的清军。总之，目前的局势对传教士是有利的，他们可以安置在扬子江沿岸的范围内，在那里进行卓有成效的工作，花费也不会很大。直到有那么一天，局势更加明朗化，双方力量的均衡被打破，上帝会给我们指明道路。

慕维廉上（《中国近代史资料丛刊续编·太平天国》第九册）

杨笃信牧师的小册子

在叛军中的一个月

·总体性结论·

2月9日发表在《中国之友》上的一文是在叛军境内近一个月经历的一个概述。读者现在能够对各种感兴趣的问题自行作出判断。不过，通过解答关于这场运动所通常提出的一些问题，将答案归纳在尽可能短的篇幅内，这样做也许比较妥当。

第一，他们政府的性质是什么？

在我看来，它是一个表面上的"神治国家"。按照他们自己的解释，天朝的臣民都是选民，上帝是他们的国王，首领是上帝的摄政者，南京是圣城——当今的耶路撒冷。天王说，他从上帝那里接受了权力，因此，上帝扶持他掌权，他按照上帝的旨意来统治这个王国。教会和国家之间的区别完全被忽略了，彼此互相杂糅。在东王——从宗教观点来看，他是这场运动的邪恶天才——死去之前，神治观念已被推行到无以复加的地步。他们出版了一本妄称详细记录"天父"在各种场合下的下凡活动的书，我们从中得知，在没有明确宣布神通过东王和西王显现之前，一开始什么事都不会做。在神谕宣讲之前，不能做丝毫的改进，也不可以有丝毫的变化。当还在广西时，他们因宣称信奉基督教而受到密探的严密监视和敌人的镇压，"天父"便命令他们在夜间举行祈祷和赞颂的集会。这一变更遂一直延续了下来。在上帝指定的时间之前，首领不宣布他的使命，也不出版他的宗教著作。"天父"命令他们扎营，他们就扎营；"天父"命令他们前进，他们就从命。混在他们中间的一个奸细也被"天父"揪了出来。军官们和老百姓都极为盲目地相信东王和西王所伪装的这些异象。他们说："天父无数次劳心下凡，通过东王和西王的嘴讲话。在运动刚开始时，我们兄弟们人数还很少，事业还很微弱，所以天父就频频下凡；现在，我们人数众多，事业壮大，也就没有同样的必要了。"在头领们致罗孝全先生的一封非常值得重视的信中，"天父"下凡是作为事实提起的，而不是视作有争议的人或事。

东王的用意只是为了将新王朝的宝座建立在一个坚实的基础之上。他推测，以他自己的名义讲话是做不到这一点的，于是，他就亵渎地假冒上帝的名义说话。至于首领是否参与了这种欺诈，或者他是否也持同样的看法，我们无从得知。但有一点可以肯定，即无论持何种看法，这桩交易中的主要人物都是接受这些异象的，大部分信徒也相信这些异象正是真实的天启。这在我们看来也许会显得奇异。但我们不应忘记，中国人坚信灵界与人世间有着密切的联系，有可能进行经常性的沟媾。早从远古时代起，他们就有神谶或类似显灵之类的说法。假如中国人相信幽灵甚至是神会降附在人的身上，并把他变成代言人，那是再寻常不过的事。他们相信这些事情的程度，并不亚于我们的祖先相信鬼魂、妖怪和魔法的程度，或不亚于我们为数不少的同时代人相信扶乩和显灵的程度。虽然这些人已将他们以前所信奉的神灵视作卑鄙虚假的而加以弃绝，但这仅是应基督教布道师的要求去做的，他们并没有自行抛弃所有的迷信观念。按照他们的观念，既然坏人可以变成邪神或假神的代言人，那么，好人又未尝不可以成为好的神灵乃至真神上帝的代言人。究竟他们是否持这种理由，我不准备作评论。我仅仅断言，如果仅有中国人自己这么做，那是再自然不过了。现在，我们难以断言的是，一个野心勃勃的人利用这种普遍的轻信心理来欺骗群众，究竟能取得多大的成功，或者这个演员本人究竟会堕落为何种程度的自我欺骗的牺牲品。虽然这些异象已经收场，但是，他们的政体在表面上依然是神治国家。首领仍在声称他的宝座就是天父、天兄的宝座，他的王国就是天国，天使就是他的御林军。

忠王在丹阳告诉我，真正的政权形式是君主制。设立王一级的官职是暂时的权宜之计。他们只是军队的统帅。当恢复和平时，他们将成为一地之长官和总督，只有洪秀全一人是公认的王。尽管眼下每一个王都统治着他自己征服的疆土，有自己的文武官员，对他们拥有独自的管辖权，但他们全都听命于天王。他详细地查核他们的行为，以极大的关心和警惕注视着他们的举动，把他们完全置于他的权力和控制之下。他根据自己的意志，抬高某个人，打压其他人。

南京设有与北京相仿的六个部。干王是总理。六部官员中有些是非常可敬的学者。城里有文官，也有武将，他们看顾着乡村民众的利益。因为城市只不过是些兵营，所以实行严格的军事管制法，没有民政机构像在和平时期行使职能的余地。出于同样的原因，民政部门一直是军事部门的下级和附属机构。一旦恢复了和平，这个顺序将会颠倒过来。目前，乡绅和老百姓可以通过乡绅向民政长官请求救恤；据老百姓自己讲，此举并非徒劳无益。叛军所辖的所有乡村都已实行了正规的税收制度，它比旧的税收制度要温和一些。

物品公有制仍在继续推行。南京推行得最为彻底。任何东西都是公有的。他们没有薪俸。天王向所有的头领、王和士兵分发各自份额的食物、钱和衣服。他是这个家庭的父亲，当然，外出征战的各王和将领并不单纯依靠首领指派给他们的份额。忠王可能比天王本人还要富有。亚拿尼亚和撒非喇之类的人无疑为数不少。

第二，老百姓为什么不返回城市？这是否证明叛军未能赢得他们的信任？

从刘姓和蔡姓首领处，我获悉了以前并不知道的情况，即目前不允许老百姓住在城里。他们说，在改朝换代正在继续进行的时候，城市通常应属于士兵，唯有乡村才属于老百姓；声称他们在这方面与其他任何一个王朝（包括清朝）所采取的政策并无不同。他们说，在已攻克的城市正被敌人包围的情形下，将城门向老百姓敞开等于是自杀行为。这些城市很快就会布满装扮成店主和苦力的清朝士兵，万一敌军攻城，他们将会使局面变得险象环生。一旦疆域内的某一特定地区完全被征服，该地的敌方堡垒均被拔除，老百姓就将被获许入城，秩序将得到恢复。

但常有人问，在已被他们占领数年的一些城市，何以仍不允许人们居住？提出这个问题的人忘记了一个事实，即直到最近，几乎所有被叛军占据的城市实际上都被围困着，或处在迅速被围的危险之中。在去年4月，甚至就连南京也遭到10万大军的包围。该城有一次看上去会在10天之内落入清军之手。我们一定还清楚地记得，英国人和法国人做了许多延缓重要的重建工作的事。当上海仍在清军手中，并因为有英、法士兵驻防城内而变得难以攻破时，在上海附近的青浦、昆山、苏州和其他城市又能做些什么呢？出了上海，清军可以向前突击，以骚扰行进中的叛军；一旦吃了败仗，他们可以退回城里集结力量。他们在城里不会受到任何伤害，我们的枪炮是环绕他们的一堵火墙。假如叛军占领了上海，重建工作就有可能立刻在苏南着手进行。但由于我们的政策缺乏远见，这一天被无限期地推迟了。

第三，这些人除了被视为无法无天的劫掠之徒外，还能被看作其他什么人吗？

有不少人是如此思索和谈论他们的。但是，这座城市（我正在这里写作）的地方官并不这样看待他们。有一天，当我拜访他时，他说："贼仅仅贪求和满足于劫掠，但长毛叛军的目的却是夺取王位。"的确，他们有一套正规的政府制度；他们臣民的人身安全和财产得到了保护和尊重；老百姓为他们开市，他们则足价购买所有的东西；外国人无论在白天还是黑夜，都可以在他们的境内旅行（正如我们一样），而不会受到士兵或百姓的骚扰；他们的宗旨不是别的，而是推翻满人的统治，建立本民族的王朝——这些事实，以及诸如此类的事实，正是对上述问题的结论性解答。

首领、诸王和将领们并不赞成焚屋、抢掠和屠杀老百姓的行为。在这些方面，忠王的军令十分严格。在苏州和其他一些城市，城墙及城门上都贴有告示，禁止所有这些暴行，违者斩首。就这场运动而言，这些暴行仅仅是偶然现象，而不是基本特征。确实，苏州到南京之间各城市的现状，证明破坏已到了可怕的程度。房屋倒塌成堆，寡妇和孤儿沉浸在哀伤之中，心灵破碎黯然神伤的老翁老妪在废墟中怯懦地蹒跚而行，死尸在不同程度地腐烂着，这一幕幕情景不断地映入眼帘，令人痛心不已。我丝毫无意成为叛军的特殊辩护士，为他们开脱罪责。在给这些民众带来大量本来可以避免的灾难方面，他们是有罪的。不过，在宣布裁决之前，应当不抱偏见地弄清他们罪行的性质和数量，这对他们才是最起码的公正。许多焚烧如同其他破坏行为一样，是在叛军到来之前由清军自己干的。苏州的情形便是如此。当忠王发现该城和近郊一片火光时，他便悬重赏给任何一个能扑灭正在吞噬一切的大火的人。

我们必须考虑到，叛军曾在南京陷入绝境，而随后所取得的胜利又是那么突然、完全和巨大。当时，围城的张国梁部队切断了所有供给，诸王和将士们到了吃稀饭、树根的地步，面临着饥馑的威胁。就在这时，救兵到了。英王和忠王分别从北边和南边，以20万大军包围了清军。阴历四月初二，清军被迫溃逃，叛军赢得了一次最辉煌的胜利。障碍被清除后，这支大军如巨大的瀑布，以不可阻挡的迅猛之势奔泻而下，扫净它面前的一切，逐城逐镇地追击敌人。到阴历四月十三日，距首次胜利仅 11 天，他们长歌开进苏州城。这样一群燃烧着复仇精神，并因取得一连串的胜利而意气昂扬的人，自然会作出许多残暴的行为，这难道令人感到奇怪吗？他们认为站在他们对立面的人民有罪，因此应当受到严厉的惩罚。

在上海近郊，我们亲眼见到了他们性格中最坏的一面。倘若从他们拜访我们那时起上海县就已归他们所有，那么，劫掠和强征现象早就已经消失。在叛军境内是没有抢劫的，人民受到保护，私有财产受到尊重。而上海县和邻县的部分地区是在清朝的疆域内，人民拒绝承诺归顺叛军。基于这些原因，叛军认为他们有权最大程度地劫掠这些民众。他们是敌人，应当受到这样的对待。

此外，不应忘记，数以万计来自清军的品性极为恶劣的人和河南盗匪最近已加入叛军，这些人与"老叛军"截然不同。他们对宗教一无所知。老百姓通常讲后者是仁慈和蔼的，而将前者描述成彻头彻尾的可恨的坏人。

我们最好还应当记住，叛军在这方面并不是独一无二的。即便是基督教国家也能作出上述叛军暴行相匹的残酷和掠夺的行为。追寻英国征服者在印度血迹斑斑的足迹，瞧瞧那些焚烧中的城市，满是战死者和被杀者尸体的田野，被鲜血染成深红色的河流，遭到抢劫的众多家庭，以及千万个颤动着双唇、高举着双手、喃喃诅咒和呼天抢地的复仇者；再听听那些心碎的寡妇的嚎哭，孤儿的叹息，以及老者不愿讲述的令人悲痛欲绝的故事。但我们无须到印度去。如果报道属实，那么，刚刚结束的同这个帝国的这场战争的忠实历史，将揭示许多掠夺和残暴的行为。对此，甚至就连叛军也会不能不表示关注，并为我们声名狼藉的人性而感到脸红。焚烧上海城郊，毫无顾忌地毁坏清宫财物，这些行径与叛军所犯下的任何罪行相比，即使不超过，至少也在伯仲之间。而英、法在上海对付"叛匪"的行为，就残暴这一点而言，已远远超出了背信弃义的鞑靼人在北方的声名狼藉的行为。我们之所以提及这些事，并非在为叛军的真正罪行辩解，只是为了说明，在任何一个时代和任何一个国家，这些罪行都会伴随着战争而来，无论是基督徒还是异教徒所从事的战争。

和清军相比，他们是出众的。一方所犯的罪行是一个任性少年的野性恶作剧，而另一方所犯的罪行则是一个邪恶老人根深蒂固、难以悔改的恶习。

第四，他们已经控制了这个国家的哪些地区？

他们宣称已占领了江苏、江西、安徽、广西、四川和河南六省的最好地区。我发觉他们现在正向山东省的中心地带推进。河南盗匪头目张乐行已宣誓效忠天王，并已被提升为级别仅次于王的主将。他统领的大军现距该省省会仅有 60 英里。他的军队的人数远远超过清军。我们应拭目以待，看春天时局势将会出现什么样的变化。

第五，他们军队的人数有多少？

尽管我曾再三询问过这个问题，但迄今仍未得到任何确切的消息。他们现在远比过去强大。在最近两年内，他们人数大增。河南的所有盗匪都已与叛军合为一体。张国梁的数万名士兵在南京和丹阳的战役中被俘，他们也被分派到叛军中。此外，还有数以千计的老百姓被强征入伍。

第六，他们的前景如何？他们有可能成功吗？

如果没有外国的干涉，让他们独自去打自己的仗，他们便极有希望取得重大而又迅速（当然是中国速度）的成功。无论天王最终结局如何，广西造反一定会获胜。在中国，没有任何力量能够把它镇压下去。所有较小的造反都已同它合流。倘若没有外力援助，鞑靼人要想扑灭这场大火，便如同试图把太阳吹到天外一样。他们在远比现在强大的时候就竭力这么做，或许日后仍将会这么做，但只是徒劳。鞑靼人的力量是一个神话，一个幻影，只能被造反者耻笑。

我们已在无意中做了许多加速现王朝崩溃的事。他们所遭受的一连串失败已使中国人民看透了其主子的虚弱，这种情形以前是从来没有过的。符咒已永远被击破，人民已不再相信他们是不可征服的。就在不久前，往日非常效忠于清朝的一位很出众的学者这样说道："每一个王朝都有它的四季。现王朝已经走过了它的前三个季节，如今又在它的第四个季节走了很远。下一个肯定不是英国、法国，就是俄国。"这就是关于正在摇摇欲坠的清王朝行将垮台的普遍看法。

然而，我们已有意识地竭力给这具死尸注入了新的生命，并扼杀崛起中巨人的充满青春活力的热情。由于我们为清朝防守上海，叛军在前进道路上遭到了极为严重的阻遏，他们原本大有希望的前景已被乌云所笼罩。如果上海在他们手中，征服和重建秩序的工作就能够从速进行。但如今，前一项工作的进展必定会更为缓慢，后者则被无限期地推迟了。

我们不应当指望在中国完成这项工作能像西方那样迅速，在西方，一切都以火车的速度进展着。而在中国，几乎每一次改朝换代之前，都要经过持续二三十年甚至四十年的角逐和混乱时期。广西造反尚处在它的前十年。中国人是不会把这当成一回事的。

第七，就基督徒一词的任何意义而言，他们能被称作基督徒吗？

他们极端仇视偶像崇拜。首领视之为中国的一大祸源，决心将它的一切痕迹扫除出这个国家。忠王说："让外国兄弟知道，我们决心将偶像崇拜根除出我们的国家，代之以培植基督教。"他们相信并崇拜天地万物的创造者和保护者——独一的上帝。他们相信耶稣基督是使世界脱离罪恶和地狱的救世主。他们相信圣灵是上帝的化身，是感化万物者。他们信奉上帝保佑人类的教义。他们反对宋朝哲学家的泛神论观念，持上帝之位格的教义；他们反对佛教哲学的宿命论，相信并传播全能的上帝主宰一切的教义。在他们看来，上帝不是一个抽象的概念，也不是一位严苛无情的君主，而是一位充满爱心的父亲，他温和地关注着他们的利益，并亲手引导着他们。正是由于笃信这一事实，加上这一事实的实际重要性，首领才向他的人民宣称至高无上的主是"天父"。

他们视《新旧约全书》为准确无误的福音书。正因为如此，他们刊行了《新约》全卷，《旧约》则已经印到《士师记》。他们相信来世的赏罚。

他们信奉上述教义是毋庸置疑的。如果这一信条没有混杂上许多错误，任何人也不会在宣布他们是基督徒方面感到犹豫。但不幸的是，敌人已在麦田里撒了稗子。他们的错误和缺点既非寥寥，也不是无关紧要。

这场运动最坏的特征之一便是东王、西王僭冒神的启示和异象。没有什么比关于天父频频下凡的冗长记录更令人厌恶了。将可憎的呓语假托上帝之口说出，无异是亵渎。我们从中所发现的不仅仅是愚昧，而且是我们堕落的人性中最为污秽的感情的自白。尽管它在我们看来似乎奇异荒诞，但事实上，诸王和官兵们全都虔信这些伪装的异象。首领的宝座正是部分地建立在它们之上。

一夫多妻制是这场运动的另一个污点。一些主要的王（干王也不例外）都拥有众多的妻子。这一习俗是由东王倡导的，如今已是根深蒂固。

他们关于上帝的观念远不是没有错误。他们宣称上帝并非纯灵。首领坚持认为上帝是有形的。这是人类的思维因无力理解纯灵的观念而容易陷入的一种错误。有些天主教神父就曾经认为上帝是有肉体的。当人们听别人讲述从未有人讲过的神旨时，难免会提出如下请求：把上帝指给我们看。关于基督的本性和三位一体的教义，首领的观点完全是错误的；干王的观点是恪守《圣经》的；其他各王和广大官兵的观点也不完善。至于基督的本性，上帝三个人格的各自区别和本质上的统一，以及诸如此类的问题，各王和官兵们即使有所关注，也是微乎其微的。他们仅相信天父是造物主，基督是救世主，圣灵是上帝的化身和感化万物者。这种信仰会对他们的道德品质产生何种影响，我无法断言。他们拥有基督教知识的程度也是参差不齐的。广西和广东人由首领亲自教导过，知识面较广。我曾就宗教问题同他们当中的一些人进行过愉快的交谈。普通士兵的知识仅限于两三点要义。他们几乎都能够背诵荣耀颂和每天的祈祷文。他们将安息日视作宗教礼拜的日子。他们目前并不严格地守安息日。他们说，一旦恢复和平，他们便打算这么做。

以上所谈的是他们的宗教信仰、神学上的错误，以及他们拥有宗教知识的程度。至于他们究竟在多大程度上可以被称作基督徒，每个人应当自行作出判断。

第八，首领是否将《新旧约全书》看作是福音书？

是的，确实如此（参见本书 11 月 19 日的叙述）。

第九，首领是否接受了拜神仪式？

关于他接受拜神仪式的断言是错误的。官兵们、诸王和他本人的陈述，都证明他并没有这么做。每当向他们提出这个问题时，他们似乎都因本能地感到不妥而吃惊。他们朝拜首领时只是反复地喊"万岁——祝吾王万寿无疆"。他们说，他们仅用礼拜上帝的仪式来拜基督，而不是拜天王。他们完全了解拜神仪式与单纯的朝廷礼仪之间的区别。

第十，他们允许传教士在他们的境内自由地传播福音吗？

他们允许这样做。我已得到一道关于此事的诏旨，是由幼天王用朱笔写在黄缎上，并盖有玉玺。这道诏旨业已公布过。他们作出这种许诺，并非出自对我们之间所存在的区别，以及情感上的冲突所可能导致的后果的无知，相反，他们对此极为关注。他们十分乐意并渴望传教士们能马上到人民中去传播基督教。就在民众中传教而言，他们是立刻并将永远敞开大门的。但是，我不能说他们渴望传教士们现在就到士兵中去。他们担心两件事，即传教士可能会受到意外的伤害，再就是，错误曝光后可能会动摇军队对天王的信任，进而威胁到他的宝座。然而，这种忧虑是暂时性的。一旦天王的宝座已稳若磐石，它就会随之消失。许多首领似乎在此问题上并无丝毫的担忧。这道诏旨不仅向传教士开放了农村，而且还开放了城市。苏州的刘、熊和蔡姓首领说："任何传教士都可以来到我们中间，这毫无问题。我们将向他们提供住所和教堂。"干王则说："尽管我会为不明智的人来到我们中间而深感遗憾，但任何传教士仍可以来，甚至到南京来，诏旨使我们负有接待他的义务。"至于目前到他们中间去是否适宜、安全和有效，每一名传教士应当自行作出判断。

第十一，首领的抱负是什么？

这个人很难琢磨。在许多方面，他是个能力非凡的人。他的全部历史都证实了这一点。他的所有臣民都在他的完全控制之下。他按照自己的意志党同伐异。他们都用一种近似迷信的虔敬仰视他。他亲自写所有的诏旨。这些年来，他一直忙于修订中国古书，并以增订的方式重写中国历史。他最爱读的书是《圣经》和《天路历程》。他对《圣经》相当熟悉，在任何场合下都能够引用自如。他一直仔细地阅读《六合丛谈》，并参考其中与争论问题相关的神学文章。他现在正贪婪地阅读送给他的科学书籍。干王相信他是真神上帝的一名虔诚信徒。他既不抽鸦片和大黄烟，也不饮烈性酒，并制定了最为严厉的刑罚来禁止所有的这些行为。这种品格与现今坐在中国皇位上的愚蠢的君主形成了鲜明的对照。以上所讲的都是赞许他的话，如果不谈论缺点，将会使他成为有口皆碑的对象。

他提出了一些僭越之辞，这些在我们听起来简直就是亵渎。至于这些言辞的确切含义是些什么，我们还很难断言。我个人的印象如下。其他人必须自己作出判断。

他自称是"上帝之子"、"天主"（Tien Chiu）、耶稣的胞弟。他说，他的灵魂曾于 1837 年升天，当时他见到了上帝和基督，同他们交谈过，并从他们那里接受了消灭偶像、传播真正的宗教和驱逐鞑靼人的权力。他经常在口头和书面上自称是天下所有国家和民族的主。在对这个人作出评判之前，让我们记住他是一个中国人，绝无可能免除他的民族的通病——迄今他几乎是独自从异教的黑暗中奋斗出来，并创立起他自己的神学信条——伴随着他的道路而来的惊人的胜利，时时由于他而带来的近乎奇迹般的成功，这一切必然对他的想象产生了极为强烈的影响。他的第一个称号"上帝之子"与中国皇帝"天子"的称号是一致的。每一个皇帝都被认为是受命于天来统治的。天王相信他自己也是如此，故而使用了上述称号。

第二个称号"天主"在带有这层含义的同时，还另有其他含义。除了他是天命统治者这一观念外，还有源于他的政府被假定为神权政体的另一观念。上帝是国王，因此，这个王国被称作天国。作为被指派的这一王国的代理摄政者，他自称是"天主"，也就是说，是天国"看得见"的统治者。基于同样的原因，这个王朝被称为天朝，国都为天京，士兵为天兵。

为了理解他所拥有的"同胞弟兄"（Tung pau it〔ti〕hiung）和"二兄"（ih hiung）称号的确切含义，有必要探究他对基督的人格、三位一体和人类灵魂的起源所持的观点。关于三位一体的教义，我相信正统基督教徒都能够理解，但他却连最起码的概念都没有。按照这一教义，三个位格"不可分离"地彼此互相联系，拥有同等的荣耀，合而成为独一的上帝。但他否认三个人格是平等的，声称基督不能被称作上帝。他不承认三个有所区别的人格都是上帝，认为只有"天父"才是上帝，基督则完全是另一个人。他仅仅将耶稣看作是人的灵魂与肉体的结合——是一个人。对于耶稣是"神"性与人性的结合，从而构成"上帝与我们同在"的一个人格，他全然无知。一位广西老信徒告诉过我，天王曾教导他们说，基督和他的灵魂都是在世界之前被创造出来的，唯有"天父"并非造化，自然而然。所有人的灵魂都是上帝以生以出，各自被指定去实现不同的目的。他们生性都是上帝的儿子，未降生之前都是绝对纯洁和快乐的。但是，尽管所有人的灵魂都是上帝造化，因此也都是上帝的儿子，但在时间、伟大和尊贵方面仍然有着重要区别。基督是上帝所生的第一个和最伟大的儿子，远远胜过其他，无论是人还是天使。他的使命也远比上帝任何其他儿子的使命重要。他降临世间是为了救赎世界脱离罪恶和地狱。上帝造化的所有人的灵魂都同基督有着这种原始状态的亲密的亲戚关系，所有的信徒与基督以及彼此之间，都是"同胞弟兄"。然而，造化秩序的先后和等级上的尊贵仍然是有区别的。首领说，因为基督是上帝的长子，所以他是上帝所生或造化出的第二个儿子。这就是他何以自称是基督二弟的原因。他的使命的重要性也仅次于基督。他并没有自视为上帝，相反，按照他的教义，上帝是独一无二的，并且无限地高于一切生灵——连基督也不例外。每当他谈起上帝、基督和他自己时，就如同在谈一个家庭或一个人一般；他的寓意只是说，他们在情感、兴趣和目标上是一个人。这是比喻意义上的说法，他们在谈到全体信徒时也经常这样使用。无疑，他们在我们面前讲到"一家一弟"时，指的就是这层意思。

我们应当记住，这个人是在没有外国帮助的情况下形成其神学理论的。三位一体的《圣经》教义可能从未用他能够理解的方式向他阐释过。他是一个有思想的人，不会把任何人的单纯说教作为依据和证明。我相信，如果有人向他证实他的观点与《圣经》并不一致，那么，他将会同他们绝交。我们希望他能够抛弃错误，不再僭用这些不同凡响的名号，不再妄称这些僭越之辞。

至于1837年的异象，他和他的追随者似乎都绝对盲信这是神的旨意对他的启示，甚至连干王也深信这一点。他可能确曾有过如同所描述的一些异象或梦境，因此，作为一个东方人（大多数西方人在这一点上不大能够理会），他便很自然地相信这是来自上天的启示。他所获得的奇迹般的胜利使他和他的追随者加深了这一信念，这一点正是我们本可以预料得到的。

关于他对我们使用过激和冒犯的语言，以表明其疆域的辽阔和力量的强大，干王说，这是夸张的说法，仅仅是为了激发他周围所有人的信心和勇气。曾同我交谈过的诸王和将领们远没有轻蔑地将西方国家看作是蕞尔小国，似乎认为它们是伟大、富有和繁荣的国家。他们当中有不少人知道并且承认，在政治、社会和宗教方面他们有许多值得向西方国家学习的东西。

第十二，我们对他们的责任是什么？

传教士的责任十分显然。他们应当通过祈祷和努力，做一切力所能及的事情，以纠正他们的错误，在他们中间促进纯正的基督教。他们决心根除偶像崇拜，代之以培植基督教。无论传教士们将做些什么，他们都将一如既往地铲除偶像。他们正以极为巧妙的方式自行从事这项任务的前一部分，并试图去做后一部分，但无力独自完成。尽管他们的所有错误既非寥寥，也不是无关紧要，但我坚信，他们是将中国从偶像崇拜的黑暗和奴役中解脱出来，并与外国传教士一道使其享有福音的光辉和自由的被选定的工具。假定叛军是名义上的罗马天主教徒，而不是现今表面上的新教教徒，罗马教廷将不会因为他们的错误而抛弃他们。在垃圾中可以找到壮丽建筑的石块；在混乱和不和谐当中，也不难发现他日将使凝视中的世界为之陶醉的秩序与和谐的因素。

在华的新教传教士们！这场叛乱是你们的产儿。因为缺乏你们父母般的呵护，她已长成畸形，并且十分任性；但她仍然具有成为一个完美之人的因素。她对这个国家是福还是祸，正取决于你们自己。如果你们尽到了自己的责任，结局将会是前者；如果你们任其自生自灭，结局将可能是后者。作为基督徒，尤其是在这个国家的新教传教士，你们的责任正是机智地观察这场争斗，以父母般的牵挂，耐心地等待事件的发展，祈求战争与和平的上帝，仁慈地带来和谐与秩序，结束目前的纷扰和混乱。

西方国家对这场运动应当持严格的中立政策。如果持与之相反的政策，就会在原则上遭到责难，挫伤运动的领导人对外国人所怀有的友善感情，并损害最好的贸易利益。他们仅希望能让他们独自去打自己的仗；允诺他们的这一要求，正是我们最低限度所能做的事。他们并不寻求我们的帮助。他们对自己及其事业的正义性充满信心。他们认为铲除偶像崇拜和推翻清王朝是由天命所决定的，不可改变也不可违背。而且，他们有着一种强烈而又不容置疑的信念，即他们是由神指派来实现这一目标的工具；而且，时间正是他们独立完成这一使命所需的一切。他们现已占有这个帝国最富饶的一些地区，并正热切地期待着能赢得一个又一个迅速而又辉煌的胜利。不久以后，我们为传教和经商而旅行时的人身安全，以及最重要的商贸分支机构的存在本身，都将依赖于他们。无论我们说什么与之相反的话，他们都有将这广袤富庶的商业区变成一片不毛之地的能力。他们是我们的朋友，采取将他们变成我们敌人的步骤是毫无理由的。而且，如果我们希望能避免领土争端，我们就只有一条路可走：要么将这些人当作"公开"的敌人对待，否则就不要插手他们的事。我们没有中间道路可以选择。如果我们不让他们完全自由地去打他们自己的仗，那么，我们就必须将他们完全逐出这一地区，并自行占领这个帝国。这场运动究竟是对还是错，这与我们并没有任何关系。中国人应当自己作出判断。革命在中国一直是普遍现象，不止一位革命领袖曾被视作"圣人"。假如目前的这位首领能在公正原则的基础上成功地建立起本民族的王朝，那么，他的名字将会流芳百世，他本人也将被列入最伟大的中华儿女的行列，尽管他的声誉现已大大受损。中立是西方国家所应采取的唯一合理的立场，宗教、商贸和文明的利益均昭示了这一点。

试图支持一个注定会行将灭亡的王朝是愚蠢的行为；试图使一个本不应生存的生命生生不息是罪恶的行为；试图阻碍一支虽有我们作梗但一定会变得更为强大的力量的前进，是利令智昏的行为。假如我们能够将这场叛乱镇压下去，又会给中国人民或我们自己带来什么好处呢？果真如此，另一场叛乱将会接踵爆发，而且它将准确无误地沿着同样的道路发展。改朝换代的局面必定无法避免。鞑靼人强加在这个国家身上的，如不堪忍受的梦魇般的桎梏必将会被摆脱。任何人都不要设想会有另一种造反者比现在的造反者做得更好。对中国历史知之甚少的人应当懂得，同过去的绝大多数造反相比，广西造反是不应受到什么指责的。旧王朝的灭亡总是要经过一个缓慢的过程。在中国，新王朝就像长生鸟一样，诞生在衰落的旧王朝的灰烬之中。如果英国并不希望亲自执政，那么，它最好不要插手这场角逐，对争斗的任何一方都不要说三道四。它若站在中立的立场，就会赢得双方的尊敬；它若有所偏袒，则将会有一方憎恨她，另一方鄙视它。在上海，我们已粗暴地违背了这一原则。为了替清军守住这座城市，我们已铸成一个极大的政治性错误；在丝毫没有将我们的意图正式通知叛军，叛军也根本没有对我们进行任何挑衅的情形下，我们竟然向他们开火，杀死了他们200人，从而犯下了一次可怕的罪行。回顾这种毫无理由的卑鄙的兽行，任何一位有正常思维和情感的英国人都会感到脸红。我真诚地希望，这样的大错我们将永不再犯，我们文明和民族的品性将永不再被另一个类似的污点所玷污。

杨笃信

第二部分　传教士们的退出（1861—1862年）

传教士们1860年后期到1861年早期的报道中所流露出的希望热潮并

没有长时间持续下去。到 1861 年下半年，几乎所有的传教士，甚至包括那些对太平天国最表同情的传教士，都已改变了看法，断言在可以预见的将来，同太平军一道有效地工作是行不通的。事实上，大多数人即使是在对发展中的西方干涉叛乱的政策持批评态度之时，就已逐渐意识到这场叛乱运动在政治和宗教的意义上都是毫无希望的。有些人，诸如伦敦布道会的代表们和美国监理会的林乐知，转为悲观和失去信心；其他一些人，包括罗孝全在内，也持类似的态度，并因觉得受到欺骗而流露出明显的气恼和愤怒。一名新来者与忠王在苏州会晤，并在此地见到了这场运动在最后的几年中最好的一幕，可能仍存有一些希望（第 66 号文献）。但大体上说来，到 1862 年初，就连这也荡然无存了。（《中国近代史资料丛刊续编·太平天国》第九册）

巴夏礼的报告

何伯爵士让我在扬子江口的镇江或南京任选一地点等候他返回，我便乘坐"阿塔蓝泰"（Attalante）号皇家军舰继续行驶，于本月（2 月）24 日抵达南京，希望能赢得时间观察叛军在该城的状况，以及他们的主要阵势。由于何伯提督直到 28 日才返抵南京，我便有 3 天的时间来实施这一计划。传教士慕维廉先生已在南京访问过数周，在他的帮助下，我以私人身份走访了该城及其近郊的几乎每一个令人感兴趣的地点。

该城的居民区很快在望。即便在清政府统治时期，在周长 18 英里的城墙内，居民区也大约仅占广大城区的五分之一面积。如今，城南几条长长的破旧街道便是目前居民的所有住所。西北角是四周城墙唯一延伸到江边的一个地点，许多以泥土或未用接合剂黏接的石块和砖建成的简陋外垒拱卫着与旧城郊部分地区相连的这一地带，另有一些十分寻常的大炮助防。一条小河从这里流向城西。这里正是商人自扬子江来到南京从事微弱商业活动的所在地，就我们观察所及，买卖的物品不外是盐，用作燃料的芦苇，以及数量有限的新鲜食物。在这条河的河口可以看见几条装有这些货物的小船，仅由 8 条广式帆船组成的叛军水师也停泊在河口。该城的大多数城门都关闭着，仅有那些被特地发给证章或通行证的中国人才可以进城。由于严禁一切商业活动，城内街道的外观显得十分荒凉。这一禁令执行得如此严厉，以至于除了几个药铺外，城里见不到任何一个店铺或摊点。这一条规的目的是为了确保杜绝混杂之人（即除了在严格军事统治下各阶层之外的任何其他人）进城。叛军采用这一举措恰恰进一步证明了他们在统治上的无能。如果他们不得不凭借根除民众来作为防护都城秩序及其自身安全的手段，那么，情形正好相反，这一条规在他们薄弱并且控制手段贫乏的地方几乎没有希望能产生较好的效果。

尽管所有的叛军都小心地留着发辫，但他们均蓄有长发，并且喜欢穿色彩极为艳丽的衣服，因而他们的仪容显得杂乱而又邋遢。不过，除了喜好奢侈，以及提袋和手帕取代了通常的帽子外，他们的服装和其他中国人并没有两样。然而，有官衔的叛军都穿着他们自己的独特服装，这类服装与明朝的服装十分相似。叛军中的女子以其人数、漂亮的容貌和华丽的服饰而引人注目；这一情形或许可以从叛军最近对所攻陷的苏州和其他大城市的劫掠，以及许多男子现今正随军在外征战上得到解释。我注意到天王最近以他儿子的名义发布了一道命令，试图统一管理对沦为战利品的这部分妇女的分配，摊派了当官的和有功勋的男子所拥有女人的人数，不到一定服役年限者禁止婚娶（假如可以将这理解为婚姻的话）。不过，这一条令是暂时性的，一旦被俘获女子的人数使得更为广泛的分配计划得以实施，它将会被取缔。时常可以见到张贴在街道上的一些告示，上面悬赏寻找失踪或迷失的年轻女子。

众多的男孩也是叛军成员中一个不同寻常的特征。当然，他们当中的许多人是用与女子同样的方式被掳走的，尽管他们可能很快就顺从于家或主人的变化，但他们在这一点上不允许有任何选择权。我得悉这样一件事，三个被忠王掳获的男孩因为试图回家与父母亲团聚，被忠王下令处死。

很难获得关于他们的法庭或司法部门的任何消息，由于这一原因，很难说他们有什么固定的制度。正如同他们目前的社会结构那样，他们的诉讼程序在本质上必定是速决而又专制。生杀予夺之权似乎归属于一大群人，或由他们来掌握。罗孝全先生已在南京生活过一段时间，可以证实该城执行死刑的频繁程度。行刑的场所为灰暗的旷野。

极少有叛军往访"阿塔蓝泰"号。即使有来访者，也只是来向我们求购鸦片或武器，偶尔也求购几件小物品，如雨伞、小望远镜和"金星"牌火柴。吸食鸦片的禁令现在似乎仅局限在城内，因为在城外可以自由地抽鸦片；禁止饮烈性酒和抽大黄烟的旧条规似乎事实上也在同等程度上废止了。

叛军迄今所建立的政府似乎是一个纯粹的军事专制政府。他们的官员或首领的升迁好像取决于各自奴仆或侍从的人数，而不是他们的能力和业绩，因为对集结在他们身边的追随者的庞大数目似乎并没有任何限制，一名首领倘若进行了一次成功的劫掠，他返回南京后就有可能在官阶、财富和影响力上获得不小的提升。他们中的一位要人告诉我，当一个首领拥有了 10 万之众，他就可能会提出获得王的头衔的要求。荣誉和地位的分配一定已成为这场运动的领导人感到困窘的缘由之一，最近颁布的一份文告抱怨提出地位和官阶要求的人数太多，难以满足他们的愿望。王的人数已达 16 位，贵族共分 6 等，并且创造出一长列响当当的头衔，按其字义相当于大元帅、统帅、大将军等。同时，几乎当地的每一间土屋都被装修成衙门（该名称是清方对官府所在地的称谓）。诸王似乎处在天王家臣的地位，天王的个人财产据说仅局限于诸王进献给他的贡品。天王的这种状况，包括他完全隐居在深宫中，深居简出，而且只有女人才能入内，均不利于他有力地控制诸王的行动。根据他们中的一些人无意中所说的话推断，他们究竟在多大程度上真正尊重他的至高无上的权威，或者当他们内部发生纷争时倾向于支持和保护他，这些似乎都已成了问题。我从同一个渠道所听到的陈述表明，这场运动的凝聚力依赖于他的存在，而这一状况可能随时都会遇到威胁，东王数年前所发起的叛乱正说明了这一点。东王的称号为"九千岁"，仅比皇帝的称号"万岁"（相当于"祝吾王万寿无疆"的意思）低一等，但他并不满足，一心想赢得后一种称号；天王为了保住他自己的地位，不得不指使北王杀死了东王和他的 12 000 名拥护者。这一事件直到北王也以同样的方式被杀后才告结束。但是，为了减缓怨恨和转移不愉快的记忆，所有公开地间接提到这些首领暴死的言论都被加以禁止，东王则很快被渲染为已经荣升天堂，那是一个他的崇拜者们既可以自由地给予他最高的精神荣誉，而又不至于危及天王的世俗利益的所在。然而，从那时起，诸王不再被允许采用比"一千岁"更高的称号。

士兵和奴隶构成南京城内叛军人口中仅有的两个阶层。后者中的许多人烙有"太平天国"四个字。他们是从已被叛军占领的所有省份掳来的，领不到任何酬金，在所隶属的王或首领的宫殿或衙门里每天只吃两餐。他们的面容十分清晰地流露出沦为苦役的特征，其中的几个人在不会被人偷听到的情况下所讲的话表明，他们很想逃离这里。不过，他们当中的许多人认为他们以前的生活方式过于艰辛，或者本就属于现今在中国为数甚多的游民阶层，可能并不关心重新获得自由，并且满足于通过自己的劳作——这种劳作尽管是强制性的，但似乎并没有到不堪忍受的地步——来换取足够的食物和栖身之地。除了在永久性驻防地服役能偶尔领到饷银外，士兵们好像也领不到任何酬金，但是，他们能享有一定程度上的自由和权力，以及购买自己所需物品的机会，故而自然会依附于这种冒险而又舒适的生活方式。

很显然，不能过分指望这种类型的人会对外国人有什么友善的行为。叛军首领们深表关切的是，如果没有军官们陪同以防范他们中的这部分人的粗鲁言行，外国人最好不要在南京或近郊四处走动。当然，他们的举止表现得十分令人困惑，当他们在同外国人接触时，即使是试图表示友好，也常常在亲密中流露出几分不快。男孩们是最令人头疼的一群人，我注意到他们比成年人更为经常地叫外国人为"鬼子"（Kwei -tsz），而成年人通常称外国人为"洋兄弟"（yang-heung-te），以一种他们所共有的赐予恩惠的态度告诉外国人，他们把他看成是自己人。

在这份报告的结尾处有几页谈到叛军的宗教，以引起阁下的注意，除此之外，我将避开这一令人烦恼的问题。但我仍要说的是，有一次，我看到人们抬着一条龙的绘像在南京的街道上列队行进，我听参加这一偶像崇拜仪式的一群人说，他们认为他们可以不受约束地将对这一偶像的崇拜和对耶稣基督（他们同样称他为"救世主"）的崇拜合为一体。

刚听说何伯提督抵达南京，叛军当局的赞王蒙（得恩）和章王林（绍璋）就将一封信送到军舰上，该信的译件我已附入这份报告。该信请求所有访问南京的团体应首先从江边被称作海关的办公处联系一名向导。信中所称呼的"代表大英提督的大官、领事和尊敬的教士"指在一周前奉提督之命登岸送出第一封信的三位先生，即总司令的秘书阿什比（Ashby）先生、副领事休斯（Hughes）先生和慕维廉先生。这一次，何伯爵士决定正式通告叛军当局，皇家"深淘"（Centaur）号军舰将停泊在南京，以保护英国的利益；我们在扬子江上的通航权不应受到妨碍，但我们将继续在他们与清政府的厮杀中保持中立；海军当局将有所限制地承认太平天国当局在其所控制地区的权力。皇家"深淘"号军舰的雅龄（Aplin）舰长，扬子江上资深的海军军官，奉命以他自己的名义起草了这封信，并将亲自把它递交给太平天国当局的要人；应提督的请求，我作为翻译陪同雅龄前往。为了帮助阁下判断叛军当局的性质，我已将这次会谈记录和雅龄舰长的信的副本作为附件一同寄上。他们通信的奇特文体，以及他们的文化素养和所掌握知识的程度，也可以从作为附件的另一封信中得到证明。这封信是负责向驶入南京河道的船只征税的一位官员写给总司令的，他写信的目的是建议提督与他会晤，以商定妥善处理彼此间关系的方式。

　　3月2日，由5艘小型军舰组成的舰队溯江而上，6日傍晚停泊在汉口。汉口位于鄱阳湖的入口处，与南京相距236英里。我们发现叛军并没有占领芜湖（离南京54英里）上游的任何地方，因此，当我们溯江而上时，除了约70英里的江面外，扬子江均在清军的控制之下。在芜湖上游约10英里处，我们通过了清军的哨所。我们看到几乎江边的每一座城镇都停泊着由小炮船组成的清军舰队，尽管两岸与江边相距不远的乡村仍在叛军的掌握之中。如此形成的防御格局使得扬子江近乎变成来自内地城乡的难民们的大避难所，我们曾多次目睹到许多穷人住在作为临时栖身之地的小芦苇屋里，这些小屋搭建在炮船停靠的江岸。邻近安庆（安徽省会）有一支十分庞大的清军水师船队，与力图攻占安庆的地面部队遥相呼应。当我们经过该城时，清军和叛军之间仍在继续进行着小规模的战斗，自从额尔金勋爵27个月以前考察途经同一地点以来，交战双方的状况似乎并没有发生任何变化。安庆（南京上游170英里处）以外的乡村完全被清军所控制，其影响可以从人口和贸易的增长上略见一斑。因此，当我们到达汉口时，扬子江的特征便为之一变，生命和活力取代了沉寂和荒凉……

　　艾约瑟和杨笃信都是伦敦布道会的传教士，他们对南京叛军所产生的友好兴趣人所共知。当我们顺江而下途经南京时，前者就在城里，正忙于与天王进一步通信。据我迄今所得到的消息，通信的结果是天王劝说艾约瑟和杨笃信打消在叛军中居住的念头。用花雅各先生率直的话说："他们（叛军）对那些宣讲与他们自己所传播的教义截然相反的人究竟愿意容忍多久是显而易见的，他们明白，他们声称中国和世界上其他国家都从属于他们统治的说法正是建立在那一套教义之上。他们愿意——假如他们的确愿意的话——接受基督教传教士到他们中间来，无疑是出于对传教士真正特性的误解。他们以为传教士将会成为顺从于迎合他们自己意愿的一种工具。"

罗孝全是美国浸礼会的另一名传教士，在叛乱爆发之前，天王曾经向他请求受洗和获得金钱方面的资助。他应天王的邀请，于去年来到南京，目前仍留在该城；但是，那些曾经拜访过他的人告诉我，他对他的使命是否需要他继续留在南京或离去感到犹豫不决。他的布道工作并没有收到预期的效果，而他对天王一心想让他接受的世俗荣誉和职位并没有兴趣。他为在唯一一次被获准觐见天王的场合不得不向他下跪而十分恼怒，而且令他失望的是，他发现对方所许诺的将在南京开放的"18所教堂"全被叛军派上了用场，全都成了他们的官衙。

巴夏礼（《中国近代史资料丛刊续编·太平天国》第九册）

五、 洋务派的洋务思想

导　论

　　洋务派是在第二次鸦片战争以后、特别是在镇压太平天国运动的过程中开始形成的，主张学习西方的、统治阶级内部中的一个派别。洋务派在中央的主要代表是奕䜣、文祥，在地方的代表人物有曾国藩、李鸿章、左宗棠、刘坤一、沈葆桢、丁宝桢、崇厚、张之洞、郭嵩焘、刘铭传、曾纪泽等地方大员、驻外使臣。洋务派开始抛弃闭关锁国、妄自尊大的陈腐观念，主张处理好和西方国家的关系，并向西方学习先进的军事技术与民用技术，学习西方自然科学与教育制度，以"求强""求富"挽救清朝的危亡。"外须和戎，内须变法"是洋务派、洋务运动的基本路线；"中道西器""中本西末""中体西用"则是洋务派的思想纲领。19世纪60—70年代，他们提出"自强"的口号，创办了安庆内军械所（1861年）、江南制造总局（1865年）、福州船政局（1866年）、天津机器制造局（1867年）等一批近代军事工业。从70年代起，他们又提出了"求富"的口号，创办了上海机器织布局（1878年）、台湾基隆煤矿（1878年）、兰州机器织呢局（1880年）、湖北织布官局（1888年）、湖北汉阳铁厂（1890年）等50余处民用企业。洋务派同时还进行了筹划海防（建立北洋、南洋、福建三支海军）、创办新式学堂（京师同文馆）、派留学生出国等活动。

　　涉及洋务运动的重要档案史料有《筹办夷务始末（同治朝）》，该书共
100 卷，自咸丰十一年（1872）七月至同治十三年（1874）十二月止，共收
上谕、廷寄、折片等约 3600 件、250 万字。《筹办夷务始末（同治朝）》（共
10 册）于 1929—1930 年间由故宫博物院影印出版，但所录文件既无标题又
乏目录，所记日期都用干支，使用不便。新中国成立后，中华书局对道光、
咸丰、同治"三朝"《筹办夷务始末》加工整理出版，在每个文件上加了标
题，标点分段，注明公元年月日，书后还增编了谕折索引以及事件等分类
索引，使用便利。除了官方档案，私人档案中的"盛宣怀档案"（简称"盛
档"，收藏于上海图书馆）也是研究洋务运动史的重要原始材料，出版物有
《盛宣怀档案未刊信稿》（中华书局 1960 年版）、《盛宣怀档案资料选辑》（上
海人民出版社 1979 年版，共 8 辑，"之二"为《湖北开采煤铁总局荆门矿务
总局》，"之四"为《汉冶萍公司》，"之五"为《中国通商银行》）。

　　晚清与民国时期出版的洋务派代表人物文集有：（1）曾国藩相关文集。
传忠书局《曾文正公全集》，清光绪二年（1876）刻本，580 万字，是在曾
国藩去世三年之后编修的，是最早的曾国藩文集，由时任湖广总督的李瀚
章和任直隶总督的李鸿章编撰；《曾文正公全集》，民国二十四年（1935）上
海新文化书社印行，大全集 28 册；《曾文正公诗集文集》，扫叶山房民国四
年（1915）石印本、民国二十年（1931）石印本；《曾文正公家书》，传忠书
局清光绪五年（1879）刻本；《曾文正公家书》，上海明文书局民国年间石印
本；《曾文正公书札》，传忠书局清光绪二年（1876）刻本；《曾文正公书札》，
上海二金坓堂宣统元年（1909）石印本。（2）李鸿章相关文集。《李文忠公
全书》，吴汝纶编，清光绪三十一到三十四年（1905—1908）刻本，全书 165
卷，600 余万字，是新编《李鸿章全集》出版之前反映李鸿章一生事迹的主
要著作；《李文忠公全书》，上海商务印书馆民国十年（1921）刻本；《李文忠
公尺牍》，民国五年（1916）李经方、李经迈出资，将李鸿章机要幕僚于式
枚保存的李鸿章生前亲笔改定之函牍信件影印行世 32 册石印出版；等等。
（3）左宗棠相关文集。《左文襄公全集》，清光绪十六年至十八年（1890—
1892）刻本，包括《左文襄公奏稿》，清光绪十六年（1890）长沙杨氏刻本，
64 卷；《左文襄公谢折》，光绪十六年（1890）长沙杨氏刊本，2 卷；《左文襄

公文集》，光绪十八年（1892）长沙杨氏刊本，5卷；《左文襄公书牍》，光绪十八年（1892）长沙杨氏刊本，26卷；《左文襄公批札》，光绪十八年（1892）长沙杨氏刊本，7卷。（4）张之洞相关文集。张之洞生前出版的著作有《书目答问》《輶轩语》《劝学篇》《张香涛学使学究语》《广雅碎金》《广雅堂诗集》等，其中，《劝学篇》（2卷）于光绪二十四年（1898）春书成，三月有两湖书院刊本，五月有桐庐袁昶于芜湖刻《渐西村舍汇刊》本，又有同年两湖书院石印本、桂垣书局刊本、中江书院重刊本、黄州河东书院刊本、汉川诒谷堂重刊本及各省重刊本，估计总印数不下200万册。张之洞去世后刊行的有：宣统二年（1910）刊印的《张文襄公诗集》，亲属南皮张氏刻印《广雅堂四种》（15卷），十三子张仁蠡辑印《先文襄公传家遗墨》，民国七年（1918）刊印的许同莘编《张文襄公电稿》（32册，66卷），民国九年（1920）许同莘编《张文襄公函稿》（2册）、《张文襄公公牍稿》（15册）、《张文襄公奏稿》（26册）。全集性的有：许同莘编《张文襄公全书》，民国八年至十年（1919—1921）出版；王树楠编《张文襄公全集》，北平文华斋1920年出版，1928年再版，台北1963年重印。中国书店1990年10日海王邨古籍丛刊以文华斋本为底本缩印《张文襄公全集》。（5）郭嵩焘相关文集。光绪十七年（1891），郭嵩焘去世，他在临终前将其遗文的整理和刊刻之事托付给了好友王先谦。次年，王为他编印了一部遗集，统称《养知书屋遗集》，其中包括《郭侍郎奏疏》，共12卷，所收折、片共188件，与其《自订奏稿》相比少了4卷。《玉池老人自叙》，清光绪十九年（1893）刻本。

其他人物文集还有刘坤一的《刘忠诚公遗集》，沈葆桢的《沈文肃公政书》，丁宝桢的《丁文诚公奏稿》，刘铭传《刘壮肃公奏议》，丁日昌《丁禹生政书》（含《藩吴公牍》《巡沪公牍》《淮鹾摘要》《淮鹾公牍》《抚吴奏稿》和《抚闽奏稿》），曾纪泽《曾惠敏公遗集》，等等。

新中国成立后整理出版的洋务派与洋务思潮相关资料有：综合性史料集"中国近代史料丛刊"中的《洋务运动（1—8册）》，神州国光社1954年版。由中国人民大学出版社出版"中国近代思想家文库"中的《曾国藩卷》（董丛林编，2014年），《左宗棠卷》（杨东梁编，2012年），《张之洞卷》（吴剑杰编，2014年），《郭嵩焘卷》（熊月之编，2014年）等。关于曾国藩的有：汪世荣编《曾国藩未刊信稿》，中华书局1959年版；钟叔河整理点校《曾国

藩家书》，湖南大学出版社 1989 年版；《曾国藩全集》，岳麓书社 1985 年初
版、2012 年再版，共 31 册；《曾文正公全集》，中国书店 2011 年版，以简体
版的形式将传忠书局版《曾文正公全集》完整呈现；《曾国藩家书》，中国书
店 2011 年版；等等。关于李鸿章的有：《李鸿章全集（1—9 册）》，海南出版
社 1997 年版；《李鸿章全集（1—12 册）》，时代文艺出版社 1998 年版；国家
清史编纂委员会文献丛刊中的《李鸿章全集（1—39 册）》，安徽教育出版社
2008 年版，全书 16 开 38 卷，另含目录 1 册，约共 2800 万字。关于郭嵩焘
的有：杨坚校补《郭嵩焘奏稿》，岳麓书社 1983 年版；《郭嵩焘日记》，岳麓
书社 1983 年版；《伦敦与巴黎日记》，岳麓书社 1984 年版；辽宁人民出版社
出版"中国启蒙思想文库"中的《使西纪程：郭嵩焘集》（陆玉林编，1994
年）；梁小进编《郭嵩焘全集》，共 15 册，岳麓书社 2012 年版；等等。其他
文集还有：刘泱泱等校点《左宗棠全集（套装共 15 册）》，包括《左宗棠全
集：奏稿（1—9）》《左宗棠全集：附册》《左宗棠全集：家书诗文》《左宗棠
全集：札件》《左宗棠全集：书信（1—3）》，岳麓书社 2009 年版；吴剑杰注
解《张之洞全集》，共 12 册，武汉出版社 2008 年版；《刘坤一遗集》，全 6
册，中华书局 1959 年版；赵春晨编《丁日昌集》，上海古籍出版社 2010 年
版；《曾纪泽集》，岳麓书社 2008 年版；《彭玉麟集》，岳麓书社 2008 年版；
等等。

1. "数千年未有之变局"：洋务派的"时局"观

引　言

　　19 世纪 50 年代以后，清王朝面临着空前严重的内忧外患，内则发生了太平天国运动、捻军起义，外则有英法联军发动的第二次鸦片战争，使中国社会面临着前所未有的深刻变局。洋务派对清王朝的统治危机，对中国社会的深刻变化有着清醒的认识，意识到闭关锁国的时代已一去不复返，认识到需要顺应时势调整内外政策，形成了其在近代史上一种引人注目的理论——"变局"论。它既是一种对所处时代进行判断、定位的时代观，又是一种如何应对时势、如何对待变革的历史观。洋务派的基本认识是，时代已经发生前所未有的深刻巨变，应对之策应当是适应时势顺势变法。

　　第一次鸦片战争中国战败后，有识之士开始以"变局"观认识时势的深刻变化。黄钧宰 1844 年在《金壶七墨》中感叹英法入侵使华夷隔绝之天下一变而为"中外一家"之世道，是"古今一大变局"，称"初不知洋人何状，英、法国何方也，乃自中华西北，环海而至东南，梯琛航照，中外一家，亦古今之变局哉"（《鸦片战争》第 2 册，神州国光社 1954 年版）。徐继畬 1846 年在《瀛环志略》中，也以"古今一大变局"描述"欧罗巴诸国之东来"后南洋格局大变、中土多事的局势，指出"南洋诸岛国苇航闽粤，五印度近连两藏，汉以后明以前皆弱小番部，朝贡时通，今则胥变为欧罗巴诸国埠头，此古今一大变局"，他还称赞"米利坚合众国之为国，幅员万里，不设王侯之号，不循世袭之规，公器付之公论，创古今未有之局"。黄恩彤在《抚夷纪略》中也提到，外人入侵、西方殖民势力东来，是"数百年来中外一大变局"。第二次鸦片战争后，更多人士认识到中国所面临的严峻形势，洋务派官僚纷纷以"变局"论立论中外大势，并从"夷洋"观、时代观、变法观等方面全面讨论"变局"论的具体内涵。据台湾学者王尔敏统计，自 1844 年至 1902 年间，中国士人提出"变局"之言论者不下 66 人（《中国近代思想史论》，华世出版社 1977 年版）。这只是一个保守的估计。除了使用"变局"一词，还有"创局""奇局"等提法。"变局"论取代经世思潮，成为社会的主流思潮。

奕䜣在 1861 年的《请设总理衙门折》中，对时局、对外夷提出了新的认识，指出："自换约以后，该夷退回天津，纷纷南驶，而所请尚执条约为据。是该夷并不利我土地人民，犹可以信义笼络，驯服其性，自图振兴，似与前代之事稍异。""臣等就今日之势论之：发捻交乘，心腹之害也；俄国壤地相接，有蚕食上国之志，肘腋之忧也；嘆国志在通商，暴虐无人理，不为限制，则无以自立，肢体之患也。故灭发捻为先，治俄次之，治嘆又次之。"该折表明清王朝内部的一部分官员的"夷洋"观念发生了重要变化，洋务派开始形成。曾国藩在《讨粤匪檄》中已指出：太平天国"举中国数千年礼义人伦、诗书典则，一旦扫地荡尽。此岂独我大清之变，乃开辟以来名教之奇变"。他也认识到，"驭夷之道，贵识夷情"，"无论目前资夷力以助剿、济运，得纾一时之忧；将来师夷智以造炮制船，尤可期永远之利"（《遵旨复奏借俄兵助剿发逆并代运南漕折》）。李鸿章是洋务派官僚中谈论"变局"论较早、较多也认识较为深刻的一位。他在 1862 年的《复沈中丞》已认识到："华夷混一，局势已成，我辈岂能强分界画？"其后，他在 1872 年的《筹议制造轮船未可裁撤折》中提出："臣窃维欧洲诸国，百十年来，由印度而南洋，由南洋而东北，闯入中国边界、腹地，凡前史之所未载，亘古之所未通，无不款关而求互市。我皇上如天之度，概与立约通商，以牢笼之，合地球东西南朔九万里之遥，胥聚于中国，此三千余年一大变局也。"他在 1874 年的《筹议海防折》中又指出："今则东南海疆万余里，各国通商传教，来往自如，麇集京师及各省腹地，阳托和好之名，阴怀吞噬之计，一国生事，诸国构煽，实为数千年来未有之变局。轮船电报之速，瞬息千里；军器机事之精，工力百倍；炮弹所到，无坚不摧。水陆关隘，不足限制，又为数千年来未有之强敌。"他强调既然时代变了，治国之策、应对之方必须适应时代，"变幻如此，而我犹欲以成法制之，譬如医者疗疾不问何症，概投之以古方，诚未见其效也"。其他洋务派官僚也从各自视角阐发了变局论、变局意识。如丁日昌在 1867 年上奏称"西人之入中国，实开千古未创之局"（《筹办夷务始末（同治朝）》）。曾纪泽在 1878 年作《文法举隅序》称"泰西之轮楫，旁午于中华，五千年来未有之创局也"；在 1880 年的《改订俄约办事艰难情形折》中称"伏念西洋大小各邦，越海道四万里以与中华上国相通，使臣来往于京城，商舶循环于海上，实为数千年来未有之奇局也"；在1882年《巴黎复陈俊臣中丞》中称"西洋诸国，越海无量由旬，以与吾华交接，此亘古未有之奇局"（《曾纪泽集》，岳麓书社2005年版）。1884年，郭嵩焘在《复李次青》中指出"西洋之入中国，诚为天地一大变"（《郭嵩焘诗文集》，岳麓书社1984年版）。张之洞在《劝学篇》中称"今日之世变，岂特春秋所未有，抑秦汉以至元明所未有也"。

奕䜣

咸丰十年十二月初三日恭亲王奕䜣等奏

窃为夷情之强悍，萌于嘉庆年间，迨江宁换约，鸱张弥甚，至本年直入京城，要挟狂悖，夷祸之烈极矣。论者引历代夷患为前车之鉴，专意用剿。自古御夷之策，固未有外于此者。然臣等揆时度势，各夷以嘆国为强悍，俄国为叵测，而咈咪从而阴附之。窃谓大沽未败以前，其时可剿而亦可抚；大沽既败而后，其时能抚而不能剿，至夷兵入城，战守一无足恃，则剿亦害，抚亦害。就两者轻重论之，不得不权宜办理，以救目前之急，自换约以后，该夷退回天津，纷纷南驶，而所请尚执条约为据。是该夷并不利我土地人民，犹可以信义笼络，驯服其性，自图振兴，似与前代之事稍异。臣等综计天下大局，是今日之御夷，譬如蜀之待吴。蜀与吴，仇敌也，而诸葛亮秉政，仍遣使通好，约共讨魏。彼其心岂一日而忘吞吴哉？诚以势有顺逆，事有缓急，不忍其忿忿之心，而轻于一试，必其祸尚甚于此。今该夷虽非吴蜀与国之比，而为仇敌，则事势相同。此次夷情猖獗，凡有血气者无不同声忿恨。臣等粗知义理，岂忘国家之大计！惟捻炽于北，发炽于南，饷竭兵疲，夷人乘我虚弱，而为其所制。如不胜其忿而与之为仇，则有旦夕之变；若忘其为害而全不设备，则贻子孙之忧。古人有言，"以和好为权宜，战守为实事"，洵不易之论也。

臣等就今日之势论之：发捻交乘，心腹之害也；俄国壤地相接，有蚕食上国之志，肘腋之忧也；嘆国志在通商，暴虐无人理，不为限制，则无以自立，肢体之患也。故灭发捻为先，治俄次之，治嗼又次之。惟有隐消其鸷疾之气，而未遽张以挞伐之威。傥天心悔祸，贼匪渐平，则以皇上圣明，臣等竭其颛蒙之力，必能有所补救。若就目前之计，按照条约，不使稍有侵越，外敦信睦，而隐示羁縻，数年间即系偶有要求，尚不遽为大害。谨悉心参度，统计全局，酌拟章程六条，恭呈御览。恳请饬下行营王大臣公同商议。如蒙俞允，臣等即遵照办理；其余琐屑事务，并间有损益之处，随时再行奏闻。

一、京师请设立总理各国事务衙门，以专责成也。查各国事件，向由外省督抚奏报，汇总于军机处。近年各路军报络绎，外国事务，头绪纷繁，驻京之后，若不悉心经理，专一其事，必致办理延缓，未能悉协机宜。请设总理各国事务衙门，以王大臣领之。军机大臣承书谕旨，非兼领其事，恐有歧误，请一并兼管。并请另给公所，以便办公，兼备与各国接见。其应设司员，拟于内阁、部、院、军机处各司员章京内，满汉各挑取八员，轮班入直，一切均仿照军机处办理，以专责成。俟军务肃清，外国事务较简，即行裁撤，仍归军机处办理，以符旧制。

一、南北口岸请分设大臣，以期易顾也。查道光年间通商之初，只有广州、福州、厦门、宁波、上海五口，设立钦差大臣一员。现在新定条约，北则奉天之牛庄、直隶之天津、山东之登州，南则广东之粤海、潮州、琼州、福建之福州、厦门、台湾、淡水，并长江之镇江、九江、汉口，地方辽阔，南北相去七八千里，仍令其归五口钦差大臣办理，不独呼应不灵，各国亦不愿从。且天津一口距京甚近，各国在津通商，若无大员驻津商办，尤恐诸多窒碍。拟请于牛庄、天津、登州三口设立办理通商大臣，驻扎天津，专管三口事务。直隶为畿辅重镇，督臣控制地方，不能专驻天津；而藩臬两司各有专职，亦未便兼理其事。拟仿照两淮等处之例，将长芦盐政裁撤，归直隶总督管理；其盐政衙署养廉，即拨给通商大臣，不必另议添设，以节经费。旧管关税一并归通商大臣兼管，分晰造报。并请颁给"办理三口通商大臣关防"一颗，无庸加"钦差"字样。仍准酌带司员数员，以资襄办。遇有要事，准其会同三省督抚、府尹商同办理，庶于呼应较灵。其旧有五口钦差大臣一员，以两广总督领之，咸丰九年改隶两江总督。查现在新增内江三口，并广东之潮州琼州、福建之台湾淡水，口岸较多，事务更繁，诚恐该督曾国藩兼司其事，非特鞭长莫及，并虑未能谙悉夷情，应仍责令署理钦差大臣巡抚薛焕妥为办理。至天津、上海两处所办一切事件，应仿照各省分别奏咨之例，由该大臣随时知照总理处，以免歧异。至吉林、黑龙江，俄人从前越界侵占，历任将军隐匿不报，以致日久无从禁阻；应请饬令该将军等，于中外边界据实奏报，不准稍有粉饰。其中外交涉事件，一并按月咨照总理处察核。再，现在天津一口，将来办理通商，只有进口货物，并无出口大宗，如果日久贸易不旺，彼必废然思返。拟仍临时酌量情形，或将通商大臣裁撤，以省冗员。

一、新添各口关税，请分饬各省就近拣派公正廉明之地方官管理，以期裕课也。查洋税一项，向系尽征尽解，该关税吏视为利薮，侵蚀偷漏，百弊丛生，于关税大有妨碍。现在洋税既有二成扣价，尤宜及早清结，免生枝节。天津关税，臣等现拟归新设之办理三口通商大臣管理。其牛庄一口，向归山海关监督管理。该口税货，以豆饼为大宗，八年所定税则章程，议定不准外国装载出口。如此则进口出口货物无多。外国船只日久无利可图，未必踊跃乐趋，似不必另行设官办理，仍归山海关监督经管。查该监督所管关税，其大宗在牛庄，而山海关所收税项，须在封河以后。牛庄所收，乃在开河以后，封河以前。嗣后应饬令该监督于二月后，即驻牛庄，封河后，再回山海关，以便稽查弹压。惟事关通商，有中外交涉事件，该监督应听办理三口通商大臣统辖，以免歧误；并将所仿照福州、上海各关章程，分晰内地外国税饷，专款报部，不得以中国船货税项，牵混计算。至登州向系私设口岸，隐匿多年，现既新立口岸，自应派员专理，应由天津通商大臣会同山东巡抚妥商具奏。其粤海、福州、厦门、宁波、上海五口，旧有管理税务之将军、监督、道员，无庸另议更张外，至新立之琼州、潮州、台湾、淡水，长江通商之镇江、九江、汉口等，于何省附近，均由本省督抚合同上海钦差大臣奏明派员经理。除各省中外交涉事件应由本省地方官按照条约随时办理外，其各新旧口岸税银，并进口出口船只数目各情形，按月呈报管辖之通商大臣，钦差大臣稽察。并由该大臣按月咨报总理处及户部，以凭查核。至俄国新议行销货物之库伦、喀什噶尔、张家口，并旧有通商之恰克图、塔尔巴哈台等处，并请饬下伊犁将军，库伦、喀什噶尔、塔尔巴哈台各大臣，张家口监督，除俄国条约内第一条所载乌苏哩、绥芬河等处，不纳税外，其余各贸易处所，如旧有税课，应令悉心经理，据实奏报，不得稍有侵蚀，以备拨用。惟洋税旧定百两，另交倾镕银一两二钱，八年间筹办税则，议明裁撤倾镕之费，现在和约既换，自应按照办理。其议定按税扣归二成，立有会单，以扣项之盈绌，核税课之多寡。是每年洋税征收若干，皆已澈底澄清，经手官吏，即不能侵蚀肥己，不独糊口无资，暗生弊窦，且恐奸猾吏胥，无利可图，挑衅生事，于大局尤有关系。若不明定章程，予以办公经费，殊恐弊生意外。所有各口起解部饷、川资运脚以及稽查关税书吏辛工纸张一切费用，拟请饬令天津通商大臣、上海钦差大臣会同各该地方督抚，酌议章程，奏请遵行，庶可速清扣项，剔除税弊。

一、各省办理外国事件，请饬该将军督抚互相知照，以免歧误也。查办理外国折报以及恭奉寄信谕旨，向以事涉外国，军机处既不发钞，各督抚亦不互相关会，原以昭慎密而防泄漏。惟现既令各该省及通商大臣、钦差大臣随时咨报京城总理处，而各省将军、府尹、督抚随时应办事件，亦应彼此声息相通，方不致稍有歧异；且有此省办理妥协，而彼省可以仿照者，有彼省办理未宜，而此省亦先豫防者。查咸丰九年二月间，前两江总督何桂清奏：向来凡事俱系密奏，并不互相关会，亦无卷据可考；甚有同官一处，而不知其详者，以致歧途百出，枝节横生，实为一大弊端。请饬互相知照，以归画一各等语。臣等核其所奏，系属实在情形。嗣后天津通商大臣、上海钦差大臣，以及各省一切奏牍及钦奉上谕事件，除咨报总理处外，均应饬令随时互相咨会。遇有交卸，专案移交后任，庶原委可以稽考，而情形不至隔膜。惟事宜慎密，仍令各该省派亲信可靠之人钞录知照，不涉胥吏之手，以期格外防范，而杜漏泄之弊。

一、认识外国文字，通解外国言语之人，请饬广东、上海各派二人来京差委，以备询问也。查与外国交涉事件，必先识其性情。今语言不通，文字难辨，一切隔膜，安望其能妥协！从前俄啰斯馆文字，曾例定设立文馆学习，具有深意；今日久视为具文，未能通晓，似宜量为鼓舞，以资观感。闻广东、上海商人，有专习嘆、咈、咪三国文字语言之人，请饬各该省督抚挑选诚实可靠者，每省各派二人，共派四人，携带各国书籍来京，并于八旗中挑选天资聪慧，年在十三四以下者各四五人，俾资学习。其派来之人，仿照俄啰斯馆教习之例，厚其薪水，两年后分别勤惰，其有成效者，给以奖叙。俟八旗学习之人，于文字言语悉能通晓，即行停止。俄啰斯语言文字，仍请饬令该馆，妥议章程，认真督课。所有学习各国文字之人，如能纯熟，即奏请给以优奖，庶不致日久废弛。

一、各海口内外商情并各国新闻纸，请饬按月咨报总理处，以凭核办也。查新定各国条约，以通商为大宗，是商情之安否，关系地方，最为紧要。嗣后新旧各口中外商情是否和协，如为钦差大臣耳目所不及者，即饬令各该将军、府尹、督抚按月据实奏报，一面咨报钦差大臣及通商大臣，不得视为具文，稍涉虚假。至办理外国事务，尤应备知其底细，方能动中窾要。近年来临事侦探，往往得自传闻，未能详确，办理难期妥协。各国新闻纸虽未必尽属可信，因此推测，亦可得其大概。广州、福州、宁波、上海旧有刊布，名目不同；其新开各口亦当续有刊本。应请一并饬下钦差大臣及通商大臣并各该省将军、府尹、督抚，无论汉字及外国字，按月咨送总理处，庶于中外情形了如指掌，于补弊救偏之道益臻详审。(《筹办夷务始末 (咸丰朝)》卷七十一)

敬陈先列请皇上及时定志用济艰危折

文宗寅绍丕基，适值广西发逆之变，蔓延天下，继之捻匪猖狂，寇氛四起，筹兵筹饷，圣虑焦劳，用人行政，自强不息，当饷项万难筹措之时，尚不忍加派百姓，圣体违和，犹复日理万几，勤政爱民，维持危局之难如此。我皇上冲龄践阼，诸王大臣吁请两宫皇太后垂帘听政，十一年中，慈怀忧勤，宵衣旰食，内外协力，共济时艰，贼氛次第削平，天下甫定。当此兵燹之余，人心思治久矣，薄海臣民，无不仰望皇上亲政，共享升平，以成中兴之治。乃自同治十二年皇上躬亲大政以来，内外臣工感发兴起，共相砥砺，今甫经一载有余，渐有懈弛情形，推原其故，总由视朝太晏，工作太烦，谏诤建白，未蒙讨论施行，度支告匮，犹复传用不已，以是鲠直者志气沮丧，庸懦者尸位保荣，颓靡之风日甚一曰。值此西陲未靖，外侮方殷，乃以因循不振处之，诚恐弊不胜举，害不胜言矣。臣等日侍左右，见闻所及，不敢缄默不言，兹将关系最重要者，撮其大要胪列于后，至其中不能尽达之意，臣等详细面陈，愿皇上虚衷采纳焉：

一畏天命。《书》云：天难谌，命靡常。常厥德，保厥位。知天人之际，感应捷于影响，不容稍自放纵也。况五六月间，彗星见于西北，天象示警，不尤可畏乎？现在各国洋人，盘踞都城，患在心腹，日本又滋扰台湾，海防紧要，深恐患生不测。惟愿皇上常存敬畏之心，深宫之中；倍加修省，以弭灾异。

一遵祖制。我朝列圣相承，自朝廷以及宫禁，事无巨细，皆有规制，每日视朝办事，及召对臣工，皆在寅卯之间。至太监只供奔走，不准干预政事，训饬尤严，诚有见于前代宦寺之祸，杜渐防微，意至深远。一切服用之物，务崇俭朴，不尚华饰新奇。宫禁之中，尤为严肃，从未有闲杂人等任意出入。凡此皆祖宗旧制，愿皇上恪遵家法，以光先烈。

一慎言动。皇上一身为天下臣民所瞻仰，言动虽微，不可不慎也。外间传闻皇上在宫门与太监等以演唱为乐，此外讹言甚多，驾幸圆明园察看工程数次，外间即谓皇上借此喜于游观，臣等知其必无是事，然人言不可不畏也。可见皇上一言一动不可不慎。至召见臣工，威仪皆宜严重，言语皆宜得体，未可轻率。凡此类者，愿皇上时时留意。

一纳谏章。中外大小臣工呈递封奏，向来皆发交军机大臣阅看，请旨办理。近来封口折件，往往留中不发，于政事得失，所关非细。若有忠言谠论，一概屏置，不几开拒谏之风乎？嗣后遇有封奏，伏愿皇上仍照旧发下，一广言路。

一重库款。户部钱粮为军国之需，出入皆有定制，近来内廷工作太多，用款浩繁，内务府每向户部借款支发，以有数之钱粮，安能供无穷之糜费？现在急宜停止者，乃在园工一事。伏思咸丰十年，文宗显皇帝由圆明园巡幸热河，至今中外臣民，言之无不痛心疾首。两宫皇太后、皇上皆亲见其事，念及当日情形，何忍复至其地乎？即以工程而论，约非一两千万不办。此时物力艰难，何从筹此巨款？厥皇上将臣等所奏在两宫皇太后前委宛上陈，若钦奉慈旨，将园工即行停止，则两宫皇太后之圣德与皇上之孝思，皆超越千古矣。

一勤学问。读书与行政相为表里，学问之功，不进则退，此不可不逐日讲求也。皇上办理政事，批览奏章，非读书明理，无由辨其过失是非。近来圣功不及从前之勤，讨论不及从前之密，已读之书恐久而遗忘，未读之书将置之高阁，业精于勤而荒于嬉，可深惧也。伏愿皇上每日办事后仍至书房，讲求经史，既可收敛身心，又可通达治体，似未可有名无实。

以上各条，臣等共同意议，合词吁恳皇上俯允所请，实天下臣民之幸。谨奏。（《李鸿藻年谱》）

曾国藩

遵旨复奏借俄兵助剿发逆并代运南漕折（咸丰十年十一月初八日）

奏为遵旨复陈，仰祈圣鉴事。

窃臣于十月二十五日承准军机大臣密寄十月十一日上谕："本年秋间，唤、哺两国带兵扑犯都城，业经换约退兵。俄罗斯使臣伊格那替业幅，亦即随后换约。该酋见恭亲工奕䜣等面称，发逆在江南等处横行，请令中国官军于陆路统重兵进剿，该国拨兵三四百名在水路会击，必可得手。又称，明年南漕运京，恐沿途或有阻碍。伊在上海时，有咪国商人及中国粤商，情愿领价采办台米、洋米运津。如令伊寄信上海领事官，将来洋船、沙船均可装载，用俄、咪旗帜，即保无虞等语。中国剿贼、运漕，断无专借资外国之理。惟思江浙地方糜烂，兵力不敷剿办，如借俄兵之力帮同办理，逆贼若能早平，我之元气亦可渐复。但恐该国所贪在利，借口协同剿贼，或格外再有要求，不可不思患预防。哺郎西在京时，亦有此请。着曾国藩等公同悉心体察，如利多害少，尚可为救急之方，即行迅速奏明，候旨定夺。至代运南漕一节，江、浙地方沦陷，明岁能否办理新漕，尚无定议。然漕粮为天庾正供，自不可缺。该酋所称采办运津之说，是否可行，应如何妥议章程办理之处，并着曾国藩、薛焕、王有龄酌量情形，迅速具奏。将此由六百里各密谕知之。"钦此。具仰皇上圣虑周详，驭夷之方，达变之略，无微弗至，钦服莫名。

臣就俄酋所陈二事思之。其请拨夷兵三四百名助剿金陵发逆一节：查大西洋唤、哺、咪各国，恃其船坚炮大，横行海上。俄罗斯国都紧接大西洋，所用船炮及所习技艺均足相抗，近始由重洋以通中国。该夷与我向无嫌怨，其请用兵船助剿发逆，自非别有诡谋。康熙年间进攻台湾，曾调荷兰夹板船助剿，亦中国借资夷船之一证。惟长江二千余里，上游安庆、芜湖等处有杨载福、彭玉麟等水师，下游扬州、镇江等处有吴全美、李德麟之水师。臣现又在长沙、吴城等处添造师船，为明年驶赴淮扬之用。是皖、吴官军之单薄在陆而不在水，金陵发逆之横行亦在陆而不在水。此时我之陆军，势不能遽进金陵。若俄夷兵船即由海口上驶，亦未能遂收夹击之效。应请饬下王大臣等，传谕该夷酋，奖其效顺之忱，缓其会师之期。俟陆军克复皖、浙、苏、常各郡后，再由统兵大臣约会该酋，派船助剿。庶在我足以自立，在彼亦乐与有成。咈郎西亦有此请，亦可奖而允之，许其来助，示以和好而无猜，缓其师期，明非有急而来救。自古外夷之助中国，成功之后，每多意外要求。彼时操纵失宜，或致别开嫌隙。似不如先与约定兵船若干只，雇价若干，每船夷兵若干，需月饷若干，军火一切经费若干，一一说明。将来助剿时，均由上海粮台支应，庶可免争竞而杜衅端。

至所称咪商领价采米运津一节：江、浙各郡县地方沦陷既多，明年新漕势难赴办。咪商、粤商情愿领价采办台米、洋米，由海道运至津、沽，实亦济变之要着。俄酋既以此为请，似即可因而许之。除粤商采办之米，应由该商自行经理，毋庸插用俄、咪旗帜外，所有咪商采办运津之米，亦请饬薛焕在上海就近与该商订明。粤商领价，须取保户。咪商则听咪酋经理，当可无误要需。为时局计，似亦舍此别无良策，伏乞圣明察酌行之。

抑臣窃有请者，驭夷之道，贵识夷情。以大西洋诸夷论之，嘆咭唎狡黠最甚，咈郎西次之，俄罗斯势力大于嘆、咈，尝与嘆夷争斗，为嘆所惮。咪唎喹人性质醇厚，其于中国素称恭顺。道光十九年，嘆夷因鸦片肇衅之始，兵船闯入广州省河。咪酋曾于参赞大臣杨芳处递禀，愿为居间调处。嘆酋义律旋出亲笔，有只求通商、不讨别情等语，是并烟价亦不敢索也。杨芳曾据以入奏，而不敢专主其议会。官军烧抢洋行，误伤咪夷数人，其事遂寝，而夷患遂炽。咸丰三年，贼踞金陵，闻咪酋亦曾于向荣处托人关说，请以兵船助剿，未知向荣曾据以入奏否？嘆、咈两夷犯广东省城时，咪酋未尝助逆。上年天津击败夷船时，咪酋即首先赴京换约，并无异词。是咪夷于中国时有效顺之诚，而于嘆、咈诸夷，并非固结之党，已可概见。此次俄夷既称咪商情愿领价采米，似可即饬薛焕与咪酋面订章程，妥为筹办。庶几暗杜俄夷见好中国、市德咪夷之心，而咪夷知中国于彼毫无疑忌，或且输诚而昵就于我，未可知也。此次款议虽成，中国岂可一日而忘备？河道既改海运，岂可一岁而不行？如能将此两事妥为经画，无论目前资夷力以助剿、济运，得纾一时之忧；将来师夷智以造炮制船，尤可期永远之利。区区愚虑所及，合并陈明，伏乞皇上圣鉴训示。谨奏。（《曾文正公全集》奏稿卷十二）

议复借洋兵剿贼片（同治元年正月二十二日）

再，臣钦奉寄谕："洋人之在沪者，恐不足恃。其与我和好，究竟惟利是图。一有事机吃紧之时，往往坐观成败。若欲少借其力，必至要结多方，有情理所断不能从之处。昨因薛焕有据苏省绅民呈禀，请借洋人剿贼之奏，当经从权谕令该抚熟计，以期无拂舆情，谅该大臣早能洞悉。洋人既不足恃，仍须该大臣酌派名将劲兵前往，方可万全无患"等因。钦此。

臣于上年腊月初四日，接苏州绅士潘曾玮等信函，商借洋兵之事。臣此复函言："宁波、上海皆系通商码头。洋人与我同其利害，自当共争而共守之。苏、常、金陵，本非通商子口，借兵助剿，不胜为笑，胜则后患不测。目前权宜之计，只宜借守沪城，切勿遽务远略。谓金陵、苏、常可以幸袭，非徒无益，而又有害。既已借兵守沪，则当坦然以至诚相与，虚心相待，不可稍涉猜疑"等语，函复该绅，并咨明抚臣薛焕在案。顷于正月十八日，又接潘曾玮等函牍，业已设立公局，会同英、法二国防守上海。惟又称洋兵调齐之后，势难中止，不仅助守上海，并将助剿苏州等语。臣之愚见，借洋兵以助守上海，共保华洋之人财则可，借洋兵以助剿苏州，代复中国之疆土则不可。如洋人因调船已齐，兵费大巨，势难中止，情愿自剿苏州等处，我中国当以情理阻之，婉言谢之。若该洋人不听禁阻，亦须先与订定：中国用兵，自有次第。目前无会剿苏州之师，即克复后，亦难遽拨驻守之师。事成则中国不必感其德，不成则中国亦不分其咎。英、法二国，素重信义，一一先与说明，或不因见德于我，而反致生怨。是否有当？伏乞圣鉴训示。除臣处守沪之兵，俟李鸿章到镇、陈士杰到皖另行续奏外，理合附片具陈。谨奏。（《曾文正公全集》奏稿卷十五）

筹议借洋兵剿贼折（同治元年三月二十四日）

奏为遵旨筹议，恭折复陈，仰祈圣鉴事。

窃臣于同治元年三月初七日，承准议政王军机大臣字寄，二月二十四日奉上谕："上海被匪窥伺，势不能不借洋人之力，协同守御。曾国藩亦曾奏及。至规复苏、浙失陷地方，自应别筹良策。前据薛焕奏称，江浙绅士殷兆镛等呈请借助西兵，规复苏、常各属城池。当以该绅士等情殷桑梓，或非无见，谕令薛焕酌度情形办理。兹据恭亲王等奏称，江苏绅士潘曾玮带同浙人龚橙，复由沪航海来京，诉称乡间被陷，恳请借用英、法等国官兵，速筹规复。已谕令总理衙门向各该国驻京公使筹商。惟上海为洋人通商之地，借助尚属有辞，若攻剿内地贼匪，辄欲用外国兵力，揆度洋人情形，虽不至遽有他虑，而军行饷随，一切供应之烦，亦恐万难揩拄。以该绅士等情词恳切，固难重拂舆情，亦须顾全国体。此事是否可行，即着曾国藩悉心筹酌，迅速驰奏"等因。钦此。

又奉三月初二日寄谕："近复据英、法两国驻京公使声称：贼匪与洋人构衅，此时在沪洋人情愿帮助官军剿贼，并派师船驶往长江，协同防剿等语。洋人性情坚执，若因我兵单薄，借助于彼，势必多方要挟。今该洋人与逆匪仇隙已成，情愿助剿，在我亦不必重拂其意，自应姑允所请，作为牢笼之计。至该两国师船驶入长江以后，作何举动，即着曾国藩、都兴阿查探情形，分别随时驰奏。如该洋人实系与逆匪寻仇，并无他意，则事机难得。该大臣等务当饬令沿江上下游师船，与该洋人联络声势，冀收速效，并当加意拊循，使其乐于助顺，毋令再为贼匪所诱。此实因势利导，一时权宜之计。谅该大臣等，定能悉心体会，妥为驾驭也"等因。钦此。

窃臣才识庸愚，谬膺重寄。受命二载，不能早筹一旅达于苏境，致苏省绅士迫于火热水深，为此不择之呼吁，皆臣治军无状之咎。诚使商借洋兵，即能救民之难，盖臣之愆，岂非至愿。然臣前此奏称，助守上海则可，助剿苏、常则不可，盖亦有故。回纥助唐，收复两京，当时亦赖郭、李诸军，挟与征战，纵主兵未必优于客兵，要自有为之主者与之俱进俱退，偕作偕行。以今日之贼势，度臣处之兵力，若洋人遽尔进攻金陵、苏、常，臣处实无会剿之师，如其克复城池，亦尚难筹防守之卒。上游如多隆阿、鲍超、曾国荃诸军，各当要地，万难抽动；下游如李鸿章一军，甫抵上海，新集之卒，只堪自守，不能远征。反复筹维，竟无大支劲旅与之会剿。假使转战内地，但有西兵，而无主兵，则三吴父老，方迓王师而慰云霓之望，或睹洋人而生疑惧之情。至臣职分所在，责有专归。譬之人家子弟，应试科场，稍能成文，而倩人润色，犹可言也；若既不能文，又不入场，徒倩枪手顶替，则无论中式与否，而讥议腾于远近，羞辱贻于父兄矣。臣所处之位，与报名应试者无异；专借西兵，与倩人顶替者无异。故他人但作事外之议论，而臣当细思事中之曲折。既以借助外国为深愧，尤以无兵会剿为大耻。

谕旨以洋人与逆匪仇隙已成，情愿助剿，在我亦不必重拂其意。臣处搜获伪文，亦知金陵洪逆词意不逊，与洋人构衅甚深。在洋人有必泄之忿，在中国为难得之机，自当因势利导，彼此互商，嘉其助顺，听其进兵。我中国初不干求，亦不禁阻。或乘洋人大举之际，我兵亦诸道并进，俾该逆应接不暇，八方迷乱，殆亦天亡粤逆之会也。惟地形有远近，兵势有次第，仍请饬下总理衙门照会英法公使，目前若进攻金陵、苏、常，臣处尚无会剿之师。庶几定议于前，不致贻讥于后。其或芜湖、梁山一带官兵战守之处，恰与洋人会合，臣当谨遵谕旨加意拊循，胜必相让，败必相救，不敢稍乖恩信，见轻外国，上烦宸廑。所有遵旨筹复缘由，谨缮折由驿驰陈，伏乞皇上圣鉴训示。谨奏。(《曾文正公全集》奏稿卷十五)

李鸿章

复沈中丞（同治元年三月初二日）

幼丹中丞同年大人节下：

想望风采，积以岁月。去冬明诏下贲，觊谋一面之缘，乃使节北来，征人东去，屡属黼公转致鄙诚，惠教先施，伏读增感。西江解员至皖，询闻新政严明，正己率属，足副中外推声之望。读谢恩折片，辞意慷慨，钦仰曷任。窃谓明公亟宜求贤以置牧令，练兵以固根本。饷事、吏事有黼公与筱兄相助为理，必蒸蒸日上，为东南数省之冠。鸿章暗弱无似，谬膺朝命，统军赴苏，新集之众，其何能济！来示多方顾画，劝勿亟亟，厚爱深识，铭佩曷已。本拟由陆路与沅浦方伯合攻巢、含，以期稳练，廷旨既迫，沪上官绅合谋，雇定轮舟，劫我以行。凡办大事，要顺人心，成否利钝，何敢计较！沪为中外杂处之区，通省兵饷吏事之枢纽，应先从彼处布置，稍有端绪，再出京口，据形势接应上游，为进兵张本，未审高明以为当否。即日潜师暗度，望前计可抵沪。华夷混一，局势已成，我辈岂能强分界画？西省近有打毁传教公馆之事，虽出自士民私愤，蒙以为非远计也。次青血性用事，始不就胡文忠之招，而往靡烂不可救之浙，继不过帅营请罪，而书问绝不一通，此其大错。昨帅府行知劾疏，怒不可忍，此公何以立于人世？侍谈及此，颇以为悔，然亦难于补救矣。执事选上使相书，开诚布公，大臣之度，用人行政，使随时商会，当无凿枘。附致黼翁函，乞封交。不敢璧上司大束，亦不肯用职道谦称，惟亮察。不具。（《李文忠公全书》朋僚函稿卷一）

筹议制造轮船未可裁撤折（同治十一年五月十五日，节选）

奏为遵旨通盘筹画制造轮船，未可裁撤，仍应妥筹善后经久事宜，恭折密陈仰祈圣鉴事。窃臣钦奉同治十一年二月三十日密谕，前因内阁学士宋晋奏，制造轮船糜费太重，请暂行停止。当谕文煜王凯泰，斟酌情形，奏明办理。兹据奏，闽省轮船，原议制造十六号，定以铁厂开工之日起，立限五年，经费不逾三百万两，现计先后造成下水者六号，具报开工者三号，其拨解经费，截至上年十二月止，已拨过正款银三百十五万两，另解过养船经费银二十五万两，用款已较原估有增，造成各号轮船虽均灵捷，较之外洋兵船尚多不及。其第七、八号船只，本年夏间，方克竣工，第九号出洋尚无准期，应否即将轮船局暂行停止，请旨遵行等语。左宗棠前议创造轮船，用意深远，唯造未及半，用数已过原估，且御侮仍无把握。其未成之船三号，续需经费尚多，当此用款支绌之时，暂行停止，固节省帑金之一道。惟天下事，创始甚难，即裁撤，亦不可草率从事，且当时设局，意主自强，此时所造轮船，既据奏称，较之外洋兵船尚多不及，自应力求制胜之法。若遽从节用起见，恐失当日经营缔造之苦心。着李鸿章、左宗棠、沈葆桢通盘筹画，现在究竟应否裁撤，或不能即时裁撤，并将局内浮费如何减省，以节经费，轮船如何制造，方可以御外侮，各节悉心酌议具奏等因。钦此！

仰见圣主力图自强，规画远大，钦佩莫名。臣窃维欧洲诸国，百十年来，由印度而南洋，由南洋而东北，闯入中国边界、腹地，凡前史之所未载，亘古之所未通，无不款关而求互市。我皇上如天之度，概与立约通商，以牢笼之，合地球东西南朔九万里之遥，胥聚于中国，此三千余年一大变局也。西人专恃其枪炮轮船之精利，故能横行于中土。中国向用之弓矛、小枪、土炮，不敌彼后门进子来福枪炮，向用之帆篷、舟楫、艇船、炮划，不敌彼轮机兵船，是以受制于西人。居今日而曰攘夷，曰驱逐出境，固虚妄之论，即欲保和局守疆土，亦非无具而能保守之也。彼方日出其技，与我争雄竞胜，挈长较短，以相角而相凌，则我岂可一日无之哉！自强之道，在乎师其所能，夺其所恃耳！况彼之有枪炮轮船也，亦不过创制于百数十年间，而浸被于中国，已如是之速。若我果深通其法，愈学愈精，愈推愈广，安见百数十年后，不能攘夷而自立耶？日本小国耳，近与西洋通商，添设铁厂，多造轮船，变用西洋军器，彼岂有图西国之志？盖为自保计也。日本方欲自保，而逼视我中国，中国可不自为计乎？士大夫囿于章句之学，而昧于数千年来一大变局，狃于目前苟安，而遂忘前二三十年之何以创巨而痛深，后千百年之何以安内而制外。此停止轮船之议所由起也。臣愚以为国家诸费皆可省，惟养兵设防、练习枪炮、制造兵轮船之费万不可省。求省费，则必屏除一切，国无与立，终不得强矣。左宗棠创造闽省轮船，曾国藩饬造沪局轮船，皆为国家筹久远之计，岂不知费巨而效迟哉！惟以有开，必先不敢惜目前之费，以贻日后之悔。该局至今已成不可弃置之势，苟或停止，则前功尽弃，后效难图，而所费之项，转成虚糜，不独贻笑外人，亦且浸长寇志。由是言之，其不应裁撤也明矣。至奉旨询及经费如何减省一节，闽厂相距过远，臣实不知其详。但就沪津机器各局情形推之，凡西人制器，往往所制之器甚微，而所需以制器之器甚巨，机器重大，必先求安置稳固之地，培土钉椿，建厂添屋不惜工本，积累岁月，而后成其需用器具，缺一不备，则必各件齐全方能下手。而选料之精，必择其良而适用者，恰合尺寸，不肯略有迁就。其不中绳墨，皆在屏弃之列。又经营构造时，有变更，或甫造未成，忽然变计，则全料已经拆改废弃。且以洋匠工价之贵，轮机件数之繁，倘制造甚多，牵算尚为合计；若制器无几，逐物以求分晰工料之多寡，则造成一器其价有逾数倍者矣。凡造枪炮、轮船等项，无事不然。闽厂创始，系由法人日意格、德克碑定议立约，该二人素非制造轮船机器之匠，初不过约略估计，迨开办后，逐渐增多，势非得已，其造未及半，而用数已过源估，或造更加多，而用费转就减省，似属西人制器事理之常，实未便以工部则例寻常制法一律绳之。惟厂工既已粗备，以后不过工料薪费数大端，应如何设法节省之处，请敕下福建督抚臣会同船政大臣沈葆桢，随时督饬撙节妥办，省其所当省，而非省其所必不可省，斯于事有济矣。又奉旨询及轮船如何制造，方可以御外侮一节，臣查兵法须知，已知彼乃得制胜之要。访闻英国兵船三百六十余只，在诸国为最多，内有铁甲船四十余只；法国先有兵船三百余只，现减至二百四十只，内铁甲船六十余只；美国兵船二百余只，内铁甲船五十余只；俄国兵船三百余只，内铁甲船二十余只；布国兵船仅百余只，内铁甲船六只，现又续筹添造。此皆西洋数大强国势力相埒，其余小弱诸邦，或兵船数十只、百只不等。然而，上年布法之战，法兵败于陆路，虽战船多而坚，且数倍于布，尚无把握。兵事胜败，固难言已。大概西洋商船，只可运载兵粮、辎重，其兵船，则分数等，小者曰根驳舱，面置炮数尊，用以哨探巡防。今闽厂所制，万年清、伏波、安澜等船，沪厂所造恬吉、操江、测海等船，大小尺寸虽稍异，总之不离乎根驳式样。至外洋兵船，大者马力或七八百匹，食水至二三十丈，置炮两层，至四五十尊，闽厂尚未试造，现沪局造成第五号船，身长三十丈，机器马力四百匹，锅炉均在船腹水线之下，舱在及两旁两层置炮二十六尊，确系仿照外国三枝桅兵船做法。英馆新闻纸称，系中国第一号大船，信不虚也。然食水已十九尺内，江浅涸时，便虞阻搁。又据沪局道员冯焌光禀称：上年法国有铁甲船至沪，该员登舟察看，船炮坚利异常。本年四月，英国铁甲船又至沪，俱泊吴淞江外不能进口，该道等往观，水线之上，铁甲厚十寸，内衬木板，厚十八寸，船帮均系夹层，中可藏人，即轰破外层，而里铁未穿，外水不能灌入，机器锅炉及两层巨炮，均在厚铁甲之中，其首尾铁皮稍薄，水线之下铁皮不过五六分，船内炮位用电气线燃放，各炮一时同向，又用汽机轮转起碇，较人力尤为神速等语。此等制作，实堪奇诧，盖根驳不若大兵船之坚猛，兵船又不若铁甲船之坚猛，以铁甲船御兵船，当之辄糜，况根驳乎？惟船愈坚大，则费愈多。今欲我数年创始之船，遽敌彼百数十年精益求精之船，不待智者而知其不逮。然就已成者而益求精，未必其终不逮也。中国大势，陆多于水，练陆军视练水军尤及，即使兵船造精，非专恃轮船可以御侮，况如天津海口最浅，次则江南之吴淞口，福州、广东进口均有浅处，外洋大兵船、铁甲船势难深入。即长江金陵以上，亦不能驶我之造船，本无驰骋域外之意，不过以守疆土，保和局而已。海外之险，有兵船巡防，而我与彼可共分之。长江及各海口之利，有轮船转运，而我与彼亦共分之，或不让洋人独擅其利与险，而浸至反客为主。（《李文忠公全书》奏稿卷十九）

筹议海防折（同治十三年十一月初二日）

奏为钦奉谕旨，详细筹议海防紧要应办事宜，恭折密陈仰祈圣鉴事。同治十三年九月二十九日承准军机大臣密寄，奉上谕：总理各国事务衙门奏海防亟宜切筹，将紧要应办事宜，撮叙数条，请饬详议一折。沿江沿海防务，经总理各国事务王大臣并各该将军督抚等随时筹画，而备御究未可恃，亟应实力讲求，同心筹办，坚苦贞定，历久不懈，以纾目前当务之急，以裕国家久远之图。该王大臣所陈练兵、简器、造船、筹饷、用人、持久各条，均系紧要机宜。着李鸿章等详细筹议，将逐条切实办法，限于一月内覆奏。此外，另有要计，亦即一并奏陈，不得以空言塞责等因。钦此！旋又准总理衙门钞奏知照，以丁日昌续拟海洋水师章程六条，请饬汇入该衙门前奏，一并妥筹覆奏，奉朱批：依议。钦此！仰见朝廷思患预防，力图自强之至意，钦服莫名。臣查各国条约已定，断难更改。江海各口门户洞开，已为我与敌人公共之地。无事则同居异心，猜嫌既属难免，有警则我虞尔诈，措置更不易周。值此时局，似觉防无可防矣。惟交涉之事日繁，彼族恃强要挟，在在皆可生衅。自有洋务以来，迭次办结之案，无非委曲将就。至本年日本兴兵台湾一事，经总理衙门王大臣与该使多方开谕，几于管秃唇焦，犹赖圣明主持于上，屡饬各疆臣严密筹防，调兵集船，购利器，筑炮台，一时并举，虽未即有把握，而虚声究已稍壮。该酋外怵公论，内慑兵威，乃渐帖耳就款，于国体民情，尚无窒碍，未必非在事诸臣挽救之力。臣于台事初起时，即缄商总理衙门，谓明是和局而必阴为战备，庶和可速成而经久。洋人论势不论理，彼以兵势相压，我第欲以笔舌胜之，此必不得之数也。夫临事筹防，措手已多不及。若先时备豫，倭兵亦不敢来，乌得谓防务可一日缓哉！兹总理衙门陈请六条，目前当务之急与日后久远之图，业经综括无遗，洵为救时要策。所未易猝办者，人才之难得、经费之难筹、畛域之难化、故习之难除，循是不改，虽日事设防，犹画饼也。然则今日所急，惟在力破成见，以求实际而已。何以言之？历代备边多在西北，其强弱之势，客主之形，皆适相埒，且犹有中外界限。今则东南海疆万余里，各国通商传教，来往自如，麇集京师及各省腹地，阳托和好之名，阴怀吞噬之计，一国生事，诸国构煽，实为数千年来未有之变局。轮船电报之速，瞬息千里；军器机事之精，工力百倍；炮弹所到，无坚不摧。水陆关隘，不足限制，又为数千年来未有之强敌。外患之乘变幻如此，而我犹欲以成法制之，譬如医者疗疾不问何症，概投之以古方，诚未见其效也。庚申以后，夷势骎骎内向，薄海冠带之伦，莫不发愤慷慨，争言驱逐。局外之訾议，既不悉局中之艰难，及询以自强何术、御侮何能，则茫然靡所依据。自古用兵，未有不知己知彼而能决胜者，若彼之所长，己之所短，尚未探讨明白，但欲逞意气于孤注之掷，岂非视国事如儿戏耶？臣虽愚暗，从事军中十余年，向不敢畏缩自甘，贻忧君父。惟洋务涉历颇久，闻见稍广，于彼己长短相形之处，知之较深。而环顾当世，饷力人才实有未逮，又多拘于成法，牵于众议，虽欲振奋，而末由易。曰："穷则变，变则通。"盖不变通则战守皆不足恃，而和亦不可久也。谨就总理衙门原议，逐条详细筹拟切实办法，附以管见略为引伸。丁日昌所陈，间有可采，一并汇入核拟，以备刍荛之献。仍请敕下在廷王大臣详晰谋议，请旨定夺。总之，居今日而欲整顿海防，舍变法与用人，别无下手之方。伏愿我皇上，顾念社稷生民之重，时势艰危之极，常存歉然不自足之怀，节省冗费，请求军实造就人才，皆不必拘执常例，而尤以人才为亟要，使天下有志人士无不明于洋务，庶练兵、制器、造船各事可期逐渐精强。积诚致行，尤需岁月，迟久乃能有济。目前固须力保和局，即将来器精防固，亦不宜自我开衅。彼族或以万分无礼相加，不得已而一应之耳。

所有遵旨详议缘由，谨缮折密陈，并将议覆各条缮具清单，恭呈御览，伏乞皇上圣鉴，训示。谨奏。

谨将总理衙门原奏紧要应办事宜逐条切实办法，并将丁日昌续奏各条并入，详细拟议，恭呈御览。

一、原奏练兵一条，内称："若求实在可御外患，事较办发、捻诸贼为更难，兵亦较办发、捻诸贼宜更精"，洵是不刊之论。盖发、捻、苗、回诸贼，皆内地百姓，虽有勇锐坚忍之气，而器械不及官军之精备，可以剿抚兼施。若外洋本为敌国，专以兵力强弱角胜，彼之军械强于我，技艺精于我，即暂胜必终败。敌从海道内犯，自须亟练水师。惟各国皆系岛夷，以水为家，船炮精练已久，非中国水师所能骤及。中土陆多于水，仍以陆军为立国根基，若陆军训练得力，敌兵登岸后尚可鏖战，炮台布置得法，敌船进口时尚可拒守。但用旗绿营弓箭刀矛、抬鸟枪旧法，断不足以制洋人，并不足以灭土寇。即如直隶练军屡经挑选整顿，近始兼习洋枪、小炸炮，以剿内寇尚属可用，以御外患，实未敢信。各省抽练之兵大率类此，用洋枪者已少，用后门枪及炸炮者更少，其势只可加练而不可减练，只可添练洋器以求制胜，而不可拘执旧制以图省费。前督臣曾国藩于同治十年正月覆奏筹备海防折内，谓沿海之直隶、奉天、山东三省，江苏、浙江两省，广东、福建两省，沿江之安徽、江西、湖北三省，各应归并设防。沿海七省共练陆兵九万，沿江三省共练陆兵三万，统计每年需饷八百万两，因无款可筹，议遂中止。兹总理衙门拟以曾经制胜之洋枪队练习水战，丁日昌拟选练陆军，合天下得精兵十万人，与曾国藩前奏用意略同。惟陆军与水师用法各殊，练法亦异，水师犹可上岸击贼，陆军未便强令操舟，似不宜两用，以致两误。臣愚以为沿海沿江各省，现有练兵枪队，虽不及曾国藩、丁日昌所拟十余万之多，然与其多而无用，不若少而求精。但就现有陆军，认真选汰，一律改为洋枪炮队。凡绿营额兵疲弱勇营，酌加裁减，其饷即加给新练之队。沿海防营并换用后门进子枪，于紧要口岸附近之处屯扎大枝劲旅，无事时专请操练，兼筑堡垒，有事时专备游击，不准分调。各海口仿照洋式修筑沙土炮台，以地步宽展椭圆坚厚为要。炮位宜间用口径八寸至十余寸者，择将择兵演习之，务在及远，愈远愈妙，务在能中，不中不发，即所谓药能对症，有备无虞者矣。

一、原奏简器一条。西国水陆战守利器，以枪炮水雷为大宗。炮有前后门、生熟铁纯钢之分，枪有前后门、滑膛、来福之异，水雷有用触物、磨物、电气发火之别。窃尝考究其图与器，而得其大略。洋枪一项，各国改用后门，以其手法灵捷，故速而及远。其旧制前门枪贱价售于中国，每为外人所轻。英、俄、德、法、美，泰西五大强国也，其后门枪名目，英之至精者曰亨利马梯呢，其次曰士乃得，俄曰俾尔打唉，德曰呢而根，法曰沙士钵，美曰林明登。以利钝迟速较之，则英之亨利马梯呢精于俄，俄之俾尔打唉精于美，美之林明登又精于英之士乃得及德、法诸枪也。林明登士乃得二种，近年已运入中国，臣处及沈葆桢均购存林明登数千枝，上海机器局亦能仿造。惟兵勇粗疏者多，士乃得机簧较简，购价较省，修改较便，现拟令各营酌换士乃得枪，而间以林明登，认真操习，由渐而精。并令津沪各局先购林明登造子机器，仿制子药铜卷，以便接济。仍与总理衙门商购英国亨利马梯呢枪若干枝，又与俄领事订购俾尔打唉枪若干枝，以备将士选锋者操用。至炮位一项，英德两国新式最精。德国克鹿卜后门钢炮击败法兵，尤为驰名。臣逐年购到克鹿卜大小炮五十余尊，分置大沽炮台、天津防营。其最大者两尊，口径八寸，足抵前门炮口径十一二寸之子力，然每尊价约二万元，苦于无力多购。或谓钢炮过大，药力过猛，用久或致损裂，故英国多用前门熟铁来福长弹大炮，曰乌理治，曰阿墨斯得郎，曰回德活特，三家尤著。大者口径十一寸至十五寸，身重至八万斤以上，子弹重至六百磅，能打穿二十余寸厚之铁甲；惟起运维艰，价值尤贵，中国尚无购用者。陆路行仗小炮，则以德国克鹿卜四磅弹后门钢炮、美国格林连珠炮为精捷。臣又各定购数十尊，以备游击要需。目下沪宁各局，只能仿造十二磅至六十八磅之圆弹铜铁炸炮，淮军习用已久，远胜中国旧制，而不及西洋新式之精。仍拟仿照乌理治、阿墨斯得郎之式，钳以熟铁，而机器未备。外国每造枪炮，机器全副购价须数十万金，再由洋购运钢铁等料，殊太昂贵。须俟中土能用洋法自开煤铁等矿，再添购大炉、汽锤、压水柜等机器，仿造可期有成。若克鹿卜之钢炮，回德浩特之熟铁炮，系用生钢生铁铸成。该厂自有秘法，更未易学步矣。至水雷一项，轰船破敌最猛。从前南北花旗之战，南兵获水雷力居多。德法之战，法国兵艘十倍于德，而波罗的海法艘未敢深入，全仗水雷之功。其法分为两类：一为定而不动之水雷，或连于木桩木排之间，或用锚定其方位，使沉水中，或陆地城堡被攻时于缺口要路安置，此专为自守而设。一为能行动之水雷，或浮水面顺风力飘动，或用机器自行，或于铁船首伸出长竿置之，或专作拖带水雷之船，此可为攻敌之用。近来格致之学日精，水雷之法亦日精，多以强水触物磨物及电线发火，其触而发火、磨而发火，比用法点放者尤佳。用药仅五六十磅，无论何种兵船，皆可轰破其底。闻各国皆讲究此物，制存极多，其用时必于水中排列数行，每口安放数十具，使敌船疑畏不敢进。

沪津各局现只能仿造其粗者，而电机、铜丝、铁绳、橡皮等件，仍购自外洋。须访募各国造用水雷精艺之人来华教演，庶易精进。至火器尽用洋式，炮子、火药两项亦系要需。津局有造药机器四副，日出二千余磅，已可敷用，惟枪炮多而子弹尚少。沪局仅造药机器一副，日出无几。宜添购机器，在苏宁推广制造。各省防江、防海需用洋枪炮之子药，均宜设局在内地仿造。否则事事购自洋商，殊无以备缓急。且闽、沪、津各机器局逼近海口，原因取材外洋就便起见，设有警变，先须重兵守护，实非稳著。嗣后各省筹添制造机器，必须设局于腹地通水之处，海口若有战事，后路自制储备，可源源运济也。

一、原奏造船一条。查布国防海新论有云："凡与滨海各国战争者，若将本国所有兵船径往守住敌国各海口，不容其船出入，则为防守本国海岸之上策；其次莫如自守，如沿海数千里，敌船处处可到，若处处设防，以全力散布于甚大之地面，兵分力单，一处受创，全局失势，故必聚积精锐只保护紧要数处，即可固守"等语，所论极为精切。中国兵船甚少，岂能往堵敌国海口？上策固办不到，欲求自守，亦非易言。自奉天至广东，沿海袤延万里，口岸林立，若必处处宿以重兵，所费浩繁，力既不给，势必大溃。惟有分别缓急，择尤为紧要之处，如直隶之大沽、北塘、山海关一带，系京畿门户，是为最要；江苏吴淞至江阴一带，系长江门户，是为次要。盖京畿为天下根本，长江为财赋奥区，但能守此最要次要地方，其余各省海口边境略为布置，即有挫失，于大局尚无甚碍。惟既欲固守，必预将所有兵马、炮位、军械、辎重并工局物力，储备坚厚，虽军情百变而不离其宗。庙谋阃算，平昔之经营，临事之调度，皆不可一毫错乱。道光二十一二年，夷船入长江，而全局始震。咸丰十年，夷兵犯津通，而根本遂危。彼族实能觇我要害，制我命脉；而我所以失事者，由于散漫设防，东援西调，未将全力聚于紧要数处。今议防海，则必鉴前辙，揣敌情。其防之之法，大要分为两端：一为守定不动之法，如口内炮台壁垒格外坚固，须能抵御敌船大炮之弹，而炮台所用炮位，须能击破铁甲船，又必有守口巨炮铁船，设法阻挡水路，并藏伏水雷等器。一为挪移泛应之法，如兵船与陆军多而且精，随时游击，可以防敌兵沿海登岸，是外海水师铁甲船与守口大炮铁船皆断不可少之物矣。现计闽厂造成轮船十五号，内有二号已在台湾遭风损坏。沪厂造成轮船六号，内有二号马力五百匹，配炮二十六尊，与外国大兵船相等。其余各船，皆仅与外国小兵船根拨相等，然已费银数百万有奇。物料匠工多自外洋购致，是以中国造船之银，倍于外洋购船之价。今急欲成军，须在外国定造为省便，但不可转托洋商误买旧船，徒縻巨款。访闻兵船及铁甲船以英国为最精，英之官厂、公司厂均以造铁甲之优劣相与争衡，日新月异。应拣派明于制造略知兵事之员，选带学生工匠前往，由总理衙门会商驻京使臣，移知该国兵部，俾得亲赴各厂考究，何等船制最为坚致灵捷，并宜于中国水道者，与其议价定造。即将带去华匠兵士附入该厂及武备院学习造工，并讲求驾驶操练之法，俟成船后，配齐炮位，随船回华，庶有实济。而中国船厂仍量加开拓，以备修船地步。至拟设兵船数目，如丁日昌所称，北、东、南三洋各设大兵轮船六号、根拨轮船十号，合共四十八号，自属不可再少。除将中国已造成二十号抵用外，尚短二十八号。窃谓北、东、南三洋须各有铁甲大船二号，北洋宜分驻烟台、旅顺口一带；东洋宜分驻长江外口；南洋宜分驻厦门、虎门，皆水深数丈，可以停泊。一处有事，六船联络，专为洋面游击之师，而以余船附丽之声势较壮。约计定造铁甲船每只需银百万两内外，费已不赀，只有先购此项，分年筹办。其有余力，再置他船。或由闽沪各厂陆续仿造兵船，总以足成四十八号为度。惟守口大炮铁船即所谓水炮台船，亦系西洋新制利器，以小船配极重之炮，辅助岸上炮台，四面伏击，阻遏中流，能自行动，最为制胜，凡要口须添设一二艘。闻在外国定购，每船连炮约价银十余万两，但笨滞不能涉海，须将炮位铁甲分拆运载来华装配。应俟委员到彼，一并察办。如价省运便，陆续购造二十号，分布南北各口，抑或由外洋购大炮，由华厂照式仿造铁船，更可次第添置。至丁日昌奏称："裁并五十号艇船，可养给一号大兵轮船；裁并十号阔头舢板，可养给一号根拨轮船。计省沿海水师旧制各船糜费，以之供给大小四十八号轮船，尚觉有盈无绌"等语。查同治十一年五月臣于覆奏船政事宜折内，拟请裁撤各省艇船，即以各船修造养兵之费，抵给轮船月费。经总理衙门议令各该督抚奏办，迄今并未议覆。今添购铁甲等船巨款，必须另行筹集，俟购回时，养船练兵一切费用，应如丁日昌所议，请旨敕下江苏、山东、浙江、福建、广东沿海各省，将旧置及新添红单、拖罟、艇船、舢板等项分别裁并，专养轮船，以免虚糜而资实用。

一、原奏筹饷一条。近日财用极绌，人所共知。欲图振作，必统天下全局，通盘合筹，而后定计。新疆各城自乾隆年间始归版图。无论开辟之难，即无事时，岁需兵费尚三百余万，徒收数千里之旷地，而增千百年之漏卮，已为不值。且其地北邻俄罗斯，西界土耳其、天方、波斯各回国，南近英属之印度，外日强大，内日侵削，今昔异势，即勉图恢复，将来断不能久守。屡阅外国新闻纸及西路探报，喀什噶尔回酋新受土耳其回部之封，并与俄英两国立约通商。是已与各大邦勾结一气，不独伊犁久踞已也。揆度情形，俄先蚕食，英必分其利，皆不愿中国得志。于西方而论中国目前力量，实不及专顾西域，师老财痛，尤虑别生他变。曾国藩前有暂弃关外专清关内之议，殆老成谋国之见。今虽命将出师，兵力饷力万不能逮。可否密谕西路各统帅，但严守现有边界，且屯且耕，不必急图进取。一面招抚伊犁、乌鲁木齐、喀什噶尔等回酋，准其自为部落，如云、贵、粤、蜀之苗猺土司，越南、朝鲜之略奉正朔可矣。两存之则两利，俄英既免各怀兼并中国，亦不至屡烦兵力，似为经久之道。况新疆不复，于肢体之元气无伤；海疆不防，则腹心之大患愈棘。孰重孰轻，必有能辨之者。此议果定，则已经出塞及尚未出塞各军，似须略加核减，可撤则撤，可停则停，其停撤之饷，即匀作海防之饷。否则只此财力，既备东南万里之海疆，又备西北万里之饷运，有不困穷颠蹶者哉！至此时开办海防，约计购船、练兵、简器三项，至少先需经费一千余万两。本年八月间，户部奏覆文祥宽筹饷需折内，议请暂停内府不急之需，而海防用项仍无可筹。姑令各省先尽各项存款，移缓就急，抵充防费，究之各省留支奉拨之数，视岁入之数，无不浮溢数倍，更有何款可以存留借抵？必不得已，应仍照总理衙门（同治）五年奏案，专提部存及各海关四成洋税一款，为目前开办之需。除津海、东海关四成奏归天津机器局，江海关四成内之二成奏归上海机器局，山海、江汉两关四成内奏明拨充奉兵及淮军月饷，淡水一关奏留台防军需，均为海防而设，毋庸置议外；其余各海关四成洋税及部库历年提存四成，应请专备总理衙门及海防统帅大员会商拨用。此后即责令各关另款封存，径行报解，不准本省借留，亦不必再解部库，致多转折。此项每年计可得银百数十万两，加以部库另存三百余万，其有不敷，拟仍暂借洋款，由续收四成项下拨还。或另行设法归楚，以应急需。其息银以七八厘为度，归本以十年八年为度，亦各国常有之事，无足诧虑也。至于日后久远之费，当于开源节流求之。现在丁漕课税正供之外，添出厘金、捐输二款，百方罗掘，仍不足用。捐输所得无几，流弊甚大；而内地厘金，又为半税所绌。如铜铁、羽呢、洋布等类，皆关民生日用，洋船转运迅捷，输纳又仅半税，于是奸民包揽冒骗，大宗货物皆免完厘。因税则载在和约，无可议加，以至彼此轻重悬殊，商民交困，丛爵渊鱼之喻，何堪设想！丁日昌拟设厂造耕织机器，曾国藩与臣迭奏请开煤铁各矿，试办招商轮船，皆为内地开拓生计起见，盖既不能禁洋货之不来，又不能禁华民之不用。英国呢布运至中国，每岁售银三千余万，又铜、铁、铅、锡售银数百万，于中国女红匠作之利，妨夺不少。曷若亦设机器自为制造，轮船铁路自为转运。但使货物精华与彼相埒，彼物来自重洋，势不能与内地自产者比较，我利日兴，则彼利自薄，不独有益厘饷也。各省诸山，多产五金及丹砂、水银、煤之处，中国数千年未尝大开，偶开之又不得其器与法，而常忧国用匮竭，此何异家有宝库封锢不启而坐愁饥寒？西士治地质学者，视山之土石，即知其中有何矿。窃以为宜聘此辈数人分往遍察，记其所产，择其利厚者，次第开挖。一切仿西法行之。或由官筹借资本，或劝远近富商凑股合立公司，开得若干，酌提一二分归官，其收效当在十年以后。臣近于直之南境磁州山中，议开煤铁，饬津沪机器局委员购洋器、雇洋匠，以资倡导，固为铸造军器要需，亦欲渐开风气以利民用也。近世学者鉴于明季之失，以开矿为弊政，不知弊在用人，非矿之不可开也。其无识绅民惑于凿坏风水，无用官吏恐其聚众生事，尤属不经之谈。刻下东西洋无不开矿之国，何以独无此病，且皆以此致富强耶？若南省滨江近海等处，皆能设法开办，船械制造所用煤铁，无庸向外洋购运，榷其余利，并可养船、练兵，此军国之大利也。至于洋药一项，流毒中国，本年三月间钦奉寄谕，以醇亲王请饬密筹杜绝，饬即妥议办法等因。臣查阅醇亲王折内有："不必仓猝施行，要在矢志弗懈，俟外洋鸦片不来，再严中国罂粟之禁"等语，实属洞达大体。适因台湾事起，未便置议。兹查洋药自印度进口，每年约七万数千箱，售银三千余万之多。英国明知害人之物，而不欲禁洋商贩运，并欲禁中国内地自种，用意殊极狡狠。上年修约，总理衙门与英使言之屡矣，并预声明：即不能禁英商之不贩洋烟，即不能禁华民之不食洋烟，惟有暂行弛禁罂粟，不但夺洋商利权，并可加增税项，将来计穷事迫，难保不出于此。其时英使闻之亦颇心动，而该国卒不见听。臣即再与辨理，恐亦无益。应仍循总理衙门原议，阴相抵制，以冀洋药渐来渐少，再加厉禁为宜。查云、贵、川、陕、山西各省多种罂粟，疆臣台谏每以申明禁令为言，是徒为外洋利薮之驱，授吏胥扰索之柄。究之罂粟日种日广，势仍不可遽禁。闻土药性暖价廉，而瘾亦薄，不比洋药为害之烈。为今之计，似应暂弛各省罂粟之禁，而加重洋药之税厘，使外洋烟土既无厚利，自不进口，然后妥立规条，严定限制，俾吸食者渐戒而徐绝之。民财可杜外耗之源，国饷并有日增之势，两得之举也。查洋药每箱百斤，新关正税三十两；厘捐则各省多寡不同，福建每箱捐银三十六两，江苏每箱捐银三十二两，北洋天津等关捐银二十四两，捐愈重则偷漏愈多。英国条约原有"洋药如何征税，听凭中国办理"之说，如能于洋税一律议加，自可毫无渗漏，裨益更大。否则，南北各口通定一加重捐数，均照闽省之式，无稍参差，以免趋避。专收作海防经费，由统帅提用，合之亦成巨款。此外沿江沿海各省，皆令整顿货厘盐厘，每省每年限定酌拨数万两协济海防。以上数端，皆开源之事也。若夫裁艇船以养轮船，裁边防冗军以养海防战士，停官府不急之需，减地方浮滥之费，以裨军实，而成远谋，亦节流之大者。苟非上下一心，内外一心，局中局外一心，未有不半途而废者矣。

一、原奏用人一条，拟派统帅责成经理，及遴派得力提镇将领为之分统。查南北洋滨海七省，自须联为一气，方能呼应灵通。惟地段过长，事体繁重，一人精力，断难兼顾。各督抚未必皆深知洋务兵事，意见尤不能尽同。若责成统帅调度，既恐撗〔扞〕格不行；若会同各省商筹，又恐推诿贻误。从前办粤捻各贼，何尝不屡简统帅。臣亦曾备位其间，深知甘苦。饷权疆政，非其所操，不过徒拥空名，而各督抚仍不能有问兵事。畛域分则情形易隔，号令歧则将士难从，是欲一事权而反棻也。何况有事之际，军情瞬息变更，倘如西国办法有电线通报，径达各处海边，可以一刻千里，有内地火车铁路，屯兵于旁，闻警驰援，可以一日千数百里，则统帅尚不至于误事，而中国固急切办不到者也。今年台湾之役，臣与沈葆桢函商调兵，月余而始定，及调轮船分起装送，又三月而始竣，而倭事业经定议矣。设有紧急，诚恐缓不及事。故臣尝谓办洋务、制洋兵，若不变法而徒骛空文，绝无实济，臣不敢明知而不言也。窃计北洋三省，设一统帅，即才力倍于臣者，尚虑不能肆应，南洋四省口岸更多，似亦非一统帅所可遍及。若因创设铁甲兵船等项，须责成大员督筹经理，如前江西巡抚沈葆桢、前江苏巡抚丁日昌，皆究心此事，熟悉洋情，似堪胜任。丁日昌拟设北、东、南三洋提督分统各船，不为无见。但文武兼资，素习风涛驾驶轮船操法者，实不易得耳。抑臣更有陈者，用人最是急务，储才尤为远图。洋人入中国已三十余年，驻京已十余年，以兵胁我，殆无虚岁；而求练达兵略精通洋法者，恒不数觏，由于不学之过，下不学由于上不教也。军务肃清以后，文武两途，仍舍章句弓马末由进身，而以章句弓马施于洋务，隔膜太甚，是以沈葆桢前有请设算学科之奏，丁日昌前有武试改枪炮之奏，皆格于部议不行。而所用非所学，人才何由而出？近时拘谨之儒，多以交涉洋务为浼人之具，取巧之士，又以引避洋务为自便之图。若非朝廷力开风气，破拘挛之故习，求制胜之实济，天下危局，终不可支；日后乏才，且有甚于今日者。以中国之大，而无自强自立之时，非惟可忧，抑亦可耻。臣愚以为，科目即不能骤变，时文即不能遽废，而小楷试帖，太蹈虚饰，其非作养人才之道。似应于考试功令稍加变通，另开洋务进取一格，以资造就。现在京师既设同文馆，江省亦选幼童出洋学习，似已辟西学门径，而士大夫趋向犹未尽属者，何哉？以用人进取之途全不在此故也。拟请嗣后凡有海防省分，均宜设立洋学局，择通晓时务大员主持其事。分为格致、测算、舆图、火轮、机器、兵法、炮法、化学、电气学数门，此皆有切于民生日用、军器制作之原。外国以之黜陟人才，故心思日出而不穷。华人聪明才力，本无不逮西人之处，但未得其法，未入其门，盖无以鼓励作新之耳。如有志趣思议，于各种略通一二者，选收入局，延西人之博学而精者为之师友，按照所学浅深，酌给薪水，俾得研究精明，再试以事，或分派船厂炮局，或充补防营员弁。如有成效，分别文武，照军务保举章程，奏奖升阶，授以滨海沿江实缺，与正途出身无异；若始勤终怠，立予罢革。其京城同文馆、上海广方言馆习算学生，及出洋子弟学成回国，皆可分调入局教习，并酌量派往各机器局、各兵船差遣。如此多方诱掖，劝惩兼施，就所学以课所事，即使十人中得一成就，已多一人之用，百人中得十成就，已多十人之用，二十年后制器、驶船自强之功效见矣。

一、原奏持久一条。窃以古无久而不敝之法，惟在办事之人同心协力，后先相继，日益求精，不独保境息民，兼可推悟新意，裕财足用。如泰西各国，皆起于弹丸之地，创造各样利器，未及百年而成就如此之精，规画如此之远，拓地如此之广，岂非其举国上下积虑殚精，人思自奋之效乎？中国在五大洲中，自古称最强大，今乃为小邦所轻视。练兵、制器、购船诸事，师彼之长，去我之短，及今为之，而已迟矣。若再因循不办，或旋作旋辍，后患殆不忍言。若不稍变成法，于洋务开用人之途，使人人皆能通晓，将来即有防海万全之策，数十年后主持乏人，亦必名存实亡，渐归颓废。惟有中外一心，坚持必办，力排浮议，以成格为万不可泥，以风气为万不可不开，勿急近功，勿惜重费，精心果力，历久不懈，百折不回，庶几军实渐强，人才渐进，制造渐精，由能守而能战，转贫弱而为富强，或有其时乎？是天下臣民所祷祀求之者也。（《李文忠公全书》奏稿卷二十四）

丁日昌

上曾侯自强变法条陈

夫天下大利之所在，即大害之所在；至危之所乘，即至安之所乘也。中国获外人互市之益者瞬及百年，而有庚申之变，说者谓西人船械之精由于天授，然则将任其凭陵，而不为绸缪备御之计乎？而又非也。自古仁义为国，其敝也衰，甲兵为国，其亡也蹶，是以泰西诸国，其兴勃然，其亡忽然。不见罗马盛于汉，荷兰盛于唐，西班牙盛于宋，葡萄牙盛于明，而今皆衰矣。奈何惧暂来之西人，而不图自强之要策乎？夫我不能自强，则彼族得合群力危我，一能自强，则彼族之轮船飞炮、精甲利兵，皆我他日兼并之资也。故曰至危之所乘，即至安之所乘也。惟所谓自强也，固非徒宣之于口也，而贵存之以心；又不徒存之于心也，尤贵行之以身。中国自夷祸以来，言自强者屡矣，而自强之效仍茫如捕风捉影，何也？则以局中之论，瞻顾因循，不肯以一身丛众镝；局外之论，迂腐激烈，而未为时局计万全故也。泰西之谋国也，往往垦辟缔造，若无关于目前得失，而收其效于数千百年之后。中国则不然，经营未曾旦夕，而预望成功；决裂已在目前，而始图补救。夫创业中兴，如构大厦，堂室奥序，规模必先素定，至于鸠工庀材，其积累亦非一日。李忠定公曰：“自今以往，岂无机会，要当及时行之。”赵子砥自金遁归奏云：“金人讲和以用兵，我国敛兵以待和。譬人畏虎以肉饲之，食尽终于噬人。”言皆明切，可为殷鉴。夫惟时存卧薪尝胆之志，及其究竟，不过仅成自守之局。若立志仅在敷衍目前，苟安旦夕，则必终至于事不可为而后已。请自今以后，朝廷酌议章程，毋以纷纭徒资议论，毋以敷衍空延岁月，则七年之病犹可求三年之艾也。谨就管见所及，列目于左。

　　一、酌增京外衙门廉糈，裁禁惰民仰食，整饬吏治而久其任。夫欲靖外必先治内，治内之道，莫如整顿吏治；整顿吏治之方，莫如优其公取，而禁其私赃。本朝自世庙酌增廉俸以来，办公原自裕如，惟是百余年间，物力凋残，日用之需，价倍于昔，京外衙门所领廉俸，扣折之余不足供用。清俭之员犹能食贫茹苦，稍无定志者，在上司则必滥通馈略，在下僚则必侵吞公帑，朘削百姓，是彼得于公取者少，而得于私取者多也。夫至私取多则上司不免瞻徇爱憎，而下僚得以把持挟制，衙门胥役复从而狼贪鼠窃。故纪纲混，吏治因而日坏，民情因而日散，是不可不急为变通也。拟请裁减无益之官，于京中实缺人员有事可办者，皆量其出入，酌增养廉；外官则令其开具额外无名之费，丝毫皆挈归公家，酌量多寡，明定章程，准作养廉。其有得非分之赃者，皆峻其罚、禁锢终身，如唐宋锢贪之法。庶廉耻立而后法度可行，吏治醇而后民情可固。衙门胥役亦办事必不可少之人，尤宜精其选而厚其糈，其有侵欺讹索者，立置重典，即有衙蠹亦必奉法惟谨。其盐鹾、关权、厘捐三者，为国用之所自出，尤当严定赏罚，鹾权章程亦改用厘捐之法，俾归核实。夫增廉增糈，议者必谓绌于经费，然夺中饱之利还之上下，其有裨于国计民生者，不啻倍蓰，况从此而裁去冗员，汰除冗役，取赢补拙，所增亦必不多。彼游客惰民，以官场为利薮、以衙门为产业者，勒令反归田里，自食其力。食之者既寡，生之者必将益众。管子曰"知与之为取，政之宝也"，即此意也。至于中外官员，或数岁一迁，或数月一迁，视同传舍地方之利弊，曷自周知？则不能不听命请教于书吏。而书吏则世习其业，案情之准驳，皆视贿赂之有无，官懵然惟所指使，古人所以有"官无封建而吏有封建"之叹也。则莫如加爵厚禄而不离其任，庶官有所责成而不敢敷衍，吏有所忌惮而不敢作奸，斯吏治可冀蒸蒸日上矣。

一、并兵厚饷，设立重镇。自古强兵之道，以多而弱，以少而强，以散而弱，以聚而强，有同龟鉴。国朝之兵，八旗以外设立绿营，规制本极完善，惟是承平已久，伍籍多半销耗，器械多半钝敝，而又遍处分防，其势散而不聚，以之御侮则不足，以之扰民则有余。窃以为趁此时东南营伍尚未招募足额，莫如并二弁之饷以养一弁，并三兵之饷以养一兵，妙选将官，汰弱募壮，然后申之纪律，重之赏罚。更复并其分防零星之兵，统以宿将，令指臂相习，屯集要害之地，无事时行训练，有事檄赴前敌。如是则营伍充实，士气大振，而骁悍强勇之材亦有所归，而不至流为盗贼矣。夫以百无用之人不敌一有用，曷若以两无用而并为一有用哉？彼泰西以数千人横行瀛海，盖养一兵必得一兵之用，其故可深长思也。

一、取士兼求实用之才。戚继光有言：所用非所习，所习非所用，最为兵家大害。夫岂独治兵也哉？今之儒者，殚心劳神于八股文字，及出而致用，闭户造车，或不能出门合辙，似应于文场科举之制，略为变通，拟分为八科以求实济。一曰忠信笃敬以觇其品，二曰直言时事以觇其识。三曰考证经史百家以觇其学。四曰试帖括诗赋以觇其才。五曰询刑名钱谷以观其长于吏治。六曰询山川形势，军法进退，以观其能兵。七曰考历算格致，以观其通，问机器制作，以尽其能。八曰试以外国情事利弊、言语文字以观其能否不致辱命。上以实求，下亦必以实应。并特设一馆，延致奇技异

能之士，则人才将日出而不竭。即海外华人之抱负绝艺者，亦将返中国以
营爵禄。其同文馆熟习外国言语文字者，发往海关，学习税务，俟事理通
达，即予以税务司之任，庶各关税务司一缺，亦不致专为洋人所占矣。仍
有请者，京外大小衙门，奸胥猾吏辄行舞弊，由于出身无优叙，故利重于
名也。与其严绝其弊，何如宽予以名？拟请胥吏严为考选，优其出身，其
有清洁之操、宏通之识，准予正途出身，并为正印司牧；惟犯赃舞弊者，
亦严议其罚；佐杂之有能者，亦准补充书吏。则不独吏胥之杰出者，皆将
背私向公，以求效用；即有志之士亦不惮降心求精例案，以期出身，而例
案不致为胥吏之秘稿矣。汉公卿多自胥吏中来，则此中亦未始无人才也。

一、创建轮船水师分为三阃。夫古来防边之道，西北则筑长城以为藩
篱，沿海则自明以来设立炮台以为经，设立师船以为纬，皆所以制外而卫
内也。国朝西自嘉峪关，东至凤凰城，口外之地悉入版图，长城之守，早
已不事。惟沿海炮台，尚仍明制。然自海氛构衅，中国水师无能御敌，是
不独师船不及轮船夹板，即沿海炮台亦呆而无用，沿海兵制，亦散而无统。
是以洋人游弋海上，厚集其势，由一路伺隙进攻，而中国必须处处设防，
不能互为援应，正犯兵家备多而力分之忌，此其所以不胜也。今宜变通旧
制，制造中等斥拨轮船，分驻内洋港口。缘外国大号兵船只宜驰驶外洋，
内港则潮退易浅，沙线错出，大船不敢骤入。且我若专守内港，则有险可
恃，兼有陆兵可以接应。其斥拨轮船，约三十号，每十号以一提臣督之，
分为三路：一曰北洋提督，驻扎大沽，直隶、盛京、山东各海口属之；一
曰中洋提督，驻扎吴淞江口，江苏、浙江各海口属之；一曰南洋提督，驻
扎厦门，福建、广东各海口属之。各路提标皆精选兵将，宁优其饷，毋滥
其籍，明其赏罚，新其纪律，无事则出洋梭巡，以习劳苦，以娴港汊，以
捕海盗；有事则一路为正兵，两路为奇兵，飞驰援应，如常山蛇，首尾交
至，则藩篱之势成，主客之形异，而海氛不能纵横驰突矣。计海关近来所
入，比从前多至七八倍，则亦不患无经费可筹也。

一、设立市舶司，赴各国有华人处所管理华人。夫泰西之于商人，皆官
为之调剂、翼助，国家攻战之事商人亦时辅其不及，是以上下之情通，而
内外之气聚。查粤、闽之人，其赴外洋经商佣工者，于暹罗约有三十余万
人，吕宋也有二三万人，加拉巴约有二万余人，新加坡约有数万人，槟榔

屿约有八九万人，新老金山约有二三十万人。若中国精选忠勇才干官员，如彼国之领事，至该处妥为经理，凡海外贸易皆官为之扶持维系，商之害官为厘剔，商之利官不与闻，则中国出洋之人必系恋故乡，不忍为外国之用，而中国之气日振。仍令该员于该处华人访其有奇技异能、能制造船械及驾驶轮船并精习洋枪兵法之人，给资送回中国，以收指臂之用。现在新加坡、俄国所用领事即中国番禺人，胡姓，新加坡十数万华人皆听胡姓号令指挥。计外国通商码头如胡姓之类定亦不少，我中国使臣若能联络鼓舞，定可欣然效命。盖中国多得一助，即外国多树一敌，况本系中国之民，而中国自用之，有不如水之赴壑者乎？

一、曰精制造而必期成效。洋人以利器为性命，以制造为功名，耗其心思、气力、财货，于渺茫无凭之地者千数百年，而其效始豁然呈露于今日，中土士大夫浅尝辄弃，予之甚吝而望之甚奢，小有訾謷则又引嫌远避，无肯以一身担当大利大害者，所谓欲速则不达，见小利则大事不成，此之谓也。现在欲精制造，惟有破除成格，严定赏罚，不求速效而效始可期。至于轮船机器所用铜铁，洋枪所用自来火、科罗波、列的士之类，皆来自外洋，为中土所无之物，若彼族闭关绝市，则我之利器皆成废物。似应招集内地格致之士，辨土性而别五金，庶造物之精华不致终秘不泄，而料物可由中土自行觅配，洋人亦不致奇货可居矣。

一、曰机器厂宜推设天津，以资拱卫取携。天津距京不远，而又近海，购料制造不为费手，宜速于扼要处所，赶紧添设机器厂，俾资在京员弁就近学习，以固根本。其余沿海各口亦宜俟有成效后推广添设，则生生不已，其利无穷也。

一、重价招募能驾驶轮船之人。夫器械不利，固以其卒予敌，然有器械而不知所以用之，仍适以资敌而已。近年以来中国购买轮船，皆招募洋人为驾驶，此可以暂而不可以久。查中国出洋之人，为人佣工，多能驾驶轮船者，宜重价招回，以为中国之用。如已设市舶司，即可饬该员访给资送，功利所在，固当于于而至也。

一、通商码头宜设新闻纸馆，外由商人出名，而密派妥员总司其事。夫西人设立新闻纸馆，上以议国家之得失，下以评草野之是非，可以知四方之物价，可以悉外国之情形，原为有益之举。今宜仿而行之，凡外国物价、外国情形，及中国人有被外国人欺凌者，或传教不公道者，皆可写入新闻纸，布告各国，咸使闻知，使归曲于彼，且以见中国百姓痛恨洋人，必将激而生变，庶彼君臣闻之惕然知惧，必饬令彼国公使领事自行约束。其新闻纸格式用汉、洋文各二份，庶可由近及远。

一、行反间。《孙子》十三篇，终之以间。间者，儒者之所讳言，而兵家以为至计也。窃观泰西各国联翩东来，虽夜郎幺么之国，亦敢与汉比大，盖利之所趋，如蚁赴膻，故其势聚而心合，中国之所以受其凌也。夫小人之情，以利而亲者必以争利而疏，况彼族各君其国，各子其民，同处欧罗以西，彼强则此弱，此强则彼弱。平分中国之利，固彼族有同心；独强英、法之邦，岂他国所本愿？即英、法二国，隔海相望，昔年曾为仇敌，今日岂甘两大？相疑相忌，亦其情势之必然者也。贾生有言："欲天下之治安，莫若众建诸侯而少其力。"其以为欲纾中国之祸，莫如破散泰西之交，而使之自斗。拟请妙选使臣，分驻各国，渐与狎习，既以通中国之情款，即以摧〔携〕彼族之交欢。而于美、布二国尤宜加意而密构焉。则不数年间，彼族当自启兵端，猖猖而争矣，此间与国之策也。抑又有言者：惟楚有材，晋实用之。是以巫臣在晋，而楚以弱；伍胥在吴，而楚几亡。宜密饬使臣潜访该国有能通洋枪兵法、制造船械，谙习该国情形，而有怨于彼国者，招与偕来，优予爵禄，已以习其利器之秘，且以得彼之虚实，一俟中国自强，不惟可闭关绝市，且可统我海外，如新加坡、槟榔屿、新老金山各处华人，以耀威于西土矣。此又间其国中臣民之策也。

一、沿海附近各国宜预为联络。查日本自与西人通商之后，立意自强，训练士卒，并设局精造船炮，现在驾驶轮船，自船主、管炉以至水手，皆无须雇用西人，关口亦无须西人管其税务，近年收买来福枪炮以千万计。中国所买枪炮皆日本选余之物，以为欲东略欧、米各部，则鞭长莫及，然则彼之生聚教训，秣马厉兵，其志果何为哉？夫今之日本，即明之倭寇，阴柔而有远谋，其于我也可以朝发而夕至，难保不乘以中国之弱，使鹬蚌相持，而坐收渔人之益。宜密遣妥员，佯为经商，伺其举动，抑或由沿海疆臣与为联络，阳为之好而阴为之备。至于高丽、暹罗、安南、缅甸诸国，亦宜遣员抚辑，坚目前向化之心，未雨绸缪，为他日首尾之应。默计英、俄两国辟土太宽，断难遥制，百数十年后必致尾大不掉，纷纷割据，机有可乘，则五大洲俱可全入中国版图。要当灌溉先勤，方可望有秋之日。若我以得过且过为安，则彼必为得步进步之计，其为祸岂有艾哉？

一、坚持定见，以法令齐人心之不齐。西人之入中国，实开千古未创之局，其器械精奇，不惟目见其利，而且身受其害。当事者奈何为一身之利害毁誉计，不速通上下之情，而变因循之习乎！故欲御外侮，必先结人心；欲结人心，必先清吏治。非严令则法不能变，非重赏则令不能行。内外无畛域之分，而推诿可以不事；封疆消门户之见，而功过可以不争。维涣散之人情，而归之于聚；去虚浮之文饰，而相见以真。法立令行，而谓自强之效犹茫如捕风捉影，固未之信也。（《百兰山馆政书》卷四）

曾纪泽

《文法举隅》序（节选）

余尝欲取英国文法译以华言，纷纭鲜暇，因循遂已。汪君芝房所学邃于余，纵谈既洽，因以属之。阅月而成册，虽觇缕证据，未逮原书，然名目纲领大致已备，亦急就之奇觚，启蒙之要帙也。同文总馆教习丁君冠西，手是编示余，乞弁以官。

士大夫方持不屑不洁之论，守其所已知，拒其所未闻，若曰：事非先圣昔贤之所论述，物非六经典籍之所纪载，学者不得过而问焉。夫先圣昔贤之所论述，六经典籍之所纪载，足以穷尽宇宙万物之理若道，而不必赅备古今万世之器与名。学者于口耳之所未经，遂慨然操泛泛悠悠茫无实际之庄论以搪塞之，不亦泥乎？上古之世不可知，盖泰西之轮楫旁午于中华，五千年来未有之创局也。天变人事，会逢其适，其是非、损益、轻重、本末之别，圣人之所曾言。学者得以比例而丰鬒之；其食饮、衣饰之异，政事、言语、文学、风俗之不同，尧、舜、禹、汤、文、武、周、孔之所不及见闻，当时存而不论，后世无所述焉，则不得不就吾之所已通者，扩而充之，以通吾之所未通。则考求各国语言文字，诚亦吾儒之所宜从事，不得以其异而诿之，不得以其难而畏之也。今之学者，不耻不知，顾且为虚憍夸大之辞以自文饰。一旦有事，朝廷不得贤士大夫折冲樽俎之材而用之，则将降而求诸庸俗驵侩之间，诗书礼义无问焉，唯货利是视，其于交际之宜，措施之方，庸有当乎！抑或专攻西学，不通华文，鉴其貌则华产也，察其学术情性，无以异于西域之人，则其无益于国事也相侔耳。

自同文馆设，而英才辈出，之二患者，庶几其有瘳焉。芝房与左君子兴，皆馆中通英文生之佼佼者，年富而劬学，兼营而并骛，亦既能曲证旁通，启牖后进矣。纪泽使于欧罗巴洲，求才于馆以匡助余，子兴欣然就道，芝房方欲以词章博科第，则姑辞不行。二君者出处不同，其为志趣之士则一也。（《曾纪泽遗集》文集卷二）

伦敦致丁雨生中丞（庚辰二月十五日）

二月八日，接诵腊八日手书，具审两肃芜笺，已尘青览。日本垂涎台湾，果从琉球入手。公之言中，天下之不幸也。犹冀廊庙之上，及早筹之，无令彼族狡计，遂得尽逞。所谓亡羊补牢，尚不为迟。吾华清流士大夫，高论唐虞商周糟粕之遗，而忽肘腋腹心之患。究其弊不独无益，实足贻误事机。挫壮健之躯，以成羸尪之疾。此其咎不全在读书酸子，亦当事者惮于缔构，怯于肩任，有以酿之。纪泽自履欧洲，目睹远人政教之有绪，富强之有本，艳羡之极，愤懑随之。然引商刻羽，杂以流徵，属而和者几人。只能向深山穷谷中，一唱三叹焉耳。

连旬心绪尤恶，缘正月二十三日得译署电报，谓崇地山所订约章，中外臣工，并谓窒碍难行，派纪泽使俄，再行商议。夫全权大臣，与一国帝王面订之件，忽欲翻异，施之至弱极小之邦，然且未肯帖然顺从，况以俄之强大，理所不能折，势所不能屈者乎！刻下函牍未至，不知其详，不审所任之事，是否犹可措手？纪泽所惧者，入其境而见轻，直无术以自列于公使之班，无论商议事件之龃龉也。总署有总署意见，京官有京官意见，左帅有左帅意见，俄人有俄人意见，纪泽纵有画策，于无可着棋之局，觅一劫路，其奈意见纷歧，道旁筑室，助成者鲜，而促毁者多，盖不蹈地山覆辙，不止也。地山固太怯弱，又牵于私家之事，回华太急，近于专擅，与言路以口实。然全权大臣处事一有不当，即重遭丑诋无所不至，嗣后使臣在外者，更何能开口议事！此亦言事者只观一面，不顾后难之过也。

纪泽有两事，与时贤所论相反者。或论重惩使臣，所以明告俄人，以使者之所订，非华人之本意，则改之较易。愚见则以为惩使愈重，则辱俄愈甚，改约愈难。将有所求，而故激怒之，所求其能获耶？或论俄多内乱，其君臣不暇与我为难。愚见则以为俄之内乱，缘地瘠民贫，无业亡命者众也。俄之君臣，常喜边陲有事，借征战之役，以消纳思乱之民。左相以前事得手，遂欲轻为戎首，盖亦一隅之见，未尝统筹全局耳。总之，毁约亦非译署本意，特为言路所迫，而纪泽适承其累耳。（《曾纪泽遗集》文集卷三）

郭嵩焘

论古今变局与应对之方

〔光绪三年十一月〕二十日。晚与彦嘉、湘甫、在初论刘云生之凶悖。彼亦直率其性耳，而不知关系大局，无若刘云生为害之烈者。盖自南宋以来，士大夫以议论争胜，中外之势相持，辄穷于所以自处，无论曲直、强弱、胜负、存亡，但一不主战，则天下共罪之。七八百年，尽士大夫之心相率趋于愚妄，而莫知其所以然，则亦南宋诸儒议论繁多之过也。西洋之局，非复金、元之旧矣，而相与祖述南宋诸儒之议论以劫持朝廷，流极败坏，至于今日而犹不悟，鄙心实独憾之，不惜犯一时之大忌，侃侃焉谋举国计边防之大要正告之天下，外以服强邻之心，内以尊朝廷而安百姓，而举国无知者，乃至被京师一时之诟毁，使此心无所控诉。刘云生皆亲见之，亦饫闻鄙人之议论，于洋务亦若粗有知晓。鄙心怜其穷困京师，进退狼顾，挈之出洋。一闻李兰生议论，遽至反戈相攻，不遗余力。然则鄙心终无以自明，而刘云生屈身数万里与洋人周旋，而其议论亦如此，亦终无复望有能省悟者矣。鄙人乃以是郁郁成病。彦嘉徒以刘云生谬妄不足较，用相慰勉，岂有当于鄙人之心哉！（《郭嵩焘日记》第三卷）

议论古今变局

　　［光绪四年三月］廿四日。金眉生为《六幸图》而自叙其生平：一曰贫，二曰多病，三曰生儿鲁，四曰耳目无恙，五曰读书粗能记，六曰遍识天下才人。俞荫甫为之叙，亦自谓生平著书之多，得力于三无：其一无钱，其二无官，其三无能；而自愧其不及者二：读书苦不能及一也，寡交游二也。而又谓："眉生幸者六而不幸者一，在多能又转而言多。多能亦一幸也。请益六幸为七幸。"极有意趣。薛公静序谓："中国大变二：秦并天下，划封建为郡县，海内大势尽易，三代政法扫地略尽，此一变也。泰西强国并峙，与我殊洲，旷古不相闻知，一旦狎至中土，趋重洋数万里如履户阈，与秦汉以来所谓边患乃绝异，此又一变也。天道久而必变。变之至自天地，圣人能无如之何。持吾不变之道以待变，则变亦无如圣人何也。"可谓能独见其大矣。(《郭嵩焘日记》第三卷)

2."制洋器""采西学"：洋务派的"自强"观

引　言

　　洋务运动亦称自强运动。洋务派官僚发起的洋务运动是从军事自强开始的，到后来增加了"求富"、创办民用工业的内容，但军事上"求强"的目标始终未变，其"求强"的目标，包括从制器、学技、操兵、建军等方面入手，即创办近代军事工业，学习西方军事技术，创立近代海防海军，建立近代军事学堂、培养新式陆海军人才等。洋务派大员们围绕练兵制器、近代海防、海军建设等问题，阐述了自己的自强思想。"从1861年开始，'自强'一词在奏折、谕旨和士大夫的文章中经常出现。这表现出人们认识到需要一种新的政策，以应付中国在世界上的地位所发生的史无前例的变化。"（《剑桥中国晚清史》上卷）经过三十年的"自强"新政，清朝陆军洋枪数量"甲乎天下"，海军位列"亚洲第一"，军事近代化取得了较大进展。

　　"自强"新政从制器、练兵开始。奕䜣在其《统筹全局折》中强调："治国之道，在乎自强，而审时度势，则自强以练兵为要，练兵又以制器为先。"他还指出："练兵之要，制器为先。中国所有军器，固应随时随处选匠购材，精心造作。至外洋炸炮、炸弹与各项军火机器，为行军要需。""中国原不少聪明颖悟之资，特事当创始，不能不于洋人中之熟习机器者暂为雇觅数人，令中国人从事学习，务使该洋人各将优娴之艺，授以规矩，传其秘窍。该学习人等若能劳身苦思，究其精微，逐渐推求，久之即可自为制作。"（《同治五年八月二十八日总理各国事务衙门恭亲王等奏》）对奕䜣的观点，曾国藩非常认同，他在奏折中表示："至恭亲王奕䜣等奏请购买外洋船炮，则为今日救时之第一要务。凡恃己之所有夸人所无者，世之常情也；忽于所习见、震于所罕见者，亦世之常情也。轮船之速，洋炮之远，在英、法则夸其所独有，在中华则震于所罕见。若能陆续购买，据为己物，在中华，则见惯而不惊，在英、法，亦渐失其所恃。"（《复陈购买外洋船炮折》）李鸿章强调："机器制造一事，为今日御侮之资，自强之本。""中国文物制度迥异外洋獉狂之俗，所以郅治保邦固丕基于勿坏者，固自有在。必谓转危为安、转弱为强之道，全由于仿习机器，臣亦不存此方隅之见。"(《置办外国铁厂机器折》) 1865 年，左宗棠向总理衙门提出："至中国自强之策，除修明政事、精练兵勇外，必应仿造轮船，以夺彼族之所峙。"次年，他上《试造轮船先陈大概情形折》，折中写道："臣愚以为欲防海之害而收其利，非整理水师不可，欲整理水师，非设局监造轮船不可。"他正式建议清政府设立船政局以自造轮船，福建船政局得以创立。他在调离闽浙总督时仍关注船政局，还强调："窃维制造轮船，实中国自强要着。臣于闽浙总督任内，请易购、雇为制造，实以西洋各国恃其船炮，横行海上，每以其所有傲我所无，不得不师其长以制之。"(《复陈福建轮船局务不可停止折》)

19 世纪 70 年代，清政府曾就海防建设等问题在中央和地方的重要官员中展开了史称"海防议"的一次大讨论，引发过"海防与塞防之争"。直隶总督李鸿章强调海防的重要性，以"海防、西征，力难兼顾"为由，主张"移西饷以助海防"，主张放弃新疆而全力经营海防；湖南巡抚王文韶认为沙俄是中国最大的威胁，主张全力加强西北塞防；左宗棠主张收复新疆，海防塞防并重。李鸿章等洋务要员大声疾呼加强海防，倡议建立近代化的海军。如李鸿章 1876 年强调"筹办海防，欲与洋人争衡，非治土寇可比，必须时加戒备。方今强邻环逼，藩属倾危，岂可稍存侥幸无事之心。顿忘厝火积薪之诚"(《湘淮各军少裁长夫折》)。在他们的大力呼吁下，近代海军开始创建。

随着自强运动的开展，洋务派又进一步认识到了培养军事人才的重要性。李鸿章建议朝廷"专设一科取士"选拔精通技术的"制器之人"："欲学习外国利器，则莫如觅制器之器。师其法而不必尽用其人。欲觅制器之器与制器之人，则或专设一科取士。士终身悬以为富贵功名之鹄，则业可成，艺可精，而才亦可集。"(《致总理衙门同治三年》)洋务派创办了船政学堂等军事学堂，还先后派遣赴美幼童及官费赴欧留学生 200 多人。

奕　诉

同治五年八月二十八日总理各国事务衙门恭亲王等奏

臣衙门于本年七月初六日具奏直隶筹饷练兵事宜附片内，曾经奏明一切机器尤应设局募匠，先事讲求，或在都城，或在天津，派员专司制造，请一并饬议施行。本日军机大臣奉旨："览。钦此。"现在兵部会议章程练兵需用军器条内，亦有由直隶派员在天津设局制造之议。

臣等因思练兵之要，制器为先。中国所有军器，固应随时随处选匠购材，精心造作。至外洋炸炮、炸弹与各项军火机器，为行军要需。神机营现练威远队，需此尤切。中国此时虽在苏省开设炸弹三局，渐次著有成效，惟一省仿造究不能敷各省之用。现在直隶既欲练兵，自应在就近地方添设总局，外洋军火机器成式，实力讲求，以期多方利用。设一旦有事，较往他省调拨，匪惟接济不穷，亦属取用甚便。中国原不少聪明颖悟之资，特事当创始，不能不于洋人中之熟习机器者暂为雇觅数人，令中国人从事学习，务使该洋人各将优娴之艺，授以规矩，传其秘窍。该学习人等若能劳身苦思，究其精微，逐渐推求，久之即可自为制作。在我可收临阵无穷之用，在彼不致有临时挟制之虞。

臣等公同商酌，拟即在天津设局，总局专制外洋各种军火机器。或雇何项洋人作教习，或派何项员弁作局董，拣选何项人物学习，或聚一局、或分数局教习，学习人等名数若干，薪水若干，材料匠役及杂项用费若干，应由三口通商大臣崇厚悉心筹画，妥立章程，咨明臣衙门会商定议。其一切款项，即由三口通商大臣酌定支发，准于关税项下作正开销。设局以后，所有随时考试能否，以定优劣之赏罚，以示劝惩，亦应酌立定章。总期力求实效，尽得西人之妙，庶取求由我，彼族不能擅其长，操纵有资，外侮莫由肆其焰。（《筹办夷务始末（同治朝）》卷四十四）

请敕议海防六事疏（同治十三年）

恭亲王臣奕诉等跪奏，为海防亟宜切筹，武备必求实际，谨将紧要应办事宜，撮叙数条，请敕详议，以期振作，恭折密陈，仰祈圣鉴事。

窃查日本兵踞台湾番社之事，明知彼之理曲，而苦于我之备虚。据沈葆桢来函：谓见在兵端未开，澎湖、鸡笼等处，彼以避风为词，宜防而未宜遽阻。然见为筹防之计，购买铁甲轮船未成。李鸿章函述：曾致沈葆桢信，并令提督唐定奎，只自扎营操练，勿遽开仗。实以一经决裂，滨海沿江处处皆应设防，各口之防难恃，不得不慎于发端。虽累经奉旨严饬各疆臣实力筹备，而自问殊无把握。今日而始言备，诚病其已迟。今日而再不修备，则更不堪设想矣。溯自庚申之衅，创巨痛深，当时姑事羁縻，在我可即图振作，人人有自强之心，亦人人为自强之言，而迄今仍并无自强之实。从前情事，几于日久相忘。臣等承办各国事务，于练兵、裕饷、习机器、制轮船等议，屡经奏陈筹办；而歧于意见，致多阻格者有之；绌于经费，未能扩充者有之；初基已立，而无以继起久持者有之。同心少，异议多，局中之委曲，局外未能周知。切要之经营，移时视为恒泛，以至敌警猝乘，仓皇无备，有鉴于前，不得不思毖于后。见在日本之寻衅生番，其患之已见者也。以一小国之不驯，而备御已苦无策；西洋各国之观变而动，患之濒见而未见者也。倘遇一朝之猝发，而弭救更何所凭？及今亟事绸缪，已属补苴之计。至此仍虚准备，更无求艾之期。惟有上下一心，内外一心，局中局外一心，自始至终，坚苦贞定，且历之永久一心，人人皆洞悉底蕴，力事讲求，为实在可以自立之计，为实在能御外患之计，庶几自强有实，而外侮潜消。昔人云：能守而后能战，能战而后能和。此人所共知，而今日大局之万不可缓者也。臣等悉心公同商酌，谨将紧要应办事宜，撮叙数条，请敕下南北洋大臣、滨海沿江各督抚将军，详细筹议，将逐条切实办法，限于一月内奏复，再由在廷王大臣详细谋议。如臣等所拟各条，佥议相符，即应确切筹办，如各条外别具良策，亦即一并奏陈会议，均于议定后，请旨遵行。总期实备精求，务臻有济，以纾目前当务之亟，以裕国家久远之图。臣等幸甚，天下幸甚！所有请敕详议缘由，谨缮折密陈，并录臣等拟议各条，恭呈御览，伏乞圣鉴训示。

一、练兵。臣等于抚议初成，即有练兵之请。嗣于直隶请设六军，业经定议开办，无如有兵之名，无练之实，即踵事者力加整顿，亦骤难转弱为强。若求实在可御外患，事较办发捻诸贼为更难，兵亦较办发捻宜更精，陆路之兵，固须益加训练，外海水师，尤当亟事精求。各口岸固须设防，然非有海洋重兵，可迎剿，可截击，可尾追，彼即可肆然无忌，随处登岸，袭我之空虚，疲我以更调，使我有防不胜防之苦，应如何就水师原额，挑选精壮，及曾经制胜之洋枪队，练习水战，并酌募娴于驾驶、熟狎风涛之得力兵士，迅速成军，陆续扩充之处，由各大臣详议办法，务期药能对证，有备无虞。

一、简器。行军既尚火攻，水战尤难得手，若器先逊人，胜负可不战而决，各国所恃者，在枪炮之得力，日出日精，明知效彼之长，已居于后，然使并无此器，更何所恃！自庚申以后，臣等历与曾国藩、李鸿章、左宗棠、沈葆桢、丁日昌诸臣，及臣崇厚在三口通商任内，商明奏办，在津、沪、闽分设船厂机器局，令兵弁等肄习，亦渐有成效，虽较各国之技未逮，只有力求精进，万不可废于半途。见在急于成军，不能不购之外国，凡炮台及水炮台所需巨炮，应如何购办，水陆各军所用洋枪，应如何一律购用最精之品，及以后应如何自行铸造，精益求精之处，均各切实详议筹办。

一、造船。自各国有轮船，而中国所用旧式战舰，万难抵御，人人知之，臣等于闽省制造轮船一事，实因万不容缓，与各督抚往返筹商，奏明设局，由船政大臣经理。年来中国匠工，亦已明其规矩，可以自行制造驾驶，明知费用浩繁，及所制不及西人之精，局外亦颇有异议，甚且欲行停止，不知一经停止，则从前所费，俱归虚掷。且停止以后，更何从别求精进以资防御？而人之伺我正切，势又不能不办，是以定见坚持，未如所议，究竟中国海面，缉捕有时，盗氛久靖，及此次台湾番社倭人衅起，犹赖此稍有准备，我兵得以迅集，不可谓非制造轮船之效。惟既创立外海水师，见有之船，不敷应用，应如何添购各兵船及铁甲船，并以后自行制造扩充之处，均宜详议办法，实备切筹。至铁甲船，为屏卫全军、冲击敌军之具，即所谓水炮台，一军中应用若干船只，此项船只价值最巨。购买之资，如何厚集应用，如何用无虚糜？修船造船，如何添设船厂？该船吃水最深，各海口何处宜于停泊；外国如用此项船只乘我，又如何抵御？闻英国新制巨炮，能于数里外攻破铁船。此项炮位如何购备，如何演放？并购能载此项炮位之船只，及陆路安放此项炮位之炮台，亦宜逐一详议妥筹。若徒执舍短用长之说，以矛刺盾之喻，于事无济，转滋空谈，总以详细体会，力求实际为宜。

一、筹饷。以上各层，此时创立之需，日后久远之费，凡一切薪水教练之资，加给口粮之额，购船、造船、修船及军械、枪炮、火药、驾驶工食、日用、煤斤诸项，为数浩繁，非有大宗巨款，不能开办，非有不竭饷源，无以久持。臣等于同治五年奏明提出四成洋税，由户部另款存储，原以备不虞之用，无如历年以来，陆续借拨，所存无多，计开办所需，已不敷十之二三，亟宜破除成见，统筹大局，权衡利害，孰重孰轻。先筹目前开办经费，应用若干，即速集若干，此济急之用也。再于一切开源节流之计，悉力设法，凡可尽人力、因地利以裕国计者，专心悉虑，切实经营；期补挹注之急需，求充永远之支应，此经久之用也。两层均应详筹确凿办法，厚备坚持，不至半途而废，庶几应变有资，而历久可恃。

一、用人。以上各事，一不得人，均归虚费，然其误在于用非其人，而不在法之未善，不得谓事之不可为，应简派知兵重望、实心办事、熟悉洋情之大员，为之统帅，责成经理，及遴派得力提镇将领为之分统，均由各大臣实举所知，公议会推，奏请钦定。

一、持久。天下事，事前以为多事，事至苦于无及，及事之已过，又渐即因循，终等于具文。无事不然，而于用兵驭外为尤甚，方今大局攸系，莫如外患，御患之道，莫如自强；非局中、局外同心切筹，坚持定见，岂能有济？如此时果有直截易办之法，原属大快。今既不能，则凡属内外臣工，皆知此事为国家切要之事，即应皆知此事为分内宜筹之事，自当博采众论，集思广益，期于万全。设所见未能金同，斯阅时不免变计，与其半途中止，转不若不办之为愈。果其揆时度势，意见相同，均以为不能不办，则一经议定，开办之后，应如何一心一力，历久坚持之处，尤宜同尽公忠，永维大局。（《筹办夷务始末（同治朝）》卷九十八）

会筹海防购船疏（光绪六年）

和硕恭亲王臣奕䜣等跪奏，为会筹海防购船事宜，恭折密陈，伏祈圣鉴事。

窃臣衙门前因南洋海防经费，所储无多，请由出使经费项下，于两年内拨银四十万两，接济南洋购船之用。嗣因李鸿章奏遵议海防购船各节，复经臣衙门请将广东、福建、浙江、山东各省应购船只，敕下李鸿章一手经理，代为订办各等因。均于光绪五年十一月间，先后奏奉谕旨，遵照办理在案。查北洋海防，经李鸿章办理有年，规模粗具，南洋海口较多，日本擅废琉球，意存窥伺，防务尤为吃重。前次王大臣等会议筹备边防一折，亦以南北洋海防，应分别预为布置水陆各军，以期有恃无恐。臣等查陆军可辅水师之不足，而水师购买铁甲，经费既属不敷，只可先行置备蚊船，分布各要口，以联声势而资调遣。就大局而论，拟于北洋各口，分拨蚊船四只、碰船两只；南洋各口，亦须照北洋蚊船、碰船之数，扼要驻守。福建台湾，密迩东洋，另拟筹备蚊船四只、碰船二只，以壮声威。其余山东、广东、浙江等省，自行筹购各船，不在此列。北洋于上年业经购到蚊船四只，由李鸿章验收，并议购新式兼碰快船两只，已属总税务司赫德订办。南洋亦有先购之龙骧等四船，见复据署南洋大臣吴元炳奏报，已函商李鸿章，照样代购新式兼碰快船二号，惟龙骧等四船，闻须分别修理等语，奉旨着即赶紧办理等因。钦此。该大臣等当自钦遵妥办。福建应购船只，前据何璟等奏称，业经密饬司道，于应办海防各工程内，实力撙节，筹备蚊船两号之费等因。此外尚应添购蚊船两只、碰船两只，约共需银九十万两之数，前次王大臣会议折内，停后山之役，每年计可节省数十万两，惟经费虽有可筹，而凑集尚需时日，定购船只，又不可稍缓须臾。拟由户部查照王大臣会议所奏，于提存四成洋税项下，酌拨三十万两，交由李鸿章先行定购蚊船两只，以备分布闽省海口。其余六十万两，应请敕下福建督抚，陆续筹解李鸿章分期付给，至所购船只，来华尚早，管驾操练诸法，中国水师将弁，未能娴习，亟应筹划。上年七月间，赫德在臣衙门条陈试办海防章程，意在参用西人。臣等当经函商南北洋大臣，因沈葆桢以中外人员，共事不易，且以赫德揽权为虑，遂未定议。此次洗马张之洞片奏内称，天津虽购有外洋战舰，闻水手运用，犹未娴习，临战不足恃，教练海战，实是西人所长，赫德愿觅西士，助我教练海防，其说未尝不可酌采。但须权操自我等语。拟请敕下李鸿章即与赫德商定，将各省应购船只，迅由电报转寄外洋定购，应如何分起兑价验收，均由李鸿章妥速筹议。其管驾教练，如何兼用西人，并请敕下南洋大臣、福建督抚与李鸿章先事妥筹。缘防务刻不容缓，经费更非易筹，李鸿章熟悉情形，自必力任艰巨。将来各船购到，无事时合操分守，有事时策应调援，自应由该大臣会商南洋大臣及各督抚，随时酌量办理；总期缓急足恃，战守兼资，庶经费不致虚糜，而外侮或可抵御。所有臣等会筹海防购船各缘由，是否有当，伏乞圣鉴。（《中国近代史资料丛刊·洋务运动》第二册）

海防紧要疏（光绪九年）

和硕恭亲王臣奕䜣等跪奏，为海防紧要，宜悬近患而豫远谋，恭折仰祈圣鉴事。

窃法越之事，与球案、俄约不同，无论为和为战，为利为钝，必且常为西南边患；外侮既亟，海防不可稍疏；交、广水陆毗连，见已增兵严备，仍应俟彭玉麟、张树声等随时奏报军情，相机酌办。惟纵观沿海形势，北洋分守沽塘，略顾旅顺，而登莱之防尚虚；南洋兼筹江海，重扼江阴，而苏太之防稍阙。彼若舍坚攻瑕，我且支左绌右，似宜绸缪牖户，豫防未然。登莱之防，丁宝桢前奏宜趋重登州、烟台、威海三处，然该升抚亦仅在通伸冈等处筑立炮台，余则有志未逮，教练水勇八百名，经李鸿章檄调北洋，配入超勇、扬威两船，所购洋枪，均是旧式。嗣吴长庆到防未久，亦不能有所经营。见在东省水灾泛滥，度其兵力饷力，止能张皇补苴，断难布置周密。臣衙门反复代筹，登州本有镇将，不必增兵；威海本属隩区，犹堪扼险；惟烟台水阔沙平，商舶经行，久为洋人测伺，必宜添设重兵弹压。若吴大澂分扎滦乐，吴长庆远驻朝鲜，未可遽行撤调，应请敕下北洋大臣选定将领为简阅之师，少则四营，多则六营，扼扎烟台，与沽塘、旅顺犄角。左宗棠之防江，以白茅沙为扼要。查白茅港在昭文县东七十里，为苏常诸水出海要道，明代防倭，常设白茅烽堠，港外浮沙横阔绵亘，轮船扼守，地险而势亦稍孤矣。然海口可通江苏省城者，如刘河、如大钱泾、如徐六泾等处，皆距省百数十里，实亦防不胜防；而崇明尤孤峙海外，仅恃镇标，兵力单薄，一旦有警征调，难赴事机，必须豫筹备御。南省近设渔团，用以杜汉奸引水之弊，而收海滨制敌之奇，用意诚善。但渔船均系教民，临事实难倚仗。为苏省计，若择要增防，饷项必形竭蹶。若劝捐设练，民情更易惊疑，可否请旨敕下江苏抚臣卫荣光，以冬防为名，檄令沿海六七州县挑选民壮，约以一县三百人为率，筹拨洋枪子药教练，历冬春三五月，必能技艺熟娴，一律严整，无事则缉捕盐枭，有事则巡缉海口，各县唇齿接壤，联络易周，慎选廉能牧令，久任而责成功，饷不虚糜，民不致扰，或行之似有裨益。至太湖一带，盐枭枪匪，出没为害，虽海防无涉，亦必先事遏禁乱萌，临敌始无后顾，应严饬该抚招募枪船。查缉匪徒，化枭为良，以靖闾阎而谧湖海。至闽省远连粤海，近蔽浙洋，尤宜镇辖得人，以杜日本乘间窥伺。若疆吏徒以安静为治，而防务不甚讲求，恐海波偶扬，台、澎、厦、澳，尤不足恃。伏望朝廷垂念闽疆，或别简贤臣，或起用宿将，俾资镇抚。浙省则定海岛屿孤悬，乍浦口门深阔，并应与宁波、镇海设法严防，使苏、浙首尾衔接，以期巩固。前曾奉旨通敕，谅刘秉璋曾经战事，或能扼要妥筹，用纾宸廑。抑更有请者，海防之说，创自十年以前，中外纷如聚讼矣。然购船购炮，所费不下数千万，而临事仍无甚把握。防倭、防俄，所费亦不下千余万，而沿海仍无甚规模。疆臣以部臣惜费为解，部臣以疆臣浪费为辞，终之迁就因循，则臣衙门实执其咎，即众论不归咎于臣衙门，而臣等与于筹海之责，问心实难自安。窃谓臣衙门执事，以商防为两端，防务不能日强，商务必且日困，拟自今伊始，亟图海防，以规久远，为今日防法之虚声，即为他日防海之实用。经此次奏奉谕旨后，臣随时随事，切实讲求。查核沿海要隘，博考外洋船式，一面与户部议经费，与兵部议营制，与疆吏议将材，虽遽难立可大可久之规，亦当使成能战能和之局，庶几建威销萌，有备无患乎！是否有当，伏乞圣鉴。

（《中国近代史资料丛刊·中法战争》第四册）

曾国藩

复陈购买外洋船炮折（咸丰十一年七月十八日）

奏为遵旨筹议，恭折复陈，仰祈圣鉴事。

....

　　臣查发逆盘据金陵，蔓延苏、浙、皖、鄂等省。所占傍江各城为我所必争者有三：曰金陵，曰安庆，曰芜湖；不傍江各城为我所必争者有三：曰苏州，曰庐州，曰宁国。不傍江之处，所用师船，不过舢板长龙之类。其或支流小港，岸峻桥多，即舢板小划尚无所施其技，断不能容火轮船。想在圣明洞鉴之中。傍江三城，小火轮船尽可施展，然亦只可制水面之贼，不能剿岸上之贼。即欲阻其北渡，断其接济，亦恐地段太长，难于处处防遏。目下贼氛虽炽，然江面实鲜炮船，不能与我水师争衡。臣去冬复奏一疏有云：金陵发逆之横行，在陆而不在水；皖、吴官军之单薄，亦在陆而不在水。系属实在情形。

　　至恭亲王奕䜣等奏请购买外洋船炮，则为今日救时之第一要务。凡恃己之所有夸人所无者，世之常情也；忽于所习见、震于所罕见者，亦世之常情也。轮船之速，洋炮之远，在英、法则夸其所独有，在中华则震于所罕见。若能陆续购买，据为己物，在中华，则见惯而不惊，在英、法，亦渐失其所恃。康熙、雍正年间，云南铜斤未曾解京之时，皆给照商人，采买海外之洋铜，以资京局之鼓铸。行之数十年，并无流弊。况今日和议既成，中外贸易，有无交通，购买外洋器物，尤属名正言顺。购成之后，访募覃思之士，智巧之匠，始而演习，继而试造，不过一二年，火轮船必为中外官民通行之物，可以剿发逆，可以勤远略。谕旨期于必行，不得畏难苟安。仰见圣主沉几独断，开物成务，曷胜钦服。

　　至于酌配兵厂及统带大员，应俟轮船驶至安庆、汉口时，每船酌留外洋三四人，令其司舵、司火。其余即配用楚军水师之勇丁学习驾驶，炮位亦令楚勇司放，虽不能遽臻娴熟，尽可渐次教习。其统带大员，即于现在水师镇将中遴选。臣与官文、胡林翼商定，届时奏明办理。惟期内地军民，知者尽心，勇者尽力，无不能制之器，无不能演之技，庶几渐摩奋兴，仰副圣主深远无穷之虑。所有遵旨筹议缘由，恭折由驿复陈，伏乞皇上圣鉴训示。谨奏。（《曾文正公全集》奏稿卷十四）

同治元年五月初七日日记

　　早饭后，出城看升字右、后两营操演。旋拜客二家，巳正二刻归。见客二次，与筱泉围棋一局，与幕府诸君咽谈。眉生言及夷务，余以欲制夷人，不宜在关税之多寡、礼节之恭倨上着眼。即内地民人处处媚夷、艳夷而鄙华，借夷而压华，虽极可恨可恶，而远识者尚不宜在此等着眼。吾辈着眼之地，前乎此者，洋人十年八月入京，不伤毁我宗庙社稷，目下在上海、宁波等处助我攻剿发匪，二者皆有德于我。我中国不宜忘其大者而怨其小者。欲求自强之道，总以修政事、求贤才为急务，以学作炸炮、学造轮舟等具为下手工夫。但使彼之所长，我皆有之，顺则报德有其具，逆则报怨亦有其具。若在我者，挟持无具，则曲固罪也，直亦罪也；怨之罪也，德之亦罪也。内地之民，人人媚夷，吾固无能制之；人人仇夷，吾亦不能用之也。中饭后，写沅、季信一件。阅《水经》，与汪图校对潜水、涪水、梓潼水、阻水、南漳水、青衣水、延江水、油水、蕲水。清理文件，倦甚，小睡。见客一次。接雪琴信，知九洑洲于初三日克复。向师棣作策对甚佳，与之久谈。夜清理文件。温《古文·序跋类》。（《曾文正公全集》日记卷十）

复奕䜣（同治元年十二月初三日）

曾国藩顿首上书恭亲王殿下大人阁下：

十月十九肃复芜笺，嗣是三奉钧函，以前购轮船七只明春可到，预筹配勇节制及剿贼、进攻各事宜，训迪周详，佩仰无似！

尊处购买之意，不仅为剿办发逆而设，此诚思深虑远、开物成务之至计。某上年七月复奏曾言"恃己之所有，夸人以所无者，世之常情也；忽于所习见，震于所罕见者，亦世之常情也"。轮船之速、洋炮之利，在英、法则夸其所独有，在中华则震于所罕见，若能陆续购买，据为己物，在中华则见惯而不惊，在英、法亦渐失其所恃。即如洋兵初到上海，往往神奇其说，自退出青、嘉二城，内地人民始知洋兵亦有不可尽恃之时。如炮船竟能通行中国，则内地兵民或者尽释疑畏之心，徐求制胜之道，必收将来之效于无形之地。

至轮船用之长江剿办发匪，则地势不甚相宜。发逆之猖獗，在陆而不在水；官兵之单薄，亦在陆而不在水。国藩庚申十月、辛酉七月两次具奏，本年四月十九亦以此复陈左右。来示以剿贼应从金陵、九洑洲两处见询。

查金陵惟仪凤门一隅近临江水，其余三面距江尚远。城周百余里，若无三面陆师，则江上轮船尚难制其要害。九洑洲南面傍江，即仪凤门之对岸也，北面新开河不甚宽深，冬月水涸，已成陆地，与北岸之江浦、浦口并无阻隔。该处逆垒坚固，非有大队陆师，殊难环攻取胜：国藩六月十三呈复尊处一缄，亦曾略陈梗概。江面宽处数里，窄处不过二三里，轮船在江但能直行，不能横行，且行则瞬息千里，止则寸步难移。求其操纵运掉，左右盘旋，势有未能。若令驻泊洲前，与筑炮台于江中无异，不见其飞行之妙，反觉有板重之虞。即以开花炸炮攻之，此次雨花台被围，贼以炸弹打入官营，官军不甚畏怯；我军亦购炸弹打入贼营，贼亦不甚慌乱。今以新购轮船进剿九洑洲，实未敢信其确有把握。

承询地势情形，谨绘具粗图附陈台览。

至派配兵勇一节，赫税司单开兼用八旗及各省之人，稍嫌参杂，恐难浑融一气。上年七月复奏，曾言每船酌留三四洋人，其余配用水师勇丁，统带大员于水师镇将中遴选。顷据彭侍郎玉麟、杨军门岳斌咨送派出总兵蔡国祥一员，武官盛永清、袁俊等七员，即日当会同官帅专疏复奏。

此间自闰月以来，危险迭见，仰托圣主威福，金陵大营幸获保全。而皖北各城猝遭沦陷，宁国粮路至今梗塞。舍弟贞幹复病殁金陵，鲍军门新丁母忧。变故纷乘，竭蹶万状，昕宵负疚，惶恐曷胜！杨军门等因战事忙遽，所派蔡国祥等顷始送到。呈复稍迟，伏希鉴原。

赫税司自汉回沪，本月十九来营一见，谨遵来示，稍加优礼，比已解维赴沪矣。敬请钧安，伏惟垂鉴。曾国藩再拜。（《曾国藩全集》书信之五）

密陈购买外国船炮预筹管带员弁折（同治元年十二月十二日）

奏为遵旨筹办，恭折密陈，仰祈圣鉴事。

窃臣等承准议政王军机大臣密寄，同治元年九月二十九日奉上谕："总理各国事务衙门奏，购买外国船炮，明春可到，请饬预派将弁水勇，以备演习，并请妥筹配派各折、片。购买外国船炮，近以剿办发逆，远以巡哨重洋，实为长驾远驭第一要务。曾国藩前次复奏，有驶到安庆、汉口时商定奏办之语，第俟该船驶到再行商办，诚恐一时选派，难得其人，且停泊过久，难保洋人不另出主见，流弊不可不防。现在既据赫德呈称此项船炮明春可到，其单内所称轮船应派官兵及炮手、水手、水师等兵，并船上当差甚苦，须用健壮之人等语，虽较之上年所开之单尚为核实，惟是否应如此酌派，殊难悬揣。官文、曾国藩久辖南疆，见闻较稔，着即相度机宜，参以赫德之言，悉心筹酌，将应用将弁、兵丁、水手、炮手等人，于该船未到之先，一律配齐。俟轮船驶到，即可上船演习，免滋流弊。至酌留外国水手人等，多则经费太巨，少则教导不敷，应如何办理之处，并着届时与税务司等熟商妥办。其赫德单内有水手用山东人，炮手用湖南人，水师兵用八旗人之语，自系为胆气壮实及火器娴熟起见。惟因地制宜，仍在官文、曾国藩详悉筹办，务收实用。其应如何选派之处，即着迅速具奏。总理各国事务衙门折、片各一件，赫德呈单一件，均着抄给阅看。将此由五百里各密谕知之。"钦此。仰见皇上虑远思深，先事预筹之至意。

臣等遵即与侍郎彭玉麟、提督杨岳斌往返密商。适值金陵、宁国援贼大至，东坝抬来之贼船散布宁、太各湖，大港小汊，一片逆氛。水师上下防剿，数月以来，刻无暇晷。兹据杨岳斌、彭玉麟密复前来，查有统带巡湖营提督衔记名总兵蔡国祥，勇敢耐劳，久隶楚军水师，历著功绩而又籍属广东，易与洋人熟习，堪以统辖七船。又查有副将衔参将盛永清，参将袁俊，参将衔游击欧阳芳、邓秀枝、周文祥、蔡国喜，游击衔都司郭得山，年力精壮，向归蔡国祥节制，堪以各领一船。此外，水手、炮手、兵丁等项，据赫德单内所开人数，分列多寡，尚合机宜，应如所请办理。惟拟用山东、湖南、八旗人等，虽系因材器使，究嫌参杂不齐。

臣国藩去秋复陈一疏，有云轮船驶至安庆、汉口时，每船酌留外洋三四人，令其司柁、司火，其余即酌用楚勇。所有学习驾驶、司放炮位等事，应请即由蔡国祥于所部弁勇中预为派定，诱掖奖劝，以去其畏心；委任责成，以程其实效。始以洋人教华人，继以华人教华人，既不患教导之不敷，又不患心志之不齐。且与长江各项水师出自一家，仍可联为一气，不过于长龙、舢板数十营中，新添轮船一营而已，既见惯而不惊，自推放而皆准。

抑臣等更有请者，两湖水勇，能泛江不能出海，性之所习，迁地弗良，但可驶至上海，不能遽放重洋。本年二月间，经臣国藩据实陈明，旋奉寄谕："现筹购买船炮，本拟用于江面，并非施之海洋。"仰荷圣谟闳远，俯顺物情，宣示军中，咸知感激。倘蔡国祥经管之后，由楚勇而参用浙勇，参用闽、粤之人，由上海而渐至宁波，渐至山东、天津，亦未必终不可出洋巡哨，观政海邦。惟目下一二年内，则须坚守前约，不令放洋，俾臣等不失信于将士，庶几恩谊交孚，号令易行。区区愚忧，不得不重言申明，惟求圣慈鉴谅。所有遵旨筹办缘由，谨会同兵部侍郎臣彭玉麟、福建水师提督臣杨岳斌，由驿复陈，伏乞皇上圣鉴训示。谨奏。（《曾文正公全集》文集卷十七）

奏陈新造轮船及上海机器局筹办情形折（同治七年九月初二日）

奏为新造第一号轮船工竣，并附陈上海机器局筹办情形，恭折仰祈圣鉴事。

窃中国试造轮船之议，臣于咸丰十一年七月复奏购买船炮折内即有此说。同治元、二年间驻扎安庆，设局试造洋器，全用汉人，未雇洋匠。虽造成一小轮船，而行驶迟钝，不甚得法。二年冬间，派令候补同知容闳出洋购买机器，渐有扩充之意。湖广督臣李鸿章自初任苏抚，即留心外洋军械。维时，丁日昌在上海道任内，彼此讲求御侮之策，制器之方。四年五月，在沪购买机器一座，派委知府冯焌光、沈保靖等开设铁厂，适容闳所购之器亦于是时运到，归并一局。始以攻剿方殷，专造枪炮，亦因经费支绌，难兴船工。至六年四月，臣奏请拨留洋税二成，以一成为专造轮船之用，仰蒙圣慈允准，于是拨款渐裕，购料渐多，苏松太道应宝时及冯焌光、沈保靖等朝夕讨论，期于必成。

查制造轮船，以气炉、机器、船壳三项为大宗。从前上海洋厂自制轮船，其气炉、机器均系购自外洋，带至内地装配船壳，从未有自构式样造成重大机器、汽炉全具者。此次创办之始，考究图说，自出机杼。本年闰四月间，臣赴上海察看，已有端绪。七月初旬，第一号工竣，臣命名曰恬吉轮船，意取四海波恬、厂务安吉也。其汽炉、船壳两项，均系厂中自造。机器则购买旧者，修整参用。船身长十八丈五尺，阔二丈七尺二寸。先在吴淞口外试行，由铜沙直出大洋至浙江舟山而旋，复于八月十三日驶至金陵。臣亲自登舟试行至采石矶，每一时上水行七十余里，下水行一百二十余里，尚属坚致灵便，可以涉历重洋。原议拟造四号，今第一号系属明轮，此后即续造暗轮。将来渐推渐精，即二十余丈之大舰可伸可缩之烟囱，可高可低之轮轴，或亦可苦思而得之。上年试办以来，臣深恐日久无成，未敢率尔具奏，仰赖朝廷不惜巨款，不责速效，得以从容集事，中国自强之道，或基于此。各委员苦心经营，其劳勋亦不可没也。

溯自上海初立铁厂，迄今已逾三年，先后筹办情形，请为皇上粗陈其概。开局之初，军事孔亟，李鸿章饬令先造枪、炮两项，以应急需。惟制造枪、炮，必先有制枪制炮之器，乃能举办。查原购铁厂，修船之器居多，造炮之器甚少。各委员详考图说，以点、线、面、体之法求方圆、平直之用，就厂中洋器以母生子，触类旁通，造成大小机器三十余座。即用此器以铸炮炉，高三丈，围逾一丈。以风轮煽炽火力，去渣存液，一气铸成。先铸实心，再用机器车刮旋挖，使炮之外光如镜，内滑如脂。制造开花、田鸡等炮，配备炮车、炸弹、药引、木心等物，皆与外洋所造者足相匹敌。至洋枪一项，需用机器尤多。如辗卷枪筒，车刮外光，钻挖内膛，旋造斜棱等事，各有精器，巧式百出。枪成之后，亦与购自外洋者无异。此四五年间先造枪炮兼造制器之器之情形也。

该局向在上海虹口暂租洋厂，中外错处，诸多不便，且机器日增，厂地狭窄，不能安置。六年夏间，乃于上海城南兴建新厂，购地七十余亩，修造公所。其已成者，曰气炉厂、曰机器厂、曰熟铁厂、曰洋枪楼、曰木工厂、曰铸铜铁厂、曰火箭厂、曰库房、栈房、煤房、文案房、工务厅暨中外工匠住居之室。房屋颇多，规矩亦肃。其未成者，尚须速开船坞以整破舟，酌建瓦棚以储木料，另立学馆以习翻译。盖翻译一事，系制造之根本。洋人制器出于算学，其中奥妙皆有图说可寻。特以彼此文义扞格不通，故虽日习其器，究不明夫用器与制器之所以然。本年局中委员于翻译甚为究心，先后订请英国伟烈亚力，美国傅兰雅、玛高温三名，专择有裨制造之书，详细翻出。现已译成《气机发轫》《气机问答》《运规约指》《泰西采煤图说》四种。拟俟学馆建成，即选聪颖子弟随同学习，妥立课程，先从图说入手，切实研究，庶几以理融贯，不必假手洋人，亦可引伸，另勒成书。此又择地迁厂及添建翻译馆之情形也。

兹因轮船初成之际，理合一并附奏。该局员等殚精竭虑，创此宏规，实属卓有成效，其尤为出力各员，可否吁恳天恩给予奖叙，恭候命下遵行。如蒙俞允，臣当与李鸿章、丁日昌酌核清单，由新任督臣马新贻会奏。所有新造第一号轮船工竣，并附陈机器局筹办情形，谨会同湖广总督臣李鸿章、江苏巡抚臣丁日昌恭折具陈，伏乞皇太后、皇上圣鉴训示。谨奏。（《曾文正公全集》文集卷二十七）

李鸿章

代奏丁日昌议复海防六条折（光绪元年正月十九日）

奏为据情代陈，仰祈圣鉴事。窃上年九月间，钦奉上谕：总理各国事务衙门奏海防亟宜切筹，所陈练兵、简器、造船、筹饷、用人、持久各条，均系紧要机宜，着详细筹议办法复奏。此外别有要计，亦即一并奏陈等因。钦此。臣当即依限详议复奏在案。因思前江苏巡抚臣丁日昌随办洋务有年，熟悉机宜，究心时事，曾密钞总理衙门原奏六条，函嘱该前抚妥议切实办法，以为集思广益之助。兹接据丁日昌上年十二月初三日自广东揭阳县原籍来函，并寄呈逐条议复折稿，请据情代奏前来。臣思整顿海防为军国要政，该前抚既有所见，未便壅于上闻，谨照缮丁日昌议复六条清单，恭呈御览，伏乞皇太后、皇上圣鉴。谨奏。

◎附

谨将丁日昌议复总理衙门原奏，紧要应办事宜逐条切实办法，录呈御览。

丁日昌议复总理衙门海防原奏条陈

一、练兵。原奏称，陆路之兵固宜益加训练，外海水师尤当益事精求。各口岸固须设防，然非有海洋重兵，可迎剿，可截击，可尾追，彼即可随处登岸，使我有防不胜防之苦等语。是所注意者，在于要口设防，不效从前零星散漫，即兵法所谓"致人而不致于人"之意。查十余年来，泰西凡三大战：一曰英法助土攻俄之战，开衅之初，英法即以重兵守黑海口，使俄不能出入，其后俄卒求成于英法。一曰花旗南北之战，开衅后，北花旗即将所有兵船驶往南花旗，各海口全行堵塞，俾不得乞援邻国、购办战械，南花旗卒致歼灭。一曰布法之战，布人自闻法国动兵，即将通国劲旅，先堵礼〔札〕吴河口，而法亦卒为布所困。即如中外用武以来，兵非不多，饷非不足，然彼族不过数千人。今日扰粤，而粤之全省疲于奔命矣；明日扰闽，而闽之全省疲于奔命矣。我则备多力分，彼则择瑕而蹈，是皆未练重兵屯扎、徒蹈处处设防之弊，故致此也。外国之有战事也，力与力相敌，则器精者胜，器与器相等，则先下辣手者胜。故今日择要练兵，以备攻剿尾击之用，尤不可须臾缓矣。今以天下大势言之，法国占据安南之胥江及南三省，既与我广西、云南、贵州之边境毗连；英国占据五印度，既与我云南、四川之边境毗连；俄国染指新疆，联络回部，已与甘肃、陕西之边境毗连；其占踞黑龙江以北者，又且与我盛京等处边境毗连。至东南七省之逼近海洋，为洋舶所可朝发夕至者，又无论已。从古中外交涉，急于陆者恒缓于水，固未有水陆交逼，处处环伺，如今日之甚者也。然以理与势揆之，凡外国陆地之与我毗连者，不过得步进步，志在蚕食而不在鲸吞。其水路之实逼处此者，则动辄致我要害，志在鲸吞而不在蚕食。故东北为最要，东南与西北为次要，西南又次之。此四要者，若分别缓急，选练重兵，水则首尾互应，陆则各自为战，庶几渐息乎敌人觊觎之心，或有可稍固吾圉之一日也。中国旗绿各营，数非不多，然口粮太薄，器械太窳，断难恃以制敌。年来虽有减兵增饷之议，而饷数仍薄，汛兵未裁，终难化散为整，彻底改观。臣在江苏时，曾将抚标数营旧兵，一律裁汰，易以新勇，撤去汛地，改操洋枪洋炮，当时舆论颇碍撤汛之难，经臣密奏，以和议不可长恃，自强必须早计，仰蒙圣恩特允照办，迄今并未闻汛地撤后稍有流弊。若使各省均以勇易兵，减额优饷，分别练为炮队枪队，虽不必增饷增费，而十万劲兵，固既星罗棋布，而其要则在于裁汛并营。盖分汛则兵断不能练，不练则虽优饷减额，而兵何自而精乎？至于各省沿海水师，但知安泊内港，不能拒御外洋，积习之深，非一日矣。然使水师即精，而所用乃艇船旧炮，则仍以卒予敌也。沿海渔人蛋〔疍〕户，熟悉风涛之险者，其根柢较内地之兵为能耐劳；次则挑选旧存水师之得力者，易其船械，勤其操演，教以测量规算，试以沙线潮汐，使其常以水为家；而且当令沿海全洋，统筹兼顾，不可稍分畛域。何则？风涛驰骤，一息百里，若分各省疆界，则彼此推诿，寇盗终无殄灭之日。故化散为整之法，不特陆师宜然，而水师尤为切要。日本弹丸小岛，不过夜郎靡莫之伦，而年来发愤为雄，变更峨冠博带之旧习，求师法轮船飞炮之新制，其阴而有谋，固属可虑，其穷而无赖，则更可忧。以北境之塞希伦地与俄，而日俄之交固。用李太国开火车铁路，而多借英国之债，其国主常见英使巴夏礼与之潜谋密计，而日英之交固。用黎展达密查台湾情形，资为指臂腹心，而日美之交固。彼其低首下心，沁沁倪倪，以求悦于各国者，岂有他哉？盖其觊觎台湾，已寝食寤寐之不忘，中国倘弃之如遗，固既从心所欲，万一势出于战，则有交谊各国，为之解铃说合，不致能发而不能收。此其所以敢肆然无忌，快志于一逞也。臣任江苏藩司时，曾于议覆修约条内，陈明日本阴柔而有远志，中国所买枪炮，皆彼国选余之物，宜阳与之好，而阴为之备。其时李鸿章深以臣言为然，当即代为密陈。今日本虽小有所偿，然彼之所费，既不啻十倍之数，况死于是役者，复五六百人，万一他日复借端发难，以数舶横亘于黄海、黑冰洋之间，则津沪之气不通，事事为之棘手；而台湾之患，犹其小而缓者也。故今日驭远之法，内则力图整顿，不可徒托空言；外则虚与委蛇，不必稍涉虚憍；不惟与泰西各国开诚布公，示之以信，即日本亦且暂事羁縻，使目前不致决裂，俟我水陆各军均既精练，自可潜消其窥伺之心。万一不能，彼出于骄，而我应之以正，亦为薄海之所共谅。此练兵之当务速务实，不可得过且过者也。

一、简器。原奏称凡炮台及水炮台所需巨炮应如何购办，水陆各军所用洋枪应如何一律购用最精之器，及以后应如何自行铸造，精益求精之处等因。查外洋火器，至今日如此之精，非惟唐、宋、元、明之所未有，抑亦尧、舜、禹、汤之所不及料。总理衙门所称，知效彼之长，已居于后，然使并无此器，更何所恃？诚为洞见症结之论。惟火器一项，不外炮枪火箭等物，有宜于攻者，有宜于守者，有攻与守并宜者。英国之大炮，有曰阿勿斯郎，有曰巴留西，有曰安司脱浪，有曰回得活特。法国大炮，曰墨迭儿鲁士；布国大炮，曰克虏伯；美国大炮，有曰巴勒得，有曰回得卧得，有曰布鲁嘎斯，有曰德里氏嘎。盖诸国之炮，以阿勿斯郎、德里氏嘎为最大，以克虏伯、布鲁嘎斯为最精。大者吃子至六百磅，闻其铸造时，内用生铁，外套熟铁，钉以螺丝，既成之后，多用火药轰放，使内外二层涨力匀透，生铁与熟铁相切已紧，然后以之施用。阿勿斯郎，在其本国购买，须一万九千圆，买价既大，即运费亦当不轻。精者二十四磅之弹，能与百磅弹同其锐力。从前炮后开门，仅用左右双劈，近则用整块圆劈，又用药演放千数百次，腹内始加钢圈钢底，弹则加以铝壳，比膛略大，炮腹有螺旋三十二转，必使弹由腹中相荡相摩，宛转而后出口。此涨力之所以加大，速率之所以加快也。但无论如何大炮，其命中须在一里内外，过远则弹子本体之坠重力，与空气之阻拦力，皆足以累之，恐攻坚不能有劲矣。至美国之格林炮，管多放速，有同鱼贯蝉联。布国之连珠枪，两人肩负而行，若中国之抬枪，一分秒〔秒〕可放数十次，亦为陆战行营之所必不可少者。或欲击近，则用马口铁盒，实以群子，以漆固之，出口后亦能四散扑人，如风雨之骤至。但须圆滑合膛，方能得力。其欲越山越城而击不能望见之物，则用十五寸径口以上之磨打炮，昂其首，而用高孤之度，自上而下，可以炸物焚营。南花旗炮台，为北花旗所毁，多受此种炮子之害。至洋枪一件，外国不三十年而已屡变其制，初用火石引火枪，继用钢夹引火枪，最后以来福枪为第一等。自南北花旗交战，北花旗始用林明敦枪，南花旗始用果伦比枪。自布法交战，法国始用筛师拨枪，布国始用尼一根枪。经一次之战争，则必增一番之惨酷。造物至此，亦几无以供其雕镂。其枪腹皆有来复，类皆从后门进子，循环迭放，无坚不摧。然而机簧太繁，用久则渐失其挺力，而不能尽如人意，而且铜卷子药，购觅艰难，子罄则枪为废物，故只能用于临阵，操演则只可仍用旧枪。其抵御马队，则用能炸之火箭。倘两军相接，我占顺风，则用喷筒毒药以迷敌目，使其洋枪不能施放。器械既利，则又在平时心定与手熟矣。总之，机器及前敌之军械，必须精于腹地各省，庶得以重驭轻之法。至于炮台，则宜建于地险水曲，敌船必宛转而后能驶行者之处，方能使敌船多受数炮，又可从前面后面为通行之围；若台设于水路径直之地，则敌船瞬息即过，岂能炮炮中其要害？北海惟大沽之水道最曲，大江自镇江以下，惟金山前水势回环，均可建筑炮台，焦山四面受敌，似不如也。造台之法，极内一层，须用灰墙，外墙则用砖石不如用三合土，其厚总须在二十尺以外，高低则视地势低昂，及水路之中偏，护墙必须成交角，而不可成正角，斜至五股之一勾，敌炮若来，自可斜拂而过，不致显与为抵。其炮位台火药仓上，必设太平盖，以御自上而下之炮子，下必设高阳堆，以御横扫之炮子，其最下层之地隧，必须加筑坚固，四面俱通沟外之小炮台；大沙堆亦必须迤逦照应，即使敌用陆兵闯入，尚可侧轰横截，然而北花旗之铁甲船为南花旗炮台之炮所轰伤者仅三只，为水雷所轰沉者十余只，盖专用炮台，而无水桩、水雷、浮坝等物阻于前，则炮台断不能得力，而敌船之游驶，可以自如而无忌。若台中大炮，则自六百磅以至二十四磅之炮，无不可用，惟放炮地步愈宽，则愈可转移，愈密则愈受敌弹，此在位置者先事之绸缪，与临时之变通耳。外国寓兵于工，即寓工于士，故制造与行兵，概可归于一贯，中国两离之则两缺，此其所以不能以格致为自强之本也。若夫机器局之设，必须在煤木麇集，五金易采之处，尤为便易。江西之鄱阳湖边有数大岛，山阻水环，敌舶所不易入；而南赣汀、建之水，亦可乘涨而至，上达楚蜀，而下逮皖吴，于此建一大机器厂，气易通而料易集。臣上年曾以此事商之曾国藩、李鸿章，皆以为然。只以无费而止。今机器之设，事方经始，有进境而无止境，若精华全在海滨，势同孤注，万一彼族变生不测，先下辣手，岂不深费经营？是则欲制器又必先觅制器之地，为尤切而且要者矣。

一、造船。原奏称创立外海水师，应如何添购各兵船及铁甲船、水炮台，应用若干船只，该船吃水最深，各海口何处宜于驻泊，如何抵御，如何攻破，逐一详议等因。查外国前十余年新闻纸，即有云：中国自唐虞用木船荡桨，至今数千年，仍是木船荡桨，可谓永远执守古法等语。盖所以讽之者，傲矣。《易》曰：穷则变，变则通。战国杜挚有言曰：利不百，不变法，工不十，不易器。盖及今而能变，则尚有可通之日，及今而不变，则再无可变之时。外国之铁甲船有数等，其最上者，中用橡木与黄松木，外加极韧而有大凹凸力，全无炭质之熟铁板五层，每层约厚四寸，层层用螺丝钉嵌，凡遇船中吃力之处，则铁板加层加厚，盖铁甲数层相合者，炮子难穿，独层厚铁者，炮子易穿也。铁板之下，必用坚木以为之垫，有厚十二寸者，有厚八寸者，方可稍减敌弹震动之力，而又嵌铁弹于木垫之内，使不穿透。其最大者，机器力量有一千五百匹马力，吃水太深，中国口岸内，恐无此深水之港，难以购用。今年英国驶乘换仁刁之铁甲船约八百匹马力者，用之于中国洋面，最为合式，若如日本所购之铁甲船，本系木质，不过上面蒙以三四寸之铁，仅有二百八十匹马力，船下吃水之处，亦全无铁。若以两枝半桅之结实夹板船，乘风撞之，自必震动松裂，非真铁甲船也。购买之价，视船之精粗、大小、厚薄、新旧及马力多寡、机器锅炉之灵便结实，往往有价贱于兵轮船者。大约上与中之铁甲船价，总在十万镑以外、二十万镑以内，每百镑又须加船油杂费十二圆半。若托洋人辗转购求，必致误购木质之蒙铁者，不如选派熟悉船务、结实可靠之委员，分往外国船厂，托其制造，一面带同中国制船驶船之人，前往认真学习，俟其造成，中国工人，亦可习焉而化。大约英、美、法、丹各国船厂，每厂各宜定造一船，成后再行考较优劣贵贱，以为委员之赏罚，方不致虚糜巨款，现在英国有大小铁甲船五十四号，法国有大小铁甲船六十二号，俄国有大小铁甲船二十四号，美国有大小铁甲船四十六号。其间以木船旧质外蒙铁甲，借为虚声者，亦属不少。中国洋面延袤最宽，目前大小铁甲船极少须十号，将来自能创造，极少须三十号，方敷防守海口以及游历五大洲保护中国商人。至停泊铁甲船之处，固须水深，然海底必须硬泥之质，庶受锚能牢；若软泥质，则起锚艰难；沙质则锚易走动；石质及蛤壳质，则不能受锚。中国极好锚地，以香港为最，盖上有重山回护，可以避风，而下则水深二三十拓，不致过浅过深，今已归之英人，亦无庸议。北海辽东之老铁山前后以及褡连岛、长子岛等处海面，全是泥质，水深二三十拓不等，直隶、辽东二海，大风不越十二时，虽无山势挡阻，亦属无妨。此间似可泊铁甲船二三号，距大沽南炮台之南高墩约八里以外海底泥质，此间似可泊铁甲船三四号。东北海有此数船，首尾相应，则津沽、山海关、鸭绿江之门户可固。惟十月水浅以后，须将各船移泊烟台，以资活动。烟台港外，有崆峒列岛，可以遮护风力，海底亦是泥质，似可泊中小铁甲船一二号。扬子江口崇明山之南面，水深二三十拓不等，惟海底软泥居多，中亦有泥沙相合者，可以抛锚，此间似可泊铁甲船二三号，上以通津沪之气，下以保太平洋万里之安。台湾北面，距日本之九修岛为直线，一苇可杭，似宜泊铁甲船二三号，以固东南枢纽。但台湾东北海面水势为吕宋诸山所束缚，波涛最险，不如泊于澎湖、渔翁二岛之间，抑或鸡笼港等处，既易运煤，锚地亦尚稳妥。广东虎门，水非不深，而海底不平，且一与诸国有事，即不能驶出香港，与东北洋诸铁甲船联络照应，资首尾之互击，似只可泊铁甲船一二号，以为自固之用。其铁甲船攻破炮台之法，在八百丈以内者，可用八寸径以上之螺丝炮，配以实心实弹，专指台角一处，层放迭击，不可忽东忽西，俟有倾圮之形，然后自上而下，递击递低，其台墙自必渐裂、渐离卸矣。其十五寸以上之么打炮炸弹，则用以仰攻台中之火药仓、太平盖，使其延烧，台兵自无站足之地，而船中人抽配陆兵，为常行垒以逼之，敌人接济一绝，有不涣然瓦解者乎？其铁甲船自卫之法，倘遇两岸有林木之处，船桅必多挂树枝，使敌人不能辨识，所有锅炉气贯机链，两边必护以沙袋，外面必蒙以铁链，使之往复回环，又以大绳结网为外层遮蔽，使之以柔克刚。倘遇敌之铁甲船冲撞势猛者，搩柁偏左偏右以避之。势相等者，急转船首铁冲，先撞其腰，又以船首衔四五丈之长木二条，作叉形，外蒙以网，下以重物坠之，则可以收取前阻之水雷等物，俾免为所触击。其攻破铁甲船之法，一曰大炮，须用实心尖弹，自二十四磅以至六百磅，愈大愈为得力。其弹体一为嘴弧，二为圆锥形，三为圆柱形，四为平圆底。开炮之时，先应计其速率；三千步内，定其准点于船头；三千步外，则定准点于求到之处；及其尤近，又必须炮炮击其火药仓，及锅炉、蜗轮、汽机、搩柁之处，则一炮胜于十炮。至炮中火药，宜用近日布国新制之药饼，则始能速率稍减，又免炸裂，末速率倍增，铁甲可以直透。一曰水雷，用生铁铸壳厚约半寸，用药自五十磅以至百余磅，以距水面深浅为用药之多寡，水深者用电线引火之雷，水浅者用磨而发火之雷。下系之锚，其重必须比雷七倍，倘以木桩系之，尤为定而有准，若紧靠船底轰发，虽极厚极坚之铁甲船，无不裂而沉者。倘在船之前后左右轰发，则有沉有不沉矣。惟用于外海，则烟水渺茫，万难恰值敌船一定往来之道，而且自铜山以至沈家门，潮信过大，自七尺以至二十一尺不等，水雷放低，则潮涨时相距二丈有余，虽触发不能有劲；若放高，则潮落时适为敌人所窥见，更为无济；虽用活机以俯仰之，而高下悬殊过甚，终难得其定力。若能用于内港河道稍窄之处，分挡排如雁行，虚虚实实，以标识之，则敌船防不胜防，必疑而自退。其顺风力、水力飘动之水雷，或用机器自行之水雷，敌人用长杆一拨即开，难以有准，亦有船装水雷，以机器在水底行走者，然难以对准敌船，本船亦多先受危险，似不可用。若用须以小船，小船以垫垫桨使无声响，船首以长竿系水雷，黑夜用猛力送至敌船之下，自可轰破。此外国在大洋相持时，亦偶有用之者。一曰水炮台。有在水面浮洲，用坚木排列成格，而外以沙土为垣者，此为定炮台；有下系重锚者七个，中用铁链缠于木桩者，此为活炮台；有用四千吨之铁船，配极重之大炮，中用机器自行，遇铁甲船过，可以自后通行打之者，此为浮炮台。此三种炮台，有用大炮六门者，有用四门、二门者，即使击铁甲船得力，而势同孤注，故所用皆系光膛大炮，螺丝贵重之炮无用之者，恐一旦同归于尽也。近时法国比伦，又以熟铁皮为极大之浮标，其形为扁椭圆体，共重三万吨，比铁甲船加倍；其标留三孔，锚链即从三孔而出；其分隔之舱，共有一万八千个，均无漏水之门，故不漏气与水，虽使铁甲船用力冲之，亦不易沉，似较水炮台稍为得力。然费重运难，不如多造水雷，而有实济也。一曰火筏。中用铁仓，实以火药，外用触火之物，筏见于水面者极小，乘风乘水，送至铁甲船边，机器一发，药仓炸裂；北花旗之铁甲船，亦有为此种火筏所冲毁者。至于气球、电线，皆行军必不可少之物，自应分别购制，方不致临渴掘井。以上各项船械，购买之值，贱于自制者数倍，然若不一面购买，一面制造，则始终受人把持，终无自强之日矣。

一、筹饷。原奏称以上各层，此时创立之需，日后久远之费，非有大宗巨款，不能开办，非有不竭饷源，无以持久等因。查各条办法，只陆营改兵为勇一层，就原有之饷，选新练之兵，但费训练工夫，不必另筹口粮。其军火一切，或酌用前敌所舍旧枪，或酌给次等新枪，似尚系无须大宗巨款外，其炮台、铁甲船以及要口防兵新枪、新炮、水雷、炮台等物，并制造一切经费，将来持久，固非数万万金不能，即此时开办，亦恐非千余万不可。从前总理衙门奏提四成洋税，原为绸缪未雨而设，未知现存尚有若干。各省厘捐、醝榷、落地税，若能结实整顿，归为画一办法，岁入当可稍盈。其两淮之商捐，广东之河田，或亦可酌筹一二，余则惟有如原奏所称，尽人力，因地利，开财源，节财流而已。丝、茶二者，中国大利之所归也，今仅浙、闽数省，种植得法，若能于地气不甚寒冷之省分，一律劝植桑茶，多出一分之货，即可多增一分之税。洋人呢布，皆从中国买丝棉而成之者也，往来越海洋十余万里，而犹有余息，若中国自行仿造耕织机器，则丝棉无自外求，深耕可尽地利，不惟百姓可免饥寒，而利权所入，当益饶矣。五金煤铁各矿，西班牙、布鲁士、英、俄、新旧金山等处，岁入何止千万？中国地大物博，为五大洲第一繁盛之区，此等金宝之气，岂

终能秘而不宣？西人之精于化学者，凡见石面上有青黑花形，及平地隐隐
有一条凸起如山，或有一条凹下如涧，或其地草木独异，则其下掘至三四
丈深，必有五金之矿。又其下小石之与大石不相附丽而自成一色者，西人
谓之果唔。若能分别其脉络，而以水银灌之，则果唔中皆有金可取。闻仿
造自来火之草木质、金石质者，云南与印度接壤之处最多，似可令谙化学
之人，分别前往采觅。四川盐井之有煤油者，若用机器挖通，亦可沺注不
竭。磁州、平陆、大同、太原、米脂等处，皆煤多而佳；传闻潍县、莱芜
等处，皆有煤而块亦大；镇江之东南山，煤铁五金，似皆可采；浙江之金
华、福建之永定，则有煤井。至于铁，则各省产者尤多，而且产煤之处，
皆多产铁。广东之芝麻铁，尤有韧力，而炭质亦少。台湾北路一带，田地
最饶，自崇文山后与菖乌厅毗连之处，高山旷野，纵横千里，生番野性，
醒则如人，而醉则如兽，本万难就驯，然趁此恩威并用，随时招抚，以生
化熟，或亦是一机会。台地每年出乌龙茶十数万箱，皆此间附近所产，而
良材大木为尤多，五金、煤炭之矿定亦不少。若设一大机器厂及大船厂于
此，当可取不尽而用不竭。闽、粤人之佣于彼路者，无一生还，若招以屯
田开矿，利窦日开，生聚自可日盛，数十年后，意可另设一省于此，以固
夷夏之防，以收自然之利；且木料、五金、煤铁等项，非特利源所系，亦
军事胜败所关。法国战船十倍于布，而平时未及多储煤炭，战事开而始购
用，各国遵照公法之例，不许售卖，法国以此竟为布人所败。故开矿一层，
尤为目前军事、饷事之第一要务矣。至中国人之商于外国者，以新旧金山、
新加坡为最多，生意亦最大，若设领事官，及派铁甲船以保护之，则抽其
货厘，亦可为供给该船之费。若夫鸦片一项，漏卮尤甚，每年丝茶所入之
款，仅足抵鸦片所出之数，即不能禁彼之不来，亦当设法维持，使销售之
渐少。查官与兵二项吸烟者，本已有禁，自当认真申明旧例，有犯必惩。
至绅袗及士农工商之吸烟者，拟限五个月全戒，不戒者不加以罪，但别其
籍入瘾，附于娼优隶卒之后为五等，合家不得请封，子孙不得应试为官。
夫不加罪名，则无书差需索之扰，列入贱籍，则有家人父子极力劝戒，自
行严禁之益。但禁有用之人吸烟，而不禁无用之人吸烟；又但禁吸食之人，
而不禁贩卖之人，则彼族亦不得责以违约，向我纠缠。除官与兵二者，由
大吏自行查禁外，其绅民限期，似可由督抚选举公正绅士，会同州县设局

办理。限满之后，临时再酌予展限一次，应入瘾籍而不入者，许旁人揭告，分别妥办，仍多贴戒烟良方，以资挽救。若虑骤然行此一事，或致借口，则各省百姓服鸦片自尽者，无日无之，疆吏借此撮举数端，恳请通饬办理，以重民命，似亦不为无因，且英国为弛禁黑奴之事，捐银千余万，以成善举，今以毒物贻害中国，自问想亦不安。似可一面遣公使与该国主及上下议院，婉词理论，耐心坚持，但求异日之有济，不望速效于一时；并由商民常刻洋字新闻纸，公布各国，诉以中国受鸦片之毒，为至惨至酷。英国内虽重利，而外亦好名，或不至漠然无所动于中也。抑或由公使携带桑、茶种各若干，赠其国主，劝令将印度种烟之地，试种桑、茶。彼以毒物来，我以善物往，或可使之内愧乎。至禁未净绝之前，中国自出罂粟，拟当稍减税厘，使内地之烟，贱于外来之烟，则彼烟销滞本亏，更可望其日来日少。若不禁吸者、贩者，而徒禁内地之种者，则内地少种一分，即引外国多销一分，中国货财亦即多耗入外国一分。是虑猛虎之噬人，而又惜其不能飞，而傅之以翼也。沿海旧有水师，裁后所有口粮船费，即可津贴新创之水师。其旧日水师大小官员衙署，均设在内地人烟稠密、可以收费之处，若一律变卖充公，似亦不无小补，且可杜绝水师永远不致居陆之弊。陆地设电报，其费减于海者十之七。若择陆地紧要繁盛近海之处，先设公司汉字电报，一可通军情，二可收信资，三可减驿费，似亦不为无益。况洋人沿海已设英字电报，我仍置而不设，则是我一举一动，外人瞬息得而知之；外人一举一动，我终久不得而知也。陆路电报已通，则海中电报，销路必滞。然后由中国承充，亦准外国附递信息。但须一律改为汉字，令通事译以授之，似亦杜渐防微之道。此外复设立公司银行，凡官民公私，皆得入股，以通天下之有无，以报随时之贴息。将来开矿一局，亦即从此公司生根。银行一设，则银纸可以通用，如古者钞票之类。开源之端，孰大于是？至目前之轮船招商局，则损外益内，最为有益大局之举。尚宜扩而充之，使可由近而远。铁路亦将来之所不能不设者，否则恢复新疆，转运艰苦，抽调兵勇，行走岂不迟延？但此则须设在我海防已有可恃之后，方不致为他人所揽。以上各层，皆有关于人力地利、开源节流之大者，惟宜行之以渐，持之以恒。购造最縻巨款，不可用同泥沙；矿务最易扰民，不可出以卤莽。用财者苟诸事一秉至公，丝毫不存意见，将见天下变通，地不爱宝，而国用无虞匮乏矣。

一、用人。原奏称以上各事，一不得人，均归虚费。然其误在于用非其人，而不在法之未善，不得谓事之不可为等因。查练兵、简器、造船、筹饷，皆可筹切实办法。惟用人难得切实办法，而洋务用人，尤难得切实办法。何则？用人而求切，则泛者疑矣；用人而求实，则虚者怨矣。欲求所以用人，先求所以知人。至于洋务，则尤为丛污群垢之所归。当波澜骤起之时，如捕恶蛇，如御洪水，不知费几许经营，而后不致决裂，乃不责其平时之不能自强，而诟其临事之不能一掷，以父母清白之遗，终日与异类往返酬答，舌敝唇焦，转使千秋万古，蒙一不韪之名，有志之士，如之何而不去之若浼乎？总理衙门原奏所称，同心少，异议多，局中之委曲，局外未必周知。盖痛哭流涕其言之也。南宋初，赵子砥自金归，奏云：金人议和以用兵，我国敛兵以待和，譬人畏虎以肉饲之，肉尽终于噬人，不如豫设陷阱以待之。此言可谓至明至切。夫稽香港、给赔偿，以肉饲虎也。练兵、简器、造船，设陷阱以待虎也。彼深居室中，目未见虎者，辄谓虎形如羊，状如豕，可折箠以驱之，厉色以杀之，及一旦独行深山，突遇庞然大物，张牙舞爪，据地一啸，猎猎风生，不觉嗷然长号，始自悔陷阱之未设，致一身处受其害也，而已无及矣。则何如及今事尚可为而为之乎？为之之术奈何？惟用济变之才以自强，一曰水师将才，二曰外国使才，三曰制造通才。何谓水师将才？查水师脉络，虽与陆路不同，而驭之之理不异。十数年来，水陆各营将佐，岂无智勇兼优，而略能耐习风涛之苦者；宜调往轮船学习，优厚其饩廪，而深观其造就，计其中必有伟然特出之人；又于机器各局，及现有轮船管带办事员中，采访考验，试之以事，当亦可间得一二；其旧时水师，以及沿海诸色人中，或设榜以招入格之才，或博访以求出群之选，上以诚求，下必有以实应者矣。何谓外国使才？古来列国交际，皆不废聘问之礼，岂今日而能独异？惟使臣既须能通彼此之情，而又能消未然之衅，则责任亦实不轻。京官为人才渊薮，向有抱负经济者，即不必曾身任洋务，但稍加阅历，办理自有分寸。其次则索之于沿海士商，及曾亲往外国之人，但求能任时局之艰巨，不必复计资格之有无。英使阿而格本系医生，巴夏礼本系商人，何尝有资格哉？而彼国倚之若股肱腹心，中国竟大受其累，可知何地无人，何途无才，特在当局者之能悬鹄以招耳。

使才既得，或数国并遣一使，或一国专遣一使，惟英、俄、法、美、布五大国，及罗马教主处，则当择有风力而善言语之使臣，方不辱命。盖英国交涉本繁，而又有洋药一害；法及罗马，为天主教之枢纽，必须专使与之辩论。教士之入中国也，引诱莠民，欺凌良善。掣肘官吏，潜通消息。凡有百姓之处，即有传教之人；目前受其荼毒，固属甚而又甚；将来酿成大变，更为防不胜防。罗马本属弱国，全赖法人为之祖护。自法被布国所败后，护卫该教主之铁甲船业已撤回，罗马原境又为意大利所夺，教主亦无如之何。故近来教士之在他国者，气焰稍衰，而在中国之教士，则嚣张如故。是宜急遣使臣，将教士种种不法之处，与该教主及法国辩论，切陈熟商，一面制办教士之法；一面严饬州县，不分民教，一律处断公平，勿再为丛驱雀。此遣使中之第一义也。喀什噶尔酋目牙古干者，前年与英国立约，英议院中，亦有论及该国不宜与中国之叛臣通好结约。因中国当时无公使在彼，不能与之执约以争也。布则素恨传教，俄则关涉新疆，而且为最大最强之国，美则地旷物博，皆使臣之所必须联络者。日本在我卧榻之侧，近而且逼，所使固当精益求精矣。至于离间一法，只能行之于昔时，不能行之于今日。盖泰西自其国远涉数万里以来，和则乐利同沾，战则群起为难；当布、法交哄时，法领事被戕，布领事尚为代抱不平。狐死则兔悲，理固然也。故使臣惟有一秉至诚，不必稍涉疑间之计，转启各国疑贰之心。至安南、暹罗等属国，亦当遣使顺道抚慰，坚其向化之忱，不徒以厚往薄来，为能尽礼之谊也。何谓制造通才？以中国之大，人物之众，岂无精于化学、算学，留心机器之人。化学、算学者，制造之所从出也。将来军火、铁船、耕织、机器，以及开矿各事，皆与制造相为表里。任繁事大，尤当慎其选而专其责。津、沪、闽诸局，陶熔已久，成就必多。京外官有精于算学者，自可指派来局，互相切磋。此外如有心灵品端之人，似亦无妨广为延致。但望多中选精，断难精中求多。此时厚其薪水，他日优其出身，人才岂有不蒸蒸日上者哉！且求才必当于无事之时，然后能用才于有事之际。否则时方晏然，虽伯乐牵骐骥，过于其门而不顾，及变生仓猝，驽马之骨，竟奉以千金。何则？豫则识拔自真，急则取舍或误也。一曰储将来有用之人，其目有九：曰图学、曰算学、曰化学、曰电气、曰兵器、曰机器、曰工务、曰船务、曰政务。凡同文馆、广方言馆，以及出洋学生，皆就此数大端，发愤精研，以底于成。学成之后，只准为公办事，不得自图生计。各关道并有洋务，各州县及各省税务司，皆该学生进身之阶，即将才、使才、通才，亦皆伊等生根之处。惟中外各馆，须再加扩充，斯取不尽而用不竭，自强根本无有重于此者矣。抑臣更有进者，外患不除，人身痈疽之疾也；民生不安，人心腹中之疾也。痈疽之疾，固足伤生；心腹之疾，尤能致命。海内黔黎自遭发、捻扰乱以来，仅有生业，饔飧不缺者十之三。饥寒逼迫，朝不保暮者十之七。而其中尤受困累无可告诉者，一为农，一为商。农民终日胼胝之余，所得几何？一经胥吏之坌突叫嚣，必至鸡犬无声而后已。一催科也，串票有费，投纳有费；一词讼也，审讯有费，提押有费。见教士则若天神，视平民则如鱼肉，有若深恨百姓入教之不速者。朝廷有豁蠲之旷典，而取盈者不为下行；草野有委曲之冤情，而倚势者不为上达。当官幕吸烟饮酒、呼卢喝雉之时，正百姓颠连疾苦、哀吁无门之时。其佐杂之擅受滥刑，营汛之借端讹索者，更无论已。商人涉江浮海，冒犯霜露，营求尺寸之利，而官府仅取百中之一，以充饷奉公，彼亦何敢稍有异言？乃榷吏卡贾，苛索万状，翻囊倒箧，无异盗贼。随手需用之物，在洋人尚有优免之章，独至华民，漏报一丝一缕，虽全船货物充公，而尚须加以厚罚。不知当事者，何厚于待洋人，而薄于待华商也？日既高而未起，日未暮而停查。私费未投，虽千百人守候呼号，而有所不恤。征收完纳之间，绝不寓体恤矜怜之意。迨至商人利薄本亏，于税厘岂无所损，则何如明定一抽收章程，悬牌示众，使各省均归一律，不得畸轻畸重。罚款概以充公，司事人等不得私分，庶免借端酷罚；复出其不意，特派素有清望大员，微行查访，奏参一二，或可挽回风气，厘课亦可日有起色。去年沿海讹传彭玉麟微服查察厘权，员役敛迹数月，可见若辈并非毫不畏法，但任非其人，则流弊滋甚，此又不可不防也。然而农商受害之日甚，则由于官吏不能通上下之情。官吏陋习之日深，则由于员多缺少，补署无期。一旦冀得差使地方，如饿狼忽遇肥豕，不趁此饱噬一口，则将来永无果腹之时。迨此狼去而彼狼复来，民困如之何得苏？元气如之何得复也？万一诛求无厌，人心或摇，不知须糜费几千百万之饷，贻害几千百万之民，而后始能奠定。明收有数之款项，暗耗无限之脂膏。广西前事是其殷鉴。无乃所入者过薄，所偿者过厚乎？朝廷倘一旦毅然决然为停止实职捐输之计，疆吏复认真淘汰考课，无所能者，一概奏请于本职上酌加虚级，咨送回籍，听候调取。然后删去浮泛隔膜之虚文，讲求生聚教训之实济，必大僚不贪馈送，而后州县之法可行；必州县不任吏胥，而后官民之情可贯。若上之于下，呼吸易通，则下之于上，亲爱自至，即一旦海疆有事，苍赤抱同袍同泽之忱，可一呼而成劲旅，虽有教士之浸淫，不怀疑贰；虽有汉奸之买嘱，不能间离。是国家所失于捐输者甚小，所得于民心者甚大。又何必饮鸩止渴，为一时苟且权宜，蹈东汉末流之覆辙乎？否则，官民之气日暌，上下之情日散，心腹痼疾既深，虽日事筹饷筹兵，亦终恐无补于万分之一。除船械一切自强之具，必须效法于东西洋外，其余人心风俗，察吏安民，仍当循我规模，加以实意，庶可以我之正气，靖彼之戾气，不致如日本之更正朔、易衣冠，为有识者所窃笑也。

一、持久。原奏称方今大局攸系，莫如外患；御患之道，莫如自强，非局中局外用心切筹，坚持定见，岂能有济等因。查西人于格致一事，往往冥心孤索，父不能通其理者，子若孙必通之而后已，故事能有成。然能制一有用之物者，国家必隆其爵，子孙必世其业，以故有志之士，无不专心并力、坚忍耐苦而为之。我中国穷理之学有余，格物之学不足。诚以所悬以为富贵功名之的者，在此不在彼。故极心身性命以趋之者，亦在此不在彼。目前已难望其事之有济，况日后能期其事之持久乎？其所以不能持久之故，撮而举之，约有二端。一曰任事不专。责重者群务猬集，每日何止数百事？故只能了事之当然，而不能深求事之所以然。虚文繁则精力疲于应酬，例案繁则枢纽持于书吏，不惟奉行者习而不察，即倡议者亦且过而勿留，极紧极要之事，反为不紧不要之事所累。姑且以一省言之，地方报盗，上司但批会营严拿，而营之有兵无兵不问也；州县报灾，上司但批筹款抚恤，而款之有着无着不计也。一事如此，诸事可知；一省如此，天下可知。非常之原，黎民所惧，固非惨淡经营，苦心孤诣，而不能底于有成；乃关系安危之事与循例奉行之事纷至而杂沓，则何能穷其所往，使事无遁物，物无遁情乎？故必先省事，而择其至重至要者，尽瘁以图之，然后事能有济。此持久之一道也。一曰求效太速。泰西之谋国也，缔造经营，掷金钱于无用之地者，不知几何。一旦辟土开疆，始收效于数千百年之后。中土士人于事浅尝辄弃，予之甚吝而期之甚赊，见卵而求时夜，见弹而求鸦炙，无怪其业止于半途，功亏于一篑也。况西人之船械本于创，创则近于捉影捕风，而浮耗难计；中国之制造出于因，因则按图索骥，而实效易求。即便初次略不中肯，而所费之省于西人者，已不可以道里计矣。譬如前制之械未精，而后制者必可渐精。若因一械之未精，而即谓此械之无用，则虽日言自强，而自强终不可得。而至精卫填海，未必一石而海即成田；愚公移山，未必半锄而山即改道。惟有不计其效之迟速，但求其效之有无，日积月累，成效必有可观。此又持久之一道也。西国事事必求远胜古人，故术日习而日精。中国事事必求效法古人，然辩论多而事业少，虚文多而真诣少。古人之糟粕存，而古人之实意已失矣。夫铁船飞炮，古人所无之物，亦古书所未载之条；嗜古者固无怪其不欲弃我之长效彼之长，然使彼仅以船炮自囿于东西，则我亦何妨以戈矛自固于中土。无如我弱一分，则敌强一分；我退一步，则敌进一步；安危祸福之间，固有稍纵即逝者。天下大变之来，方如烈火燎原；毁室家、毙人畜，在须臾之际。而一二老师宿儒，反叱水龙各机器为奇技淫巧，方且斋戒沐浴，罄折俯伏，欲以至诚感格上苍，使之反风而自灭；抑或击里鼓、召胥徒、礼井泉、分长幼，持杯勺以灌之。心非不诚，法非不古，而财物之烬于火，人命之毙于火者，已不可救药矣。御今日之外侮，而仍欲以昔日之兵器者，何以异此？沿海之机器船厂当经开办，旋请停止者屡矣。异议者岂真欲敌国之日强，中国之日弱哉？不过古人所载以矛刺盾之议，横亘胸中，而且目未睹铁船炸炮之利，身未尝铁船炸炮之害，故鳃鳃虞夷之变夏，欲挺然以一身当其冲。拟此后凡有指陈练兵、简器、造船之失者，即令亲往沿海各厂各船考究，阅历外国之兵与器，果否胜于中土之兵与器；即将来购船制器，当必有疑为枉费过大者，亦可令指陈之员，亲往查核，果其有弊，自可愈加厘剔，若其无弊，言者当可释然。其购物价钱，以及一切杂用，尤必每月刊布月报，以昭核实。古今来无论大如邱山、细如毫毛之事，内愈秘则外愈疑，则何必不洞开城府，使局中局外皆可共见共闻？天津一案，臣屡言和不可恃，防必须固，万一决裂，或由上海，或由胥江，以捣其后；又自请严议，为津郡官民赎咎。奏牍具在，可复按也。而论者痛诋在津办事诸臣，陷害循吏，贻误大局。若使当时局外，得见臣与曾国藩等密陈各疏，或亦可稍息讥谤。此曾国藩之所以叹息痛恨，长逝而不瞑目者也。故臣谓欲局中局外，一力一心，为持久之计，则莫如将应办各事，使之目击心晓，了然于中。如虑漏泄密情，亦何妨令异议各员，亲到局中，详阅原委，妥筹熟计，然后办事者有立足之地，而定见可坚持矣。且今日人才，不患持议之异同，而患委靡之日甚。宋臣苏轼者谓：平居无犯颜敢谏之士，临事安得有殉义死节之臣？若局外而能坚持异议，虽未必言能中肯，然其气自可用也。倘令阅历边事，由粗而精，由生而熟，此时多一骨鲠之直士，即他日多一干济之能臣，岂不大有裨益乎？然则今日而令人人之能自强，则当先示以的，而不可徒用虚言；欲事事之能持久，则当相见以诚，而不可稍分门户。庶不致功败垂成，半途辄止矣。

以上六条，皆就总理衙门原奏，略申余蕴，附呈管见。……是否有当，伏乞圣鉴。（《筹办夷务始末（同治朝）》卷二十）

筹议购船选将折（光绪五年十月二十八日）

奏为迭奉寄谕，先将海防购船、选将各节，切实筹议，密折复陈，仰祈圣鉴事。窃臣钦奉光绪五年九月三十日密谕：前据恭亲王等面奏，迭经总理衙门函商南北洋大臣，豫筹海防事宜尚未定议。此事关系极重，断不宜再事迁延。着李鸿章、沈葆桢即将海防事宜，并王先谦所陈备船械一条，切实筹议，先行具奏，期于事在必行等因。钦此！又奉十月二十四日密谕：丁日昌遵议复奏各折片，现议整顿轮船水师，自非择将帅、精器械不可，西人熟习轮船操练，若能延致才技精通者为教练，当可日有起色。应如何设法访订之处，着李鸿章、沈葆桢与出使各国大臣函商办理。至学堂、练船、出洋诸举，皆为豫储将才，尤当扩充精选，以备异日之用。铁甲、蚊子等船，为海防所不可少，铁甲船所费过巨，一时尚难筹办，蚊子船现已先后购到八号，着即督饬管带之员，认真演练，毋得有名无实。以后如何陆续添购，并购船及续延教练西人可否，令赫德及出使大臣分办之处，着李鸿章、沈葆桢一并筹商妥办等因。钦此！并先后抄录原折给阅前来。仰见圣主绸缪未雨，指示周详，曷胜钦服。伏查自光绪元年四月间奉旨筹办海防，其时海口一无豫备，赤地新立只能择要为之，督饬各营于大沽、北塘、新城各处，仿照洋式修筑炮台营垒，并与总理衙门函商，令总税务司赫德在英厂先后订购大炮、蚊子船八只，水陆相依，稍壮声势。徒以户部指拨海防经费，各省关未能照数报解。又历经抵拨西征军饷，分提晋、豫赈款，饷力以抽分而愈薄，船械虽欲备而难齐。夫军事未有不能战而能守者，况南、北洋滨海数千里，口岸丛杂，势不能处处设防，非购置铁甲等船，练成数军，决胜海上，不足臻以战为守之妙。查西洋兵船，利于海面攻取者约有三种，一铁甲船，形式大小不等，铁甲厚薄不等，船首冲锋有无不等。一快船，或配铁木，或用钢壳，专取行驶快速，能追击敌船，而为敌船所不及。一水雷船，吃水虽浅，或带在大船上，或隐于大船后，冲击最宜。至于木壳轮船，如闽、沪各厂所制者，皆西洋旧式，只可作无事时巡防，有事时载兵运粮之用，实不宜于洋面交仗。蚊子船则为守港利器，如赫德所购者，炮位较大，在浅水处亦能轰坏铁甲也。中国即不为穷兵海外之计，但期战守可恃，藩篱可固，亦必有铁甲船数只，游弋大洋，始足以遮护南北各口，而建威销萌，为国家立不拔之基。乃议之五六年，而迄无成者，一由经费太绌，一由议论不齐，一由将才太少。然欲求自强，仍非破除成见，定购铁甲不可。臣先因北洋经费尚有存款百万，欲购一铁甲船，暂行试练，俟驾驶得人，操演既熟，集有巨款，再行续购推广分布。曾缄属驻德使臣李凤苞，在英、法各厂访求新式，旋接总理衙门公函，以专顾一口为疑。而李凤苞八月间来信，亦谓近日各国议停造铁甲，如可缓办，尤为合算。且既有铁甲，应同时并举四事。一为炮台庇护，一为船坞修理。其尤要者，一为快船，若铁甲无快船辅佐，则孤注而已。一为水雷，有行雷可以出奇，有伏雷可以堵守，而后铁甲不为快船所困等语。自系在洋博访群议，斟酌时势以立言。适新购蚊船到津，赫德自京来晤，臣与密商办法，该总税司亦以先购快船，再办铁甲为是。遂赍呈英厂，寄来新式快船兼碰船图式，再三考究，令其译出节略。内称船长二百英尺，宽三十英尺，吃水十五英尺，每半时行十五海里，新式机器首尾各置二十五吨大炮一尊，左右各新炮数尊，并带水雷小轮船一只，船头水线下暗设坚固，冲锋可碰敌船。若订两只，需银六十五万两，后年夏间工成来华。据云，可保追赶碰坏极好之铁甲船。臣复咨询驻津之法国水师兵官，近来西洋铁木船新式船头多设冲锋，以备战时添一碰船之力，此项快船既载大炮，又有冲锋，行驶果如此迅速，实属合用。盖铁甲船及平常兵船，每半时仅行十一二海里，此则十五海里，时退自裕如矣。臣函总理衙门，谓宜筹款及时购办，因属赫德先由电报转饬驻英税司金登干，与该厂订办，赶速动工，其价银分三期兑付，约于光绪七年春夏到华；一面札饬总税务司备案，应俟此二船到后，再行酌商分拨。惟是快船兼碰船稍可出洋操巡，应敌究嫌气力尚单。如果各省关尽力解济，南北洋经费略有积存，必再添购铁甲船，配以快船，及现有木船、蚊船，方可成全军而厚兵势，虽未可一蹴几，实未可一朝忘。臣仍密商李凤苞等，悉心采访，如各国铁甲并未罢议，当择其与中国海面相宜者，酌量订购，随时奏明请旨办理。至现在购到蚊船八只，来春弁勇配齐，拟饬调龙骧、虎威、飞霆、掣电四船赴南洋，归沈葆桢调遣，即留镇北、镇南、镇东、镇西四船在津沽，由臣督饬道员许钤身、提督丁汝昌会督管带各员，认真操练，并令时常出洋，赴东奉交界之大连湾及沿海口岸，驻泊梭巡，以壮声威。丁日昌折内所陈延请洋官教练一节，确有见地。现统带蚊船来华之英国副将名郎者，系赫德等向其水师兵部借用，英提督古德及出使大臣曾纪泽皆称其能，臣接晤数次，调阅操演尚为勤干明练，商留效用。该员云须回英乞假，准行乃可复来。臣又函商曾纪泽，与其兵部议订。赫德则谓郎副将如不复至，伊可另荐妥人。现管带镇北之都司刘步蟾，在英国学堂兵船肄习五年，深知机要，其材器颇堪造就，若再得精娴理法之西人与为切磋，可备将来统带快船、铁甲之选。目下带船将才固少，即管轮机、管炮之弁，驾船之水手，皆须逐渐陶镕。西国以学堂练船为根基，故人才辈出，明年臣拟另设练船一只，遴派干员，选募北省丁壮素习风涛者，上船练习，庶异日快船至，而弁勇不必尽资于闽，亦因地制宜之方。福建船政本有仿造快船之说，与其多造而船不得用，不若少造而船必求精，若仍照旧式恐无实济。其学堂练船规模颇合西法，应请敕下船政大臣，设法整顿筹办，逐渐图功。又，蚊子船防守海岸最为得力，赫德所购尤各国罕有之新式，价目稍昂，而功用自别，中国各局目前实不能仿造。臣愚以为，广东、台湾海口至少须各有二只，浙江宁波、山东烟台海口至少须各有一只，平时与南北洋现有蚊船互调会操，有事则各防各口，借杜窥伺。每只约需银十五万两，在各该省力所能办。两广督臣奏称，拟先购置一二，自必筹有的款。臣面询升任江宁藩司、前署福建藩司卢士杰，据称闽省藩运各库，尚积存数十万，又询前任浙江藩司任道镕，谓浙力十余万尚可筹凑。山东各库另存银百余万，则远近皆知。拟请敕下各该督抚臣，先其所急，迅速照议筹办，不准借词诿延。并截留海防协款，径请总理衙门转饬赫德，克期定购，明年秋冬即可来华。其隶南洋者，由沈葆桢会商调度，隶北洋者，由臣会商调度。庶众擎易举，声势相联，必于海防全局有裨。除王先谦、丁日昌折内所陈各条，容再详晰筹议具复外，所有筹办海防、购船选将各节，先行复陈各缘由，谨缮折由驿密陈，是否有当，伏乞皇太后、皇上圣鉴训示施行。谨奏。（《李文忠公全书》奏稿卷三十五）

议购铁甲船折（光绪六年二月十九日）

奏为筹办海防通融挪款，先购铁甲船二只，以壮声威而备战守，并豫筹交收调拨事宜，恭折仰祈圣鉴事。窃臣迭奉寄谕，筹议海防购船，并代福建等省定购蚊船及碰船兼快船，以备分布各口等因。钦遵在案。臣于上年十月复陈海防折内，声明南北洋口岸丛杂，不能处处设防，必购置铁甲等船，练成数军，决胜海上，乃能以战为守。拟择其与中国海面相宜者，酌量订购，荷蒙俞旨，许为要论。总理衙门筹议南洋海防经费折内，称土耳其所定八角台铁甲船两只，已发电信询出使大臣李凤苞查明，如未出售而价不甚昂，自应购备。臣亦函属李凤苞，随时探问。旋据函称，遵由巴黎致书英海部，询以实价若干，先因俄人欲购以御英，故英人急购之，今或肯转售等语。又接李凤苞十二月二十四日电报，八角两铁甲英肯转售，两船实价共英银五十四万三千三百八十磅，合中国银两核计约二百余万两之谱。顷又接李凤苞同日函称，该铁甲船一名"柏尔来"，一名"奥利恩"，英海部尚书谆属当趁中国未开邻衅之前成议，其价分毫不能再让等语。臣前询之出洋学生刘步蟾等，据称在英时，曾上该船阅过，甚为坚固合式。夫中国购办铁甲船之举，中外倡议已阅七年，沈葆桢、丁日昌等断断持论，以为必不可缓。臣深韪其说，只以经费支绌，迄未就绪。近来，日本有铁甲三艘，遽敢藐视中国，耀武海滨，至有台湾之役、琉球之废。彼既挟所有以相凌侮，我亦当觅所无以求自强。前李凤苞来函，谓无铁甲以为坐镇，无快船以为迎敌，专恃蚊船，一击不中，束手受困，是直孤注而已。洋监督日意格条议亦谓能与铁甲船敌者，惟铁甲船；能与巡海快船敌者，惟快船。故邻有铁甲我不可无，若仅恃数号蚊船，东洋铁甲往来驶扰，无可驰援，必至误事等语。日意格由法国水师出身，现带艺徒在洋学习制驶，闻见既确多阅历，有得之言。西洋均属岛国，海口水深，不似中国各口之浅，其大号铁甲吃水至二十六七尺，购价至二百余万，中国无所用之。且船既笨重，能来中国者亦少。土耳其八角台船吃水十九尺九寸，用之中国海面，抵御日本及西洋来华之铁甲最为相宜，且甲厚样新，似出日本铁甲之上。日本闻我有利器，当亦稍戢狡谋。向来洋厂订造铁甲，须三年后方能下水，今英国既肯转售其"柏尔来"一船，俟订定后，汇给现银，即可来华，"奥利恩"一船，须迟一年后交付。值此多事之秋，得两船先后来华，稍张声势，较之定造须三年之久者，缓急悬殊，尚觉合算。臣与总理衙门往复函商，意见相同。一面由电信复知李凤苞，属其与英海部切实商订，如何分期兑付，详细验收，再行专函商办。惟是此项船价，南北洋海防经费以各省关报解甚微，积存无几，近又筹购蚊船、碰船，竭力集款，无可再拨。若机会一失，中国永无购铁甲之日，即永无自强之日，殊属可惜。又查蚊船宜用于内洋浅港之处，福建海面宽深，台湾尤形势孤悬，口岸歧错，即有数号蚊船难敷防守，必须得力水军，随宜策应，乃为活着。现拟通融办法，福建已先后奏明定购蚊船四只，碰船二只。内蚊船价银赫德原定每只约需银十五万两，何璟奏称两船约需费三十余万元；新式兼碰快船，赫德原定两只需银六十五万两，续又申呈应带之水雷船未计其内。总理衙门奏称碰船两只约需银六十万两，均系传闻之误。臣就赫德原订文单，核计共约需实价银一百三十万两，似可暂缓购置，即以此款先买铁甲一号，专归台湾防剿，福建调拨。如有一铁甲，辅以原有之福胜、建胜两蚊船，再择船政兵轮之坚利者配之，练成一军，料敌所向相机战守，则台防可固，倭患可弭。所需款项，现有部拨三十万两，该省奏明筹备三十余万元，约得二十五万两。又奉旨令续筹六十万两，果能如数解齐，足可抵买铁甲之用。查户部原拨海防经费，福建洋税、厘金两宗，每年应解南北洋者约四五十万，去岁部议准其截留，原为经营台防起见。后山之役现既停办，亦可撙节若干。现据李凤苞函报，柏尔来一船交价后，即可赴华，台防尤为急需，自应即将此船拨归闽省调用。拟请旨敕下福建将军督抚，臣于税厘项下筹拨船价，合之原有的款，先凑成一百万两，俟李凤苞与英定议，即由臣知会克期汇付，以便船价两交，免致失信于人。如此，则以该省应解之费，筹该省应办之防，尤为义不容辞。南洋拟购之碰快船二只，应需六十五万两，兹抵购铁甲一船，所短约仅三十数万两，将来或由出使经费续拨，或由京外设法匀凑，尚易为力。奥利恩一船，据称须一年后交卸，亦可分期筹汇价银，俟该船到华，臣当与南洋大臣随时会商调派，合之原有蚊、碰及各兵轮船练成一军，无论何处有警，不分畛域，遣令援应，庶几声威较壮，海防稍有端倪，大局不无裨益。惟英国磅价随时低昂，合之中国银两不能豫定确数，计两船磅价合银二百万，已有盈无绌，将来交收及运送来华，需费亦不可豫计，必应宽筹窄用。臣与李凤苞深知帑项艰绌，事竣核实开报，断不任经手者稍有浮冒。并请敕下闽浙督臣、船政大臣，豫行选派管驾及轮机生徒、舵水等六十人，赴英随同所雇洋员在船历练，其学习期满之学生，亦可附搭帮带回华，随时与李凤苞函商妥办。至铁甲船到华以后，修船须有坞基，上海及广东黄埔船坞吃水二十尺以内之船尚可设法修理，而造就人才尤为急务，驾驶虽有学生肄习，而司军火、司帆缆、司机器及管事、舵水等人，亟宜由练船学堂认真教导挑选，源源济用，万不可以游手充额。即旧有之兵轮船，亦宜陆续汰换，乃可渐收实效。盖铁甲船购成后，事务正繁，措注稍不如法，易滋流弊。臣既创斯议，不敢置身事外。福建所购之船，虽专供一省之用，将来船到后，管驾人员如何遴派，教习西人如何延订，及一切布置之方，臣当与闽浙督臣、船政大臣随事商办，冀可渐有进境。再，近年闽厂经费不敷，修船、养船复耗其半，现有快船图式及出洋学生陈兆翱等精通制法，终以款绌未能仿造。臣比已函商黎兆棠，嘱其到任后，察酌情形，停造寻常木船，专造快船。此项工竣迟速，与购之外洋者相等，而与铁甲船相辅并行，为用甚大。惟养铁甲船之费，逾于寻常轮船数倍，未便责令船政供支。查福建一省，额设水陆兵数至六万余，勇营在外，今既另设轮船水师，则原有之外海战船，与各路绿营之兵、分防之勇，当可量加裁减。如能于通省中酌去一二成，即以其饷供养铁甲等船之费，绰有余裕。应请敕下福建督抚臣，遵照正月间谕旨，将水陆师营分别酌量裁汰，庶节流即以开源，日久不致竭蹶矣。所有筹办海防通融挪款先购铁甲兵船，并豫筹交收调拨事宜，恭折由驿密陈，伏乞皇太后、皇上圣鉴训示。谨奏。（《李文忠公全书》奏稿卷三十六）

遵旨密筹防务折（光绪六年三月初一日）

奏为遵旨详细筹办密折复陈，仰祈圣鉴事。窃臣承准军机大臣密寄，光绪六年正月二十一日奉上谕一道，跪诵再四，仰见宸谟广运，戒备不虞。臣谨按切时势，逐条悉心筹画，上乞圣裁。上谕：天津屏蔽京师，关系全局。李鸿章筹防有年，所有建筑炮台、购备战船等事，粗具规模，着将现有兵力认真整顿等因。钦此！查直境沿海大小各口，皆为京师屏蔽，而天津乃各国由海道入京正路，尤须重兵驻守。大沽、北塘两口，则又津郡门户，年来建筑炮台粗有头绪，惟兵力尚觉稍单。其北塘迤东至山海关，袤延五百余里，如沿海之蜓头。沽蒲河口、金沙嘴、秦王岛、老龙头等处，水势较深，轮船可泊以登岸，径达京城，亦须分驻营垒，添筑炮台。昨令新调直隶提督郭松林前往察勘，口岸歧出，空虚可虑。该提督以提标练军，仅有马步队五营，光绪二年调赴奉天防剿马步队各一营，又调防热河、朝阳马队一营，现止步队两营巡防北口，实不能兼顾海防。从前直省练军借调奉天，本系暂局，今奉天已另调提督宋庆一军，堪资控扼，则前调直津零星各队，自应撤回，况近畿防务视奉省尤为重要。又郭松林向随臣统师剿贼，裁剩马步七营留防湖北，实为久战得力之师，应请旨饬下奉天将军，将原调古北口练军步队右营，马队三哨，津防练军枪队两营，全数撤回，不得借词久留，并饬湖广督臣、湖北抚臣将郭松林旧部，现留襄阳之武毅步队三营，马队一营，檄调来直，所需月饷、军装，仍照章由鄂源源解济。俟各营到后，自北塘迤东各海口，当商同该提督择要扼扎，妥为布置，庶畿防较臻周密。上谕：备齐战舰于烟台、大连湾等处，择要扼扎，以固北洋门户。奉天、营口本属北洋所辖，该处与烟台海防即责成该督统筹兼顾，庶几呼应较灵。又同日另奉上谕：金州海口关系紧要，应如何豫筹防守之处，着李鸿章、岐元会筹办理等因。钦此！查大连湾一带，即系金州海口，北洋兵船本少，现仅镇北、镇南、镇东、镇西炮船四只可为守口利器，而不足以鏖战大洋，必须战舰备齐，乃能于洋面设法扼截。若船只未齐，未可固辽海门户，似圣主必不为空言之责成，微臣亦不敢骛虚名以兼顾。目下烟台、营口仅各有枪队五百人，闽厂轮船各一只，兵力过形单薄，幸奉旨调宋庆所部往营口等处，择要布扼，山东抚臣亦拟添调勇营，扎烟台后路，并订购蚊船二只，分布海口。臣饬令道员许铃身、提督丁汝昌，督率现有炮船，会同新延英国水师兵官哥嘉，认真操练，随时驶巡营口、烟台、大连湾等处，聊作声援。明年所购兼碰快船二只，奥利恩八角台铁甲船一只，如可陆续到津，届时练成一军，择要扼扎，庶北洋门户较为有恃。上谕：李鸿章所部淮军，久经战阵，亦宜有威望素著之宿将统带。在籍提督刘铭传应否调赴天津，着奏明办理。湖南提督李长乐，如其才尚可用，亦着奏调赴津，以资倚任等因。钦此！查湘淮营制，任将为先，兵非将所素习，则呼应有时不灵。向来淮军统将，战功以刘铭传为最，亦只自统所募铭军，并未兼辖别队，而铭军自陕西调回后，刘铭传、刘盛藻先后假归。经臣分该军为二，一交福建提督唐定奎统赴江南，分防江阴、靖江、宿迁一带；一由记名提督刘盛休统带，分驻山东张秋，昨已调该军北移静海之唐官屯，借浚河为名，就近调遣。刘盛休朴实勇干，深得军心，尚堪倚任。惟刘铭传智略骁果度越诸将，洵属威望素著，闻其在籍调养伤病，尚未甚愈，臣已驰函往商，如可克期赴津，借资襄助，当再奏明请旨办理。至湖南提督李长乐，随臣攻战多年，向为郭松林部下分统之将，才甚可用。惟郭松林所部遣撤大半，仅留数营，无力添募。李长乐现任专阃，若调津而有将无兵，转置闲散，自应暂从缓议。上谕：张家口一路，亦宜有兵屯扎。李鸿章所部淮军，现扎张秋者，人数尚多，着该督酌调此军，派得力将领统率，前赴该处分扼要隘等因。钦此！查外洋之入中国，通商贸易为第一要事。俄人以买茶为性命，现仅恰克图至张家口为运茶要道，即至失和，必无用兵此路自绝生意之理。况外隔沙漠数千里，汉唐迄明，皆以出塞为难，军行食用诸多不便，我不便由此往，即彼亦不能由此来，可以揣测而知者。况张家口处悬崖绝涧之内，地形狭隘，中外辐辏，实不宜屯驻多营张皇耳目。前明置重镇于宣化，但分零队扼守边墙，亦其形势然也。昨奉寄谕，祥亨等拟于精锐营洋枪队外，由满蒙官兵拣选马队精壮四百名，并令察哈尔八旗挑选精兵一千名，分扎巴尔博罗、柴吉两台，仍饬每旗再挑选精兵五百名，以备应援，就地练兵，斯为经久办法，似不宜更调客军。宣化距张家口仅六十里，该镇王可升久历戎行，谋勇素裕，现有练军马队四营，足资巡防。臣拟令刘盛休暂派健将，带两三营前往宣化附近，择要屯扎，与王可升练军联络一气；铭军大队仍屯静海，如北边有警，兼程往援不过数日，事机可无贻误，似属兵家活着。以上各节，谨就愚虑所及，殚心筹办，断不敢徒托空言，敷衍从事，致负圣明倚任之重。所有一切应办事宜，容再随时次第具陈，谨先缮折由驿五百里密奏，伏乞皇太后、皇上圣鉴训示。谨奏。（《李文忠公全书》奏稿卷三十六）

妥筹边计折（光绪九年十一月二十八日）

奏为遵旨妥筹边计，仰祈圣鉴事。本月二十六日张佩纶到津传旨商办法、越事宜。臣惟中外交涉，每举一事，动关全局，是以谋画之始，断不可轻于言战，而败挫之后，又不宜轻于言和。刘永福以新集之军隔河而守，山西本是危道，杀伤相当，弃城走险，疆场胜负，彼此何常，此亦未足介意。即敌或径犯北宁，三面受兵，势颇难守，然我兵终无遽罢之理也。窃谓关外进止机宜，应请旨悉以委之岑毓英，进退战守，惟利是视，不为遥制。就不甚爱惜之越地，以练我兵，以挠敌志。越乱未已，黑旗尚存，法亦尚存顾忌，久之，彼气衰饷耗，自愿转圜，斯得理处之法，岂可望风震慑，仓卒撤防，使法窥我内怯，要挟多端，增环海各国狎侮之渐哉？夫南宋以后，士大夫不甚知兵，无事则矜愤言战，一败则惬懦言和，浮议喧嚣，终至覆灭。若汉唐以前，则英君智将，和无定形，战无定势，卒之，虚憍务名者恒败，而坚忍多略者恒胜，足知制敌之奇，终在镇定。伏愿朝廷决计坚持，增军缮备，内外上下，力肩危局，以济艰难。不以一隅之失撤重防，不以一将之疏挠定见；不以一前一却定疆吏之功罪，不以一胜一败卜庙算之是非。与敌久持以待机会，斯则筹边制胜之要道矣。至津防为京师门户，尤系圣心，臣练军简器十余年于兹，徒以经费太绌，不能尽行其志，然临敌因应，尚不至以孤注贻君父忧。伏祈圣躬颐神加餐，毋以法船到津挟和为虑。臣事君治军，惟矢一诚，输写愚忱，语多越局，无任悚惶之至，谨缮折由驿密陈，伏祈皇太后、皇上圣鉴。谨奏。（《李文忠公全书》奏稿卷四十八）

请设海部兼筹海军（光绪十年二月十三日）

敬复者：前奉直字八百三号公函，以沿海七省宜专设一海防衙门，举各省水师、船政、营制、炮台、海径、机器、饷需诸大端，均归一重臣经画等因。仰见硕画远谟，弥纶八表，钦佩莫名。中国海疆辽阔，局势太涣，畛域太分，自非事权归一，无以联气脉而资整顿。但设海防衙门于近畿，七省防务仅以一重臣主之，无论东自奉、锦，南暨台、琼，首尾延袤万余里，非一人之才力精神所能贯注，而形隔势禁，既无长驾还驭之方，亦开外重内轻之渐，其事可暂而不可久也。

查泰西各国外部、海部并设衙门于都城，海部体制与他部相埒，一切兵权、饷权与用人之权，悉以界之，不使他部得掣其肘；其海部大臣无不兼赞枢密者，令由中出，事不旁挠，未可以学在四夷而厚非之。中国议论多不屑步人后尘，然近日讲求船械，雇觅工匠，延订西弁，楚材晋用，取法新式，亦略收其效矣。踬其实而避其名，似可不必。且海防二字，顾名思义不过斤斤自守，亦不足以张国威而詟敌情。鄙见外患如此其亟，时势必须变通。应请径设海部，即由钧署兼辖，暂不必另建衙门。凡有兴革损益、筹饷用人诸事，宜悉听尊处主持，居中驭外，似属百年不易之常经，永远自强之要策。如以鸿章老马识途，使之勉效驰驱，则外省督抚，本有兼京衔故事，请援同治十三年沈文肃督办台防，光绪五年丁雨生会办南洋海防，均兼各国事务大臣之例，予以海部兼衔，俾得随时随事互相商榷。天津距京不远，控制外洋亦尚得地，凡力所能为，见所可及者，敢不竭虑殚精，就近襄助，以期仰副委任。

至南北各水师提督，自应于海口形胜之地，择要设立专阃。惟目下船少兵单，定远、镇远、济远等铁舰尚未来华，即南洋在闽厂所造快船，仅成一艘，既无大枝得力师船可以自成一队，若遽铺张门面，则各国兵船环伺，不能耀武，适足损威。应俟铁舰回华，快船齐备之后，训练成军，先于北洋之烟台、旅顺、威海三处，酌择一口，建置水师提督衙署，以便往来洋面，梭巡会哨。

至兵船将材，甫经创办，尤最难得。陆军宿将强令巡海，固迁地弗能为良，即向带内江长龙舢板之楚将，不习海上风涛，向带红单艇船之粤将，又不习机器测量理法，均未便轻以相委。故延西员教习学生为培材根基，实目前万不得已之计。闻俄、美各国初立水师，皆借用英、法兵官为先路之导，迨训练精熟，乃专用本国人。日本初亦请法员创制，英员教练，现始遣回。盖水师为西国专门名家之学，即以其人之道还治其人，未便师心自用，迄无成就。闽厂驾驶管轮学堂之设，用意极为深远。嗣又派出洋肄习，今南北各船之管驾，如刘步蟾、林泰曾、蒋超英等，造诣皆有可观。但资浅年轻，未经战事，尚未敢信其能当一面。然而将来水师人才，必当于此辈求之。天津仿设水师学堂，招集幼童，朝夕讲肄，今秋可选其尤者上练船，操习一二年，仍须遣令出洋赴大学堂、大兵船随队观摩，以求精进。凡学生自入堂、上船、出洋，培养磨练，必须十余年。拔十或可得五，再充兵船头目，洊升管驾统领，庶与西人技能相颉颃。其成材固若斯之难也！

西洋英、法水师雄视欧洲，盖萃数十万人之心力，费数亿万之金钱，穷年累世，而后得之，非一蹴可几也。惟德国海岸仅四千余里，同治九年胜法后，始创设海部，扩充海军，今已扬威域外；日本讲求水师二十余年，虽船只无多，西人咸称其规模粗具，操练有法。该两国皆以分年筹款，逐渐添船，为经始根本。此西国一定办法，中国甫经开办，极应仿照，为可大可久之谋。

谨将所译德国海部述略、日本海军说略各录一分，呈备采择。

此举诚如尊谕，为经国不朽之基。我若加一分整顿，敌即减一分轻藐；我若早一日备豫水军，敌即早一日消弭衅端。及今而见诸实事，尚有可强之日；及今而仍托空言，恐无再强之时。鸿章虽垂老无能，甚愿引端竟绪，襄兹盛举。徒以忧患余年，精力衰朽，即料简寻常案牍，处分淮部及紧要洋务，已有丛脞之虞。而沿海七省师船之坚窳，将士之勤惰，炮台之能否完固，机局船厂之能否核实，必得清正大员破除情面者，以时巡察而简阅之，方可整齐淬厉，日起有功。鸿章羁于职守，万难亲历。窃思幼樵副宪，廉介耐劳，年力正可有为，海部设后，若令周履海疆，搜讨军实，商略机宜，似于训练、制造诸事，必有裨益。如以钧署兼领海部，事务过繁，尚须群策群力，相助为理。是又在殿下、中堂之择贤任使矣。肃复敬请中堂、王爷、大人钧祺。制李鸿章谨上。直字三百九十八号。计抄册二件。（《李文忠公全书》译署函稿卷十五）

论海防（光绪五年八月十八日）

敬密复者：连奉八月十一、十六日直字五百四十九并五十号钧函抄件，以认真办理海防为当务之急，赫德所拟章程，尊处意在必行，惟幼丹所见未洽，属即主持定议等因，仰见权衡缓急、思患豫防之至意，钦佩莫名。赫总税司前议，此间文武幕吏多不以为然，谓其既有利权，又执兵柄，钧署及南北洋必为所牵制；倘赫德能躬赴海滨，专司防务，另派总税司以代其任，尚无不可。而赫德素非知兵，彼亦不愿。若延西人教练兵船，应由总署函告出使大臣，谘访西国宿将，择其专门名家能听调度者用之，较有实济。若初讲自强，仅倚一赫德，恐为东西洋人所轻视，此亦不为无见。适幼丹来函，复断断执论，鸿章当即复信，微有驳正，与尊意大略相同。谨抄稿附呈钧览。论中国现在各口布置，局势稍散，海上有事未必即能克敌制胜确有把握。赫德既以操练蚊船、碰船自任，果可以制铁甲，尚非必不可行。是以七月十七日复钧署书内，仅参酌数条，略予限制，其余姑从迁就。幼丹函意，尤以中外人员共事不易。倘海防司所去所留，督办大员以为不合，未便违约驳论，此则极有窒碍。钧处如意在必行，似其原议第二十五六条尚须斟酌改定，以免太阿倒持之患。幼丹素性刚愎，于此事既不谓然，即由尊处剀切函劝，亦恐意见未能尽化。昨接来咨，已将新订四船调防江阴、吴淞，是不欲其远驻南关，兼顾他省，以后南北防务，未必肯受商量。鸿章惟仰体尊旨，相机和衷酌办而已。李丹崖所调参赞徐建寅，久在沪局，于西洋军械兵船探讨已久，熟悉门径。昨来津辞行，已属其抵德后，赶觅铁甲船新式图说，与丹崖妥酌订办。惟敝处仅存有海防经费百万，约可抵购一船，似未能挪作别用。赫德添购蚊船、碰船，尚求钧裁，会商户部另行筹款为幸。专肃密复，祗叩中堂、王爷、大人钧祺。李鸿章谨上。直字二百二十号。（《李文忠公全书》译署函稿卷十）

条议海防（光绪五年九月十一日）

敬密复者：前奉八月二十四日直字五百五十一号钧函，以赫德前拟海防章程即毋庸议，仍令妥筹防务，不可因噎废食，仰见虚怀若谷，不虞，竭任钦佩。承询各节，谨就管见所及条列如左：

一、蚊船于应敌之方，是否确有把握，应否量力续购一节。查蚊子船，炮大船小，舣浅底平，西国用为守港利器，行驶既缓，风浪宜避，只能在海口及沿岸浅水处驰逐接战，似不宜于大洋。赫德因其船既由英国前来，自亦可施之海战，不知其涉历重洋须半年之久，无风与风小则行，风大则止，较之各项商船、兵船不畏风浪行四十余日抵华者，大有径庭。若恃为洋面制敌之具，未必确有把握。南北海口甚多，防不胜防，若财力有余，尽可添购。闻粤督刘岘庄拟筹款照式订办，似应由各省大吏自行酌量筹购。

一、蚊船如须西人教练，有无堪膺是选，抑须函致出使英、法大臣，延访其中外各员共事，必思斟酌善处一节。查敝处前购四船，本留原雇洋弁帮同教练，去冬始自行辞回。嗣闻赫德所属海关洋人内，有曾充英国水师之职，曾于五月间函托延致。该总税司嫌其无权，置之不复。旋向钧署条陈总海防司，盖意在揽权也。鸿章早料及此，夏初缄属曾劼刚在英国兵部访觅。昨接复称，据金登干云，统带续购四船之船主名郎者，诚实和平，堪以留用，请俟船到察勘酌夺，如须另访贤员，容再报命等语。月前英水师提督古德过津拜晤，亦与面商择派兵船熟手。该提督力荐统带蚊船来华名郎者明练可靠，是与金登干之言足相印证。该船目下尚未闻抵粤东，俟到津，当酌商留用。届时赫德等或不至暗中阻挠。至从前演练枪炮帮带陆军，延请西人，无虑百数十辈，中外共事，无甚龃龉，尚有旧章可循，特虑有人从旁挑唆，或彼不尽力，或此难尽从，临事相机激劝驾驭而已。

一、出洋生徒学成回华，即以其所学教人，恐尚不足，设购铁甲，如何驾驶，如何御敌，是否亦须西人教练一节。查闽厂现由英学成回华之刘步蟾、林泰曾二员，先后在洋四载，随该国铁甲船巡防西南各洋。据李丹崖咨函，亟称其才可驾驶铁甲，属为奏请破格奖擢。昨船政提调寄呈该二员条陈西洋兵船炮台操法大略清折，似均阅历有得，不为影响之谈，谨照抄奉呈钧核。内言蚊船利于攻人，而无能自卫，若中炮子，即有沉破之患。并谓求最上之策，非拥铁甲等船，自成数军，决胜海上，不足臻以战为守之妙，自是采择西国兵家绪论。中国目前即无此力量，断不可无此志愿。鸿章前缄商李丹崖，留意访购铁甲船新式，并函属参赞徐建寅到德后妥酌订办，拟尽敝处存款，先购一船来华操演，以为始基，届时选雇洋弁驾驶，以船政学生副之，俟其熟悉，再令接带。至船坞暂借闽、沪，如吃水十八尺至二十一二尺者，尚可将就修理。为山起于一篑，导海始于滥觞。及今不图，后更难望。钧见如以为然，致书丹崖时，乞更谆催为幸。

一、碰船是否制伏铁甲，分布南关、大连湾是否扼要一节。查刘步蟾等节略内，仅有铁甲冲船，专为冲陷敌船而设，船稍小而甲厚，似即碰船之类。赫德所谓新式，似并不被铁甲，故价银只三十万两，未知果有所本否。前向英提督古德面询，亦谓即铁甲冲船也。大连湾距奉天金州三十里，系属海汊，并非海口，实扼北洋形胜，最宜湾泊多船。许道钤身月前曾带蚊船四只前往巡察，谓可藏风得势。明春如选募洋弁得人，拟派大员带现有蚊船、轮船常往驻泊操练，以待后年铁甲船购到，渐可合成一小队，为北洋一小结构耳。明知缓不济急，只可择要逐渐图维。以上各条，据臆直陈，是否有当，伏候卓裁。专肃密复，敬叩中堂、王爷、大人钧祺。李鸿章谨上。直字二百二十一号。（《李文忠公全书》译署函稿卷十）

统筹南北海防（光绪五年十月十七日）

敬复者：前奏九月十六日直字五百五十八号公函，以筹办海防若先购铁甲船一只，只能专顾一口，应另购他项战舰，南北洋联络训练等因。仰见老成谋国，思虑周详，曷任钦佩。鄙意原因经费支绌，北洋仅存款百万，先购铁甲一船，以立始基而壮声势，俟操练熟悉，集有款项，再行续购，推广分布，即贵衙门同治十三年创议海防折内，令北洋先立水师一军之意，并非稍存畛域也。今尊论既不以购一铁甲为然，鸿章何敢固执？适接李丹崖八月初十日来书，谓近来各国纷议停造铁甲，如可缓办，尤为合算。况既有铁甲，应同时并举四事：一为炮台庇护。一为船坞修理。尤要者，一为快船。若铁甲无快船辅佐，则孤注而已（日意格所觅快船图，虽仅十二海里，机器尚属新制，似应赶造，一面再由洋厂定造全钢快船）。一为水雷。有行雷可以出奇，有伏雷可以堵守，而后铁甲不为快船所困等语。所言甚有次第。炮台各口已渐兴办，船坞则沪、闽虽可将就，究嫌太浅，亦离海稍远。快船一节，前据吴春帆函告图式寄到，需费甚巨，未能开工。兹春帆因病乞退，黎召民未知能否复出，于此事素未讲求，亦恐难遽集事。水雷则敝处现正仿制，守口之用行雷，尚未措办也。因思赫德原议碰船，未知是何形制，昨续购蚊船四只已到，属税司德璀琳函请该总税司速来详询一切。赫德于十月十二日抵律谒晤，面呈碰船图式，逐细考究，即是闽厂出洋学生刘步蟾等前寄节略内所称巡海快船、钢壳快船之类，其宽长尺寸、行海里数，大致相仿，惟首尾设炮位二尊较大，船头吃水之下暗设冲头，可以碰坏敌船，并带水雷小划艇一只。该总税司所称新式者在此。丹崖等所称快船图式每点钟仅行十二海里，此则行十五海里，照中国里核计，每点钟可四十五里，甚为迅疾，实闽、沪现造各船所未有，加以巨炮、冲头，据云可保碰伤铁甲船。但船舣未被铁甲，故每只价银仅三十余万两，遂属该总税司译送详细节略备案，谨照抄呈览。船既得用，事不可缓，拟即与赫德妥商，照议先定购二只，卓裁以为然否？此船约期七年夏间到华，届时再酌商分拨。目前所有，只先后购到蚊船八只，尚属新式。蚊船为守港利器，只能在海口及沿岸浅水处接战，不宜于大洋。敝处九月十一日上书已详陈之。此次新船到口，鸿章犹虑独见未真，适法国水师副将福禄诺带船来津换防，与谈数次，船学极精，阅历颇多，因邀其随赴大沽勘验新船。伊力言此船保护海岸，在浅水与铁甲船交战，可期制胜；若在海中打仗，殊无把握。因属其著论一篇，由法领事译送。赫德到此曾给洋文原底阅看，亦谓其言有理，谨抄呈以备钧核。幼丹制军误闻续购四船在福州改配，不知敝处前年与总税司订明在津交收。兹船到而所派接管之员未到，封河在迩，暂令许道钤身、丁提督汝昌督同前四船员弁兼行照管。来春弁勇配齐，酌量分拨。查龙骧、虎威、飞霆、策电四船，在北洋两年，海水浸渍，船底间有杂物粘连，本应赴沪厂修整刮洗，明年开冻后，拟令该四船赴沪，就近拨归南洋调遣，即留续到四只，供北洋操防之用。船、炮本系一律，一转移间，两得其宜。蚊船专备守口，嗣后各省应否添置，似应由尊处请旨，敕下海疆各大吏另行筹款购办。即照现式每只仅需银十五万两计，粤、闽、浙东各购一二只，力所能为，自固藩篱，较木兵船尤为得力。其隶南洋者，由南洋大臣督率调度，隶北洋者，由北洋大臣督率调度。而南北洋仍随时互商联络合操，分办则力易举，会操则气益整。其南北洋经费续有积存，应再谋添购铁甲船，以备海战而厚兵势。自强之要，远大之图，全仗钧署提挈于上，始终维持，非一蹴可几也。是否有当，敬候酌夺施行。

至前议延请西人教练蚊船，英水师提督古德及金登干皆保荐现统四船来华之副将名郎者，昨在海口验船，并令郎副将带船出洋操练阵式，尚属灵变整齐，人亦体面明干，拟即留充教练。赫德谓须有调派弁勇之权，该员又须回英，由出使大臣商明该国水师兵部给假，乃能来华效用，既倚为前事之师，自应略予通融。俟有定议，再行奉闻。除抄致幼丹制军外，专肃布复。敬叩中堂、王爷、大人钧祺。李鸿章谨上。直字二百二十二号。计抄折二件。（《李文忠公全书》译署函稿卷十）

左宗棠

拟购机器雇洋匠试造轮船先陈大概情形折

奏为谨拟购买机器，募雇洋匠，设局试造轮船，先陈大概情形，仰祈圣鉴事。

窃维东南大利，在水而不在陆。自广东、福建而浙江、江南、山东、直隶、盛京，以迄东北，大海环其三面，江河以外，万水朝宗。无事之时，以之筹转漕，则千里犹在户庭，以之筹懋迁，则百货萃诸厘〔廛〕肆，匪独鱼、盐、蒲、蛤足以业贫民，舵艄、水手足以安游众也。有事之时，以之筹调发，则百粤之旅可集三韩，以之筹转输，则七省之储可通一水，匪特巡洋缉盗有必设之防，用兵出奇有必争之道也。况我国家建都于燕，津、沽实为要镇。自海上用兵以来，泰西各国火轮兵船直达天津，藩篱竟成虚设，星驰飙举，无足当之。自洋船准载北货行销各口，北地货价腾贵。江浙大商以海船为业者，往北置货，价本愈增，比及回南，费重行迟，不能减价以敌洋商，日久销耗愈甚，不惟亏折货本，浸至歇其旧业。滨海之区，四民中商居什之六七，坐此阛阓萧条，税厘减色，富商变为窭人，游手驱为人役。并恐海船搁杇，目前江浙海运即有无船之虑，而漕政益难措手。是非设局急造轮船不为功。从前中外臣工屡议雇买代造，而未敢轻议设局制造者，一则船厂择地之难也；一则轮船机器购觅之难也，一则外国师匠要约之难也；一则筹集巨款之难也；一则中国之人不习管驾，船成仍须雇用洋人之难也；一则轮船既成，煤炭薪工，需费不訾，月需支给，又时须修造之难也；一则非常之举，谤议易兴，创议者一人，任事者一人，旁观者一人，事败垂成，公私均害之难也。有此数难，毋怪执咎无人，不敢一抒筹策以徇公家之急。

臣愚以为欲防海之害而收其利，非整理水师不可；欲整理水师，非设局监造轮船不可。泰西巧而中国不必安于拙也，泰西有而中国不能傲以无也。虽善作者不必其善成，而善因者究易于善创。

如虑船厂择地之难，则福建海口罗星塔一带，开槽〔漕〕浚渠，水清土实，为粤、浙、江苏所无。臣在浙时，即闻洋人之论如此。昨回福州，参以众论，亦复相同。是船厂固有其地也。

如虑机器购觅之难，则先购机器一具，巨细毕备，觅雇西洋师匠与之俱来。以机器制造机器，积微成巨，化一为百。机器既备，成一船之轮机即成一船，成一船即练一船之兵。比及五年，成船稍多，可以布置沿海各省，遥卫津、沽。由此更添机器，触类旁通，凡制造枪炮、炸弹、铸钱、治水，有适民生日用者，均可次第为之。惟事属创始，中国无能赴各国购觅之人，且机器良楛亦难骤辨，仍须托洋人购觅，宽给其值，但求其良，则亦非不可必得也。

如虑外国师匠要约之难，则先立条约，定其薪水，到厂后由局挑选内地各项匠作之少壮明白者，随同学习。其性慧夙有巧思者，无论官绅士庶，一体入局讲习；拙者、惰者，随时更补。西洋师匠尽心教艺者，总办洋员薪水全给；如靳不传授者，罚扣薪水，似亦易有把握。

如虑筹集巨款之难，就闽而论，海关结款既完，则此款应可划项支应，不足则提取厘税益之。又，臣曾函商浙江抚臣马新贻、新授广东抚臣蒋益澧，均以此为必不容缓，愿凑集巨款，以观其成。计造船厂、购机器、募师匠，须费三十余万两；开工集料、支给中外匠作薪水，每月约需五六万两，以一年计之，需费六十余万两。创始两年，成船少而费极多；迨三、四、五年，则工以熟而速，成船多而费亦渐减。通计五年所费不过三百余万两。五年之中，国家损〔捐〕此数百万之入，合虽见多，分亦见少，似尚未为难也。

　　如虑船成以后，中国无人堪作船主，看盘、管车诸事，均须雇倩洋人。则定议之初，即先与订明：教习造船即兼教习驾驶，船成即令随同出洋，周历各海口。无论兵弁各色人等，有讲习精通能为船主者，即给予武职千、把、都、守，由虚衔泲补实职，俾领水师，则材技之士争起赴之。将来讲习益精，水师人材固不可胜用矣。且臣访闻浙江宁波一带，现亦有粗知管驾轮船之人，如选调入局，船成即令其管驾，似得力更速也。

　　如虑煤炭、薪工，按月支给，所费不訾，及修造之费为难，则以新造轮船运漕，而以雇沙船之价给之，漕务毕则听受商雇，薄取其值，以为修造之费。海疆有警，专听调遣，随贼所在，络绎奔赴，分攻合剿，克期可至。大凡水师宜常川住船操练，俾其服习风涛，长其筋力，深其阅历，然后可恃为常胜之军。近观海口各国所驻兵船，每月操演数次，俨临大敌；遇有盗艇，即踊跃攫击，以试其能，所以防其恶劳好逸者如此。且船械机器，废搁不用则朽钝堪虞，时加淬厉则晶莹益出。故船成之后，不妨装载商货，借以捕盗而护商，兼可习劳而集费，似岁修经费无俟别筹也。

　　至非常之举，谤议易兴，始则忧其无成，继则议其多费，或更讥其失体，皆意中必有之事。然臣愚窃有说焉，防海必用海船，海船不敌轮船之灵捷。西洋各国与俄罗斯、咪利坚，数十年来讲求轮船之制，互相师法，制作日精。东洋日本始购轮船，拆视仿造未成，近乃遣人赴英吉利学其文字，究其象数，为仿制轮船张本，不数年后，东洋轮船亦必有成。独中国因频年军务繁兴，未暇议及；虽前此有代造之举，近复奉谕购雇轮船，然皆未为了局。彼此同以大海为利，彼有所挟，我独无之，譬犹渡河，人操舟而我结筏；譬犹使马，人跨骏而我骑驴，可乎？均是人也，聪明睿知，相近者性，而所习不能无殊。中国之睿知运于虚，外国之聪明寄于实；中国以义理为本，艺事为末；外国以艺事为重，义理为轻。彼此各是其是，两不相喻，姑置弗论可耳；谓执艺事者舍其精，讲义理者必遗其粗，不可也。谓我之长不如外国，借外国导其先，可也；谓我之长不如外国，让外国擅其能，不可也。此事理之较著者也。如拟创造轮船，即预虑难成而自阻，然则治河者虑合龙之无期即罢畚筑，治军者虑藏役之无日即罢征调乎？如虑糜费之多，则自道光十九年以来，所糜之费已难数计。昔因无轮船，致所费不可得而节矣；今仿造轮船，正所以预节异时之费，而尚容靳乎？天下事，始有所损者，终必有所益。轮船成，则漕政兴，军政举，商民之困纾，海关之税旺，一时之费，数世之利也。纵令所制不及各国之工，究之慰情胜无，仓卒较有所恃。且由钝而巧，由粗而精，尚可期诸异日，孰如羡鱼而无网也！计闽、浙、粤东三省通力合作，五年之久，费数百万，尚非力所难能。疆臣谊在体国奉公，何敢惜小费而忘至计？至以中国仿制轮船，或疑失体，则尤不然。无论礼失而求诸野，自古已然。即以枪炮言之，中国古无范金为炮施放药弹之制，所谓炮者，以车发石而已。至明中叶始有"佛郎机"之名，国初始有"红衣大将军"之名。当时得其国之器即被以其国之名，谓"佛郎机"者，即"法兰西"音之转，谓"红衣"者，即"红夷"音之转，盖指红毛也。近时洋枪、开花炮等器之制，中国仿洋式制造，亦皆能之。炮可仿制，船独不可仿制乎？安在其为失体也？

臣自道光十九年海上事起，凡唐宋以来史传、别录、说部及国朝志乘、载记、官私各书，有关海国故事者，每涉猎及之，粗悉梗概。大约火轮兵船之制，不过近数十年事，于前无征也。前在杭州时，曾觅匠仿造小轮船，形模粗具，试之西湖，驶行不速。以示洋将德克碑、税务司日意格，据云大致不差，惟轮机须从西洋购觅，乃臻捷便。因出法国制船图册相示，并请代为监造，以西法传之中土。适发逆陷漳州，臣入闽督剿，未暇及也。嗣德克碑归国，绘具图式、船厂图册，并将购觅轮机、招延洋匠各事宜逐款开载，寄由日意格转送漳州行营。德克碑旋来漳州接见，臣时方赴粤东督剿，未暇定议。德克碑辞赴暹罗，属日意格候信。彼此往返讲论，渐得要领。日意格闻臣由粤凯旋，拟来闽面订一切。臣原拟俟其来闽商妥后，再具折详陈请旨，因日意格尚未前来，适奉购雇轮船寄谕，应先将拟造轮船缘由，据实驰陈。伏乞皇太后、皇上圣鉴训示。

至设局开厂、购料兴工一切事宜，极为繁重，俟奉到谕旨允行后，再当条举件系，恭呈御览，合并声明。谨奏。（《左文襄公全集》奏稿卷十八）

上总理各国事务衙门

三月二十五日接奉初二日建字第十二号钧函，以英国阿使欲中国雇借外国轮船缉拿海盗一节，已照会各国允办，属即函商少荃中丞酌筹购买，一面先行雇觅，将各口应用轮船若干，并水手、兵丁、炮械以及控制、训练、旗号各项，妥议章程具复，等因。宗棠等查闽省为滨海岩疆，洋防紧要，节经咨行水师提督分派兵船严密梭巡。上年二月，因洋人私运军火、米粮接济漳郡踞逆，曾饬通商委员转托税务司美里登，购得英国轮船一号，改名为长胜船，檄委前安平协副将吴鸿源管带。并于三月间经官军拿获济贼古董轮船，照约入官，更名靖海船。俱易用中国旗号，配拨弁兵，兼雇洋人驾驶，以备巡海缉匪并转运饷糈、军火之用。嗣因厦口税务司巴德蒙准赫总税司，将靖海轮船一号札调粤海关听用，至今未据交还。

迩来闽省洋面，尚未能一律肃清。兹奉尊谕，宗棠等公同酌议，窃以轮船向外国借用，调遣不能自由，久暂不能自主。即缉获盗船，亦间有需索酬谢之事。彼此稍涉计较，未免多一论端。万一事出意外，赔补更多争执。是借船虽可偶一为之，究非妥便之策。至暂行雇赁，固较借用为宜，然火船工费最多，船主居为奇货，索价不啻倍蓰。又必与之说定年月，未能即换中国旗号。舵水人等，不肯尽听中国管束，调停驾驶，甚费周章。惟购买则一切尚可自由，较之借、雇，均为省事。然亦有数难焉。彼族嗜利之心无微不喻，其出售船只，必先其旧者、敝者，或制作未能坚致，及彼中所嗤为旧式者。未卖与中国之先，均嗫不出声。既成交之后，始扬言某件已坏，某船止若干马力，止装若干顿数，必须改造，乃堪适用。既依所论改造，又必用其料，用其工，任意掯索，莫能驳减。盖以彼之长，傲我之短，以彼之有，傲我之无，我固无如之何。其难一也。船即买定，仍须雇用彼人管驾，以管车、看盘诸法非熟习者不能，中国人如宁波、上海及广东各海口之人，在轮船受雇当水手、舵工者多，而能当船主者极不易得。既必用外国之人管驾，则另雇、更换，均难由我，不得不勉强将就，以冀相安。其难二也。轮船无一年半载不修之事。欲修造，则必就外国所设船厂、铁厂，估价兴工，彼又得居为奇货，我欲贱而彼故贵，我欲速而彼故迟。其难三也。有此三难，则购买轮船，又不如自造轮船之最为妥善。

惟轮船为彼中数十年甫有之奇器，中国欲一旦夺其巧，争其奇，势必不能。既无制作之器具，又无制作器具之器具，不但无可为师匠之人，并无多识洋字、熟谙洋算、通晓洋书之人堪随其学习。故数年以来，群知以此为当务之急，然稽延至今，思其艰而不能图其易者，盖以目前之经费难筹，日后之咎责莫逭也。

宗棠等公同商酌，就局势而言，借不如雇，雇不如买，买不如自造。而自造一层，虽已商议及之，尚未能确有把握，应俟有端绪，再行奏咨办理。

兹阿使既有雇、借轮船之说，自宜谨遵来示，先筹雇、买两端。大约雇用轮船，须先议定每月雇价，所需煤炭约略数目，及修理费用，并包在雇价内计算，免其另生枝节。购买轮船，须先议定马力若干，顿数若干，价值若干，换用中国旗号后，或雇洋人管驾，或雇中国人管驾，均由中国自行斟酌。约计闽省有轮船四只，已可勉敷调拨。一面派委员弁赴香港、宁波、上海寻觅，一面饬司预筹经费以待。其船内应用水手、兵丁、炮械暨如何控制训练、建立旗号等事，俟飞函与少荃中函妥商，再定拟章程，呈送察核，并由宗棠另具公牍呈达。（《左文襄公全集》书牍卷十一）

筹款购买轮船机器请令沈葆桢仍管船政折

奏为筹拨购买轮船厂机器等件银两，并请旨谕令沈葆桢仍接管船政事。

窃臣前请简派前任江西抚臣沈葆桢总理船政，当即抄折咨请接办去后。沈葆桢以丁忧人员不应与闻政事，具呈固辞，引据经义，坚不可夺。惟思总理船政究与服官不同，所履之地，并非公署，所用之人，亦非印委。无宴会之事，不以素服为嫌；公事交接，可用函牍往返，不以入公门为嫌。且在籍监造，不为夺情，久司船政，可侍养严亲，于忠孝之义究亦两全无害。若以事非金革勿避非宜，则此局所关，非徒一时一地之计，谓义同金革也可，谓更重于金革也亦可。臣既奉命西征，克日就道，洋员回闽，即须与之要约，以便交替，非得中外仰望之人担荷远猷，无以坚远人之信。非远人信服，事难必成，不敢辄发巨款。交替之际，间不容发，复以此商之沈葆桢。续准沈葆桢函称，如果奉旨敕令办理，亦必请俟明年六月母丧服阕后，始敢任事。其未释服以前，遇有咨奏事件，可由署藩司周开锡、道员胡光墉洋请督抚臣代为咨奏。

臣维制造轮船一事，大致已有头绪，德克碑、日意格等于旬日内即可齐来定议。应先行备办之事，臣早为筹及，周开锡、胡光墉皆与知之。数月以内，沈葆桢暂缓应事，尚无不可。惟当饬周开锡、胡光墉遇事禀承，庶接办时头绪了然，更期妥善。遇有咨奏事件，暂由周开锡、胡光墉面禀督抚臣代为咨奏。庶大局可冀有成，而沈葆桢居忧读礼一事，可无遗议。其感荷朝廷矜全之恩，更当何如耶！应请旨敕下沈葆桢，于服阕后总理船政，未任事之先，所有船局事宜，仍一力主持，以系全〔众〕望而重要工，勿许固辞。至购买机器、轮船〔机〕、钢铁及募雇师匠、辛工路费、洋匠薪水与器具、水脚、包扎、保险等项，有须半领者，有须全领者，共计关平银十三万三千八百六十六两五钱，应先动款应付。

理合恭折驰陈，伏乞皇太后、皇上圣鉴，训示施行。谨奏。（《左文襄公全集》奏稿卷十九）

复陈福建轮船局务不可停止折

奏为遵旨复陈事。

窃臣于三月初十日钦奉二月三十日密谕：前因内阁学士宋晋奏制造轮船糜费太重，请暂行停止，当饬文煜、王凯泰斟酌情形，奏明办理。兹据奏：闽省制造轮船，原议制造十六号，以铁厂开工之日起，立限五年，经费不逾三百万。现计先后造成下水者六号，具报开工者三号，其拨解经费截至上年十二月止，已拨过正款银三百十五万两，另解过养船经费银二十五万两，用款已较原估有增。造成各号轮船，虽均灵捷，较之外洋兵船，尚多不及。其第七、八号船只，本年夏间方克藏工，第九号出洋尚无准期。应否即将轮船局暂行停止，请旨遵行等语。左宗棠前议制造轮船，用意深远。惟造未及半，用数已过原估，且御侮仍无把握。其未成之船三号，续需经费尚多。当此用款支绌之时，暂行停止，固节省帑金之一道。惟天下事创始甚难，即裁撤亦不可草率从事。且当时设局，意主自强；此时所造轮船，既据奏称较之外洋兵船，尚多不及，自应力求制胜之法。若遽从节用起见，恐失当日经营缔造之苦心。着李鸿章、左宗棠、沈葆桢通盘筹画，现在究竟应否裁撤？或不能即时裁撤，并将局内浮费如何减省，以节经费，轮船如何制造，方可以御外侮各节，悉心酌议具奏。如船局暂行停止，左宗棠原议五年限内应给洋员、洋匠辛工并回国盘费、加奖银两，及定买外洋物料，势难退回，应给价值者，即着会商文煜、王凯泰酌量筹拨。该局除造轮船外，洋枪、洋炮、火药等件是否尚须制造？及船局裁撤后，局中机器、物料应如何安置存储之处，并着妥筹办理。已经造成船只，文煜等以拨给殷商驾驶，殊为可惜，拟将洋药票税一款仍作养船经费，酌留两号出洋训练。即着照所拟办理。其余各船，俟各省咨调时分别派往。将此由五百里各密谕知之。钦此！跪诵再三，敬仰我皇上于慎节经费之中，仍切思患预防之念，钦感难名！

窃维制造轮船，实中国自强要着。臣于闽浙总督任内，请易购、雇为制造，实以西洋各国恃其船炮，横行海上，每以其所有傲我所无，不得不师其长以制之。其时英人威妥玛、赫德有借新法自强之说，思借购、雇而专其利；美里登、有雅芝等亦扬言制造耗费，购、雇省事，冀以阻挠成议。幸赖圣明洞鉴，允于福建设立船局，特命沈葆桢总理船政，而后群喙息而公论明。臣于具奏后旋即去闽，然于船政一事则始终未敢恝置也。西征以后，迭接沈葆桢、周开锡、夏献纶函牍，皆称船政顺利，日起有功。第一号轮船万年清驶赴天津时，华夷观者如堵，诧为未有之奇。臣时于役畿郊，目睹其事，私怀幸慰尤深。嗣是率作兴事，成效益臻。

臣原奏自铁厂开工起，限五年内，造成大小轮船十有六只。计闽局自八年正月铁厂开工，至今已造过九号，为时尚止三年，纵限内十六号轮船未能悉数报竣，然亦差数不远。此时日之可考者也。试造之始，本拟由浅入深。近来船式愈造愈精，原拟配炮三尊者，今可配炮八尊，续造二百五十匹马力轮船，竟配新式大洋炮十三尊。此成效之可考者也。据夏献纶禀，各厂匠作踊跃精进，西洋师匠所能者均已能之，而艺局学徒一百四十余名，既通英、法语言文字，于泰西诸学，尤易研求。臣前据闽局函报，天文、算学、画图、管轮、驾驶诸艺童，有学得七八分者，有学得五六分者，屡请英、法教师考校，列上等者约七八十名，次亦三四十名，将来进诣尚未可量。如果优其廪饩，宽以时日，严其程督，加以鼓舞，则以机器造机器，以华人学华人，以新法变新法，似制造、驾驶之才，固不可胜用也。前闻西人议论，每叹华人质地聪颖犹胜泰西诸邦，未之能信。观近时艺童能事渐多，所学日进，参之西人羡者、妒者之口，观其消沮敛退之形状，似非无因。此人事之可考者也。文煜、王凯泰称较外洋兵船，尚多不及，臣未见其原奏，不知所称不及外洋兵船者何事，无从悬揣。惟文煜等既于造成轮船称其灵捷，又以拨给殷商为可惜，是已成之船非不适用，数百万之费非虚掷也明矣。其称尚多不及外洋兵船者，亦只就目前言之，并非画地自限，谓此事终应让能于彼族也。泰西各国制造轮船，自始至今，阅数十年，所费何可胜计！今学造三年之久，耗费数百万之多，谓遂能尽其奇巧，无毫发憾，臣亦不敢信其诚然。然侧闻西人议论，佥谓中国制造、驾驶必可有成，而闽局地势之宜，措置之当，索图传览，靡不叹服，亦足证前功之有可睹，后效之必可期也。至制胜之有无把握，此时海上无警，轮船虽成，未曾见仗，若预决其必有把握，固属无据之谈；但就目前言之，制造轮船已见成效，船之炮位、马力，又复相当，管驾、掌轮，均渐熟习，并无洋人羼杂其间，一遇有警，指臂相联，迥非从前有防无战可比。此理势之可考者也。

　　谕旨：局内浮费如何减省？窃维船局经费一款，臣于同治五年奏请试造轮船时，议于闽海关结款先提银四十万两为创始之用，系专为购器、募匠、买地、建厂之需。当初撙节确估，原虑支销不足。厥后增拓厂基，添购机器料物，用工日多，需费日巨，视原议增至一倍有余。嗣复于洋税项下每月拨银五万两，自五年十二月起，至九年八月止，共二百三十万两；自九年九月起，至十年十二月止，共八十五万两。据闽局开报各项用款，有因开创之始，不得不从宽估拨者；有因购办外洋物料，商贾居奇，不得不按照时价以广招徕者；亦有趁价值平减，预购备用者。局中工匠人数，较原议各有增加，如铁厂、船厂工匠一千六百名，后渐增至二千名；铁厂原只五处，后添至八处；艺局学徒原只六十名，后添至一百四十余名等类。工料既以求精而加，经费自以宽筹而绌，势有固然。惟匠作技艺熟习而精，或可期其速；外洋物价争趋而贱，或可期其减。夏献纶上年总办局务，曾禀节减经费银数万两。此后有无可节之费，臣相距太远，无从悬揣。大约工作之事，创始为难，亦惟创始为最巨。即如仿造轮船，必先建生铁厂、拉铁厂、捶铁厂、钟表厂、帆厂、舢板厂、陶厂、水缸厂、火锯兼模厂、熟铁兼铜厂、轮机兼合拢厂、铁船槽等各项工程，以应一船之用。各工既毕，量材分厂，并力凑办，庶机器相联，工作无间，船成而费亦省。各项工程既均因造船而设，其费自应汇入船工销算。创造伊始，百物备焉。故始造数只所费最多，以船工之先，凡轮船各具均须修造齐全，名目既多，款项甚巨也。迨接续造作，则各项工程无须再造，经费专用之船工，而经费亦日见其少。此时造船虽仅数号，而经费已逾臣原估三百余万之数，良由工料、马力既较臣原估之数有增，而又将创始各项工程经费一并计算之故耳。以臣愚见揣之，闽局已成及将成轮船约共九号，闻十一号、十二号之番木亦已购备齐全，则通计告成所费自少。而现造二百五十匹马力机器，实与西洋各国兵船无异。厂中既能自造，将来再增马力，只须增机器，不须增厂，尤为便利。

窃维此举为沿海断不容已之举，此事实国家断不可少之事。若如言者所云即行停止，无论停止制造，彼族得据购、雇之永利，国家旋失自强之远图，隳军实而长寇仇，殊为失算；且即原奏因节费起见言之，停止制造，已用之三百余万能复追乎？定买之三十余万及洋员、洋匠薪工等项能复扣乎？所谓节者又安在也？臣于同治五年奏请试造轮船时，即预陈非常之举，谤议易兴，事败垂成，公私两害，所虑在此。兹幸朝廷洞瞩情形，密交疆臣察议，成效渐著，公论尚存，微臣得于钦承垂询之余，稍申惓惓不尽之意。否则，微臣虽矢以身家性命殉之，究于国事奚所裨益？兴念及此，实可寒心！

所有福建轮船局务必可有成，有利无害，不可停止实在情形，谨披沥直陈。伏乞皇太后、皇上圣鉴，训示施行。谨奏。（《左文襄公全集》奏稿卷四十一）

会商海防事宜折

奏为会商海防事宜，恭折并陈，仰祈圣鉴事。

窃臣等会同何璟、张树声、卫荣光筹议海防事宜，正具折间，臣玉麟适巡阅长江水师，驰抵江南省城，臣宗棠邀入署中，面商海防事宜，质以张树声、何璟、卫荣光之议，所见均同。除具奏外，谨将臣等思虑所及，冀有裨于海防者，一并陈明，以备圣明采择。

窃闽省设局制造轮船，臣宗棠于同治五年闽浙总督任内，奏奉谕旨允行。嗣请设船政大臣，总理局厂事务。交卸后，赴陕甘总督任，于船政事务，时复预闻。臣玉麟于长江海口涉历最久，所言防务情形，尚为确凿。兹就臣玉麟所见长江海口防务陈之。

凡言长江海口者，多指吴淞。而吴淞实进黄浦江之口，为苏、松扼要门户，于长江固不相涉也。外海入内海之轮船，左为吴淞，其右有崇明县一岛，外洋轮船若不进黄浦江，即不必由吴淞入口，但由崇明北绕白茅沙便可顺抵狼、福山，径趋长江。缘福山南岸近年新长远沙，梗碍洪路，轮船不能直行，须绕狼山北岸而入江阴。故吴淞设防，不能扼其来路。查吴淞口南北宽不过十里，狼山、福山口南北宽百余里，由此冲入长江，其势甚顺。此时防长江海口，应以狼、福山为重，兼顾吴淞口，庶期周密。

现查吴淞、江阴及圌山关、焦山、象山、都天庙等处，沿江炮台均修整坚固。其守炮台之记名提督吴宏洛、唐定奎、章其作、曾万友等，均能认真操练，结实可靠。惟水面空虚，时切隐忧。长江长龙、舢板不能禁海上风涛，其蚊子船炮大船小，头重脚轻，万难出洋对敌，只可作水炮台之用。其余各省兵轮船归李朝斌每月调操，与臣玉麟每年巡阅一次者，亦不过于无事时虚壮海隅声威而已。设一旦有事，该各省各有应防之海口，方且自顾不暇，何能舍己芸人，置本省不顾，而应长江海口之调？纵以功令、军令督责之，而亦有所不行。

至谓此时江防缓而海防急，宜先筹海而后防江，亦非确论。长江各省伏莽甚多，历年窃发有案，倘海疆有警，则乘间揭竿而起，势所必然。腹地多虞，防剿之军时被牵掣，适足启盗贼之心，而张寇仇之焰。因思自强之道，宜求诸己，不可求诸人。求人者制于人，求己者操之己。张佩纶原奏各海口可自为一军，是不必求于人而求诸己也。与其购铁甲重笨兵轮争胜于茫茫大海之中，毫无把握，莫若造灵捷轮船，专防海口扼要之地，随机应变，缓急可资为愈。臣玉麟于六年冬奏造小轮船十只，专防海口，不争大洋，即是自成一军，为自强之意，奉旨准照办在案。因南洋经费维艰，部议暂从缓筹，至今尚未开造。

张佩纶原奏谓淮扬、瓜洲等水师宜改西式江船。夫西式即火轮也。与其花费添造轮船于淮扬、瓜洲两标营，紊乱长江营制，转不得力，不如节此经费，赶造臣玉麟所奏小轮船十只，派长江久于战阵之员管带，选通习洋语、算法之学生帮办驾驶以熟海道，募海上各岛渔户强壮者为勇丁，既可收熟谙风水沙性勇敢之人才为将来推广之用，又可免敌人招此等渔户作奸细为害内地，诚一举而备三善也。该轮船归提督统领，勤慎操练，使炮火技艺纯熟，精益求精，不争大洋冲突，只专海口严防。无事则巡缉洋面，尽其力所能到，以靖海盗；有事则齐集海口堵御，或诱敌搁浅，我船环而攻之，可以制胜，或伺敌船长驱大进，我船跟踪追击，断其后路，以便前途师船堵剿，断不致坐视豕突狼奔任意猖獗也。

臣宗棠细绎臣玉麟所议专就长江海口而言，力主有海防无海战之说，据实之谈，洵足见诸施行，征其实效。与张佩纶原奏江南可自为一军之说，适相符合。惟就长江江防海口而言，两江总督为固圉之谋，无以加此；若筹兼顾南洋，则遇有警报，各省同一洋面，自顾不遑，何能为两江之助？江南海口宜守，亦难应各省之援，其于兼顾之义，终鲜实济。自宜亟筹增制大轮船数只，以资调度而速戎机。

前闻闽厂开造快船，马力甚速，船亦合用。昨与李鸿章晤商，亦以为宜。询快船一只工料需价若干，据称并枪炮计，约每只需银三十万两。臣宗棠默计经费虽艰，亦宜竭力筹维，未可稍存顾惜之见。计增制快船五只，需筹银一百五十万两，若求之南洋各省，恐等诸筑室道谋，无以应手。合之臣玉麟拟造小轮船十只，每只需工料炮价合银八万两，共银八十万两，两项船价共需二百三十万两。江南财力搜索已频，本难筹措，惟事关海防大局，不容束手。而细察淮盐加引一案，加意料理，犹可有为。窃计增置大小轮船，无论购自外洋与在闽、沪各厂局制造，均须分年办理，所需经费亦可分年解济，以应要需。现在淮盐加引，试行之初，就票费一项划拨支应，一年内外，轮船经费计可有余；此后销路渐畅，杂款亦可奏请酌拨，俾能接续解济要需。庶海口有备，南洋相芘以安；外海有船巡驶，更可常通声息，似于防务较有把握。

臣等与李鸿章所见亦同。谨合词据实陈奏，伏乞皇太后、皇上圣鉴，训示施行。谨奏。（《左文襄公全集》奏稿卷五十九）

张之洞

详筹边计折

窃臣于本月初五日曾上一疏，备论俄约从违利害，皇太后、皇上既一再下廷议矣。臣前疏之意，要以急修武备为主。窃揆朝廷之意，亦未尝不以修备为是，而似不免以修备为难。岂非洞见二十年来边备一无可恃，遂觉中国大势断不足以御强邻，故不免长虑却顾，不得已而出于讲耶？臣愚以为无备则不能战，无备则并不能讲。及今而言备，尚有可备之兵，尚有可备之饷，尚有可备之人。敢就前疏未尽之意，详切胪陈，唯圣明垂察焉。备之法，曰练兵，曰筹饷，曰用人。

练兵如何？首练蒙古兵。蒙古各盟与圣清累朝同休戚，与今日中华同利害。雍、乾间征讨准、回各部，均资其兵力，以集大勋。近年各藩无才，日就贫弱，俄人乘机阑入。乌梁海南北受其牢笼，喀鲁伦河东西侵为田牧，渐且尽夺膏腴，杂居无限。一旦有事，卡伦鄂博直如虚设，彼将径叩边墙。拟请特命蒙古王大臣随带晓习边事文武数员，周历各盟，体察土谢图等四汗所属情形，息耗强弱，诸王台吉才智高下，缕晰以闻。布告各盟，晓以俄人叵测，意在蚕食蒙疆，激励所部，讲求牧政，简练成军，创办之始，酌给饷需。蒙人以畜牧为耕凿，若多发帑金，市其战马，配给边军，蒙人得金，我军得马。边军多马则兵强，蒙马易售，则蒙人因富而亦强。设俄人内犯，我坚守边墙，蒙人截其辎重，击其惰归，其师必尽。蒙古强则我之候遮也，蒙古弱则彼之鱼肉也，出入之间，利害不可以道里计矣。其次，练西兵。沙漠荒寒，驰骤搏击，南人十不敌北人一，关内人三不敌边外人一。刘锦棠之军名为湘营，实多陇西壮士，关外流人，以故所向有功。额鲁特种人，质性强悍，阿拉善王部内向练有喇嘛兵数千，亦甚可用。若推广于西北各部喇嘛，择其桀出者，多假以呼图克图名号，必能号召约束，执殳前驱。哈萨克虽为俄人所胁，逃出归化者不少，若令锡纶招徕此辈，加以训练，庶湘营之势不孤，以后屯戍之役，更不烦征调南军矣。其次，练东兵。黑龙江人素朴勇，古有满万无敌之称，国朝名将，多产其间。将军得人，则尽人皆为劲旅。吉林金匪盘踞日久，党类繁多，必欲剿捕驱除，尽空其地，断无是事。莫若抚之，使为我用，免为俄人所诱，转致多树一敌。又其次，练北洋兵。李鸿章新购蚊子船，颇称便利，惜为数不多。其价尚廉，似宜向欧洲续造数十艘，专派统领分屯北洋大沽、营口、烟台三处。一方有警，两口赴援，伺敌登岸，围其舟而焚之，敌无归矣。惟舟师海战，淮人十不敌闽、广人一，请敕闽、广督臣择熟悉海战将弁数人，招募闽、广精卒来津听用。水陆之备既完，如更密谕曾纪泽结英图俄，攻所必救，以掣敌势，此亦一奇也。

筹饷如何？北洋所需本有海防经费，新疆所需本有西征专饷，东三省饷项，可于南洋海防经费或各关提存二成内酌拨。惟整顿蒙军及沿边重镇如科布多、乌里雅苏台、归化城、库伦、张家口诸处，虽系次冲，如从容布置，亦须增兵增饷。窃思各省营勇，除津防、西征两军外，现存不下数百营，节腹地之虚縻，即可供边军之腾饱。拟请敕下各督抚酌量裁撤，大约汰四存六，而边饷出矣。此外，若倍征洋药税，岁可得数百万。酌提江、广漕折运脚，亦可得二三十万。整顿淮纲，但能专杜商私，所得亦不下数十万。钱流地上，得人斯理耳。

用人如何？蒙古部当以蒙古王率之，科尔沁亲王伯彦诺谟祜世笃忠贞，廉朴勇敢，若令其总统各盟，副以大臣，分防乌里雅苏台、库伦两路，当能远追超勇亲王策凌之英风，近绍忠亲王僧格林沁之余烈。刘锦棠前敌大将，若假以重权，则声威益振。锡纶现扼塔尔巴哈台，为极边，张曜可使备科布多，为后路。均宜重其任，厚其兵，裕其饷，使三军相与犄角，则俄马不敢西牧矣。至东三省内抚外攘，断非长才不办。现任各将军才皆不逾中人，恐不足以备缓急。可否于京外大员中遴选数人，特降谕旨，令将经画关东方略条议以闻。就中察其实有条理、器闳志壮者，授以东方之任。若夫总揽九边指挥诸将，一如问耕问织，当责之素习之人，似宜密谕左宗棠，将各路战守机宜明白条上。设异日俄人败盟，必开兵端，即令左宗棠别荐老成，属以陇事，而身自来朝入阁，以备庙堂咨访筹策，亦无不可。昔范仲淹自请行边，识者以为措置西事，当在中书。可见运筹决胜，不在自将临边，镇一方何如策全局乎？其筹饷事理，尤在度支得人。侍郎阎敬铭长于综核，理财有效，朝野咸知。今虽养疴山居，并非笃老，阎敬铭之心，何尝一日忘天下哉！若蒙温旨宣召，动以时艰，谕以大义，该侍郎岂忍坚辞？得阎敬铭以理度支，朝廷当不忧馈饟矣。此外文武之才，储备宜广。拟请敕李鸿章、左宗棠切实荐举，以备录用。边才本属专门，方今京外通弊，冗员多而直才少。不索何获，不学何能？即如李鸿章、左宗棠等，若非中原多事，久历兵间，其才何由而成，何由而见？伏望敕下各部堂官，各省督抚，就属员中访求志节可造之人，有愿讲求边事者，即行奏请发往东西两边，以资练习。隐逸者，士未仕者，一体列荐。数年之后，人才辈出，安知不更有驾李鸿章、左宗棠而上之者？何至令朝廷西顾东瞻，兴不得颇、牧之叹哉！出使绝国，汉有专科，必如陆贾之辩，苏武之节，傅介子、陈汤之权略，常惠、班超之勇，方称斯职。并请谕令疆臣，亟为物色，备行人之选，庶可与谋臣战士相辅为功。有备如此，可以战矣。然臣知国家之意，非欲战也，即臣之言，亦非求战也，必实有战心，实有战具，而后可以为讲之地也。则请更筹讲法。

一曰责以义。自我圣祖以来，与俄国久通盟聘，不以藩属畜之，并不以外夷目之。我兵围雅克萨城，俄人穷蹙，圣祖不忍，舍而弗攻。前有徐元文之碑，后有察毕那之案，载在盟府，炳若日星。是我之有德于俄一也。迭次所获罗刹宜番等百余人，不加诛戮，赐居京师，编为佐领。是我之有德于俄二也。世宗时，俄国官生来学，于是建俄罗斯馆，于是立俄罗斯学。学医则遣蒙古医往，学喇嘛经典则遣托波尔番僧往。是我之有德于俄三也。恰克图开关互市以利俄商，纵茶、黄出口以活俄民。乾隆间，俄人渝约犯禁，我高宗如天之度，不加以兵，因其悔罪，仍许通商。是我之有德于俄四也。我有四德，俄不知报。咸丰八年，乘我方有兵事，绐奕山而攘我乌苏里江东之地五千里，又诳我沿边常住卡伦以外之地万余里。文宗念旧盟，重邻衅，闵两国生灵，因而界之。环海四洲，莫不以俄为曲。今又乘我天子冲龄，边围甫定，挟小惠以徼大利，俄之君臣，独不畏瞿违天不祥之咎乎！

二曰折以约。陆路通商不便，原许酌商，不得节外生枝，则有咸丰十年之续约第十四条在。有紧要妨碍之处，尚未满限，立即议改，则有同治八年改订之约第二十二条在。界牌永无更改，他地并不侵占，则有咸丰十年之续约第一条在。边界既定，登册绘图，两国永无此疆彼界之争，则有咸丰十年之约第九条在。张家口不设领事，不立行栈，则有同治八年改定之约第四条在。京城、恰克图二处公文，准用台站，站费两国共之，今云在蒙古地方，天山南北，行路、寄信概用台站，新约有，旧约无。准设领事，向止伊、塔、喀三城，今又增乌鲁木齐六处，新约有，旧约无。入边道路止恰克图，近边马头止张家口，今又取道关陇以达汉口，新约有，旧约无。松花江行船至伯都讷，与沿江一带居民贸易，新约有，旧约无。俄人来路向出北道，尚免西防，今由科布多过归化城，运货前往天津，新约有，旧约无。蒙古贸易，或准或未准，今忽以中国蒙古并蒙古各盟，已设官、未设官之处括之，新约有，旧约无。不纳税者向止两国边界百里内为然，今云在中国蒙古地方、关外、天山南北概不纳税，新约有，旧约无。通商总例，向完正税、子税，今云陕、甘、汉口不纳子税，新约有，旧约无。交易原须两利，华商岂可偏枯，今云准以货物抵帐〔账〕，新约有，旧约无。通商许人带兵器一件，未言火器。查洋枪、洋炮、洋火药向为禁物，今云人带一枪，新约有，旧约无。领事官向止与地方官平行，自不得与大宪抗礼，今云领事与大宪往来用信函，会晤用友邦礼，新约有，旧约无。就臣所指驳者固已如此其多，其他或自相矛盾，或影射欺蒙，若总理衙门更按各国条约参酌比例，并检俄国历届照会逐细研求，可驳者更复何限！以此诘俄，俄其何辞？

三曰怵以势。俄人慑于义，钳于约，善矣。若犹不听，则请说之曰，俄逞威贪利，将谓中国仁让，不能胜也。我守已固，我军已搜，闭关绝市，茶、黄不出，东结混同江思归之义民，西收哈萨克、布鲁特反正之旧部。俄西犯，则我以将军袭尼布楚，东寇，则我轻骑以破浩罕，复伊犁。俄人万里孤军，长城前，戈壁后，士卒顿，刍粮绝，俄军必歼。即或我军不克，我力不支，则我犹出下策，掷孤注。西委阿里以赐英吉利，使之越里海以取土尔扈特旧牧地。东捐台湾山后以赐日本，使之复库页岛以断东海口。激土耳其以宿憾，使仇俄。啖日耳曼以重利，使绝俄。兵连祸结，俄之精锐竭于外，俄之乱党起于内，恐比得罗堡国都非俄之有也。俄人自命大国，比年收纳难民，代采军糈，其心颇欲市义沽名，今见我有备，而又参理势、兼刚柔以动之，蔑不听矣。至使臣缓急变通，则当更求操纵之法。或新约不许，而增兵费、恤款之数，以易伊犁。或新约不许，而令左宗棠画穷边荒远无关要害之地数百里与之，使尽归伊犁山川要隘，是我弃一石田而得完伊犁也。新约不许，伊犁不归，则令归我罪人白彦虎，我仍以偿款酬之。此一役也，俄有所得，既足以戢戎心，我除遗孽，亦足以存国体。此三者为奇兵，为活着，临事相机，是在使臣之善应矣。

总而论之，备为主，讲为辅，操纵为变化。我苟无备，俄人知我虚实，肆其恫喝，虽有辩士，将不得言，言亦不信。虽然，修备之道，并非朝廷

颁一诏书，疆吏办一覆奏已也。窃念自咸丰以来，无年不办洋务，无日不
讲自强。因洋务而进用者数百人，因洋务而糜耗者数千万。冠盖之使交错
于海邦，市舶之司日增于腹地。屈己捐爱，将曰待时，事阅三朝，积弱如
故。一有俄事，从违莫决，缙绅束手，将帅变色。即号忧国持高论者，亦
徒吁嗟太息而不能知其所以然，泄泄悠悠，委其忧于君父。今犹中兴时也，
不知十余年后，又将何以处之？有七年之病而不蓄三年之艾，此古来志士
仁人所为扼腕而叹恨者也。伏愿皇太后、皇上自今日始，君臣上下，卧薪
尝胆，戒鸩毒之安，惕肘腋之患，专心求贤才，破格行赏罚。如仍有以含
垢姑安，养晦纵敌之说进者，一切斥勿用，然后修备始非虚文矣。昔者，
晋无失德，符〔苻〕坚恃强而伐之，渡淮而坚灭。宋无乱政，完颜亮恃强而
伐之，临江而亮亡。天眷所在，虽偏安之朝犹足以胜强敌，况以国家德泽
之深，疆域之广，物力虽绌而未穷，人才虽稀而未尽。如谓修德修政，竭
禹迹九州之全力而不能与一邻国抗，殆亦数千年来史册所未有者也。仰恳
皇太后、皇上将臣此疏交再议之王大臣等一并议奏，以备裁择。兹事体大，
臣书生之见，不知有当万一否。（《张文襄公全集》卷二）

筹议海防要策折

窃维自强之本，以操权在我为先，以取用不穷为贵。夫欲善其事，先利
其器。百工居肆，君子致道，经之明训也。器械不利，与空手同，不能及
远，与短兵同，史之良规也。自法人启衅以来，历考各处战事，非将帅之
不力，兵勇之不多，亦非中国之力不能制胜外洋，其不免受制于敌者，实
因水师之无人，枪炮之不具。故臣抵粤以来，首以购备军火为务，分向欧
美各洲，不惜重金广求利器，远募洋将以资教练，并访求粤省究心雷械之
员弁工匠，凡稍有才艺心思者，皆令多方试造，以冀逐渐扩充，开兹风气。
往时华军与洋人角逐，每苦不敌，近来滇、桂出关之师，渐得各种后膛快
枪，已能取胜。倘更有陆路车炮、地雷等具，加以主客之形，众寡之势，
胜算实可自操。即台北诸役，人自为战，尚能遏其内犯，如有利械，何敌
不摧？兹虽款局已定，而痛定思痛，尤宜作卧薪尝胆之思，及今不图，更
将何待？

臣夙夜筹思，当时急务，首曰储人材。夫将帅之智略，战士之武勇，堂堂中国自有干城腹心，岂待学步他人，别求新法？独至船台炮械，则虽一艺之微，即是专门之学，有船而无驾驶之人，有炮而无测放之人，有鱼雷、水雷而无修造演习之人，有炮台而不谙筑造攻守之法，有枪炮队而不知训练修理之方，则有船械与无船械等，故战人较战具为尤急。查泰西各国，莫不各有水师、陆师学堂。粤省曩年设立实学馆，近改名博学馆，以教翻译、算法，因经费未敷，规模未广。臣拟就博学馆基址设水陆学堂一所，参考北洋、福建水师学堂章程，慎选生徒，延聘外洋教习，并令陆续募到之通晓火器、水雷、轮机、驾驶、台垒工程之洋弁，皆集其中，讲习水战、陆战之法。外如翻译西国兵书，测绘地图，并电学、化学、重学、气学、光学等项有关于兵事者，以及制造火药、电线、强水、红毛泥各种技艺，均可量能因性，分门讲求。并选有志气肯用心之将弁，亦入其中博习讨论，以备将材之用。此时储育之经费无多，而异日备用之功效甚大。臣以为宜急筹者一也。

次曰制器械。去年各省设防以来，所购军火不下数百万金，而良楛不齐，且损重费，甚至居奇抑勒，借口宣战停运截留。种种为难，令人气沮。其运脚、保险、行用等费，扣至四五成不等，仰人鼻息，实非长策。查外洋所恃以为战者四，其争战于外海者恃铁舰，其水陆攻守兼用者恃快枪、巨炮，其设守于海口者恃各种水雷。铁舰之制，费巨工迟，即穿甲冲快各船，费虽稍减，然如所定济远之式，每艘已需银六十万，事体重大，机算精微，未便率尔施工。粤厂现虽试造浅水轮船，亦为练习人材，渐求造法，而于快船巨舰，不易蹴几，谨当另筹办法，专疏上陈。惟各种枪炮，乃水陆所急需。查后膛前膛，利钝迥别，一不避风雨，二迅速，三及远，四轻捷，五稳便。轻捷者，克虏伯三千斤之炮，其力与英、法前膛万斤者等，而简速灵活过之。稳便者，后膛炮可以蔽身入弹，不必探身出外装洗，敌弹紧密之际，后膛枪可以卧放滚进。洋兵笨整，彼不能学，此前敌将士屡次苦斗思索而得之者也。比年各军将士渐已晓然后膛之利，不复偏执故说。是故船利雷猛，则省炮台，台坚炮准，则省陆营。敌在海口，以一台御之而有余，及其登岸，以十营防之而不足。连年各省海防募勇数百营，耗费无算，良由台、炮俱无可恃，不得不多备陆勇，以为平地搏战之谋。然深入野战，所伤已多，且勇散多则可忧，械久存而不敝，故节饷之道，自炮台始。炮有台炮、船炮、行营炮三种，其用各别。台、船炮皆以身长击远为贵，船炮非轻则船不能胜，惟德之克虏伯厂为宜。台炮略重无妨，即英之亚吾士郎厂亦尚可用。克虏伯之炮，内管外箍皆用纯钢，其制较难。亚吾士郎之炮，钢管外加熟铁箍，其制较易。近上海购有制十八顿炮之机器，用亚吾士郎之内钢外铁，用克虏伯之来福线、后开门各法。如使所制能成，其重已及三万斤，弹远能至十六里，中国各海口炮台似已足用。臣近阅大学士左宗棠疏请闽省船政兼铸炮厂，心韪其论。盖闽厂地基坚固，规模宏阔，工匠众多，其中机厂皆足备用。若就原有之拉铁铸铁各厂增置机器，以制十八顿之炮，当所能为。特是铸巨炮最难，德国克虏伯厂中能主持炉冶，心知其意者，止有二人。故巨炮难于猝成，即成亦不能多。惟有一面购备，一面学制。若陆路行营车炮，其用尤广，其制尚易。近来考求洋兵陆战，专恃炮队擅长，枪队次之。以枪御炮，短长悬远，胜负立形。若中国有炮队，则彼之长技尽失，故行营炮尤不可缓。如克虏伯车炮之六生特、七生特半口径者，南北皆宜之。八生特口径者，北方平原以及守营攻垒宜之，其机器购之德国葛鲁孙厂。又有乌拉秋司行营钢铜炮，内用钢管，外用铜套，双层紧束，以水力压挤，件纯质轻，亦可参用其法，以期利便，其机器购之德国、奥国各厂。连珠炮则诺登飞、哈乞开思两种皆良，而哈乞开思新加为二寸径之炮弹，可穿雷艇，其用尤精，其机器购之德国力拂厂。又有分截行营钢炮，分携合放，利于逾山行远，德国克虏伯厂有之。又有田鸡炮，制朴价廉，利于凭城据岭，夹岸击船，英、德厂皆有之。此上数种，华厂足可仿造。至各国后膛枪，标新斗巧，而通国一律，从不参差。中国各军，亦宜画一，以免弹马混淆，手法错乱。屡经校验，大抵单响者，以德之毛瑟为最，击靶取准，远较逊于马梯尼三十步，而机托坚朴过之。连响者以美之五响黎意枪为最，远于毛瑟十步，近于六响哈乞开思十步，而稳定不摇，枪尾不坐均过之。十枪中，速于哈乞开思者三枪，而吐子无病亦过之。其机器购之美国林明登厂。近毛瑟亦有八子连响之式，其机器亦购之德国力拂厂。如于单响、连响各择定一种，雇匠购器设厂自造，尚不为难。又如各种水雷，以鱼雷最为猛烈，一物而兼船、炮、雷三者之用。而布扼海口，则有浮雷、沉雷、撞雷、伏雷、伺雷、射雷，专视港口浅深以别其用。其中机窍繁细，电机雷括，争之毫厘。臣近饬各员及所延西人悉心考校，虽内中胆管购自外洋，而模范筒壳皆能自制。雷艇形模较小，机器尚简，亦应随雷自制。既有精枪炮，尤宜有精火药，既求力猛，且防涨裂。德厂炮则宜用杜屯考甫厂之棕色药，英厂炮则宜用一孔饼子药。拟先制测验涨力速率之机器，再向各厂购法，雇匠仿造，并造炸药棉药，则可以因应不穷矣。至洋师洋匠，惟宜求之德国，其人性朴而学精，近年所制各种船械，甲于欧洲各国。取法造枪或可用美匠，造雷或可用丹匠，此两国人性和平，尚能尽力。此外他国，夸诈不驯，平日则不尽其术，临时则刁难，变幻甚多，断不可用。粤工多习洋艺，习见机器。于造枪、造弹、造药、造雷皆知门径，香港素多铁工，尤易招致。拟归闽厂造炮，而炮弹及随炮各件附焉。粤厂造枪、造雷、造药，而枪弹、雷艇及随枪各件附焉。枪厂行之有效，则渐可试造行炮。各省拨用者，缴价归厂，两厂既成，各省皆足。臣以为宜急筹者二也。

次曰开地利。山泽之利，王者所重。外洋富强，全资煤铁。我中国煤铁之富，远驾四洲，如谋制船炮，取资重洋，以银易铁，何所底止？况中国之铁质坚栗，而性柔韧，以制炮枪，实胜洋产。徒以考地不精，放凿空而无得。不能深求，故得而旋弃。不知炼法，故不尽其用。兹拟访求外国专门矿师三人，或搜求地堛，或化分矿质，或煎炼成器，各专其责。搜求得地，再考化分，化分有质，则归煎炼。傥能炼铁成钢，其用尤大。至炼生铁，宜用高炉、汽机、风具，炼熟铁宜用砂炉、气锤，炼钢铁宜用毕士买炉、西门马丁炉。缘中国铁质多夹磷硫，皆须先炼出磺强水再入炉冶，始成纯质。傥非实得真授，贸然开采，徒耗巨资。考福建之穆源、古田、安溪等处，皆产善铁，兼饶煤垩。即广东之惠州、清远等处，产铁亦佳。粤商艳此利者颇多，集股亦易。臣近于省城设立矿物局，招商试办，兹已略运矿砂到省，开炉试炼，如有实效，再行分投勘办。矿本所需，由商鸠股，而地势便否，土民愿否，则由官酌度，以免滋事。闽矿供闽，粤矿供粤。大抵商人自谋，约有数弊，一不能延聘真师，二不能考寻善地，三不能烹炼得法，四不能得货即售。如官为聘师、寻地，授法、考工，所产之铁收归官用，则枪炮因有煤铁而工易成，煤铁因铸枪炮而销易广，二者相辅，商得其利，官收其功。且购之内地，其价必廉于外洋，转输不竭，实为藏富于民之道。异时铁舰火路，资用尤繁。如使此事可成，人情骛利，踊跃争趋，集资益宏，取效益远。臣以为宜急筹者三也。

斯三者相济为用，有人材而后器械精，有煤铁而后器械足，有煤铁、器械而后人材得以尽其用。得之则权利操诸我，失之则取予仰于人。而粤省尤为要策。大抵外洋入华，必以粤海为首冲，粤防能固，彼即越疆远袭，而军火接济、书报往来，皆须取道粤疆。如其兵精械足，守固财饶，水师陆师俱成劲旅。大敌来，则敛船依台，入口自防。小敌来，则纵船出洋，横海邀截。彼断不能深入狂驶，肆意侵陵。又况自广而桂、而滇，沿边二千余里，以后三省边防永无弛期，所需军火枪炮之属，委输取求皆于粤东是赖。若储偫充足，则不惟供支滇、桂，并可波及湖、湘。故欲办东南海防，西南边防，均不能不先立基于粤海，而立基之要，则以人材、器械、地利为先。惟是百端并举，一省难支。窃计闽与粤邻，声气相通，台、琼孤悬海外，形势又相类，既为辅车唇齿之依，即宜为率然首尾之应。两省各尽其力，各专其任，成事则相资，用法则互考，务使智勇聪明日增月益，大开风气，则南洋成一关键，实天下得一转枢。倘再迁延岁月，不汲汲为补牢求艾之谋，以后海防日亟，边患日深，何从措手？

臣愚以为今日之务，无急于此，惟念三者筹资甚巨，莫敢为先。因思近蒙天恩允准，定借洋款内有定购美国气炮一百万两。昨据出使美国参赞蔡国桢电称，该炮蓄气不足，其制未精，未与定购。拟请提动此款，以为粤省学堂、枪厂、雷厂之需。又查闽省新借洋款四百万两，一时当难用竣，当可以提百万以为闽厂制炮之用。约计造枪药、雷艇机器、营建厂基、洋师洋匠来华资费、开办物料需费在百万内外，若造大炮，各种行炮，机器、洋匠、物料亦将百万。幸闽无造厂之费，为数约略相敌，筹办之始，当可足敷。以后常年经费，除各省分用收回原价外，当再随时核计，另筹专款。果能制造日精，人材日出，物产日增，则因机利导，铁舰、火路次第举行，可绝外人垄断之谋，即建中国久大之业，天下幸甚。左宗棠、杨昌濬老成硕画，度早已成算在胸，特以事本贯通，必须齐力协规，不能不连类而及。如蒙俞允，应请敕下左宗棠、杨昌濬等筹议奏办。臣当咨商闽省，并分致南、北洋暨外洋出使大臣，详考学堂章程及枪炮船雷机器各种价值，设厂雇匠各项工程，及早开办，随时详细奏报。（《张文襄公全集》卷十一）

沈葆桢

察看福州海口船坞大概情形疏

窃臣于六月十七日，驰赴马尾莅事，业经奏明在案。随接见在事员绅，咨询一切，并驾轮船，周览上下形势，知马尾一区，上抵省垣南台水程四十里，下抵五虎门海口水程八十里有奇。自五虎门而上，黄埔壶江、双龟、金牌、馆头、亭头、闽安，皆形势之区，而金牌为最要。自闽安而上，洋屿、罗星塔、乌龙江、林浦皆形势之区，而罗星塔为最要。马尾地隶闽县，踞罗星塔之上流，三江交汇。中间港汊，旁通长乐、福清、连江等县，重山环抱，层层锁钥。当候潮盛涨，海门以上岛屿，皆浮潮归，而后州渚礁沙，萦回毕露。所以数十年来，外国轮船夹板船，常泊海口。非土人及久住口岸之洋人引港，不能自达省城。道光末年，地方大吏，筹备海防，但载石凿舟，以塞林浦上流，竟割重重天险而弃之。臣询之海滨土人，至今犹共以为非策也。船坞在马尾山麓，地曰中岐。但就其一方地势而言，大江在前，迤南而下，群峰西拱，状若匡床。中间坦处，旧本村田。去年购买归官，始圈为船坞。计地周围四百五十丈有奇。客冬以来，招集民夫，洼者平之，低者垒之。虑田土之积弱难胜也，沿坞密钉木桩以固之，虑海潮溪泛之不时骤至也，沿坞各增五尺以防之。坞外三面，环以深濠。既借通运载之船，亦可泻积淤之水。坞内滨江者为船槽，若铁厂、轮厂、机器之厂、斫木之厂、架木之栈房，皆参列其后。余尚有从前未经商定之件，宜俟洋将到闽，续行分别筹商措置。坞外之东迤北，为臣及办事各员绅公所。外列外国匠房三十间，周以砖垣，如鳞之次。外国匠房之左，为法国学堂后缀生徒下处三十间，其制略如匠房之式。又左为英国学堂，其生徒下处同之。下近江浒，则煤厂在焉。上倚山麓，则中国匠房在焉。循麓再上，山之左肋，可以眺远。臣饬前驻楚军五百人，因地筑垒。不特可揽船厂全局。沿江上下数十里风帆沙鸟，如在几前。稍下，则督监日意格所居也。在臣公所之右者，有外国医生寓楼，匠首寓楼。其与日意格山楼对峙者，则副监督德克碑之屋。下为官道。将抵江岸，划为官街，以便民间贸

易。一切土木，或已经完工，或已有三四分至八九分不等。辰下畚锸雨集，
斤斧云从，计日课功，屈指可数。此船坞内外之大概情形也。

臣又惟船政根本在于学堂。因于六月十九日，就马尾甄别法学艺童随及
英学艺童。既因其勤惰，分别升降，复定章程，每日常课外，令读《圣谕
广训》《孝经》，兼习论策，以明义理。其续招入局者，先局门考校，择其
文理明通，尤择其资质纯厚者，以待叙补。盖欲习技艺，不能不借聪明之
士。而天下往往愚鲁者，尚循规矩，聪明之士，非范以中正，必易入奇衺。
今日之事，以中国之心思，通外国之技巧可也，以外国之习气，变中国之
性情不可也。且浮浇险薄之子，必无持久之功。他日于天文算法等事，安
能精益求精，密益求密？谨始慎微之方，所以不能不讲也。

采办一节，似易实难。不患美材之难求，而患人心之苟且。向来官场
气习，以浮冒搪塞为能。船政之兴，尤视为利薮。去年以来，承办铜铁木
料煤炭者，非无其人。然用商贾有时扰累之弊甚于官司，用官司有时侵渔
之端甚于商贾。训至劣幕奸胥，交通市侩，鬼蜮丛生。是以民间置货，尚
有精良。一属公家，便多赝鼎。明知国帑之当重，竟敢于糜国帑；明知要
工之不可误，竟敢于误要工。言之实堪痛恨！臣迩又闻向来外国船材煤炭，
多运自缅甸、暹罗。现虽遣员先于近处采干搜岩，他日恐仍不免取材荒裔。
重洋辽迥，更防不胜防。任非其人，糜费虽多，仍归无用。拟乘此发令之
初，明罚敕法，以警其余。人心畏法而后弊窦可除，良材毕至也。

至船厂之兴，固须收罗工匠。轮船下水，则舵工水勇，缺一不行。非徒
习惯风涛，尤须熟精枪炮。盖国家之创造轮船，譬诸千金买骏。倘冲锋陷
阵，不持寸铁，虽有千里之马，安足成功！现在洋匠尚未至闽，船成尚需
时日。拟先调闽中旧撤炮船十只，添练水勇二三百名。未成船以前，借以
巡缉近洋，成船以后，即可擐甲登舟，驾轻就熟。此臣近日考校学堂，分
饬采办，及招募水勇之情形也。

至制造工程，俟日意格等分载工匠轮机到厂后，再行具奏。除绘图咨呈
军机处总理衙门外，理合先将大概情形，谨会同一等恪靖伯陕甘总督臣左
宗棠、福州将军臣英桂、闽浙总督臣吴棠、福建巡抚臣李福泰，恭折由驿，
具奏以闻。(《晚清文选》卷上)

复奏洋务事宜疏

窃臣于本年十月十七日，承军机大臣密寄九月二十七日，奉上谕，总理各国事务衙门奏，海防急宜切筹一折，所陈练兵、简器、造船、筹饷、用人、持久各条，着详细筹议切实办法。此外别有要计，一并奏陈，不得以空言塞责，等因，钦此！仰见我皇上宵旰焦劳，昭然若揭。伏读再四，感激涕零。臣咕哗迂儒，洋务非所谙习。年来待罪船政，不过因人成事，绝未窥见要领。然不敢不以采访所及，参以管见蠡测，为我皇上敬陈之。

原奏称御外患较办发捻为更难，兵亦较办发捻宜更精，诚确论也。夫兵何以精？练斯精耳。以西洋枪炮之猛烈，贲育无所用其力，养潘无所施其巧。及观其练兵也，枪队则步伐止齐之节，纵横徐疾之序，炮队则旋转进退，前却修整之法，测量弹炸远近迟速之方，断断讲求，若忘其利器之可恃也者。盖不以一人之力为力，而以千万人之力为力，不以一人之巧为巧，而以千万人之巧为巧也。然而练义勇之兵易，练经制之兵难。发捻事起，各省无不舍兵而募勇。明知兵无用也。而大难甫平，转撤制胜之勇，而复用无用之兵。臣窃以为过矣。数年来，封疆大吏，思矫兵之积弱，优之饷糈，使与勇等，束之营垒，使与勇偕。而海上军兴，复纷纷募勇，未闻以兵为可恃者。文法繁而积弊深故也。抚议一定，饷款不支，将又议汰勇留兵。用其所不养，养其所不用。明知之而故违之，自强其何术乎？若以西法练兵，不得不先以西法练将。将所不知，而兵欺之；将所不屑，而兵效之。今之名将，皆剿发捻立功者也。习故蹈常，则无从精进。而中年以外，百战之余，使舍其所长，折节于西学，非其所愿，亦非其所长。然不能尽晓其文，不可不深明其义。应请每省选知兵大将，能耐劳苦者一二人，练勇二万，少则万人，分为两军。一驻省会，一驻冲要。屯扎大营，勿零星散布，专练洋枪洋炮。一时临敌，奉调即可遄征。选西洋知兵者为之教习。我之大将，待以宾友，朝夕与之讲明，切究其中要法。数年而后，陆营庶几可恃矣。水师则以熟狎风涛者为本。枪炮按日操演，尚可月冀有成。若夫水师与陆师异。外海水师与内江水师异。近日外海水师，与向日之外海水师又异。缘营原额，不乏精壮。然城市熟而风涛疏。即曾制胜之洋枪队，陆路用之，犹患不足，岂能拨入水师！且迁地不良，若病眩晕，虽至精之技，无所用之。沿海渔户，实繁有徒。招募非难，练习亦易。所独难者，管驾官耳。且浅言之，商船舵工，各口之引水，其天资颖异，于西洋轮船中，历练多年者，能充驾驭。然仅百中之一二耳。深言之，则必通晓华洋文理，明于算学兵法者，乃胜其任。非剽窃所能为功。上海出洋局十五年限满，及闽厂学生，再令出洋学习二三年，必有堪膺斯选者。至迎剿截击尾追诸法，合数船操演，则其法备寓于中。应请将现有之兵轮船延英国水师官一人教练，以二人副之。除奉差驰出外，余当按日合操。数年之后，水师亦庶几可恃矣。经费不足，宜将水陆冗兵之无用者，酌量裁汰。固不当立意纷更，亦不当意存迁就。总之，化无用为有用，是在督抚之因地制宜耳。

　　原奏称各国枪炮日出日精，明知效彼之长，已居于后。然使并无此器，更何所恃！因而思购最精之品，与自行铸造之方。夫枪炮非购之难，而知之难，用之尤难。新旧既判，优劣悬殊。贸然购之，虽得以贱价，要弃物耳。非能测量炮力之远近，弹子开花之迟速，莫能演试，何能较其优劣？演后膛枪一出，费银数分，演螺丝大炮一出，费银数十两。磨擦有费，修理有费，得斯器者，往往什袭藏之。日久锈生，一用不可再用。其惜之也，不啻弃之。前膛枪一出，后膛枪可以四出。故临阵必用后膛枪。法之萨司博，俄之白尔单，布之莫司尔，皆后膛枪也。而以美之林明敦为最。近则英之麻抵尼享厘，驾乎其上。今闻布之新出者，又胜之矣。各国洋枪外，均有小炮队，而以美之格林为最。其大炮先尚铜，继为铁。今则非钢不珍。前后膛互相短长，而皆以螺丝为贵。前膛者下药装子之人，须身出炮外，所以避敌人之炮。然开放鲜炸裂之虞。前膛者，以英国为最。闻有新制口径四十二寸重八十吨开花弹千二百磅者，其演放则用电线火然，而人要避之。否则，声震耳裂。此恐非中国所宜。后膛炮各国皆有之，而布国练钢之法，非他国所能。其弹子以开花为贵。然攻铁甲船，则非实心之钢弹不入也。窃以为洋枪宜随时访其最精者购之。大炮以十余吨者为宜。既购之后，须逐日付操。则兵练而器亦练。磨擦洋油砂布棉纱之费，修理工匠之费，必不容省。其不至减费以肥私囊者，是在将之得人。铸造得津沪两局，已有端绪。应稍加广，自当日起有功。臣窃以为操术宜专，专而后精，精而后可以益求其精。应请饬总理衙门，将沿海各局，通盘打算。孰宜子药，孰宜枪炮，孰宜铜铁，孰宜船只，各专其任。以此所有，易彼所无。诚以洋人每造一器，必开无数厂所。若爱博不专，则厂先不能容工，焉得不苟！须以此局之赢，济彼局之绌。如千人之食，炊以一灶，明似费巨，中省实多。若一人一灶，费必倍矣。今年臣在台湾，李鸿章以津局所成洋药，金陵所成洋炮火龙，陆续见济。若由闽厂购器自制，费当如何？臣购洋枪，独取林明敦者，亦以沪局亦在学制，子药可以挹注，修理不患无人故也。至铸造枪炮，似宜仿出洋局之例，选巧匠颖童，赴布国学习。取法于上，冀得渊源。取径似迂，收效为速。

原奏称创立外海水师，应如何添选兵船及铁甲船，并自行制造扩充之处，均宜切实备筹。查中国海江，年来盗氛欠靖，倭番构衅，通递文报，装运援兵，未曾棘手。此则有船之利之明征也。然淮军分装三次，累月而后完。合操仅派六船，便无船以供差遣。此又船少之病之明征也。第购船原属万不得已之急需。自通商以来，从未见外国肯以全美之船售诸中国者。欲求其精，非制造不可。官厂所造，未必其精。然创始有基，则进阶有渐。外国苦煤炭之费，因为新式省煤轮机。苦船胁湾木之难，因为新式铁胁。应请购新式卧机一副，仿之以制兵船；新式立机一副，仿之以制商船。铁船胁全副，仿之以济湾木之匮。勿惜目前之费，冀收后日之功。惟驾驶乏才，则船多亦不足恃。臣曩者向赫德借凌凡官兵，教各船合操。据称老辈管驾官，多由商船出身，熟驾驶而不精兵法。其自学习出身者，驾驶兵法，皆有根柢。加以阅历，便成全才。则出洋学习一端，不容缓也。

欲获铁甲船之利，当先知铁甲船之难。其制始于美、法，各国踵而行之，而英最精。然新制试洋，全船覆没者再。一则务求铁甲之厚，忘其上重下轻，一侧而不能挽也。一则务求水面避炮，忘其船不胜而沉也。臣前拟拓厂试造，费既繁重，成复需时。且上等匠师，未必肯远涉吾地。因复有赴西洋定制，兼资生童学习之议。费虽多而效较捷。而取大取小，中无定见。踌躇再四，罔所折衷。其为因地制宜之说者，谓造船须为修船计，吃水只宜丈七八尺，使可进福州口。虽建石坞广厂，增添机器，所费亦属不赀，然海口关锁重叠，去洋面尚有数十余里，猝外遇警，得炮台数座，精勇数千守之，厂中仍可制造修理，以应急需。且驾驶有信任之华人，不致掣肘。但行驶快捷如常，亦仅能避敌而从无胜敌者。英国入华之铁甲船损坏，香港船坞亦不能容，转向东洋修理。夫东洋目前尚无大船，何以有此大坞？其意可知。况宜仿者更不止此。既未雨而绸缪焉，仍存因陋就简之见，如侮予何？果尔，则必定制最大之铁甲船，又必择沿海最深之地，为最大之船坞。盖最大之船厂，所有一切机器、洋师、匠徒咸备，重兵设险以护之，诚煌煌巨观也。而仅此一端，已非千余万金不办。且极深之水，内江无之，必在外海。我之全力所萃，敌人亦必以全力攻之，外警一来，本厂仍须停止，而待济于他厂。况华人骤得大船，无敢承领驾驶者。雇募洋匠，临警必万分周章。臣虽生长海滨，向未出洋。自任船政，始知福州海口。奉命赴台，始见台湾海口。其何处宜此船坞，无从悬揣。而又深虑积费之难，创工之难。所以日夜彷徨，寝食俱废者，半月有余，而无能臆断也。谨将候选知州张思桂所议，及洋将日意格所陈，函达总理衙门，以便采择。

原奏称非有大宗巨款，不能开办，非有不竭饷源，不能持久。以四成洋税，存款无多，更求开源节流之计。查四成洋税，各关岁入若干，何处借拨若干，户部现存若干，非臣所预知。惟念天下洋务，纲领在总理衙门，天下财赋，纲领在户部。必总理衙门周知户部实存之款，而后洋务可通盘筹画；必户部周知各关实存之款，而后随时可应总理衙门之急需。计四成洋税，各关必无敢侵挪者。或者指拨六成，浮于所入之款，因而暂挪四成，以待后日弥补。第必须将六成不敷指拨之处，立即切实奏咨，而后户部得以权衡调济。若秘而不宣，则六成既不敷拨，安得弥补之期？各关以为出款，户部尚以为存款。日拨日深，始和盘托出，贻误必多。论开源者曰：借洋款。夫今日所借之数，即后日所偿之数，非源也。且厚息输于外洋，非甚然眉，谁甘挖肉！曰：大开捐。民力竭矣，减成徒滥名器，未必踊跃输将。即以抑勒，所得亦复无多。且可一不可再。曰：增洋税。无论外人以利为命，势必不行。即竭泽而渔，亦非招徕之术。现在洋税尚无弊窦，尤不当使借口，以启偷漏之端。曰：清田赋。夫发捻之乱，相寻十数年，而元气尚能渐复者，则以国家虽急，从来不肯加赋，农民稍得以自存故也。按户搜索，民不聊生。州县抑勒之难堪，略加粮额以应之，所得几何，贻累匪浅。曰：收盐利。盐归官办，如得刘晏之才，未尝不可骤见起也。然而接轴连樯，完厘课而享其奇赢者，吾之商也。肩挑背负，逃厘课而窃其微利者，吾之民也。得才如刘晏，不过巧取商民之利，而归之官。

万一不如刘晏，则弊有不可胜言者。勿扰狱市，古人深意存焉。似不如仍旧贯之为愈也。

欲言开源，或者其煤铁乎？福建古田等处，产铁甚旺。洋人用之，皆以为铁质胜于西洋。第地不产煤，以松木镕之。近山松尽，铁矿亦废。且不通水路，运致殊艰。煤价每担仅千余文，而运费加倍。虽稍加价值，亦不能源源而来。台湾产煤，闻兼产铁。然不谙以煤镕铁之法，故向来无试采者。臣曾函商总理衙门，令赫德延一看山洋人来台。果能苗旺质佳，再行约议试办。近闻李鸿章已于磁州举行。将来或可仿照办理。盖煤炭充轫，则财不耗于西洋，而作苦小民，兼得资以食力。台地樟脑石油，虽其利不及煤炭，亦地不爱宝之一端也。硫黄例禁綦严。第禁之而不免漏卮。不若收之以广储军用。然此皆取效于数年之后。目前经始，尚苦于费未易筹。至节流，亦节其无用而已矣。臣以为折冲资行阵，则武科宜裁；南粮归海运，则漕标宜裁。事权贵一，责成贵专。专则与总督同城之巡抚宜裁。减一分虚糜，即可增一分实用。我皇上躬行节俭，费惜露台。凡在臣工，孰不当仰体斯意哉！

原奏称以上各事，一不得人，均归虚费。请简派知兵重望、实心办事、熟谙洋情之大员为之统兵。各大臣公议会推，奏请钦定。臣赋性疏昧，何足以言知人？第就见闻所及，兼此数长者，无逾李鸿章、左宗棠者矣。李坐镇畿辅，中外洋务本赖其主持。左宗棠一时能否舍陕甘而莅海疆，非臣所敢妄参末议。臣窃窥兵部侍郎彭玉麟，忠肝义胆，迥出流辈，必能为国家肩大事。虽居官任职，非其所愿，而御灾捍患，当所不辞。或疑海疆统帅，时与洋人交接。若性情激烈，恐嫌隙易生。抑知天下惟忠义之人最能坚忍，即远人亦未尝不考其素行而生爱敬之心。至于后进人才，既关培养，尤资历练，而后取多用宏，其源不竭。

近日人才之弊有二。一则误于空谈，谓公愤可以却敌。言及外事，则斥为汉奸，及身居局中，又茫然不知所措。一则狃于习见，谓我曾以此法破发捻。战以气胜，宜勿慑于彼族欺人之言。迨临事而悟其弗如，则已晚矣。近惩二者之弊，又取柔和软熟一路。但通洋语，略识洋文，能调停交涉事件者，便为出类拔萃之才。抑知片长末技，以备顾问，以供驱策，未尝不可，实学非所知也。行阵部伍，中国以为角力之士也，而西洋无不知书之武臣。规矩准绳，中国以为食力之民也，而西洋无不知书之匠首。我以为粗，彼以为精，则彼得其精，我得其粗，固其所也。臣前者特请设算学一科。诚以外国权舆万事之方，胥根乎算学。而中国鼓励人才之用，莫捷于制艺科。今同文馆之设有年矣。其中当有学业勤敏，心术明粹者，可否仿照满之笔帖式，汉之小京官，拨入总理衙门，使习外事，徐察其所成就，而进退之。其尤异者，升之于司官，与正途出身等。夫教之于同文馆，所以培养之也。试之于总理衙门，所以历练之也。非培养，则才无自始；非历练，则才无自伸。其出洋有成效而归者，更当优予拔擢。名之所在，众所争趋。日推日广，而才不可胜用矣。臣就所见洋师，咸谓中国聪明，实胜于西洋。循序求之，不患其不精进。但风气创始，苦于督率之无人。即如船政一事，如得通晓制造渊源者领袖其间，所成就者必不止此。今则督艺徒者匠首也，而匠首之智不如艺徒。督匠首者绅员也，而绅员之智不如匠首。督绅员者臣也，绅员能知其大意，臣则一无所知而已矣。一切造船驶船，不能躬审其是非，只能访问其优劣。心力交瘁，聋聩何补！此培养历练后进之人才所以不得不亟亟也。

原奏议定开办后，应如何一心一力，历久坚持，尤宜同尽公忠，永维大局。臣以为欲收持久之效，当究其所以不能持久之原，而预杜之。诚使度支无缺，日就月将，谁则欲居不韪之名，以更垂成之绪？所虑者，作无益，害有益。其始也并非与自强之意有所龃龉。迨踵事增华，潜滋赔累，耗费之门，日辟日广，府库之积，日朘日深。水旱盗贼之忧，相寻而起。司农仰屋，物议横生。斯时欲为苟且之谋，不可得矣。人情愤则奋，乐则颓。但使朝野内外，以庚申之耻常悬于目前，何能以自强之思，皆置于度外？至于办理不善，当咎其人之失当，不容废于半途。时势互殊，苟与其人以便宜，不容苛之以文法。有以不变为持久者。自强之方，闻善能徙。所谓穷则变，变则通，通则久也。然以练兵简器，造船为自强之目，筹饷为自强之纲，而贯乎纲目之中者，则持久之精神，与持久之作用。士大夫知格致为入圣之门径，即报国之经纶，读有用之书，试诸有用之地，以成其为有用之才。局中者受局外之攻错，集思广益，不视之为浮言。局外者谅局中之苦心，露胆披肝，各资其所独见。人人咸有以自尽，惟不苟同者，然后能为和同。因循之弊，庶乎免矣。(《晚清文选》卷上）

张佩纶

请创设外海兵轮水师疏

臣维泰西各国所以纵横海上难与争锋者，船坚炮利而已。二十年来，中外既通商定约矣。而各国钢船钢炮，制作日新月异。其鹰瞵狼贪，注目垂涎于亚洲之心，固路人所共知也。国家即令大治水师，犹惧不敌。若复彷徨审顾，不为自强根本之计，诚恐海上之警，殆无已时。

查中国海岸，东暨奉、锦，南讫琼、廉，延袤万有余里。各省海口，多者数十处。本属防不胜防。而俄据海参崴，以眈混同；倭袭琉球，以伺台澎。英取香港，法取越南，葡萄牙取澳门，以逼粤三路。此为大海之险，与彼共之矣。西洋各国，复辟红海以趋捷径，设海线以达军书。一旦有事，彼航海三万里，而征调应期，馈输不绝，排重溟之险，可以直叩门扃。我惟自扼海口，集陆路以御之。进则有利，退亦无害。客之势转逸，主之势转劳。此固论兵者所深忌，而筹海者所宜知者也。

自粤捻既平，中国稍稍治船厂，购机器，以立兵轮水师权舆。饷力之不充，人才之不出，水旱灾祲之不时，内外议论之不一，至今外海师船，未改旧章，各省轮船，未垂定制。无警则南北洋之经费，关关欠解。有警则南北洋之经费，省省截留。仍此不变，而欲沿海水师，足备攻援，足资战守，亦已难矣。同治年间，丁日昌请设三洋水师提督。左宗棠谓洋防一水，可通轮船，闻警可赴，北、东、南三洋，各驻师船，常川会哨，自有常山击蛇之势。若兼分三洋，转生畛域。李鸿章亦谓沿海口岸林立，处处宿以重兵，所费浩繁。意在以全力扼要害，而尤戒散漫分防。其后沈葆桢乃有轮船聚操上海之奏。臣考之西洋兵制，水师均专设海部，兵柄极重。英人赫德曾在译署献议，亦以请设总海防司为言。深惟二三老成之筹谋，参以五六海国之新制，水师之宜合不宜分，宜整不宜散，利弊亦略可睹矣。

然则欲求制敌之法，非创设外海兵轮水师不可；欲收横海之功，非设立水师衙门不可。水师政要，约有四端：曰审形势，曰练将才，曰治师船，曰考工用。海防之事，督抚不能不问。而各省既分疆域，即不能尽化町畦。若责成重臣，举沿海口岸，分别要冲次冲，何处可屯铁船，何处可建炮台，何处可修船坞，何处可伏水雷，将帅一家，水陆一气，始能血脉贯注，骨节灵通。虽海口之夆狭，潮汐之往来，泥质之韧软，礁沙之厚薄，断非一耳目所能周，一手足所能举。而备多用分之弊除，斯集思广益之效著，则相地之任宜专也。陆军宿将，强令巡海，固恐迁地勿良，即向带内江长龙舢板之楚将，不习风涛海径；向带红单艇船之粤将，不习机器测量理法，亦未敢轻于相委。南北洋轮船，近多募用洋员，延以重资，临敌请退，终难收客卿蕃将之益。欲求水师将材，惟出洋学徒，庶几中选。然非师船时时游弋，时时聚操，则技艺日就荒嬉，心志亦终归骄惰。无能者或以奔竞而猎迁，多艺者或以朴拙而淹滞。陶镕鼓舞，胥赖帅臣，则驭将之任宜专也。

海上战守，莫要于师船。粤省之船，河海两绌，闽厂之船，兵船两绌。即赫德订购之蚊船，机露炮重，底平行迟，长于守港，难于涉海，亦非水师利用。今定远、济远、镇远等铁舰，既未来华，惟北洋超勇两艘，南洋开济五艘，号称新式耳。然而中外条议，或谓艇船仍不可裁，或谓帆船亦不可去，或谓中国安置铁船之口岸甚多，或谓南洋水性过热，海虫水草足为铁船之害，非有深谙军事，熟悉洋情者，详为考核，购船既受其欺，驻船未得其地，皆足启侮损威。至于罗经海线，考查宜精，鱼尾雁行，阵法宜讲，尤非专心一志，不能日起有功，则治船之任宜专也。购外洋军火有年，惟南洋、北洋有克虏伯炮及各种精枪，而滇、粤各军，求吽嗜士得士乃得之枪，尚为奇货可居，则各省之风气未开也。置外洋机器有年，而因陋就简，与规矩不能与巧，至今造船之材料，造枪炮之钢铁，均须购自外洋，则机器之大原未立也。诚得专员，经理南北，采木之法，别其性质，以代洋木。炼铁炼钢之法，宜先探其本，然后轮机配定何式，枪炮择定何种，用不杂而兵精，工不杂而艺精。

其他水雷、鱼雷，行军需用之器，择地择人，通筹兼顾，军火既免于缺乏，饷需亦免于虚糜，则简器之任宜专也。惟是七省水师，特派重臣经画，创办之始，必须持款千余万，办成之后，必须有经费数百万。统筹国用，亦知财力难胜。然以水师一军，应七省之防，即以七省筹水师一军之用。各督抚通力合作，挹彼注兹，当不致束手坐视。而水军以渐扩充，远或七年，近或五年，积蓄经营，殚精竭虑，或可有成。夫以中国之大，圣诏之宏，畏天恤民，讲信修睦。苟彼族渐濡德礼，岂不宜诈虞悉泯，怀我好音。乃十年之中，丰大业之案甫定，而日本构兵，马嘉利之案甫弭，而俄人要约。东失中山，而南又挫于交海，何哉？彼以水师火器为长技，挟兵以卫商，挟战以要和，而我犹狃于旧船旧炮，不知改弦更张。徒欲将士以血肉相薄，文臣以口舌相穷，亦常不及之势矣。

反复思维，自今遴选将帅，经画水师，在法事为后事，在海防为先着。应请专派大臣，将沿海七省水师，改为兵轮，垂为经制。俾各省船厂机局，均归调度，以专责成。内政作而外御纾，庶几收惩病蓄艾、尝胆卧薪之效乎？应如何筹定饷项，建立衙门，请派大员之处，伏恳敕下军机大臣总理各国事务衙门大臣，会同户部妥议具奏。（《晚清文选》卷上）

刘铭传

遵筹澎防请饬部拨款折

窃臣承准军机大臣字寄：光绪十一年十月十九日奉上谕：前有旨将福建巡抚改为台湾巡抚，一切改设事宜，令该督抚详筹议奏。台南北地舆衺延甚远，以形势而论，台北各海口尤为紧要。原议台湾道一员远驻南台，深虑难以兼顾，且巡抚常川驻扎，一切钱谷、刑名事宜，必须分员管理，各专责成；否则于台湾道之外添设台北道一员。着杨昌濬、刘铭传悉心会商，妥议具奏。澎湖为由闽赴台要隘，扼扎劲旅，认真操练，方足以资缓急。该处地方，若由台湾巡抚管辖控制，自更得宜。并着详细议奏。其余未尽事宜，该督抚如有所见，务当明晰敷陈，以备采择。钦此！遵旨寄信前来等因到臣。除台北道如何添设，另行筹议会奏外，当即咨商督臣杨昌濬，澎湖防务如何筹办，将才难得，能否由闽省布置。旋准杨昌濬咨覆：澎湖防务，仍归台湾筹办等因。

臣查澎湖一岛，特立孤悬，不独左右闽、台，亦南北洋紧要关键，诚如圣虑，必须扼扎劲旅，认真操练，方足以资缓急。其地妈宫港口，船坞天然，如内泊兵轮，外筑炮台，布置得宜，尚堪固守。惟地皆沙石，修筑炮台，黄土皆须由别岛购装，需费较巨。且练兵、购器、筑台等事，若无健将操法严明，通晓外洋枪炮，守御仍恐难资。查有记名提督吴宏洛，素守吴淞海口炮台，嗣在广东历办海防，十一年六月经臣派往澎湖察勘，所论水陆险要，明切无遗。宏洛随臣日久，晓畅戎机，临敌身先，骁勇敢战，讲求操练，深悉外洋火器精微，若令驻守澎湖，督军布署，必能措理裕如。惟其人弟兄俱没，母老多病，年近八旬，上年七月，假归合肥原籍省亲，叠求终养，情词恳切，令人恻然。臣勉以移孝作忠，专弁函招募勇来台相助。现在署提臣孙开华奉旨开去帮办一差，仍回提督署任，所部楚勇一千八百人，二月底即行内渡。臣令吴宏洛仍招所部将弁，选募淮北勇丁一千八百人，克日来台，办理澎防，以固海疆重地。惟办防必先购炮，否则虽有坚台劲旅，亦属虚名。上年十月臣曾附奏请拨洋款一百万两，现准部议："洋款仅剩六十万，已拨归海军衙门，刘铭传所请动拨百万两一节，应无庸议。惟现在海防虽撤，澎湖防务，仍应竭力经营，为未雨绸缪之计。该抚亲勘形势，筹画固甚周详，督抚有兼理粮饷之责，一切布置，当量入为出，为久远之图，毋使半途匮乏，致隳前功。台湾富庶之区，非新疆可比，从前办理不得其人，入款肆其侵吞，出款滋为冒滥，以致入不敷出，竭蹶异常；今既改设巡抚，则一切政令皆所专持，应请饬下该抚臣竭力整顿，务将从前弊政概绝根株，总期收款涓滴归公，用款丝毫无滥，量入为出，每年樽〔撙〕节若干，另款存储，集有成数，再将澎湖及各处炮台次第兴建，以期款足应用，事无中止"等因。查洋款仅存六十万两，已归海军衙门，臣处无从请拨。惟台湾一岛，久为外人所窥，朝廷视为重地，改设巡抚，无非保固岩疆。臣忝膺斯土，恨不能倍日经营，诚如部议"从前办理不得其人，入款侵吞，出款冒滥"，往事已不可追，今须百废俱兴，事事草创，如开山、招垦、建省、设官，皆目前急务，均非巨款不行。臣前奏请暂缓分置，亦虑经费无着。惟办防以御外侮，抚番以清内患，清赋以裕饷需，此三事均为急不可缓。臣现竭力经营，期于必济。查前两江督臣沈葆桢、前福建抚臣丁日昌等，先后于台湾抚番、开山一事，动需数十万，每剿一社，调兵十余营。臣于抚番重务，未增一饷一兵，惟与沈应奎、陈鸣志严裁冗费，收刘璈冒滥之余，清查隘租，夺土豪侵渔之利，惨澹经营，兵不血刃，全台生番已抚十分之三，将来愈抚愈多，虽经费难资，尚可就地筹画。惟办防一事，尤为台湾最重最急之需。

上年法兵退后，臣即饬各员赶造基、沪炮台，并与洋商议购三十一尊后门巨炮。始据上海洋行开价八十余万两；嗣经沪尾领事并税务司电商英炮厂，往返磋磨，减至六十五万；现经旗昌包办，复减三万有奇，并将炮位运至台湾，不支运费，花洋不折，又可减银十万两，急须定议给价。方今法事粗安，臣何为汲汲至此？诚虑疆场之事，瞬息万端，必有备乃可言战，必能战乃可言和。泰西各国，慎固邦交，不轻言战，而精图战备，旦夕不遑，无不俨临大敌，故能保持欧局，边围无惊。若外患稍定，忘战讳兵，猝有难端，何以自保？此微臣中夜旁皇，不能自已者也。今部议饬臣量入为出，每年撙节，另款存储，俟集有成数，再将各炮台次第兴筑；在部臣因饷需支绌，不得已请置缓图。查全台每年入款，从前只九十余万，现经臣逐处清厘，约增银洋十余万。防军三十五营，月饷并轮船制造各费，每年需银百五十余万。此次督臣杨昌濬到台，议由闽省每年协银二十四万，仍由闽关协济银二十万，合计不足百五十万，勉支全台兵饷杂款，安能撙节盈余？朝廷之设海军，购买兵船，原为慎固海防起见，澎湖当南北洋关键，闽台要枢，凡有心时事者，无不以该处设防至重且急。若不及时办防，一有兵争，仓皇束手，前车覆辙，能不寒心！即使经费有资，该处台工浩大，非两年不能完工。若俟撙节存储举办，更将何日？事关军国大计，臣若畏难苟安，就此徘徊逡巡，将海疆第一要隘，弃等石田，微特外国垂涎，观此更将睥睨，一旦外人袭踞，台何以存？台若不存，万里海疆，岂能安枕？臣深忧大局，正自无可如何，适督臣杨昌濬察勘澎湖形势到台，臣往会商三日，督臣老于军务，洞悉戎机，深以澎防为急。明知闽饷奇绌，然一片公忠恳挚，慨允回省力筹。惟臣购炮办防，急需银八十万两，闽筹有着，尚可次第拨资。否则，惟有仰恳天恩，饬部另筹拨给，以济要需。无任急切待命之至。

三月二十四日军机大臣奉旨：户部速议具奏，钦此。

再臣恭奉上谕：澎湖为由闽赴台要隘，扼扎劲旅，认真操练，方足以资缓急。该处地方，若由台湾巡抚管辖控制，自更得宜。并着详细议奏。其余未尽事宜，该督抚如有所见，务当明晰敷陈，以备采择。钦此！仰见圣虑周详，虚怀下问，钦佩莫名。

臣查澎湖本设副将一员，从前防务归厅协会办，海疆有事，既请命于镇、道，复受制于通判，牵掣既多，安能有济？若归统兵将领办理，副将既成虚设，主客恐难相安。现当海上多事之秋，今昔情形迥异，澎处闽台枢纽，似非特设重镇，不足以保危置。督臣杨昌濬久历戎行，与臣不谋而合。据云拟将澎湖副将与海坛镇对调，各就现时兵弁，略为变通，不增额兵，尚不至多所劳费。将来海上有事，声援隔绝之际，稍可自持。防务虽归臣筹办，仍归督臣管辖，所需粮饷军火，有事必须闽、台共济，不分畛域，方足以保孤危。如蒙采纳，请饬下杨昌濬妥议具陈。

光绪十二年三月二十四日奉上谕：刘铭传奏澎湖为闽、台门户，非特设重镇，不足以资守御。杨昌濬与该抚意见相同，拟将澎湖副将与海坛镇对调，仍归总督管辖等语，即着杨昌濬、刘铭传会同筹议具奏。闽、台防务，关系紧要，该督等商办一切，务当和衷共济，不分畛域，力顾大局。上年谕令该督等会议台湾改设各事宜，并着一并妥速议奏，毋稍迟延。钦此。（《刘壮肃公奏议》卷五）

曾国荃

统筹闽粤浙三省防务片

海防区分南北洋，而山东之烟台，归北洋兼辖，闽、浙、粤三口，归南洋兼辖。烟台只有一口，尚易兼顾。闽粤则有台、澎、金、厦、雷、琼之散布。浙江则有定海、镇海之要隘。道远则经营匪易，隔省则呼应欠灵。今津、沽、吴、淞等处既拟增雷、快、铁甲等船，福建、广东、浙江三省，亦须速筹巨款，及时制备，庶无事则各为操练，有事则立调应援，以期声势联络，巩固海疆。各省督抚臣，皆具深谋远识。何省应增何项船只若干，或由厂自造，或由外国订购，亦宜趁此决计自强，通力合作。相应请旨敕下各该省，赶速筹商，奏明办理。至近日西人陆战，皆用炮队当先，而以后膛洋枪继之。臣处有由滇、粤、台北前敌观战来者，言之甚详。是陆兵从前专练洋枪，以后更宜加练炮队。所需后膛枪炮，尤为最要之军械。一经海口封禁，购办无从，似须先事购备。并添购机器，推广仿造，庶免缺

乏之虞。除饬上海、金陵两机器局遵照妥办外，一并请旨敕下闽粤等省，预行筹备。洵于防务有裨。（《晚清文选》卷上）

丁宝桢

整顿山东水师购造船炮折（同治十年七月二十九日）

奏为酌拟整顿山东水师营务，并筹款委员赴粤购造船炮，开列条款，恭折具奏，仰祈圣鉴事。

窃照东省登莱一带滨临大海，沿边绵亘三千八百余里，地势极形寥阔。然其中港汊纷歧，岛屿错杂，实为南北扼要之区。近年海运之漕船岁至，通商之贾舶日多。一切缉捕巡防，最关紧要。臣叠次钦奉谕旨，饬令认真整顿，曷敢不竭虑殚思，为靖海安边之计？

查东省现在情形，海防之要倍于陆路；而水师之练亦难于陆营。臣年余以来，再三研究水师利病所在，窃谓该营凤弊，首在于营制未善，兵与船分而为二。而师船之不坚，炮械之不利，与夫兵额徒多而口粮不足，军令不严而训练无方，又其显而易见者也。该营积弊既深，自非仅建置一二员弁，增减百十兵丁遂可谓之整顿，必须将致弊之根源，改弦更张，方期渐有把握。

臣拟请先行委员赴粤购造拖缯船十四号，并配齐洋炮军械驾驶回东，以立水师根本；并饬委员在粤海等处选带熟谙水性备弁数员，及选募善于驾舟之舵工、桅工、泅水人等，一并随船来东，以资教习。并拟将该水师三营并为二营：于额兵一千三百一十一名内，精挑强壮战兵七百名，守兵一百名，优给口食，以三百八十五名为荣成水师营，派分师船七号，驻扎荣成县之石岛海口；以四百一十五名为登州水师营，亦派分师船七号，驻扎登州府城外之天桥海口。其余兵丁即分派防守各处炮台营汛，仍习水操。并将文登及前后营名号裁去。其三营官弁拟酌留原设副将一员、游击二员、守备三员、千总三员、把总六员、外委七员、额外外委七员，以资应用，其余官兵悉予裁撤。俾其人数少而口粮优，训练可专责成。迨日久根本立定以后，有事随时增减应用，庶可纾饷力而收实效。至于水师营制，其机宜本与陆路不同。溯查旧章，除每船准给舵工一名、头目六名之外，其余营制与陆路无别。是以所用非所习，所习非所用，徒令月饷虚糜，名为水师而实不知水师之用，甚至有船无人料理，任其朽废。此即臣所指兵与船分之大弊也。

今拟请将水师另立营制，设水师统领一员，两营营官二员，两营哨官十员，两营外委七员，额外外委七员。统领则以文登营副将充当，营官则以前后两营游击充当，守备、千、把分带各船为哨官。其船中舵工、桅工以及一切水手，皆以战兵充当。自营官下至兵丁，均定制：周年以船为家，不准上岸居住。使兵不离船而练习日精，船不离兵而废烂可免，庶几循名责实，始有裨益。至该弁兵等既责令周年在船练习，即与周年出哨无异，所有口粮银两，若照旧例支给，实属不敷养赡，于操练仍无实济。拟请酌量加增，俾其衣食有资，无须别谋生理。除把总以上例支俸廉等银，足敷办公，无庸酌增外，其外委以下，每员每月所得饷银万不敷用，拟请于额例应支俸廉薪蔬饷干外，酌量加增。至于旧额以及加增银两，臣就现在挑留之官弁兵丁人数核计，每年约需俸廉饷干米折等银共三万八千四百八十余两，较旧额每年需饷银四万一千七百余两，计已节省俸薪饷干银三千余两。又其中裁去各兵，省去兵米一千五百余石，复节去银一千五百余两。是水师虽云增饷，实较旧例额支省去银已及五千余两。饷项既不加多，而各官弁兵丁均得实惠，益形踊跃，各专职守，不准别计营生。久之，练成劲旅八百人，冀可敌千万人之用。似较之兵多饷绌、徒糜无补者，得失固有在也。营制既定，口粮既足，臣当严申军令，明定规条，督饬统领、营官等日加训练；有功则录，有过必惩，不稍宽假。并令将各炮台择要依法修筑，每年各按汛地认真巡哨，务期日有起色。臣谨就管见所及，酌拟条款八条，恭呈御览。如蒙俞允照行，臣拟与藩司文彬筹措银十万两，遴委妥员赴粤先行购造船炮。第司库款项多系地丁钱粮，每年供支京饷及各省营协饷，已属入不敷出；若再筹此巨款，实觉无从设措。臣通盘筹计，拟请在于东海关常税项下提银四万两，临清关税项下提银六万两。惟临关连年水涸，收数短绌，一年万难足数。应请以两年合计，如两年之内除提尚有长余，仍即划出解部，至此项银两应请先由司库筹拨，以期迅速，随后再以提项归款，庶免旷日需时。再查师船既须赴粤购造，所有一切木料价值以及匠作工资，未能预计。又海水素咸，船板最易浸坏，此次必须格外加厚。并拟于船身及船内舱面另加铁皮包裹一层，俾资经久。其船中应配炮位，亦拟在粤购造。如此结实办理，恐经费更觉加多。现筹之款能否敷用，尚难悬拟。应俟造成后照实用价值核实报销。至条款内所议各条，俟炮船到日试行一年后，如有必须更改之处，再当随时悉心核议，奏明办理。其一切官弁兵丁等，另议营制，及应支旧额新加各银米细数，亦俟奉旨照准后，再行另造详细妥册，分咨户、兵两部。所有酌议整顿东省水师条款，并请筹议款项，委员赴粤购造船炮各缘由，恭折具奏。伏乞皇太后、皇上圣鉴，敕部核议施行。谨奏。

谨将酌议整顿东省水师条款开列清单恭呈御览。

一、制造师船以立根本也。水师有战船，犹陆路之有营垒。陆路无营垒无以利战攻，水师无战船兼且不能操演。东省船制，向有红头与赶缯二式，类皆首尾大小均齐，形制笨重。加以赶缯船则船头过高，红头船则并无桨橹，海面均不适用。道光二十九年，东省旧船遭风击碎，始有雇募广艇之议。查广艇本名拖缯船，形势与红丹船相类。其初创自粤东沿海渔户，用以捕鱼。官军见其涉洋便利，因配以大炮军械，在粤海缉捕颇著功效。其后调赴江南剿贼，扼守长江，水师亦与有力。臣遍询熟谙水师之员，金云拖缯船头尖尾大，利于乘风破浪。且船身甚低，无虞轰击；可施桨橹，河海皆宜。师船之善，似此较优。此次拟请仍派员赴粤制造此号拖缯船，共十四号。内十二号各身长七丈六尺，头宽八尺，中宽一丈六尺，尾宽二丈，中间舱深七尺五寸。三桅：大桅约高七丈六尺，头桅约高四丈九尺，三桅约高三丈四尺。舵一面：约长二丈一尺，宽八尺左右。各八桨。又二号身长九丈，头宽九尺，中宽一丈八尺，尾宽二丈二尺，中间舱深九尺。大桅约高八丈二尺，头桅约高五丈二尺，三桅约高三丈七尺。舵一面：约长二丈六尺，宽九尺。左右各十桨。以上各船，均带随船舢板一只，兼各备双橹，为赶程之用。通身两层板成造：外层板厚八分，内层板厚二寸四分，船身包裹铁片一层，舱面再加厚板一层，亦包铁叶一层，以防震裂。其帆缆锚碇皆预购二分，以备更换。余如淡水柜、飞叉、唧筒一切应用之物，皆备办齐全。前项船只即责成督造之员认真妥办，务须工坚料实，毋得一毫苟且。俟造成抵东后，即分拨登州水师营六只，各编字号，为该营师船。余大船二号作为统领战船，以备驻扎操防之用。除造成照例饬取保固外，每届大小修及应行折造之年，应俟船到后查看再行筹议，奏咨办理。

一、精购炮械以资利用也。水面交锋，战船之外，首资炮械。此次整顿水师，一切训练技艺，皆当精益求精，不得仍前只习虚套。惟必先有利器然后可责成功。水师皆在洋面，其所为攻坚致远、擒斩制胜者，全恃大炮。至于刀牌枪矛，则必须舍舟登岸，追剿败贼乃可得用。兹拟每号拖缯船头桅后，配二千斤大炮一尊，尾配五百斤大炮二尊，两旁配千斤大炮四尊，二百斤炮四尊，子母炮八尊，敞口炮二尊。每船共大小炮二十一尊，皆用磨盘炮车，以期灵动。其统领船内，惟头桅后之大炮改用二千余斤或三千斤者，余则大小尽同。又每船应配鸟枪十二杆，藤牌十四面，牌刀十四口，长矛十二杆，以及竹帽四十五件。统计拖缯船十四号，应用大小炮位二百九十四尊，鸟枪一百六十八杆，藤牌一百九十六面，牌刀一百九十六口，长矛一百六十八杆，竹帽六百三十件。以上枪炮，自以外洋精制者为佳，应请不惜重价，责成造船委员认真采办。其藤牌刀矛罟网等物，粤东所造最为精良，应饬一并配齐回东。其一切火器，只须访求善式，由营自行加工制造。至火药、炮子二种，在军中尤为紧要之物，应责成该营统领督同营官等加工监制，不准草率，务使火器各项渐就精良，以收实用。至于沿海炮台岛岸水城等处应用大炮，及防守各炮台营汛兵丁应用之鸟枪、军械等物，应俟查明该水师营现存炮械数目，分别可否应用，然后酌量补购，以节糜费而昭周密。

一、裁并兵额以收实效也。溯查登州水师旧隶登州陆路总兵所辖。康熙四十三年添设前后两营，额兵一千二百名。五十三年裁后营。道光二十三年防洋善后案内，复添后营。三十年，前任抚臣陈庆偕于遵旨筹议海防案内，奏准将登州镇改为水师兼陆路，并将该镇所辖之陆路文登协副将，亦改为水师，抽裁该镇陆路兵丁，添设文登水师营。现在核计文登协额：设副将一员，守备一员，千总一员，外委四员，额外外委四员，战兵三百九十名，守兵九十六名。前营额：设游击一员，守备一员，千总一员，把总二员，外委四员，额外外委二员，战兵三百一十名，守兵二十八名。后营额：设游击一员，守备一员，千总一员，把总三员，外委五员，额外外委五员，战兵四百四名，守兵八十三名。共计水师官三十九员，兵丁一千三百一十一名。人数虽多，然卒不得一兵之用。前岁臣饬将老弱删汰，因无船训练，尚未募补。今若必复一千三百余名之旧额，即使额饷足数，而为数过少，不足以养其身。又安能以束其心？徒使人数多而饷项虚糜。绿营之弊，大率在是。臣再四筹思：与其增兵缺饷而徒慕虚名，不若裁兵并饷而胥归实用。拟请于原额一千三百一十一名内，酌留战兵七百名，守兵一百名，分为两营。以战兵三百六十五名，守兵五十名为登州水师营；以战兵三百三十五名，守兵五十名为荣成水师营。其余五百一十一名，暂行裁撤。即以裁剩之兵饷，加作现兵之口粮，俾其足敷养赡，无以借口，然后责之以勤操。彼既有所利而乐为，我亦有所恃以行法。此练兵之大要也。至于以兵配船，计登州共派师船六号，统领战船一号，每号应配兵四十五名，共战兵三百一十五名。其余战兵五十名，守兵五十名，分派防守水城岛岸各处炮台、各项差使之用。荣成共派师船六号，统领战船一号，每号应配兵四十五名，共战兵三百一十五名。所余七十名内，以战兵十名、守兵四十名分驻胶州，作为哨探之兵；以战兵十名、守兵十名留于该营，以为防守墩台各项差使之用。至该营水师官弁，以文登副将为统领，督驾战船二号，更番驻扎于登荣两处，以便督操。其登州水师营，则以原设之后营游击作为营官，督驾师船一号，并以守备一员，千总一员，把总三员，各管驾师船一号，作为哨官。荣成水师营则以原设之前营游击作为营官，督驾师船一号，并以守备一员，千总一员，把总三员，各管驾师船一号，作为哨官。其后营原设之外委五员，酌留三员，裁去二员；额外外委五员，酌留三员，裁去二员；前营原设之外委四员，酌留二员，裁去二员；额外外委二员，全行酌留。至文登营额，设守备一员、千总一员，应留作为统领两号师船哨官之用，并酌留额设外委二员，额外外委二员。其余原设之外委二员，额外外委二员，亦行裁去。其所留外委、额外外委十四员，除分带师船外，应由统领酌派外委、额外外委各一员，管带哨探兵丁，分舢板二号，驻扎胶州。其余各员，并分派带兵防守扼要之岛岸、炮台，及在船听候调遣。仍令日习水操，不得徒事株守。又该三营既并为二营，所有文登水师营及前后营各名目，即行裁去。惟文登协副将以水师兼管陆路之处，仍毋庸议改，俾其于操练之暇，兼顾陆路。至该三营各兵，共计应裁去战兵四百零四名，守兵一百一十七名。通共去额兵五百二十一名。其何营可裁，可留若干，刻下尚未据委员点验，未能预计。应俟钦奉谕旨照行后，臣再行遴员前往，会同该营镇将详加点视考验，分别应留应裁实数，再行奏咨存案。如此核实办理，庶几兵归实用而饷不虚糜矣。

一、改定营制以除夙弊也。查用兵之道，选将为先，而在水师尤为要务。从前抚臣陈庆偕请将登州镇改为水师兼陆路者，亦为慎重水师起见。惟臣细查海疆情形，寥阔异常，而登镇所管东三府陆路地面，周围亦不下二三千里，地势既广，稽查匪易。且水师陆营用各不同，即操练一切迥异。总兵能习水师者，必不长于陆师，习陆师者必不精于水师，一定之理。今若以一人兼管水陆，必有得此失彼之虑。臣现拟将此次所办水师定为专汛统领一员，即以文登协副将充当，其官衔则为统领登州、荣成水师两营副将，易去文登水师名目，复设营官二员。登州水师一营，即以登州原设后营游击充当，其官衔则为管带登州水师营游击。荣成水师一营，即以前营原设游击充当，其官衔则为管带荣成水师营游击。守备、千、把等官，归登州水师者，其官衔则为分带登州水师营兵船守备、千总、把总。归荣成水师者，其官衔则为分带荣成水师营兵船守备、千总、把总。至归入统领管带兵船之守备一员、千总一员，其官衔则为登荣水师协管带兵船守备、千总。又酌留外委七员，应分入登州水师营四员，荣成水师三员，额外外委亦照此分入。其官衔归登州者，则为登州水师营分防外委、额外外委；分入荣成者，则为荣成水师营分防外委、额外外委。至该两营水师应改归巡抚自行统辖。其统领以下各官，仍由巡抚专拣精习水师之员，专案奏咨，先行试署，俟一年之后查明实能得力，再行请补。如此定立营制，或不致复蹈旧习。至现在之副将、游击以下各员，如系实缺，应俟奉旨准行后，由臣详加察看，如果能胜任，即照依奏咨充当。如该员弁等有不能精习水师者，应请改归登州陆营，以原品原衔改补。其裁去之署事、候补各员弁等，亦请改归登州陆营差遣候补，俾免向隅。至水师制胜之具在于船坚炮利，而能用船炮者，首在乎舵工得人。南省舵工之良者，俗又谓之驾长。上能测验云气以防风雨，下能熟习海道以避沙石，中能计大炮致远之里数，而运掉船只以操其命中之权。故海上交锋，不特一船之人皆依以为命，即为将领者亦与之商榷攻守之宜，以为进退。其所系之重如此。舵工之次则有椳工，又名班手。平时用以登高瞭望，整理篷索；遇敌则携炮缘升椳顶斗上发炮，及抛火罐，以焚击敌船。非猱捷而有胆者不足以膺斯选。以上二项，皆师船之头目，如勇营之有哨官、队长，一人而兼数人之口粮者也。又其次则有大缭工、大炮手、副舵工、副椳工、炮手、刀牌手、长矛手、探水头、碇木匠、随船舢板工等项名目。其桨橹手则以枪、炮、刀、矛等手兼管。一船之人莫不各有兼长之技，盖由其平日以船为家，日久练习，无稍间断，同船之人，亦情意相洽，无彼我之分，故遇敌能各自为战，又能联为一气也。查东省水师旧章，每营只分弓箭、藤牌、鸟枪、炮手四项兵，各若干名，并云舵工号令均在其内而已。臣细加考核，不特舵工非该营兵丁所能充当，即各项水手亦皆由临时雇募，至椳工之用，则营中绝无知之者。盖因舵工头目，每年例定工食只有数金，人以其不敷糊口，遂皆不愿充当。而每年由外筹给之津贴、巡洋经费，亦不敷长年雇价之用。是以该营每届巡洋之期，多雇近海渔户为之，而配以兵丁出哨。兵丁既非素习风涛，一出大洋，每多昏晕颠仆，不能施放枪炮。渔户则以贱值受雇；赏罚之所不及，更不肯舍身御贼。是以不能得力，甚至捏报出洋以图塞责。及回哨，则渔户受值归家，兵丁亦陆居散处。即有师船，无人料理，徒任其朽坏于荒沙僻岛之间。臣查阅旧卷，见东省水师屡次失事，推原其故，一由师船废搁日久，船身坼裂，稍遇风浪，即成散涣；一由兵丁既未练习出洋，水手更属不关痛痒，故一遇贼，即弃船逃走。水师废弛至于此极！兹欲痛革其弊，非合兵丁与驾船之人为一，而责令终年在船习练不可。查水兵之于驾船，犹骑兵之于乘马；未闻陆营于骑兵之外别设马夫，则水师亦不得于战船之中另添水手。然而，人皆愿为马兵而独耻为水手者，则以陆营之制，马兵之口粮较优，又守兵必须拔补马兵，然后能递升外委、千、把以至将领。故人人以马兵为行伍出身之途而欲得之。至水师之舵工、头目人等，工食既非优厚，又无进身之阶，故不特南来之善工不肯应募，即本营之战兵亦不愿兼充也。此次整顿水师，拟请于每号拖缯船内各设舵长一名，副舵长一名，椳长一名，副椳一名，大缭兵二名，头缭兵三名，大炮兵二十名，炮兵十五名，探水兵一名，木匠兵一名。计每船四十五名，皆以战兵充当，不准一名临时雇募，其缭兵、大炮兵，均令兼习刀牌、长矛，炮兵、鸟枪。探水兵、木匠兵，二项共兼管头碇及随船舢板，并删除舵工、桅工、水手等项名目，改为舵长、桅长、缭兵。行船时，除舵长、桅长、缭兵各有专司外，余人均令兼习张帆、起锚、掉桨、摇橹等事，更番出力，以均劳逸。平日分派次序，不许临时推诿。并请援照陆营马兵拔补额外外委，及水师营守备越级升补游击，游击越级升补副将之例，准将拖缯船之舵长、桅长由臣考验，择其技艺精熟者，舵长则越级以经制外委记名。俟其试验一年之后，如果勤奋，遇有经制外委缺出，准其与应升应补人员，相间拔补。桅长则以额外外委记名，亦俟一年试验期满，其勤奋者遇有额外外委缺出，准其考取拔补。补缺之后，或一时无人可以替充舵长、桅长，则仍令其人以本职兼充，准其兼领本职俸薪等银及舵、桅长口粮，以资熟手而示鼓励。其舵长、桅长缺出，以副舵长、副桅长分别考较充补。傥其人不能谙练或有别故，则在各项战兵之内秉公考取，练习各事，能胜舵长、桅长之任者，令其充补。如本营实在无人堪以充当，然后准其在外招募。此项外募之人，应俟两年试验期满，方准考拔外委及额外外委之缺。至缭兵、大炮兵以下各战兵，均照陆路马兵拔补额外外委之例，较论劳绩技艺，以为拔补次序之先后。其劳绩技艺相等者，则以入营月日之先后为次序。其守兵拔补战兵，亦与陆营相同。如此明定章程，使兵丁与驾船之人合而为一，而又有出身之途，庶可以资奋兴而收实效。至旧章弓箭兵一项，在陆路固为制胜长技，然施之师船，风浪颠簸之中，诚恐箭射无准，徒具虚名，无裨实用，应请删除。并请每营只定以战兵、守兵额数，毋庸分别大炮、鸟枪、刀牌、长矛，每项各若干名，俾得互相练习，各有兼长。且因一船之人数有限，不敷逐项分派，兼以杜其临事互相推诿也。此节于旧章多有变通，而于水师则可期整顿。固未可惮更张之烦，而仍蹈因循之习也。

一、申严军令以精训练也。自古大将之能驱千万人于锋镝之中而得其死力者，恃有赏罚而已。信赏必罚，虽市人可驱之使战；若赏罚不用，虽有节制之师亦无能为役。军兴以来，勇丁皆募自闾阎，非所谓市人乎？绿营兵丁受国家二百余年豢养之恩，非所谓节制之师？然而勇丁每所向有功，绿营则罕闻制胜。岂兵果不良于勇哉？亦以赏罚之权有行有不行耳。查勇丁口粮每月支银三两数钱不等，兵丁以水师而论，战兵每月支银一两五钱，守兵每月支银一两。在勇丁则衣食有余，在兵丁则饥寒不免。是勇营之赏行而绿营不行也。勇丁违犯军令，营官得以军法从事；而绿营则笞杖动拘文法，未闻敢有斩一兵以肃军令者。是勇营之罚行而绿营不行也。此次办理水师，自应严定赏罚，以期整肃。除口粮一节另款筹议外，应请申明军令：其水师营自外委以至兵丁，如有抗违军令，情节较重者，均于审实后准统领官随时禀知到臣，就营军法从事。其余寻常事犯，及千总以上各官有犯，除应棍责及插箭游营，仍准统领官专决外，至犯该徒流以上，仍照例禀报臣衙门听候核办，不得擅专。至成营之初，首应料简精良，除原营各兵已由臣严加删汰外，此次仍派委大员会同统领官督同营哨将现有之兵逐一点视考验，如有疲玩，不堪教练者，悉数开除。其余年力材具尚堪造就者，准其留营学习，以示体恤旧兵之意。其不足之数，即在东省沿海招募熟习水性之人充补。不论新旧兵丁，皆取具年貌、籍贯，保人存案，并须一律挑选年力少壮之人，不准一名徇滥。又水师兵丁从前本无训练之方，自师船废坏，益以荒疏。此次新船到东，驾驶万难得力，相应请援照道光三十年前抚臣陈庆偕奏案，准令督造师船委员，在粤海等处选募熟习水师备弁数员，并酌带舵工、桅工、缭手、炮手及善于泅水、精制火器之人十数名，随船驾驶来东，以资教习。此项备弁亦援照奏案，遇有水师应拔之缺，准其与东省备弁一体考拔。其原有大衔者，并准其照长江水师之例，借补小衔。至舵工、桅工二项，即照前条所议，俟试验一年，然后准其拔补外委及额外外委之缺。其缭手以下，即补战兵。如此办理，既可使合营有所效法，亦免往返资送之烦。一俟新船抵东，所有新旧各弁兵，即按定各项职役，日夜在船练习。自营官下至兵丁，皆不准一日离船陆居。至于训练之法，舵长、副舵长则练习测验风雨，熟记沙石，运掉船只，请求炮法等事。桅长、副桅长则练习携炮升桅，焚击敌船等事。缭兵则练习风信，专司篷索，泊船时仍以二人兼习刀牌，二人兼习长矛。其管五百斤以上炮位者，谓之大炮兵。内一半兼习刀牌，一半兼习长矛。二百斤以下炮位者谓之炮兵，均兼习鸟枪。计大炮二千斤以上者，四人共管一尊；千斤以上者，三人共管一尊；五百斤以上者，二人共管一尊；二百斤以下者，一人各管一尊；至于子母等炮，则一人可以兼管两尊。凡派定专管某炮之兵，务令各精某业，不得时常更易。至每日操练炮位后，则专令精练泅水之技，日以为常。每月由统领阅操一次，每年回哨之后，复将两营合操一次，俾不致有参差，且可随时劝惩。至炮兵操练靶之法有三：一以陆路打陆路之靶。凡炮台之下临陆营，设为发炮遇敌者是也，此等靶，其形制虽与寻常者无异，然必须随地势之高下远近，量炮位之大小，一一立靶试放有准，使敌人不能薄我炮台，斯为得力，不准只图幸中，致成虚套。一以水路打水路之靶。凡师船设为彼此扎营不动而交战者，又设为我军扎营而御敌船之乘间劫营者，又设为彼此驾驶而练习迎击追击之法者，皆是也。此等靶即与常靶不同，应以破船为之，或用木筏加以篷板作为敌船，紧要处所，及人立之地以为标准，此筏或系一处，或放中流，师船则时而联舻排击，时而单舸追逐，务于出没风涛之际施放枪炮，犹能有准，乃尽练习之功。至此时，操练舵长则视其运掉之功，缭兵则视其操纵之力，桅长则视其腾跃焚击之奇，泅水则视其潜伏浮沉之巧。此诚水操之至要者也。一以陆路而打水路之靶。凡临水炮台，设为飞击敌船之驶来相攻及遥扎水营相困皆是也。此靶亦以木筏象敌船之形，大致与水路打水路之靶相同，而稳便过之。盖炮台之设，多于水道扼要之区，沙线湾环，敌船不能顷刻骤至，在我可以从容命中，其稳便一也。有坚厚墙垣相蔽，炮子不能穿洞，火箭不能焚毁，其稳便二也。足踏实地，非如战船之上下颠簸，则发炮尤易有准，其稳便三也。此次训练弁兵，应剀切申谕，使之各明纪律，有过必惩，庶一切练习打靶之事，不敢不力求精熟。以上训练之法，不外乎此。至于相机调度，出奇制胜，则在乎临敌制宜，又非可以成格局矣。

一、酌增口粮以恤兵艰也。水师弁兵出洋巡哨，日冒风涛之险，动与性命相连，与陆营兵勇平居无事者甘苦迥异。且令其终年在船，亦与陆兵练习之后即可回家别谋生计者不同。若非口粮稍加优厚，不足以示体恤而昭激劝。查水师定例，副将每员每月支俸银四两四钱五分五厘，薪蔬等银二十七两，又每年应支养廉银八百两。游击每员每月支俸银三两二钱七分八厘，薪蔬银十六两，又每年应支养廉银四百两。守备每员每月支俸银一两五钱五分九厘，薪蔬等银六两，又每年应支养廉银二百两。千总每员每月支俸银一两二钱四分七厘，薪银二两七钱五分三厘，又每年应支养廉银一百二十两。把总每员每月支俸银一两三分九厘，薪银一两九钱六分一厘，又每年应支养廉银九十两。外委每员每月支俸银一两五钱，米三仓斗，又每年应支养廉银十八两。额外外委、战兵每名每月支饷银一两五钱，米三仓斗。守兵每名每月支饷银一两。每例马一匹，月支干银九钱以上。皆大建月核算者。自把总以上，每员月扣朋银二钱，外委、额外外委、战兵每名月扣朋银五分，守兵每名月扣朋银三分；又把总以上，闰月其俸薪养廉等银例不加增，外委、额外外委、战兵、守兵，遇闰月其银米仍照例加增。此水师饷银之定额也，自把总以上各官，其俸薪养廉全数支领，足敷办公之用。惟外委每月连养廉核算，只得银三两，除扣朋银五分，所得尚不及一名勇丁口粮之数。至额外外委、战兵二项，每月除扣朋银，只得银一两四钱五分。守兵每月除扣朋银，只得银九钱七分。无论不能养赡家口，即一身衣履之需亦无所出。一经入伍，又不能别谋生计，其困苦情形，殊堪悯恻。从前弁兵巡洋，虽准于例饷之外筹款量加津贴，然为数无多，且除出哨方准支领，回哨即行停止。今既责成该弁兵等周年在船练习，即与周年出哨无异，自应酌加长年口粮，以资食用。除把总以上各员仍照旧例支领，毋庸酌增外，拟请外委每员每月酌加津贴口粮银三两，额外外委、战兵每名每月酌加津贴口粮银一两五钱，守兵每名每月酌加津贴口粮银五钱。以上弁兵，仍准其支领旧例应得之饷银米折。至战兵内之充当舵长、桅长者，仿照炮船章程，舵长每名每月支给口粮银六两，桅长每名每月支给口粮银四两五钱，副舵长、副桅长每名每月支给口粮银三两九钱。以上四项，其本身所充之战兵口粮，即在数内，仍照战兵每名每月支给例定米折银两。各弁兵等新增之银米，遇闰月应照正饷之例加增。其应扣朋银及遇小建月应扣银米等款，仍照旧章核扣。此外，旧设之公费杂支，亦仍照给。惟红白赏恤等款，既经酌给津贴，应行裁去，以昭简易。至该营额设例马，准其酌留三十匹。惟马匹原非该营急需，其饷干应仍照旧支给，不必加增。所有新增之饷，请即在裁剩各兵一切饷项内估计支销，毋须再筹别款，以期经久。至此项酌增口粮，系为水师终年在船操练与陆营安坐谋生者不同，他营弁兵自不得援以借口。如此，则兵丁衣食有赖，不另营生，必可专心致志，勤其职业，日久自能精练，踊跃倍常。庶数十年水师之废坠，或冀从此奋兴，而缓急差有可恃矣。

一、修筑炮台以严守卫也。登州海道，南北绵亘三千八百余里。内有海口三十余处，岛屿八十余处。从前曾有扼要处所，如蓬莱县所属之水城天桥口、西山；黄县所属之黄河营、屺峻岛；文登县所属之马头嘴、五垒

岛、祭祀岛；荣成县所属之石岛口、养渔池、龙口崖；海阳县所属之黄岛
嘴、丁字嘴等处，筑建炮台十三座。又于各县之次要岛岸筑有敦台五十六
座。星罗棋布，颇为周密。无如日久失修，每多坍塌。兼之系用砖石所筑，
未能合法，终恐难资捍卫。臣上年查阅海口，具悉形势，拟请俟营制既定
之后，由臣行令该镇道等，再加踏勘，择其至要者筹款重新修筑。其不甚
紧要者，暂缓修理。既可节省经费，亦免兵分力薄、防不胜防之弊。其修
筑之法，拟改为以三合土筑成圆台，每台筑墙垣二层，务令坚厚，一概不
用砖石，免受炮子摧击之患。其台顶亦圆而下垂，台下环以深壕，使炮子
到顶皆顺其势坠入壕中，并可防敌人开挖地道。又台中应开凿池井蓄水，
并预筹藏储火药薪粮之处。台下亦暗掘地道，或数里许，为出入致胜之用。
筑成之后，设立水陆二靶，将台中炮位逐一试验有准，并令统领各官督率
师船至台下互演攻守之法，务期计出万全，毋使临事周章。至此项工程，
从前未经办有成案，其每台需用银数，无从悬拟，应俟详细勘估之后，再
行奏明筹款兴办。

一、归并汛地以厚兵力也。查旧章，水师各营所分汛地，前营所辖自
江南交界之鹰游门起，至文登营交界之马头嘴止，计洋面一千六百八十里。
文登营所辖自前营交界之马头嘴起，绕过成山至后营交界之芝罘岛止，计
洋面八百七十里。后营所辖自文登营交界之芝罘岛起，至直隶之大沽河交
界止，洋面七百二十里，又北至北城隍岛迤北，至奉天之旅顺营交界止，
洋面三百三十里，共计洋面一千九百二十里。前营共分二汛，文登营共分
三汛，后营共分四汛，以千总、把总为专巡，守备为分巡，游击、副将为
总巡，总兵为统巡。遇有事故，指明岛屿以专责成。每年会哨，并于交界
处所报明地方文武，互相结报。以上各节，立例似为周密，然臣核实筹思
其弊有三：盖各营既分汛地，势必各给师船，方能责其守御。然以现在之
师船十四号而分扎各汛，平时既不能合操，有事又猝难调集，徒使兵分力
薄，终致不得一船之用，其弊一也。分汛既多，则交界之处亦多，遇有事
故彼此易生推诿。虽有指明岛屿之条，而海道渺茫，事生仓卒，亦未易确
分疆界，其弊二也。行军之法，为将领者必当身先士卒，然后能责弁兵之
奋勇向前。今以海疆要地军务重情，乃仅以千、把微员当专巡之任，不特
不足以资镇压，且恐该将弁等自恃诿过有人，遂周年安坐衙斋，不敢出洋

冒险。是设此例，徒为该将备等遇有失事处分、避重就轻之地，实无益于营务，其弊三也。此次整顿水师，凡事皆力求实际，则此条亦应另议。查防守最期扼要，而兵合乃能力专。臣拟请将师船十四号分为两枝，每枝各分师船七号，一枝驻扎荣成县属之石岛海口，即名为荣成水师营；一枝驻扎登州府城外之天桥口，即名为登州水师营。并将旧名前后营字样裁去。此二处在海口中最为冲要之区，上下扼扎，则各处要口足资控制，毋庸多分兵力，致形单薄。每年仍照旧三月出哨，九月回哨。一可履涉大洋，熟习风浪；一可明悉沙线，临时制敌。至出哨师船之数，每年每营应以三号出巡，三号留操，以备缓急，由该营游击派出报明查考。其两营游击、守备亦一律分年出巡。如此，营以游击出巡，守备留操，则彼营以守备出巡，游击留操。遇有贼匪，准将留操之船酌调前往，协同缉捕。年终傥有失事，惟该两营游击是问。所有旧章专巡、总巡各名目，一概删除，以归简易而昭核实。其总巡战船二号，亦令分年出巡，以资镇压，并稽查两路师船勤惰。如此，则三千八百余里之洋面，声势可期联络，而海疆庶不致漫无防范矣。其余未尽事宜，统俟奉旨允准后，由臣督同藩臬两司及登州镇道，悉心核议，再行分别奏咨办理。(《丁文诚公奏稿》卷八)

筹办海防折（光绪元年十月初一日）

奏为遵旨筹办山东海防，谨将拟办情形，恭折奏祈圣鉴事。

窃臣前因筹办海防，当经奏调湖北道员张荫桓来东差委，旋派赴烟台，会同登莱青道龚易图、总统师船候补道李宗岱周历口岸，察度形势，密筹布置禀办；并令张荫桓赴津，与北洋大臣李鸿章禀商一切。兹据该道等禀称：东省海防与他省异。津、沪、闽、粤皆有内河通海，自以通海之河为海口重地，应筑炮台，严兵驻守。东省情形则南自莒州与江南接壤之海岸起，迤至北海之海丰大山口止，皆系滨海扼要无可扼之区，居中无适中之地。盖东三府地形如人伸一臂，陡入海中，三面临海，处处可登。内中惟铁门关一处为黄河通海之口，外有拦沙，大船既不能入，而黄河浊流挟沙，轮船浮驶，沙入其轮，亦不能进。现可毋须设防，以节兵力。此外，自大山口起至铁门关一段滨海，皆系盐卤之地，地瘠民贫，村庄寥落，上无所掠，彼难驻兵。自铁门关迤南折东至莱州府之海庙一段，内经利津、蒲台、寿光、潍县、昌邑、掖县六州县海面，向名为内海。海滨多系平砂，潮来则漫，潮退则系一片陷淖，而海水皆浅，难入大舟。故轮船由烟赴津，皆由长山群岛北驶，从不西绕。以上各处，似可无烦更顾。自掖县之海庙起至登州府城一段，水势稍深，然轮亦不轻入，可用师船时为巡哨，防其拨兵登岸。自登郡至烟台一段，为东海最要之地，声势极宜联络，水陆均宜设防。自烟台至威海卫及成山一段，轮船时相往来，外国兵船多泊于此，亦宜加意防范，自成山南折而西，迤至俚岛、石岛、金口绕崂山而至青岛、胶州一段，水势虽深，皆系小口，为内地船只往来之区，内惟胶州一口通内之胶莱河，而岛形散漫，无险可扼。轮船内驶，距胶州河口尚有四十里即不能进，亦可陆地自行设防。自胶州至莒州、日照一段，与江南之青口接壤，皆系浅水，非巨舶可涉，外人向不过问，可不设防师。此东省沿海海面之大概情形也。

今计东省海面应设防之处有三：一曰烟台。烟台为通商口岸，洋舶聚集，而与津门信息常通，常洋两关皆归宿于此，势不能不守。然烟台地势，山麓平坦，无险可扼。虽北有之罘岛为屏，东有崆峒诸岛为蔽，而相去皆极辽阔，其居中扼要可以屯营之处惟烟台山为最。然为洋人环山而居，一无隙地，且山形不甚宽广，以之筑立炮台，太为蹙逼。此外，如八蜡庙山嘴尚可设炮台，而距崆峒岛十二三里有奇，距之罘岛十八九里有奇，开炮势难相及，且系孤悬东首，与后山均不联贯。而烟台无城郭圩寨，其中居民皆商贩聚集，一旦有警，势必四散，且华洋杂处，亦难区分画守。而南山之背即为海面，敌易包抄。至之罘岛沙堤横亘之外，皆属海岸，直达登州，百余里之内，处处皆我后路，自应慎密筹布。兹拟于通伸冈设大座防营，驻兵三千人以固后路，再于烟台山下设一浮铁炮台，八蜡庙设一浮铁炮台，之罘岛之西设一浮铁炮台，再于之罘东首筑一砂土曲折炮台，庶前后可以相顾，我之轮船亦可出可入，可战可守。此烟台之防也。一曰威海卫。威海地势较烟台似为紧束，三面皆系高山，惟一面临海，而外有刘公岛为之屏蔽。刘公岛北、东两面，为二口门岛，东口门虽宽，水势尚浅，可以置一浮铁炮台于刘公岛之东，而于内面建一砂土炮台。海外密布水雷闭此一门，但留岛北口门为我船出入。其北口门亦有山环合，可以建立炮台。计有三座砂土炮台于内，有二浮铁炮台于外，则威海一口可以为轮船水寨。轮船出与敌战，胜则可追，败则可退而自固。此威海之防也。一曰登郡。郡城负山临海，水城直瞰海滨，北有大岭，南有沙埂，对面有长山岛为屏，形势较为雄壮。而蓬莱阁下，海多暗礁，自水城至长山岛海面虽有四十余里之遥，铁甲巨舶不能入，轮船即能入而不能停，故登郡之守又与威海、烟台情形不同。应于城北之弹子涡山上设一砂土高式炮台；再于城南之砂埂上设一砂土圆式炮台；长山岛西再设一曲折砂土炮台，与郡城相为掎角。而于近城要处密布阻船之物，则郡城似可无虑。此登郡之防也。此则东省洋面要地形势之大概也。

然则今日之防，若直、东、奉三省合力并谋，有铁甲船五号、中轮船十号、小轮船六号分布于东之烟台、威海，奉之黑山湾，为北洋作一关键。进则击，退则守，可分可合，此为北洋计，而东省之防亦在其中，此策之一。否则，精选陆军练习枪炮，以分扎登州、黄县、福山等处，无事则分，有警则合。敌若登岸，可以合击，敌若纷扰，亦可肆应。傥敌船直犯津门，亦可以轮船载送赴援。此为东省自防计，而实可以为北防大局计。此策之二。然二者皆用费多而需时久，此时饷力不及，东省只能自为防，则宜以登郡为根基，先置登郡之防，再练陆军二三千人驻守烟台后山，联为声势。俟浮铁炮台可以成购，再设烟台海上之防；俟铁甲轮船大备，再设水寨之防；俟登郡筑台能于合式，再议各处炮台之防。逐年而谋之，分时而任之，必使防一处，得一处之地利，练一营，得一营之兵力。此策之三。该道等意见相同，绘具山东沿海全图，测量水势深浅、地形广狭，禀请鉴择遵办前来。

臣维山东海防巩卫畿辅，而沿海千余里汪洋弥漫无险可凭，悬图按索，似多形势紧凑之区，及身历海岛登陟眺望，切实研究，始悉山势、风力、潮力情形。该道等拟于烟台、威海、登郡布防，尚合机宜，惟所称先设登郡之防，似非目前所急。盖此时办防，应注意北洋，兼顾东省，臣详细酌度，应先将烟台炮台兴办，次及威海。兹拟于烟台通伸冈先筑一圩，沿墙置炮，中屯陆师，圩中设望楼，安放走轮大炮；复于八蜡庙筑一圆式炮台，分内外两层，外层添设隔堆，分布炮位，内层仍置望楼，安设走轮大炮；又于之罘山东庄建曲折炮台一座，以资联络，则烟台之防基局稍立。其威海卫形势如该道等所禀，密布水雷紧闭一门，仅留北口号门以通，我师于刘公岛之麓筑一炮台，其岛口两面各筑一炮台，以相掎角，威海之局亦稍有把握。此两处防局既立，然后议办登郡。如此次第以图，庶北洋缓急可备，且不致绌于饷力。至所称应用铁甲船、大小兵轮船、浮铁炮台等项，自非北洋经费充足不克举办，未能卒议。其现在所需炮位，拟用克虏伯后膛钢炮，参用阿鸣斯郎前膛钢炮，筑台工竣，次第购买。至兵勇应用枪炮，除格林连珠炮、克虏伯四磅炮利用外，应购用亨利马啼呢快枪，方能应敌。现拟各项定购，以期利用。其行队攻守之法，更当加意讲求。近日登、荣水师营经李宗岱严加操练，渐有成效，以后渐次扩充，陆队亦无难整饬。臣规划既定，复查候补道张荫桓明干勤能，勇于任事，即饬派总办防务，会同龚易图在登莱口岸设局储料，年内先集铁、木、灰、石各料物，明春开冻，便可兴办。惟山东在北洋之内，所有一应经费，应须取给北洋，而部拨之款，臣商之李鸿章，一时实未能应手，而目击时艰，又不能因循株守。现拟就本省各库暂时匀凑四五万两，先行济用。并即咨明李鸿章，一俟北洋经费解到，即行陆续拨还，以清款目。如此稍为腾挪，庶免停待。伏乞饬部查照。至于选练陆师，应俟枪炮购备后，再为筹办。所有遵旨筹办海防、先筑炮台、购备军器缘由，谨会同北洋大臣李鸿章合词恭折具奏，伏乞皇太后、皇上圣鉴训示。谨奏。（《丁文诚公奏稿》卷十二）

郭嵩焘

条议海防事宜

伏闻总理各国事务衙门练兵、制器、造船、用人、理财、持久六条之议，私心叹服，以为海防之大用具备于此，其间节要及各省议复情形，皆不能详，略闻其义，在明立条目，令沿海举行以求自强而已。窃闻古人之言曰："度所能行为之，是以指数珍肴不足以果腹，图画宫室不足以庇身。"方今国计空虚，人民凋敝，其势不能兴大役、动大众；沿海七省九千里之地，贸易往来，安堵无事，亦无征召外兵屯防之理。故夫筹防之宜有三：

曰因地，曰因时，曰因人。

何谓因地？有地势，有地气；势有险易，气有强弱。今险要之地足以控扼全省，如山东之烟台，江苏之上海，浙江之招宝山，福建之厦门，广东之香港、澳门，皆已为洋人擅其利矣。其沿海民气之强弱，相去悬绝，未可强同。略而言之，广东一省可强可富，江苏、浙江可富而不能强，盛京、山东、直隶可强而不能富。一省海岸或数百里，或数千里，防堵事宜，更历数百千年而未有穷期，其不能以一切之术、一成之式，通贫富强弱而督使行之明矣。故曰因地。

何谓因时？时宜劳而逸之，时宜逸而劳之，时宜缓而急之，时宜急而缓之，皆谓之失时。今海疆绥谧，民商乐业，可云无事矣。而不测之忧，触焉而即发，多方之变，应焉而不穷。《书》曰："制治于未乱，保邦于未危。"况忧且危如是，谓之无事奚可乎？虽然，时之应有常、有变，而功之施有本、有末。时处乎变，则从其变之数以治其末而匡救之，而本有不暇顾矣。时际乎常，则审其常之理以探其本而厘正之，而末有不足言矣。天下之患，在吏治不修，纪纲废弛，民气郁塞，盗贼横行，岂为海上强敌莫之能支？一方告饥而已虞束手，一夫称乱而相顾哗然。窃以为方今之急，无时无地不宜自强，而行之必有其本，施之必有其方。本者何？正朝廷以正百官，大小之吏择人而任之，则本立矣。方者何？求富与强之所在而导民以从之，因民之利而为之制，斯利国之方也。闽、粤风气强于他省，乃使其强在民而不在官，在盗贼而不在守法之士绅，倒行逆施莫之挽救。江浙财赋之邦，经乱已十余年，而土田之开垦无多，或七八成，或仅及五六成。皖南积尸填塞山谷，至今未尽收掩，田卒污莱而不能辟，人民离散而不能归，此皆宜上荩朝廷之虞及时以求效者。故曰因时。

何谓因人？直隶拱卫神京，天津一口尤为左海之门户，形势积重，远甚他省。李鸿章布置水陆各营，控制海洋，屏蔽京师，自非他省所能一律办理者。至于西北，利病之所在尤宜斟酌古今之宜，推求理势之归，以预为之计。俄罗斯踞有伊犁已历数年，恐未易言收复。而喀什噶尔、乌鲁木齐通及回八城，或僭立一国，或踞城与官军相持，事久则变益生，师老财匮则收功益难。左宗棠无督师出关之责，而在甘日久，中外大局尚能研究，宜令体察各城情形，何者宜明画疆界与俄人定约，何者宜急收复，用兵若

干人，刻期若干日，调何路之师，转何路之饷，以及将弁之高下，用兵之
缓急，统筹全局，先定方略，委任而责成功。尤须有精力强辨出使绝域之
才，以理折服俄人，而杜其煽惑，然后可以审量用兵之机宜，朝廷明诏颁
行诸将，乃有所据依，以求轻重缓急之序。左宗棠亦必不敢苟且瞻徇，为
无根之辞，以上渎朝廷之听。此在察其事之变与其人之才任之而已。故曰
因人。

　　舍此三者，盖亦别无制胜之术，求速之方。嵩焘推求中外情势所以异同
与所宜为法戒者，谨就愚见所及，约为四条，论次其得失，以备采择：

　　一曰急通官商之情。西洋立国，在广开口岸，资商贾转运，因收其税以
济国用，是以国家大政，商贾无不与闻者。嵩焘前署广东巡抚，与英领事
罗伯逊等商制造轮船之方，罗伯逊言西洋机器，惟舟车外轮机器最巨，各
国多者不过数具，国主不能备，则富商备之，国主兵船亦多假商人机器用
焉。丁韪良亦言英人铁路通至缅甸，俄人铁路通至伊犁，皆商人为之。往
闻粤商伍怡和为弥利坚开修铁路，费至巨万。其伍怡和、吴建章及籍隶宁
波之胡墉、杨坊，号称巨富，皆有轮船，经营贸易遍及西洋诸国。惟深自
隐讳，以与洋商比附为利。国家制法防范愈密，则商人之比附亦愈深。何
也？利之所趋，虚文有所不能制也。窃谓造船、制器当师洋人之所利以利
民，其法在令沿海商人广开机器局。试言其利约有三焉，轮船入中国，而
上海之沙船、宁波之钓船、广东之红单船全失其利。侵寻而及内江，自汉
口以下，各船废业者逾半。使商民皆能制备轮船以分其利，则国家之受益
已多，其利一。制备机器，必沿海商人为之，出入海道，经营贸易，有计
较利害之心，有保全身家之计，因而有考览洋人所以为得失之资。是中国
多一船即多一船之益，各海岸多一船亦即多一船之防，其利二。使诸商人
与洋人皆有交际往来之素，或遇事变歧出，则居间者多而谋所以解散之亦
易为力。盖洋人皆有保护商贾之心，而于地方官多所扞格，此即因其意之
所向而利导之者也，其利三。近天津招商局亦略得此意，然其法在招致商
人，而商人与官积不相信，多怀疑不敢应，固不如使商人自制之情得而理顺
也。使官专其事而烦费日甚，库款之支发日穷，使商人公其利而造船日多，
各海岸之声势自壮，此皆理势之显见者。积久而利自倍，收效亦自远矣。

　　二曰通筹公私之利。洋人通商口岸，自新加坡至五印度，各口皆有兵船

屯驻以防意外之变，兼备海盗，亦使数万里之海岸声势自相联络。惟其以保护商贾为心，故能资商贾之力以养兵。中国通商各口，商贾云集，徒以上下之情太隔，彼此不相顾恤，是以中国税则轻于洋人数倍，而多方偷漏以求幸免，洋人乃独专其利。近数年各省添置轮船，设管驾官司之，亦与商人声息判然不相通。闻西洋各国置备兵船，多或数百，少或数十，商贾轮船必数倍之，贫富强弱之势即于此分。近年各海口轮船合计亦二十余号，而一切由官经理，其势不能与商贾争利，故有轮船支销经费之烦，而尚未得轮船之利。窃谓各海口官商制造轮船，宜略仿宋元遗制，设市舶司领之，而稍变通其法，官商各船，一体运载货物，由货舶司掌其籍，岁稽官船所入支销工食，而以其赢余为修理油洗之费，庶添一船有一船之利，而后可以经历久远，相持于不敝。其市舶司由商人公举，督抚考其声名，察其才能檄委之，咨其名于总理各国事务衙门，三年一更易，而量授以官。洋人本以商贾之利与中国相交接，正当廓然处以大公，而使商人应之，明示天下所以与洋人交接之意，尽人皆得与其议而持其变，无所庸其隐秘。盖所考求者洋人之法，即宜通知洋人立法之意，行之以渐，持之以久，尤恃官民上下通筹，合力为之，非独沿海筹防然也。如西班牙略买人口，皆由通商各口装运出洋，所载动数百千人，停泊收买亦数十日。但使各口设一市舶司经理船政事宜，地近则耳目易周，职专则稽考自密，必不至如从前之漫无觉察矣。

三曰兼顾水陆之防。东南防海大势，相持于海外曰兵船，相拒于口岸曰炮台，其大略也。而各口洋船、洋楼，纵横布列，乃反在内地。西北边防所恃兵力而已，藩篱之固尚无议及者。较而论之，沿海各口环集数十国，而英、法、弥三国互为主盟，其利分而其势散，必无敢公然发难者。西北则俄人已踞伊犁，西南则英人亦渐通缅甸，其力皆有所专注，而西南之祸稍纾，西北之势相持而未有所定，则祸且日棘。故主东南海防者则谓宜缓西北，主西北边防者又谓宜缓东南。是皆持之有故，言之成理，而以愚见度之，其隐忧皆积而日深有未可偏重者，体察俄人伊犁情形，而可以得其故矣。洋人之利在通商，无觊觎中国土地之心。而其蓄谋在求日进而有功，故每得一荒岛，则急进而开垦之，每得一口岸，则急进而经营之。伊犁之乱，值中国兵力不能远及，俄人于是坐收以为利，而乌鲁木齐、喀什噶尔通及回八城，俄人未尝须臾忘也。中国举兵征讨，则亦坐视而不与争。此其行之有其渐，蓄之有其机，西洋各国皆然。略就所知言之，上海一口，英人主盟；宁波一口，法人主盟。粤匪之乱骤起，各口商人惊惶失措，相为救护，而上海一口被难而幸获保全者数万人，百姓亦且与洋人相习，其观衅乘隙之心必不后于俄人。是以中国百年治安，英、俄各国亦必百年无事，此可以理势决者，何也？西洋诸国之法，非积憾以求一泄无肯构兵者。而南洋诸岛数十，中国不能经营，洋人皆坐而收之。所得口岸与所开辟诸岛，因势乘便，据以为利。其势求进而不已，而其蓄谋甚约，其收功甚逸。凡中国煤山、金矿及宝气生聚之方，皆其所心营而目注者也。窃以为中国与洋人交涉，当先究知其国政、军政之得失，商情之利病，而后可以师其用兵制器之方，以求积渐之功。如今各口设立机器局及遣中国子弟赴西洋学习其法度、程式，皆积渐之功，收效数十年之后者。其行之之本则在乎审轻重之势，明曲直之机，求通变之才，务真实之用。西洋之法，通国士民一出于学，律法、军政、船政下及工艺，皆由学升进而专习之，而惟任将及出使各国，必国人公推以重其选。窃观汉诏求使绝国与将相并重，西洋犹存此意。是二者皆据理势之要，持安危之机，所宜慎选而专用之者也。能通知洋人之情而后可以应变，能博考洋人之法而后可以审机。非但造船、制器专意西洋新法以治海防者之宜急求也。

四曰先明本末之序。自汉以来，中国全盛之世，边患相寻常若不及，而终宴然无事。及衰且乱，则必纪纲法度先弛于上，然后贤人隐伏，民俗日偷，而边患乘之。故夫政教之及人本也，防边末也，而边防一事，又有其本末存焉。敬绎六条之议：如练兵、制器、造船、理财，数者皆末也；至言其本，则用人而已矣。练兵、制器、造船，非财不能举办。理财之方，尽于二者，曰开源，曰节流。节流者，省无用之烦费以归有用者也。此皆疆吏应为之事，不待临事张皇而多为之制。其造船、制器，购用西洋机器推而演之，但令经费充盈，渐次求精，其事非难，所难者练兵耳。为中国之人心习尚渐渍已深，合官与民而皆怀一苟且之心，无能与持久也。自经寇乱，名臣良将接踵于时，能以律行师、以权济变者有矣，然从无能统驭额设之兵以立功名者。其间或易一将而局遂变，或更一时而气已衰。何者？用其方新之机而不能得其持久之力也。沿海设防非能旦夕奏功者，各口练兵又非能召募集事者。传曰："有治人无治法。"法尽于一时，而求人之效可以持至数十百年之久，诚得其人而任之，一切之政皆可举而行也；不得其人而任之，已成之功、已安之民，亦无与善其后，殆未可持此以建非常之业者也。窃观天下大患，一曰因循粉饰以求免过，一曰优容纵弛以求寡怨。粉饰工则得失利病全不能明，纵弛久则贤否是非更无从辨，故求人才，尤以挽回积习为先。朝廷念念以培养人才为心，邪正公私较然不能掩，则士大夫之精神自振，而吏治之功效亦必月异而岁不同。人民日就乂安，边疆自臻绥谧，必然之应也。至于将弁之才，州县之吏，天下自不乏人，疆吏求之有余，非朝廷求才者所急也。

以上四条，皆本源之计，积渐之功，非旦夕所能为力；而欲循用西洋之法以求日进于富强，未有能舍此而可收效一时者也。

窃闻总税务司赫德之言曰："中国大要有二：其一曰内事，其二曰外防。内事非外人所敢置议，外防有边防、有海防，吾所陈者海防一事而已。"其意盖欲以西洋之规模，施之中国，而以海防引其端。然西洋驰聚海道七万余里，如出入庭户，穷思极虑以求其速，此岂中国所能及者？其通商遍及诸岛国，又由中国西南以达缅甸，船政、军政皆与商贾相因依，收其课税以资保卫，又岂中国所能及者？嵩焘窃谓西洋立国有本有末，其本在朝廷政教，其末在商贾，造船、制器相辅以益其强，又末中之一节也。故欲先通商贾之气以立循用西法之基，所谓其本未遑而姑务其末者。论者徒曰西洋气势如虎将噬，当求自备以制之。抑不知洋人蚕食诸国，阳开阴阖以收其利，从无攻城掠地之事。普法两国之构兵，积愤以求一逞，而终不利其土地。其在中国，如附骨之疽，攻之不能去也；如狐蜮之凭于人，执而求之，又不可得也。虎之噬人，其去人固远矣，不得以此为比。诚使竭中国之力，造一铁甲船及各兵船，布置海口，遂可以操中国之胜算，而杜海外之觊觎，亦何惮而不为之？而以西洋聚精会神擅强数十百年之术，强中国一日行之而遽责其抗衡，据一时之议以尽各海口之变，果足恃乎，果不足恃乎？此所不敢知也。

天下国家之大，犹之人身也，强者力负千钧而弱者不能，强者日行百里而弱者不能，则姑疏通百脉之气，宣导六府之滞，使其神日舒而力亦日有增长，自可渐进于强。若骤立之法程以课其负千钧行百里，如是以求自强，适恐足以自敝。孙子之言曰："知己知彼。"知彼力之所及，意之所属，则必有以待之；知我势之能及与否、理之能胜与否，则亦必求所以自处。彼之所长，循而习之，我之所短，改而修之。去弊求速，立志求坚，任贤求专，收功求缓，自处之道如是而已。自古国家大利之所在，皆成于渐而起于微，断无一蹴而即臻强盛之理。经费出入，国有常制，科敛以应一时之需，竭蹶经营而求自强，家国生民必有承其害者，其势亦万难持久。《礼运》之言曰："行之以礼而弗安之以乐，犹获而弗食也；安之以乐而弗达于顺，犹食而弗肥也。"获而食，人力之所及也；食而肥，非人力之所及也。圣人之功至于礼乐而极矣，犹待积久以达于顺而后其效成焉，此岂可以骤期者！而终言肥之实功，亦不过曰大臣法，小臣廉，官职相序，君臣相正，要归于自治而已矣。以中国之大，土田之广，因地之利，皆可使富也，用民之力，皆可使强也，即吾之所以自治也。舍富强之本图，而怀欲速之心以急责之海上，将谓造船、制器用其一旦之功，遂可转弱为强，其余皆可不问，恐无此理。造船、制器，沿海诸省当任其功，各海口机器局亦当渐穷其巧，而求所以自强之术固自有其本末条理，非数言所能尽。其与洋人相接，言者争持战、守、和三说，其实三者俱无可言，惟在讲求应付之方而已。各海口之设险自守，又岂可一日稍废不讲哉？

所议六条，如李鸿章、左宗棠为国重臣，有防边之责，所处又当紧要重地，诚有不得辞者，非尽沿海诸臣之力所能胜也。（《中国近代史资料丛刊·洋务运动》第一册）

彭玉麟

敬陈管见筹自强之计疏

奏为敬陈管见，仰祈圣鉴事：窃臣少更忧患，长从军旅，近则锋镝余生，久撄痼疾，自问平生无日不在忧危困苦之中。目睹时局难艰，内患外侮，伏于无形。我皇上冲龄践阼，两宫皇太后垂帘听政，日理万机。臣受恩深重，自愧不能稍分宵旰之忧，耿耿此心，如负重疚。每当中夜彷徨，为国计民生，通筹大局，诚有亟宜自强，不容一日稍缓者。然如购备船炮，广储军火，筹画饷需，似自强矣，而非自强之根本也。论今日之时势，譬犹大病之后，元气久虚，治表尤须治里。又如树木欲其枝叶茂盛，必先培养根本。臣不自揆，妄抒愚戆之见，熟筹自强之策，请为皇太后、皇上缕晰陈之。

一曰清吏治。州县亲民之官，最关紧要，苟不得人，即为地方之害。卑污贪鄙，固当参革究办，庸沓委靡，亦当分别降调。兵燹之后，民生多困，实由吏治多疏。各省候补人员，流品不一，大吏往往优容。不知优容于知耻者，尚可激励自新，优容于不知耻者，适足以养成不肖。近来各省风气，往往因候补人员拥挤，轮署州县，而实缺转少，从此官常愈坏，百姓之受祸愈酷。何也？官员之署事，譬之住屋之租赁，自家住宅，稍有破坏，急急补治，责无旁贷故也。若借居赁居，明知非我之屋，不特不加修茸，甚至任意糟塌，坼屋作薪，久之辗转租赁，势必至栋折榱崩而后已。今之委署人员，大半类是。天下百姓具有天良，岂肯甘心悖逆？从前叛乱滋事之地，非地方官贪酷逼迫，即地方官宽纵颠顶，此中消息甚微，关系甚大。欲求州县之得力，全在统率之得人。督抚者通省之统率也，司道者各府之统率也，知府者州县之统率也。从前承平之时，朝廷视知府甚重，京察一等人员，道府并用。凡擢任知府者，属吏之贤否黜陟，得操其权，颇得上下相维之本意，近十余年来，知府之权轻矣，各州县于司道督抚分位悬殊，情事扞格，其中贻误，尤非浅鲜。臣愚以为欲辨州县之贤否，必专责成于知府。各省知府果能勤慎廉明，严察属吏于贤者准密保，于不贤者准密参，仍由督抚司道，详确考核，总以有实据为主，不逞私臆，不徇情面，吏治一清，天下何患不治？拟请旨饬下各省督抚，广求循吏，久于其任，勿以委署为调剂之具，庶不至视官为传舍，而吏治日有起色矣。此自强之根本一也。

一曰严军政。自古谈兵之书，以一语赅之，曰兵贵炼而已。国家养兵数百年，司农所入，大半以供军饷。乃粤逆创乱，曩之拥厚禄显爵者，所率弁兵，莫不望风披靡，此岂兵之真不足恃欤？将帅习于安逸，官弁习于骄肆，兵丁习于怠惰，吞粮冒饷，老弱充数，不但兵不知兵，将亦不知兵，无怪糜烂半天下也。今日之情形，则又不然，向时所谓肆骄怠惰之官兵弁丁，业已化为乌有，各省水陆提镇，多由战功浮擢，各省兵丁，亦多另行招募，非曩时不知战阵，不习操练者可比。自此训练有方，不准沾染习气，自必事半功倍。然防微杜渐，不可不严。倘提镇稍事安逸，则官弁即习为骄肆，兵丁即习为怠惰。天下事挽之甚难，败之甚易。居今日而不痛加整顿，则天下之兵，又成虚设，岂不大可惜哉！然欲练兵，必先足食。兵饷原有定例，兵米亦有定数，近因经费支绌，所发兵饷，或七成八成不等，且有同在一省，所发不一，或七月、八月、十月亦不等。至兵米有向在各州县给领者，现亦随饷或七成八成不等，又或每石折银若干，辗转核扣，不足以赡一身，又安望其专心操练乎？臣愚以为各省之兵，缺额不补则可，缺饷少发则断不可。拟请旨饬下各督抚，查明旧制，发给满饷，兵米亦照定例发给，不准折银克扣。食足则兵足，老弱不汰自去。如有摊扣兵饷，吸食洋烟者，官弁兵丁杀无赦。庶几军政日严，缓急可恃。此自强之根本二也。

　　一曰端士习。夫言自强，而归之士习，其说似近迂阔。然士为四民之首，人心风会，因之转移。军兴二十余年，卒能削平大难，由于士气固结故也。古者教士于庠序学校，今日之教官，犹其遗意。然名存而实不符矣。近时士习，砥行立名者固不乏人，而不顾名义，趋利若鹜，甚至武断乡曲，挟持官长者，比比皆是。州县容忍调停，希冀了事，而后官不敢过问，此就士之桀黠者言之。若夫良懦之儒，安分守己，偶有小事，与官场交涉，地方官痛抑之，或辱殴之，而教官亦不得过问。以至士习不振，刁生劣监，更得肆行无忌，此皆教官无权故也。或曰：教官冷曹闲职，无法律以正人心，无恩赏以激士气，其随波逐流，委蛇进退，亦有无可如何之势。不知教官之不足有为者，由于在上者视为可有可无之官耳。诚能顾名思义，所谓教谕训导者，其义安在？昔宋臣胡瑗为湖南学教授，设经义治事两斋，以教从学之士，千古称之。彼独非教官乎？诚得访求一二称职之人，树之风闻，予以拔擢，天下闻之，靡然向风，未始非挽回士习之一策。拟请旨饬下各督抚学政，时时访察教官之贤否。贤者量加保升，不贤者即行参撤。庶几士林观感，而人心日归于正，风俗日趋于厚，此自强之根本三也。

　　一曰苏民困。民之困不困于朝廷之法令，而困于奉行法令之人。疮痍之氓，生计穷蹙，钱粮原属正供，而浮收勒折，民不聊生。讼狱本求伸冤，而拖累稽延，永无了结。人命盗案，一役下乡，数家破产。至于抽厘助饷，出于万不得已，各省苦累极矣。而百物昂贵，其受困终归于民。居今日而欲苏民困，其计果安在哉？邦以民为本，民以食为天，仍不外乎开地利而已。兵燹后，江浙安徽等省，荒田极多，至今未能开垦，议者辄欲办屯田，屡经奉旨饬查，各省大吏俱以为难行。前两江总督曾国藩覆奏，亦以为窒碍多端，未能试办。然则今日之荒田，竟将任其废弃乎？臣愚以为，欲开荒田，仍应听民自垦。欲民自垦，非宽其赋税不可。荒田之不垦，固由于耕种人少，资本太重，而究其不敢承种者，实由地方官敛征太急。其申报上司者，不实不尽，其取诸百姓者，搜刮无遗。耕种之计朝定，催科之吏夕来，按籍而稽，不遗余力，一经入册，即使复荒，亦必完此空粮。相彼小民，何堪此苛政乎哉？诚能宽其禁令，甫经开荒者，一概不问。或种豆麦，或种蔬果，或种竹木，悉听其自便。总使小民有利可图，数年之后，利息果厚，酌量科征，必须分别厚薄，断不能照向来米数一律起科。一乡如此，一县如此，推而至于各府各县皆如此，安见大利不可渐兴乎？或谓禁令一弛，下则攘夺纷争，上则中饱舞弊，而公家独受其损，此诚难保其必无。然地方官果能尽心民事，严惩蠹役，则诸弊悉除，利源不涸，岂可因噎废食，坐令数千万顷地亩，竟成石田乎！拟请旨饬下各督抚，就各省地方情形，剀切劝谕，多垦荒田，宽其赋税，以厚民生，而培元气，并通饬地方官，严惩牙蠹讼棍，速理词讼案件，不准姑息迁延。至厘捐虽不能停，不妨酌减二成。恤商即以爱民，自古富强之策，未有不从百姓始。此自强之根本四也。

以上四端，就臣管见所及，分析缕陈。如果根本既端，一面宽筹饷需，广购船炮军火等项，以备不虞之需，庶基址既固，规模益闳，内外本末，无不具矣。是否有当，伏乞采择施行。若夫辅翼圣德，以端本原，遴选贤才，以膺艰巨，严宦寺以抑侥幸，减营缮以裕度支，伏读叠次懿旨，俱在皇太后圣虑之中，无俟臣工鳃鳃过虑。臣尤伏愿皇上兢兢业业，慎终如始，力杜粉饰因循之习，而绝无急功近名之心，常抱卧薪尝胆之忱，而不作耀武观兵之举。天下幸甚！区区愚诚，不胜战栗屏营之至。(《皇朝道咸同光奏议》卷一)

刘坤一

海防水师宜变通核实疏

头品顶戴南洋通商大臣、两江总督臣刘坤一跪奏，为海防紧要，所有水师事宜，务在因时变通，尤须核实办理，遵旨妥议，恭折密陈，仰祈圣鉴事。

窃臣承准军机大臣字寄，光绪六年十一月初二日，奉上谕：梅启照奏请整顿水师，拟定各条，开单呈览等因。钦此！仰见圣主廑怀时局，博采周谘，曷胜钦佩。

臣维中国自有法度，本不同于外洋，然以沿海七省，绵延五千数百里之遥，当此外洋各国通商，动辄以兵船挟制，则中国沿海水师，若不认真整顿，其将何以自立？论者谓中国有海防而无海战，不思汉唐以来，已有楼船及伏波横海等号。国朝嘉庆年间，剿捕海寇，亦极霆惊飙发之奇，而况今日之有外洋乎？

细核梅启照所陈各条，惟第二条请令江南机器局仿造铁甲轮船，查该局见在制造枪炮药弹，业必专而始精，不必再造铁甲船，致糜工费。第五条请设海运总督，查海运于防务无涉，且已办有定章，诸臻妥善，无庸另设总督，以滋烦扰。第十条请添长江水师中号轮船，查长江水师，系在内地，长龙舢板，未始不能得力，前兵部侍郎臣彭玉麟，决计不用轮船，未始无见。此三条均可作为罢论。其余各条，洵属切中时务，防患未然。

如第一条请饬船政局仿造铁甲船，国家不惜巨款，设立船政，每届从优保奖，鼓励在工人员，原期精益求精，以与外洋齐驱并驾。铁甲船既为海防利器，则该船政不此之务而谁务乎？且中国见经购买铁甲船，将来岁久自须修理，讵可驶赴外洋，该船政若不豫先讲求，临事必致束手。船政大臣黎兆棠，素有远略，血性过人，曾对臣言，自愿多办数年，俾得竭力整饬，而于铁甲船尤为加意。请旨饬令黎兆棠查明局内工匠器具，能否制造铁甲船，以及一船需费若干、需时若干，自行分晰具奏。臣前在粤督任内，以洋银九万圆，购买英国所设黄埔船坞，于修铁甲船甚为合用，似可于广东设立船政分局，庶易集事。惟船政经费，见极支绌，即先定造之快船四只，专望南洋所拨粤海关税接济，已有停待之虞。然则仿造此项铁甲船，又将从何罗掘，应由黎兆棠逐细勾稽，通盘筹划。如果力有未逮，亦即据实陈明，徐设方略。

第三条俟俄事定妥，仍速购铁甲船。盖尚未知李鸿章已购铁甲船四号也。去春俄事初起，各款待用方殷，而购铁甲船必须期之数年，深恐缓不济急，故李鸿章与臣论及，臣意颇不谓然。顾外洋各国，方以铁甲船称雄，岂以中国之大，而独少此？不敢谓无铁甲船不办海防，亦不敢谓有铁甲船无益海防，既经购办四船，足资分布，将来到华之后，派在南北两洋，辅以碰快各船，可以各成一队。至于原拨海防经费，不独各省厘金项下，本年南洋仅收湖北二万两，江西以新饷抵经费银十一万两，而粤海关以征存之项，竟欠解至数结之多；兑拨船政六万余两，亦仅报解三万两；余皆任催罔应，尤所不解。当此海防吃紧，赖此的款为购制枪炮船只之资，请旨饬该监督迅将前欠如数解清，以后毋再挪移，致有贻误。

第四条请推广招商局船，往东西两洋贸易，不独可分外洋之利，亦可周知各国形势，联络各岛华人。臣前在粤督任内，于招商局和众轮船前往檀香山，本应由南北洋主政，而臣以事属可行，时不可缓，遂径许之。盖将以此为权舆也。该局嗣派轮船往旧金山，亦是推行之渐，东西洋自可由此进步，正不必指定何船。臣所虑者，该局总办道员唐廷枢、徐润，人颇老成，而气局尚小，且提还公款后，资本亦薄，未必更能扩充。夫理财本不易言，刘晏为唐名臣，而以转输著绩，况远涉重洋，而操奇赢之术乎？臣愚以为宜得一大力者驻局主持，唐廷枢、徐润与之左右，仍以巨帑资之，俾得展布。用财如用兵，分数明则多多益善。每年盈余所入，官商照章均分，于中国之需，不无小补，庶冀众心而杜群喙，所以提挈之，亦所以安全之也。泰西各国，以商而臻富强，若贸迁所获，无与公家，自必别有剥取之法。否则富强何自而来？处此时势事事欲步武泰西，不得独于招商局务，而尚天子不言有无，诸侯不权多寡之高论也。

第六条请裁改海疆各种笨船。第八条请设外海水师提督。第九条请令海疆提镇练习水师。此三者相为表里。臣查军兴以后，沿海各省，笨船已不甚多，就臣服官省分而言，广东之阳江、碣石、琼州、南澳四镇，或有拖艇两三号，或一二号，甚至并无一号。其有拖艇者，弁兵只食额饷，别无薪粮。臣在广东每镇拨给轮船一号，所有拖艇等船，虽未尽撤，亦不准添。
江南之崇明、狼、福三镇，经前督臣曾国藩奏准各给艇船四号、轮船一号，
臣抵任后，屡议裁撤艇船，该镇等力请暂留，为浅水捕盗之用。而臣以该
艇船无风不动，即捕盗亦属不宜。第因未经给予轮船，则艇船尚可承乏，
拟俟制备轮船后，即行裁撤艇船。如谓浅水难驶轮船，则各带划船数只，
亦足以资追缉。请旨饬令广东、浙、闽，查明见存各项笨船，斟酌办理。
沿海水师提督，本有巡缉外洋之责，如另设一外海水师提督，节制沿海各
省水师，恐有警时各守疆域，仍属呼应不灵，徒拥虚位而已。臣愚以为沿
海水师，宜仍其旧，各归本管提镇，一俟南洋两号铁甲轮船购到，遴派勇
略素优、深谙驾驶之提镇大员统带，配以碰快等船，驻扎澎湖，假以便宜，
保障台湾以为中枢，而南控闽、粤，北顾江、浙，亦可收形格势禁之益。
盖南洋惟台湾孤悬巨浸，四面受敌，非若各省尚属有险可扼，得此两号铁
甲轮船，方足以备缓急。惟该处风浪奇险，向难停船，必于对面澎湖下碇，
不但近可捍卫台湾，即使敌攻闽、粤、江、浙，亦虑澎湖之铁甲船追袭其
后，而闽、粤、江、浙水师，知有铁甲船为之外援，则胆气益壮矣。且铁
甲吃水甚深，断不能进泊沿海各省口内，与其置之浩渺之区，曷若常驻澎
湖，守台湾之门户，作四省之应援，更为稳便，实亦两得之道。此项铁甲
等船，如作为经制水师，应否于沿海提镇量移两缺，临时再行熟议。至海
疆提镇水师，有外海内洋之分，内洋水师舢板等船，虽不足以敌轮船，然
洋人如入内洋，必用划船登岸，则舢板等船亦可击之。如练外海水师，非
用轮船不可。江南提督李朝斌，见统轮船五号、蚊船四号，又经彭玉麟奏
添兵轮十号。为江阴以下防海之用，一俟筹出项款，陆续造成，三镇亦各
换给轮船，则江南外海水师，兵力不为不厚，似尚可以一战。广东大小轮
船二十余号，皆为沿海捕盗而设，而能角胜外洋者，竟无一二。福建则较
胜于广东，浙江则尚不及广东，应由该三省督抚臣各就沿海情形，会督水
师提督，认真练习；而臣更有请者，江南水师新定营制，万余名改为二千
余名，有兵即有炮船，并无无炮船之水师，故李朝斌所统轮船，不得不另
行募勇。臣在广东，查悉额设水师，裁存尚一万有奇，大都无船无炮。其
有船炮者，系另募之勇，而非额设之兵。当经汇案奏明，无论外海内洋，
轮拖扒巡各船勇丁，一律改补水师兵额，而令原营水师，开除老弱三千余

名，岁省饷六万余两。然此外水师兵丁之无船炮者，尚数千人，未知闽、浙两省水师，是否与粤省相类。臣愚以为此项水师，不同陆营，既无船炮，便成无用之物，似可并官尽数裁汰，省出此项俸饷，制造轮船，另募劲旅，定为外海轮船经制水师，亦是斩截办法，可以变无用为有用。此项向无船炮水师，非久经战阵之勇可比，裁汰之后，亦无虑其滋生事端。倘另募水师勇丁，而置旧时水师兵丁于不问，听其坐食糜饷，无此政体；并请饬广东、福建、浙江各督抚臣查明酌办。臣于江南亦即会同水师提镇察酌施行。

第七条请严防东洋。臣查东洋夜郎自大，狡焉思启，始则犯我台湾，继则灭琉球，而窥朝鲜，其渐诚不可长。然以日本手掌之地，而又土瘠民贫，如欲与中国为难，多见其不知量矣。见在中国南北洋防务均有规模，倭人即欲跳梁，何能为厉？况沿海为各国通商口岸，彼亦未必轻肆披猖；然毋恃敌之不来，恃我有以待敌。《传》有之曰：一夫不可狃，况国乎？臣惟有督饬沿江水陆诸军，绸缪未雨，以期有备无患，仰慰宵旰忧勤。至防日本与防俄不同，东三省自无他虑，第高丽与我唇齿，难免日本觊觎；宜劝该国结好西洋，尚可互相维制。一整面军经武，亟图自强。中国之济其困而扶其危，固惟力是视矣。夫以中国沿海筹防，越六七年之久，尚未能一律整严，确有把握者，固由苟且偷安，未能振作。或系敷衍塞责，无济艰难。正不独水师为然。此臣与沿海疆臣，所宜痛除积习者也。臣谨就梅启照所陈整顿水师各条，敬摅管见，恭折密奏，伏乞圣鉴。（《中国近代史资料丛刊·洋务运动》第二册）

张树声

通筹边备疏附法人窥取越南北边片（光绪八年）

署直隶总督兼办理通商事务大臣、两广总督臣张树声跪奏，为遵旨通筹边备，妥议覆陈，仰祈圣鉴事。

臣窃顷抵天津，接准李鸿章咨，承准军机大臣密寄，光绪八年三月二十五日，奉上谕：总理各国事务衙门奏，法、越兵端已起，亟宜通筹边备，以弭后患一折等因。钦此！伏查法人窥伺越南北境，造端于通商红江，狡谋既深，蓄志已久。自去冬以后，渐露兵机。臣在粤东迭接探报，均经随时函达总理衙门查核。窃以越南之屡弱，当法人之阴悍，南圻久经委去，北圻岂易图存？而法犹迟回审顾，未敢遽出并吞者，固由北圻地方险瘠，其力或难骤及，亦未尝不虑兴戎，中国必议其后。故使越南束缚驰骤于通商条约之中，乘间抵隙，坐以违约，挟以修约，即可阴收得地之实，阳谢灭国之名。彼无来犯中国之势，我无先与寻衅之理。此法谋之狡，而中国之谋越，愈不可缓也。总理衙门王大臣，念越南法患日深，而计及添兵救援之未逮，藩篱全撤之可忧，度势审机，虑周思远。臣惟该国北圻各省，仅而尚存，为越南宗社所式凭，实滇、粤边疆之屏蔽，频年越副提督刘永福据守保胜一带，抽厘养勇，越之所深恃，即法之所归罪，而黄旗各股匪，闻法人之设计招致，以与永福为难，北圻大局势殊岌岌。二月中法兵攻破东京，事机日迫。嗣法人又将东京城池，交还南官，诡谲多变，意未可量；诚恐复用占据南圻六省故智，修改新约，收北圻于掌握，迫越南以必从。事果至此，因应愈难。今日中国备边之策，惟有令滇粤防军，守于域外，仍以剿办土匪为名，借图进步，既为我军驻守之地，或免法人蚕食之虞。至于相机部勒，设法经营，以求可久，是在专任之人，体察情形，设施方略，未可遥为裁断者矣。广西边防记名提督黄桂兰，所统各营，已据禀报，派队进扎北宁，业与东京密迩，臣已严饬加意训练，妥为备御，并经商请广西抚臣，抽调关内勇营，层递进扎，以顾后路而厚兵力。至广东兵轮，近年以来，臣常饬令乘巡洋缉捕之便，驶过廉、琼，游弋越南洋面，仍当函致署督臣裕宽，挑选较大之船，嗣后不时前往驶巡，如果事势紧急，再行奏请拨调闽厂兵轮，以赴戎机。滇省近亦于边内调集兵勇，未知能否出驻越境，扼三宣之要隘，联粤军之声威，相距窎远，未能隃度。总之红江为法所注意，北圻尤我所必争，守在四境，备在事前，越南难望其自谋，中国必不可自误。仰惟宵旰南顾，务巩边藩，区区管蠡，无当庙算，不胜悚惶之至，所有遵议边备缘由，谨缮折密陈，伏乞圣鉴。

再密陈者，法人通商红江，规取越南北境，命意所在，尤注滇南。诚如谕旨，云南保胜一带，防务尤为紧要，一旦法逞其志，尽占北圻，西南半壁，处处与内地为邻，势必有欲闭关自守而不能者。及今相持未下，能多守越南尺寸之土，即多增中国尺寸之卫，而阮藩凭借皇灵，或可不至遽夷宗社。惟滇、粤边界东西绵亘，地虽辽远，势等辅车。至越南北圻各省，包络山泽，群匪如毛，民困水火，经营其地，事体繁重，非有文武威略熟悉情形重臣，委任责成，仅恃滇、粤两省二三将领，各不相谋，必不足以济事。臣比抵天津，适军机大臣署户部尚书王文韶，亦以奉命宣谕至津，仰蒙传谕垂询，示以筹办越事，重在得人，当与李鸿章会晤熟商。惟有福建抚臣岑毓英，壮猷远略，英武冠时，昔在云南，赤手治兵，荡平全省，滇中将吏兵民，至今犹畏威怀德。该抚臣籍隶广西西林县，于沿边要害，越南形势，皆见闻所素悉，且服习水土，无瘴疠之患，经营越南北圻，似舍岑毓英莫与属者。论者或疑岑毓英办理台湾事宜，未能更易。然臣闻李鸿章言见任台湾道刘璈，有独当一面之才。若能查照昔年姚莹任台湾道时故事，略重事权，责以成效，则刘璈得展其才，台事亦可期就理。如蒙圣明采纳，将岑毓英量移重镇，驻扎滇边，居上流之重，收建瓴之势，并令粤省关外各厅，听其调度，则滇中将士，既皆乐为尽力，与广西亦联为一气，较之远调客军，人地不习，繁费徒增得失之分，无待蓍蔡。岑毓英智略足以理盘错，威望足以慑殊方，驾熟就轻，必能因地因人，次第规画，宏济艰难，以仰副圣主固圉保藩之至意。谨附片密陈，伏乞圣鉴。（《清季外交史料》卷二十七）